中东热点问题的大国协调

Big Power Coordination on the Hot Issues in the Middle East

汪 波◎著

时事出版社
北京

图书在版编目（CIP）数据

中东热点问题的大国协调/汪波著. —北京：时事出版社，2022.7
ISBN 978-7-5195-0472-4

Ⅰ.①中… Ⅱ.①汪… Ⅲ.①中东问题—研究②国际关系—研究 Ⅳ.①D81

中国版本图书馆 CIP 数据核字（2022）第 043205 号

出 版 发 行：时事出版社
地　　　　址：北京市海淀区彰化路 138 号西荣阁 B 座 G2 层
邮　　　　编：100097
发 行 热 线：(010) 88869831　88869832
传　　　　真：(010) 88869875
电 子 邮 箱：shishichubanshe@sina.com
网　　　　址：www.shishishe.com
印　　　　刷：北京良义印刷科技有限公司

开本：787×1092　1/16　印张：31　字数：465 千字
2022 年 7 月第 1 版　2022 年 7 月第 1 次印刷
定价：188.00 元

（如有印装质量问题，请与本社发行部联系调换）

目录
Contents

引　言 　　　　　　　　　　　　　　　　　　　　　　　　　(1)

第一章　协调中东热点问题的原则、观点和方法　　　　　　　(6)

第一节　协调中东热点问题的总体原则　　　　　　　　　(10)
一、维护以联合国为核心的国际体系，促进国际关系的合理化　(10)
二、坚持以国际法为基础的国际秩序，促进国际关系的法治化　(15)
三、坚持和平共处五项原则，促进国际关系的民主化　　　　　(20)
四、坚持正确的历史观、大局观、角色观和安全观　　　　　　(25)

第二节　参与协调中东热点问题的基本观点和认知　　　　(30)
一、以"百年未有之大变局"的视角来观察中东问题　　　　　(30)
二、坚持巴勒斯坦问题是中东问题核心的基本立场　　　　　　(37)
三、坚持构建人类命运共同体的理念发展中国与中东关系　　　(43)

第三节　参与中东热点问题的协调方式和路径　　　　　　(48)
一、在联合国安理会投票中坚持原则　　　　　　　　　　　　(50)
二、坚持多边主义外交　　　　　　　　　　　　　　　　　　(55)
三、设立中东问题特使　　　　　　　　　　　　　　　　　　(60)

第二章　巴以问题：大国的深度协调　　　　　　　　　　　(68)

第一节　巴以问题的由来和发展　　　　　　　　　　　　(68)
一、从犹太复国主义运动到四次中东战争　　　　　　　　　　(69)

二、从埃以和解到第一次"因提法达"运动　　　　　　　　　（75）
　　三、从马德里和会到奥斯陆协议　　　　　　　　　　　　　（77）
　　四、从第二次"因提法达"运动到和平进程全面停滞　　　　（78）
　第二节　阿拉伯国家对巴以问题的影响　　　　　　　　　　　（88）
　　一、阿拉伯国家对中东战争的介入　　　　　　　　　　　　（88）
　　二、阿拉伯国家对于中东和平进程的立场　　　　　　　　　（91）
　第三节　域外政治势力对巴以问题的参与　　　　　　　　　　（94）
　　一、美国对巴以问题的参与　　　　　　　　　　　　　　　（94）
　　二、俄罗斯对巴以问题的参与　　　　　　　　　　　　　（103）
　　三、欧洲国家对巴以问题的参与　　　　　　　　　　　　（106）
　　四、罗马教廷对巴以问题的参与　　　　　　　　　　　　（110）
　第四节　中国协调巴以问题的途径　　　　　　　　　　　　（117）
　　一、与以色列关系的发展历程　　　　　　　　　　　　　（117）
　　二、与巴勒斯坦关系的发展历程　　　　　　　　　　　　（122）
　　三、协调行动对巴以和平进程的推动　　　　　　　　　　（126）
　　四、协调巴以和平进程的特点　　　　　　　　　　　　　（135）
　　五、协调政策的影响因素　　　　　　　　　　　　　　　（138）
　　六、协调巴以问题的意义　　　　　　　　　　　　　　　（143）
　　七、协调巴以问题的前景　　　　　　　　　　　　　　　（145）

第三章　伊朗核问题：大国的多边协调　　　　　　　　　　　（149）

　第一节　伊朗核问题的发展演变及其影响　　　　　　　　　（150）
　　一、伊朗核问题的发展演变　　　　　　　　　　　　　　（151）
　　二、伊朗核问题的实质和影响　　　　　　　　　　　　　（169）
　第二节　伊朗核问题的大国博弈　　　　　　　　　　　　　（178）
　　一、对伊朗制裁问题上的大国博弈　　　　　　　　　　　（179）
　　二、伊朗核问题谈判进程中的大国博弈　　　　　　　　　（186）
　　三、后伊核协议时代的大国博弈　　　　　　　　　　　　（193）
　第三节　伊朗核问题协调的全面参与　　　　　　　　　　　（201）

一、协调伊朗核问题上的利益基础　　　　　　　　　　（203）
二、协调伊朗核问题的路径与机制　　　　　　　　　　（216）
三、协调伊朗核问题的外交实践　　　　　　　　　　　（223）
四、协调伊朗核问题的特点与经验　　　　　　　　　　（231）
五、后伊核协议时代的协调外交　　　　　　　　　　　（237）

第四章　叙利亚问题：大国的调解协调　　　　　　　　　（242）

第一节　叙利亚问题的形成与发展　　　　　　　　　　（243）
一、叙利亚内战的爆发与战争发展进程　　　　　　　　（243）
二、叙利亚国内和解进程的开启及其进展　　　　　　　（258）
三、叙利亚政治和解进程的主要障碍　　　　　　　　　（261）

第二节　大国在叙利亚问题上的立场、博弈及其影响　　（265）
一、世界大国在叙利亚问题上的立场与博弈　　　　　　（266）
二、地区大国在叙利亚问题上的立场与博弈　　　　　　（277）
三、外部干预对叙利亚问题的影响　　　　　　　　　　（292）

第三节　大国对叙利亚问题的协调实践　　　　　　　　（301）
一、对叙利亚问题的政策主张　　　　　　　　　　　　（302）
二、协调叙利亚问题的动因与实践　　　　　　　　　　（308）
三、协调叙利亚问题的机制与路径　　　　　　　　　　（320）

第四节　参与叙利亚重建推动的和解进程　　　　　　　（332）
一、危机背景下的叙利亚经济及重建机遇　　　　　　　（333）
二、大国参与叙利亚重建的进程　　　　　　　　　　　（344）
三、参与叙利亚重建面临的挑战　　　　　　　　　　　（351）

第五章　也门问题：大国的政治协调　　　　　　　　　　（358）

第一节　中东剧变后也门问题的形成与演进　　　　　　（359）
一、也门国家治理能力下降与国家危机　　　　　　　　（359）
二、从民众抗议、政治转型失败到内战爆发　　　　　　（365）
三、也门战争的发展阶段及其演进特征　　　　　　　　（369）

四、也门战争的多重博弈特征及其延续机制 (378)
　　五、也门战争对国内外安全的严重影响 (384)
　第二节　也门问题的国际协调及其作用 (394)
　　一、全球层面的联合国协调机制 (394)
　　二、西方大国的也门政策与实践 (400)
　　三、地区大国的也门政策与实践 (415)
　第三节　政治解决也门问题过程中的中国协调 (423)
　　一、参与也门问题协调的利益考量 (423)
　　二、参与也门问题协调的行动与作用 (428)
　　三、政治协调也门问题面临的困难 (438)

结论　中东热点问题大国协调的经验与成效 (442)

参考文献 (449)
　一、中文文献 (449)
　二、外文文献 (470)
　三、主要媒体 (486)

后　记 (489)

引 言

中东地处亚、非、欧之间，既是连接亚洲、欧洲和非洲的陆上通道，又是沟通大西洋和印度洋的交通枢纽，号称为"两洋三洲五海"之地，在地理位置上具有重要的国际战略地位。同时，中东又拥有全球最主要的能源资源，其经济价值同样也不言而喻。然而，长期以来，中东地区存在的民族和宗教问题，一直使得这个地区各种冲突不断。在民族方面，阿拉伯民族、波斯民族、突厥民族、犹太民族在历史上就有着多重矛盾，再加上没有自己独立国家的库尔德民族分散在多个国家之中，使得错综复杂的民族矛盾难以调和。宗教方面，中东又是犹太教、基督教和伊斯兰教三大一神教的发源地，三大一神教宗教之间的排他性矛盾再加上宗教内部的教派分歧，同样使得这个地区政治化的宗教冲突不断。不仅如此，中东地区自身的内在矛盾又和外部大国对这个地区的长期干预有着深刻的联系。从殖民地时期西方国家对这个地区的委任托管，到近年来美国、欧洲大国和俄罗斯在这一地区的角逐，更使得这一地区的冲突和国际社会的矛盾内外交织，始终持续不断。正是由于这种内部和外部因素的影响，中东地区近年来形成的一系列地区热点问题不仅使得地区局势动荡不安，而且还直接影响到整个国际社会，成为全球关注的焦点。当前中东热点问题众多，这些问题的产生除了中东地区国家自身的民族和宗教矛盾原因，主要还是外部大国，特别是西方大国干预的结果。

在中东地区当前的各种矛盾冲突中，最为凸显的主要热点问题就是巴以问题、伊朗核问题、叙利亚问题和也门问题。这些热点问题不仅集中体现了中东地区的各种矛盾和冲突，而且对中东地区乃至整个国际社会都具有重大影响。

第一，巴以问题自二战后联合国开启巴以分治以来就长期存在且持续性不断。作为一场民族矛盾引起的冲突，巴以问题的核心主要是领土问题。但由于涉及到民族宗教矛盾，巴以冲突又引发出阿拉伯国家和以色列之间的民族矛盾，并进而牵涉到伊斯兰世界与犹太教之间的宗教矛盾。不仅如此，由于域外大国特别是美国的直接干预，巴以问题又连带出一场世界霸权大国与地区强国之间的博弈和冲突。21世纪以来，巴以和平进程一度陷入停滞与倒退，中东变局爆发也使得巴以问题日益边缘化。美国特朗普政府上台后，在耶路撒冷、戈兰高地、犹太定居点等问题上的一系列激进举措，使得巴以问题陷入更大的困境。尽管如此，巴以问题仍然是中东地区持续时间最长、牵涉政治与宗教势力最多、解决难度极大且充满变数的复杂矛盾，甚至是构成所有中东问题的根源性问题。

第二，伊朗核问题的产生与发展具有深刻复杂的地区和国际冲突背景，问题的实质与症结是美国与伊朗之间长期以来的敌对关系，同时也关系到中东地区主要国家之间的安全关切和地缘政治权力结构的矛盾与平衡。近年来，世界主要大国围绕伊朗核问题展开的多重博弈以及中东地区国家间关系的复杂性，推动着伊朗核问题的曲折发展且充满变数，已经使得这一问题成为21世纪以来具有重大影响的全球治理难题。目前，由于美国政府的政策反复，国际社会极力促成的"伊朗核协议"也处于危机之中。如何解决伊朗核问题带来的矛盾和冲突，既关系到中东地区的安全和发展，也考验着包括中国在内的世界主要大国的政治智慧。

第三，叙利亚问题主要是指叙利亚内战爆发以来所产生的一系列问题。在近年来这场席卷阿拉伯世界的中东变局中，叙利亚由于其国内的教派和民族矛盾，也迅速陷入动荡漩涡和内战泥潭。叙利亚内战爆发后，由于其所处中东"心脏"的重要战略地位，世界大国和地区大国都以前所未有的力度介入了叙利亚内部冲突。复杂激烈的大国博弈不仅使得叙利亚内战空前惨烈持久，而且使得这场内战成为近十年来中东地区持续时间长、外部干预深、涉及国家多、国际影响大的持续武力冲突，引发国际社会和世界大国的高度关注。在经历了惨烈的内战、恐怖主义组织"伊斯兰国"

的崛起、激烈的大国博弈和严重的人道主义危机之后，联合国和外部大国已经开始建立和推进多渠道的政治和谈进程。但由于叙利亚国内反对派和库尔德武装依旧控制着大片区域使国家难以统一，外部国家的政治干预和武装介入又使得叙利亚国内的武力冲突无法消除，因而解决叙利亚问题的前景依旧难以明朗。

第四，也门问题主要是中东剧变十年来其国内长期积累的治理赤字问题逐渐演化为当前的安全赤字问题。也门内战以前，总统萨利赫的胡塞武装与现任总统哈迪的反胡塞武装之间的斗争为主要表征，背后则有伊朗、沙特等地区大国以及美国等域外大国的介入和参与。导致也门内战的深层次原因主要是其国内不稳定的安全结构，这其中既包括缺少强有力的政府机构和包容性的社会结构，还有极度困难的经济状况造成的社会危机，其背后则衬托着全球层面的反恐战争、地区层面的战略竞争，以及也门国内的政治斗争等一系列因素构成的浓重底色。2015年爆发的也门全面内战不仅持续时间长，而且破坏性极大。也门内战的参战主体也极为复杂，而且有逐步演化为代理人战争的趋势。多年持续的内战不仅严重破坏了也门国内安全状况，而且影响着海湾地区的安全环境，并加剧了中东地区一系列非传统安全问题。目前看来，也门问题短期内仍然无法得到有效解决，其对海湾地区安全形势乃至国际安全的消极影响将会一直延续。

长期以来，大国都密切关注并参与处理中东热点问题。但对于美国、俄罗斯和欧洲国家来说，对中东热点问题的参与同样也是它们为实现自身利益的一种相互博弈。在这场处理中东热点问题的大国博弈中，美国始终占据主导地位，并对这些问题的发展具有绝对的影响力。俄罗斯则凭借其外交策略，抓住中东热点问题发展的契机，恢复和扩大自身在中东地区的影响力。欧洲国家对中东热点问题的参与主要是追随美国的脚步，无法表现自己独立的策略。而中国作为日益崛起的世界大国，不仅密切关注中东热点问题，而且重视发展与中东地区存在热点问题国家的联系，积极采用协调的方式来处理这些热点问题。

近年来，随着"一带一路"倡议的推广，中东地区作为陆海两条丝路的汇集之处，更成为中国对外战略的重点。中国与中东国家之间的关系，经过长期发展已经形成了广泛的利益联系。在政治方面，中国作为最大的发展中国家与中东地区国家长期保持着密切友好关系；在经济方面，中国作为能源消费大国需要保证来自中东地区的能源供应，同时中国与中东国家的经贸关系也在不断加强；在安全方面，中国与中东国家在反恐打击极端主义势力方面也有日益深入的合作。进入新时期以来，中国在中东的权力、利益和影响均发生了巨大变化，中国对中东地区的各种热点问题更加高度关注。针对中东作为传统大国博弈的焦点地区和中国海外利益实现的重点对象地区，新时期中国对中东热点问题的协调，体现出更具有鲜明辨识度特色。中国秉持习近平主席提出的"我们要做中东和平的建设者、中东发展的推动者、中东工业化的助推者、中东稳定的支持者、中东民心交融的合作伙伴"的中东外交理念，并结合多年来和中东地区国家在政治、经济、能源以及安全等方面的合作实践，进一步形成了较为系统性的中东外交原则、观点和方法。这不仅为中国政府全面发展与中东地区国家关系奠定了重要的思想基础，而且也为中国政府协调处理中东热点问题发挥积极作用提供了理论支撑。基于和平共处五项原则的基本要求，中国对中东热点问题的参与方式主要就是大国协调。不过，中国政府在处理中东热点问题中展开的协调，并非简单等同于西方政治学理论中传统意义上那种所有大国按照多边主义原则合作管理地区安全事务以防止大国冲突的大国协调（Concert of Powers），而是按照习近平主席提出的"从事情本身的是非曲直出发，从中东人民根本利益出发"[1]的原则，通过联合国机制、区域组织机制、多边机制、双边机制、中东问题特使等多种途径参与处理解决中东地区的各种热点问题。同时，在作为大国对中东热点问题进行协调的过程中，中国也重视与其他大国的合作协调。因为"从维护世界和平的角度，中国需要加强与世界主

---

[1] 习近平:《共同开创中阿关系的美好未来——在阿拉伯国家联盟总部的演讲》，2016年1月21日，新华网，2016年1月22日，http://www.xinhuanet.com/world/2016-01/22/c_1117855467.htm。(登录时间：2019年12月8日)

要大国的沟通与协调"。① 在这种大国协调的进程中，体现了中国基于传统文化基因以及与中东国家间的友好关系，坚持维护国际关系基本准则和国际法，从"百年未有之大变局"的视角来持续推进中东热点问题的政治解决的强烈意愿。

---

① 章永乐：《大国协调，一种历史观察新视野》，载《新华日报》2018年5月11日，https：//www. gmw. cn/xueshu/2018－05/11/content_28737791. htm。（登录时间：2019年12月8日）

第一章
协调中东热点问题的原则、观点和方法

进入 21 世纪，特别是中共十八大以后，以习近平同志为核心的党中央在治国理政上提出了一系列的新思路和新路径，尤其是"一带一路"倡议提出以后，中东作为"一带一路"沿线重点地区更是受到中国的高度重视。新时期中国—中东外交思想是一个有机的整体并自成体系，这包括其建立基础、具体内涵和影响意义等几个方面。就其建立基础而言，包括中国在中东地区权力不断上升的权力结构、中国与中东地区利益依存度不断提高、中国在中东地区影响日益深入上的制度重建、中国传统文化影响下的文化基因、中国与中东在传统深厚友谊基础上的情感逻辑等。就其具体内涵而言，包括和平与发展思想、结伴不结盟思想、正确义利观思想、中阿命运共同体思想和政治解决热点问题思想等。中东的热点问题关乎中国"一带一路"倡议在中东地区的顺利推进，中国在中东地区的利益实现也受到传统域外大国的高度关注。尤其是在对中东热点问题的参与上，中国与西方大国的路径之间存在较多的差异。把握新时代中国参与中东热点问题的总体原则和立场、基本观点和认知、协调方式和路径，有助于理解中国参与中东热点问题展开大国协调的指导作用。

习近平同志指出："中国将高举和平、发展、合作、共赢的旗帜，始终不渝走和平发展道路，积极推进全球伙伴关系建设，主动参与国际热点难点问题的政治解决进程。"[①] 这为中国参与国际热点问题特别是中东热点问题指明了总体的原则、方式和方向。当前，全球事务中的国际热点问题

[①] 《习近平谈治国理政（第三卷）》，北京：外文出版社 2020 年版，第 436 页。

层出不穷。所谓"国际热点问题"又称"热点问题",主要是指"在一定历史时期内,对国家、地区及全球安全(和平)和经济繁荣(发展)构成直接或潜在威胁,引起国际社会广泛关注,诱发国际组织、大国(大国集团)进行协调、调节、斡旋或干预的冲突(或潜在冲突)或危机性问题"。[①] 一般而言,热点问题分为几个类型:第一,由某一国家内部的冲突引发的国际热点问题;第二,发生于不同国家(民族)之间的地区危机或冲突;第三,由于大国军事干预导致国内冲突、地区冲突升级为地区性战争的国际热点问题;第四,全球性的非传统安全问题,其中包括恐怖主义、大规模杀伤性武器扩散、难民问题和艾滋病问题等。[②] 中东地区是当前国际热点问题最为集中的地区之一,[③] 其中包括以巴以问题为代表的涉及领土、主权和安全的国家(民族)间的冲突,以伊朗核危机和新冠肺炎疫情等为代表的非传统安全问题,以叙利亚问题为代表的大国军事干预所导致的冲突升级并演化而来的地区性战争,以也门问题为代表的以国家内部教派政治为基础的反政府武装冲突。以上所列热点问题构成了近年中东地区冲突、战争和非传统安全危机的主要部分,而域外大国特别是西方大国在中东热点问题上一直扮演着举足轻重的角色。西方大国对中东热点问题的推波助澜乃至在中东制造热点问题,其目的是维护自身在中东地区的主导地位,而这与其在中东地区的历史存在和深耕有着密切关联。事实上,中东热点问题是一个动态的概念,长期以来,中东地区一直从属于域外强权所主导的国际体系之下。

当前大国对中东热点问题的参与方式具有不同的特点,具体而言包括美国、欧盟和俄罗斯等三种进路。首先,美国毋庸置疑在中东地区具有超强的影响力,特别是在冷战结束末期和冷战结束以后,美国通过海湾战争和伊拉克战争以武力强势介入中东。美国总体上在中东地区大搞意识形态划线和联盟战略,军工复合体利益集团、基督教福音派、犹太院外集团等

[①] 刘中民、范鹏:《中国热点外交的理论与案例研究——以中东热点问题为例》,北京:世界知识出版社2017年版,第15页。

[②] 同上,第16页。

[③] 参见安惠侯:《中东热点的冷观察》,北京:世界知识出版社2018年版。

在其中发挥了重要作用。美国借"9·11"事件彻底颠覆了伊拉克国内原有的政治生态和宗教生态，使得伊拉克成为21世纪中东地区的动荡之源。美国还在中东地区大搞"大中东民主计划"，将中东伊斯兰国家视为美式民主改造的对象。同时美国以武力为后盾的强力民主改造计划也面临着困境，美国对以沙特为首的海湾君主国的政治体制虽有不满，但出于实用主义考量而对其保持了最大限度的容忍。[1] 特朗普上台以后，美国更是在偏袒以色列和打压伊朗上不遗余力，并在此基础上促进以色列与阿拉伯国家之间的新一轮和解乃至建交，其目的是以反对和应对伊朗"威胁"为名整合中东亲美阵营。美国在中东热点问题的参与中表现出浓厚的单边主义、罔顾国际法和国际关系准则、干涉他国内政和展开政权颠覆等特点，正因如此，美国成为诸多中东热点问题的制造者并导致热点问题更加白热化。其次，欧盟在中东热点问题的参与中则表现出异于美国的特点。长期以来，欧盟基于地缘政治、地缘经济和地缘宗教等方面的考量，对中东热点问题的参与表现出相对复杂的态度。欧盟从总体上期望中东保持相对的稳定，主要采取经济援助、经贸合作和人道主义救援等和平方式来应对中东热点问题，反对随意诉诸武力，力求建立次区域安全秩序。[2] 即便如此，欧盟国家也并未完全放弃军事手段，特别是在奥巴马政府和特朗普政府从中东减少武力手段介入的前提下，在叙利亚危机中对反政府武装的支持上扮演了相对积极的角色。此外，法国还牵头成立欧洲版护航联盟来与美国的中东护航联盟分庭抗礼，以在伊朗问题上增加对美博弈的手段。最后，俄罗斯将巩固在叙利亚的存在作为重返中东的前哨。苏联解体后，俄罗斯从中东地区全线收缩，其在叙利亚的军事基地是俄罗斯在中东有限的军事存在。随着俄罗斯与西方矛盾的不断加剧，西方利用中东变局席卷叙利亚之机试图颠覆巴沙尔政权的做法令俄罗斯不能接受，由此俄罗斯从军事和政治上全力介入叙利亚问题。在俄罗斯的强力军事支持下，叙利亚政府军逐步收复失地和重要城市，反对派武装被压缩至土叙边境的狭小地区。[3]

---

[1] 参见汪波：《美国中东战略下的伊拉克战争与重建》，北京：时事出版社2007年版。
[2] 参见汪波：《欧盟中东政策研究》，北京：时事出版社2010年版。
[3] 钮松：《当前美俄在叙利亚问题上的合作与博弈》，载《长江论坛》2016年第6期。

总体来看，美国也不得不接受俄罗斯在叙利亚存在的事实。

美欧俄在中东的传统存在是中国参与中东热点问题的逻辑起点。新中国成立以后，中国对中东热点问题的参与长期处于一种基于革命外交的道义支持和声援，或以支持有关政治派别的武装斗争的形式展开，如1958年支持黎巴嫩人民的反美斗争，20世纪六七十年代支持巴解组织的武装斗争和阿曼佐法尔地区人民的抗英武装斗争等。1971年中国恢复联合国安理会常任理事国席位以后，中国中东外交逐渐呈现出多元化色彩，自万隆会议以来超越意识形态差异的外交方向进一步得到巩固，中国随即迎来了新一轮建交高潮。由于当时中国对于现代国际关系的参与度相对较低，特别是游离于国际经济体系之外，因而对于如1973年石油危机等中东热点问题的认知与参与极为有限。改革开放以后，中国的战略重心发生了根本改变，以经济建设为中心，对内改革、对外开放，走上了全方位融入国际经济体系、积极参与国际组织的新路。这种根本性的转向使得中国参与中东热点问题的视角、意愿、能力和方式等均发生了重大变化。20世纪80年代开始，中东热点问题频生且越来越具有国际影响力，联合国加大了对中东局势的介入力度，中东日益成为联合国维和行动的目标地区。中国参与联合国维和行动便是从中东开始的，1986年5月，中国应联合国邀请，派出考察小组赴中东了解联合国维和行动；1990年4月，中国向联合国停战监督组织派遣5名军事观察员，正式开启中国的维和行动。随着中国改革开放的不断深入，以及在20世纪90年代与中东大国沙特和以色列在外交关系上的突破，中国对中东热点问题的参与不仅是维护国家利益的基本需求，而且也是国际社会的总体期望。中国就中东热点问题所展开的斡旋外交，在巴以问题和伊核问题上属于主动参与型，在叙利亚问题上属于有限调解型，在也门问题上属于总体超脱型。[1]

---

[1] 孙德刚：《中国在中东开展斡旋外交的动因分析》，载《国际展望》2012年第6期，第26—29页。

第一节　协调中东热点问题的总体原则

参与中东热点问题是中国热点外交的组成部分，这两者之间既有共性也有基于特定地区的个性。就中国参与中东热点问题和中国热点外交的共性而言，其均涵盖若干总体原则和立场，都起到了提纲挈领的奠基作用。具体而言，中国参与中东热点问题的原则和立场主要包括以下四个方面：维护以联合国为核心的国际体系，维护以国际法为基础的国际秩序，坚持和平共处五项原则，树立正确的历史观、大局观、角色观和倡导共同、综合、合作、可持续的安全观。以上四个方面是一个有机整体，反映了中国大力推进国际关系民主化、法治化、合理化的决心和信心。在当前美国单边主义盛行，"退群""背约"成为常态的背景下，中国参与中东热点问题的总体原则和立场对于在国际社会捍卫多边主义，促进团结合作，推进劝和促谈具有积极意义。

一、维护以联合国为核心的国际体系，促进国际关系的合理化

习近平同志指出："中国是联合国创始成员国，是第一个在联合国宪章上签字的国家。中国将坚定维护以联合国为核心的国际体系，坚定维护以联合国宪章宗旨和原则为基石的国际关系基本准则，坚定维护联合国的权威和地位，坚定维护联合国在国际事务中的核心作用。"[1]"我们的先辈建立了联合国，为世界赢得70余年相对和平。我们要完善机制和手段，更好化解纷争和矛盾、消弭战乱和冲突。"[2]"坚持政治解决冲突的方向……联合国要高举这面旗帜"，"联合国要发挥政治、道义优势、统筹协调工

---

[1] 《习近平谈治国理政（第二卷）》，北京：外文出版社2017年版，第547页。
[2] 同上书，第541页。

作","坚持联合国在国际事务中的引导作用"。① 联合国与国际体系之间是"核心—体系"的结构,正是由于处于改革与发展历程中的联合国不断在国际事务中坚持正义,不同程度抵消霸权主义在国际事务中的负面影响,因而促进了国际关系的合理化。离开了联合国及其下属机构为代表的多边主义和广泛的代表性,国际关系的优化便无从谈起。习近平对于联合国在国际体系与国际事务中核心地位的深刻认知,来源于对现代国际体系的演进历程、联合国自身的民主化、新中国参与联合国的历史经验、单边主义和逆全球化浪潮对联合国的冲击等关键问题的思考和定位。

首先,联合国在现代国际体系中核心地位的确立,为该体系的维系、发展和变革提供了关键性的凝结与支撑作用。现代国际体系发端于欧洲"三十年战争"废墟之上的欧洲政治与社会,在很大程度上是对以罗马教廷和教皇为核心的欧洲国际体系的颠覆和超越。正是在此基础上,欧洲新教国家和天主教国家两大阵营最终达成了《威斯特伐利亚和约》,建立了对基督宗教"放逐"基础上的去宗教化的、以世俗政治为基础的威斯特伐利亚国际体系,对民族国家和主权的捍卫成为了现代国际关系的基本单元和基本规范。随着欧洲殖民体系的全球扩张,广大亚非拉地区被纳入威斯特伐利亚体系之中,成为欧洲殖民列强的附属品而非体系的独立参与者。第一次世界大战的爆发,为现代国际体系的完善打开了缺口,两大阵营间的博弈在一定程度上为殖民主义打开了缺口,一些在殖民列强博弈夹缝中的少量非西方国家的独立获得了承认,如阿拉伯半岛的纳季德王国,以及沙特家族统治的希贾兹王国等。尽管一战还为美国威尔逊总统的"十四点计划"提供了施展的舞台,特别是国际联盟的诞生在一定程度上为现代国际体系的维系提供了一种新的方向,即试图通过国联的调停来解决国际争端。但事与愿违,国联很大程度上仍旧是维护旧制殖民主义和国际霸权的工具,并未在国际关系中成功树立其权威地位。不仅如此,美国因其孤立主义而未加入国联,德意日在二战前相继退出国联,苏联因苏芬战争而被国联开除,这使得国联的地位受到极大削弱并实际上处于名存实亡的地

---

① 《习近平谈治国理政(第一卷)》,北京:外文出版社 2014 年版,第 251 页。

位。二战的爆发使得旧的国际秩序被打破。各国开始反思两次世界大战，为何世界持久和平会成为人类社会的共识。在此基础上，联合国应运而生，"西方国家从欧洲战争，尤其是一战和二战的历史教训中，寄希望通过新的制度设计来限制无限膨胀的国家主权，国联是不成功的首次尝试，联合国是国联的改进版"，① 国联也于1946年正式解散并将其财产和档案移交给联合国。自此以后，联合国在战后国际关系中扮演了重要的角色，成为联合国会员国并获得席位在很大程度上是国家及其政权获得国际社会普遍承认的重要标志与国际合法性的来源。此外，获得联合国的授权也成为国际关系中涉及战争与和平事务的前置条件。正是由于国际社会普遍公认联合国在现代国际体系中的核心地位，尽管战后大国纷争不断，尤其是冷战期间两大阵营博弈和21世纪"新冷战"愈演愈烈，但联合国作为国际关系中的"最大公约数"仍旧发挥着独特的作用。不仅如此，针对国际体系的转型、全球治理时代的到来和宗教对国际关系参与的不断加深，联合国也顺应时代变迁进行了相应的议程调整。

其次，联合国自身也经历了民主化的进程，并最终具有了广泛的全球代表性。联合国的成立是建立在二战中同盟国对轴心国取得完全胜利的基础之上的，安理会常任理事国为同盟国的"五强"，而联合国大会则因会员国并未具有普遍代表性而影响了其在国际体系与国际关系中应有效能的发挥。这包括几个方面的原因：第一，战败国（德意日）被排斥在联合国大门之外；第二，因冷战之故，中华人民共和国在联合国的席位长期被台湾当局非法占据；第三，存在分裂状态的国家在相当长时期拒绝加入联合国而避免分裂固化，如东德与西德、朝鲜与韩国；第四，广大殖民地国家未获得完全的独立和主权地位。正因如此，尽管联合国成立之初继承了二战期间美苏超越意识形态而来的盟友关系，但西方国家在安理会或整个联合国会员中仍占据着数量上的主导地位，因此苏联的加盟共和国乌克兰和白俄罗斯也成为联合国的会员国便在一定程度上反映了东西方之间整体实力对比的差距。随着战后民族解放运动的开展，进入20世纪70年代，大

---

① 钮松：《现代国际体系的构建与转型》，载《系统科学学报》2014年第3期，第73页。

量前殖民地国家获得了独立并成为联合国会员国。德意日等前法西斯国家也顺利转型并获得了联合国的接纳。在此情形下，独立于美苏、西欧之外的广大第三世界国家的加入对于促进联合国的机构与机制民主化起到了举足轻重的作用，特别是推进了中国在1971年恢复在联合国的合法席位，这体现了联合国大会在相关决议上逐步摆脱大国操纵，能够在一定程度上保障相关非西方国家的利益和维护和平。1991年，朝鲜与韩国也同时加入了联合国，这在很大程度上将冷战在亚洲的遗留问题置于联合国的框架之下，维持了朝鲜半岛的总体和平与稳定。联合国安理会非常任理事国席位也依据时代的变化而进行了调整，从最初的6个增至1965年的10个，并按照地区进行了分配，即亚洲2个、非洲3个、拉美2个、东欧1个、西欧及其他国家2个。这在一定程度上增加了联合国会员国对安理会决策的参与度与地区代表性，也较好地平衡了对于常任理事国的扩容争议问题。2012年11月，巴勒斯坦在第67届联合国大会上正式成为联合国观察员国，这反映了联合国对于战后最为棘手的巴以问题冲突的介入上又迈进了一步，此举对于推进巴勒斯坦建国和国际合法性具有重要意义。

再次，新中国于1971年恢复了在联合国的合法席位，促进了中国与联合国关系的根本改善，也为中国真正融入国际社会创造了国际条件。中国对于以联合国为核心的国际体系的捍卫，首先来源于中国在联合国中合法身份的恢复。尽管新中国成立之初便有与联合国接触的意愿，但此时的联合国很大程度上受到美国的操控。1950年朝鲜战争爆发后，美国操纵下的联合国做出决议派遣"联合国军"参战，这使得中国与"联合国军"在朝鲜战场上兵戎相见。20世纪50年代，世界范围内的民族解放运动和社会革命层出不穷，中国除了与苏东社会主义阵营巩固全方位关系以外，还大力发展与亚非拉国家之间的关系，这一时期迎来了新中国第一次建交高潮。1955年万隆会议期间，周恩来与诸多中东国家领导人直接会谈，促成了中国外交关系在超越意识形态束缚上的突破。20世纪50年代后期至60年代末，新中国迎来了第二次建交高潮，其中除了法国以外均为亚非拉国家，而阿拉伯国家和非洲国家又占据多数。① 1971年，随着中美关系的解冻和基辛格访华，中国的国际处境得到了巨大改善，对外关系方向更加宽泛。正是得益于联合国自身的民主化进程和中国与亚非拉国家外交关系的建立与深化，才使得新中国在1971年10月最终得以恢复在联合国的合法席位。"40多年前，13个阿拉伯国家和非洲朋友一道，投票赞成新中国恢复联合国席位"②，特别是中国在安理会常任理事国的身份有助于中国参与并影响国际事务。不仅如此，中国坚定在联合国框架内反对"两个中国""一中一台""台湾地位未定论"等图谋，声言只要在联合国里出现此类情况，新中国就坚决不同联合国发生任何关系。③ 美国关于中国席位的"重要问题"提案被否决，反映了第三世界利用联合国舞台反对霸权主义斗争的胜利。"1971年联合国以压倒多数通过恢复中国的合法席位，中国的国际地位空前提高"，这催生了20世纪70年代新中国迎来第三次建交高潮。就第三世界国家而言，非洲26国与中国建交、拉美13国与中国建交、东南亚和南亚5国与中国建交、中东7国与中国建交、太平洋5国与中国建交；此外，中国与西方国家和日本的外交关系也在大幅突破④。中国以1971年恢复在联合国的合法席位为起点，从游离于联合国之外逐步走向了利用联合国为合法武器支持第三世界的反殖反霸斗争，并在此过程中推进了联合国的转型。

最后，单边主义和逆全球化思潮使得维护联合国的权威与核心地位日益紧迫。随着冷战的结束和两极格局的瓦解，美国成为唯一的超级大国。美国在国际关系中越来越奉行单边主义，频繁运用战争和单边制裁等手段来实现其外交目标。美国的单边主义行径并未完全排斥联合国的作用，但

---

① 中国外交部：《第二次建交高潮》，2000年11月7日，http：//switzerlandemb.fmprc.gov.cn/web/ziliao_674904/wjs_674919/2159_674923/t8964.shtml。（登录时间：2019年11月16日）

② 《习近平谈治国理政（第一卷）》，北京：外文出版社2014年版，第314页。

③ 谢益显主编、曲星、熊志勇副主编：《中国当代外交史（1949—2001）》，北京：中国青年出版社2004年版，第283页。

④ 中国外交部：《第三次建交高潮》，2000年11月7日，http：//switzerlandemb.fmprc.gov.cn/web/ziliao_674904/wjs_674919/2159_674923/t8965.shtml。（登录时间：2019年11月16日）

这只是其为单边主义行动谋求国际合法性的重要途径而非必要条件。换言之，美国发起的对外军事行动在是否获得联合国授权方面兼而有之，如海湾战争因旨在制止伊拉克吞并科威特而获得联合国授权，阿富汗战争因"9·11"之故而获得国际同情并获得联合国的授权，但科索沃战争和伊拉克战争作为美国打造冷战后国际新秩序的几场关键战争的组成部分，则未能获得联合国的授权。对于美国而言，尽管冷战后其单边主义思潮和行为日益泛滥，但美国仍不能完全忽视联合国在现代国际体系中的独特地位。美国一方面威逼利诱联合国会员国支持其单边主义行动，另一方面在未获联合国授权的背景下直接选择无视。特朗普政府时期，美国的单边主义倾向更为明显，特别是在伊核协议达成后联合国逐步解除对伊经济制裁的时刻，重启并扩大对伊制裁力度。不仅如此，在联合国按期解除对伊常规武器禁运之后，美国仍声言要对与伊朗进行武器交易的国家进行制裁。美国层出不穷的单边主义作为，极大冲击了以联合国为核心的现代国际体系，削弱了联合国对国际事务的主导地位。随着近年逆全球化思潮在西方的蔓延，以英国"脱欧"和美国不断"退群"为代表的逆全球化举措对联合国构成了新一轮的挑战。由于联合国本质上是以世界主义来削减民族主义的消极因素，这与当前欧美的贸易保护主义的回潮、民粹主义的兴起格格不入。欧美一方面强调国内优先，减少对联合国和多边机构的支持，另一方面又不愿轻易放弃对联合国及其下属机构的决策权和控制力，这便构成了对联合国的改革与发展的弱化支持与强化控制两个面向的挑战。①

二、坚持以国际法为基础的国际秩序，促进国际关系的法治化

习近平同志指出："'法者，治之端也'。在日内瓦，各国以联合国宪章为基础，就政治安全、贸易发展、社会人权、科技卫生、劳工产权、文化体育等领域达成了一系列国际公约和法律文书。法律的生命在于付诸实施，各国有责任维护国际法治权威，依法行使权利，善意履行义务。法律

---

① 马建英：《"逆全球化"横流的当下，如何看待中国在联合国发挥的作用？》，2018年9月29日，https://www.sohu.com/a/256947574_433398.（登录时间：2020年10月2日）

的生命也在于公平正义,各国和国际司法机构应该确保国际法平等统一适用,不能搞双重标准,不能'合则用、不合则弃',真正做到'无偏无党、王道荡荡'。"①"任何国家都不能随意发动战争,不能破坏国际法治,不能打开潘多拉的盒子。"② 习近平谈及后疫情时代的联合国之作用时指出:"厉行法治。联合国宪章宗旨和原则是处理国际关系的根本遵循,也是国际秩序稳定的重要基石,必须毫不动摇加以维护。各国关系和利益只能以制度和规则加以协调,不能谁的拳头大就听谁的。大国更应该带头做国际法治的倡导者和维护者,遵信守诺,不搞例外主义,不搞双重标准,也不能歪曲国际法,以法治之名侵害他国正当权益、破坏国际和平稳定。""坚定维护以国际法为基础的国际秩序。"③ 在普遍认为国际社会处于无政府状态之中,或曰世界政治秩序中存在无政府社会的情况下,如何维护国际秩序的稳定和国际体系的稳固,尽管存在不同的理解与路径,但国际法的作用难以得到回避,西方学者也关注到国际法与国际秩序的重要关联。④ 对于国际热点问题而言,这本身就是对于国际秩序事实或潜在的巨大冲击,若是国际社会对热点问题的应对不当或不及时,那么其关联性问题的危机化也会酿成新的热点问题。在无政府状态的国际社会中,只有在法治化的国际关系中才能最大限度确保国际秩序的稳定性,国际法、国际公约、法律文书等很大程度上是人类社会基本共识的法治化成果。中国将国际法视为国际秩序的基础,主要体现在以下几个方面。

首先,中国高度重视联合国安理会相关决议的权威性和约束力,坚持以联合国安理会决议为参与国际热点问题的准绳。由于国际关系中缺乏一个"世界政府"的存在,国际社会在相关国际法、国际公约的执行上缺乏普遍的约束力和执行力,这就导致不批准、不参与甚至大肆违反国际法规

---

① 《习近平谈治国理政(第二卷)》,北京:外文出版社 2017 年版,第 540 页。
② 同上书,第 541 页。
③ 《习近平在联合国成立 75 周年纪念峰会上的讲话(全文)》,2020 年 9 月 22 日,http://www.xinhuanet.com/politics/leaders/2020-09/22/c_1126522721.htm.(登录时间:2020 年 10 月 2 日)
④ 参见 [英] 赫德利·布尔著,张小明译:《无政府社会:世界政治中的秩序研究》,上海:上海人民出版社 2015 年版。

的行为层出不穷。20 世纪 90 年代以来，国际恐怖主义日益成为国际社会的公害，"9·11"事件更是开启了全球恐怖主义的新时代。在此情形下，联合国安理会通过一系列相关决议，再加上该机构本身是联合国唯一有权采取行动的机构，因此这些决议的出台实际上具有了某种国际立法的性质。具体而言，"首先，安理会决议确实对国际法的性质产生了某种影响"；"其次，安理会决议数量之多，强制力之高，使得决议不仅具有国际法渊源上的意义，甚至具有某些相对于条约、习惯或判例的优势。再进一步，联合国安理会通过决议的权力，甚至已在充当'国际立法者'的角色"；"安理会的决策方式使得它不可避免的在通过政治方式对《联合国宪章》做出了法律解释，而这些决议在取得了法律拘束力后，又反过来受到了来自国际社会的政治监督和法律监督。"[1] 也有学者对安理会决议与国际法的关系做了进一步的梳理，即"安理会依《联合国宪章》通过的一般决议属于'内部规章制度'，仅对安理会的内部机构具有法律拘束力，并具有促进功能和执行功能。安理会通过的特别决议属于'实施细则'，其中的软法性措辞条款是任意性规则，只对安理会的内部机构具有法律拘束力；其中的国际义务条款是强制性规则，对联合国全体会员国具有法律拘束力，还具有造法功能。"[2] 中国自 1971 年恢复在联合国的合法席位以来，积极参与联合国及安理会的工作，高度重视并严格执行安理会相关决议精神，并以此为基础展开对外关系和参与国际热点问题。维护联合国安理会决议的权威性与支持联合国在国际事务中的核心作用是一个有机的整体，为了确保安理会决议的合理性，中国秉持公道正义的原则，在安理会相关决议草案的投票上保持高度审慎的原则。中国在联合国安理会的投票行为，整体上保持了"不干涉内政"的根本原则，但依据时代的变化和联合国促进和平方式的变化而有所调整，特别是在涉及联合国强制行动问题上坚持立场，如在叙利亚问题上的几次否决票便是例证。中东变局蔓延至叙

---

[1] 何田田：《联合国安理会决议与国际法渊源关系的思考》，载《南都学坛（人文社会科学学报）》2017 年第 3 期，第 66 页。

[2] 王虎华、肖灵敏：《再论联合国安理会决议的国际法性质》，载《政法论丛》2018 年第 6 期，第 43 页。

利亚以后，反对派与政府之间的对抗演变成剧烈的武力冲突和内战，"中国在安理会有关干涉叙利亚内政的强制决议草案上表现出来的积极反对的言论和行动，明确展现着'不干涉内政'原则的底线：不能允许安理会变成少数大国滥用武力干涉他国内政的工具。同时，中国还努力尝试变成一个积极的参与者，即试图寻找正确的方式来解决问题，而不仅仅满足于阻止用错误的方式来解决问题。"① 这反映了中国对于自身在安理会的决策地位所可能造成的国际关系和国际法治影响具有深刻认知。

其次，中国将执行联合国安理会相关决议视为动用军事手段合法参与国际热点问题、制止战争与冲突的基本准则。联合国的成立是二战的直接产物，反映了人类对于世界大战的恐惧与反思，以及对于集体安全的制度设计。实践证明，尽管战后全球范围内战争与冲突仍旧频出不穷，但国际社会仍旧保持了总体上的和平与稳定，即便是美苏争霸最为剧烈的冷战期间，美苏两个超级大国之间仍然极力避免直接的军事冲突，这种局面直至苏联解体而告终。冷战行将结束时的海湾战争则是联合国安理会在武力维和上的一个转折点，第678号决议开启了一种合法使用武力的"授权"模式，即"授权不仅仅是对自卫或使用武力的许可，还可以对这些动武构成限制。理论上，安理会有权决定终止各种使用武力，无论是武力攻击还是自卫，也不论是否经过它的授权，安理会在动武问题上享有最终决定权……这才是在联合国框架下使用武力的真正含义，才是国际法和联合国存在的一个重要价值"。② 就发动海湾战争的第678号决议而言，是"美国利用苏联从中东的战略收缩、国际社会对伊拉克侵略行径的普遍谴责，获得联合国授权并整合阿拉伯大国埃及以及海湾君主国参加西方国家为主的多国部队，筹备对伊拉克发动战争"。③ 此外，联合国安理会还在此后有关热点问题的决议中进行了"重申""关切""呼吁""决定"等不同表述。中国将是否获得联合国安理会相关决议的认可或授权视为采取武力合法干

---

① 甄妮、陈志敏：《"不干涉内政"原则与冷战后中国在安理会的投票实践》，《国际问题研究》2014年第3期，第35页。

② 李鸣：《联合国安理会授权使用武力问题探究》，载《法学评论》2002年第3期，第73页。

③ 钮松：《海湾战争与欧洲冷战的结束》，载《军事历史》2017年第6期，第15页。

预的底线,反对大国在未获得联合国安理会同意的情况下采取单边主义的军事行为来达成其政治目的,如美国2003年发动的伊拉克战争。不仅如此,中国的海外利益保护途径也在不断拓展,特别是海军亚丁湾护航编队的派出也是在联合国的框架下顺利展开的,"联合国安理会于2008年四度通过决议,呼吁国际社会共同打击索马里海盗,第1816号决议中指出,获得索马里过渡政府同意的外国军队可'进入索马里领海,以制止海盗及海上武装抢劫行为,但做法上应同相关国际法允许的在公海打击海盗行为的此类行动相一致'","中国海军编队与其他国家海军编队相互配合打击索马里海盗,得到了联合国以及索马里过渡政府的授权,因而属于合法的军事行动。"①

最后,中国坚持多边主义精神,广泛参与国际组织和国际公约,遵守国际协议。1971年以后,随着中国在联合国合法席位的恢复,中国逐步参与到更多国际组织之中,并在国际多边舞台中参与国际规则的制定与变革。中国在许多国际组织的合法席位不断得到恢复,这为中国的全球外交拓展和参与全球治理体系的变革提供了契机。中国参与国际组织和签署国际公约的领域不断拓展,而遵守国际法治的精神则贯穿始终。如1984年中国恢复在国际刑警组织中的合法席位后,中国与该组织及成员国警方的执法安全合作不断推进。习近平主席在北京举行的国际刑警组织第88届大会上指出:"法治是人类政治文明的重要成果,是现代社会治理的基本手段。国与国之间开展执法安全合作,既要遵守两国各自的法律规定,又要确保国际法平等统一适用,不能搞双重标准,更不能合则用、不合则弃","要坚持和维护联合国宪章以及国际刑警组织章程,认真履行打击跨国犯罪公约和反腐败公约,不断完善相关国际规则,确保国际秩序公正合理、人类社会公平正义。"② 习近平关涉国际法的讲话虽然是针对国际刑警组织的,但其中涉及国际法适用原则,即中国重视联合国宪章和相关国际组织章

---

① 钮松:《"越境打击"索马里海盗与中国外交转型》,载《太平洋学报》2012年第9期,第70页。

② 习近平:《论坚持推动构建人类命运共同体》,北京:中央文献出版社2018年版,第486页。

程,以及该组织所覆盖国际合作领域的具体国际公约在国际关系法治化中的重要作用。中国在国际规则上经历了从被动应对到主动参与的过程,"随着中国的进一步崛起,主动参与国际规则的塑造已成为对外政策的重点",中国是国际规则的"建设者"和"稳健的建设性参与者","这既是对现存规则合法性的尊重,也是符合本国利益的理性选择"。① 在美国特朗普政府广泛掀起肆意"脱钩""退群"等逆全球化和所谓"美国优先"政策的干扰下,中国与国际社会一道,为维护国际规则的完整与进一步合理化不断努力。此外,中国还高度重视国际关系中的遵约履约,深谙法治的关键在于执行这个道理,如在美国单方面退出伊核问题全面协议并重启乃至扩大对伊制裁,并在依联合国决议按期解除对伊朗的常规武器交易制裁上,中国与伊核协议攸关方及国际社会一道,通过不同形式抵制美国违背国际协议和联合国决议的做法,极大程度维护了国际关系中的法治精神。

三、坚持和平共处五项原则,促进国际关系的民主化

习近平同志指出:"中国始终是维护地区和世界和平、促进共同发展的坚定力量。中国同印度、缅甸共同倡导的和平共处五项原则,日益成为指导国家间关系的基本准则。"② "恪守尊重主权、独立和领土完整、互不干涉内政等国际关系基本准则,尊重各国自主选择的社会制度和发展道路,尊重并照顾各方合理安全关切。"③ "要坚持国际关系民主化,坚持和平共处五项原则,坚持国家不分大小、强弱、贫富都是国际社会平等成员,坚持世界的命运必须由各国人民共同掌握,维护国际公平正义,特别是要为广大发展中国家说话。"④ 和平共处五项原则是中国贡献给国际社会的公共产品,自20世纪50年代初提出后便得到国际社会的关注并逐步成

---

① 孙溯源:《中国参与国际规则的制定与变革——兼论中国与国际贸易规则改革》,载黄河、汪晓风主编:《复旦国际关系评论(第二十六辑):中国与世贸组织改革》,上海:上海人民出版社2020年版,第4、8页。
② 《习近平谈治国理政(第一卷)》,北京:外文出版社2014年版,第357页。
③ 同上,第355页。
④ 《习近平谈治国理政(第二卷)》,北京:外文出版社2017年版,第443页。

为国际关系中普遍认可的规范和准则。

和平共处五项原则的提出与周恩来有着密切的关联,他是五项原则的"创意者""发起者"和"牵头者",他"倡导的相互尊重主权和领土完整、互不侵犯、互不干涉内政、平等互利、和平共处五项原则是他在外交上的辉煌伟绩。这些原则是对旧国际秩序的彻底否定,开启了国际关系的新纪元。周总理是和平共处五项原则的首创者和忠实实践者"。① 和平共处五项原则在很大程度上已成为中国外交的标志性成果,它最初是处理中国与周边国家关系的指导思想,特别是在处理中印、中缅、中苏关系中取得了丰硕的成果。1955年的万隆会议则是新中国在亚非国际舞台上的一次难得的国家形象和外交风格的展示机会,正是在此次会议上,以和平共处五项原则为基础的十项原则最终列入会议的最后文件。改革开放以后,邓小平同志的许多主张与看法进一步充实了和平共处五项原则,如"一国两制""共同开发"是和平共处的新模式,以新型党际关系促进国家间和平共处,以和平共处五项原则作为建立国际新秩序的准则。② 进入新时代,习近平同志仍旧高举和平共处五项原则的大旗,这反映了新中国在维护国际公理和促进世界和平上具有指导思想上的一脉相承。从新中国成立之初到改革开放以后,直至进入新时代,和平共处五项原则贯穿始终,成为中国外交理念、思想与实践的基石。特别是在当前国际关系中冷战思维甚嚣尘上、逆全球化思潮不断抬头的时代背景下,更具有历久弥新的时代意义。总体而言,和平共处五项原则在自提出以来的国际实践中具有以下几个方面的不变:对于时代主题的判断不变,即保持和平相处的主线;对于中国"自处之道"不变;作为中国外交话语体系的主线不变,这来源于中国外交和平属性的继承性和持续性。③ 和平共处五项原则促进国际关系民主化的发展,主要从以下几个方面予以呈现。

---

① 尹承德:《周恩来:和平共处五项原则的创意者、发起者、牵头者》,载《党史博览》2017年第1期,第9页。
② 李合敏:《论邓小平对和平共处五项原则的运用和发展》,载《决策与信息》2016年第11期,第52—54页。
③ 姚璐:《和平共处五项原则理念与实践探析——六十年的"变"与"不变"》,载《教学与研究》2014年第9期,第73—76页。

首先，和平共处五项原则体现了超越国际意识形态分歧的国家间正常交往的精神，凸显了不同社会制度之间的平等与共存。和平共处五项原则的提出与形成是建立在中国与印度、缅甸等国的双边关系基础之上，而印度与缅甸的社会制度与中国存在着根本的差异，但这并不妨碍这些国家在两极格局的大背景下超越意识形态发展正常乃至友好的国家关系。和平共处五项原则真正走向更广阔的国际舞台并获得更为广泛的接纳与认可，肇始于1955年的万隆会议。万隆会议是二战后亚非国家在排斥西方国家干预下独立自主召开的展望亚非国家命运的国际会议，尽管与会国均为亚非国家，但在社会制度、宗教背景及与西方关系上却千差万别。新中国尽管此时没有恢复联合国合法席位，但也应邀与会。中国将与印度、缅甸已形成双边共识的和平共处五项原则精神带到了会场，针对西方国家以强化意识形态差异和渲染共产主义威胁来破坏会议的举措，周恩来提出了"求同存异"的方针，使得会议得以回到正题上来，和平共处五项原则的精神获得了万隆会议文件的认可。中国不仅超越政治意识形态上的差异来与亚非民族国家进行直接接触和交往，而且还发挥跨国宗教在中国对外关系中的积极作用，如周恩来及宗教顾问达浦生大阿訇等在万隆会议期间与沙特费萨尔亲王直接交往，以恢复朝觐为突破口促进了中国与伊斯兰阿拉伯国家关系的改善，而邓小平1979年访美期间则再度重启中国大陆穆斯林的朝觐并进一步促进了中沙关系的改善。[1] 1971年中国恢复在联合国的合法席位以后，特别是改革开放以来，中国更是超越了意识形态的对立和其他国家之间的对立，加大了全方位外交的力度，如中国与所有阿拉伯国家实现了建交的同时，也与以色列建交，保持中朝友好关系的同时与韩国建交。此外，中国开创性地提出"一国两制"的构想并付诸实践，和平统一港澳虽是中国的内政问题，但也对中英、中葡关系构成了挑战。正是在和平共处五项原则精神的指引下，中国通过"一国两制"来化解与英国、葡萄牙之间的意识形态冲突，同时确保了香港与澳门的顺利回归。

其次，和平共处五项原则反对大国沙文主义、霸权主义和强权政治。

---

[1] 参见钮松：《当代中国与沙特关系演进中的伊斯兰朝觐》，载《阿拉伯世界研究》2020年第4期。

国际关系的民主化发展，只能在平等而非等级化的国家关系中才能实现。尽管战后民族解放运动如火如荼，亚非拉广大殖民地和附属国逐步实现了形式上的独立，特别是1990年纳米比亚正式独立以后，殖民体系最终得以寿终正寝。虽然前殖民宗主国最终承认了原殖民地的独立和主权国家地位，但在国际关系中依旧通过制度设计来进行新的操控，如通过西方主导的国际经济、金融货币制度和不合理的全球产业布局使亚非拉国家事实上处于依附状态。不仅如此，大国之间还进行势力范围的划分，对弱小国家乃至盟国进行差序管理，军事政治集团对垒和结盟外交层出不穷，干涉他国内政甚至主导政权更迭极大破坏了国际关系的生态，增加了国际关系中冲突与动荡的频率。和平共处五项原则直指霸权主义和强权政治破坏国际秩序的实质，特别是在冷战结束后，西方盛行"人权高于主权""人道主义干涉"等政治思潮，大力支持在具有宗教、政治导向的国际非政府组织和基金会等向第三世界国家渗透的情形下，对于维系国际关系基本秩序具有积极意义。尤其是进入21世纪以后，美国针对全世界大力推进民主改造计划，如武力推翻伊拉克萨达姆政权，支持"阿拉伯之春"中利比亚、埃及等国的政权更迭，并试图推翻叙利亚巴沙尔政权，对伊朗也采取了"以压促变"的打压与制裁举措。特朗普上台以后，美国的对外战略日益契合保守国际主义的战略思想，融合了国际主义、民族主义和现实主义等三种战略思想。① 特朗普甚至对其欧洲盟友也采取强制外交，美欧关系在英国"脱欧"之后日趋复杂。2020年8月，针对美国对中国的恶意打压，中国外交部发言人指出："中国永远不称霸，但从不畏强权。我们主张大小国家一律平等，国与国之间应相互尊重、合作共赢"，"美国个别政客到处搞政治霸凌、经济霸凌、军事霸凌和话语权霸凌，正日益遭到国际社会和美国国内有识之士的唾弃。美国现在哪里还有一个大国的样子。"② 与美国形成鲜明对比的是，中国对自身"负责任大国"的定位则是与和平共处五项原则的有机统一，即坚持大国担当而非大国霸凌，大力推广"结伴不结

---

① 焦兵：《特朗普保守国际主义战略分析》，载《现代国际关系》2018年第8期。
② 张子扬：《中方：美个别政客到处搞政治霸凌》，2020年8月24日，http：//www.chinanews.com/gn/2020/08-24/9272940.shtml。（登录时间：2020年12月12日）

盟"的中国特色伙伴外交。

最后，构建人类命运共同体是对和平共处五项原则的继承与发展。正是在和平共处五项原则的基础上，尽管中国从20世纪50年代的革命外交迈向了如今的全方位外交模式，中国总体上仍旧保持了基本外交思想的连贯性。进入新时代，中国提出构建人类命运共同体的思想和规划并不断将其在世界范围内推进。尽管人类命运共同体提出的时代背景与和平共处五项原则提出时的世界格局存在巨大差异，但两者仍在现代国际关系基本准则的框架之内。尽管冷战结束后国际体系转型的态势日趋明显，国际关系行为体也日益多元，但国家作为国际关系基本单元的事实并没有发生根本改变。维护主权国家在全球治理时代的基本生存与优质发展关乎国际体系的稳定，单边经济制裁、贸易战、武力威胁或武装干涉、支持民族分离主义运动、污名化不同社会制度等构成了对国际体系稳定性的严重挑战，制造对立与冲突为显著特征的"新冷战"成为对国际社会新的严峻威胁。人类命运共同体从新时代的高度进一步诠释了和平共处五项原则的精神，着眼于将全人类作为观察国际关系的起点，以"共同体"理念来理解国际关系的基本结构，以命运与共来作为国际关系的基本目标。中国认为人类不仅是命运共同体，也是利益共同体，这就在更高的历史起点上将和平共处、平等互利的精神进行了升华。总之，"人类命运共同体与和平共处五项原则之间又存在复杂联系，两者相互依赖、相互作用、相互渗透。"[1] 人类命运共同体理念从区域与领域上进行了细化，就区域而言包括亚洲命运共同体、中阿命运共同体、中非命运共同体、中拉命运共同体等，就领域而言包括海洋命运共同体、网络空间命运共同体、人类卫生健康共同体等。这些具体化的人类命运共同体的推进且受到越来越多国家的接纳，一定程度上对西方霸权主义和单边主义构成了制约，对于推进"一带一路"倡议并消除误解也具有积极意义。人类命运共同体理念进一步超越了国家在意识形态、社会制度、文化背景等方面的差异性，展望了以联合国为核心的多极化世界蓝图。

---

[1] 魏海香：《人类命运共同体与和平共处五项原则关系探究》，载《理论与评论》2018年第6期，第12页。

四、坚持正确的历史观、大局观、角色观和安全观

习近平同志指出:"把握国际形势要树立正确的历史观、大局观、角色观。所谓正确的历史观,就是不仅要看现在国际形势什么样,而且要端起历史望远镜回顾过去、总结历史规律,展望未来、把握历史前进大势。所谓正确的大局观,就是不仅要看到现象和细节怎么样,而且要把握本质和全局,抓住主要矛盾和矛盾的主要方面,避免在林林总总、纷纭多变的国际乱象中迷失方向、舍本逐末。所谓正确的角色观,就是不仅要冷静分析各种国际现象,而且要把自己摆进去,在我国同世界的关系中看问题,弄清楚在世界格局演变中我国的地位和作用,科学制定我国对外方针政策。"① 习近平同志还指出:"要倡导共同、综合、合作、可持续的安全观,积极参与斡旋解决地缘政治热点问题。"② "我们要秉持共同、综合、合作、可持续的新安全观,摒弃冷战思维、零和博弈的旧思维,摒弃弱肉强食的丛林法则,以合作谋和平、以合作促安全,坚持以和平方式解决争端,反对动辄使用武力或以武力相威胁,反对为一己之私挑起事端、激化矛盾,反对以邻为壑、损人利己,各国一起走和平发展道路,实现世界长久和平。"③ "我们要树立共同、综合、合作、可持续的安全观,营造共建共享的安全格局。要着力化解热点,坚持政治解决;要着力斡旋调解,坚持公道正义;要着力推进反恐,标本兼治,消除贫困落后和社会不公。"④ 习近平提出的"四观"为中国正确把握国际形势、国际现象、热点问题指引了方向,正确处理了中国与世界、历史与现实、局部与整体、微观与宏观、独享与共有等几组关系,有助于中国热点问题外交的持续推进。

首先,中国在国际热点问题中坚持正确的历史观,做到历史、现实与未来的有机统一。当前中国对国际热点问题的参与,并不是着眼于一时一

---

① 《习近平谈治国理政(第三卷)》,北京:外文出版社 2020 年版,第 427—428 页。
② 同上,第 448 页。
③ 同上,第 461 页。
④ 《习近平谈治国理政(第二卷)》,北京:外文出版社 2017 年版,第 511 页。

地的动态问题，而是以热点问题的现状为切入口，回顾过去并展望未来。中国坚持正确的历史观，首先在于关心自身的历史定位，即党和国家的外交决策及国际关系实践是否能经得起历史的检验。换言之，中国的对外关系决策并非是一种短视行为，即便是针对带有诸多突发性和棘手性的国际热点问题，也是着眼于自身长远的历史评价。这既有中国传统文化与哲学中的"以史为鉴"思想，也是习近平新时代中国特色社会主义思想中的大历史观的基本要求。习近平的大历史观包含了"以劳动发展史为基础的历史本体论，以历史前进中找到发展的内在逻辑性的历史认识论，以人民为中心的历史价值论这一当代中国的历史哲学。习近平新时代中国特色社会主义思想中的大历史观以广阔宏大的理论视野将历史中国、当代中国和未来中国有效地联结起来，刻画出了当代中国发展的完整历史画卷"。[①] 中国在国际事务中所具有的浓烈历史使命感，正是来源于中华文明史与中国共产党世界观中的历史观。中国坚持正确的历史观，在于在观察国际热点问题时善于做好调查研究工作，特别是对热点事件历史背景的回溯，以及热点问题与当代国际关系准则和国际法之间的关系。中国对热点问题的参与和解决方案的提出，均是在前两者的基础上，着眼于从根本上有助于问题解决朝着历史前进大势的方向迈进。正因如此，中国特别强调要依据事件的是非曲直，公平公正地予以对待，而非如同西方国家那样过分强调自身的国家利益，不惜在国际热点问题的处理上以亲疏划线，大搞"选边站"。西方做法的背后有着强烈的"历史优越论"的支撑，特别是"历史的终结"提出以后，更加重了其傲慢情绪，对于国际热点问题指手画脚，对于热点问题背后的其他国家的历史与国情要么不够重视，要么作为制造热点问题的切入口。不仅如此，西方还将一些理论假设与外交政策相结合，如将"文明的冲突"当作处理与伊斯兰世界关系的基本思想，在很大程度上"文明的冲突"俨然已成为人类文明进程中的历史事实。此外，西方还出现了歪曲国际关系史的逆流，如美国国务卿蓬佩奥兜售"中美接触失败论"，中国外交部发言人便驳斥这一论调不尊重历史、不符合事实，"每个

[①] 张永奇：《习近平新时代中国特色社会主义思想中的大历史观》，载《西北大学学报（哲学社会科学版）》2019年第5期，第99页。

国家所走的道路都是基于各自的文化传统和历史积淀"。[①]

其次，中国在国际热点问题中坚持正确的大局观，透过现象把握事件的本质及其地区和国际影响。中国注重坚持在外交战略中的正确大局观，这与具有历史积淀的大局意识可谓一脉相承，即并非从孤立的热点问题本身来就事论事，而是将热点问题之间的联动性以及对国际关系的整体影响结合起来。具体而言，中国的大局观主要体现在以下几个方面。第一，注重对国际热点问题的地区及国际影响的思考。中国注重将热点问题置于地区国际关系和全球事务的视角来进行分析与解读，不局限于对事件本身"细枝末节"的研判，而是注重其全局影响力。如在巴勒斯坦问题上，中国并不将该问题视为中东诸多热点问题中的孤立问题，而是坚持将其视为中东问题的核心，这有助于延缓巴勒斯坦问题日益被边缘化的态势。中国持续强调巴勒斯坦问题在中东问题中的核心地位，这就意味着国际社会在该问题的解决路径上必须慎之又慎，否则容易产生体系性的负面影响，从而对该问题本身以及中东国际关系造成更加艰难的局面。此外，中国还从大局观的高度对于当前人类社会所处的历史时代进行了研判，认为"我国处于近代以来最好的发展时期，世界处于百年未有之大变局，两者同步交织、相互激荡"。[②] 正是有着对于世界变局的总体定位，中国才能够从更为广阔的视野和战略高度来看待国际热点问题并提出中国方案。第二，注重对热点问题中的国内冲突双方做工作，最大限度加强与热点问题的有关方展开劝和促谈。中国加强对联合国危机斡旋的参与，分别加强与热点问题中政府和反对派双方的政治接触。中国不拘泥于与热点问题相关国家的政府进行必要沟通，也在联合国的支持下和积极劝和促谈方针的引领下，与政治反对派进行必要的接触，如中国公开邀请阿富汗塔利班代表团访华，这对于阿富汗和平进程具有积极的推动作用。第三，注重在热点问题中的立场坚定性和方式灵活性的统一。中国对于事关全局和大局的热点问题，

[①] 申杨、靳丹妮：《蓬佩奥等政客四处炮制所谓"中美接触失败论" 外交部：不尊重历史、不符合事实》，2020 年 7 月 29 日，http://m.news.cctv.com/2020/07/29/ARTI7ScnQpNM9r2vey9Nhdyl200729.shtml。（登录时间：2020 年 12 月 12 日）

[②] 《习近平谈治国理政（第三卷）》，北京：外文出版社 2020 年版，第 428 页。

在坚持自己的原则与底线的同时，也兼顾到相关国家的利益关切，如中国在美国主导的新一轮阿以建交问题上，既坚持巴勒斯坦问题在中东问题中的核心地位，又充分理解阿联酋和巴林在对以和解中的国家利益考量。中国在热点问题的应对中，善于从大局入手，在坚持自身立场的同时，注重妥协方式的运用，如中国在解决南海争端中提出的"搁置争议，共同开发"主张。

再次，中国在国际热点问题中坚持正确的角色观，将世界中的中国与中国参与世界完美结合起来。中国参与国际热点问题的解决，不仅仅从维护中国国家利益出发，也充分考量作为一个发展中大国，自身的决策会对世界产生什么样的影响，其最终也会对中国的改革开放和社会主义现代化建设产生联动性影响。总而言之，中国外交实际上是兼顾国内国际两个大局。习近平指出："我们要深入分析世界转型过渡期国际形势的演变规律，准确把握历史交汇期我国外部环境的基本特征，统筹谋划和推进对外工作。"[①] 中国牢牢把握对自身世界最大发展中国家的定位，注重在国际事务中与西方大国所扮演的世界角色区分开来。正是基于对世界大国和发展中国家双重身份的自我认知，中国在很大程度上成为全球大国、发达国家与发展中国家之间的交汇点，其在联合国总的角色是："中国在联合国的一票永远属于发展中国家。"[②] 正因如此，中国在总结历史经验的基础上勾画出构建人类命运共同的蓝图，这在具体的外交政策上有着清晰呈现，如"中国的中东政策顺应中东人民追求和平、期盼发展的强烈愿望，在国际上为阿拉伯国家合理诉求代言，愿为促进地区和平稳定发挥更大作用"[③]。此外，中国对于中国与中东关系也有着明确的角色定位，即"做中东和平的建设者、中东发展的推动者、中东工业化的助推者、中东稳定的支持者、中东民心交融的合作伙伴"[④]。正是因为中国有着明确的角色定位，在对外关系中才能从战略的高度推进地区政策和热点问题外交，其效果是注

---

① 《习近平谈治国理政（第三卷）》，北京：外文出版社2020年版，第428页。
② 《习近平谈治国理政（第二卷）》，北京：外文出版社2017年版，第526页。
③ 《习近平谈治国理政（第三卷）》，北京：外文出版社2020年版，第481页。
④ 《习近平谈治国理政（第二卷）》，北京：外文出版社2017年版，第461页。

重政策的长期性与连贯性，即不仅着眼于当下具体问题的解决，更着眼于其长远效应，即对同类热点问题的启示作用和对全球治理的促进作用。

最后，中国在国际热点问题中坚持共同、综合、合作、可持续的安全观，从全球安全治理的进路促进热点问题的解决。中国的新安全观，不是从狭义的角度去理解安全本身，而是一种具有广泛内涵的大安全观，对内表现为正在随着热点问题不断拓展的总体国家安全体系，[1] 对外则表现为共同、综合、合作、可持续的安全观。中国总体国家安全体系和新安全观是一个有机的整体，契合了时代的发展，由应对热点问题、危机和冲突而来，并非是安全的泛化。中国新安全观着眼于以下几组关系：第一，共同的安全观，中国秉持的安全不是单边的安全，而是共同安全，从安全共同体的视角来观察国际热点问题，这与许多大国缺乏国际责任，甚至利用强权政治来谋求单边安全形成鲜明对比。第二，综合安全观，中国的安全观在于标本兼治，并非从热点问题具体事件本身来着手，而是注重热点背后的综合影响要素，从总体安全的视角来思考安全问题。第三，以合作作为促进和平与安全的关键路径，即贯彻一种和平主义的合作方式。中国的新安全观注重国际合作的推进，认为国际合作才能为和平与安全奠定坚实的基础，大搞单边制裁、超强遏制甚至武力威胁无助于和平与安全的实现，甚至会适得其反。第四，可持续安全观，中国的安全观并非追求短期效应，而是期望具有全局性和体系性的功效，既真正能为热点问题的解决创造可行的合作机制、框架。中国的可持续安全观在很大程度上也来源于中国的政党制度，即"一届接着一届干"，而非美国式的"一届隔着一届干"，其优势是"可以集中精力持之以恒办大事、办难事、办急事"。[2] 中东地区是当前国际事务中热点问题出现最为频繁与密集的地区，中国高度重视中东安全问题，"中国以'新安全观'为指导，从被动应对到主动谋划，提倡通过政治途径解决争端，奉行'结伴不结盟'。在此过程中，中

---

[1] 钮松：《总体国家安全体系、人类命运共同体与生物安全治理》，载《国际关系研究》2020 年第 4 期。

[2] 苏长和：《民主的希望和未来在中国（2）——谈谈中国式民主与美国式民主》，载《人民日报海外版》2014 年 9 月 5 日。

国主张军事、政治、经济和社会治理四管齐下——积极参与联合国在中东的维和行动，开展热点外交，推动'以发展促和平'。"[1]

第二节　参与协调中东热点问题的基本观点和认知

中国以维护联合国为核心的国际体系来推进国际关系合理化，以维护国际法为基础的国际秩序来推进国际关系法治化，以坚持和平共处五项原则来推进国际关系民主化，以坚持共同、综合、合作、可持续安全观来推进持久和平与普遍安全的世界。以上这些构成了中国参与协调中东热点问题乃至中国外交的总体原则和立场，而就更为具体的中东热点问题的基本观点与认知而言，也是习近平外交思想在中东问题上的呈现。如何从人类历史与世界历史的演进与变迁规律和大势来观察中东，关乎中国参与中东热点解决的基本态度和谋篇布局的根本起点。如何从纷乱复杂、矛盾与冲突丛生的中东问题中从结构与体系上抓住主要矛盾，厘清次要矛盾，对于中国与国际社会一道共同寻求中东热点问题的解决之道大有裨益。如何从新的视角来破解中东地区发展进程中的难题与困局，尤其是超越意识形态和社会制度的差异，以命运与共、利益共赢的积极合作来促进和平与安全，关乎中东迈向持久和平的宽广道路，对于理解中东热点问题背后的独特性具有特殊意义。

一、以"百年未有之大变局"的视角来观察中东问题

习近平同志在中共十九大报告中指出："当今世界正面临着前所未有

---

[1] 孙德刚：《从顺势到谋势：论中国特色的中东安全治理观》，载《复旦学报（社会科学版）》2020年第5期，第179页。

第一章　协调中东热点问题的原则、观点和方法

的大变局，中国特色社会主义进入了新时代。"① 此后，习近平在此基础上将其进一步明晰化，他指出："中国特色社会主义进入了新时代。做好新时代外交工作，首先要深刻领会党的十九大精神，正确认识当今时代潮流和国际大势。放眼世界，我们面对的是百年未有之大变局。"② "当前，我国处于近代以来最好的发展时期，世界处于百年未有之大变局，两者同步交织、相互激荡。"③ "放眼世界，我们面对的是百年未有之大变局。新世纪以来一大批新兴市场国家和发展中国家快速发展，世界多极化加速发展，国际格局日趋均衡，国际潮流大势不可逆转。"④ "当今世界正在经历新一轮大发展大变革大调整，各国经济社会发展联系日益紧密，全球治理体系和国际秩序变革加速推进。"⑤ 总体来看，中国提出的世界"百年未有之大变局"并非是一种国际展望，而是基于对国际形势和国际格局的长期观察所得出的基本结论，且该变局仍处于动态之中。中国提出的"百年未有之大变局"是将中国与世界紧密相连，互为参照，即中国进入了新时代和近代以来最好的发展时期，而世界的大变局对于中国而言既是机遇，也有挑战，中国面临着如何趋利避害、化危为机的重要历史使命。此外，这种大变局不是普通意义上的国际格局变迁，而是"百年未有"，这就对中国提出了更多、更高的要求。中国面对"百年未有之大变局"的战略应对思路包括：保持中国实力增强的延续性，即未来中国如何与世界共处的逻辑在于"增强自我、改善世界"；促进中国实力向国际影响力的有效转化。而具体的战略选择包括：把握当前科技革命等契机，夯实中国经济长期稳定增长的基础；积极运筹大国关系，在大国博弈中保持相对有利位置；加强对国际制度改革与创设的参与，在全球秩序构建中增强影响。要深刻认

---

① 《习近平在中国共产党第十九次全国代表大会上的报告》，载《人民日报》2017 年 10 月 28 日。
② 《习近平谈治国理政（第三卷）》，北京：外文出版社 2020 年版，第 421 页。
③ 同上，第 428 页。
④ 习近平：《携手共命运同心促发展———在二〇一八年中非合作论坛北京峰会开幕式上的主旨讲话》，载《人民日报》，2018 年 9 月 4 日。
⑤ 《习近平谈治国理政（第三卷）》，北京：外文出版社 2020 年版，第 200 页。

识到各种变局的回流性、反复性、系统性、复杂性、差异性和阶段性。①中东作为全世界热点问题最为密集和频繁且其影响外溢效用显著的地区，更是与世界"百年未有之大变局"之间形成了紧密的双向互动。一方面，中东不仅加快了世界大变局的步伐，而且中东热点问题中涉及全球治理中几乎全领域的动荡，为世界大变局增添了诸多的不确定性因素；另一方面，世界大变局的大背景又为中东地区国际关系演变带来了新的机遇与挑战，其结果要么是中东与现代国际体系进一步融合，成为国际体系、国际秩序的积极参与者和维护者，要么是进一步游离于世界大势之外，成为国际关系"例外论"的典型，并在此基础上衍生出更多热点问题。具体而言，中国深刻认知到"百年未有之大变局"下的中东在以下几个方面已经出现了体系性变局的态势。

首先，中东政治变迁已出现了明显的反复，民主化的话语已然难以包容中东政治未来发展的远景。长期以来，中东地区的政治变迁、政治现代化的内核是民主化发展，尤其是西方民主模式成为美欧大国主导的中东民主化进程的样板和参照标准。美苏争霸的消逝和两极格局的最终瓦解，进一步刺激了西方在全球推进"第三波民主浪潮"的意愿和信心，普遍游离于两大阵营之外且长期处于美苏争夺状态下的中东地区，更是成为冷战后民主改造的重点地区。美国打造冷战后国际新秩序的"历史终结论""文明冲突论""民主和平论"成为力图改造中东的理论与思想基础。"9·11"事件的爆发更是为美国从政治上强力改造中东提供了绝佳契机，小布什政府更是声言中东的诸多问题在于"民主赤字"。正是在此逻辑的支配下，小布什政府未经联合国同意或授权便发动了伊拉克战争，开启了在中东以武力方式直接颠覆合法政权，美国在后萨达姆时代伊拉克的民主试验，成为其"大中东民主计划"的核心部分。与美国不同的是，欧盟采取了一条相对柔性的中东民主治理之路，美欧的共同点在于均将民主视为中东通往和平与安全的必由之路。此外，伊拉克战争与重建在一定程度上也对中东变局产生了直接影响，"从民主化发展的角度来看，'阿拉伯之春'最初被

———————

① 凌胜利：《百年未有之大变局：学术争论与战略意涵》，载《亚太安全与海洋研究》2019年第6期，第33—37页。

视为伊拉克民主化的外溢","伊拉克战争和'阿拉伯之春'都为伊斯兰势力的发展提供了广阔的空间"。此外,伊拉克的民主化实际上演变为教派主义主导下的民主化。①"阿拉伯之春"引发的阿拉伯世界体系性动荡,在经过西式民主的初步实践及其不适之后,埃及和苏丹的军事政变得到了西方的默许,叙利亚巴沙尔政权事实上也已获得相对稳固的地位,恐怖主义和难民问题在中东的泛滥和向欧洲的扩散成为西方更为关注的议题。总之,"'阿拉伯之春'已经整整延宕十年,因此有人称其为长周期的'阿拉伯之春'。十年来,中东地区在国家转型方面,迄今没有成功的范例,更谈不上有借鉴意义的发展模式;在地区和平方面,原有和新生的热点问题无一得到彻底解决。"②事实上,不论是美欧还是中东国家本身都已在反思西式民主化可能带来的负面效应,特别是需要进一步厘清中东国家政治精英集团、群体政治、经济发展水平、宗教温和派和政治体制之间的复杂关联。虽然当前时代意识形态之争有所回潮,但中东地区总体上与西方之间在意识形态上并无较大的差异,这为中东地区探索政治发展的道路减少了阻力。正是从中东政治变迁、政治现代化、政治民主化中出现的新问题及其背后的世界变局出发,习近平指出:"中国人有穷变通久的哲学,阿拉伯人也说'没有不变的常态'。我们尊重阿拉伯国家的变革诉求,支持阿拉伯国家自主探索发展道路。"③

其次,大国对中东热点问题的介入日益多元化与常态化,中东国际关系中的"玩家"增多。冷战期间,中东不可避免地成为了美苏两大阵营争夺与经营的重点地区。随着苏联解体和冷战的消退,美国成为唯一的超级大国。美国利用海湾战争之机直接采取军事行动介入中东,并自此在中东加强和扩大了军事存在和军事威慑能力。"9·11"事件以后,美国更是加大了对中东地区的军事投射力度,并积极在中东地区整合盟友,但极端组织在伊拉克的兴起很大程度上牵制了美国在中东的精力。"阿拉伯之春"

---

① 钮松、张羽:《伊拉克战争对伊拉克未来走向的影响》,载《武汉大学学报(人文科学版)》2014年第1期,第106—108页。
② 刘中民:《"阿拉伯之春"十年后看中东困局》,载《环球时报》2020年11月3日,第15版。
③ 《习近平谈治国理政(第二卷)》,北京:外文出版社2017年版,第463页。

的爆发使阿拉伯世界陷入体系性动荡之中,尤其是阿拉伯共和制国家普遍陷入大规模政治动荡、领导人更迭乃至内战和代理人战争状态,这就为域外大国和地区大国加大对中东热点问题的介入力度创造了机会。就域外大国而言,欧洲和俄罗斯的介入态势都不断在增强。欧洲作为美国盟友,在基本立场上与美国保持着一致,特别是在"阿拉伯之春"席卷叙利亚并导致战争与冲突的状态下,美国奥巴马政府和特朗普政府均保持着相对超脱的状态,支持欧洲盟友在前台直接发挥作用。尽管欧盟长期以"民事力量"和"规范性力量"自居,但在叙利亚问题上大力支持叙反对派武装。随着叙利亚战事的胶着和美俄在协同打击"伊斯兰国"上的妥协,美国事实上承认了俄罗斯在叙利亚的优势地位。特朗普政府从叙利亚库尔德区撤军的做法激起了欧洲盟友的诸多不满,法国便高调宣布将继续维持军事存在,不会放弃对库尔德盟友的责任。不仅如此,法国还高调介入中东前殖民国家热点问题。2020年8月,黎巴嫩贝鲁特港大爆炸发生后,马克龙总统积极介入黎巴嫩事务,其目标是着眼于爆炸事件背后复杂的教派分权政治的恶化和黎巴嫩国家治理的困境。[1] 俄罗斯在苏联解体后大幅从中东战略收缩,随着叙利亚内战之初局势朝着不利于巴沙尔政权的方向发展,俄罗斯高调武力介入,确保其在中东的传统盟友和军事、政治战略支点。不仅如此,俄罗斯也加大了开展中东外交的力度,"针对中东新乱局,俄罗斯持续发力,借助叙利亚战争积极重返中东,再度成为中东的主要玩家。'美退俄进'成为当前中东地缘政治发展的鲜明特征。不过,受实力所限,目前俄罗斯在中东地位仍难与美国竞争,也难与苏联时期相媲美,普京的中东政策仍坚持实用主义路线,中东并非陷入美俄'新冷战'。"[2] 就地区大国而言,伊朗、土耳其和以色列等非阿拉伯国家正积极介入阿拉伯世界事务,各种"选边站"现象层出不穷。伊朗在2015年伊核问题全面协议达成以后,其国际处境有了较大改善,高调且深度介入什叶派世界事务,

---

[1] 钮松:《黎巴嫩港口大爆炸事件,法国为何表现最为活跃》,载《世界知识》2020年第18期,第52—53页。

[2] 唐志超:《从配角到主角:俄罗斯中东政策的转变》,载《俄罗斯东欧中亚研究》2020年第2期,第1页。

特别是在叙利亚和伊拉克不同程度的军事和政治介入，引发了以色列和美国的极度忧虑。在反伊朗的大旗之下，美国有效整合阿拉伯盟友和以色列，并顺利实现以色列和阿联酋、巴林和苏丹的关系正常化，沙特与以色列的政治关系也日益公开化。土耳其近年也在高调介入中东局势，在系列热点问题上或与美国、俄罗斯冲突不断，或与沙特、以色列产生诸多碰撞。从叙利亚内战到沙卡断交危机，再到利比亚内战，都有着土耳其的身影，"土耳其借助介入地区争端、建立军事基地、扩大安全合作等形式，稳步扩大了在东地中海、海湾、红海—非洲之角这三个中东核心次区域的政治与军事存在，提升了在地区事务中的发言权和影响力，正在形成具有本国特色的中东地缘三角战略，对中东地区热点问题、地区格局与大国关系带来复杂影响。"① 域外大国和地区大国在中东地区的纵横捭阖，为中东热点问题的斡旋和调解增添了诸多难度，这种繁杂的大国介入格局，构成了中国开展中东热点问题大国协调的前提条件。

最后，中东的能源经济格局面临着新技术、新能源和地缘政治博弈所带来的巨大挑战。随着第二次工业革命后人类逐渐进入油气时代，石油便开始成为20世纪以来人类社会关键性的战略物资，围绕油气产地的争夺与控制、石油市场的掌控开始成为国际关系中的重要内容。不仅如此，运用石油武器作为地缘政治和国际关系博弈的工具也发挥了难以回避的关键作用，如1973年第四次中东战争中阿拉伯产油国便以石油武器来影响大国的阿以政策。出于对现有石油储量会在一个多世纪的时间内消耗殆尽的忧虑，开发新能源和油气替代能源成为了国际能源战略的新趋势②，但这一过程相对缓慢。如何通过新技术增加石油产量已成为国际能源市场中的新动向，如对于页岩油的开采便对传统能源市场造成了新的挑战。页岩油主要是指来自油页岩中的石油，近年通常的做法是将页岩油与致密油混用。中东是全球石油资源储备、开采和出口的主要地区之一，美国的中东能源

---

① 邹志强：《土耳其的中东地缘三角战略：内涵、动力及影响》，载《国际论坛》2018年第6期，第16页。

② 参见中国现代国际关系研究院能源安全研究中心：《国际能源大转型：机遇与挑战》，北京：时事出版社2020年版。

政策的首要目标，是确保该地区石油不被敌对势力控制且美国及其盟友则在该地的石油获取上不受限制。其次是防止恐怖主义等不稳定因素造成该地区石油供应短期中断；最后是促进该地区石油上游产业重新对国际投资开放，扩大其石油产能。[①] 当前美国更是利用页岩油技术和开采来对国际原油市场造成新的冲击，美国的页岩油革命成功推动了页岩油产量快速增长并成为美国原油供应的重要力量，使其石油对外依存度显著降低，其石油进口来源发生了较大变化，美国的页岩油开采将影响国际油价进入下行通道。[②] 页岩油革命对中东在全球能源格局中的地位造成了巨大冲击，"半个世纪以来，世界石油供应的中心一直是中东，这个事实具有很大的地缘政治意义，但如今这样的版图正在发生变化"。[③] 事实上，对于沙特这样的中东产油大国而言，围绕石油的内外挑战正促使其深度调整国家发展战略，一方面，推进石油优势产业的进一步拓展和新能源的开发，如加强与中国之间的合作，"要推进'油气+'合作新模式，挖掘合作新潜力。中方愿同阿方加强上中下游全产业链合作，续签长期购油协议，构建互惠互利、安全可靠、长期友好的中阿能源战略合作关系"，"愿同阿方探索'石油、贷款、工程'一揽子合作模式，延伸传统油气合作链条，合作开发新能源、可再生能源"[④]；另一方面，推出"2030愿景"，为迈向后石油时代作出战略上的准备。地缘政治演进也影响到了能源市场格局，美国单方面退出伊核协议并重启对伊石油制裁，期望通过遏制与施压来打击伊朗的石油出口。美欧、美俄围绕伊朗石油市场问题进行了诸多博弈，欧洲设计出"贸易往来支持工具"（INSTEX）以绕开美元支付，这也在一定程度上对石油美元霸权造成了冲击。

[①] 潜旭明：《美国的国际能源战略研究——一种能源地缘政治学的分析》，上海：复旦大学出版社2013年版，第212页。

[②] 许莹：《美国页岩油的快速发展对全球原油市场的影响》，载《当代石油石化》2014年第3期，第10—12页。

[③] 罗承先、周韦慧：《美国页岩油开发现状及其巨大影响》，载《中外能源》2013年第3期，第37页。

[④] 《习近平谈治国理政（第二卷）》，北京：外文出版社2017年版，第463页。

二、坚持巴勒斯坦问题是中东问题核心的基本立场

2013年5月6日,习近平主席同巴勒斯坦总统阿巴斯在北京会谈时指出:"巴勒斯坦问题是中东问题的核心。这个问题持续半个多世纪未能得到解决,给巴勒斯坦人民带来了深重苦难,也成为中东地区长期动荡不安的重要根源。巴勒斯坦人民合法民族权利得不到恢复,巴勒斯坦和以色列的和平就不可能实现,中东地区和平稳定也无从谈起。任何时候都不能忽视巴勒斯坦问题,必须把解决巴勒斯坦问题放在重要而突出的位置。"[1] 2016年11月29日,习近平主席向联合国"声援巴勒斯坦人民国际日"纪念大会致贺电称:"巴勒斯坦问题是中东问题的核心,是中东和平的根源性问题,必须摆到国际议程的重要突出位置。"[2] 2017年11月29日,习近平向联合国"声援巴勒斯坦人民国际日"纪念大会致贺电称:"巴勒斯坦问题是中东问题的根源性问题,攸关巴勒斯坦等中东各国长治久安和繁荣发展。早日实现巴勒斯坦问题全面公正解决,符合巴勒斯坦等地区各国人民利益,有利于促进世界和平稳定。"[3] 2018年11月28日,习近平向联合国"声援巴勒斯坦人民国际日"纪念大会致贺电称:"巴勒斯坦问题是中东问题的根源性问题,关系巴勒斯坦等中东各国长治久安和繁荣发展。"[4] 2019年11月27日,习近平向联合国"声援巴勒斯坦人民国际日"纪念大会致贺电称:"巴勒斯坦问题是中东问题的核心。全面公正解决巴勒斯坦

---

[1] 钱彤:《习近平强调:中方坚定支持巴勒斯坦人民的正义事业》,2013年5月6日,http://politics.people.com.cn/n/2013/0506/c1024-21380300.html。(登录时间:2019年12月16日)

[2] 《习近平向"声援巴勒斯坦人民国际日"纪念大会致贺电》,2016年11月30日,http://news.cnr.cn/native/gd/20161130/t20161130_523296578.shtml。(登录时间:2019年12月16日)

[3] 《习近平向"声援巴勒斯坦人民国际日"纪念大会致贺电》,2017年11月30日,http://www.xinhuanet.com/politics/2017-11/30/c_1122032462.htm。(登录时间:2019年12月16日)

[4] 《习近平向"声援巴勒斯坦人民国际日"纪念大会致贺电》,2018年11月29日,http://www.xinhuanet.com/politics/leaders/2018-11/29/c_1123783515.htm。(登录时间:2019年12月16日)

问题，实现巴以两国和平共处、共同发展，符合国际社会共同利益。国际社会应该维护公平正义，坚持联合国有关决议、'土地换和平'原则和'两国方案'大方向，为恢复巴以和谈创造良好氛围。"①

此外，中国高级外交官也在不同国际场合阐述了同样的立场。2012年2月24日，中国中东问题特使吴思科与英国前首相布莱尔交谈时指出："巴勒斯坦问题仍是中东问题的核心，不应因地区局势变化而被忽视，中方愿继续与包括'四方机制'在内的国际社会共同努力，推动巴以和谈取得积极进展。"② 2013年6月，中国外交部副部长马朝旭在北京举行的联合国支持巴以和平国际会议致辞时指出："巴勒斯坦问题是中东问题的核心，不仅关系到中东地区和平安全，也关系到世界的和平稳定。""中国政府和人民一贯坚定支持巴勒斯坦人民的正义事业，坚定支持巴以和平进程。"③ 2014年11月24日，中国常驻联合国副代表王民指出："巴勒斯坦问题是中东地区长期动荡不安的重要根源，巴以问题是中东问题的核心。早日解决巴勒斯坦问题，有利于促进世界和平稳定。"④ 2018年3月26日，中国常驻联合国副代表吴海涛在联合国巴勒斯坦问题月度审议会议上指出："巴勒斯坦问题是中东问题的核心和中东和平的根源性问题。只有巴勒斯坦问题得到全面解决，中东局势才能得到根本缓解。"⑤ 2019年1月22日，中国常驻联合国代表马朝旭在联合国安理会中东局势公开辩论上发言指出："巴勒斯坦问题是中东问题的核心和根源，对实现中东地区的和平与

---

① 《习近平向"声援巴勒斯坦人民国际日"纪念大会致贺电》，2019年11月28日，http://www.xinhuanet.com/2019-11/28/c_1125282586.htm。（登录时间：2019年12月16日）

② 《中国中东问题特使：巴勒斯坦问题仍是中东问题核心》，2012年2月25日，http://www.chinanews.com/gn/2012/02-25/3697934.shtml。（登录时间：2019年12月16日）

③ 储信艳、韩旭阳：《巴以和平会议召开紧挨巴以领导人访华"这是巧合"》，载《新京报》2013年6月19日。

④ 李秉新、李晓宏、殷淼：《国际社会应尽早解决巴勒斯坦问题》，2014年11月25日，http://world.people.com.cn/n/2014/1125/c1002-26092784.html。（登录时间：2019年12月16日）

⑤ 殷淼：《中国代表再次重申支持"两国方案"解决巴勒斯坦问题的立场》，2018年3月27日，http://world.people.com.cn/n1/2018/0327/c1002-29891204.html。（登录时间：2019年12月16日）

第一章　协调中东热点问题的原则、观点和方法

发展至关重要。"① 2020年6月24日，国务委员兼外交部长王毅在联合国安理会巴勒斯坦问题视频公开会上指出："巴勒斯坦问题始终是中东问题的核心。公正合理解决这一问题，是中东地区实现持久和平安全的前提。近来巴以关系持续紧张，中方对此深感忧虑。""应当继续把巴勒斯坦问题放在国际议程的核心位置。国际社会应当秉持客观公正立场，真心实意为推进中东和平进程付出努力。脱离中东和平'轨道'的方案不会带来持久和平。"②

总体来看，以习近平同志为核心的党中央延续了中国一贯坚持的巴勒斯坦问题是中东问题核心，是中东和平根源性问题这一立场，这也成为中国参与中东热点问题的起点。中国对巴勒斯坦问题的关注和支持始于20世纪五六十年代，"这一阶段的突出特点是中国非常同情阿拉伯人民的斗争，公开支持巴勒斯坦人民的斗争，认为巴勒斯坦人民有权诉诸武装斗争"，"中国在这一时期为巴勒斯坦抵抗运动提供了一些军事援助，承认了巴勒斯坦解放组织"。改革开放以后，"中国人对阿拉伯各项事业的感情尤其是对巴勒斯坦人民的感情仍然鲜活。中国官方和民间仍然认为支持巴勒斯坦人民的合法权利是一种人道主义义务"。③ 中国的这一基本观点和认知并非是中国独创，而是对国际社会长期以来的共识所进行的接纳与坚持。

阿拉伯世界和欧洲也长期坚持此立场。如1999年5月31日，埃及总统穆巴拉克与到访的约旦国王阿卜杜拉举行会谈，双方强调，巴勒斯坦问题是中东问题解决的核心，此问题的解决将为阿以解决其他问题铺平道路。④ 2007年10月31日，约旦首相巴希特会见德国国防部长弗朗茨·约瑟夫·容时，双方强调巴勒斯坦问题是中东问题的核心，只有通过重启巴以和谈，公正解决巴勒斯坦问题并建立独立的巴勒斯坦国，中东地区才能

---

① 《马朝旭：中国始终致力于推动中东和平进程》，2019年1月23日，http://www.chinanews.com/gn/2019/01-23/8737095.shtml。（登录时间：2019年12月20日）
② 《王毅在联合国安理会巴勒斯坦问题视频公开会上发表讲话》，2020年6月25日，http://www.xinhuanet.com/2020-06/25/c_1126159787.htm。（登录时间：2020年12月20日）
③ ［叙利亚］穆罕默德·海尔·瓦迪著，王有勇、李楠等译：《中国外交与中国经验》，香港：香港社会科学出版社有限公司2011年版，第133、145页。
④ 于毅：《埃约强调巴勒斯坦问题是中东核心问题》，载《光明日报》1999年6月2日。

实现和平和稳定。① 2011年12月14日，约旦外交大臣纳赛尔·朱达会见美国中东问题特使戴维·黑尔时指出，有关各方不应因当前中东政局动荡而转移注意力，巴勒斯坦问题才是所有中东问题的核心。② 2014年10月30日，瑞典外交部绕开议会发表声明，正式承认巴勒斯坦的国家地位。瑞典外交部长在声明中说："这是认可巴勒斯坦自决权的重要一步。"③ 由此，瑞典成为欧盟首个对巴勒斯坦国予以外交承认的主要国家。此后英国国会、西班牙国会和法国国民议会相继跟进并对各自国家政府施压。10月13日，英国国会议员投票表决，通过了承认巴勒斯坦是一个国家的动议。对此，以色列方面警告称，英国议会关于承认巴勒斯坦国的表决将很有可能破坏当前的和平前景。以色列外交部发表声明称："过早的国际承认给巴勒斯坦领导人传递出的信息，是他们可以躲避巴以双方曾经做出的艰难决定，这将会破坏获得真正和平的机会。"④ 法国议会于12月2日投票通过决议，要求法国政府承认巴勒斯坦的国家地位。12月17日，欧洲议会以498票赞成、88票反对、11票弃权批准一项关于必须承认巴勒斯坦国的决议。决议还指出，必须重启巴以和谈。此外，欧盟普通法院当天宣布将哈马斯从恐怖组织名单中删除。12月初，比利时国会主要政党已达成承认巴勒斯坦国的协议并将通过近期的国会辩论予以实质性推进，国际舆论界也为比利时极有可能坐上欧盟主要国家承认巴勒斯坦国的"第二把交椅"而不断造势。欧盟主要国家在巴勒斯坦国问题上的"连锁行动"，让国际社会再度将目光投向被"伊斯兰国"等中东诸多热点问题所遮盖的巴以问题，这也是自2012年第67届联合国大会给予巴勒斯坦观察员国身份以来

---

① 苏小坡、朱磊：《约德强调巴勒斯坦问题是中东问题的核心》，2007年11月1日，http://news.ifeng.com/world/other/200711/1101_1396_280523.shtml。（登录时间：2019年12月20日）

② 苏小坡：《约旦外交大臣称巴勒斯坦问题是所有中东问题的核心》，2011年12月15日，http://news.cri.cn/gb/27824/2011/12/15/5187s3478768.htm。（登录时间：2019年12月20日）

③ Ministry for Foreign Affairs of Sweden, "Margot Wallström, Minister for Foreign Affairs, on the Decision to Recognise the State of Palestine," October 30, 2014, http://www.government.se/sb/d/3194/a/249252。（登录时间：2019年12月20日）

④ 《英国会通过决议承认巴勒斯坦国 以方称破坏前景》，2014年10月14日，http://www.chinanews.com/gj/2014/10-14/6677428.shtml。（登录时间：2019年12月20日）

最为轰动性和具有突破性的国际事件，而且这一事件正处于持续发酵过程之中，其意义不可小觑。

欧盟主要国家承认巴勒斯坦国，反映了欧美的中东和平进程主导权之争。欧美对于中东和平进程地位的不同认知，是双方中东战略的最大分歧所在，巴勒斯坦不断向国际社会发出微弱的呼声，指出巴以问题才是中东问题的核心，这得到了中、俄、欧的响应；而以色列则联合美国，淡化巴以问题的重要性，试图引导国际社会将其视为中东诸多热点问题之一。"奥斯陆进程"开启之后，美国在中东要么主动挑起战争，要么顺势卷入其内部动荡。"9·11"之后的美国中东战略陷入"越反越恐"的困局之中，巴以问题相较于中东其他热点问题而言，属于"大事没有，小事不断"，中东和平进程实际上处于一种难以为继的局面。当年美国布什政府将精力全部投入伊拉克及海湾地区时，克林顿新政府则联合北欧国家以"暗渡陈仓"的方式开启了中东和平进程，但美以的特殊关系以及此后巴以关系的不断恶化，使得美国此后在中东和平进程问题上作为不大。即便如此，美国仍然不愿放弃对于中东问题的主导权。当前中东地区局势的失控、欧盟中东战略受掣肘以及以捷克为代表的亲美"新欧洲"国家在欧盟内部的挑战，都使得欧盟主要核心国家忧心忡忡。这些内情外况关乎欧盟的存在与发展，欧盟并不愿看到美国过分介入并主导中东。作为一种"民事力量"，欧盟只得将自己主导中东事务的突破口再次锁定为世界大国有所忽略且裹足不前的巴以问题，只是这一次作为北欧国家和欧盟主要国家的瑞典与22年前的挪威不同，它对巴勒斯坦国家地位的承认并非是与美国的合谋，而是掀起了一场欧美对中东和平进程主导权的争夺战。时隔20余年，欧洲从幕后走到了台前，欧洲这一次不再屈从于美国。2019年2月，首届阿盟—欧盟峰会在埃及举行，欧盟委员会在耶路撒冷的发言人沙迪·奥斯曼指出："中东正处于非常敏感时期，欧盟将巴勒斯坦问题视为中东问题核心，希望通过阿盟—欧盟峰会推动阿拉伯国家发挥更积极作用，共同为化解巴以争端找到方案，促成巴以和平。"①

与国际社会主流观点相左的是，特朗普总统上台以后，在耶路撒冷问题上积极兑现其竞选承诺。从承认耶路撒冷为以色列首都并施行《耶路撒冷使馆法案》、承认戈兰高地为以色列领土、不视犹太定居点违反国际法、"世纪协议"的出台，直至阿联酋、巴林和苏丹在对以关系上的全面突破，特朗普的中东和平政策逐步成型，贯穿全程的是美国渲染的伊朗"威胁"。就中东和平进程而言，特朗普的中东和平政策实际上走在将"奥斯陆进程"取而代之的路上。从第二次"因提法达"开始，巴以冲突进入一波三折的状态，中东和平进程成为既无和平亦无进程的事实停滞状态，甚至在此基础上出现了后退与反复。"奥斯陆进程"因而备受质疑。西方有观点认为："20 世纪 90 年代以来，中东和平的前景在西方国家首都制造并维持了一批职业的和平处理者。他们的美差，即奥斯陆协议，本应在以色列人与巴勒斯坦人之间带来和平。与之相反，它带来了巴勒斯坦人的自杀式炸弹战争和加沙的一个小哈里发。"② 特别是特朗普主导下的"亚伯拉罕协议"，被视为建立在"奥斯陆协议"的废墟之上。美国对巴以关系和中东地区国际关系走势带来了巨大的影响。第一，巴勒斯坦问题被彻底边缘化。美国对于巴以关系具有超强的主导能力，特朗普的中东战略具有两大支柱：偏袒以色列与遏制和打压伊朗，其中东和平政策本质上也是为其失衡的中东战略服务。特朗普通过在耶路撒冷、戈兰高地和犹太定居点问题上不断压缩巴勒斯坦的议价空间，来试图软化巴勒斯坦的固有立场。2020年6月9日，巴勒斯坦总理阿什提耶指出：巴勒斯坦政府打算建立一个"独立且去军事化的主权的巴勒斯坦国家"，"边界在必要时可稍作修改"③。第二，展望巴以和平转向促进阿以和平。长期以来，无论是阿拉伯

---

① 赵悦、杨媛媛：《巴勒斯坦问题专家期待首届阿盟—欧盟峰会有助于解决巴勒斯坦问题》，2019 年 2 月 25 日，http://www.xinhuanet.com/world/2019-02/25/c_1124161823.htm。（登录时间：2019 年 12 月 20 日）

② "Trump's Peace Deal also Exposes the Follies of the West's Middle East 'Experts'," *New York Post*, September 19, 2020.

③ Aaron Boxerman, "PA Submits 'Counter-proposal' to US Plan, Providing for Demilitarized Palestine," *Times of Israel*, June 9, 2020.

世界还是美国为首的西方世界，均将实现巴以和平视为整个中东和平进程的前置条件，除了埃及自行对以媾和这一较早的既成事实和"奥斯陆进程"开启之后约旦作为巴以关系的直接攸关方而与以色列建交以外，阿拉伯世界内部即便有着与以色列之间的实质交往，但在签订和约和建交上长期未能突破红线，美国政府即便对以色列有着不同程度的实质偏袒，但在形式上仍未将改变巴以关系在国际法上的现状作为选项。特朗普上台以后，其中东和平政策呈现出一条清晰的主线，即试图通过改变耶路撒冷、戈兰高地和犹太定居点的法律地位并利诱阿拉伯国家对此进行附议或默许，通过力促以色列与具有关键地位的海湾阿拉伯君主国的外交突破，同时还进一步压缩巴勒斯坦的对以博弈空间，以以色列与阿拉伯大国与强国间的和平来逼迫巴勒斯坦接受与以色列之间在更加不对称关系基础上的和平。

三、坚持构建人类命运共同体的理念发展中国与中东关系

人类命运共同体的提出经历了一个逐步成型的过程。2013年3月23日，习近平在莫斯科国际关系学院演讲时指出："这个世界越来越成为你中有我、我中有你的命运共同体。"2013年4月7日，习近平在博鳌亚洲论坛年会进行主旨发言时指出："我们生活在同一个地球村，应该牢固树立命运共同体意识。"2013年10月3日，习近平在印尼国会发表演讲时指出："携手建设更为紧密的中国—东盟命运共同体。"2013年10月7日，习近平在巴厘岛举行的亚太经合组织工商领导人峰会演讲中指出："要牢固树立亚太命运共同体意识。"2014年7月17日，习近平在巴西利亚举行的中国—拉美和加勒比国家领导人会晤上的主旨讲话中指出："努力构建携手共进的命运共同体。"2014年11月8日，习近平在"加强互联互通伙伴关系"东道主伙伴对话会上的讲话指出："优化亚洲区域合作，共建和发展命运共同体。"2014年11月9日，习近平在亚太经合组织工商领导人峰会开幕式演讲中指出："坚持亚太大家庭精神和命运共同体意识。"2015年4月22日，习近平在雅加达举办的亚非领导人会议上回顾万隆会议的精

神时指出:"推动建设人类命运共同体,更好造福亚非人民及其他地区人民。"2015年9月26日,习近平在纽约联合国总部举行的第70届联合国大会一般性辩论时讲话指出:"打造人类命运共同体。"① 由此可见,习近平人类命运共同体概念的提出和理念的完善经历了一个演进的过程:首先,从"命运共同体"发展为"人类命运共同体",鲜明提出了人类在命运共同体构建中的主体地位。其次,从"世界""地球村""中国—东盟""亚太""亚洲"和中拉等全球和地区层次提出了构建"命运共同体"的设想,发展为"人类命运共同体","人类"既包含了所在地区也超越了世界。自习近平在万隆会议60周年之际于雅加达明确提出"人类命运共同体"的概念,并在联合国成立70周年之际于纽约总部传递"人类命运共同体"理念之后,这一概念在此后的系列领导人讲话和中国对外政策文件中不断得到传递,并得到国际社会越来越多的认知与认可。新冠肺炎疫情持续加深以后,中国政府在加强卫生领域的国际合作时,更是将人类命运共同体作为指导中国抗疫国际合作的核心理念。不仅如此,习近平对人类命运共同体在卫生健康,特别是抗疫合作中的重要意义进行了升华。2020年5月7日,习近平在与乌兹别克斯坦总统米尔济约耶夫通电话时指出:"新冠肺炎疫情再次证明,只有构建人类命运共同体才是人间正道。"② 同日,习近平在与葡萄牙总统德索萨通电话时指出:"人类文明史是人类不断抗击和战胜各种灾难的历史。更好维护各国人民健康福祉、促进经济社会发展是我们肩负的历史责任。各国唯有本着命运与共的情怀团结协作,才能破解各种世纪性难题和挑战,朝着构建人类命运共同体目标向前迈进。"③

中东国家广泛分布于亚非地区,除了以色列、伊朗、土耳其外,其主体是22个阿拉伯国家。严格来说,阿拉伯国家的地理分布不局限于西亚与北非,还包括西非(毛里塔尼亚)和东非(吉布提、科摩罗和索马里)。中国高度重视中东地区在国家总体外交中的重要作用,特别是将建设"一

---

① 以上参见习近平:《论坚持推动构建人类命运共同体》,北京:人民出版社2018年版。
② 《习近平同乌兹别克斯坦总统米尔济约耶夫通电话》,新华社,2020年5月7日。
③ 《习近平同葡萄牙总统德索萨通电话》,新华社,2020年5月7日。

带一路"与构建人类命运共同体紧密结合。从"一带一路"在中东的推进而言，中东国家是"一带一路"沿线连接东西方的重要纽带。中国推进"一带一路"并非另起炉灶，彻底颠覆各国原有的发展路径和发展战略，而是成为容纳并连接各国发展的广阔平台。中国与中东国家之间在"数字丝绸之路""绿色丝绸之路""健康丝绸之路"等领域正在不断拓展合作内容，其目标是建设利益共同体和命运共同体。从中国在中东推进构建人类命运共同体的区域划分来看，中国以非洲命运共同体、亚洲命运共同体为基石，着力打造中阿命运共同体、中非命运共同体。亚洲阿拉伯国家和以色列、土耳其、伊朗等国是亚洲命运共同体的组成部分，非洲阿拉伯国家也是非洲命运共同体的有机组成。在此基础上，中国积极打造中阿、中非两大双边命运共同体合作平台，并以中阿合作论坛、中非合作论坛作为多元载体，来推进人类命运共同体在中东的具体实践。"2000年和2004年，中非合作论坛和中阿合作论坛分别建立，这两大论坛成为中国与广泛分布于西亚、北非和东非的阿拉伯国家制度性的合作框架"，此外"阿拉伯世界也普遍发出了'向东看'的呼声，这与中国'向西进'的意愿高度契合，中阿间的'西进'与'东看'在'一带一路'框架下和谐互动"。①习近平指出："中非从来就是命运共同体，共同的历史遭遇、共同的发展任务、共同的战略利益把我们紧紧联系在一起"，"全非洲是一个命运与共的大家庭"。②习近平还指出："亚洲要迈向命运共同体、开创亚洲新未来，必须在世界前进的步伐中前进、在世界发展的潮流中发展。""面对风云变幻的国际和地区形势，我们要把握世界大势，跟上时代潮流，共同营造对亚洲、对世界都更为有利的地区秩序，通过迈向亚洲命运共同体，推动建设人类命运共同体。"③ 如果说中东国家只是亚洲命运共同体和非洲命运共同体构建中的一个部分的话，那么中阿命运共同体则是主要聚焦中国与中东国家合作关系的平台。习近平对中阿共建"一带一路"命运共同体提出

---

① 钮松：《中国中东外交新思维》，载《中国新闻周刊》2016年第4期，第33页。
② 习近平：《论坚持推动构建人类命运共同体》，北京：人民出版社2018年版，第15—17页。
③ 同上，第205—206页。

了四点希望，即"做真诚互信的战略伙伴"，"做共赢共享的合作伙伴"，"做互学互鉴的交往伙伴"，"做实践先行的创新伙伴"。①

2020年春，随着新冠肺炎疫情在中东的蔓延与广泛传播，这为中阿命运共同体在一些领域合作拓展提供了契机。针对新冠肺炎疫情的全球肆虐，习近平于2020年3月首次提出"人类卫生健康共同体"的呼声。从构建人类命运共同体理念的不断推进，到当前"人类卫生健康共同体"的提出，一方面反映了对于人类命运共同体在具体卫生健康层面的细化，通过这一新概念，进一步强化了卫生健康对于构建人类命运共同体的深远意义；另一方面也是对人类命运共同体内涵与意义的升华，相较于其他层面，卫生健康作为最大限度超越人类社会属性的关键领域，更容易在世界范围内最大限度地达成合作共识。换言之，"人类卫生健康共同体"是贯彻与实践构建"人类命运共同体"的重点领域并具有样板作用。中国与中东国家的抗疫合作是"一带一路"倡议在政策沟通和民心相通上的重要体现，是建设"健康丝绸之路"和"人类卫生健康共同体"的重要实践，彰显了"人类命运共同体"理念的重大现实意义。中国与中东国家之间不仅有良好的合作基础，而且有强烈的合作意愿，伴随着中国与中东国家抗疫合作的不断深入，"健康丝绸之路"和"人类卫生健康共同体"的理念逐渐得到了"一带一路"沿线国家的高度认可和接受，为中国与中东国家抗疫合作提供了理论指导。中国在全球公共卫生治理中已经形成了一定模式，探索出了多种参与方式和路径，并取得了重要的实践经验，特别是对多层次、多领域的公共卫生治理的合作和参与路径，为中国与中东国家的抗疫合作提供了重要参考。

第一，中国共产党的领导和政党外交在这次疫情中发挥了重要作用。这次中国共产党与阿拉伯国家政党对话会议恰逢疫情期间，会议主题为"携手共建新时代中阿命运共同体"，既体现了国际合作抗疫的紧迫性和必要性，又体现了后疫情时代中阿战略伙伴关系的发展方向。疫情期间，党和政府决定向阿拉伯国家派出医疗专家组，捐赠抗疫援助物资等，得到了

---

① 《打造中阿共建"一带一路"命运共同体》，载《人民日报》2018年7月22日，第2版。

共产党员和群众的积极响应，中国共产党与阿拉伯国家政党也继续加强战略沟通，深化抗击疫情的经验交流，为共建"人类卫生健康共同体"提供了有力支持。中阿政党携手抗疫，体现了政党外交在中阿战略伙伴关系中的重要地位，中国共产党和阿拉伯国家政党会议的机制化是共建中阿命运共同体的强大助力。在后疫情时代，中阿政党也将携手维护多边主义，推动共商、共建、共享的全球治理观念。

第二，中国与中东国家的抗疫合作，将"授之以鱼"的抗疫物资援助与"授之以渔"的长期公共卫生合作相结合。中东疫情暴发后的第一时间，中国政府和民间应中东国家的请求，及时伸出援手"授之以鱼"，提供了多批次急需的抗疫物资援助，同时派出医疗专业团队和志愿者前往支援，控制当地疫情的发展。与此同时，为了改善中东国家公共卫生体系的发展，中国还"授之以渔"，有针对性地为中东国家公共医疗卫生事业的长期发展提供了援助，如中国与沙特合作建设实验室，帮助伊拉克建立核酸检测实验室，为埃及等国家共建口罩等抗疫物资生产线。

第三，将常态化疫情防控纳入公共卫生事业发展之中，提高了中东国家公共卫生系统应对突发性公共卫生事件的能力，这将成为完善"一带一路"建设的重要内容。在疫情暴发时，中国积极响应中东国家的请求，以最快速度，尽最大所能提供援助。疫情期间，积极与国际社会分享疫情防控经验，推动国际抗疫合作。深化疫情防控常态化，是中国根据疫情发展及其可能带来的影响而做出的重要决定，是以实事求是和负责任的态度推动构建"人类健康命运共同体"的具体表现。疫情防控常态化形势下的国际交流，要求各国具备相对完善的公共卫生健康系统，特别是要有应对突发性公共卫生事件的能力，公共卫生的交流与合作将成为"一带一路"建设和人类命运共同体建设的重要补充内容。

第四，疫情再次深刻揭示了人类命运休戚与共的事实，中国与中东国家的抗疫合作丰富了新时代中阿命运共同体的内涵。中国与阿拉伯国家共建"一带一路"的硕果在抗击疫情中发挥了积极作用，表明双方在"一带一路"框架下共建"健康丝绸之路"的前景可期。人类命运共同体的建设需要国际社会共同努力，相互尊重、互学互鉴、协调合作，这是推动人类命运共同体建设走向深入和实质的重要保证。中国与中东国家的疫情防控合作惠及世界。中东地区多为发展中国家,与欧美发达国家相较,中东国家和地区人口稠密,公共卫生体系负担沉重,因此控制疫情在这些地区的传播,守护发展中国家和弱势群体,对全球抗击疫情的胜利至关重要。

正因如此,有中国学者提出:"要充分利用中阿合作论坛现有机制,以此次抗击新冠肺炎疫情为契机,进一步打造中阿卫生健康共同体,使之成为'健康丝绸之路'建设的楷模与标杆。"[①] 2020年7月,国务委员兼外交部长王毅指出:"当前新冠病毒仍在全球肆虐,各国的前途命运从来没有像今天这样休戚与共、紧密相连。进一步深化中阿战略伙伴关系、打造中阿命运共同体正当其时。""只要中阿同舟共济、精诚团结,中阿命运共同体将牢不可摧。"[②] 以新冠肺炎疫情为代表的非传统安全领域的中东热点问题得到了中国的高度关注,抗疫合作也成为中国实践人类命运共同体在当前情势下的重点领域。

第三节 参与中东热点问题的协调方式和路径

中国对中东热点问题的参与表现出清晰的层次,从适用于中国参与全球热点问题的总体原则和立场,到中国将对世界事务、国际关系的研判和定位,与中东地区发展态势相结合所产生的、对中国参与中东热点问题的基本观点和认知,共同构成了中国参与中东国际关系、中东事务和中东热点问题的思想和理论基础。这既是新时代习近平外交思想的鲜明体现,也是对新中国独立自主、和平外交路线理论与实践的继承与发展。中国从联合国与国际体系的关系、国际法与国际秩序的关系、和平共处五项原则的

[①] 王广大、王玲宁:《守望相助 打造中阿卫生健康共同体》,载《广州日报》2020年4月3日。

[②] 王毅:《加强抗疫合作,打造中阿命运共同体》,载《人民日报》2020年7月3日,第6版。

历久弥新和与时俱进性以及中国特色的历史观、大局观、角色观和安全观出发,着眼于国际关系的"三化":合理化、法治化和民主化,并在此基础上摆正中国与世界的关系。中国对于中东热点问题的复杂性有着清晰的认知,其背后关涉政治、军事、安全、宗教、教派、民族、族群、部族、能源、经济等综合作用因素,特别是大国介入因素在其中发挥了举足轻重的作用。中国认识到域外大国尤其是美欧在中东的深度存在,但中国对于中东热点问题的参与方式与西方不同,并不是为了在此挑战其他大国,制造地区内部对立,而是超越中东地区传统的大国博弈模式,积极实践以发展促和平、以发展促安全、结伴不结盟的中国道路。在此过程中,中国反对任何国家在中东大搞阵营对立、动辄滥用武力的一贯做法,但也期望与国际社会一道共同促进中东热点问题的解决,中国在中东秉持着与其他大国相向而行的态度。

进入21世纪,随着中国参与国际体系的深度与广度均得到全方位拓展,中国的海外利益版图在全球范围内不断扩大,中东地区成为了中国外交的重点地区,中国与中东国家间的合作关系日益紧密。"中国海外利益需要通过与国际体系的互动完善国际制度建设以及加强国家(外交)能力建设等手段来实施保护。在海外利益保护过程中,中国在国际体系中的位置、社会主义政治制度的独特性以及国内政治经济体系消化外部压力的方式,促使中国形成与近现代西方国家海外利益保护不同的模式。"[①] 2010年底,"阿拉伯之春"在突尼斯爆发以后,从北非向整个阿拉伯世界扩散,迄今仍未有彻底终结的迹象。中东剧变对于中国海外利益维护产生了一系列影响,如中阿经贸、双边投资、工程承包、人员安全等,主要问题包括利比亚问题、南北苏丹问题和能源供应问题,"鉴于中国企业在这次阿拉伯变局中的受损教训,中国应为日益扩大的海外利益建立起自己的对外大战略"。[②] 尤其对于中国在北非阿拉伯国家的海外利益而言,更是遭遇到了一定冲击。"作为'阿拉伯之春'的发源地和受冲击最为强烈的区域之一,

---

[①] 苏长和:《论中国海外利益》,载《世界经济与政治》2009年第8期,第13页。
[②] 钱学文:《中东剧变对中国海外利益的影响》,载《阿拉伯世界研究》2012年第6期,第44页。

北非地区一直处在漩涡中心，安全形势不容乐观"，如北非政局的动荡、恐怖主义的影响，"外部势力特别是西方国家的干涉使区域内政治生态更趋复杂化"，包括北约对利比亚内战的干预、西方对苏丹达尔富尔危机的干预、南苏丹的独立及新一轮冲突等。[1] 维护中国在中东的海外利益以及中国与中东国家的共同利益和国际公平与正义，成了中国参与中东热点问题的前提条件。具体而言，中国参与中东热点问题的协调方式和路径，既是捍卫国际关系基本准则，也是坚持行之有效的国际合作与全球治理路径，主要包括以下几个方面：积极参与联合国主导的维和行动和通过联合国安理会投票来促进中东国家的和平进程；坚持多边主义外交，在中阿合作论坛、中非合作论坛框架下以合作发展促进中东热点问题的解决；大力推进特使外交，针对巴以问题、叙利亚问题、达尔富尔问题等积极践行对中东热点问题当事方的"劝和促谈"工作，妥善处理与域外大国和地区大国的关系，以增进互信和理解。

一、在联合国安理会投票中坚持原则

维护以联合国为核心的国际体系和以国际法为基础的国际秩序，是中国参与中东热点问题的根本立场和原则，这在具体的协调方式和路径上则分别表现为参与联合国主导的维和行动，以及在联合国安理会投票中坚持原则，极力避免武力干涉手段成为安理会决议。这反映了中国对于联合国的崇高地位、联合国维和行动的权威性、联合国安理会决议对国际法治的影响力等方面有着清晰的认知。20世纪90年代以来，随着两极格局的逐步瓦解，美国"一超独大"的局面成为现实，美国极力谋求单极格局。自海湾战争以来，中东地区的热点问题层出不穷，战争冲突与政治纷争相互交织，而美国与中东热点问题有着千丝万缕的联系。在此过程中，联合国平台一方面成为大国博弈甚至谋求霸权的工具，另一方面也是国际社会公正处理热点问题的重要机制和制度。中国自1971年恢复联合国合法席位以

---

[1] 刘林智：《北非地区动荡化与中国海外利益维护》，载《现代国际关系》2012年第5期，第47—48页。

来，逐步融入现代国际体系，特别是改革开放以后，更是加大了中国外交转型与创新的力度。中国对联合国的参与越来越从相对消极的旁观者到积极主动、有所作为的主动者迈进，而在此过程中其基本的原则和立场并未发生根本动摇。中国积极履行作为安理会常任理事国的重要角色，在参加联合国维和行动上经历了从观望、考察到积极参与的过程，并在促进国际热点问题解决的安理会决议草案投票上经历了从消极弃权到明确表达立场的转型。由于中东热点问题频生，因此中国的维和行动和在安理会投票中旨在推进慎武促和决议的出台上，主要面向中东地区。中国在联合国框架下的系列行动恪守国际关系基本准则，以实际行动维护相关中东热点国家的安全，一定程度上抵制了部分大国旨在通过武力介入中东乱局的做法。随着时间的推移和局势的进展，中国的做法正获得越来越多中东国家的理解和认可。

首先，中国积极参与联合国框架下的中东维和行动。中国早在1986年5月便受联合国邀请，派出考察小组赴中东了解联合国维和行动，这可谓中国参与中东维和乃至参与联合国维和的萌芽期。1988年12月，中国正式加入联合国维持和平特别行动委员会。1990年4月，中国向联合国停战监督组织（UNTSO）派出5名军事观察员，正式拉开了中国参与联合国维和行动的序幕。2001年12月，中国国防部维和事务办公室成立，负责协调和管理军队维和工作和对外维和事务交流。2009年6月，中国国防部维和中心成立。中国的中东维和行动经历了从派出军事观察员到派出成建制部队的过程，军兵种也日益多元化。再加上中国综合国力的不断提升为中国参与维和行动提供了坚实的保障，中国在中东的维和行动日益成为联合国中东维和行动的重要组成部分。具体来看，中国中东维和行动主要包括以下几个领域：第一，中国参与伊拉克—科威特维和任务。海湾战争后，确保伊拉克与科威特边境地区的和平与安全成为联合国的重要任务，联合国正式派出驻伊拉克和科威特军事观察团来负责伊科边境维和任务。1991年4月至1992年5月，中国派遣20名军事观察员，其中黄宝祥上校任中国军事观察员队的队长，并担任了伊科军事观察团驻科威特联络处主任，其余人员在伊科边境非军事区进行观察巡逻工作，或在司令部下属部门和

3个非军事区司令部任职。① 第二，中国参与联合国对伊拉克的核查工作。海湾战争以后美伊关系急转直下，美国加大对伊拉克的制裁和打压力度，尤其是围绕核查的博弈不断加剧，联合国亦高度关注对伊核查工作。2003年3月，中国派员参加联合国对伊武器核查机构，防化指挥工程学院教授郁建兴出任化学视察组组长。第三，中国参与黎巴嫩维和任务。由于黎巴嫩国内教派政治和大国政治的交织，该国一直处在政局动荡之中，特别是黎巴嫩真主党在黎以边境地区与以色列冲突不断。联合国停战监督组织一直向黎巴嫩派驻军事观察员，自2000年5月以军从南黎巴嫩撤军以后，联合国驻黎观察员团转隶联合国驻黎巴嫩临时部队。2006年4月，中国向联合国驻黎巴嫩临时部队派出一支由182人组成的工兵分队，这是中国在中东维和任务中派出的第一支成建制部队。2006年7月，中国驻黎军事观察员杜照宇及三名其他国家联合国观察员在以色列的空袭中丧生。2007年1月，中国向联合国驻黎临时部队增派60人的医疗分队，并将工兵分队扩编至275人。2015年5月，中国向联合国驻黎临时部队增派200人的建筑工兵分队。2018年4月13日，联合国停战监督组织任命王正江中校接替瑞士军官阿莱克斯·纽克孟中校担任驻贝鲁特联络处处长，这是中国军官首次担任该职位。② 2020年8月，贝鲁特港大爆炸事件发生后，联合国驻黎临时部队的中国官兵于9月展开灾后援助重建工作，并与法国维和部队加强合作。③ 第四，中国参与西撒哈拉维和任务。2007年9月，赵京民少将就任联合国西撒哈拉全民投票特派团司令，他是首位担任联合国维和部队高级指挥官的中国军人。他认为这是联合国对中国17年来积极参与联合国维和行动的充分肯定和对中国军人素质能力的充分认可。④ 第五，中国参与苏丹维和任务。2007年11月，中国向非盟—联合国达尔富尔混合行动

---

① 浩月：《在海湾维和的岁月里（上）》，载《环球军事》2001年第5期。
② 《首次！中国军官出任UNTSO驻贝鲁特联络处处长》，2018年4月21日，http://www.js7tv.cn/news/2018 04_141800.html.（登录时间：2019年12月26日）
③ 赵文环、丁文栋：《见证贝鲁特从废墟走向复苏——中国赴黎维和官兵援助贝鲁特港灾后重建行动纪实》，2020年10月19日，http://world.people.com.cn/n1/2020/1019/c1002 - 31896910.html.（登录时间：2020年12月26日）
④ 李东航、张彦中：《首位任联合国维和部队高级指挥官的中国军人赴任》，载《解放军报》2007年9月9日。

派出315人的多功能工兵分队，这也是第一支进驻该地区的联合国维和部队。2011年7月，随着南苏丹正式从苏丹独立，中国赴联合国苏丹特派团维和工兵分队和维和医疗分队转隶新成立的联合国南苏丹特派团，维和运输分队撤回国内。2017年8月，中国向非盟—联合国达尔富尔混合行动派出140人的直升机分队。第六，中国参与塞浦路斯维和任务。2011年1月至2014年8月，刘超少将就任联合国驻塞浦路斯维和部队司令。刘超于2011年2月24日，拜会塞浦路斯总统赫里斯托菲亚斯。赫里斯托菲亚斯总统肯定了联合国维和人员对促进塞岛和平的贡献，表示将继续通过谈判来解决塞浦路斯问题。① 第七，中国参与叙利亚维和任务。2012年4—8月，中国应联合国请求，派出9名军官参与联合国叙利亚监督团工作，分别担任人事处处长、联合作战中心副主任、大马士革观察员队作战参谋等重要职位，其中4名是该监督团最后一批撤离的维和人员。②

中国在包括参与中东维和在内的国际维和行动中积极推进维和国际合作，先后与90多个国家、10多个国际和地区组织展开维和交流与合作，其主要经验包括：加强战略沟通，凝聚维和共识；分享经验做法，贡献中国智慧；深化联演联训，共同提升能力。中国维和行动与西方大国在中东的维和行动之间也保持着良性的互动。③ 不仅如此，中国在中东地区的维和行动也面临着特殊的宗教文化背景的挑战，在此方面中国维和部队也积累了一定的经验，这有助于中国更好地在中东展开维和行动。④

其次，中国在联合国安理会涉及中东热点问题的决议草案投票上坚持推进政治解决。联合国安理会决议不仅在20世纪90年代以来日益具有安理会"造法"的迹象，其通过决议的执行强制性与所赋予的国际合法性，对于国际热点问题的解决也具有难以取代的主导作用。中国作为联合国安

---

① 王强：《中国少将就任联合国驻塞浦路斯维和部队司令》，新华社，2011年2月24日。
② 黎云：《联合国结束在叙维和行动 4名中国军事观察员撤离回国》，2012年8月25日，http://www.xinhuanet.com//world/2012-08/25/c_112846303.htm。（登录时间：2019年12月26日）
③ 中国国务院新闻办公室：《〈中国军队参加联合国维和行动30年〉白皮书（全文）》，新华社，2020年9月18日。
④ 钮松：《中东国际体系的宗教因素——以中国在中东的维和与护航行动为考察重点》，载《太平洋学报》2012年第4期，第29页。

理会常任理事国中唯一的发展中国家，积极通过安理会投票为发展中国家代言，坚持政治而非军事解决、劝和促谈的热点问题解决路径。中国近年在联合国安理会针对中东热点问题的投票主要包括几个方面：第一，中国就苏丹达尔富尔问题的投票行为。21世纪初，苏丹达尔富尔问题成为国际焦点以后，中国积极推动该问题的解决。中国虽在苏丹有着巨大的经济利益，希望达尔富尔问题能够得到和平解决，但西方国家则在积极推动对苏丹的石油工业制裁，通过决议将该问题国际化的势头明显。2004年7月30日，联合国安理会通过了第1556号决议。2004年9月18日，联合国安理会通过了第1564号决议。这两项决议均针对苏丹达尔富尔问题而展开，尤其是第1564号决议要求苏丹政府改善达尔富尔地区安全并与非盟加强合作，否则安理会将考虑对苏丹石油工业、苏丹政府及其成员的制裁。中国在这两项决议的投票中均投了弃权票，这反映了中国对意见有所保留，"中国以一张弃权票被动地表达对于苏丹问题国际化处理的回避，但是这种被动的回避不但没有避免达尔富尔危机的国际化处理道路，反倒会使中国在苏丹的海外石油战略和经济安全受到危害，使中国的海外权益和战略空间扩张受到挤压"。① 第二，中国就叙利亚问题的投票行为。随着叙利亚内战局势日益胶着且朝着代理人战争的方向发展，再加上极端组织在该国的肆虐，叙利亚局势更加错综复杂。由于西方国家大力支持叙利亚反对派武装，对叙利亚政府多有指责，再加上部分中东国家也支持叙利亚反对派，因此叙利亚政府的国际及地区处境总体不佳。中国在联合国安理会坚持原则和立场，反对武力干涉与制裁。中国在2011年10月4日、2012年2月4日、2012年7月29日和2014年5月22日的联合国安理会就叙利亚问题的表决中均投了反对票，在2016年10月8日的第五次表决中投了弃权票。中国在2016年12月5日的联合国安理会对叙利亚阿勒颇人道主义局势的表决中投了否决票，该决议草案由美英法提交。中国认为以所谓大规模杀伤性武器为借口发动战争会给中东人民带来巨大灾难，这也反映了

---

① 李志斐：《冷战后的中国特使外交》，载《国际关系学院学报》2008年第3期，第29页。

中俄基于一系列因素对危机做出的不同应对，对西方国家实际行动的担忧。[①] 第三，中国在伊朗常规武器解禁问题上的投票行为。2020年10月18日，伊朗外交部发表声明称针对伊朗武器运输的禁令已全部自动解除，其国际法渊源是联合国安理会第2231号决议。事实上，伊朗自1979年伊斯兰革命以来便面临着不同程度的武器制裁或禁运，特别是2006—2010年联合国安理会通过了4项制裁伊朗的决议，其中均涉及武器禁运。自2015年伊核问题全面协议达成并获联合国安理会的确认以后，第2231号决议便开启了伊朗解除武器禁运的5年倒计时。美国对此则表现出明显的怒不可遏，其国务卿蓬佩奥放言今后仍将对向伊朗出售武器的个人或实体实施制裁。2020年8月14日，美国试图延长联合国对伊朗的武器禁运，但最终无法得到国际社会的普遍支持，特别是其欧洲盟友在此问题上也与美国意见相左。美国延长对伊朗武器禁运的议案最终被否决，除美国和多米尼加投赞成票以外，其欧洲盟友悉数投弃权票，中俄投反对票。这反映了中国与欧洲国家在伊朗问题上立场的逐步接近，美欧围绕伊朗问题的分歧显著。

二、坚持多边主义外交

习近平强调："我们要以实际行动践行多边主义、完善全球治理、维护国际秩序。要秉持共商共建共享原则，倡导全球事务由各国一起商量着办，治理体系由大家携手建设，发展成果由各国人民共同分享。"[②] 随着冷战的结束，世界一直朝着向多极化转型的道路持续迈进，虽然单边主义、霸权主义、强权政治仍不时冲击国际政治的发展，但以多边主义原则来建设性地参与国际事务是中国外交的一条基本主线。中国坚持走多边主义道路，是维护和践行多边主义的重要力量，重视在联合国、世贸组织、二十

---

① 李丽：《保护的责任与安理会强制性干预决议——利比亚与叙利亚案例的比较分析》，载《战略决策研究》2017年第1期，第3页。

② 《习近平：以实际行动践行多边主义、完善全球治理、维护国际秩序》，2020年11月10日，http://www.xinhuanet.com/2020-11/10/c_1126722580.htm.（登录时间：2020年12月30日）

国集团等多边组织框架内发挥建设性作用；在区域合作方面，不断探索新合作模式，与俄罗斯等国共建上海合作组织；在多边框架内，特别倡导开放、包容、透明的合作议程，不搞封闭排他的小圈子；共建"一带一路"是践行多边主义的重要平台。① 中东热点问题具有明显的规模效益和联动效应，往往是具体的热点问题导致"牵一发而动全身"，进而造成体系性的动荡。中东热点问题还具有议题上的全覆盖性，传统安全与非传统安全问题层出不穷，既包括传统的战争与冲突问题，也包括水资源、能源、恐怖主义、传染性疾病问题。这些热点问题又与中东固有的民族宗教问题相交织，使得问题的解决难度陡增。中东热点问题的解决仅依靠少数国家依照自身意愿和偏好难以实现，只能在多边主义的框架下，通过协商、合作的形式来予以有效应对。中国在参与中东热点问题的多边主义路径中，积极配合其他大国以多边会谈的形式促成相关协议的达成，或在搭建的合作论坛框架下以多边促双边，其最终目的是促进中国与中东关系的发展。

首先，中国积极参与中东热点问题的多边会谈机制，促进相关国际协议的达成，伊核协议便是其主要成果。伊核问题是一个长期发展的过程并最终危机化，该问题经历了第一阶段（20世纪60年代末至70年代末）、第二阶段（20世纪70年代末至80年代）后，美国逐渐从90年代的幕后"走向前台，加入到谈判的战团之中"，以英法德为代表的欧盟国家也积极介入和全力干预，欧伊谈判陷入僵局也促成了俄罗斯的加入，从而形成三方会谈机制。② 随着2002年伊核问题进展有限且日益得到国际社会的高度重视，该问题被提交联合国安理会。安理会"五常"及德国等6国和伊朗进行了多轮谈判和会议，逐步形成了伊核问题六方机制。中国在伊朗"拥核崛起"背景下积极参与伊核问题六方机制，其目的是主动构筑和谐的周边外交环境，并在伊核问题得到缓解且美伊关系走向正常化之际及时谋划，从战略高度调整中国与中东大国的关系。中国参与伊核问题不搞意识形态划线，主张从维护国际核不扩散机制和维护伊朗和平利用核能的权利

---

① 孙壮志：《坚持走多边主义道路》，载《人民日报》2020年11月5日，第9版。
② 李意：《海湾安全局势与中国的战略选择》，北京：世界知识出版社2010年版，第68—69页。

第一章　协调中东热点问题的原则、观点和方法

出发，积极促进该问题的妥善解决。伊核问题的关键是美伊关系，2002年伊朗核计划浮出水面以后，"改革派"总统哈塔米力排众议，尽管遭遇美国共和党小布什政府的强硬回绝，仍于2003年与英法德共同促成"德黑兰宣言"，同意与国际原子能机构合作，终止一切浓缩铀活动。然而2005年8月"保守派"的艾哈迈迪·内贾德就任总统以后将该宣言予以废止，开启"反恐"战争的小布什政府也加大了对伊朗的遏制力度。这种"硬碰硬"的激烈对抗模式导致伊朗核计划演变为伊朗核问题，导致以美国为首的西方国家加强了对伊朗的经济制裁。2009年初，民主党奥巴马政府上台以后，美国因阿富汗、伊拉克局势的掣肘，其伊朗政策仍无较大改观，而同年，内贾德充满争议地连任总统一事也促使其在核问题上采取更加激进的政策，这无益于伊朗核危机的缓和。2010年底以来"阿拉伯之春"席卷西亚北非，美国与伊朗都在密切关注中东局势，核问题的对抗实际上处于一种"不温不火"的状态。随着以"伊斯兰国"为代表的伊斯兰激进势力的坐大，以及2013年8月曾出任哈塔米总统时期首席核谈判代表的"温和保守派"鲁哈尼就任总统，不仅美伊之间随即实现了1979年以来首次元首通话，而且伊朗与六大国也于2013年11月顺利达成临时性的"联合行动总体计划"，且不断延长其有效期，并于2015年7月达成最终协议，这也可被视作美伊当局在日后大选中减少反对派别上台可能性的政治筹码。中国外长王毅指出，中国"始终以建设性姿态参与了伊核谈判全过程。中国并不是矛盾焦点，这可以使中方以更为公正、客观的立场积极开展斡旋。特别是在谈判的一些重要节点，包括谈判遇到困难、陷入僵局时，中方总是从各方共同利益出发，积极寻求解决问题的思路和途径，提出中国的方案。可以说，中国发挥了独特的建设性作用，得到各方高度赞赏和肯定。"[①] 伊核协议的达成克服了"6+1"各方国内的重重阻力，"外交，就是关于妥协的艺术。各个相关利益方审时度势，互谅互解，交换利益，寻求体系利益的最大化，这是阶段性解决伊核问题的明智之举。十多年来，伊朗核谈判的其他六方都付出了重大努力。我国坚持伊核问题的政治解

[①] 《王毅：中国为达成伊核全面协议发挥了独特的建设性作用》，载《世界知识》2015年第15期，第7页。

决,主张各方相互尊重,寻求利益平衡,多次为突破谈判僵局做出了显著贡献。"[1]特朗普政府上台以后对伊朗采取极限施压与超强遏制手段,于2018年正式单方面退出《伊朗核问题全面协议》。欧洲国家在伊核协议问题上的立场与美国不同,以法德英为代表的欧盟国家极力游说特朗普留在伊核协议基本框架之内,中国与欧洲国家一道为维护伊核协议的有效性以及确保伊朗留在该协议框架内展开了诸多具体行动。

其次,21世纪以来中国更加积极践行以发展促和平、以发展促安全的合作路径,在多边主义原则的指引下,注重在国际组织和国际论坛的框架下发展中东关系,总体上提升了中国在中东热点问题中的话语权和行为能力。在全球性合作论坛方面,二十国集团(G20)便是典型。中国与土耳其和沙特等中东大国均为G20成员国。G20最初只是让这些有代表性的发达国家和新兴工业国在维护金融和货币体系稳定的前提下进行经济和货币政策的非正式对话。中国代表了东亚国家,土耳其代表了欧亚交界中东非阿拉伯国家,沙特代表了中东阿拉伯国家。中国利用G20平台大力发展与这些中东国家的多元合作,在多边框架下发展中土、中沙双边合作。在双边合作论坛方面,中阿合作论坛、中非合作论坛是中国搭建的主要平台。进入21世纪,中国期望通过建立具有常规机制的与中东和非洲国家间的双边合作论坛,来处理彼此关系的各种议题,包括参与中东热点问题。中阿合作论坛于2004年发起成立,尤其是2012年6月在突尼斯举行的第五届部长级会议在中东剧变的背景下对推进中阿关系具有较强的现实意义。时任中国外长杨洁篪指出:"本届部长级会议是2010年中阿在论坛框架下建立战略合作关系以来,论坛举办的最高级别机制性活动。西亚北非地区形势正发生重大变化。我们始终将维护地区和平稳定、维护阿拉伯国家长远和根本利益、维护中阿友好大局作为政策出发点。"[2] 2020年7月6日,中阿合作论坛第九届部长级会议以视频方式举行,中国国务委员兼外长王毅

---

[1] 沈丁立:《伊核协议实现"三赢"》,载《人民日报(海外版)》2015年7月15日,第1版。

[2] 杨洁篪:《深化战略合作 促进共同发展——写在中阿合作论坛第五届部长级会议即将召开之际》,2012年5月29日,http://www.cascf.org/chn/zahzltdwjbzjhyzl/t935868.htm.(登录时间:2019年12月30日)

提出了5点建议：一是加强团结协作，携手战胜疫情。二是坚定相互支持，捍卫公平正义。三是坚持多边主义，完善全球治理。四是共建"一带一路"，携手实现复兴。五是推动政治对话，促进中东安全。① 中非合作论坛于2000年发起成立，其中涵盖了非洲阿拉伯国家，目前已举行了7届部长级会议。2020年6月17日，中非团结抗疫特别峰会以视频方式举行，埃及总统塞西、阿尔及利亚总统特本等非洲阿拉伯国家领导人与会，此次会议强调和平、安全与发展密切相关，敦促尽快解除对苏丹的经济制裁，重申坚定支持多边主义，反对单边主义，维护以联合国为核心的国际体系，捍卫国际公平正义。②

最后，中国在得到联合国和对象国许可的前提下参与打击索马里海盗，维护海上通道安全。随着1991年索马里中央政府的垮台，国家陷入分裂和失序，古老的海盗问题死灰复燃，成为影响连接亚非洲海上通道畅通的重大安全威胁，索马里海盗问题一时间也成为迫切需要尽快解决的中东热点问题。2008年，联合国安理会四度通过有关打击索马里海盗的决议，允许相关国家军队在获得索马里过渡政府的同意下展开对索马里海盗的打击活动。中国护航编队与其他国家护航编队不断增加互信与配合，在打击索马里海盗上取得了明显成效，"中国的'越境打击'是得到联合国和越境对象国授权的合法军事行动，仍然体现了领土主权不可侵犯、互不干涉内政的外交底线，但对此进行了深化和具体战术的改变，其目的是在动荡地区减少和消除隐患，以维护中国和世界的持久和平，以及中国和越境对象国的共同繁荣，这符合中国新外交中'和谐世界'的理念"，这反映了针对热点问题的"中国新外交"，即"在多边制度安排基础上，处理全球与地区公共问题的理念指导下所进行的一系列外交实践"。③ 中国在亚丁湾的常态化护航及其后续的后勤补给站建设，对于中国有效应对中东突发性热点问题具有积极意义，如利比亚内战和也门内战爆发后，中国海军在亚

---

① 伍岳：《中阿合作论坛举行第九届部长级会议》，新华社，2020年7月6日。
② 《中非团结抗疫特别峰会联合声明（全文）》，2020年6月18日，http://www.xinhuanet.com/2020-06/18/c_1126127581.htm。（登录时间：2020年12月30日）
③ 钮松：《"越境打击"索马里海盗与中国外交转型》，载《太平洋学报》2012年第9期，第74—75页。

丁湾和索马里海域的护航编队军舰赴利比亚和也门撤侨，有效维护了中国公民的安全。

三、设立中东问题特使

中国一贯主张中东地区出现的问题应由地区国家内部通过和平谈判来解决，反对外来干涉或以武力相威胁，主张中东地区的事情归根结底应该是中东国家自己说了算。中国在坚持"不干涉内政"这条"红线"的基础上不断进行外交方式的创新和"有所作为"，积极推进中东系列热点问题的劝和促谈工作。由于中东热点问题并非是某个孤立的问题，而是具有规模效益的诸多热点问题的汇集。此外，中东热点问题处在动态之中，除了作为中东问题核心的延续70余年的巴勒斯坦问题这一老问题之外，各种新的热点问题不断涌现，如近年备受国际社会关切的主要是伊核问题、叙利亚问题、也门问题和"伊斯兰国"问题等。正因中东热点问题的庞杂性与长期性，如何做好相关方面的劝和促谈和大国斡旋，将直接考验中国的热点外交方式和切实效果，常设化的针对热点问题的特使外交便成为中国外交创新的重要突破口，而中东则成为中国特使外交诞生和不断完善的主要外交舞台。特使外交包括礼仪性和政治性两类，其中"政治性事务一般涉及双边或多边的突发性事件、地区热点或全球重大事件"，其"最大优点正是灵活性，这种灵活性使得这种外交工具可以发挥许多经常性外交不能发挥的功效"。[1] 这在中国外交中并非是一种新的外交领域，但特使外交在中国中东热点外交中得到了完善与推进。中国特使外交对中东热点问题的参与包括以下几个方面。

第一，中国政府派出特使参加中东热点问题相关国际会议。中国政府派出特使参与中东问题相关国际会议，是中国传统特使外交的组成部分，其特点是具有强烈的具体任务性。这在很大程度上既能沿袭一贯外交思路，通过政府特使出席国际会议的形式来进一步接触热点问题相关各方并

---

[1] 蒙克、陈涛：《特使外交：穿过历史隧道》，载《世界知识》2016年第16期，第63页。

进行问题研判,又能为下一步就紧迫性与关键性热点问题设置常设性政府特使创造条件。2002年1月,中国政府特使王学贤出席在日本东京举行的援助阿富汗重建会议,联合国秘书长安南、日本首相小泉纯一郎和阿富汗临时政府主席卡尔扎伊发表讲话,66个国家和22个国际机构的代表出席了此次会议。[1] 2004年7月5日,中国政府特使、外交部领导成员乔宗淮出席在埃塞俄比亚亚的斯亚贝巴举行的非盟第三届首脑会议,并会见非盟委员会主席科纳雷。[2] 2004年11月,中国政府特使、中国常驻联合国代表王光亚出席在埃及沙姆沙伊赫举行的伊拉克问题国际会议,他在发言中指出:"中国赞同安南秘书长的看法,安全问题需要全面的政治解决方案。安全形势改善应与政治进程发展相辅相成","国际社会围绕伊拉克战争曾出现严重分歧,但这并非不可愈合的'伤口'。我们真诚希望各方继续以大局为重,本着向前看的态度,致力于弥合分歧,扩大共识,务实合作,特别是着眼于解决伊拉克人民面临的现实困难","中国支持在联合国框架内解决伊拉克问题","中国支持联合国根据安理会授权,在伊拉克重建进程中发挥重要作用","我们希望多国部队发挥应有的作用,切实执行安理会决议有关规定"。[3] 2005年1月9日,中国政府特使、外交部部长助理吕国增出席在肯尼亚内罗毕举行的苏丹全面和平协议签字仪式,他与苏丹总统巴希尔和苏丹外长伊斯梅尔进行了交谈,指出中国一如既往支持苏丹和平与建设事业。[4] 2005年7月3日,中国政府特使、外交部副部长乔宗淮出席在利比亚锡尔特举行的非盟执行理事会会议和首脑会议,并会见非盟

---

[1] 葛相文、张焕利:《援助阿富汗重建国际会议在东京开幕》,新华社,2002年1月22日。
[2] 李大伟、孙永明:《中国政府特使乔宗淮会见非盟委员会主席科纳雷》,新华社,2004年7月5日。
[3] 中国外交部:《中华人民共和国政府特使、常驻联合国代表王光亚大使在伊拉克问题国际会议上的发言》,2004年11月23日,https://www.fmprc.gov.cn/123/wjb/zzjg/gjs/gjzzyhy/1115/1122/t171787.htm。(登录时间:2019年12月30日)
[4] 中国外交部:《中国政府特使、外交部部长助理吕国增出席苏丹全面和平协议签字仪式》,2005年1月10日,https://www.fmprc.gov.cn/ce/ceke/chn/xw/t178991.htm。(登录时间:2019年12月30日)

委员会主席科纳雷。① 2006年1月20日，中国政府特使、外交部副部长吕国增出席在苏丹喀土穆举行的非盟第六届首脑会议，并会见非盟委员会主席科纳雷，1月21日访问了苏丹北达尔富尔州，与该州州长和州政府高级官员会面，还前往难民营参观，并听取了关于达尔富尔形势的介绍。② 2012年2月17—18日，中国政府特使、外交部副部长翟隽访问叙利亚，会见了叙总统巴沙尔并与叙外长穆阿利姆和副外长米格达德、阿努斯会谈，此外还会见了反对派组织负责人。他指出："在叙利亚问题上，中方秉持客观公正立场和负责任态度，愿与叙政府和叙各政治派别、阿拉伯国家及阿盟保持沟通，并同国际社会一道，为妥善解决叙利亚问题发挥积极和建设性作用。"③ 中国围绕21世纪以来的阿富汗问题、伊拉克问题、苏丹达尔富尔问题、叙利亚问题等中东热点问题派出了大量政府特使，并通过出席具体会议和任务型出访，积极展开劝和促谈的多边外交。

第二，中国政府中东问题特使的设立及围绕巴勒斯坦等问题的劝和促谈。进入21世纪以后，中东和平进程遭遇巨大挫折，特别是以色列利库德领导人沙龙2000年9月强闯耶路撒冷圣殿山引发第二次"因提法达"，此后巴以冲突不断，以色列甚至对巴勒斯坦领导人阿拉法特采取"绝对孤立"政策，不以其为谈判对象，并对其实施"软禁"。2001年"9·11"事件爆发以后，中东形势急转直下，巴勒斯坦问题更是不断被边缘化。在此情形下，中国中东外交实践出现了创新，于2002年9月正式设立中国政府中东问题特使职位，这也是中国针对国际热点问题设立的第一个常设特使职位。自2002年迄今，中国政府相继任命王世杰、孙必干、吴思科、宫小生、翟隽等五位具有长期中东外交经历的资深外交官为中东问题特使。

---

① 中国外交部：《乔宗淮副部长会见非盟委员会主席科纳雷》，2005年7月4日，https://www.fmprc.gov.cn/web/gjhdq_676201/gjhdqzz_681964/lhg_683022/xgxw_683028/t202229.shtml。（登录时间：2019年12月30日）

② 邵杰、王笛青：《中国政府特使吕国增副外长会见非盟委员会主席》，新华社，2006年1月20日；《中国政府特使吕国增访问苏丹达尔富尔地区》，新华社，2006年1月21日。

③ 中国外交部：《中国政府特使、外交部副部长翟隽访问叙利亚》，2012年2月18日，https://www.fmprc.gov.cn/ce/ceiie/chn/xwgg/t906306.htm。（登录时间：2019年12月30日）

第一章　协调中东热点问题的原则、观点和方法

早在 2000 年 4 月,江泽民主席访问巴勒斯坦时,阿拉法特便提出希望中方设立中东问题特使。由于巴勒斯坦问题是中东问题的核心,因此中国设立中东问题特使所处理的主要是巴勒斯坦问题。首任中东问题特使王世杰指出:"我这个中东特使的使命就是到这个地方去劝和,促进他们坐下来进行和平谈判,解决争端。这样有利于维护世界和平,也是我国独立自主和平外交政策的一种体现。"2002 年 11 月,王世杰对埃及、黎巴嫩、约旦、以色列和巴勒斯坦展开了为期 8 天的访问,尤其是与阿拉法特进行了会面,其基本立场是:"我们要开展劝和工作,但我们并非没有原则的和事佬。"[①]第二任中东问题特使孙必干认为特使是配合与补充中国的主体外交,特使的主要工作包括以下几点:第一,"中国和西方国家在中东问题上有共同点,但也有很多不同点,特使就是要宣传中国的政策";第二,"劝和促谈"是中心工作,既包括在巴以之间,也包括在巴各派系之间;第三,"与地区外的有关国家沟通,比如说去法国、俄罗斯等国交流看法和意见"。[②] 2019 年 11 月 12—13 日,现任中东问题特使翟隽访问美国,会见了美国总统高级顾问库什纳和总统特别助理、白宫国家安全委员会高级主任格林威,就中东局势和热点问题进行了交流。[③] 总体来看,中国政府中东问题特使在巴勒斯坦问题上,不仅积极做好巴以双方的劝和促谈工作,对于与巴勒斯坦问题攸关的中东主要国家也加强联系与沟通,此外与美欧俄等重要的域外大国也保持基本互动,这是中国大国协调外交的重要举措。

此外,中国中东问题特使还参与了叙利亚问题和伊拉克抗击极端组织问题的大国斡旋。第三任中东问题特使吴思科上任以后,"阿拉伯之春"的爆发催生了一系列新的中东热点问题,特别是叙利亚内战和"伊斯兰国"在伊拉克的肆虐使得中东问题特使的工作范围得到了进一步拓展。吴思科上任后,曾几次赴叙利亚访问,分别与叙政府和反对派进行接触,其

[①] 吴晓芳:《穿梭在中东的中国特使》,载《世界知识》2012 年第 7 期,第 16 页。
[②] 同上,第 17—18 页。
[③] 中国外交部:《中国政府中东问题特使翟隽访问美国》,2019 年 11 月 14 日,https://www.fmprc.gov.cn/web/wjdt_674879/sjxw_674887/t1715812.shtml。(登录时间:2020 年 1 月 3 日)

中包括"叙利亚全国民主变革力量民族协调机构"总协调员哈桑·阿卜杜拉—阿济姆和"变革和解放人民阵线"领导人格德里·贾米勒，此外还赴巴林和土耳其与叙"全国联盟"领导人会面。2014年"伊斯兰国"恐怖组织在伊拉克异军突起之后，吴思科除了及时访问伊拉克并与马利基总理、穆特拉克副总理和兹巴里外长会面以外，还访问土耳其和伊朗，就共同反恐交换意见并探讨加强合作的途径。① 2018年6月，第四任中东问题特使宫小生在访问埃及时指出："应当全面解决包括巴以冲突、伊拉克、叙利亚、利比亚和也门冲突在内的所有中东热点问题，国际社会应对此全面关注，而不能只顾其一，忽视其他"，"以色列以前不希望除美国以外的国家涉足巴以问题，如今立场有所转变，充分认可中国的作用"，"中国愿与各国协调、合作，在解决中东热点问题过程中发挥更大作用，支持一切有利于对话和政治解决的所有努力"。② 由此可见，中国在中东热点问题上的公正立场正日益赢得中东国家的理解与认可，而中东问题特使的不懈努力在其中发挥了直接的推动作用。

第三，中国政府叙利亚问题特使的设立及围绕叙利亚相关问题的劝和促谈。2016年3月，中国正式设立中国政府叙利亚问题特使，任命具有丰富中东外交经验的资深外交官解晓岩担任此职。该职位设立的背景，是叙利亚战争与冲突的紧张局势初步出现缓和，即"当前叙利亚问题解决进入关键节点。在国际社会共同努力下，停火协议总体得到落实，人道救援不断推进，叙利亚政府和反对派重启了日内瓦和谈"，中国设立叙利亚问题特使的"目的就是要更好地发挥劝和促谈作用，更加积极地贡献中国智慧和方案，更加有效地加强同有关各方沟通协调，为推动叙利亚问题最终妥善解决继续发挥建设性作用"。③ 不可忽视的是，在中国政府叙利亚问题特使设立之前，中国政府中东问题特使在叙利亚问题的斡旋与劝和促谈上已

---

① 吴思科：《中国政府中东问题特使讲述："丝路"外交见闻》，北京：中国文史出版社2019年版，第68—70、85—86页。

② 景玥、黄培昭：《中国中东问题特使宫小生：应全面解决所有中东热点问题》，2018年6月1日，http：//world. people. com. cn/n1/2018/0601/c1002 - 30028120. html。（登录时间：2020年1月3日）

③ 靳若城：《中国任命叙利亚问题特使》，新华社，2016年3月29日。

有了一定程度的参与，该职位的设立使得中国在对叙利亚问题的大国协调与斡旋上力量更为集中。2016年8月，叙利亚问题特使解晓岩前往约旦访问并阐述中国在叙利亚问题上的立场。2017年3月22日，叙利亚问题特使解晓岩在日内瓦万国宫举行媒体吹风会，阐释中国在叙利亚问题上的原则立场，应秉持"求同存异、先易后难"的原则，中国支持联合国发挥斡旋主渠道作用，愿意同包括联合国在内的国际社会有关各方密切配合，为和谈取得成果而努力。① 2017年4月25日，叙利亚问题特使解晓岩会见欧盟对外行动署副秘书长贝利雅，就叙利亚问题交换了看法，并在随后的记者会上指出，有关各方以及国际社会应采取有效措施，推动叙利亚问题的政治解决，此外在反恐问题上不应有双重标准。② 2018年4月22日，叙利亚问题特使解晓岩在埃及开罗记者会上称，叙利亚化武问题调查队伍应由联合国指定专业人才组成并充分考虑地区平衡性，"伊拉克、利比亚等国的前车之鉴一再证明，军事打击不仅不能解决问题，反而会为当地乃至所在地区的人民带来动荡与苦难，我们不能让历史悲剧重演"。他还指出习近平主席与英国首相特雷莎·梅和土耳其总统埃尔多安就叙利亚问题通话。③ 2018年4月25日，叙利亚问题特使解晓岩在比利时布鲁塞尔出席叙利亚问题国际会议上指出，有关各方应在国际法框架内通过对话协商解决问题，军事解决叙问题没有出路，政治解决是唯一现实选择；对于化武问题不能预判结果；中国同叙利亚政府和反对派都保持联系，先后邀请双方代表团访华以开展劝和促谈工作。④ 2018年12月3—4日，叙利亚问题特使解晓岩访问美国，会见美国国务卿叙利亚问题特别代表杰弗里和助卿帮办雷伯恩，就叙利亚问题进行交流并与美国近东政策研究所高级研究员罗

---

① 施建国、徐金泉：《中国特使呼吁政治对话解决叙利亚问题》，新华社，2017年3月22日。
② 刘军：《中国特使：解决叙利亚问题不可能一蹴而就》，载《光明日报》2017年4月27日，第10版。
③ 曲翔宇：《中国特使：叙利亚问题上要"用事实说话"》，2018年4月23日，http://usa.people.com.cn/n1/2018/0423/c241376-29944116.html。（登录时间：2020年1月3日）
④ 《中国政府叙利亚问题特使：政治解决叙问题是唯一现实选择》，2018年4月26日，http://www.chinanews.com/gj/2018/04-26/8500232.shtml。（登录时间：2020年1月3日）

斯大使座谈。① 2019年3月16—17日，叙利亚问题特使解晓岩访问约旦并就叙利亚问题等与约旦外交大臣萨法迪进行磋商，强调中国将继续与国际社会一道共同推进寻找叙利亚问题的解决办法。② 总体来看，中国政府叙利亚问题特使与美欧俄和中东有关国家在叙利亚问题上进行了多渠道的交流与沟通，清晰传递了中国立场。

第四，中国政府非洲事务特别代表的设立及围绕苏丹达尔富尔问题的劝和促谈。2007年5月，中国正式设立中国政府非洲事务特别代表职位，具有丰富非洲外交经验的资深外交官刘贵今成为首任非洲事务特别代表。尽管名称有所不同，但仍是常设性特使外交的组成部分。该职位的设立，最初目的便是应对21世纪初以来日益严重的苏丹达尔富尔问题。苏丹是东非阿拉伯国家，与北非埃及和黑非洲国家接壤，并与阿拉伯半岛隔红海相望，地理位置极为重要。达尔富尔问题背后有着鲜明的阿拉伯人与黑人之间的族群冲突、伊斯兰教与基督教之间的宗教碰撞，以及油气资源上的利益纠纷，尤其是族群政治又与宗教界线相重叠，进一步加剧了冲突的烈度。中国在达尔富尔问题上有着清晰的经济、政治、安全和文化外交目标的设置，主张通过对话与谈判、发展与合作来解决苏丹国内危机"，而"苏丹达尔富尔危机的全面国际化，在给中国外交带来挑战的同时，也为中国外交新观念提供了实践的平台"。③ 刘贵今特使上任后不久便于2007年5月19—23日前往苏丹访问，会见苏丹政府高层并考察难民营，会见州县代表，对其传递观点的倾听者包括路透社、美国有线电视新闻网、美国之音的记者，刘贵今的基本态度是："我既然担任了这个职务，就要不停地传达中国的声音"，"我们中国的外交、东方的外交，是大智大睿的。我们要解决一个问题，不是靠施压，不是靠制裁，不是靠禁运，而是靠外交的

---

① 中国外交部：《中国政府叙利亚问题特使解晓岩访问美国》，2018年12月7日，https：//www.fmprc.gov.cn/web/wjb_673085/zzjg_673183/xybfs_673327/xwlb_673329/t1619888.shtml. （登录时间：2020年1月3日）

② 《中国政府叙利亚问题特使访问约旦》，2019年3月18日，http：//news.cri.cn/20190318/dc61ab21-8ea6-dff6-44b2-327e1922ac32.html. （登录时间：2020年1月3日）

③ 刘骞：《中国和平发展外交目标的认知视角分析——以中国在达尔富尔问题上的外交目标设定为例》，载《学术论坛》2010年第8期，第61、63页。

力量，靠人类共同的智慧，在这方面，我们东方人的智慧自有胜筹。"①
2011年12月7—8日，刘贵今大使访问南苏丹，会见了南苏丹总统基尔、外长尼亚尔和石油和矿产部长德修等官员，声言中国致力于以自己的方式做南北苏丹双方和有关方面的工作，推动早日解决分歧。② 2011年12月8日，刘贵今大使访问苏丹，会见了苏丹外长库尔提、人道事务部国务部长萨迪克和石油部秘书长努阿迪等官员，希望北南苏丹保持克制与冷静，本着互谅互让的精神，通过谈判协商妥善解决分歧。③ 2011年12月10日，刘贵今会见苏丹第一副总统塔哈。此后，第二任和第三任中国政府非洲事务特别代表钟建华和许镜湖也多次前往苏丹访问，就苏丹局势及南北苏丹关系交换意见。

---

① 胡中乐：《中国特使穿梭达尔富尔》，载《环球人物》2007年第17期，第28—29页。
② 《中国政府非洲事务特别代表刘贵今7至8日访南苏丹》，新华社，2011年12月9日。
③ 中国外交部：《中国政府非洲事务特别代表刘贵今大使访问苏丹》，2011年12月9日，http://office-macau.fmprc.gov.cn/web/wjbxw_673019/t885820.shtml。（登录时间：2018年11月20日）

第二章
巴以问题：大国的深度协调

长期以来，巴以冲突由于其时间的持续性、影响的广泛性及冲突的高烈度等特点，一直被一些大国视为中东问题的核心和根源性问题。巴以冲突从最初的阿犹冲突发展至今，已经持续有一个多世纪之久，其间历次中东战争的爆发对区域的安全与稳定造成了严重破坏，而冲突遗留的焦点问题至今仍未得到解决，巴以双方仍然时有爆发流血冲突的风险。域外大国与阿拉伯国家在巴以问题中始终扮演着重要角色，对冲突的走向和中东和平进程的进展发挥着重要的推动作用。在巴以问题上，中国虽未占据主导地位，但与巴以双方均建立了正常的外交关系，巴以双方对中国的信任也存在高度的一致。巴以双方对中国全方位协调中东和平进程均持积极欢迎的态度，期望中国在巴以问题的解决中发挥更大作用。

第一节 巴以问题的由来和发展

巴勒斯坦地区是犹太教和基督教的发源地，也与伊斯兰教的兴起有着密切关联，耶路撒冷是以上三大一神教的共同宗教圣地。因此，巴勒斯坦特别是耶路撒冷对于犹太人、基督教世界和伊斯兰世界而言均具有极其重要的宗教政治意义。随着奥斯曼帝国的衰落和欧洲殖民列强对中东的蚕食，巴勒斯坦最终成为基督教世界内部进行争夺的目标。随着19世纪犹太复国主义运动的兴起和二战期间纳粹屠犹惨剧的发生，二战后的亚非民族解放运动浪潮与犹太复国主义浪潮在巴勒斯坦实现了交汇。将英国委任统治的巴勒斯坦转变为巴勒斯坦人的阿拉伯国家与在巴勒斯坦土地上建立一个犹太国家这两种截然不同的思潮与路径，最终通过联合国分治协议而在理论上得以实现。长期经营巴勒斯坦的老牌殖民大国英国力挺阿拉伯人，对在巴勒斯坦建立犹太国家持消极乃至反对态度，而美国杜鲁门政府则积极推动以色列国从概念变为现实。以色列国按照联合国分治决议建立之时，诸多阿拉伯国家以战争作为回应，巴以问题自此而来并延续迄今。围绕巴以冲突问题，以色列与诸多阿拉伯国家及欧洲原殖民大国之间爆发了大规模战争。阿拉伯世界的内耗、美苏大国的插手和以色列内部的同仇敌忾，使得以色列日益成长为中东地区的军事强国，这也进一步导致了巴以冲突的长期化和停滞不前。冷战行将结束之时，马德里中东和会为巴以问题的解决开启了新的时代，特别是奥斯陆协议的达成为巴以问题的解决带来了曙光。由于此后巴以各自内部的政治变动、以色列政治的日益右转、哈马斯与巴解组织的分庭抗礼，巴以问题陷入停滞乃至倒退局面。美国特朗普政府上台后，更是在耶路撒冷、戈兰高地、犹太定居点、约旦河谷等问题上不断跨越"红线"，推进阿联酋、巴林和苏丹等阿拉伯国家对以关系全面正常化和迈向建交，这反映了美国和一些阿拉伯国家已不再将巴以和平视为阿以和平的前置条件，巴以问题正陷入巨大的挫折之中。不仅如此，特朗普政府还试图将其中东和平政策作为政治遗产留给拜登政府，总体来看，巴以问题的前景不容乐观。

一、从犹太复国主义运动到四次中东战争

（一）犹太复国主义运动与第一次中东战争

自公元132年，犹太人在罗马帝国的镇压下几乎全部被迫离开巴勒斯坦后，犹太民族进入了"大流散"的时代。从632年到750年，伊斯兰教传遍中东地区，阿拉伯人也在这片土地上得到广泛分布并延续下来。自1518年起，巴勒斯坦成为奥斯曼帝国的领土。直到第一次世界大战期间，英法通过《赛克斯—皮科特协定》《色佛尔条约》等协定瓜分奥斯曼帝国，

并通过国际联盟的授权确立了其在中东地区的委任统治地位。根据1922年国际联盟《巴勒斯坦委任统治书》第22条有关委任统治的条款，巴勒斯坦被划归于英国托管范围内。

此时欧洲的犹太复国主义运动已经在各个不同派别的组织下付诸实践。19世纪欧洲的新一轮排犹反犹浪潮，尤其是纳粹德国对犹太人的屠杀从根本上推动了犹太复国主义的发展，大批来自欧洲的犹太复国主义者通过5次"阿利亚"移民运动移民巴勒斯坦，从阿拉伯人手中购买土地、垦殖荒地，在巴勒斯坦建立社区，发展基础设施和农业生产。1917年11月2日，在犹太人口持续迁入巴勒斯坦的背景下，英国外交大臣贝福尔在致犹太复国主义联盟领导人罗思柴尔德的信函中表示，"赞成在巴勒斯坦建立犹太民族家园"，但同时"不得损害巴勒斯坦非犹太人的公民权利和宗教权利"，该信件被称为《贝尔福宣言》。该宣言的发表一方面涉及英国在巴勒斯坦的重要战略利益——海法港的货运使用权，英国希望在犹太人建国之后继续保证对海法港的控制；另一方面，英国也希望在战争问题上通过犹太人的游说争取到美国和俄国的支持。

《贝尔福宣言》公布后获得了美国等西方国家的支持。在获得委任统治地位初期，英国遵照《贝尔福宣言》的内容支持犹太人阿利亚运动。《贝尔福宣言》使犹太复国主义者移居巴勒斯坦并建立自治机构的行为合法化，犹太移民大量移居巴勒斯坦，但人口的增加导致巴勒斯坦的人口数量远远超过了当地资源和基础设施的承载力，由此引发了犹太移民同当地阿拉伯原住民的冲突。随着冲突的不断升级，针对托管政府的暴力事件和恐怖袭击时有发生，严重威胁着英国的委任统治。面对巴勒斯坦的阿犹冲突，当时美国罗斯福政府一方面声称美国不卷入中东事务，认为解决巴勒斯坦问题是英国政府的责任；另一方面又表示支持犹太复国主义。[1] 但英国在镇压和调解无果后，已经无力维持对巴勒斯坦的统治。1947年2月，英国政府将巴勒斯坦问题移交到联合国，要求联合国大会立即召开特别会议，以设立一个特别委员会并就巴勒斯坦问题编制研究报告。[2]

---

[1] 余国庆：《大国中东战略的比较研究》，北京：中国社会科学出版社2013年版，第2页。
[2] 联合国：《巴勒斯坦问题与联合国》，纽约：联合国，2008年，第3页。

1947年4月28日，联合国大会召开第一届特别会议讨论巴勒斯坦问题，会上包括埃及、伊拉克、黎巴嫩、沙特阿拉伯和叙利亚在内的5个阿拉伯国家试图把"结束对巴勒斯坦的委任统治并宣布巴勒斯坦独立"的项目列入议程，但没有成功。会议决定设立一个由11个成员组成的巴勒斯坦问题特别委员会，负责调查与巴勒斯坦问题有关的所有事项并提出解决办法，供1947年9月举行的联大常会审议。联合国大会经过两个月的密集辩论后，于1947年11月29日通过了第181（Ⅱ）号决议，决议所附的《分治计划》就结束委任统治、英国武装部队逐步撤出以及划定两国间和耶路撒冷的界线等问题做出了详细规定。该决议将巴勒斯坦将分为8个部分：3部分划归阿拉伯国，3部分划归犹太国；雅法市为第7部分，将成为在犹太领土内的一块阿拉伯飞地；第8部分是国际共管下的耶路撒冷，将由联合国托管理事会管理。① 尽管美国和苏联两国都对该决议投了赞成票，但阿拉伯国家共同反对该分治计划，巴勒斯坦的阿犹冲突也愈演愈烈。

1948年5月14日，英国终止了对巴勒斯坦的委任统治，撤出其部队，同日以色列宣布在《分治计划》划归的领土内建国。次日，埃及、约旦、伊拉克、叙利亚和黎巴嫩的正规部队开进该领土，第一次中东战争爆发。按照美苏支持下通过的联合国安全理事会决议，自6月11日起阿以双方在联合国停战监督组织监督下停战4周，以色列在停火期间建立了统一的国防军并更新了武器装备。战火在7月8日再度爆发，截至7月15日安全理事会再次通过停战协议时，以色列已经控制了分治决议划归阿拉伯国的大部分领土和耶路撒冷的西部，埃及和约旦分别占有加沙和约旦河西岸的其余部分（包括东耶路撒冷，或称耶路撒冷老城）。在联合国的主持下，以色列与埃及、约旦、黎巴嫩和叙利亚签署停战协定，但强调停战并不代表确定或承认任何当事方提出的任何领土、管理或其他权力、索偿或利益的要求。

---

① 联合国：《分治计划和英国委任统治的结束》，https://www.un.org/chinese/peace/palestine/backgrounds/history21.htm.（登录时间：2018年11月23日）

（二）苏伊士运河危机引发的第二次中东战争

埃及苏伊士运河国有化事件促使英法选择联合以色列对埃及发动战争。埃及在1953年6月成立后，针对英军驻扎苏伊士运河区的问题同英国多次发生冲突，并高举泛阿拉伯主义旗帜，反对西方在中东的存在。由于1956年5月埃及同社会主义阵营的中华人民共和国建交，西方国家冻结了援助埃及建设阿斯旺大坝的资金。埃及总统纳赛尔则采取进一步的反制措施，于1956年7月26日宣布将苏伊士运河收归国有，从中获得的利润将用于修建阿斯旺大坝。[①]

纳赛尔领导的泛阿拉伯主义运动对以英法为代表的西方国家在中东的利益构成了极大的威胁。为抵抗阿拉伯民族主义运动，法国与以色列在军事上展开密切合作，取消对以色列军售的限制，并在核研究领域向以色列提供援助。英国也担心苏伊士运河归埃及国有将导致英国丧失世界大国地位，因此希望能依靠以色列，对埃及采取军事行动，而以色列也因为苏联对埃及的军事援助而感受到日益增加的安全威胁。而1955年9月埃及封锁蒂朗海峡的行为对以色列而言更是直接侵犯了其领土和领海安全。1956年10月29日，以色列军队首先向埃及发起进攻，10月31日英法空军和伞兵加入军事行动，此次冲突被称为"苏伊士运河危机"，或第二次中东战争。

以色列与英法的行动遭到了美国、苏联、中国等大国的一致反对。为拉拢亚非拉国家，防止其倒向苏联阵营，美国对英法采取外交攻势，取消石油供应，阻止国际货币基金组织向英国提供10亿美元的贷款计划，并故意抛售英镑，导致英镑汇率浮动并贬值15%；另外，美国威胁将对以色列采取制裁措施，迫使其尽早从西奈撤军。而苏联为转移国际社会对其出兵匈牙利的关注，在联合国支持美国要求英法撤军的议案以及召开巴勒斯坦问题会议的要求，并召回了驻以色列大使，甚至威胁英法将武力干预中东问题，必要时将进行核攻击。在大国的压力下，以色列与英法先后宣布停火并撤出埃及。英法被迫在11月7日宣布停火，1956年11月22日撤出全

---

① 孙德刚：《联盟外交的理论与实践》，北京：世界知识出版社2012年版，第152—153页。

部军队。在埃及应允以色列在蒂朗海峡拥有水面航行和空中飞行权后,以色列于1957年3月从西奈撤出全部军队,将加沙地带和亚喀巴湾沿岸地区交由"联合国军"暂时管理。①

(三)"六日战争"

第二次中东战争后到20世纪60年代中期,许多阿拉伯国家发生革命,成立了激进的民族主义政府,对阿以冲突更为关注,将消灭以色列视为阿拉伯世界的共同任务。1964年巴勒斯坦解放组织在第一届阿拉伯国家首脑会议决议的支持下成立,并确立了通过武装斗争消灭以色列的行动目标,在叙利亚的支持下对以色列不断发起游击战、破坏行动和暴力袭击。

随着以色列国家供水系统修建项目的推进,阿拉伯世界担心该项目将使以色列国的存在永久化,并会加强以色列的国家力量,因此在1964年9月的第二届阿拉伯国家首脑会议上,阿拉伯国家决定共同出资在约旦河上游建立大坝,控制以色列的水源。此举被以色列视为战争行为,以色列通过空袭迫使阿方取消了该计划。

1967年5月18日,埃及宣布不再同意联合国把紧急部队驻扎在埃及领土和加沙,要求联合国紧急部队全部撤离。② 5月20日,5.8万名埃及军人开进西奈半岛。5月22日,埃及军队进驻沙姆沙伊赫,纳赛尔声明禁止一切以色列船只通过亚喀巴湾,封锁了蒂朗海峡,③ 以色列从埃拉特港进出印度洋的航道再次被埃及切断。④ 5月30日,约旦国王侯赛因与埃及签署了共同防御条约,伊拉克、黎巴嫩、利比亚和突尼斯命令武装部队进入战争状态,沙特宣布派兵进驻约旦和亚喀巴湾,科威特、阿尔及利亚和苏丹派兵支援埃及,叙利亚与伊拉克签署了双边军事协定,⑤ 伊拉克约1/3

---

① 余国庆:《欧盟与中东关系:政治与安全视野下的考察》,北京:社会科学文献出版社2018年版,第12页。

② 联合国:《巴勒斯坦问题与联合国》,纽约:联合国,2008年,第13页。

③ Eitan Barak, "The Freedom That Never Was: Israel's Freedom of Overflight over the Straits of Tiran Prior to the Six Day War," *Journal of Contemporary History*, Vol. 43, No. 1, 2008, p. 77.

④ Eran Feitelson, Alon Elgar, "Eilat: Multiple Conflicts in an Inherently Uncertain Environment", *Coastal Management*, Vol. 19, No. 3, 1991, p. 358.

⑤ 赵伟明:《中东问题与美国中东政策》,北京:时事出版社2006年版,第118页。

的军队也于6月5日穿过约旦直压以色列边境。①

1967年6月5日，以色列对埃及发起"先发制人"的攻击，并随后摧毁埃及、叙利亚、约旦的空军力量，在6天之内占领了西奈半岛、部分戈兰高地以及当时约旦和埃及控制的巴勒斯坦其他地区（即西岸和加沙地带），包括耶路撒冷老城地区。在实现停火后，联合国安全理事会通过了第237（1967）号决议，促请以色列确保军事行动地区居民的平安、福利与安全，并使流离失所者返回故居。安理会于1967年11月22日通过第242号决议，促请以色列从1967年冲突中占领的地区撤离。② 这一解决方案被以色列、约旦、埃及所接受，但是遭到了叙利亚和巴勒斯坦解放组织的拒绝。以色列工党希望以被占领土为筹码与阿拉伯方进行谈判，并愿意在实现完全和平的前提下撤离被占领土，甚至愿意按照1949年停战线划分边界。然而当时深感屈辱的阿拉伯国家对以色列采取不承认、不和解、不谈判的"三不"政策，致使巴勒斯坦错过了此次建国机会。③

（四）"赎罪日战争"

第三次中东战争停火之后，阿以之间仍然冲突不断，尤其以1969—1971年的"消耗战"为甚，双方从未真正实现停火。1973年10月6日，埃及和叙利亚同时从南北两线向以色列发起突然袭击，埃及同以色列在苏伊士运河及西奈地区交战，叙利亚与以色列在戈兰高地交战。以色列当日正值犹太传统节日"赎罪日"，宗教传统要求全国上下犹太人禁水、禁食，并且禁止使用收音机、电视机等电器及通信设备，军队整顿和后备兵源动员都极端困难。以色列在战争初期遭受了巨大的损失，但随着战斗的推进逐步完成了兵力动员和调度，重新取得了主动权。

---

① ［以］内塔尼亚胡著，田在玮、莎文译：《持久的和平》，北京：世界知识出版社2009年版，第108页。

② 联合国：《巴勒斯坦问题的历史：1947年—1977年》，https://www.un.org/chinese/peace/palestine/backgrounds/history2.htm.（登录时间：2018年11月24日）

③ David Kimche, "Proposal for a Solution to the Palestinian Problem,"（top secret）unnumbered, June 14, 1967. 转引自王颖：《巴勒斯坦被占领土犹太定居点问题研究》，延安大学硕士学位论文2017年，第8页。

在苏联和美国的联合请求下，联合国安全理事会举行紧急会议，并于1973年10月22日通过第338（1973）号决议，重申第242号决议的原则，并要求各方进行谈判以"建立公正而持久的和平"；10月23日通过第339（1973）号决议呼吁停火，并请秘书长立即派遣联合国观察员。由于战争仍在继续，埃及安瓦尔·萨达特总统呼吁苏联和美国派遣部队干预并强制执行停火。苏联同意这项请求，但是美国表示反对。应埃及的请求，安全理事会10月24日再次举行会议，并通过决议建立第二支联合国紧急部队，监督埃以两国部队的脱离接触和重新部署。1973年12月，在联合国主持下于日内瓦召开国际和平会议，由苏联和美国担任联合主席。埃及、以色列和约旦出席了会议，但叙利亚拒绝参加。在举行三次会议后，和平会议无限期休会，但商定通过军事工作组继续保持接触。1974年5月，以色列和叙利亚签署脱离接触协议，由联合国脱离接触观察员部队监测以色列和叙利亚执行协议的情况。

1974年，联合国大会重申了巴勒斯坦人民实现自治、民族及主权独立以及重返家园的不可分割的权利。1975年，联合国大会建立了巴勒斯坦人民行使不可剥夺权利委员会。联合国大会授予巴勒斯坦解放组织在联大以及其他由联合国主办的各会议中以观察员资格出席。

第三次和第四次中东战争在一定程度上成为了阿以冲突的转折点。第三次中东战争使阿拉伯国家认识到以色列的强大军事实力，而尽管在第四次中东战争中阿拉伯国家在初期取得了重要成果，但仍然无法掌握战争主动权，这使阿拉伯国家开始重新审视"把以色列从地图上抹去"的战略目标，泛阿拉伯主义大幅度消退，各国开始更加关注本国的利益而非阿拉伯世界整体的利益。以色列在第四次中东战争中也遭受了惨重的损失，开始逐步接受通过谈判而非军事打击来实现和平的手段。在此背景下，美国国务卿基辛格在中东展开穿梭外交，促成了埃以、叙以的脱离接触协议，并进一步推动埃以直接谈判。

二、从埃以和解到第一次"因提法达"运动

1977年11月，埃及总统安瓦尔·萨达特访问耶路撒冷，1978年9月埃及总统萨达特和以色列总理贝京在美国总统卡特的见证下签订了两项"和平框架"，该协定被称为《戴维营协定》。1979年3月埃以双方正式签署和平协议，1980年1月埃以双方互派大使，建立外交关系。但由于其他阿拉伯国家及巴解组织的强烈反对，埃以和解未能进一步推动巴以问题的和平解决。

尽管阿拉伯国家坚决反对承认以色列，反对同以色列实现关系正常化，但第三次中东战争、消耗战和第四次中东战争的无果而终，使阿拉伯国家不可避免地减弱了对巴勒斯坦解放组织的支持，两伊战争的爆发更是加剧了阿拉伯世界的分裂。为了引发国际社会对巴勒斯坦问题的关注，巴勒斯坦激进组织制造了多起针对以色列及其支持者的恐怖袭击事件。由于担心对巴解组织的庇护会引发以色列的报复袭击，约旦在1970年劫机事件发生后，于同年9月向境内的巴解组织发起进攻，将巴解组织赶出了约旦。巴解组织和多个其他巴勒斯坦武装组织将总部迁至黎巴嫩境内，并逐步控制了黎巴嫩南部地区。

由于巴勒斯坦在南部境内的存在以及以色列入侵的威胁，黎巴嫩伊斯兰教派与基督教派爆发内战。1978年3月，以色列出兵黎巴嫩打击巴勒斯坦武装组织，其后在联合国安理会决议下停火撤军。1982年6月6日，以色列因驻英国大使遭巴解组织刺杀，对黎巴嫩境内的巴解组织和叙利亚驻军发动了大规模的战争。然而巴解组织并未在此次战争中被彻底清除，以色列也未能在黎巴嫩建立友好政府，马龙派长枪党在萨巴拉和沙提拉大规模屠杀难民的事件，更使身为长枪党盟友的以色列军队受到了国际社会的普遍谴责，因此以色列国内普遍认为这是一次不成功的战争。

然而此次战争仍然大大削弱了巴解组织的力量，阿拉伯国家对巴解组织的支持也同样被减弱。1987年12月，在约旦河西岸与加沙地带爆发了集体反对以色列占领的群众起义行动，此次起义被称为第一次"因提法达"（Intifada）运动。以色列军队对抗议行动的武力镇压进一步加剧了紧张局势，以色列控制区的巴勒斯坦人由大规模示威、经济抵制、拒绝交税和罢工行动逐渐转向更为暴力的手段，以色列军队和警方也采取了更严厉的方式镇压，巴勒斯坦和以色列部队与平民皆有重大伤亡，以色列同时还受到了来自国际社会的舆论压力。① 为应对巴勒斯坦起义运动,以色列于1989年提出"沙米尔计划",提议在所占巴勒斯坦领土上举行地方性选举。

在冷战结束的背景下,中东地区经历了地区格局的巨大变化,包括阿拉伯民族统一理想的彻底破灭、阿拉伯国家在海湾战争中受到削弱、中东稳定受到美国的主导等。② 具体到巴以问题来看,海湾战争中以色列遭到伊拉克"飞毛腿"导弹袭击而保持克制,使其提高了国际形象并获得了一定国际援助;对以色列持敌视态度的伊拉克受到重创,以埃及为首的温和力量在阿拉伯世界的地位作用上升,阿拉伯世界对以色列统一的反对态度难以维系;由于萨达姆将出兵科威特与以色列占领巴勒斯坦挂钩,海湾战争也突出了巴勒斯坦问题尤其是领土问题的重要性。由于在海湾战争中支持伊拉克一方,巴勒斯坦解放组织丧失了来自阿拉伯世界的重要援助,为了维系其地位和生存,巴解组织开始改变其一贯的路线,采取承认以色列、寻求美国支持的战略。

三、从马德里和会到奥斯陆协议

冷战后,国际舞台上呈现出美国一家独大的局面,美国也积极介入国际热点问题,主动参与并在中东和平进程中积极进行协调。在以美国为代表的国际社会协调下,阿以马德里中东和会、巴以奥斯陆谈判、华盛顿会议等会谈相继召开,巴以之间似乎出现了和平的曙光。

1991年10月,阿以恢复谈判进程,在美苏两国共同主持下在马德里召开中东问题和平会议,第一次以国际会议的形式讨论中东和平进程,以色列与巴勒斯坦首次开始进行双边直接谈判。会议既设有以色列同巴勒斯坦、叙利亚、黎巴嫩、约旦的双边谈判,同时也成立了多边工作组,于1992年1月开始针对水资源等区域性问题进行多边谈判。直到1993年,谈判似乎仍然在政治和安全问题上停滞不前。但与此同时,以色列与巴解

---

① 联合国:《巴勒斯坦问题的历史:1977年—1990年》,https://www.un.org/chinese/peace/palestine/backgrounds/history3.htm。(登录时间:2018年11月24日)
② 王新刚、王立红:《中东和平进程》,北京:时事出版社2012年版,第54页。

组织高层领导人在挪威的协调下在奥斯陆举行秘密会谈，并于1993年8月末达成协议。

1993年9月10日，以色列和巴解组织交换互相承认的信件。同年13日巴以双方在美国总统克林顿主持下，在华盛顿白宫签署了《关于临时自治安排的原则声明》，又称《奥斯陆协议》。协议要求以军撤出加沙与杰里科地区，提出了在不超过5年的过渡期内建立巴勒斯坦临时自治机构的目标，并将巴以谈判分为两阶段，将耶路撒冷、难民、定居点、安全安排、边界、与其它邻国关系和合作问题等冲突焦点列入最终地位谈判中。①

1994年5月4日，巴勒斯坦和以色列在开罗就《原则声明》第一阶段执行工作达成《开罗协议》，标志着过渡时期正式开始。1994年7月，亚西尔·阿拉法特在加沙和西岸地区建立巴勒斯坦权力机构。巴权力机构与以色列于1995年9月28日在华盛顿签署了历史性的《以色列—巴勒斯坦关于西岸和加沙地带的临时协定》，即《奥斯陆第二号协议》。该协议规定扩大巴自治范围至约旦河西岸地区的30%，以色列撤出7个西岸城市并解散当地以色列民政公署。该协定还规定了在约旦河西岸、耶路撒冷和加沙地带的巴勒斯坦人参加选举的多种模式，将《奥斯陆协议》的执行向前推进了一大步。这一阶段是巴以和平进程获得最大突破的时期，然而随着谈判逐步深入，巴以双方在焦点问题上更难达成妥协。

四、从第二次"因提法达"运动到和平进程全面停滞

（一）以色列政坛更迭与最终地位谈判的失败

1995年11月4日，积极推动巴以和谈的以色列总理伊扎克·拉宾在特拉维夫被一名犹太极端分子刺杀，这一事件对巴以和平进程造成了极大打击。1996年1月，新成立的巴勒斯坦民族权力机构举行第一次民主选举，亚西尔·阿拉法特当选为巴勒斯坦民族权力机构主席。然而自1996年

---

① 联合国：《联合国文件A/48/486：大会第四十八届会议 议程项目10 秘书长关于联合国工作的报告 附件：关于临时自治安排的原则声明》，https://www.un.org/chinese/peace/palestine/backgrounds/documents/A4848 6.pdf.（登录时间：2018年12月3日）

开始，巴勒斯坦极端分子发起新一轮暴力行动，以色列右翼也对政府在和谈中的让步极度不满。巴以双方内部反对和谈的势力阻挠和平进程的行动对双方的政策都造成了重要的影响。

在1996年以色列总理直选中，右翼政党利库德集团党魁内塔尼亚胡以微弱优势当选总理。有学者指出："内塔尼亚胡的当选说明了在和平进程发展迅速、而国内安全状况并未改变的情况下，一些以色列人的心态失衡，他们渴望新的政府能带来新的安全环境。"[1] 内塔尼亚胡1996年的竞选纲领主要涉及"三不、两要"政策，包括"不分割耶路撒冷，保证其为以色列的永久性首都；不同意建立一个独立的巴勒斯坦国；不放弃对戈兰高地的主权；要扩大犹太人在巴勒斯坦自治区的定居点；要让以色列军队享有随时进入巴勒斯坦自治区逮捕恐怖分子的权力"。[2]

从1996年内塔尼亚胡上台伊始，是否按照《奥斯陆协议》的时间表从西岸撤军，在以色列内部成为了最具有争议性的话题。关于《奥斯陆协议》，内塔尼亚胡更强调的是"巴勒斯坦人履行协议中的义务，最重要的是反对恐怖主义、废除《巴勒斯坦解放组织宪章》"。[3] 内塔尼亚胡认为《奥斯陆协议》是一个"悲剧性的错误"，是"插在以色列背上的一把尖刀"。[4] 在其著作《持久的和平》中，内塔尼亚胡指责巴勒斯坦权力机构并未履行《奥斯陆协议》中做出的承诺，没有解散或打击恐怖组织、引渡恐怖分子、停止煽动暴力，却反而继续倡导"因提法达"运动，因而引发了更多对以色列的恐怖袭击。[5] 因此，内塔尼亚胡上台后废除了工党冻结犹太人定居点的禁令，坚持对约旦河西岸地区（内塔尼亚胡使用犹太名称"撒玛利亚和朱迪亚"）的控制。

由于内塔尼亚胡在定居点和领土问题上的强硬立场与巴勒斯坦极端主

---

[1] 张倩红：《以色列史》，北京：人民出版社2008年版，第436页。

[2] 白秀兰：《血色年轮：中东的历史与现实》，长春：吉林大学出版社2007年版，第199页。

[3] ［以］内塔尼亚胡著，田在玮、莎文译：《持久的和平》，北京：世界知识出版社2009年版，第195页。

[4] 王新刚、王立红：《中东和平进程》，北京：时事出版社2012年版，第127页。

[5] ［以］内塔尼亚胡著，田在玮、莎文译：《持久的和平》，北京：世界知识出版社2009年版，第194—195页。

义暴力袭击的抬头，中东和谈又陷入了僵持状态。对于中东和谈的停滞，美国与国际社会展开了积极的协调，克林顿政府也向内塔尼亚胡施压促其履行希伯伦撤军行动。1997年1月15日，阿拉法特与内塔尼亚胡签署《希伯伦协议》，规定双方恢复最终地位谈判；以色列军队撤出希伯伦80%的地区并将其交由巴勒斯坦权力机构管理；巴勒斯坦承诺加强安全措施，有步骤地打击恐怖主义行为。然而受制于国内反对和谈的压力，该协定并未得到真正执行，巴以局势再度恶化。

在美国的敦促和压力下，巴以经过直接谈判于1998年10月23日签署了《怀伊协议》，规定以色列军队进一步从西岸撤出，并开放连接加沙和西岸地区的安全通道；巴勒斯坦制定计划保障以色列安全，加强反对恐怖主义的措施和行动。然而，以色列没有严格按照时间表履行撤军等承诺，巴勒斯坦也没有很好地履行协议中所承担的打击暴力活动的义务，并且计划单方面宣布建国。1998年12月20日，内塔尼亚胡政府宣布中止和平协议的执行。[①] 1999年的提前大选中，内塔尼亚胡败于巴拉克，工党再次上台执政。

（二）第二次"因提法达"运动与"单边行动计划"

1999年5月17日，巴拉克领导的工党赢得大选。为确保《怀伊协议》的执行，巴勒斯坦权力机构主席阿拉法特和以色列总理巴拉克于1999年9月4日签署《关于已签署协定中尚待履行的承诺的执行时间表和恢复永久地位谈判的沙姆沙伊赫备忘录》。其后，部分巴勒斯坦囚犯获释；西岸和加沙地带之间的南部安全通道开放；以色列部队调离西岸一些地区。2000年7月，美国总统克林顿邀请以色列和巴勒斯坦权力机构领导人在马里兰戴维营举行和平会谈，巴以最终地位谈判正式启动。但由于双方无法就包括边界、定居点、难民和耶路撒冷问题达成协议，和平会谈陷入僵局，当地形势迅速恶化。

针对巴拉克在会上对巴勒斯坦的妥协，反对党利库德集团明确表示了

[①] 王延敏：《以色列政党政治研究》，南开大学博士学位论文2012年，第191页。

拒绝。2000年7月，沙龙在《耶路撒冷邮报》上发表了与巴拉克立场相左的《和平的六条底线》，并以造访"圣殿山"的实际行动表示对巴拉克做出过大让步的抗议。以色列议会也预读通过了利库德集团提出的"耶路撒冷定界"、反对巴难民回归和解散议会提前大选等三项议案。2000年9月，第二次巴勒斯坦"因提法达"运动爆发，并从阿克萨清真寺的抗议行动开始逐渐失控，约旦河西岸各个城市暴力浪潮一发不可收拾，双方死伤人数空前。自杀式爆炸袭击以及暗杀行动持续发生，以色列军队再度占领伯利恒，包围西岸北部杰宁巴勒斯坦难民营，甚至包围了巴勒斯坦总统府。

戴维营首脑会议以失败告终后，即将卸任的美国总统克林顿加紧了推动中东和平进程的努力。2001年1月初，以色列和巴勒斯坦的谈判代表在埃及的塔巴会晤，再度为和平进程做出努力。然而，塔巴会谈是在以色列和美国同时面临领导人换届的情况下举行的，此时对以色列总理巴拉克来说，他需要在和谈中做出成绩以争取大选胜利；而对巴解主席阿拉法特而言，他也需要保住温和的工党作为以色列执政党，因此双方都极力希望达成一份协议。然而，在2001年2月6日举行的以色列总理大选中，沙龙以63.3%比37.7%的明显优势战胜了巴拉克，强硬的利库德集团获得了执政地位。阿拉法特也在协议签订第二天的瑞士世界经济论坛上痛斥以色列，推翻了双方已达成的共识。

在竞选期间，沙龙阐述的对巴政策包括：在以色列国家安全没有保证的情况下绝不谈和平进程；必须通过和谈而不是"起义"解决争端，推进和谈必须先确保以色列的安全；巴勒斯坦可以建国，但必须解除武装；耶路撒冷不可分割，以色列决不放弃对其拥有主权；反对在约旦河西岸和加沙地带拆除任何一个犹太人定居点；[1] 拒绝谈判巴勒斯坦难民问题。2001年4月初在利库德党会议上，沙龙再次阐述了以巴谈判的五原则，包括不在暴力和恐怖威胁下与巴方谈判、打击恐怖活动、反对巴以冲突国际化、耶路撒冷问题不容谈判等。[2] 沙龙强调"奥斯陆和平进程"已步入了死胡

---

[1] 王新刚、王立红：《中东和平进程》，北京：时事出版社2012年版，第149页。
[2] 白秀兰：《血色年轮：中东的历史与现实》，长春：吉林大学出版社2007年版，第237页。

同，安全问题是他施政的核心和目标；和平谈判的重启必须在暴力结束之后进行，而且不应受奥斯陆和平框架的约束。① 沙龙的强硬态度满足了动荡时期以色列民众寻求安全的心理需求。2002年9月，沙龙带领利库德集团再次胜选组阁。2002年夏，沙龙政府开始沿1967年第三次中东战争爆发前的"绿线"边界修建长达360千米的安全隔离墙。隔离墙的修建使耶路撒冷城和领土边界问题变得更加复杂。

在巴以冲突不断升级的背景下，2002年4月，联合国秘书长在马德里同美国外长、俄罗斯外长、欧盟共同外交和安全政策高级代表哈维尔·索拉纳四方举行会议，宣布必须立即停止暴力，终止"非法、不道德"的自杀式攻击，在执行停火建议和结束冲突的政治措施方面必须取得进展。② 此次会议形成了由美国、俄罗斯、欧盟和联合国组成的中东问题四方会谈机制。2003年4月，中东问题四方在美国的提议下共同制定"中东和平路线图计划"，立足于马德里会议奠定的基础、土地换和平的原则、冲突双方已达成的协议以及阿拉伯和平倡议，分阶段实现巴以停火、巴勒斯坦完全建立国家、双方完成最终地位谈判。

2003年5月，以色列内阁通过了小布什政府提出的"中东和平路线图计划"，巴勒斯坦也接受路线图为主要的行动计划以及结束冲突的一切努力的衡量标准。以色列开始逐渐从加沙北部和约旦河西岸的伯利恒撤军，并拆毁了部分犹太定居点。2003年6月28日，在美国的积极协调下巴以双方签订了《停火协定》，沙龙政府正式宣布从加沙北部和伯利恒撤军，将上述地区的安全事务移交给巴勒斯坦民族权力机构；解除对约旦河西岸的封锁，允许2万巴勒斯坦人去以色列务工；释放数百名巴勒斯坦囚犯等。

2004年11月11日，巴解主席阿拉法特去世。新任领导人阿巴斯上台后，以色列方面立即表示如果巴方领导人采取有力措施打击恐怖主义，以色列将考虑与巴方重启和谈。在巴勒斯坦采取打击暴力活动后，以色列允诺向巴当局移交部分城市、释放部分被关押的巴勒斯坦人、开放以色列和约旦河西岸以及加沙地带的通道、向巴勒斯坦人提供更多的工作机会、放

---

① 王延敏：《以色列政党政治研究》，南开大学博士学位论文2012年，第186页。
② 联合国：《巴勒斯坦问题与联合国》，纽约：联合国，2008年，第35页。

第二章　巴以问题：大国的深度协调

宽巴勒斯坦人进入以色列的限制、减少约旦河西岸和加沙地带的路障等。①这一期间巴以关系进入了缓和阶段。

2004年初，以色列宣布从加沙地带大部分地区和西岸小部分地区撤出的计划后，中东问题四方为这项撤出计划订立了一些原则，表明撤出必须是彻底的，而且应继而在西岸采取类似的步骤。四方还表示所有关于最后地位的问题，如边界和难民问题，均应由双方根据国际公认的和平进程框架进行谈判。②

为了进一步改善以色列的安全环境，减轻经济负担，加强对约旦河西岸的控制，沙龙政府在2005年正式实施"单边行动计划"，即"在路线图计划不能实现中东和平的情况下，以色列从约旦河西岸部分地区与加沙撤出以脱离与巴勒斯坦的直接接触、维护以色列安全的行动计划"。根据议会通过的《定居者撤离赔偿法案》《撤离计划（加沙地带）》和《撤离计划（北撒马利亚地区）》，以色列撤出在加沙地带的21个定居点和约旦河西岸北部撒马利亚地区的4个定居点，最终撤离日期为2005年7月20日。③

以色列议会声明称，单边行动计划是对"'中东和平路线图计划'的补充，是为了保证'路线图'计划的安全执行；单边行动计划的实施是在巴勒斯坦继续拖后腿，并且妨碍'路线图'计划实施的前提下进行的，中东和平进程的实现必须依赖于'路线图'计划，我们将反对任何其他计划"。④在"单边行动计划"获内阁通过后，沙龙在讲话中指出："单边行动计划对今天的以色列人民来说也许是一种痛苦的选择，但是从长远来

---

① Israel Ministry of Foreign Affairs, "Israeli Disengagement Plan," May 2005, http：//www.mfa.gov.il/MFA/Peace + Process/Guide + to + the + Peace + Process/Israeli + Disengagement + Plan + 32 – May – 2005.htm.（登录时间：2018年12月3日）

② 联合国：《巴勒斯坦问题的历史：1991年至今（和平进程）》，https：//www.un.org/chinese/peace/palestine/ backgrounds/history4.htm。（登录时间：2018年12月3日）

③ Israel Ministry of Foreign Affairs, "Israeli Disengagement Plan," February 20, 2005, http：//www.mfa.gov.il/MFA/ Government/Communiques/2005/Cabinet + communique + 20 – Feb – 2005.htm。（登录时间：2018年12月3日）

④ Israel Ministry of Foreign Affairs, "Israeli Disengagement Plan," April 14, 2004, http：//www.mfa.gov.il/MFA/ Peace + Process/Guide + to + the + Peace + Process/Israeli + Disengagement + Plan + 14 – April – 2004.htm。（登录时间：2018年12月3日）

看，单边行动计划能够确保以色列国土内犹太人口的集中，确保犹太国家的特性；同时有利于加强国家的安全，促进经济发展，提高以色列的国际地位，促进地区和平；确保耶路撒冷的地位不动摇。因此，这将带给以色列的公民一个美好的未来。"①

然而，以色列也为实施单边行动计划付出了极大的代价。加沙地带犹太定居者多次示威抗议，极右翼党派与利库德集团内部也数次反对沙龙的行动。2005年8月7日财政部长内塔尼亚胡为抗议单边行动计划正式辞职，利库德集团内部由于对单边行动计划的不同立场而产生了分裂。2005年11月20日，沙龙正式宣布退出利库德集团，成立前进党。然而，2006年1月沙龙突然中风昏迷，埃胡德·奥尔默特接任以色列总理；同月内哈马斯在巴勒斯坦立法委员会的选举中赢得多数席位，哈马斯领导人伊斯梅尔·哈尼亚组建巴勒斯坦新政府。

哈马斯一向采取不承认以色列并采取武力斗争的立场，以色列为了向哈马斯施加压力，停止了向巴勒斯坦转移税收，并联合美国和欧盟等外部捐助者停止提供财务和经济援助。2006年9月，法塔赫派阿巴斯总统和哈马斯派哈尼亚同意成立巴勒斯坦团结政府。然而，加沙的巴勒斯坦武装派别爆发了激烈战斗，造成许多战斗人员丧生，成立团结政府的谈判宣告破裂。2007年6月，在哈马斯和巴解组织的内战中，哈马斯通过暴力手段取得了加沙地带的实际政治权力，阿巴斯总统解散了巴勒斯坦民族团结政府，宣布进入紧急状态。

在四方的共同推动下，中东问题国际会议在2007年11月27日于美国马里兰州安纳波利斯召开，巴以达成《共同谅解文件》，一致同意通过和平条约解决所有悬而未决的问题，"以前各协定所规定的所有核心问题一概包括在内"，并且规定在2008年底以前达成协议。②

---

① Israel Ministry of Foreign Affairs, "Address by PM Sharon to the Conference of Presidents," April 14, 2004, http：//www.mfa.gov.il/MFA/Government/Speeches + by + Israeli + leaders/2005/Address + by + PM + Sharon + to + the + Conference + of + Presidents + 20 - Feb - 2005.htm.（登录时间：2018年12月3日）

② 联合国文件：《巴勒斯坦问题与联合国》，纽约：联合国，2008年，第50页。

（三）巴以和平进程面临的停滞与困境

2006—2009年期间，巴以冲突由于黎巴嫩战争、哈马斯火箭弹袭击、以色列对哈马斯的军事行动等事件而被激化，民众对和平进程的一再失望导致右倾化思潮再次抬头。2009年2月10日在以色列第18届议会选举中，右翼阵营获得65个席位，利库德集团主席内塔尼亚胡组阁上台，以色列右翼政党的强硬主张使巴以和谈一度陷于停滞。

2010年9月2日，在美国总统奥巴马的协调下，中断了近20个月的巴以直接和谈重新启动。巴勒斯坦民族权力机构主席阿巴斯和以色列总理内塔尼亚胡在华盛顿会晤，就巴以之间的最终地位问题举行了直接谈判。会谈中内塔尼亚胡和阿巴斯都表明了双方参加谈判的诚意，同意力争在一年内解决巴以最终地位问题。内塔尼亚胡表示，和平的两个基础是"巴勒斯坦对以色列合法性的承认"和"确保以色列的安全问题"；阿巴斯则表示，如果以色列恢复定居点建设，和平谈判就将结束。双方在此次会谈中未能达成法律性文件或纲领性的框架协议。

2010年9月14—15日，巴以双方领导人分别在埃及沙姆沙伊赫和耶路撒冷举行了第二轮谈判。此轮谈判中，双方在犹太人定居点问题上分歧严重，无法达成一致。9月26日到双方决定以色列部分冻结定居点建设10个月的时限时，以色列没有决定是否延长这一限令，这意味着以色列将保留继续修建犹太人定居点的权力。2011年期间，内塔尼亚胡仍未就停建定居点问题做出正面承诺。当2011年5月法塔赫和哈马斯再次和解后，以色列表示了强烈反对，拒绝同哈马斯或有哈马斯参与的巴勒斯坦联合政府打交道。2012年1月3—25日，在约旦的协调下巴以再次重启双边会谈，此次被命名为"探索性"的会面旨在拉近双方对于安全和边界问题的立场，为重启和谈做准备。① 然而由于双方在犹太人定居点、释放囚犯等问题上分歧较大，最终仍然没有达成实质性的协议。

2013年7月，在美国国务卿克里连续6次访问中东后，巴以新一轮谈

---

① 王延敏：《以色列政党政治研究》，南开大学博士学位论文，2012年，第204页。

判于7月29—30日在华盛顿启动。此次谈判主要聚焦于以色列释放在押数的百名巴勒斯坦囚犯问题上,但谈判由于以色列扩建定居点而再次停止。2014年7月8日,以色列为报复三名青少年被杀害而对加沙发起代号为"护刃行动"的大规模军事行动。冲突爆发后国际社会展开了迅速的调解活动,但自7月8日战争开始起的数个停火协议都以失效告终。在以埃及为代表的多国协调下,"永久性"停火协定最终于8月26日晚生效,以色列放开加沙进口和捕鱼的限制,允许加沙进口救援和重建物资。在对"护刃行动"进行的总结性讲话中,内塔尼亚胡在强调"对以色列国家和公民安全进行保护"的同时,也声明寻求"达成以色列与其巴勒斯坦邻居的和平",但这种和平"明显不可能与哈马斯这类图谋摧毁以色列的组织达成",以色列只会与"决定寻求和平的敌人达成和平"[①],这表明以色列仍然将哈马斯排除在和平进程之外。

"阿拉伯之春"以来,巴以问题在中东地区逐步边缘化,其对地区内部和域外大国的重要性都在持续下降。2016年1月,法国提出了促进巴以和谈的建议,表示如果未来几周内打破巴以僵局的努力无果,法国将宣布承认巴勒斯坦国,并提出尽快着手筹备一次有巴以双方以及美国、欧盟和阿拉伯国家参加的国际会议。[②] 然而以色列坚持巴以"双边谈判"和"直接对话"的立场,拒绝了多边机制的建议。

联合国安理会2016年12月23日通过的决议使得巴以问题再度受到了国际社会的关注。安理会第2334号决议中谴责了以色列在包括耶路撒冷在内的"被占领土"上修建定居点的行为,并要求以色列停止修建定居点活动。[③]

---

① Israel Ministry of Foreign Affairs, "PM Netanyahu sums up Operation Protective Edge," August 27, 2014, http: // mfa. gov. il/MFA/PressRoom/2014/Pages/PM – Netanyahu – sums – up – Operation – Protective – Edge – 27 – Aug – 2014. aspx.(登录时间:2018年12月3日)
② 《巴以和平进程有新希望?》,载《人民日报(海外版)》2016年2月2日,第6版。
③ "UN Tops Wiesenthal Center's List of 10 Worst Anti-Semitic Offenders," *Israel Hayom*, December 30, 2016, http: // www. israelhayom. com/site/newsletter_article. php? id =39187。(登录时间:2018年12月3日)

该决议以 14 票赞成、1 票弃权获得通过,① 其中美国投了弃权票,引发了以色列的强烈不满。安理会决议将巴以问题重新摆到了国际社会关注的台面上,2017 年 1 月,在巴黎又举行了中东和平多方会谈,然而这次会议中以色列总理内塔尼亚胡和巴勒斯坦权力机构主席阿巴斯均未出席。会议的最终声明强调了"两国方案"的重要性,但以色列认为这次会议偏离了巴以双方直接协商的目标,并表示以方将不会采取任何努力去恢复在 2014 年中断的巴以和谈。

美国总统特朗普上台后,先后宣布承认耶路撒冷为以色列首都,将大使馆正式迁至耶路撒冷,承认以色列在戈兰高地的主权,在巴勒斯坦多次引发强烈抗议。阿巴斯发表声明称:"美国再也不是中东的调停者……我们不会接受他们的任何提议,也不会倾听他们的任何观点。"② 自 2018 年 3 月起,哈马斯和其他巴方团体组织的加沙"回归大游行"(Great March of Return)在以色列和加沙抗议者之间又引发了长时间的冲突,哈马斯对以色列多座城市发射火箭弹,以色列通过对哈马斯军事目标进行空袭来予以还击,局势持续紧张。③ 针对保护巴勒斯坦平民安全、戈兰高地归属等问题,联合国安理会多次进行讨论并表决,但因美国行使否决权而未获通过。美国总统高级顾问库什纳于 2019 年 6 月 25 日在巴林举办的"和平促繁荣"经济研讨会上,推介了推动解决巴以问题的"世纪协议"经济方案,但方案中并未涉及政治解决中东问题的条款。巴勒斯坦拒绝参加此次研讨会,并多次表示不会接受这一协议。

总的来看,特朗普上台以后,在耶路撒冷问题上积极兑现其竞选承诺。从承认耶路撒冷为以色列首都并施行《耶路撒冷使馆法案》、承认戈兰高地为以色列领土、无视犹太定居点违反国际法、"世纪协议"的出台,

---

① "Israeli Official Accuses Obama, Kerry of 'Abandoning Israel,'" *Times of Israel*, December 23, 2016, http://www.timesofisrael.com/israeli-official-accuses-obama-kerry-of-abandoning-israel/.(登录时间:2018 年 12 月 3 日)

② 肖宪:《巴以关系:或已触底,和谈仍有希望》,载《世界知识》2018 年第 14 期,第 28 页。

③ 张璇:《"一带一路"背景下中以交通设施建设合作研究》,上海外国语大学硕士学位论文 2019 年,第 35 页。

直至阿联酋、巴林、苏丹和摩洛哥在对以关系上的全面突破，特朗普的中东和平政策逐步成型，贯穿全程的是美国渲染的伊朗"威胁"。就目前来看，特朗普着眼于将具有重大突破性和颠覆性的中东和平政策作为难以回头的既成事实，并进一步成为超越两党分歧的美国中东战略共识的思路并未发生改变。

第二节　阿拉伯国家对巴以问题的影响

阿拉伯国家在巴以问题的产生与演进过程中一直扮演着重要的角色，而这与阿拉伯民族主义有着密切关联。尽管阿拉伯人在一战后试图建立统一阿拉伯国家的意愿无法得到英法殖民大国的支持，但阿拉伯民族主义和阿拉伯统一的思想仍有广阔的市场。尽管如此，随着二战后诸多阿拉伯国家的建立或独立，地方民族主义思潮与阿拉伯统一思潮并行不悖。阿拉伯国家对巴以问题的参与，既有着以阿拉伯民族主义抗衡犹太民族主义的基本目的，也有着以地方民族主义为内核的各自国家利益的考量。正因如此，阿拉伯国家的强势介入导致巴以问题热点不断，但彼此之间难以形成合力，其最终结果是被以色列和美国各个击破。随着阿拉伯民族主义的式微和"阿拉伯之春"以来阿拉伯世界内部新一轮的整合与"洗牌"，沙特、埃及等阿拉伯大国进一步与美国协调立场并大幅度改善对以关系，其结果是巴勒斯坦方面在巴以问题中日益被排斥和孤立，这些阿拉伯大国甚至在美国特朗普政府的利诱和伊朗"威胁"的恐吓之下，绕开巴勒斯坦来实现所谓的阿以和解，使得巴勒斯坦问题在中东问题中的核心地位受到美国和阿拉伯大国的极大撼动。

一、阿拉伯国家对中东战争的介入

第一次中东战争爆发时，由埃及、约旦、叙利亚、黎巴嫩和伊拉克组成的阿拉伯联军对以色列发起进攻的原因，除了维护阿拉伯世界的整体利益，反抗西方国家对中东的领土划分外，更重要的一个驱动力是各国对巴勒斯坦土地的争夺，而非帮助巴勒斯坦人民建立一个独立的国家，约旦希望将巴勒斯坦连同圣地耶路撒冷并入自己的管辖；埃及既想履行阿拉伯国家联盟反对分治的决议，也想避免外约旦一统巴勒斯坦；黎巴嫩和叙利亚想平分加利利地区；伊拉克则想要获得出海口。[1]

战争结束后，以色列获得了远多于第181号决议分治计划的土地，而约旦则获得了西岸地区和耶路撒冷老城的管辖权。1949年12月，在巴勒斯坦人代表大会否决单独成立巴勒斯坦政府后，约旦对西岸实行了关税和护照统一，并于1950年完成了统一手续。埃及同以色列签订停火协议后，将加沙地区置于本国管辖之下。

泛阿拉伯主义运动与革命风潮在20世纪50年代开始席卷阿拉伯世界，巴勒斯坦民族独立运动作为阿拉伯独立运动的一部分，逐渐发展壮大并建立了正式的代表机构——巴勒斯坦解放组织。巴解组织在成立之初需要受埃及管辖，埃及任命其代理人艾哈迈德·舒凯里为巴解组织主席。随着第三次中东战争中阿拉伯国家的失败，而巴解在反以游击战中取得多次胜利，巴勒斯坦解放组织的声望和力量都在增强，1969年2月阿拉法特取代舒凯里当选执委会主席，巴解组织逐渐摆脱了埃及的掌控。

尽管1967年中东战争使约旦统治两岸及耶路撒冷的目标受到挫败，但1972年3月，约旦又提出了"阿拉伯联合王国计划"，力图在约旦河西岸保留其影响力。"六日战争"后，以色列沿约旦河开通两座沟通两岸的大桥，用于约旦河西岸的货物运送和将货物出售给东岸的人，并且还允许两岸的巴勒斯坦人探访亲属，以防止西岸经济崩溃。在务实合作的基础上，约以关系建立了更多不成文的默示合作，约旦承诺防止从其领土向约旦河以东发起的敌对行动，两国同意分享部分河水，允许以色列阿拉伯人通过约旦前往沙特阿拉伯进行朝觐，以及共同防治蝗虫和其他灾害等。直到1988年，哈希姆王国继续为西岸地区支付公务员、教师和其他公务员的工

---

[1] 马晓霖：《掣肘巴勒斯坦独立建国的外部因素》，载《西亚非洲》2017年第4期，第4页。

资，并管理西岸的学校系统。① 第一次"因提法达"运动的爆发严重削弱了约旦对西岸地区的影响力和治理，1988年约旦正式同西岸脱离法律关系。

第四次中东战争后，阿拉伯民族主义开始被爱国主义思潮所取代，以埃及为首的阿拉伯国家意识到，即使继续发动战争，也几乎不可能将以色列从地图上抹去，因此转而考虑通过其他方式消除以色列的威胁。在美国的协调下，埃及与以色列开始接触和谈判。1977年埃及造访耶路撒冷和1978年埃以《戴维营协议》的签署被阿拉伯世界视为背叛行为，阿拉伯国家纷纷与埃及断绝外交关系，不承认埃以和平条约，阿拉伯联盟也开除了埃及的会员国资格。

叙利亚同样在寻求直接战争之外的新手段，但与埃及相反，叙利亚选择支持巴解组织对以色列采取更加激烈的暴力行动。在叙利亚的支持下，巴解组织以及巴勒斯坦极端组织对以色列及其盟友采取劫机、暗杀、游击战争等暴力手段，加强了与以色列对抗的力度。出于对巴勒斯坦极端行为的反对和担心受到牵连，约旦在以色列的帮助下动用武力将巴解组织驱逐出境，巴解组织转移到黎巴嫩境内。

1979年伊朗"伊斯兰革命"增加了阿以冲突各方博弈的复杂性。革命后的伊朗为利用巴以问题来为其领导伊斯兰世界的合法性造势，把巴以问题泛伊斯兰化并纳入"吉哈德"话语体系，将解放被占领土当作穆斯林集体宗教义务来宣扬，高调介入中东和平进程。在1982年黎巴嫩战争中，伊朗在黎巴嫩组建黎巴嫩真主党同以色列对抗。②

1982年1月，第12次阿拉伯国家联盟首脑会议在摩洛哥非斯召开，会议宣言要求以色列撤出1967年所占的领土，拆除所占领土上的以色列定居点，重申巴勒斯坦人民的自决权，并要求在联合国控制下的过渡时期结束后建立一个独立的巴勒斯坦国。《非斯宣言》还敦促安全理事会保证

---

① Shoujun Cui, Joshua Teitelbaum, Meron Medzini, "Can China-Taiwan 'Cross–Straits' Relations Serve as a Model for Israeli–Palestinian Cooperation? A Proposal," *Israel Affairs*, Vol. 23, No. 1, 2017, p. 5.

② 马晓霖：《掣肘巴勒斯坦独立建国的外部因素》，载《西亚非洲》2017年第4期，第18页。

"该区域各国、包括独立的巴勒斯坦的和平"。① 黎巴嫩战争使巴勒斯坦解放组织遭到重创，以阿拉法特为首的主流派主张呼应阿拉伯联盟非斯峰会决议，接受"以土地换和平"原则，依靠政治外交手段继续争取独立事业。而在叙利亚的支持下，反对派别同法塔赫分裂，巴勒斯坦领导层内部出现严重分歧，叙利亚极力在巴解组织安插代理人，并支持继续武装斗争的反对派别在大马士革成立对抗阿拉法特等主和派的"抵制阵线"。

长达8年的"两伊战争"导致了阿拉伯国家的分裂，支持伊朗的叙利亚和利比亚同伊拉克、埃及的关系迅速冷却，在巴以问题上难以再形成合力。1990年海湾战争中，由于巴勒斯坦采取支持伊拉克的立场，沙特、科威特等阿拉伯国家与巴勒斯坦交恶，停止对巴解组织的援助；叙利亚等国家也放弃了不同以色列谈判的立场，开始加入到中东和平进程中，就关涉本国利益的事项同以色列展开谈判。

二、阿拉伯国家对于中东和平进程的立场

在20世纪90年代的中东和平谈判中，约旦和叙利亚都同以色列进行了双边谈判，约以于1994年达成和平条约，而叙以由于在戈兰高地边境划分和水资源归属问题上立场差异巨大，谈判并未取得显著成果。阿拉伯国家在之后的中东和平进程中也提出了统一的和平倡议，如2002年3月在第14次阿盟贝鲁特首脑会议上提出的"阿拉伯和平倡议"，倡议要求以色列全面撤出1967年以来占领的所有阿拉伯领土，接受建立以东耶路撒冷为首都的、拥有主权的、独立的巴勒斯坦国，并根据联合国第194号决议公正解决巴勒斯坦难民问题。在此基础上，阿拉伯国家将同以色列签署和平协议，并在实现全面和平的前提下逐步与以色列建立正常关系。2005年3月在第17次阿盟首脑会议上阿盟重新启动"阿拉伯和平倡议"，并在多个外交场合多次重申这一倡议。内塔尼亚胡在2015年5月28日表示支持和平倡议中有关阿拉伯国家与以色列关系正常化以换取结束以巴冲突、建立巴

---

① 联合国：《巴勒斯坦问题与联合国》，纽约：联合国，2008年，第17页。

勒斯坦国的内容,但同时提出该倡议中关于难民和领土边界问题需要修改。① 对此,巴勒斯坦方面和包括埃及、叙利亚、约旦等在内的许多阿拉伯国家则明确表示,以色列这一要求是"不可接受的"。②

伊朗不支持中东和平进程及巴以、约以所签订的协议,并通过支持哈马斯等巴勒斯坦强硬派别,高举伊斯兰反对犹太复国主义的旗帜介入巴以问题。伊朗与同属什叶派掌权的叙利亚向哈马斯提供政治和资金支持,并在武器和导弹技术方面予以援助,通过支持哈马斯来扩大对巴勒斯坦问题的影响力,构建和强化地区同盟。"阿拉伯之春"以来,由于卷入中东地区地缘政治争夺和伊斯兰派系纷争,哈马斯在地区进一步陷入孤立,哈马斯同巴解组织的多次和谈也未达成一致,巴以问题的解决仍然呈现出复杂态势。

在巴以问题逐渐边缘化、巴以和谈长期无法重启的背景下,以色列转而采取的外围战略突破之策,支持周边埃及塞西政权和约旦阿卜杜拉二世政权,并与沙特阿拉伯、阿曼等海湾国家的关系发生重大变化。③ 伊斯兰同地区温和逊尼派阿拉伯国家在反恐、反伊方面的共同利益与非公开合作日渐增多,④ 以色列与沙特阿拉伯等国家的接触从私下渐渐转向公开,沙特和阿联酋均多次在官方发言中公开表现出支持以色列的倾向,而2018年10月26日以色列总理内塔尼亚胡对阿曼的正式访问,也传达了以色列与阿拉伯国家关系向好的转向。

2017年1月,根据约以双边天然气出口协议,以色列开始通过国家管道网络向约旦出口天然气。由于约旦与以色列的贸易存在政治敏感性,这

---

① 范小林:《内塔尼亚胡表示支持阿拉伯和平倡议的基本概念》,2015年5月29日,http://news.xinhuanet.com/world/2015-05/29/c_1115443506.htm。(登录时间:2018年12月8日)

② 余国庆:《大国中东战略的比较研究》,北京:中国社会科学出版社2013年版,第125页。

③ 毕健康:《以色列中东战略调整与"一带一路"倡议下的中以合作》,载《当代世界》2018年第12期,第64页。

④ 钮松:《沙以关系升温乃大势所趋》,载《文汇报》2018年4月17日,第4版。

一贸易被刻意保持低调。① 尽管巴以之间近年来仍然动荡频生，矛盾继续加深，约旦仍然签署了这项关于战略资源的长期协议，这表示约旦已将自己的利益置于巴勒斯坦问题之上，因此该协议除了经济意义外同样具有重要的地缘政治和战略意义。②

埃及塞西政府上台后，埃以外交关系回暖，近年由于两国在打击激进武装分子方面的共同利益，埃以在军事安全领域合作密切。2018 年前后，埃及与以色列合作对西奈半岛北部的恐怖组织进行了秘密空袭，在埃及同意下以色列使用无标识的无人机、直升机和喷气式战机对半岛发动了至少 100 次打击。③ 在经济方面，以色列担心埃及的经济衰退会为穆兄会提供反攻机会，影响到政局稳定，因此据以色列媒体报道，以色列有意向在海水淡化、能源应用、灌溉技术等领域与埃及合作，帮助埃及改善经济状况。④ 而埃及议会也在 2017 年 7 月通过法案同意私营公司进口以色列天然气。⑤ 2018 年 2 月，埃以两国签订了历史性的巨额天然气出口协议，由以色列在 10 年内以 150 亿美元的价格向埃及供应 640 亿立方米的天然气；由于埃及东地中海天然气公司（EMG）拥有埃及与以色列之间的阿里什－阿什凯隆天然气输气管道，负责开发塔玛尔气田与利维坦气田的德雷克和诺贝尔公司又于 2018 年 9 月收购 EMG 公司 39% 的股份。⑥ 天然气出口协议的签订

---

① Rory Jones, "Investors in Israeli Natural Gas Agree to Supply Deal with Jordan," *Wall Street Journal*, September 26, 2016, https://www.wsj.com/articles/investors-in-israeli-natural-gas-agree-supply-deal-with-jordan-1474903108。（登录时间：2018 年 12 月 8 日）

② Neri Zilber, "Israel's Secret Arab Allies," *New York Times*, July 14, 2017.

③ Greg Jaffe, "Israelis Target ISIS Fighters in Egypt as Part of Covert Counterterrorism Pact," *Washington Post*, February 3, 2018.

④ 中国驻埃及大使馆经济商务参赞处：《以色列有意参与埃及经济大项目建设》，2016 年 11 月 1 日，http://eg.mofcom.gov.cn/article/jmxw/201611/20161101557125.shtml。（登录时间：2018 年 12 月 8 日）

⑤ Ahmed Saeed, Asmahan Soliman, "An Egyptian-Israeli Agreement: New Maritime Borders and Israeli Gas Imports for a Reduced Gas Fine," *Madamasr*, August 30, 2017, https://www.madamasr.com/en/2017/08/30/feature/politics/an-egyptian-israeli-agreement-new-maritime-borders-and-israeli-gas-imports-for-a-reduced-gas-fine/。（登录时间：2018 年 12 月 8 日）

⑥ Eran Azran, "Noble Energy, Israeli Tycoon Buying 39% Stake in Egyptian Gas Pipeline Company," *Haaretz*, September 27, 2018.

是以色列与阿拉伯国家关系实现发展、区域务实合作得到深化的体现，也表明巴以问题很大程度上已不再是阿以之间普遍关注的核心问题。

第三节　域外政治势力对巴以问题的参与

巴以问题从产生伊始，就笼罩着域外大国博弈的阴影。冷战背景下，美苏两个超级大国在中东争夺势力范围导致了区域阵营的划分，美国对以色列全方位的支持和援助，是确保以色列与周边阿拉伯国家对抗的关键因素；苏联对阿拉伯国家的军事援助和情报供应也在数次中东战争中发挥了重要作用。冷战结束后，美国成为对中东和平进程影响最大的外部国家，俄罗斯对巴以双方的影响力总体减弱，但其在中东地区的军事存在仍然影响着区域和平与冲突的发展。中东地区原属于欧洲国家的"势力范围"，溯源巴以问题的历史便是发端于欧洲对中东的"分而治之"。但由于欧洲国家在国际格局中整体地位的下降，以及欧洲各国存在差异的利益和政策，导致欧洲在巴以问题的调解和协调中无法扮演主导角色。受到巴勒斯坦与以色列的地理位置和宗教历史等因素影响，罗马教廷同样对巴以问题保持高度关注，并通过宗教外交活动对巴以和谈施加影响。

一、美国对巴以问题的参与

自第二次世界大战之后，中东一直是美国关注的重点战略地区之一。随着美国在中东地区势力的扩大，以及战略利益的扩展，美国一直力图增强对中东的掌控力，在中东和平进程中一直居于主导地位，中东和平进程的演变相当程度上取决于美国的中东利益定位和战略选择。[①]

美国学者威廉·匡特将美国在阿以冲突中的基本立场总结为以下 5 点：

[①] 李景然：《巴以和谈与国际社会促谈模式比较研究》，上海外国语大学博士学位论文 2017 年，第 10 页。

第一，如果不能从阿拉伯方面获得和平、安全和认同作为交换物，那就不应该要求以色列放弃1967年获得的领土；第二，在法律上东耶路撒冷被视为被占领土，其地位必须最后通过和谈的形式加以确认；第三，以色列越过1967年停战线即"绿色线"建造的定居点是和平的障碍，反对再开拓定居点；第四，不支持巴勒斯坦人无限制地返回1967年规定的界线之内；第五，通过军事援助保持以色列的军事优势。① 这5点立场反映了美国在巴以问题中对以色列的支持。

美国在中东有着多方面的国家利益，而"支持以色列的生存与安全"无疑是美国的核心利益之一。长久以来，美国对以色列政治、经济与军事的支持政策都体现了美以密切的合作关系，而美国积极推动中东和平进程也是旨在维护以色列的安全生存，并实现美国在中东的国家利益。促使美国实施对以支持政策的因素，除了美国的核心利益外，还包括价值观、宗教以及犹太利益集团等因素。

第一，现实战略利益是美国制定对外政策的根本，维系美以特殊关系的纽带主要是双方的安全合作。② 从安全因素上来看，以色列对美国有着重要的战略价值。冷战时期，为了争霸全球，美苏两国都力图沿中东周围地区扩大自己的势力范围，从而通过中东周边国家向中东地区渗透。美国在以色列的战略利益来源于东地中海——中东地区在美国全球战略中的重要地位，以色列可以成为美国安插在中东地区的一个楔子，在冷战时期作为美国在中东的代理人，在遏制苏联的扩张、堵住苏联南下的通道方面发挥着重要作用。美国获得了对中东地区石油资源的保障，并通过以色列突袭伊拉克核反应堆等行动，基本实现了利用以色列打击激进的阿拉伯国家以削弱苏联在中东地位的目的，并扩大了美国在中东的影响，取得了对苏优势。

在以色列部署军事存在是美国控制从地中海到红海战略要道的重要手

---

① ［美］威廉·匡特著，饶淑莹译：《中东和平进程：1967年以来的美国外交和阿以冲突》，上海：华东师范大学出版社2009年版，第5—6页。
② 孙德刚：《美国与以色列的安全合作关系探析》，载《西亚非洲》2017年第2期，第18页。

段，也是冷战后美以安全合作的重要载体。① 即使在冷战结束后，美国仍可以通过以色列来实现维持中东地区均势、制衡阿拉伯国家、打击国际恐怖主义势力等战略目标。"9·11"后，恐怖主义被美国界定为对国家安全的最大威胁，美以双方在反恐和反核武器、生化武器等大规模杀伤性武器的扩散等问题上仍具有一致利益，并开展了广泛的合作。除依靠以色列打击中东恐怖组织外，冷战后美国依然需要依靠以色列遏制俄罗斯对中东的渗透，平衡俄罗斯通过武器贸易等方式在中东的影响力。

第二，从民主价值观方面来看，美以特殊关系是建立在相似的政治体制和政治价值观念基础上的。相较而言，以色列是中东地区唯一建立了较为成熟的西方民主政治制度的国家。美国理想主义外交传统认为美国担负着在全球推广民主制度的重任，在全球范围内进行民主输入和移植是保障美国以及世界和平与自由的必须；而以色列是中东地区重要的民主国家，是美国在这一地区推行民主制度的样板。② 美以相互构建的"西方民主国家"身份强化了安全合作在各自国内的"政治正确"，也增强了彼此进行安全合作的合法性。③

第三，犹太人利益集团和基督教锡安主义者对美国中东政策的影响是影响美以关系的另一个重要因素。从美国国会、行政部门、总统选举到媒体、思想库和学术机构，犹太人利益集团在美国对外政策中影响力覆盖面之广、效力之大是不容忽视的。而基督教锡安主义者由于宗教原因坚持以色列存在的合法性和正当性，认为耶路撒冷是不可分割的整体，以色列的领土是应当包括整个加沙和约旦河西岸在内的大以色列；支持世界各地犹太人向以色列移民，支持在以色列占领区修建犹太定居点，甚至主张把巴勒斯坦人驱逐出约旦河西岸等地区。④ 而伊斯兰教对于美国人来说相对而

---

① Lenore G. Martin, "Assessing the Impact of US-Israeli Relations on the Arab World," Carlisle Barracks, PA: Strategic Studies Institute, US Army War College, 2003, p. 7.
② 李洁宇：《论以美特殊关系的根源：以色列总理决策的"理性"成因》，上海：上海交通大学出版社2012年版，第1页。
③ 孙德刚：《美国与以色列的安全合作关系探析》，载《西亚非洲》2017年第2期，第40页。
④ 白玉广：《美国基督教锡安主义及其对美以关系的影响》，载《美国研究》2011年第1期，第73页。

言则成为一种异质宗教，难以引起文化上的共鸣。

基于上述因素，美国在对巴以问题的参与中始终秉持支持以色列的基本立场。在1947年11月联合国巴勒斯坦分治决议投票中，美国支持181号决议，并在1948年5月14日以色列建国后第一时间予以承认。第一次中东战争爆发后，在以色列占劣势的情况下美国向联合国安理会提交决议草案，建议在中东实施停火。在美国的外交活动下以色列获得了购买武器装备、接收新移民作为补充兵员的时间。①

20世纪50年代，美以关系相对冷淡，尽管以色列对美国的金融依赖日益增加，且希望加入美国军事联盟②，但美国在这一阶段更加关注拉拢阿拉伯国家，在阿以之间采取中立政策，防止阿拉伯国家倒向苏联阵营。第二次中东战争中，美国对以色列和英法合力入侵埃及的行为持反对态度，通过威胁停止援助等方式向三方施压，迫使以色列与英法先后撤军。然而在苏伊士运河危机后，英法在阿拉伯世界的影响力下降，中东地区形成权力真空，泛阿拉伯主义的发展导致反西方势力增长而苏联在阿拉伯国家的影响力却有所增加。在此背景下，支持以色列开始成为美国中东战略部署的一个重要环节。第二次中东战争也使得以色列意识到美国在国际影响力上远非英法两国能及，③转而更加倾向于依赖和支持美国。在"艾森豪威尔主义"出台后，美国逐渐加大了向以色列出售武器的力度。

20世纪60年代，以色列逐渐成为了中东地区军事力量最强大的国家，并且愿意向美国提供军事基地和后勤支持，因而从约翰逊时期起美以关系开始进入了"蜜月期"，双方互谅互信，美国不断强调将对以色列的安全与领土完整"承担道义责任"。④美国向以色列提供防御性武器、增大经济援助和外交支持，并进行了严密的情报合作。1967年美国在新中东政策中首次提到"巴勒斯坦人"，但仍将巴勒斯坦问题视为难民问题。尼克松时

---

① 余国庆：《大国中东战略的比较研究》，北京：中国社会科学出版社2013年版，第3页。

② Meron Medzini, "The Chinese Are Coming: the Political Implications of the Growing Sino-Israel Economic Ties," *Economic and Political Studies*, Vol. 1, 2015, p. 117.

③ 刘志杰：《"后伊核协议时代"美以特殊关系浅析》，载《世界经济与政治论坛》2016年第4期，第109页。

④ 赵伟明：《中东问题与美国中东政策》，北京：时事出版社2006年版，第103页。

期，为了遏制苏联在中东影响的扩大，美国政府大力支持以色列以抗衡苏联，增加了对以色列的经济和军事援助。在1973年第四次中东战争后，美国国务卿基辛格提出让以色列从西岸某些地区单方面、全面或部分撤出的提议，① 并在中东进行穿梭外交，促使埃以、叙以达成了脱离接触协议。这种快节奏外交行动为以后埃及和以色列实现和平局面打下了基础。通过美国的协调，埃以双方从全面军事对抗转入寻求全面和平后，通过两个脱离接触协议，埃及收复了西奈半岛的部分土地。②

到了福特执政时期，美国在中东面临的紧急问题是推动中东和平进程并限制苏联在中东的影响。1976年6月，美国首次提出推动中东和平的《罗杰斯方案》，但未能被阿以双方所接受。1977年美国总统卡特上台，提出了"人权外交"的新政策，美国的中东政策也向阿以平衡的方向转移。美国试图通过促成以色列和埃及两国达成和解，从根本上稳定中东地区局势，并巩固美国在中东地区的地位。③ 1978年9月6日，美国协调并促成埃以双方签署《戴维营协议》，并进一步推动埃以双方签订和平协议，由此美国掌握了中东和平进程的主导权。

里根政府强调巴勒斯坦问题是中东的核心争端，敦促在解决巴勒斯坦问题的基础上实现阿以和解。④ 1982年9月1日，立足于安全理事会第242 （1967）号和第338（1973）号决议的"土地换和平"方案，美国要求以色列停建定居点，并呼吁被占领土的巴勒斯坦人与约旦联合自治，称这种联合将给"长期、公正和持久和平"提供最好的机会。⑤ 1988年4月21日，里根政府与以色列签约结盟，确立了美以在政治、军事、经济、情报等领域的合作关系，正式宣布以色列成为美国的"主要非北约盟友"。⑥

---

① Shoujun Cui, Joshua Teitelbaum, Meron Medzini, "Can China-Taiwan 'Cross-Straits' Relations Serve as a Model for Israeli-Palestinian Cooperation? A Proposal," *Israel Affairs*, Vol. 23, No. 1, 2017, p. 3.
② 余国庆：《大国中东战略的比较研究》，北京：中国社会科学出版社2013年版，第7页。
③ 李荣华：《中东剧变以来的美以关系探析》，湘潭大学硕士学位论文2017年，第27页。
④ 马晓霖：《掣肘巴勒斯坦独立建国的外部因素》，载《西亚非洲》2017年第4期，第13页。
⑤ 联合国：《巴勒斯坦问题与联合国》，纽约：联合国，2008年，第17页。
⑥ 赵伟明：《中东问题与美国中东政策》，北京：时事出版社2006年版，第230页。

为促进中东马德里和会的顺利召开，1990年6月9日，利库德集团赢得选举后，布什要求以色列接受巴勒斯坦代表团参会。① 布什政府强烈批评"大以色列计划"和"犹太人定居点计划"，1990年7月，在布什总统给以色列总理沙米尔的一封信中明确表示，美国反对以色列在包括约旦河西岸的被占领土上修建犹太人定居点，否则美国将可能公开"谴责以色列的这一行径"。由布什政府积极推进的中东和会在1991年10月召开，在该过程中，布什政府向强硬的沙米尔政府进行施压。国务卿贝克曾对沙米尔总理表示："以色列如果想得到美国的贷款担保，就必须接受美国关于停止在被占领土上修建犹太定居点的主张"，并称"如果美国无条件地向以色列提供贷款，那么将会失去阿拉伯国家的信任"。②

美以关系的再次转折出现在1992年工党大选胜利拉宾上台的时候，双方的军事与经济合作再次加强。美国换届选举后，1996年2月在克林顿政府的推动下，以色列与土耳其结成了军事联盟。同时，美国对以色列的技术援助、外交支持以及双方的反恐合作都加大了力度，尤其是克林顿政府承认"耶路撒冷是以色列不可分割的首都"。克林顿任期内，美国不但强化了与以色列的亲密关系，而且促成了《奥斯陆协议》《开罗协议》《西岸和加沙地带过渡协议》《希伯伦协定》《怀伊河备忘录》以及《沙姆沙伊赫备忘录》等协议的签订，大大推动了阿以和平进程。在《怀伊河协议》谈判过程中，美国前所未有的施压力度最终使得以色列接受了美国提出的撤军建议。为促成2001年巴以在戴维营的双边和谈，克林顿多次开展协调工作，甚至专门推迟一天参加在日内瓦举行的西方八国首脑会议，然而仍未成功促成巴以双方的最终地位协议。③

小布什执政时期的新保守主义原则"超脱政策"使中东和平进程停滞不前，美国对巴以双方的影响力也在此时期有所下降。"9·11"事件之后，为了稳定中东局势，争取阿拉伯国家对美国发动伊拉克战争的支持，小布什提出了中东和平"路线图"计划，并很快为巴以双方政府所接受，

---

① 赵伟明：《中东问题与美国中东政策》，北京：时事出版社2006年版，第295页。
② 李国富：《试析布什政府的中东政策》，载《国际问题研究》2001年第6期，第35页。
③ 赵伟明：《中东问题与美国中东政策》，北京：时事出版社2006年版，第375页。

但因为巴以双方的互不信任以及暴力袭击的继续而无法获得彻底执行。2005年，阿里尔·沙龙就以色列单方面撤出加沙问题与美国密切协调，布什政府公开支持单边行动计划，提出巴以未来的边界划分应当反映中东地区的"新现实"。[1] 同年美国国会通过法案，明确要求美国致力于维护以色列的在面临任何威胁时保有军事质量优势（Qualitative Military Edge, QME），以及在能力上优于其他个人或可能的国家和非国家行为者联盟的能力。[2]

奥巴马政府力求修复与伊斯兰国家的关系，重视阿拉伯国家的立场以及阿盟在巴以和平进程中的重要作用，认为美国与广大伊斯兰国家间的紧张关系是恐怖主义泛滥的重要源头，只有改善与有关阿拉伯国家的关系，美国才可以免于恐怖袭击。奥巴马在其上任后访问开罗大学的演讲中强调了巴勒斯坦人民由于占领而"在寻找家园的过程中历经苦难"；[3] 2009年奥巴马明确要求以色列停止定居点建设、推动两国方案；2009年3月国务卿希拉里访问巴勒斯坦时承诺向巴方提供9亿美元的经济援助，并表示支持阿巴斯所领导的巴过渡政府，美国将积极推动巴勒斯坦建国。[4] 2010年12月奥巴马为寻求进行巴以和平谈判的可能，重申美国支持1967年边界线的立场，并再次就新建犹太定居点问题向以色列领导人内塔尼亚胡提出了警告。

2011年美国呼吁巴以双方以经过修正的1967年边界线为基础开展和谈，巴以和谈在美国的推动下于2013年7月29日重新开启。在9月24日的第68届联大讲话中，奥巴马用很大篇幅谈及中东问题，表示美国坚持对以色列的安全承诺，支持以色列作为一个犹太国家而存在，但同样致力于

---

[1] 马晓霖：《掣肘巴勒斯坦独立建国的外部因素》，载《西亚非洲》2017年第4期，第13页。

[2] Charles D. Freilich, "Can Israel Survive without America?," *Survival*, Vol. 59, No. 4, 2017, p. 136.

[3] 林立平、陈公正：《奥巴马开罗大学演讲：美与伊斯兰世界应有新开端》，2009年6月4日，http://news.xinhuanet.com/world/2009-06/04/content_11489199_1.htm。（登录时间：2018年12月16日）

[4] 余国庆：《大国中东战略的比较研究》，北京：中国社会科学出版社2013年版，第123页。

第二章 巴以问题：大国的深度协调

/ 101 /

巴勒斯坦人民有权在自己的主权国家内过上安全、有尊严生活的信念，支持"两国方案"。① 但在以色列的强烈反对之下，奥巴马未能实质性推进巴勒斯坦的建国进程。

伊朗核协议的达成与美伊关系的缓和让以色列产生强烈的不安全感，而巴勒斯坦内部的激进组织频频对以色列的安全发出威胁的举动，也给巴以和解的前景蒙上一层阴影。② 尽管美以之间存在"牢不可破"的特殊关系，但奥巴马任期内的美国与内塔尼亚胡执政期间的以色列，双边关系发展得却并不顺利。在经历了2015年3月内塔尼亚胡绕过白宫直接访问国会的事件和2015年11月首脑会谈中的分歧之后，美以关系一直没有走出低潮。2016年3月美国副总统拜登在访问以色列时提出了重启巴以和谈的建议，但以方却指出，巴勒斯坦当局支持对以色列的暴力袭击表明双方重启和谈的时机还不成熟，因而拒绝了他的提议。同月内塔尼亚胡还拒绝了白宫提出的会面计划，并取消了原定对美国的正式访问。③

由于美以军援协议将于2017年10月到期，2016年初起两国开始就未来10年的新军事援助计划进行谈判。以色列最初希望将每年30亿美元的军事援助增至50亿美元④，但最终双方于9月14日达成了2019—2028年军事援助协议，其间美国将向以色列提供380亿美元的军事援助协议，这是美国对盟国的最大单笔军事援助计划。⑤ 然而，根据新协议，以色列从2019财年起将不再被允许向美国申请额外的军援资金，且以色列目前可投入本国军工行业的26.3%的军援资金必须转而用于购买美国军品。⑥ 此外，

---

① 李景然：《巴以和谈与国际社会促谈模式比较研究》，上海外国语大学博士学位论文2017年，第43页。
② 刘志杰：《"后伊核协议时代"美以特殊关系浅析》，载《世界经济与政治论坛》2016年第4期，第116页。
③ 周戎：《内塔尼亚胡为何拒与奥巴马会面》，载《文汇报》2016年3月10日，第6版。
④ 王晋：《美国与以色列关系进入"垃圾时间"》，2016年3月30日，http://opinion.china.com.cn/opinion_69_146569.html。（登录时间：2018年12月16日）
⑤ "Memorandum of Understanding Reached with Israel," *White House Fact Sheet*, *Office of the Press Secretary*, September 14, 2016, https://www.whitehouse.gov/the-press-office/2016/09/14/fact-sheetmemoran...understanding-reached-israel。（登录时间：2018年12月16日）
⑥ Josh Ruebner, "Obama's Legacy on Israel/Palestine," *Journal of Palestine Studies*, Vol. 46, No. 1, 2016, p. 50.

以色列将全额支付从美国进口武器的费用，也会停止用13%美国援助的资金购买军用燃油。① 从签署协议外交人员级别的降低以及协议数额与以色列预期值的落差来看，美以关系并没有突破低潮的局面。2016年12月23日美国在安理会投弃权票，没有否决谴责以色列定居点政策的决议，这一事件再次放大和激化了美以之间的矛盾分歧。由于美国在此次投票中没有坚持对以色列一贯的支持立场，以色列激烈言辞回应了奥巴马政府的"背叛"，② 并就国务卿克里的发言提出批评，指责美国的做法是在恐怖主义猖獗、中东地区陷于水火之时攻击中东唯一的民主国家。③

特朗普的上台极大改善了美以关系，但中东和平进程却随着美国对以色列的全力支持而更加遥远。特朗普在2017年2月与内塔尼亚胡会晤时表示，只要以色列和巴勒斯坦双方愿意，他对以"一国方案"还是"两国方案"实现巴以和平都能够接受。④ 5月22日，特朗普成为首位造访耶路撒冷西墙的在任美国总统；10月12日，美国为抗议联合国教科文组织对以色列的"偏见"而宣布退出该组织；12月6日，特朗普宣布美国承认耶路撒冷为以色列首都，2018年5月14日在以色列庆祝建国70周年之际正式将美国驻以色列大使馆迁到耶路撒冷。美国"世纪协议"的"经济方案"在2019年6月25日巴林经济研讨会上首次公开，但巴勒斯坦领导人一再强调该方案"出生即死亡"，巴勒斯坦不会接受这一"金融敲诈"。⑤ 2020年初，美国的"世纪协议"正式出台。2020年8月起，阿联酋、巴林和苏

---

① 慕小明：《美以军援关系为何如此"拧巴"》，载《世界知识》2016年第22期，第38页。

② Likud, "Prime Minister Benjamin Netanyahu Made the Following Remarks on the First Night of Chanukah Last Night at an Event in Salute of Wounded IDF and Security Forces Veterans and Victims of Terrorism," December 24, 2016, https://www.likud.org.il/en/members-of-the-knesset/benjamin-netanyahu/benjamin-netanyahu-articles/1762-prime-minister-benjamin-netanyahu-made-the-following-remarks-on-the-first-night-of-chanukah-last-night-at-an-event-in-salute-of-wounded-idf-and-security-forces-veterans-and-victims-of-terrorism。（登录时间：2018年12月16日）

③ Barak Ravid, Jonathan Lis, "Netanyahu Leads Onslaught of Right-wing Rejection of Kerry's Speech," *Haaretz*, December 28, 2016.

④ 马晓霖：《掣肘巴勒斯坦独立建国的外部因素》，载《西亚非洲》2017年第4期，第14页。

⑤ Alex Joffe, Asaf Romirowsky, "A Memo to Jared," May 12, 2019, https://besacenter.org/perspectives-papers/jared-kushner-palestinians-policy/.

丹在美国的推进下正式与以色列走向关系全面正常化，巴林业已与以色列建立外交关系。

作为在国际问题上影响力最大的发达国家，美国在中东问题中发挥的作用是无可比拟的。参与推进中东和平进程是美国增强在中东存在的重要方式，可使美国实现对以色列安全的承诺，改善与阿拉伯国家的关系，维持美国在中东的影响力，维护石油供应，从而实现美国在中东的全面利益。

二、俄罗斯对巴以问题的参与

"中东均势治理观"是俄罗斯参与中东治理的基本原则，俄罗斯承认美欧在中东的战略利益与中东联盟体系，但强调西方不应垄断中东事务和谋求中东霸权，俄罗斯与西方应通过战略合作从而在中东形成均势。[1]

1947年，苏联对犹太复国主义持支持态度，并在联合国分治计划投票中赞成以色列国的独立，借此打击英国在中东的势力，努力将倾向于社会主义的以色列拉入苏联阵营。然而由于以色列在外交上力求争取西方大国支持，并改变中立政策，外交重心逐渐靠近美国，由此苏联也改变了以色列建国时对犹太人外交、军事上的支持，在舆论上抨击以色列成为了殖民国家的工具，国内兴起反犹主义运动，在外交和军事上支持阿拉伯国家，为阿拉伯国家提供大量军备援助。[2]

1956年苏伊士运河危机中，苏联以武力威胁的方式对英法两国发出最后通牒，要求英法即刻从埃及撤军，并暗示不排除动用核武器来支援埃及。直到1967年中东战争时期，苏联与埃及、叙利亚等国家仍然保持着密切的军事合作与情报共享。然而，由于第三次中东战争中阿拉伯国家的惨败，阿拉伯世界与苏联产生了分歧，将失败原因部分归咎于苏联的军事支持不力和情报的错误与落后。为了防止由于中东冲突而与美国加深对抗，

---

[1] 孙德刚：《冷战后中国参与中东地区治理的理论与案例研究》，北京：社会科学文献出版社2018年版，第33页。

[2] 余国庆：《大国中东战略的比较研究》，北京：中国社会科学出版社2013年版，第14页。

苏联希望阿以进行和谈，这一立场也与阿拉伯国家的"三不"政策相悖。

针对阿以冲突中的巴以问题，苏联早期仅把巴勒斯坦问题当作难民问题，主张巴勒斯坦难民有权回归故土并得到赔偿，但没有与巴勒斯坦游击队和巴解建立直接联系。1968年，巴解执委会主席阿拉法特以纳赛尔随团成员身份访问莫斯科，但苏联拒绝了巴解组织提出的对其承认和提供武器的要求。苏联给予巴勒斯坦物资装备援助最初只是出于维系同阿拉伯国家关系的需要，直到1972年，苏联才同巴勒斯坦解放组织建立起官方关系。由于20世纪70年代苏联与美国在中东地区扩大了对势力范围的争夺，苏联积极对巴勒斯坦提供支援，并支持巴勒斯坦独立建国的权利。然而苏巴关系在很大程度上受控于美苏和苏埃关系，1976年埃及废除《苏埃友好合作条约》后，莫斯科基本丧失了利用阿以对立、操纵战和为己所用的机会。①

戈尔巴乔夫上台后对中东政策进行了调整，逐步改变了过去苏联大力在军事上援助埃及、叙利亚、伊拉克、利比亚等国家的政策，重视在联合国等国际舞台上协调和调解阿以冲突。在中东马德里和平会议上，苏联配合美国对阿以冲突进行协调，与美国共同促成会议的召开并主持会议，但苏联在议程设置和会谈调解中的影响力已经远远落后于美国，无法掌握对中东和平进程的主导权。

20世纪90年代初期，由于苏联解体后俄罗斯国内面临严峻的政治改革和经济问题，俄罗斯国家实力急剧下降，在外交中不得不采取追随西方的"大西洋主义"政策，在中东地区的外交基本呈真空状态，与阿拉伯国家的交往也陷于停滞。1993年4月31日，俄罗斯出台《俄罗斯联邦外交政策构想》，全面调整对外政策，以恢复大国地位和影响力为目标，并将中东地区放在了外交的重要位置。尽管在巴以和谈中俄罗斯未能发挥重要作用，但阿拉伯国家仍然对俄罗斯重返中东持欢迎态度，希望俄罗斯能够在中东和平进程中作为公正的调解人发挥主导作用。同阿拉伯国家加强联系有助于俄罗斯加大挑战美国在中东主导地位的筹码，尽一切可能争取经

---

① 马晓霖：《掣肘巴勒斯坦独立建国的外部因素》，载《西亚非洲》2017年第4期，第12页。

济实惠。① 1994年4月，叶利钦任命维克多·波苏瓦柳克为中东地区特使，波苏瓦柳克和俄外长科济列夫、外长普里马科夫多次出访以色列、约旦、叙利亚等中东国家，邀请巴以领导人访问俄罗斯，积极参与对巴以和平进程的协调，希望通过推动巴以和谈来恢复俄罗斯在中东地区的威望和大国地位。

1997年10月，普里马科夫提出了"中东和平与安全12项原则"，受到阿拉伯国家的普遍欢迎，但俄罗斯的方案并不为以色列所接受。俄罗斯的倡议不具系统性，没有完整的中东战略。② 进入新世纪以来，普京务实外交的特点使得俄罗斯不愿过深卷入中东乱局，但仍然在巴以问题中积极发挥调解作用。在中东和谈陷入僵局后，俄罗斯多次公开表示支持巴勒斯坦人民的建国事业，呼吁以色列当局应该遵守联合国相关决议，实施中东"路线图"计划。2005年初，巴勒斯坦民族权力机构主席阿巴斯当选后将莫斯科作为首次出访的重要一站；同年4月底，俄罗斯总统普京先后访问了埃及、以色列和巴勒斯坦，并表示将对巴勒斯坦提供武器援助。2006年在哈马斯赢得巴勒斯坦立法委员会选举后，俄罗斯没有追随西方对哈马斯孤立的政策，而是对哈马斯政府采取承认立场，并主动邀请哈马斯领导人访俄。普京表示，哈马斯在巴勒斯坦大选中获胜是美国中东政策的失败，单边主义无法解决中东问题。③

俄罗斯外长拉夫罗夫在2009年2月的中东之行中，分别访问了以色列和巴勒斯坦，旨在恢复中东和平进程，促进巴以直接谈判。俄罗斯提出在莫斯科举办中东国际会议的建议，得到了阿拉伯国家的广泛支持，但由于各方在巴勒斯坦难民问题、耶路撒冷问题、巴勒斯坦建国问题等焦点问题上的分歧，中东和会最终未能成行。2012年6月俄罗斯总统普京对以色列、巴勒斯坦和约旦进行了为期两天的访问，在会谈中普京呼吁巴以尽快恢复和谈，并敦促巴以双方必须表现出最大限度的克制，切实遵守各自此

---

① 李景然：《巴以和谈与国际社会促谈模式比较研究》，上海外国语大学博士学位论文2017年，第45页。

② 李延长：《后冷战时期俄罗斯的中东政策与个案分析》，西北大学博士学位论文2011年，第48页。

③ 余国庆：《大国中东战略的比较研究》，北京：中国社会科学出版社2013年版，第48页。

前所承担的义务。① 2013年巴以和谈恢复后，俄罗斯表示愿为推动巴以和谈提供必要援助。针对美国特朗普政府上台以来在巴以问题中明显偏向以色列的行为，前俄罗斯驻也门、利比亚和突尼斯大使波波夫表示，巴勒斯坦问题应该通过建立以色列和巴勒斯坦两个国家的方案来解决，特朗普对耶路撒冷和戈兰高地的倡议是不可能取得成果的，反而会引发更多极端暴力行为，美国的这一外交行动是短视的政策。②

另外，尽管在从苏联到俄罗斯的中东外交中，同阿拉伯世界的交好是其中东政策的传统，但近年来俄罗斯与以色列的关系同样发展迅速。俄罗斯能源企业同以色列等中东国家建立了较为密切的能源合作；③ 以色列成为俄罗斯在中东的第二大贸易伙伴，双方在军工和科技等方面也开展了重要合作。以色列总理内塔尼亚胡频繁访问俄罗斯，针对叙利亚戈兰高地、人道主义援助、俄罗斯撤军、伊朗、反恐情报交流等问题等多次展开交流，并取得了很多共识。④

近年来，尽管俄罗斯仍通过外交场合支持中东和平进程，希望通过推动巴以和谈谋求在中东的大国影响力和话语权，但俄罗斯在中东和平进程中不占主导地位，难以推动和平进程取得实际性进展；且由于巴以问题一再边缘化，俄罗斯将外交和军事资源更多投注在叙利亚等与其切身利益更相关的热点问题上，因而对巴以问题的参与度持续下降。

三、欧洲国家对巴以问题的参与

以英法为主的欧洲国家是中东秩序的早期主导者，但随着二战后欧洲实力下降，美国国际影响力的上升，欧洲国家在中东事务中逐渐丧失主导

---

① 余国庆：《欧盟与中东关系：政治与安全视野下的考察》，北京：社会科学文献出版社2018年版，第169页。
② "Unrest Threatens Stability of Middle East," *Global Times*, April 29, 2019.
③ 王宝龙：《21世纪俄罗斯中东能源外交研究》，上海外国语大学博士学位论文2018年，第49页。
④ Knesset, "Top Russian Official to Foreign Affairs and Defense Committee Delegation: We Never Questioned the Right of Jews, and Others, to the Temple Mount," November 8, 2016, http://www.knesset.gov.il/spokesman/eng/PR_eng.asp?PRID=13277。（登录时间：2018年12月16日）

地位。作为美国重要的北约盟友,欧洲国家在巴以问题上的立场与美国具有一定的相似性,但并不完全一致。

1947年,在放弃对巴勒斯坦的委任统治后,英国在联合国第181号决议中选择弃权,最终分治决议在包括法国、瑞典、荷兰、丹麦、挪威、比利时、卢森堡、冰岛等欧洲国家在内的33个国家的赞成下获得通过。第一次中东战争和以色列的独立刺激了英国占领埃及的民族独立运动,并在20世纪50年代逐渐发展成为号召力颇大的泛阿拉伯主义运动,严重威胁到英法在中东北非地区的存在。20世纪50年代起,法国与以色列交好,两国联合打击埃及纳赛尔政府,通过对以色列军售和核武器技术援助,确保以色列军事实力相对于埃及的优先地位。①

由于苏伊士运河国有化事件威胁到了英国的海上贸易和大国地位,英国同法国共同配合以色列对埃及采取军事行动。尽管在美国的外交压力和苏联的军事威胁下三国很快停火撤军,但法以军事合作仍然继续发展。1956年11月7日,以色列外交部长同法国外交和国防部长进行了一次秘密会晤,会谈后几个月,以色列就在法国的帮助下建成了一个18兆瓦的EL-3研究型核反应堆,并掌握了钚分离技术,以色列的核技术在法国的援助下发展起来。②然而在1960年《埃维昂协议》签订后,法国开始同新独立的中东阿拉伯国家积极发展友好关系,因此在1967年第三次中东战争后,法国谴责以色列夺取大片阿拉伯领土的侵略行径,要求以色列从被占领土撤军。而这一时期由于以色列同阿拉伯国家分别在冷战中归属于美国和苏联阵营,英国对以色列持支持态度,因而在阿拉伯国家中进一步丧失声望和影响力。

第四次中东战争后,阿拉伯国家动用石油武器,欧洲经济陷入滞涨。法国进一步发展同阿拉伯国家的关系,英国也转而和大多数西欧国家一起站在美国的对立面,强调"以色列必须撤出1967年占领的阿拉伯国家领土",并同西欧国家共同发表谴责以色列侵略、要求以色列从被占领的阿

---

① 孙德刚:《联盟外交的理论与实践》,北京:世界知识出版社2012年版,第154页。
② 余国庆:《大国中东战略的比较研究》,北京:中国社会科学出版社2013年版,第26—27页。

拉伯领土撤退的联合声明，在强调执行第242号和第338号决议的同时，率先提出解决中东问题"要考虑巴勒斯坦人民的合法权利"。① 1978年，欧共体明确提出"应该考虑建立一个巴勒斯坦国"，并进而接连提出解决中东问题的多项主张，要求以色列撤出被占领的阿拉伯领土；接纳巴解组织参与中东和平进程；支持"里根计划""非斯方案"等有关方面提出的和平解决中东问题的方案。②

1980年6月13日，欧洲理事会发表《威尼斯宣言》，强调巴勒斯坦问题不仅仅是难民问题，巴勒斯坦人必须被允许完全行使自治的权利，要求以色列结束对巴勒斯坦领土的占领，表示定居点建设违背国际法，并明确表达不会接受任何旨在改变耶路撒冷地位的单边行动。该宣言标志着欧洲共同体对中东和平进程首次形成了明确的共同立场。1991年10月，马德里中东和平会议在美国、苏联以及英国、法国的协调下召开，欧洲作为观察员参与中东和平进程，并为阿以双方开启了谈判解决争端的机制。

在挪威的协调下，巴以通过双边直接谈判签订《奥斯陆协议》，巴以双方实现了相互承认，并且确立了以色列在过渡期撤出被占领土的原则。《奥斯陆协议》签订后，欧盟成为了巴勒斯坦的最大经济援助来源，通过援助帮助巴勒斯坦促进政治稳定、经济发展和推行体制改革。从1893—1997年，欧共体向巴勒斯坦承诺援助7亿欧元，如果将单个成员国的援助也包括在内的话，欧盟在此期间对中东和平进程的财政贡献将超过120亿欧元。③ 从2012—2016年欧盟共支出43.6亿美元，其援助涵盖了巴勒斯坦权力机构2012—2014年40%的支出。④ 欧洲的援助对于巴勒斯坦发展基础设施建设、改善民生起到了重要作用，巩固了巴解组织的执政地位，促使巴方从武装斗争走向以政治方式解决巴以问题。

---

① 余国庆：《欧盟与中东关系：政治与安全视野下的考察》，北京：社会科学文献出版社2018年版，第23页。

② 李景然：《巴以和谈与国际社会促谈模式比较研究》，上海外国语大学博士学位论文2017年，第62—63页。

③ 余国庆：《欧盟与中东关系：政治与安全视野下的考察》，北京：社会科学文献出版社2018年版，第95页。

④ Jeremy Wildeman, "EU Development Aid in the Occupied Palestinian Territory, between Aid Effectiveness and World Bank Guidance," *Global Affairs*, Vol. 4, No. 1, 2018, p. 115.

第二章 巴以问题：大国的深度协调
/ 109 /

欧盟特别致力于援助巴勒斯坦权力机构，以建立一个"民主、独立和可行的巴勒斯坦国，在和平与安全中与以色列毗邻共存"。① 1995年11月，欧盟发表《巴塞罗那宣言》，提出了"欧盟-地中海全面伙伴关系"的设想，要求所有进程的参与者都支持根据马德里中东和平会议上达成的履行联合国安理会决议和原则，建立公平、全面和持久的中东地区和平。欧盟于1995年11月和1997年2月分别同以色列和巴勒斯坦权力机构签订了联合协议，同双方都建立起紧密关系，为对话提供条件。②

随着第二次"因提法达"运动以来巴以冲突的不断升级，欧洲加大了对巴以问题的调解和对巴援助的力度。2003年欧盟出台的首份《欧洲安全战略》明确指出："解决巴以冲突是欧洲的一个战略优先事项，因为如不解决这个问题，就谈不上处理中东地区的其他问题。"③ 作为中东问题四方中的重要成员，欧盟参与制定了中东和平"路线图"计划，承诺致力于在联合国安理会有关决议、马德里和会和"土地换和平"原则基础上实现中东地区全面和平。

2007年7月，中东问题有关四方任命英国前首相布莱尔为中东问题特使，在巴以冲突持久无法缓解的背景下继续推动中东和平进程。其使命包括：为巴勒斯坦人民动员国际援助；为巴勒斯坦政府加强国家治理尤其是加强法治寻求国际支持；为促进巴勒斯坦经济发展制定方案，其中包括与私人部门建立合作关系；与有关国家进行联络事宜，帮助实现中东问题有关四方制定的目标。④

2014年的加沙冲突部分导致了欧洲承认巴勒斯坦建国的运动，到2014年底，瑞典已经全面承认巴勒斯坦，而法国、爱尔兰、葡萄牙、西班牙、英国、比利时和卢森堡的议会以及欧洲议会都通过了支持承认巴勒斯坦的

---

① Jeremy Wildeman, "EU Development Aid in the Occupied Palestinian Territory, between Aid Effectiveness and World Bank Guidance," *Global Affairs*, Vol. 4, No. 1, 2018, p. 115., p. 116.
② 李景然：《巴以和谈与国际社会促谈模式比较研究》，上海外国语大学博士学位论文2017年，第67—68页。
③ 余国庆：《欧盟与中东关系：政治与安全视野下的考察》，北京：社会科学文献出版社2018年版，第141页。
④ 余国庆：《大国中东战略的比较研究》，北京：中国社会科学出版社2013年版，第58页。

决议。① 同阿拉伯世界有着传统联系的法国在 2011 年 9 月联合国大会上宣称承认并坚定支持巴勒斯坦建国，建议巴以双方认真履行承诺，根据安理会有关决议和"土地换和平"的原则，在中东和平"路线图"框架下通过谈判解决争端。英国反对过度介入巴以冲突，但坚持维系中东和平的"两国方案"。德国出于历史原因，将支持以色列的存在与安全作为其中东政策的一个重要方向，在欧盟内部和联合国决议投票中多次反对谴责以色列、巴勒斯坦单方面建国以及将东耶路撒冷作为巴勒斯坦首都的决议。

尽管欧洲国家的政策受制于其各自在中东地区的不同利益，欧洲在巴以问题上的立场相较美国而言更加倾向于对巴勒斯坦提供支持。但作为美国的紧密盟友，欧洲对以色列的态度在一定程度上同美国也存在一致性。近年来，由于政治和经济背景的重大变化，以色列作为许多欧洲国家的经济和战略伙伴，其地位越来越重要。2011—2016 年期间，欧盟从以色列的进口额一直保持在每年 130 亿欧元左右，大多数欧盟成员国与以色列的贸易顺差不断增加。2017 年，随着欧盟成员国面临越来越多的内部和外部安全挑战，欧洲各国政府从以色列购买了价值 18 亿美元的国防装备，包括以色列防空技术、雷达和观测设备以及情报和网络技术等。2017 年 11 月，法国、德国、希腊、意大利和波兰都参加了以色列主办的空军演习。②

四、罗马教廷对巴以问题的参与

自第一次世界大战前，罗马教廷就一直反对犹太复国主义运动，③ 坚决反对在圣地建立犹太人的国家。自犹太复国主义运动宣布以建立巴勒斯坦的"犹太人家园"为目标以来，教廷的反应大多是消极的。教宗关注的

---

① Toby Greene, Jonathan Rynhold, "Europe and Israel: Between Conflict and Cooperation," *Survival*, Vol. 60, No. 4, 2018, p. 94.
② Ibid., pp. 103 – 105.
③ Raymond Cohen, "Israel and the Holy See Negotiate: A Case Study in Diplomacy across Religions," *Hague Journal of Diplomacy*, 2010, Vol. 5, No. 3, p. 214.

核心问题是圣地的地位和命运,以及教廷在圣地的存在和利益。① 1943年6月22日,梵蒂冈驻华盛顿宗座代表在给美国政府的通知中表示,对世界各地的天主教徒而言,"如果巴勒斯坦被移交给犹太人,或者实际上处于他们的控制之下,他们的宗教自豪感就会受到伤害"②。

教廷认为,犹太复国主义者想要建立一个犹太国家的愿望,会干扰该地区伊斯兰教和基督教社会共存下的微妙平衡,甚至可能引发冲突,导致巴勒斯坦基督教少数派的损失。③ 中东天主教团体以及耶路撒冷天主教徒公开支持在巴勒斯坦建立一个由阿拉伯人控制的单一国家。然而,梵蒂冈虽然反对犹太复国主义在巴勒斯坦的建国诉求,却并没有声明支持在巴勒斯坦建立一个阿拉伯国家。④ 1944年4月,在与罗斯福总统派驻梵蒂冈的代表迈伦·泰勒会面时,罗马教廷表达了教廷对在中东建立泛阿拉伯联盟计划的担忧,因为该计划会将基督教社区的未来置于不确定、不稳定的境地。对于圣地,教廷希望将该地区的控制权委托给能够避免犹太人和阿拉伯人之间爆发战争的国际机构。正是为了获得耶路撒冷的国际地位,梵蒂冈才没有反对1947年分裂圣地的计划。⑤

第一次中东战争后,梵蒂冈采取了不承认以色列国的政策,呼吁将耶路撒冷及其郊区交由国际共管,以保证朝圣者的自由出入和圣地基督徒权利不受侵犯。梵蒂冈的中东政策一方面受到阿拉伯基督徒态度的影响,因为在1948年战争中大量巴勒斯坦难民离开故土,其中就包含了大量阿拉伯基督徒,其成员在巴勒斯坦民族运动中发挥了主导作用,影响了梵蒂冈对犹太复国主义在政治和神学上的保留态度;另一方面,对教廷自身来说,

---

① George Emile Irani, "Breger: the Vatican-Israel Accords: Political, Legal, and Theological Contexts," *Journal of Palestine Studies*, Vol. 34, No. 3, 2005, p. 102.

② Silvio Ferrari, "The Vatican, Israel and the Jerusalem Question (1943 – 1984)," *Middle East Journal*, Vol. 39, No. 2, 1985, p. 316.

③ Silvio Ferrari, "The Vatican and the Middle East during the Pontificate of John Paul II," in M. J. Breger, ed., *The Vatican-Israel Accords: Political, Legal, and Theological Contexts*, Washington, DC: University of Notre Dame Press, 2004, p. 287.

④ Anthony O'Mahony, "The Vatican, Jerusalem, the State of Israel, and Christianity in the Holy Land," *International Journal for the Study of the Christian Church*, Vol. 5, No. 2, 2005, p. 127.

⑤ Silvio Ferrari, "The Vatican, Israel and the Jerusalem Question (1943 – 1984)," *Middle East Journal*, Vol. 39, No. 2, 1985, p. 319.

犹太复国主义也被视为对圣地竞争的对手。教廷担心如果承认以色列，可能会招致阿拉伯国家的基督教社区受到报复，会阻碍教廷与伊斯兰世界发展关系的努力，损害教会在伊斯兰世界的地位，而且会损害教廷在第三世界其他地方的地位。[1]

为了破坏犹太人对圣地主张的合法性，犹太复国主义在很大程度上被教廷与无神论的苏联共产主义联系在一起。对梵蒂冈而言，阿拉伯穆斯林是宗教保守派，但仍然信教，然而犹太复国主义者却是现代无神论者。时任梵蒂冈外长梅尼科·塔尔迪尼在1957年谈道："这个国家的建立是西方国家所犯的错误，以色列的存在是中东战争的一个固有的危险因素。现在以色列已然存在，当然没有办法摧毁它，但是我们每天都在为这个错误付出代价。"[2]

从1948—1967年，耶路撒冷圣地的大部分都在约旦的控制之下，几乎所有的基督教社团领袖生活和工作的地方都位于约旦控制下的东耶路撒冷，而位于西耶路撒冷的阿拉伯基督徒则归于以色列政府的管理下，这使东耶路撒冷的圣地和修道院与教会财富的中心西耶路撒冷分离，在法律问题上基督教区必须与以色列和约旦政府同时保持良好的合作关系。[3] 1948年10月，圣座发表通谕，要求"给予耶路撒冷及其郊区以国际地位，为当前形势下保护圣所提供更好的保障"；并在1949年阿以停火谈判的过程中再次发布通谕，要求"给予耶路撒冷及其邻近地区'国际地位'，并在法律上保证其地位"。[4] 1949年，梵蒂冈在联合国要求以色列完全遵守联合国181号决议，并以此作为同意以色列成为联合国成员国的条件。由于战争中阿拉伯基督徒成为难民而导致耶路撒冷基督教人口的减少，教廷提醒自1948年以来统治耶路撒冷的非基督教当事方（即约旦和以色列），这个城市的任何政治解决方案都应该考虑到它的特殊地位——实际上是考虑

---

[1] Ernest Evans, "The Vatican and Israel," *World Affairs*, Vol. 158, No. 2, 1995, p. 90.

[2] Mordechay Lewy, "Pope Benedict XVI within the Context of Israel and Holy See Relations," *Israel Affairs*, Vol. 16, No. 4, 2010, p. 564.

[3] 张鑫：《耶路撒冷基督教社团研究》，山西师范大学硕士学位论文2013年，第25页。

[4] Leonard Hammer, "The Vatican Joins the Israeli-Palestinian Conflict," *Middle East Quarterly*, Vol. 24, No. 4, 2017.

到耶路撒冷的基督教特殊利益。①

在第二次梵蒂冈大公会议（"梵二会议"）后，梵蒂冈发表了具有重要历史意义的《教会与非基督教关系宣言》，将犹太人从"弑神"之罪中解脱了出来，并对历史上的反犹主义表示遗憾，这对梵犹关系而言是一个里程碑式的重大进展。然而，起草者担心有关犹太教的积极神学声明可能暗示梵蒂冈的偏颇立场，因此他们坚持认为该宣言具有"纯粹和完全宗教性质"，②梵蒂冈仍然小心翼翼地避免给出任何对以色列进行政治承认的暗示。③ 1964 年教宗保禄六世在教会历史上首次到访圣地，会见了希腊东正教主教并参访了基督教圣地。在整个访问期间，保禄六世从未使用"以色列"一词，并拒绝会见以色列首席拉比。④ 从 1948 年以色列建国到 1993 年末，梵蒂冈始终奉行避免承认以色列的政策。

"梵二会议"使梵蒂冈与犹太人关系有了重大改善，而教宗保禄二世即位后，更是致力于改善同以色列的关系，通过参观奥斯维辛集中营、拜访罗马犹太会堂、在讲话中强调基督教与犹太教的特殊关系等方式，对外释放出了教廷欲与以色列改善关系的信号。教宗保禄六世将访问的第一站定在了圣地耶路撒冷，成为继首任教宗圣彼得之后首位到访的教宗。⑤ 在此行中，梵蒂冈对以色列的国家地位和耶路撒冷地位避而不提。

"六日战争"后，梵蒂冈已经无法再坚持对耶路撒冷进行独立司法管辖和国际管理的立场，因为"耶路撒冷国际化"这一选择根本不在阿以冲突中任何"利益攸关方"的政治议程上。⑥ 1967 年 7 月，梵蒂冈派遣特使与以色列讨论圣地的地位问题，梵蒂冈强调保护耶路撒冷的"历史和宗教

---

① Mordechay Lewy, "Pope Benedict XVI within the Context of Israel and Holy See Relations," *Israel Affairs*, Vol. 16, No. 4, 2010, p. 570.

② Adam Gregerman, "Is the Biblical Land Promise Irrevocable? Post-Nostra Aetate Catholic Theologies of the Jewish Covenant and the Land of Israel," *Modern Theology*, Vol. 34, No. 2, 2018, p. 140.

③ Raymood Cohen, "Israel and the Holy See Negotiate: A Case Study in Diplomacy across Religions," *Hague Journal of Diplomacy*, Vol. 5, No. 3, 2010, p. 214.

④ 袁嘉惠：《梵二会议后天主教会对于圣约及犹太人回归的不同态度》，载《世界宗教文化》2017 年第 6 期，第 54 页。

⑤ 董玉洁：《走出梵蒂冈的教宗》，载《世界知识》2014 年第 4 期，第 46 页。

⑥ M. J. Breger, *The Vatican-Israel Accords: Political, Legal, and Theological Contexts*, Washington, DC: University of Notre Dame Press, 2004, p. 3.

地貌",并拒绝仅以圣地的属地性为基础解决圣地问题(亦即令耶路撒冷归以色列管辖),因为这将无法保障圣地的人口、城镇和建筑的神圣特征保持不变。[1] 教宗保禄二世对此提出了一项关于耶路撒冷国际化的代替方案。不同于之前要求将耶路撒冷及其周边地区交由国际管理的条款,该方案只提出一套具有约束力的条约条款,由以色列-巴勒斯坦和平协定的签署方起草、谈判和批准。如果负责执行该协议的主权政府违约,则需要在"国际保证"下进行上诉。[2]

20世纪90年代初中东和平进程取得了重大进展,教廷认为马德里会议及其之后的谈判对梵以关系有着积极影响。[3]《奥斯陆协议》签订后,梵蒂冈担心耶路撒冷地位问题也会在美国主导的巴以最终地位谈判中得以解决,因此不希望被排除在"和平进程"之外。[4] 教廷的主要关切是圣城地位问题、基督教社区财产问题以及保护生活在以色列境内和巴勒斯坦以色列控制区基督徒的宗教权利问题。在此背景下教廷同以色列展开了正式谈判,并于1993年12月30日签署了《教廷与以色列国基本协定》,梵蒂冈与以色列首次相互承认并建立了外交关系。[5]

由于《奥斯陆协议》签订后,以色列和巴勒斯坦的谈判与和平进程已经启动并取得进展,梵蒂冈与以色列建立全面外交关系后,在同以色列关于耶路撒冷前途的谈判中获得了较之前更有利的地位;同时该协议也使教廷能够在以色列和巴勒斯坦关于耶路撒冷的最终地位谈判中发挥更大的影

---

[1] Anthony O'Mahony, "The Vatican, Jerusalem, the State of Israel, and Christianity in the Holy Land," *International Journal for the Study of the Christian Church*, Vol. 5, No. 2, 2005, p. 130.

[2] Drew Christiansen, "Palestinian Christians: Recent Developments," M. J. Breger, ed., *The Vatican-Israel Accords: Political, Legal, and Theological Contexts*, Washington, DC: University of Notre Dame Press, 2004, p. 318.

[3] Silvio Ferrari, "The Vatican and the Middle East during the Pontificate of John Paul II," M. J. Breger, ed., *The Vatican-Israel Accords: Political, Legal, and Theological Contexts*, Washington, DC: University of Notre Dame Press, 2004, p. 288.

[4] George Emile Irani, "Breger: the Vatican-Israel Accords: Political, Legal, and Theological Contexts," *Journal of Palestine Studies*, Vol. 34, No. 3, 2005, p. 102.

[5] M. J. Breger, *The Vatican-Israel Accords: Political, Legal, and Theological Contexts*, Washington, DC: University of Notre Dame Press, 2004, p. 3.

响力。① 梵蒂冈多次重申，当涉及耶路撒冷最终地位谈判的时候，教廷也希望能够有发言权。

教廷在1993年与以色列签订基本协议，1997年签订法律人格协议后，又于2000年2月同巴勒斯坦缔结了一项基本协议。该协议在许多方面与1993年与以色列签订的基本协议的条款相近，主要涉及宗教自由、人权以及维护天主教在巴勒斯坦的法律、经济和财政地位等问题，并提到巴勒斯坦人民拥有"根据国际法实现自决的不可剥夺的权利"，以及应当向教会及其信徒提供保护。② 关于耶路撒冷地位问题，该协定称"任何改变耶路撒冷独具的特点和地位的单方面决定和行动，从道义和法律上都是不能接受的"，并呼吁就耶路撒冷地位问题制定一项特殊国际法。③ 2000年3月，约翰·保罗二世访问圣地时，在同阿拉法特的谈话中称"没有人可以忽视巴勒斯坦人民近几十年来所遭受的苦难"，并重申了巴勒斯坦人拥有建立民族国家的权利以及巴勒斯坦难民拥有属于自己家园的权利。④ 2009年5月，教宗本笃十六世访问圣地时，明确表达了教廷支持巴勒斯坦建国的立场，这被西方媒体解读为"很不寻常"的一次表态。⑤

政治和宗教上的需求促使梵蒂冈必须同巴勒斯坦接触并达成外交平衡。保护重要宗教圣地和基督教徒的整体利益是罗马教廷与巴勒斯坦进行谈判的主要动力。巴勒斯坦阿拉伯人中基督徒人数众多，而圣地基督徒人数减少、教廷对教堂土地的出售失去控制、教廷对地方当局影响的潜在减少、教会领袖和当地信徒之间的文化鸿沟，都使教廷希望影响巴勒斯坦对

---

① Drew Christiansen, "Palestinian Christians: Recent Developments," M. J. Breger, ed., *The Vatican-Israel Accords: Political, Legal, and Theological Contexts*, Washington, DC: University of Notre Dame Press, 2004, p. 315.

② Leonard Hammer, "The 2015 Comprehensive Agreement between the Holy See and the Palestinian Authority: Discerning the Holy See's Approach to International Relations in the Holy Land," *Oxford Journal of Law and Religion*, Vol. 6, No. 1, 2017, p. 172.

③ 马述强：《巴勒斯坦就耶路撒冷问题与梵蒂冈达成协定》，载《光明日报》2000年2月17日。

④ Drew Christiansen, "Palestinian Christians: Recent Developments," M. J. Breger, ed., *The Vatican-Israel Accords: Political, Legal, and Theological Contexts*, Washington, DC: University of Notre Dame Press, 2004, p. 322.

⑤ 董玉洁：《走出梵蒂冈的教宗》，载《世界知识》2014年第4期，第47页。

基督徒的政策，这与教廷和巴解组织乃至阿拉伯世界的关系密切相关。

第二次"因提法达"运动开始后，教宗在2001年1月13日向外交使团发表年度讲话时，表达了罗马教廷明确的立场，对以色列表示了不寻常的严厉谴责。教宗承认在伯利恒的人（巴勒斯坦人）和在耶路撒冷的人（以色列人）同时在为和平道路而斗争，但宣布不应听任日复一日持续不断的战争、不公正行为、对国际法的蔑视、对圣地的边缘化和对基督教社区需求的无视。这一呼吁和指责直接指向了以色列。①

2010年10月，中东地区各天主教教区主教应教宗本笃十六世召集，在梵蒂冈举行了天主教中东主教大会并发表联合公告，要求以色列停止占领巴勒斯坦土地，并称以方不应利用《圣经》作为其对巴勒斯坦人不公正对待的辩解。大会举行期间，数名教区主教指责巴以冲突造成教徒流失。②2015年5月，罗马教廷与巴勒斯坦权力机构签署了全面协议。通过这项协议，梵蒂冈正式承认了"巴勒斯坦国"，并重申要求"根据国际决议公平解决耶路撒冷问题"，指出"改变耶路撒冷的具体性质和地位的单方面决定和行动在道义上和法律上都是不可接受的"。③

教廷承认巴勒斯坦国的部分原因是由于其在巴勒斯坦有需要保护的关键利益，包括维护天主教圣地现状、确保宗教自由和保护基督教徒、维护当地教会在法律和财政上的地位等。④虽然教廷和以色列与教廷和巴解组织之间的基本协定都提到了这些问题，但梵巴2015年5月的协议全面解决了法律人格和财产地位问题，从而消除了与巴勒斯坦就这些问题进行进一步谈判的必要性，相较于梵以协议来说更为全面和彻底。

---

① Yosef Lamdan, "Vatican-Israel Relations, 2000 – 2003: An Insider's View," *Israel Journal of Foreign Affairs*, Vol. 2, No. 1, 2008, p. 103.

② 李禾：《中东天主教发公告要求以色列结束对巴占领》，2010年10月25日，http://world.huanqiu.com/roll/2010-10/1196733.html。（登录时间：2018年12月20日）

③ Leonard Hammer, "The Vatican Joins the Israeli-Palestinian Conflict," *Middle East Quarterly*, Vol. 24, No. 4, September 1, 2017.

④ Leonard Hammer, "The 2015 Comprehensive Agreement between the Holy See and the Palestinian Authority: Discerning the Holy See's Approach to International Relations in the Holy Land," *Oxford Journal of Law and Religion*, Vol. 6, No. 1, 2017, p. 173.

第四节　中国协调巴以问题的途径

中国与巴以双方都建立了良好的外交关系，并于20世纪90年代中东和平进程开启以来积极参与巴以和谈，多次为巴勒斯坦问题的解决贡献中国智慧。巴以双方都希望中国能在中东问题上发挥更大的作用，这也是中国参与协调巴以问题的重要基础。随着中国综合国力的增长和国际地位的提高，国际社会对中国在中东和平问题上的参与和贡献有了更大期望。

一、与以色列关系的发展历程

尽管中以之间并没有直接的矛盾和冲突，但受制于冷战的背景和美以、阿以关系的影响，中以关系经历了43年漫长而曲折的发展历程，直到1992年才正式建立大使级外交关系。

中国革命家对犹太复国主义持支持态度。1920年4月孙中山致函上海犹太复国主义组织负责人以斯拉时，表示"所有爱好民主的人士，对于重建你们伟大而历史上著名的国家，必然会给予全心的支持与热烈的欢迎"。[①] 中华民国政府在181号决议投票中弃权，成为唯一一个没有反对分治计划的亚洲国家。中华人民共和国和以色列国的首次正式交往发生在1950年1月9日。作为第一个承认新中国的中东国家，以色列外交部长摩西·夏里特致电宣布承认中国的新政府为合法政权，[②] 并自此与台湾当局止于非官方、非政府且主要是商业层次上的关系。[③] 中国政务院总理兼外长周恩来1月16日回电对以色列的承认表示欢迎和感谢，并希望两国尽早

[①] 肖宪：《当代中国—中东关系》，北京：中国书籍出版社2017年版，第30页。

[②] [以] 泽夫·苏赋特著，高秋福译：《中国以色列建交亲历记》，北京：新华出版社2000年版，第1页。

[③] [以] 谢爱伦著，钮松译：《论以中关系的发展现状及其前景》，载《阿拉伯世界研究》2011年第5期，第8页。

建交。6月13日,中国外交部将同意和以色列互派使节的决定电告驻苏联大使馆,并询问以色列何时向中国派出外交使团。然而在以色列公使等待国内指示期间,朝鲜战争爆发,由于顾忌以色列同美国的关系,以色列对此采取观望的立场,答复中国"由于财政原因,以色列不打算向中国派驻使节,双方外交事务可通过两国驻莫斯科使馆办理"。[1]

朝鲜战争结束后,中国与西方国家之间的关系逐渐趋向缓和,中以双方在莫斯科、仰光、赫尔辛基和伦敦等地频频会晤,仰光则是中以接触的主要地点。1953年12月,中国驻缅甸大使姚仲明与以色列驻缅甸大使戴维·哈科亨开始就建交问题进行接触。1954年9月23日,周恩来在第一届全国人大会议的《政府工作报告》中提到:"我国同阿富汗和以色列建立正常关系的事宜,正在接触中。"[2] 然而由于来自以色列国内亲美派的阻力,1955年1月哈科亨在访华期间的会谈中未能对建交问题做出明确承诺。

1955年4月的亚非万隆会议上,中国开始同阿拉伯国家接触并发展友好关系,在了解阿拉伯世界对巴勒斯坦问题和以色列的立场后,中国的中东政策发生重大转折,决定发展同阿拉伯国家的外交关系,暂缓发展与以色列的关系。万隆会议闭幕3天后,在亚非受到孤立的以色列致函中方,正式通知"决定在近期内同中华人民共和国建立外交关系"。然而该表态为时已晚,在当年7月以色列驻苏联大使阿维达尔访华期间,中国外交部副部长章汉夫告知以色列:"在目前形势下,两国之间建立外交关系的时机尚不成熟。"此后,中国逐步形成了支持阿拉伯国家、反对以色列扩张主义斗争的思想,把支持阿拉伯和巴勒斯坦人民的正义斗争提到战略高度来考虑。[3]

从1955年1月以色列代表团访问中国,到1987年9月两国外交部长在联合国大会期间的首次会晤,30多年时间里两国政府实际上没有任何正

---

[1] 殷罡:《中国与以色列关系六十年述评》,载《当代世界》2010年第4期,第32页。
[2] 肖宪:《当代中国—中东关系》,北京:中国书籍出版社2017年版,第49页。
[3] 陈来元:《中以建交好事多磨——纪念中国—以色列建交25周年》,载《世界知识》2017年第3期,第67页。

式接触。① 然而中国并未否定以色列生存的权利，中国从未与巴勒斯坦或其他阿拉伯国家就剥夺以色列在该地区的生存权达成一致，在同巴勒斯坦会谈时中方多次表示不支持"把以色列扔到大海里"的口号，并对巴勒斯坦人的极端和暴力活动持批评态度。② 以色列也数十年一直坚持承认中华人民共和国为少中国唯一合法政府，始终没有同台湾当局发生政治往来，并在支持恢复中国在联合国合法席位的决议中投票赞成。

埃以和解为中国同以色列恢复关系减少了障碍，中国对以色列的敌视政策开始松动。中苏交恶后，苏联向中国提供的武器装备无法升级和更新，而以色列在第三和第四次中东战争中曾缴获大量苏联制造的武器。③ 从1979年起，中国开始同以色列在经济与科技领域开展非正式交往，通过香港渠道从以色列获得武器和技术进口。20世纪80年代，中以经贸关系逐步进入了非军事产品及农业、能源等其他领域。④

20世纪80年代中期，随着阿以关系整体走向政治解决，中国及时调整了对以色列的政策，并于1985年正式恢复了同以色列的外交接触，中以间的学术交流、贸易往来和邮电通讯也逐渐走上正轨。⑤ 1980年7月，中国外交部副部长何英在中国对待巴勒斯坦问题的三条原则中提到"中东各国应该普遍享有独立和生存的权利"。1984年，中国政府首次开始支持通过包括中国在内的安理会所有五个常任理事国参加的国际会议来解决中东问题⑥。1988年9月，中国外长钱其琛提出了中国关于解决中东问题的5

---

① [以]泽夫·苏赋特著，高秋福译：《中国以色列建交亲历记》，北京：新华出版社2000年版，第3页。
② Chen Yiyi, "China's Relationship with Israel, Opportunities and Challenges, Perspectives from China," *Israel Studies*, Vol. 17, No. 3, 2012, p. 4.
③ Meron Medzini, "The Chinese Are Coming: The Political Implications of the Growing Sino-Israel Economic Ties," *Economic and Political Studies*, Vol. 1, 2015, p. 118.
④ Guy Burton, "How Do Palestinians Perceive China's Rise?" in Anoushiravan Ehteshami, Niv Horesh, eds., *China's Presence in the Middle East*, London: Routledge, 2017, p. 163.
⑤ 殷罡：《中国与以色列关系六十年述评》，载《当代世界》2010年第4期，第34页。
⑥ Du Xianju, "China and Israel: Five Decades of Relations," Dissertation for Ph. D., Brandeis University, 1998, pp. 164–165.

点建设性主张，其中提及"以色列的安全也应得到保证"。① 另外，中国积极同以色列发展在经贸、科技、文化等领域的民间交流与合作，1989年，中国允许持以色列护照的人员入境；两国一些政党和社团也进行了互访。②

从1986年3月到1987年1月，中以双方官员就进一步展开官方交往进行了多次会谈。1989年1月，中国外交部长钱其琛与以色列外长阿伦斯在巴黎会晤，提出了由两国常驻联合国代表保持接触并以此作为双方联系渠道的建议。在双方的共同努力下，1989年8月中国国际旅行总社驻特拉维夫办事处成立。1990年6月，以色列科学和人文学院驻北京联络处成立。在马德里中东和会第一和第二阶段，中国由于未同以色列建交而被排除在外，这一事件加快了中以建交的进程。1992年1月24日，以色列副总理兼外交部长戴维·利维与中方签署建交联合公报，中以两国终于建立了大使级外交关系。③

自1992年中以两国建交后，两国从政府间联合工作组、创新合作联委会的平台合作，到贸易、双边投资、文化、学术和旅游等方面的民间合作，其双边关系在多领域都取得了迅速发展。1992年以来，中以双边贸易额以每年10%的速率增长，④ 从1992年中以正式建交时仅5000万美元发展到2017年的超过130亿美元，而目前中国已成为以色列在亚洲第一、世界第三大贸易伙伴。⑤ 据汤森路透的数据显示，2016年中国流入以色列的资金激增10倍以上，达到创纪录的165亿美元。⑥ 在两国人民的往来方面，早在2016年1月，中以双方已经宣布实现持外交、公务护照人员相互

---

① 潘光：《中国—以色列关系的历史演进和现状分析》，载杨光主编：《眼睛里的你——中国与以色列》，北京：社会科学文献出版社2014年版，第135页。

② 陈来元：《中以建交好事多磨——纪念中国—以色列建交25周年》，载《世界知识》2017年第3期，第67页。

③ 同上，第68页。

④ 欧慕然、唐建文：《从耶路撒冷到北京：一个杰出犹太家族的中国情缘》，北京：世界知识出版社2011年版，第259页。

⑤ 詹永新：《"两会"将促进中以关系发展》，载《耶路撒冷邮报》，2018年3月23日，转引自中国外交部网站，http://www.fmprc.gov.cn/web/dszlsjt_673036/t1545268.shtml.（登录时间：2018年12月26日）

⑥ Max Schindler, "Chinese Investors Flock to Israel for Unlikely Reasons," *Jerusalem Post*, December 20, 2017.

免签，中以双边10年多次往返签证协议已正式生效，① 而四条连结中国大城市与以色列特拉维夫的直飞航线也已开通。2017年底，中国—以色列自贸区第三轮谈判在以色列举行，并取得了积极进展，中以经贸关系日益紧密。尽管2018年开始的中美贸易战阴影在全球范围蔓延，中以贸易交流仍保持活跃，2018年第一季度以色列对华出口额跃升至15.5亿美元，较2017年第四季度（8.7亿美元）增长80%。②

随着近年来中国、印度等亚洲新兴国家快速崛起以及中东地缘政治结构的变迁，以色列也开始逐渐向亚洲靠拢，③ 外交"向东看"趋势明显。2017年以色列总理内塔尼亚胡在讲话中明确宣布，以色列正以非常明确和有目的方式转向亚洲。④ 中以两国政府高层愈加频繁的互访也显示出中以关系持续升温，以色列高层领导人访华频繁，总理内塔尼亚胡在任期间曾三次访华，进入21世纪以来以色列总理和总统累计访华6次；⑤ 而中国方面，中国国家主席江泽民在2000年对以色列进行了历史性访问，2011—2016年先后有中国人民解放军总参谋长陈炳德将军、中国外交部长王毅、国务院副总理刘延东、全国人大常委会委员长张德江访问以色列。2017年3月19—22日，以色列总理内塔尼亚胡对中国进行正式访问，两国领导人签署了金额约20亿美元的25项协议，并将中以双边关系正式提升为"创新全面伙伴关系"。⑥ 2018年10月22—25日，中国国家副主席王岐山访问以色列，并与以色列总理内塔尼亚胡共同主持第四次中以创新合作联合委

---

① 以色列驻华大使馆：《以中十年多次往返签证启动仪式》，2016年12月1日，http://embassies.gov.il/beijing/NewsAndEvents/Pages/tenyearsvisa.aspx.（登录时间：2018年12月26日）

② 中国驻以色列使馆经济商务参赞处：《2018年第一季度以色列对华出口大幅提升》，2018年7月9日，http://il.mofcom.gov.cn/article/jmxw/201807/20180702764190.shtml.（登录时间：2018年12月29日）

③ 王震：《以色列正在向亚洲"靠拢"》，载《世界知识》2015年第1期，第55页。

④ Mordechai Chaziza, "Israel-China Relations Enter a New Stage: Limited Strategic Hedging," *Contemporary Review of the Middle East*, Vol. 5, No. 1, 2018, p. 30.

⑤ S. Samuel, C. Rajiv, "Israel-China Ties at 25: The Limited Partnership," *Strategic Analysis*, Vol. 41, No. 4, 2017, p. 414.

⑥ 《内塔尼亚胡：'一带一路'倡议哪里需要以色列 以色列都将全力投入》，2017年3月23日，http://news.xinhuanet.com/world/2017-03/23/c_129516429.htm.（登录时间：2018年12月29日）

员会，① 此次访问被内塔尼亚胡称为是"对以色列的极大恭维"和"18 年来中国官员最重要的访问"。②

针对中国的"一带一路"倡议，以色列交通部长卡茨表示，"以色列愿积极接入'一带一路'，成为其中的一个枢纽"。③ 总理内塔尼亚胡在接受采访时也表示，"中国的'一带一路'倡议无论哪里需要以色列，以色列都将全力投入"。④ 2014 年 12 月，中以"自贸区"谈判的开启，以及 2015 年 3 月以色列以创始成员国身份加入"亚投行"，都表明以色列奉行"向东看"的外交政策，中国成为以色列亚洲事务的优先方向。⑤ 亚投行和"一带一路"倡议对以色列来说都具有重要的政治和经济意义；而在"一带一路"规划中以色列同样具有特殊的地缘政治和地缘经济地位。⑥ 中以两国相互需要、相互支持、相互补充的对外政策，为中以加强"政策沟通"与进一步务实合作提供了基础和保障。

二、与巴勒斯坦关系的发展历程

中国是第一个承认和支持巴勒斯坦解放组织的大国，也是对巴勒斯坦支持最为持久和坚定的大国。万隆会议是中国转向联合阿拉伯国家、支持

---

① Zachary Keyser, "China's Vice President Wang Qishan Touched Down in Israel," *Jerusalem Post*, October 22, 2018.

② Israel Ministry of Foreign Affairs, "PM Netanyahu welcomes Chinese Vice President Wang Qishan," October 22, 2018, http://mfa.gov.il/MFA/PressRoom/2018/Pages/PM-Netanyahu-welcomes-Chinese-Vice-President-Wang-Qishan-22-October-2018.aspx。（登录时间：2018 年 12 月 29 日）

③ 颜旭：《以色列交通部长：以色列愿做"一带一路"上的一个枢纽》，2017 年 5 月 5 日，http://news.cri.cn/20170504/589cef96-a654-db92-dd21-8be893184931.html。（登录时间：2018 年 12 月 29 日）

④ 《内塔尼亚胡："一带一路"倡议哪里需要以色列 以色列都将全力投入》，2017 年 3 月 23 日，http://news.xinhuanet.com/world/2017-03/23/c_129516429.htm。（登录时间：2018 年 12 月 29 日）

⑤ 崔守军：《互利合作驱动中国和以色列关系升级》，载《中国社会科学报》2017 年 4 月 13 日，第 3 版。

⑥ 肖宪：《"一带一路"视角下的中国与以色列关系》，载《西亚非洲》2016 年第 2 期，第 105 页。

巴勒斯坦民族权利的转折点。万隆会议使中国认识到巴勒斯坦问题的重要性，并确立了在巴以问题中支持巴勒斯坦、暂缓同以色列建交的立场。

毛泽东主席深刻认识到了巴勒斯坦问题的复杂性和国际性，认为巴勒斯坦问题深受美苏冷战的影响，是世界范围内的反帝统一战线的一部分。巴勒斯坦民族解放运动与中国社会主义事业有着唇亡齿寒、兴衰与共的关系，所以必须给予巴勒斯坦民族解放事业以最广泛的支持，这对于中国来说有利于打破帝国主义的封锁，扩大在国际斗争中的回旋余地，维护中国的国家安全及巩固中华人民共和国政权。[1] 同时，支持反帝国主义民族解放运动被视为中国的国际义务，这也是当时中苏竞争的一个重要部分。因此，1964年6月，中国致电祝贺巴勒斯坦解放组织的成立，并于次年3月接待了来访的巴解组织主席舒凯里。舒凯里率领的代表团在华先后受到毛泽东、刘少奇的接见，并与周恩来总理、陈毅副总理进行了3次深入会谈。中国成为世界上最早承认巴勒斯坦解放组织的非阿拉伯国家，并承诺向巴解组织提供包括武器在内的物资援助，并决定在北京设立巴解组织办事处。[2] 双方在联合公报中强调巴勒斯坦问题是中东地区问题的核心，中国支持巴勒斯坦人民重返家园和恢复在巴勒斯坦的全部权利的诉求。[3]

此后，中国开始向巴解组织提供武器供应和基本生活资料的支持，并邀请巴勒斯坦人员来华进行培训。据阿拉法特的特别政治顾问哈尼·哈桑称，在1964年至1970年期间，巴勒斯坦人一直用中国制造的武器作战。[4] 巴勒斯坦前驻华大使穆斯塔法·萨法日尼曾于1969年在中国受训一年，接受政治、军事方面的知识培训。[5] 而直到1968年，苏联对巴勒斯坦人的有限支持才开始，此前中国是唯一一个向巴勒斯坦提供援助的国家。然而，

---

[1] 刘挺：《巴勒斯坦问题视阈下的邓小平国家利益外交思想》，载《宜宾学院学报》2015年第7期，第66页。
[2] 肖宪：《当代中国—中东关系》，北京：中国书籍出版社2017年版，第91页。
[3] 孔寒冰：《中国，我的第二故乡：巴勒斯坦前驻华大使穆斯塔法·萨法日尼口述》，北京：北京大学出版社2016年版，第127—129页。
[4] Lillian Craig Harris, "China's Relations with the PLO," *Journal of Palestine Studies*, Vol. 7, No. 1, 1977, p. 136.
[5] 孔寒冰：《中国，我的第二故乡：巴勒斯坦前驻华大使穆斯塔法·萨法日尼口述》，北京：北京大学出版社2016年版，第21页。

中国一贯反对国际恐怖主义,并多次向巴勒斯坦方提出建议,认为劫持飞机等行为不符合民族解放战争的目标。

中国支持巴勒斯坦游击队的行动,认为武装斗争和阿拉伯团结是巴勒斯坦人实现目标的法宝。① 1967 年战争前后,中国都发表过声明表示对阿拉伯国家的声援和支持,并向巴勒斯坦提供了紧急援助。战争后法塔赫成为巴解组织的核心。法塔赫接管巴解领导机构的一些重要会议都是在中国驻开罗大使的官邸举行的。巴解组织将"武装斗争是解放巴勒斯坦的唯一道路,因此,它是我们的战略目标而不是战术手段"写入《巴勒斯坦民族宪章》,中国亚非团结委员会对此致贺电表示:"英雄的巴勒斯坦人民经历了一个艰苦的摸索过程,找到了以武装斗争作为争取解放的主要斗争形式,这是一个十分宝贵的经验。"②

自 1970 年 9 月起,约旦军队武力镇压巴勒斯坦在约旦境内的武装组织,并将巴勒斯坦武装组织驱逐出境。由于巴勒斯坦各组织之间存在较大分歧,周恩来在 1971 年初告知访问北京的阿拉伯记者:"中国希望看到所有巴勒斯坦组织联合起来反对犹太复国主义和帝国主义",希望各个巴勒斯坦组织摒弃分歧、实现团结。然而法塔赫公开表示:"在解放巴勒斯坦之前谈论阿拉伯的统一是不切实际的"。③

1973 年战争后,苏联开始对巴解组织予以大力支持,双方开始建立起紧密的盟友关系。苏联认为中国在支持巴勒斯坦问题上的相对成功是对苏联在阿拉伯世界利益的威胁,而苏联与巴解组织的靠近必然导致中国同巴解组织之间的疏远。1976 年 10 月 18 日,《人民日报》发表文章表示,希望阿拉伯国家将独立自决和自力更生作为发展民族经济的手段,巩固自己的政治独立,摆脱超级大国的控制。④

---

① Xianju Du, "China and Israel: Five Decades of Relations," Dissertation for Ph. D., Brandeis University, 1998, p. 129.
② 肖宪:《当代中国—中东关系》,北京:中国书籍出版社 2017 年版,第 93—94 页。
③ Lillian Craig Harris, "China's Relations with the PLO," *Journal of Palestine Studies*, Vol. 7, No. 1, 1977, p. 131, 141.
④ 《阿拉伯国家在反霸斗争中捍卫主权发展民族工业》,载《人民日报》1976 年 10 月 18 日,第 5 版。

1979年后，中国领导人对世界形势的变化做出了准确判断，认为世界主题已经从"战争与革命"转为"和平与发展"。邓小平在接见巴解组织领导人时多次强调，中国政府支持巴勒斯坦人民恢复民族权利，包括民族自决、返回家园和建立国家的权利；但巴勒斯坦问题的解决方式、方法应与时俱进，寻求和平解决争端之路。① 在巴勒斯坦各组织的分裂和内斗中，中国一方面劝告各派加强团结，一致对外，另一方面也明确表示继续支持阿拉法特为巴解领导人，将大部分援助巴解的武器都交给支持阿拉法特的法塔赫主流派。中国严厉谴责1982年以色列入侵黎巴嫩的战争，并对在战争中受到重大打击的巴解组织及巴勒斯坦人民提供了100万美元的现汇和20吨药品和医疗器械的人道主义紧急援助。②

1988年11月15日，巴勒斯坦发表独立宣言，并宣布接受安理会第242号、第338号决议。中国立刻宣布承认了一个以1967年边界为基础、以东耶路撒冷为首都的巴勒斯坦国。③ 巴勒斯坦解放组织驻北京办事处随即升级为巴勒斯坦驻华大使馆，中国驻突尼斯大使朱应鹿被任命兼任驻巴勒斯坦国大使。1989年10月，阿拉法特首次以巴勒斯坦国总统的身份对中国进行了访问，中共中央总书记江泽民、中央军委主席邓小平、国家主席杨尚昆、国务院总理李鹏在会见阿拉法特时给予其总统待遇。在1989年的"政治风波"后，中国外交面临巨大的国际压力，而1989年10月5日，仅仅4个月后阿拉法特就前来中国访问，这是中国与巴勒斯坦紧密关系的一个重要象征。

自马德里中东和会起，中国对中东和平进程进行了更加积极和广泛的参与，多次在同巴勒斯坦以及相关国家会谈时提出中国关于中东和平的建议。1999年阿拉法特访华时，中国国家主席江泽民再次强调巴勒斯坦人民的解放事业是正义的，只要宣布巴勒斯坦独立有助于巩固中东的和平进

---

① 刘挺：《巴勒斯坦问题视阈下的邓小平国家利益外交思想》，载《宜宾学院学报》2015年第7期，第67页。
② 肖宪：《当代中国—中东关系》，北京：中国书籍出版社2017年版，第175—176页。
③ Evron Yoram, "China's Diplomatic Initiatives in the Middle East: The Quest for a Great-power Role in the Region," *International Relations*, Vol. 31, No. 2, 2017, p. 131.

程，中国就会支持。① 2000年江泽民主席访问巴勒斯坦时，阿拉法特总统提出希望中国任命中东特使的提议，反映了巴勒斯坦希望中国在中东问题中发挥更大作用的立场。阿拉法特总统对中国长期以来给予的无私支持和援助表示感谢，并表示巴解组织和巴勒斯坦民族权力机构渴望加强巴中双方在各个领域的合作。②

中国一以贯之地在政治上支持巴勒斯坦民族解放运动，坚定支持阿拉伯和巴勒斯坦的正义事业。21世纪以来，中国一如既往地对巴勒斯坦提供经济和人道主义援助，并以更加积极的姿态参与到中东问题的解决中来。

三、协调行动对巴以和平进程的推动

中国对巴以问题的协调属于"主动参与型"，包括派出特使、国家领导人参与协调等方式，投入较多外交资源参与热点问题的解决。中国乐见热点问题的解决，但是主观上无意通过外交资源的投入来加快谈判进程，不期望在短期内见到谈判效果。③

埃以和谈首次开启了中东和平进程。埃及非常重视中国对埃以媾和的反应，两次派副总理兼总统政治顾问哈桑·图哈米为特使访问中国，向中国通报情况和进行解释。中国副总理李先念对萨达特"耶路撒冷之行"开辟了埃以直接谈判的渠道表示理解，认为这是萨达特总统为打破长期自己掌握和谈主动权而制造的"不战不和"局面，是不让苏联插手中东事务、自己掌握主动权而采取的一个果敢行动，并对埃及坚持的收复失地和恢复巴勒斯坦民族权利两项原则及其坚持全面解决问题的立场予以肯定。④

中国除了对萨达特和平倡议表示官方支持外，还鼓励巴解组织寻求与

---

① 孔寒冰：《中国，我的第二故乡：巴勒斯坦前驻华大使穆斯塔法·萨法日尼口述》，北京：北京大学出版社2016年版，第133页。
② 同上，第136页。
③ 孙德刚：《冷战后中国参与中东地区治理的理论与案例研究》，北京：社会科学文献出版社2018年版，第90页。
④ 肖宪：《当代中国—中东关系》，北京：中国书籍出版社2017年版，第134页。

以色列的和解,① 进行直接对话、通过政治途径和平解决争端。1989 年 9 月,外交部长钱其琛在访问埃及时首次提出了中国解决中东问题的五点主张,其中除要求中东问题政治解决、召开国际和平会议、支持各方对话、巴以相互承认及阿拉伯与犹太两个民族和平共处等内容外,还包括以色列必须撤出被占领土,同时以色列的安全也应得到保障等内容。② 1989 年 10 月 5 日,李鹏总理重申五点主张,具体表述为:提倡政治解决,各方都不诉诸武力;在联合国主持下,召开有安理会五个常任理事国和有关各方参加的国际和平会议,这是通过谈判寻求政治解决的最好办法,从而也能保证中国作为安理会常任理事国参加;举行各方都能接受的任何形式的对话,包括巴解组织和以色列的直接对话;要求以色列停止在占领地区对巴勒斯坦人民的镇压,从这些地区撤军,而同时主张以色列的安全应该得到保障;巴勒斯坦国和以色列国需要相互承认,两国的人民和平共处。

中国一贯反对大国干预地区争端。冷战结束后,中国更加强调争端各方通过直接对话和谈判寻求争端解决,通过公平和公正的方式来实现和平与稳定。作为安理会常任理事国,中国在这一阶段积极参与国际事务,致力于和平解决国际问题。1990 年 4 月,中国向总部位于耶路撒冷的联合国停战监督组织派出 5 名军事观察员。③ 海湾战争结束后,李鹏总理在向全国人民代表大会的年度报告中指出,中东问题"应该提上日程,尽早予以公正、合理的解决"。④ 全国人大常委会委员长乔石访问叙利亚时重申,中国支持召开由联合国主持的、有安理会 5 个常任理事国和所有有关方面参加的中东问题国际会议,并表示巴勒斯坦问题是中东问题的核心,中国坚

---

① Xianju Du, "China and Israel: Five Decades of Relations," Dissertation for Ph. D., Brandeis University, 1998, p. 116.
② 陈来元:《中以建交概述:中以建交为何拖了四十多年》,2009 年 9 月 14 日,http://www.scio.gov.cn/m/ztk/wh/01_1/18/1/Document/411556/411556.htm。(登录时间:2019 年 1 月 6 日)
③ 孙德刚、张帅:《改革开放以来中国参与联合国在中东维和行动的理念与实践》,载《阿拉伯世界研究》2018 年第 5 期,第 18 页。
④ [以] 泽夫·苏赋特著,高秋福译:《中国以色列建交亲历记》,北京:新华出版社 2000 年版,第 29 页。

决支持阿拉伯和巴勒斯坦人民的正义斗争，支持叙利亚收复戈兰高地的斗争。①

中国主张和平谈判应该在联合国主持的国际会议框架中进行，但同时中国外长钱其琛在1990年联合国大会讲话中表示：中国"支持中东有关各方进行他们认为合适的有利于推动中东和平进程的各种形式的努力"，因此中国对马德里中东和会的召开持支持态度。然而，由于中国仅同巴勒斯坦建立了外交关系，但并未与以色列正式建交，因此中国未能参加马德里和会第一、第二阶段的会议。马德里和会第一阶段会议结束后，中国表示，中东有关各方坐下来谈是件好事，希望有关各方把握机遇，采取务实、灵活态度，使下一阶段会议在联合国有关决议基础上取得成果。② 作为联合国安理会常任理事国和与中东关系密切的大国，中东和会的召开使中国开始反思如何参与中东和平进程的问题。为在阿以双方做好促和工作并切实发挥积极作用，中国加快了同以色列关系正常化的进程。③

1992年中以建交后，中国参与到马德里中东和会中，并于1993年10月在北京主持召开了中东多边谈判第三阶段水资源专题会议。1993年以色列与巴勒斯坦签署《奥斯陆协议》后，中国积极支持以色列与巴勒斯坦通过直接谈判解决双方冲突④。但由于冷战结束后，美国作为唯一的超级大国在中东和谈的推动中发挥绝对主导作用，中国实力有限，对中东事务的影响也有限，中国除参与营造和谈气氛外，并未试图对以阿之间的双边会谈发挥多少实质性影响。

《奥斯陆协议》签署后，巴以领导人先后对中国进行了正式访问。江泽民主席在与阿拉法特总统的会谈中称，巴以谈判在艰难曲折中取得了积极进展，这既是巴勒斯坦人民坚持长期斗争的结果，也是阿拉法特总统为

---

① ［以］泽夫·苏赋特著，高秋福译：《中国以色列建交亲历记》，北京：新华出版社2000年版，第95页。
② 肖宪：《当代中国—中东关系》，北京：中国书籍出版社2017年版，第220页。
③ 陈来元：《中以建交概述：中以建交为何拖了四十多年》，2009年9月14日，http：//www.scio.gov.cn/m/zt k/wh/01_1/18/1/Document/411556/411556.htm。（登录时间：2019年1月6日）
④ 余国庆：《大国中东战略的比较研究》，北京：中国社会科学出版社2013年版，第210—211页。

第二章　巴以问题：大国的深度协调
/ 129 /

首的巴解组织奉行的灵活、务实路线取得的成果。以色列总理拉宾随后来访时表示，中国是以巴和平协议签署后他访问的第一个中东地区以外的国家，认为中国"可以在促进中东和平进程方面发挥积极作用"。[①]

2000年4月12—18日，中国国家主席江泽民分别访问以色列和巴勒斯坦，这是中国国家元首历史上首次出访巴以两国，也是在中东和平进程陷于停滞时的一次重要访问，表明了中国希望推动巴以和谈的立场。2001年12月，唐家璇外长访问黎巴嫩、叙利亚、约旦、埃及四国和阿盟总部，再次阐述了中国对中东问题有关看法，强调反对以色列对巴勒斯坦滥用武力，提出应在联合国有关决议基础上结束以色列对阿拉伯领土的占领，恢复巴勒斯坦人民的合法民族权力；同时以色列的安全应得到保障；并呼吁国际社会增加对中东问题的关注和投入，安理会应发挥更大作用。[②]

在第二次"因提法达"运动爆发后，在美国的牵头下，美国、俄罗斯、欧盟和联合国组成了中东问题"四方"，多次召开会议讨论巴勒斯坦问题，而中国被排除在外。在巴勒斯坦和其他阿拉伯国家的提议下，2002年11月5日，中国政府首次任命中东问题特使王世杰前往中东，访问了埃及、黎巴嫩、叙利亚、约旦、以色列、巴勒斯坦等6国，并会见了美国、俄罗斯、欧盟及联合国中东问题特使。[③] 在会晤中，王世杰特使阐述了中国在中东问题上支持联合国有关决议和"土地换和平"原则、致力于推动中东和平事业的立场。

2003年5月，王世杰特使访问以色列与巴勒斯坦，阐述了中方对中东问题的基本看法，表示欢迎和支持中东和平"路线图"计划；呼吁双方立即停止以暴易暴和冤冤相报，重申支持早日建立独立的巴勒斯坦国，强调巴人民自主选择政治体制的权利及其通过民主选举产生的合法领导人应得到尊重；呼吁建立公正、权威、有效的国际监督机制。2004年12月，国

---

① 肖宪：《当代中国—中东关系》，北京：中国书籍出版社2017年版，第221—223页。
② 中华人民共和国常驻联合国代表团：《中国为推进中东和平进程和促进建立中东无核武器区所采取的步骤的国家报告》，2005年5月2日至5月27日，http://www.china-un.org/chn/zgylhg/cjyjk/npt/t196286.htm。（登录时间：2019年1月6日）
③ 余国庆：《大国中东战略的比较研究》，北京：中国社会科学出版社2013年版，第212页。

务委员唐家璇在访问巴以时，提出了解决中东问题的四点主张：建立互信，恢复和谈，重启"路线图"计划，建立独立的巴勒斯坦国；强调中东和平"路线图"计划是当前解决中东问题现实可行的方案，应尊重巴勒斯坦人民的合法民族权利，尽早建立独立的巴勒斯坦国，同时充分保障以色列的安全；积极谋求实现中东全面持久的和平，同时应随着中东和平进程的发展，加强地区国家的经济合作，促进本地区和平与稳定，最终实现阿拉伯民族与犹太民族的和睦相处；国际社会加大促和力度，明确表示中国支持联合国尤其是安理会发挥更大作用，包括召开中东问题国际会议，形成国际社会对中东和平进程更广泛的支持。①

对于以色列与加沙的"脱离接触计划"，中国外交部表示称赞，并希望巴以以此为契机，尽早恢复和谈。2006 年 1 月哈马斯在巴勒斯坦立法委员会选举中胜出后，中国外交部发表声明"欢迎巴勒斯坦立法会选举顺利完成"，并表示希望"巴勒斯坦各派保持团结，通过和平谈判和政治手段解决与以色列的争端"，同时批评以色列在约旦河西岸和东耶路撒冷修建定居点，并在 2006 年 9 月联合国安理会中东问题会议上发表声明，指责以色列西岸隔离墙是和平的障碍。②

2007 年 11 月，安纳波利斯和平会议在美国的协调下召开，中国外长杨洁篪出席会议，并就推动和平进程走出僵局提出了五点主张：第一，尊重历史，彼此兼顾，把握和谈方向，在中东和平"路线图"计划和"阿拉伯和平倡议"的基础上，启动最终地位问题谈判，推动解决边界、难民、水资源等问题，建立独立的巴勒斯坦国；第二，摒弃暴力，排除干扰，坚定和谈信念；第三，全面推进，平衡发展，营造和谈氛围；第四，重视发展，加强合作，夯实和谈基础，呼吁国际社会加大对巴人道援助和发展援助，赞赏有关方面提出的区域经济合作计划；第五，凝聚共识，加大投入，加强和谈保障国际社会应密切合作，建立广泛参与、平衡有效的多边

---

① 中华人民共和国常驻联合国代表团：《中国为推进中东和平进程和促进建立中东无核武器区所采取的步骤的国家报告》，2005 年 5 月 2 日至 5 月 27 日，http://www.china-un.org/chn/zgylhg/cjyjk/npt/t196286.htm。（登录时间：2019 年 1 月 6 日）

② A. M. Agdemir, "Israel's Rise in Asia: The Relations between Israel and the People's Republic of China," *Review of International Law & Politics*, Vol. 12, No. 1, 2016, p. 62.

促和机制、监督机制和执行机制，为和平提供保障。中方欢迎一切有利于和平进程的促和努力。①

2009年4月，中国外交部长杨洁篪访问巴勒斯坦与以色列时，呼吁重启以巴和谈，并表示中国确实希望在中东问题的解决中扮演建设性的角色。中国在此次中东之行中提出了促进中东和平进程的五点建议：第一，有关各方应坚持和谈的大方向，以联合国有关决议、"土地换和平"原则、"路线图"计划、"阿拉伯和平倡议"为基础，坚定推进和谈进程。第二，各方应采取积极措施，尽快恢复局势稳定，不断积累互信，为和平进程向前发展创造条件。第三，要坚持"两国方案"，早日建立独立的巴勒斯坦国，实现巴以"两个国家"和睦相处。这是巴勒斯坦问题的最终出路，也是中东和平与安全的根本保障。第四，国际社会应持续关注中东问题，为各线和谈以及巴内部团结和经济发展提供有力支持。第五，巴以、叙以、黎以等各线谈判应协调推进，以实现中东地区的全面和平。作为联合国安理会常任理事国，中方将继续同有关各方保持密切沟通、协调，为推动中东问题的全面、公正、持久解决发挥建设性作用。②

2010年10月，中国中东特使吴思科表示，中国寻求"各方在各种问题上表现出灵活性和妥协的努力"，促使以色列和巴勒斯坦双方共同承担责任、改变现状。③ 2013年5月，应中国政府的邀请，巴勒斯坦民族权力机构主席阿巴斯和以色列总理内塔尼亚胡相继访问中国。④习近平主席就推动解决巴勒斯坦问题提出了四点主张：第一，应该坚持巴勒斯坦独立建国、巴以两国和平共处这一正确方向。建立以1967年边界为基础、以东耶路撒冷为首都、拥有完全主权的独立国家是巴勒斯坦人民不可剥夺的权利，也是解决巴以问题的关键。同时，以色列的生存权和合理安全关切也

---

① 李学军、葛相文：《杨洁篪阐述中方在中东问题上的立场》，新华社，2007年11月27日。
② 拱振喜、张锰：《杨洁篪接受专访就推动中东和平进程提出五点主张》，新华社，2009年4月26日。
③ Chen Yiyi, "China's Relationship with Israel, Opportunities and Challenges, Perspectives from China," *Israel Studies* Vol. 17, No. 3, 2012, p. 6.
④ 余国庆：《大国中东战略的比较研究》，北京：中国社会科学出版社2013年版，第210—211页。

应该得到充分尊重。第二，应该将谈判作为实现巴以和平的唯一途径。巴以双方应该顺应时代潮流，坚持走和谈之路，互谅互让，相向而行。当务之急是在停建定居点、停止针对无辜平民的暴力活动、解除对加沙地带封锁、妥善解决在押巴勒斯坦人问题等方面采取切实措施，为重启和谈创造必要条件。巴勒斯坦内部实现全面和解有助于重启并推进巴以和谈。第三，应该坚持"土地换和平"等原则不动摇。有关各方应该在"土地换和平"原则、联合国有关决议、"阿拉伯和平倡议"等既有成果基础上，全面推进中东和平进程向前发展。第四，国际社会应该为推进和平进程提供重要保障。国际社会有关各方应该增强责任感和紧迫感，秉持客观公正立场，积极劝和促谈，并加大对巴勒斯坦人力资源培训、经济建设等方面的援助。[①]

2013 年 7 月，中国对重启巴以和谈表示欢迎，支持双方努力克服障碍，相向而行，持续推进和谈并早日取得实质性进展。然而，2014 年 7 月新一轮加沙冲突的爆发导致和谈再度中断。2014 年 8 月 3 日，中国外交部长王毅提出了解决当时肆虐的加沙武装冲突的五点建议，重申了习近平主席四点建议的主要部分。[②] 中国常驻联合国代表刘结一大使在安理会中东问题公开辩论会上的发言指出，中方高度关注巴以局势和巴勒斯坦人民安危；希望巴以双方坚持和谈这一战略选择，以停火为契机，尽早恢复并推进实质性谈判，促进巴勒斯坦问题早日解决，最终建立以 1967 年边界为基础、以东耶路撒冷为首都、拥有完全主权的独立的巴勒斯坦国。[③]

中国中东特使多次赴中东协调，劝和促谈，表示希望能够在中方的推动下，巴以双方不断增加信任，从而坚持政治解决冲突的选择。2015 年 4 月 6 日，宫小生特使访问巴勒斯坦后发表声明指出，习主席提出的"一带一路"倡议在当前形势下具有特殊重要的意义，将给中东地区未来的和平与发展创造有利的条件。中方希望通过建设"一带一路"，为中东和平做

---

① 钱彤：《习近平提出中方关于解决巴勒斯坦问题的四点主张》，新华社，2013 年 5 月 6 日。
② Evron Yoram, "China's Diplomatic Initiatives in the Middle East: the Quest for a Great-power Role in the Region," *International Relations*, Vol. 31, No. 2, 2017, p. 131.
③ 中国外交部：《常驻联合国代表刘结一大使在安理会中东问题公开辩论会上的发言》，2014 年 10 月 21 日。

出贡献，给地区人民、特别是在热点冲突下生活的人民带来一些希望和机会。①

2016年1月13日，中国政府发布了首份《中国对阿拉伯国家政策文件》，其中明确指出，中国政府支持中东和平进程，支持建立以1967年边界为基础、以东耶路撒冷为首都、享有完全主权的独立的巴勒斯坦国。同月，习近平主席在阿拉伯国家联盟总部演讲时重申，中方将坚定支持巴勒斯坦人民的正义事业，中国政府中东问题特使积极开展劝和促谈工作，中方愿与国际社会一道，继续全力推动巴以问题得到妥善解决。②

2016年6月3日，外交部长王毅出席在巴黎举行的支持中东和平倡议外长会并发表讲话时指出，巴勒斯坦问题是中东的根源性问题，中方主张停止暴力冲突、停止扩建定居点、停止对加沙封锁。在努力实现"三个停止"的同时，有关各方及国际社会也应相向而行，共同推动"三个探索"：一是探索更大范围促和努力，借鉴其他中东热点问题解决经验，探索以四方机制为基础的更广泛的促谈努力，欢迎阿盟、伊斯兰合作组织发挥更加积极的作用，从而最大限度凝聚促谈意志，形成国际社会促谈合力；二是探索和谈后续跟进措施，为和谈提供更强有力的支持、保障、监督和评估，在形成广泛共识基础上考虑召开新的中东和会；三是探索建立和平激励机制，呼吁联合国主导设立支持巴勒斯坦重建机制，增强巴经济独立能力。王毅强调，中方始终支持巴勒斯坦人民恢复民族合法权利的正义事业，支持建立以1967年边界为基础、以东耶路撒冷为首都、拥有完全主权的、独立的巴勒斯坦国。③

2017年3月，以色列总理内塔尼亚胡访问中国时，表达了希望中国在巴以问题中发挥更大作用的立场。巴勒斯坦总统府秘书长塔伊布·阿卜杜

---

① 李景然：《巴以和谈与国际社会促谈模式比较研究》，上海外国语大学博士学位论文2017年，第45页。

② 余国庆：《欧盟与中东关系：政治与安全视野下的考察》，北京：社会科学文献出版社2018年版，第187页。

③ 中国外交部：《王毅出席支持中东和平倡议进程外长会》，2016年6月3日，https://www.fmprc.gov.cn/ce/cebw/chn/zgyw/t1369368.htm。（登录时间：2019年2月1日）

勒·拉希姆也指出，中国可以成为以色列和巴勒斯坦之间的"诚实中间人"。① 2017年7月18日，习近平主席在同阿巴斯总统会谈中提出了推动解决巴勒斯坦问题的四点主张，并提议在中国、以色列和巴勒斯坦之间建立一个三方对话机制。

2017年7月25日，联合国安理会就巴勒斯坦问题举行公开会，安理会轮值主席、中国常驻联合国代表刘结一全面介绍了习近平主席提出的"四点主张"：第一，坚定推进以"两国方案"为基础的政治解决。中方坚定支持"两国方案"，支持建立以1967年边界为基础、以东耶路撒冷为首都、拥有完全主权的、独立的巴勒斯坦国，将一如既往地为解决巴勒斯坦问题发挥建设性作用。第二，坚持共同、综合、合作、可持续的安全观。中方呼吁切实落实联合国安理会第2334号决议，立即停止在被占领土上一切定居点活动，立即采取措施，防止针对平民的暴力行为。尽快复谈，加快政治解决巴勒斯坦问题，从根本上实现共同持久的安全。第三，进一步协调国际社会的努力，壮大促和合力。国际社会应进一步协调，尽快推出共同参与的促和举措。中方愿参与和支持一切有利于巴勒斯坦问题政治解决的努力，拟于年内召开巴以和平人士研讨会，为解决巴勒斯坦问题启智献策。第四，综合施策，以发展促进和平。在推进政治谈判的同时，应高度重视发展问题，推进巴以合作。中国视巴以双方为"一带一路"沿线上的重要伙伴，愿本着发展促和平的理念，开展互利合作，继续支持巴勒斯坦加快发展。中方倡议启动中巴以三方对话机制，协调推进援助巴方的重点项目。②

2018年10月，中国国家副主席王岐山访问巴勒斯坦期间，巴勒斯坦国总理拉米·哈姆达拉呼吁中国在中东和平进程中发挥积极作用，敦促中国对以色列施加压力，要求其"停止违反国际法律和决议"。王岐山再次强调，巴勒斯坦问题是中东问题的核心，中国支持巴勒斯坦人民和他们的

---

① Mordechai Chaziza, "China's Mediation Efforts in the Middle East and North Africa: Constructive Conflict Management," *Strategic Analysis*, Vol. 42, No. 1, 2018, p. 36.
② 中国外交部：《中国代表在联合国安理会宣介习近平主席关于解决巴勒斯坦问题的"四点主张"》，2016年7月25日，https://www.fmprc.gov.cn/web/gjhdq_676201/gjhdqzz_681964/lhg_681966/zwbd_681986/t1480060.s html.（登录时间：2019年2月3日）

正义事业。① 同月，王岐山在访问以色列时表示，中国是以色列和巴勒斯坦共同的朋友，希望以巴和睦相处，中方愿继续为推动实现以巴和平、维护地区稳定发挥建设性作用。② 正如习近平主席强调的那样，随着中国国力的不断增强，中国将承担更多的国际责任，承担更多的国际义务，为和平与发展做出更大的贡献。③

四、协调巴以和平进程的特点

在中国对巴以问题的长期参与中，不同阶段的国际形势和中国国情决定了中国在巴以问题上政策和立场的变化。中国在同巴以双方以及巴以问题相关国家的长期接触中，对该问题形成了深刻和客观的认识，并逐渐建立起较为成熟的政策体系。自中东和平进程开启以来，中国在巴以冲突问题上支持通过谈判的方式实现巴以和平，尊重和理解巴以双方对于安全问题的关切，努力营造和谈氛围，促使双方化解分歧、相向而行。中国在对中东和平进程的参与中表现出以下几个特点：

第一，中国在参与巴以问题的协调时不谋求主导地位，不排斥国际社会的共同参与，强调联合国和阿盟等多边机构、美国和俄罗斯等大国、埃及和沙特阿拉伯等域内国家共同努力，对中东和平问题进行包容性治理。

美国在中东的历史存在、现实利益以及美国所具备的软硬两方面实力，决定了美国仍是对巴以冲突有着最重要影响力的外部国家。同时，中东地区是西方大国的传统势力范围，美、英、法等在中东拥有重要的军事和政治影响力。④ 中国不谋求在中东地区的霸权地位、不填补真空、不主导议程设置和谈判节奏，主张合作而非零和思维。中国中东问题特使吴思

---

① Tovah Lazaroff, Khaled Abu Toameh, "Palestinians Call on China to Support Abbas's Peace Plan," *Jerusalem Post*, October 23, 2018.
② 《王岐山访问以色列》，载《人民日报》2018年10月26日，第2版。
③ Mordechai Chaziza, "China's Mediation Efforts in the Middle East and North Africa: Constructive Conflict Management," *Strategic Analysis*, Vol. 42, No. 1, 2018, p. 33.
④ Geoffrey Kemp, *The East Moves West: India, China, and Asia's Growing Presence in the Middle East*, Washington, D. C.: Brookings Institution Press, 2010.

科表示，中国承认美国在中东和平进程中仍将起到主导作用，[1] 也愿意与国际社会合作，在推动以巴建立信任、通过谈判解决问题方面发挥作用。[2]

巴以和谈陷入僵局后需要外部力量的推动，中国对中东问题的参与基于中国主张和平的外交理念，认为若国际社会各方都积极参与、发挥作用，将更有益于问题解决。习近平主席在提出解决巴以问题的四点主张时特别强调，"国际社会应该为推进和平进程提供重要保障"；为此，中方非常重视联合国的作用、重视同世界上各大国和重要力量的协调合作，以凝聚推动和平进程的力量。[3]

第二，中国在巴以问题中采取平衡战略，同巴以双方都保持良好的外交关系，不站队、不结盟。中国在巴以问题中谨慎地平衡与以色列的关系以及与阿拉伯世界的传统关系。[4] 一方面，中国与阿拉伯国家之间有着深厚的传统友谊，中国在中东的一个重要目标就是确保能源和贸易利益；[5] 另一方面，中国同以色列也建立了密切的合作伙伴关系，在农业、贸易、军事、高科技和基础设施等领域有着广泛合作。在巴以问题上，中国一贯支持巴勒斯坦人民的解放事业，支持巴勒斯坦建立独立的主权国家；同时中国也尊重以色列的生存权，理解和支持以色列对国家安全的合理关切。

中国是巴以双方都明确表示可以接受的调解人，在同中国领导人会面时，巴勒斯坦和以色列都表达过希望中国在巴以问题中发挥更大作用的立场，这一方面源于中国无论在历史上还是在当前形势下，同巴以双方都不存在直接的利益冲突；另一方面，在中东和平进程开启以来，中国以推动巴以问题公正、公平解决为目标，通过中东特使机制的协调与中阿合作论坛的多边外交舞台积极劝和促谈，并落实"不附带任何政治条件"的援助

---

[1] 吴思科：《特使眼中的中东风云》，北京：世界知识出版社2015年版，第53页。
[2] 同上，第252页。
[3] 同上，第58页。
[4] Alexander Pevzner, "China's Vice President in Israel to Boost Tech, Trade Ties," *Jerusalem Post*, October 22, 2018.
[5] Muhamad Olimat, *China and the Middle East: From Silk Road to Arab Spring*, London: Routledge, 2012, p. 195.

以改善巴勒斯坦地区民生状况,也体现了和平发展大国所应承担的历史责任。[1] 美国是最早参与中东地区冲突协调的域外大国,但美国在中东和平进程中偏袒以色列,导致其在参与调解过程中缺乏足够的公信力,甚至导致巴方不再承认美国在巴以问题上的"调解人"身份。而中国在中东推行的全方位平衡外交与美国等其他西方国家在中东的结盟政策形成鲜明对比,更加有利于促进中东地区的和平。[2]

第三,中国在中东和平进程中的协调行动符合中国在中东"以发展促和平"的治理模式,重视同国际社会一道推动中东地区经济发展与治理。中国认为中东地区冲突的根源是经济和社会矛盾,因而解决地区冲突的根本是促进经济社会发展,主张先经济后政治,[3] 中国的中东外交采取互利共赢的经济外交新模式,[4] 提出"以合作促和解"的"建设型"促谈模式,[5] 认为促进地区经济和社会发展、消除贫困能够为和平和稳定起到促进作用,而国际社会应当共同参与为地区经济重建提供援助,增强区域发展能力,为中东地区的发展创造良好的外部环境。2014年3月1日,中国中东问题特使吴思科在第二届东亚国家合作促进巴勒斯坦发展会议上,呼吁推进巴勒斯坦能力建设,强调这是巴以和平希望所在,帮助和支持巴勒斯坦经济建设和社会发展是国际社会义不容辞的责任,也是巴勒斯坦和以色列实现持久和平的必由之路。中方一直向巴勒斯坦人民提供力所能及的帮助,并将更加积极地支持巴勒斯坦增强经济内生动力、改善社会民生环境,为实现巴以和平创造更加有利的条件。[6]

---

[1] 李景然:《巴以和谈与国际社会促谈模式比较研究》,上海外国语大学博士学位论文2017年,第124页。

[2] 汪波、姚全:《新时期中国中东外交思想构建研究》,载《阿拉伯世界研究》2019年第2期,第87页。

[3] 孙德刚:《冷战后中国参与中东地区治理的理论与案例研究》,北京:社会科学文献出版社2018年版,第268页。

[4] 席桂桂、陈水胜:《"一带一路"背景下中国的中东经济外交》,载《阿拉伯世界研究》2016年第6期,第59页。

[5] 李景然:《巴以和谈与国际社会促谈模式比较研究》,上海外国语大学博士学位论文2017年,第124页。

[6] 顾时宏:《中国中东问题特使:给中东和平更多机会》,2014年3月1日,http://www.chinanews.com/gj/2014/03-01/5898567.shtml。(登录时间:2019年3月12日)

第四，由于巴以冲突中安全问题和双方敌对的思维方式根深蒂固，中国在劝和促谈的协调中坚持渐进主义原则，从易到难稳步向前推进。① 在中国对解决巴以问题的看法和建议中，对于难民回归问题和以色列犹太国家属性等较为敏感的焦点问题没有提出具体主张。以色列学者认为中国的提议更倾向于稳定冲突而不是全面解决冲突，将重点放在可谈判的问题上，而将敏感问题暂时搁置；② 其调解的主要目的是对巴以冲突进行建设性的冲突管理，而不是解决冲突。③

在中以建交前夕的外交接触中，中国代表团对以色列表示，"谈判过程将是长期的、艰苦的，达成协议需要极大的耐心和努力"，这被以色列首任驻华大使泽夫·苏赋特称作"典型的中国看法"，并指出"东亚人强调逐步进行和有耐心，而西亚人则总是期望立即实现"。④ 在儒家人文道德价值体系的指导下，中国文化中的调解方式体现了和谐、尊重权威、温和、渐进等不同于西方文化的东方价值观，⑤ 并不急于求成，而是关注营造和谈氛围，照顾双方关切，根据情势发展，在联合国决议和国际法框架下将和平进程稳步向前推进。

五、协调政策的影响因素

自中东和平进程开启以来中国积极参与协调，这既是出于维护中国在中东国家利益的需要，也是中国作为安理会常任理事国和发展中大国，履行促进和平与安全义务的必然要求。

---

① Shengxiang Liu and Hui He, "Comment on the Solutions to the Middle East Security Issues and China's Governance Style," *Asian Journal of Middle Eastern and Islamic Studies*, Vol. 12, No. 3, 2018, p. 291.

② Evron Yoram, "China's Diplomatic Initiatives in the Middle East: The Quest for a Great-power Role in the Region," *International Relations*, Vol. 31, No. 2, 2017, p. 133.

③ Mordechai Chaziza, "China's Mediation Efforts in the Middle East and North Africa: Constructive Conflict Management," *Strategic Analysis*, Vol. 42, No. 1, 2018, p. 38.

④ ［以］泽夫·苏赋特著，高秋福译：《中国以色列建交亲历记》，北京：新华出版社2000年版，第57、141页。

⑤ Mordechai Chaziza, "China's Mediation Efforts in the Middle East and North Africa: Constructive Conflict Management," *Strategic Analysis*, Vol. 42, No. 1, 2018, p. 31.

第二章　巴以问题：大国的深度协调

巴勒斯坦与以色列地处亚欧非大陆重要的地缘战略十字路口，是往来于中亚和欧洲的桥梁。巴以所处的中东地区也是中国进口能源的重要来源，是中国能源贸易和投资的重要组成部分。中国在中东石油以及区域安全与稳定方面的利益日益增长，自1993年中国首次成为石油净进口国以来，中国的石油消费量增长了两倍以上，而中国石油进口中有一半以上来自海湾地区主要的产油国。来自中东地区的石油进口占据中国进口石油的44%，对中东地区石油进口的直接依赖程度远高于美国。① 中国坚持将巴以问题视为中东问题的核心，巴以问题的推进和发展关涉到中东地区国家的重要利益，因此中国在巴以问题中的平衡外交是中国维系中以、中阿合作关系的必然选择。冷战后中国与中东地区的多元化联系与双向互动不断增强，对中东地区经济事务的涉入程度不断加深，随着自身国力的提升与外部利益的扩大，国内外对中国在中东地区事务中发挥更大作用的期待与压力也不断增大，中国已无法置身事外。②

中共十八大之后，中国正式确立了中国特色大国外交的战略定位，中国在新思想指导下的外交政策，对于全球治理尤其是地区安全问题的解决开始产生越来越重要的影响。中共十九大之后，中国进一步站在全人类进步的高度，对新时代中国特色大国外交做出顶层设计，明确中国特色大国外交要推动构建新型国际关系，推动构建人类命运共同体。③ 在此指导下，中国的中东外交也更加强调发挥中国的大国作用，更积极地参与中东问题的解决，并针对中东和平进程等区域热点问题提出中国的思路和方案。2018年7月10日，习近平在中阿合作论坛第八届部长级会议开幕式上的讲话中明确指出："中国的中东政策顺应中东人民追求和平、期盼发展的

---

① Ibrahim Fraihat, Andrew Leber, "China and the Middle East after the Arab Spring: From Status-Quo Observing to Proactive Engagement," *Asian Journal of Middle Eastern and Islamic Studies*, Vol. 13, No. 1, 2019, p. 4.
② 孙德刚：《冷战后中国参与中东地区治理的理论与案例研究》，北京：社会科学文献出版社2018年版，第180页。
③ 李伟建：《从总体超脱到积极有为：改革开放以来的中国中东外交》，载《阿拉伯世界研究》2018年第5期，第10页。

强烈愿望，愿为促进地区和平稳定发挥更大作用。"①

中东地区问题在国际政治事务中具有广泛的影响面，中东地区的冲突与和平也在主要世界大国的地缘经济战略中占据重要位置，中国逐渐认识到中东问题在大国关系中的地位和作用，因此在中东和平进程这一中东核心问题上采取了更积极主动的外交姿态和行动。美国、俄罗斯、英国、法国、德国等重要大国在巴以问题中有着持久而深入的参与，并在其中牵涉重要利益。中国对巴以和平的推动有利于在地区治理层面上增强同西方大国的互动，在合作中构建互利互信的新型大国合作关系。

中东地区是中国"丝绸之路经济带"与"21世纪海上丝绸之路"的交汇点，中国同以色列以及埃及、约旦等周边阿拉伯国家在"一带一路"框架下，在经贸合作和基础设施建设等领域开展了密切合作。美中之间不断升级的"贸易战"使"一带一路"及其倡议下的双边和多边合作对中国来说具有了更大的意义。② 巴以问题作为可能引发地区动荡和冲突的一个焦点问题，给"一带一路"在中东的实施带来了风险和不确定性。中国参与巴以之间的劝和促谈，在一定程度上有利于缓解"一带一路"面临的安全挑战，创造更稳定的投资环境。在中东热点问题上发挥建设性作用，既是对中东和平与安全的贡献，也是为"一带一路"建设塑造安全环境。③

尽管中国现在正试图更多地介入地区事务，扮演和平调解人的角色，然而目前以美国为主的西方国家仍是中东冲突中最重要的地区外行为体，而中国作为"谨慎的调停者"，在中东和平进程中仍处于边缘地位。④ 对于中国在巴以问题中发挥更重要的作用并扮演调停者角色，美国的态度和应对措施是无法确定的。美国既是中东地区传统的调解者，又是以色列最重

---

① 习近平：《携手推进新时代中阿战略伙伴关系——在中阿合作论坛第八届部长级会议开幕式上的讲话》，2018年7月10日，http://www.xinhuanet.com/politics/2018-07/10/c_1123105156.htm。（登录时间：2019年3月12日）

② Anu Sharma, "An Analysis of 'Belt and Road' Initiative and the Middle East," *Asian Journal of Middle Eastern and Islamic Studies*, Vol. 13, No. 1, 2019, p. 41.

③ 刘中民：《在中东推进"一带一路"建设的政治和安全风险及应对》，载《国际观察》2018年第2期，第48页。

④ Mordechai Chaziza, "China's Mediation Efforts in the Middle East and North Africa: Constructive Conflict Management," *Strategic Analysis*, Vol. 42, No. 1, 2018, p. 37.

要的武器供应国和政治支持者，① 同时也是巴勒斯坦的重要援助国。美国在巴以问题中掌握影响巴以双方政策、向双方施压的重要筹码，其中尤其以以色列为甚。

美国对以色列政治的影响力是无可比拟的。从1949—2016年，美国对以色列的援助总额约为1250亿美元，截至最近的2019—2028年10年军事援助计划结束时，援助总额将接近1700亿美元。世界上任何一个其他武器生产国都不会像美国一样对以色列提供数额如此庞大的资金，且武器质量上也无法替代美国武器。② 在中以关系发展的历史中，两国几次在建交接触后的中断都深受美国的影响。而即使中以建交后，中国与以色列的关系依然受制于美以关系。2000年7月12日，以色列总理巴拉克单方面宣布"将无法继续实施费尔康预警机项目"，并指出其必须考虑到美国国会和公众舆论的负面情绪，尤其是克林顿担心费尔康预警机的情报收集能力在未来可能爆发的台湾海峡战争中，被中国用于开展针对美国的敌对行动。2004年，同样在美国的压力下，以色列违反中以在哈比无人机中的贸易合同，在将无人机带回以色列进行升级时未将无人机归还给中国。此后，美国宣布了一套关于技术转让给中国的新规则。③ 这两起事件在实质上意味着美国对以色列的对华军售实行了否决权，④ 也在很大程度上限制了中以关系获得更进一步的发展。

由于中美之间的竞争关系，以色列也同样担心在科技领域或影响到地缘政治架构的基础设施领域，若与中国关系过密，或许会有损对以色列更

---

① Shoujun Cui, Joshua Teitelbaum, Meron Medzini, "Can China-Taiwan 'Cross-Straits' Relations Serve as a Model for Israeli-Palestinian Cooperation? A Proposal," *Israel Affairs*, Vol. 23, No. 1, 2017, p. 13.

② Charles D. 'Chuck' Freilich, "Can Israel Survive Without America?," *Survival*, Vol. 59, No. 4, 2017, p. 136.

③ Chen Yiyi, "China's Relationship with Israel, Opportunities and Challenges, Perspectives from China," *Israel Studies*, Vol. 17, No. 3, 2012, p. 8.

④ Meron Medzini, "The Chinese Are Coming: The Political Implications of the Growing Sino-Israel Economic Ties," *Economic and Political Studies*, Vol. 1, 2015, p. 121.

为重要的美以关系。① 关于中以业已达成的海法港合作与运营的协议，曾担任美国助理国防部长和海军部高级官员的塞思·克罗普西表示，这一协议已"具有重大的地缘政治影响，因为这里是以色列海军的主基地"，而"中国在海法港立足还将影响美国涉及与以色列海军合作的决定，包括美国舰队军舰访问海法港和扩大两国合作的决定"。②

中国无论对以色列还是巴勒斯坦的影响力，都无法达到像美国一样的水平。且由于中美在国际格局中的结构性矛盾，美国对于中国在中东的参与仍持有戒备心态和"零和"思维。若中美在中东问题上产生对抗，将严重阻碍国际社会在劝和促谈中形成合力，对于地区安全以及世界和平与稳定产生不利影响。因此，大国关系仍然是中国在处理中东问题时重要的优先事项，避免在中东问题上与美国发生不必要的冲突。③

中国在中东问题上一直审慎处理中美关系，在美、欧、俄之间注意保持战略平衡。自2012年中美于北京首次进行中东问题对话以来，中美双方已经在中东地区冲突问题上建立了对话与磋商机制，两国就中东问题多次交换意见。中东地区冲突的解决已成为中美构建新型大国关系，推动地区治理的重要任务。④ 中美两国在中东地区治理方面，尤其在维护地区安全问题上存在共同利益。尽管目前美国对于中东安全仍处于主导地位，但由于其单独面对中东热点问题的主观愿望和实际能力都在下降，美国也希望寻求同中国在维护中东稳定、防止热点问题失控等方面开展合作。⑤ 中国在中东推进"一带一路"建设需要有一个稳定有序的地区环境，但这并不代表中国是美国塑造的中东秩序的"搭便车者"。中美在中东地区存在合

---

① "Interview with Ephraim Halevy," *YNET*, May 20, 2014. Quoted from Meron Medzini, "The Chinese Are Coming: the Political Implications of the Growing Sino-Israel Economic Ties," *Economic and Political Studies*, No. 1, 2015, p. 124.

② 《俄媒文章：中国租用以色列海法港引关注》，2018年9月27日，http://m.cankaoxiaoxi.com/column/201809 27/2332440.shtml。（登录时间：2019年3月12日）

③ Chen Yiyi, "China's Relationship with Israel, Opportunities and Challenges, Perspectives from China," *Israel Studies*, Vol. 17, No. 3, 2012, p. 12.

④ 孙德刚：《冷战后中国参与中东地区治理的理论与案例研究》，北京：社会科学文献出版社2018年版，第79页。

⑤ 肖宪：《当代中国—中东关系》，北京：中国书籍出版社2017年版，第372页。

作空间，两国关于中东地区事务的合作必将惠及中东国家和中美双方的利益。① 因此，中国在对中东和平进程的参与中承认美国的主导地位，并在谨慎处理和平衡大国关系的同时，在巴勒斯坦问题上发挥更加积极的作用，通过提出建议、促进对话、建立中巴以三方机制等促和新举措，引入"以发展促和平"的新理念，为巴以早日复谈、积累互信创造必要条件。

六、协调巴以问题的意义

长期以来，巴以冲突是影响世界和平与稳定的一个重要问题，其持续性和冲突的高烈度使得巴以冲突成为全球治理的难题之一。在巴以问题上，中国积极参与中东问题国际会议，在国际舞台上重视联合国等多边机制的作用，同美、俄、欧盟等主要大国行为体谨慎协调、加强合作，为巴以双方营造和平对话的氛围和条件，参与和深化对话与合作机制，为巴以问题的和平解决贡献中国智慧与中国方案，积极在巴以双方和区域利益相关国家之间展开协调，始终坚持通过对话、协商、谈判等和平手段解决争端、化解冲突。中国在巴以问题中的积极参与具有以下几方面意义：

第一，中国在对巴以问题的参与中贡献了不同于西方的促和模式，包括政治上坚持"劝和促谈"，经济上坚持"援助合作"，人文上坚持"民心相通"，以及在"一带一路"框架下推动巴以和谈进程等，中国所坚守的公平正义立场、不断创新的机制建设、极具操作性的促谈路径等，将对中东和谈进程产生建设性的意义，② 有利于区域和平与稳定。

安全与稳定是实现发展的基础和前提，而发展优势又是冲突的重要物质基础。在"共同安全、综合安全、合作安全、可持续安全"的新安全观的指导下，中国为维护亚洲安全和世界安全稳定提供了一种新思路；③ 中

---

① 席桂桂、陈水胜：《"一带一路"背景下中国的中东经济外交》，载《阿拉伯世界研究》2016年第6期，第58页。

② 李景然：《巴以和谈与国际社会促谈模式比较研究》，上海外国语大学博士学位论文2017年，第140页。

③ 薛羽洁：《"中国方案"对世界的主要贡献研究》，天津理工大学硕士学位论文2018年，第22页。

国"以发展促和平"的劝和理念有利于通过增加分歧较低领域的合作，促进双方建立互信，消解敌意和仇恨，缓解巴以紧张局势。中国"不附加条件"的援助，对巴勒斯坦经济发展和独立选择发展道路而言至关重要，中国在基础设施等关键领域的建设经验和先进技术，也是推动巴勒斯坦建立完善的国家和经济体系、取得发展突破的重要外部资源①。中国的"一带一路"倡议的构想有利于为冲突的和平解决提供物质基础，促进中东各国的互联互通，推动地区的平衡稳定发展。

第二，中国以更加积极的姿态参与中东和平进程，是中国履行国际体系的参与者和建设者职责的体现。作为世界上第二大经济体和新兴大国，中国在中东地区没有宗教、政治、历史或殖民包袱，这些不同于传统西方大国的特点，使中国成为在巴以之间扮演"诚实中间人"角色的理想人选。以色列学者认为，中国有潜力打破和谈僵局，成为该地区的和平缔造者。② 中国在巴以问题中所秉持的公平、公正解决冲突的立场，以及中国所做出的协调和调解的努力，使巴以双方都认可中国的调解人角色，并希望中国能够在巴以冲突的和平解决中发挥更重要的桥梁作用。这一角色既赋予了中国同其大国形象相符合的国际责任，同时也提高了中国的国际声望和地位，表明中国在国际热点问题中具备了更有分量的话语权。

第三，中美在巴以问题上拥有共同利益，中国同美国在中东地区安全治理中能够加强互利合作、产生良性互动。中国在巴以问题上尊重美国对中东和平进程的传统主导地位，谨慎平衡与协调中东问题中的大国关系，不谋求"零和"思维，不填补真空。美国与中国在中东地区不存在天然的冲突，两国在安全、稳定和贸易等领域存在共同利益。即使中美之间存在竞争关系，中国在很长时期内也难以对美国构成挑战。③ 管控和抑制冲突，

---

① Henelito A. Sevilla, "The Turbulent Middle East: Analysing Security Issues Facing China's Belt and Road Initiative towards the Region," *Asian Journal of Middle Eastern and Islamic Studies*, Vol. 13, No. 2, 2019, p. 12.

② Mordechai Chaziza, "China's Mediation Efforts in the Middle East and North Africa: Constructive Conflict Management," *Strategic Analysis*, Vol. 42, No. 1, 2018, p. 29.

③ Jon B. Alterman, *The Other Side of the World, China, the United States, and the Struggle for Middle East Security*, Washington: Center for Strategic and International Studies, 2017, pp. 6 – 8, p. 16.

维护地区局势稳定是中美在巴勒斯坦问题上的共同利益,而国际合作是中国参与中东地区安全治理的重要内容,中国始终坚持同国际社会共同努力,促进巴勒斯坦问题获得公正的解决。中美在巴以问题中的对话和协商以及合作机制的建设,是促进中美建立新型大国关系、共同参与全球治理的良好范例。

第四,中东是"一带一路"倡议路线图中的重要节点,实现地区稳定符合中国的海外战略利益。巴勒斯坦问题仍然在很大程度上影响着中东地区的安全和稳定,因此,中国更多、更深地介入巴勒斯坦问题乃形势所迫、大势所趋。[①] 阿拉伯国家的能源、市场与中国的技术、产品和资金具有极强的互补性,中国同中东阿拉伯国家在拓宽能源合作领域有着重要的共同利益和广阔的发展前景。而目前中国在科技创新、投资、贸易和基础设施等领域同以色列不断扩大合作,巴以问题所带来的安全隐患和外交平衡的困难,成为制约中以关系进一步密切发展的障碍。积极促进巴以问题的解决、化解冲突、实现区域和平与稳定,有利于中国在中东地区拓展经济利益、开展双边和多边互利合作,有利于中国为经济发展和互联互通的实现营造良好的外部环境。

七、协调巴以问题的前景

2018年6月,巴勒斯坦政策和调查研究中心对巴勒斯坦公众舆论进行的民意调查显示,43%的巴勒斯坦人认为,对巴勒斯坦而言最关键和首要的目标就是结束占领;58%的巴勒斯坦人认为,以色列的长期目标是驱逐巴勒斯坦人,建立从约旦河延伸到地中海的大以色列;仅有19%的巴勒斯坦人认为,以色列将确保巴勒斯坦安全,并在未来撤出全部或部分被占领土。[②] 对

[①] 陈双庆:《巴勒斯坦问题:中国可发挥更大作用》,载《现代国际关系》2015年第12期,第8页。

[②] Survey Research Unit, "Press Release: Public Opinion Poll," *Ramallah: Palestinian Center for Policy and Survey Research* (*PSR*), July 4, 2018, https://www.kas.de/c/document_library/get_file?uuid=1c0c9729-78e8-f8cd-68e6-68f577bad6d6&groupId=268421。(登录时间:2019年3月21日)

巴勒斯坦人来说，占领的现状和定居点的存在是其最关注的首要问题之一。

2019年6月25—26日，由美国和巴林合办的"和平促繁荣"经济研讨会在巴林首都麦纳麦举行。美国总统高级顾问库什纳在研讨会上推介了推动解决巴以问题的"世纪协议"经济方案，通过海湾阿拉伯国家对巴勒斯坦基础设施、教育等领域的投资，增强巴勒斯坦政府治理能力与巴勒斯坦人民的素质与技能，使巴勒斯坦国内生产总值翻一番，创造超过100万个就业岗位、失业率降至接近个位数以及贫困率减少50%。然而，该经济方案中缺乏各方之间实现和平、政治稳定和重建信任的政治因素。[1] 巴勒斯坦权力机构主席马哈茂德·阿巴斯对此表示，该中东和平计划"终结了巴勒斯坦的事业"，"在政治解决之前没有经济解决办法"。多个巴勒斯坦派别呼吁在约旦河西岸和加沙地带举行大规模示威活动，抗议巴林会议。[2]

在巴以之间仍然缺乏基本的政治互信、以色列对西岸大部分地区仍然拥有实际控制权、犹太定居点仍然在进一步扩张的局势下，巴以之间仍不存在通过经济援助完全化解政治纠纷的条件。而美国的"世纪协议"要求巴勒斯坦人同意进行实质上的"拿经济换主权"，[3] 在一定程度上是对巴勒斯坦的"经济贿赂"，必然不会为巴勒斯坦所接受。

中国在参与对巴勒斯坦问题的协调过程中，同样强调经济手段在促进和平中的作用，重视"以发展促和平"的新方式。然而，中国的促和不同于美国以经济取代政治的目的，而是在劝和促谈中采取具有中国特色的渐进主义模式，通过援助增强巴勒斯坦的发展能力，扩展冲突双方务实合作的领域，利用在低冲突领域的合作逐渐建立互信，并营造积极的和谈氛围，推动双方通过对话和谈判实现政治问题的解决。

在增强巴勒斯坦发展能力方面，无论是定居点问题，还是巴勒斯坦难民问题，从经济层面来看都是一个在既定土地上能够供养多少人口的问

---

[1] 涂一帆：《美兜售巴以"世纪协议"碰壁》，2019年6月27日，http://www.xinhuanet.com/world/2019-06/27/c_1124679691.htm.（登录时间：2019年9月21日）

[2] Khaled Abu Toameh, "Abbas: Trump's Plan Won't Pass," *Jerusalem Post*, June 22, 2019.

[3] 王泽胜：《美国"世纪协议"为何不受欢迎》，载《大众日报》2019年6月27日，第4版。

题,而这一问题能够通过增加土地的可持续性来加以缓解。[1] 中国可以通过加强同中东国家的经济合作,为中东国家提供包括基础设施建设、贸易和投资便利化、产能合作、金融合作在内的更多公共产品,加大参与中东事务的广度。[2] 而在扩展务实合作领域方面,中国的"一带一路"倡议在维护中东地区和平、稳定和安全方面赋予了中国更重要的影响力。在谈到"一带一路"时,以色列交通部长卡茨明确表示,以色列希望在"一带一路"的框架下促进同阿拉伯国家的关系向好发展,并表示希望中国"在中东有更大的作为,推动该地区国家经济实现共同发展"。[3]

以色列总理内塔尼亚胡在 2017 年访华时曾明确表示,希望随着中以两国关系的发展,在中东地区通过对话来加强以色列的安全和稳定也会成为可能。[4] 中国国家副主席王岐山在 2018 年 10 月访问以色列时指出,中国是以色列和巴勒斯坦共同的朋友,希望以巴和睦相处,中方愿继续为推动实现以巴和平、维护地区稳定发挥建设性作用。[5] 中国对以色列生存权和安全的尊重,以及中国与巴方之间的友好关系,都是中国能够在巴以问题上发挥重要作用的有利条件。[6]

过去中国对中东问题的政治参与较少,无意通过外交资源的投入来加快谈判进程,在巴以问题上虽然主动参与协调,但一般不寻求主导议程设置,也很少主动提出解决方案,[7] 因此在中东事务中的影响力和话语权相对较弱。然而中东地区对中国海外经济战略目标的意义日益突出,积极为

---

[1] Chen Yiyi, "China's Relationship with Israel, Opportunities and Challenges, Perspectives from China," *Israel Studies*, Vol. 17, No. 3, 2012, p. 15.

[2] 肖宪:《当代中国—中东关系》,北京:中国书籍出版社 2017 年版,第 370 页。

[3] 颜旭:《以色列交通部长:以色列愿做"一带一路"上的一个枢纽》,2017 年 5 月 5 日,http://news.cri.cn/20170504/589cef96 – a654 – db92 – dd21 – 8be893184931.html。(登录时间:2019 年 3 月 22 日)

[4] 魏凯丽:《SIGNAL 关注 23》,2017 年 4 月 18 日,http://sino – israel.org/updates/signal – note – 23/。

[5] 《王岐山访问以色列》,载《人民日报》2018 年 10 月 26 日,第 2 版。

[6] 达士:《中国将更加积极介入巴以和平进程》,载《以色列时报》,2017 年 9 月 24 日。

[7] 孙德刚:《中国在中东开展斡旋外交的动因分析》,载《国际展望》2012 年第 6 期,第 27—28 页。

该地区的和平与安全做出贡献越来越符合中国的利益,[1] 中东国家同样越来越期待中国在该地区的政治和安全方面发挥稳定作用,并对冲突的解决做出积极努力。[2]

中国对巴以问题的参与具有鲜明的中国特色,将为中东安全治理提供新的思路,中国倡导的"新安全观"有利于建设巴以双方的互敬互信;渐进主义的促和方式有助于为打破巴以和谈的僵局找到突破口;而"一带一路"倡议则是中国"以发展促和平"理念的集中体现。在国际格局变动、全球治理受阻的当下,中国始终为巴以和平做出积极努力,促进巴以问题得到公正解决,推动中东地区的和平与发展,表明了中国对捍卫当今国际体系的坚定立场,通过发挥负责任的大国担当,维护国际公平正义,为世界和平发展增添稳定预期。

---

[1] Ibrahim Fraihat, Andrew Leber, "China and the Middle East after the Arab Spring: From Status-Quo Observing to Proactive Engagement," *Asian Journal of Middle Eastern and Islamic Studies*, Vol. 13, No. 1, 2019, p. 17.

[2] Mordechai Chaziza, "China's Mediation Efforts in the Middle East and North Africa: Constructive Conflict Management," *Strategic Analysis*, Vol. 42, No. 1, 2018, p. 31.

第三章
伊朗核问题：大国的多边协调

核扩散是一个事关全球战略稳定与安全的重大问题和治理挑战。传统上，核扩散一般是指更多国家获得了核武器或核技术。[1] 随着形势的发展变化，核扩散的内涵也在不断发展，地缘政治背景和认知偏见都可能对核扩散的概念化和定义产生重大影响，[2] 但不变的是其重大影响力。冷战结束后，核扩散被国际社会视为危及世界和平与地区稳定的重大威胁。伊朗核问题是一个具有重大国内、地区和国际影响的争议性问题。伊朗核问题在2002年与2003年之间爆发以来，持续时间长，影响广泛，已成为21世纪以来中东地区的重大热点问题之一，受到了世界大国和国际社会的广泛关注和深度参与，各方围绕伊朗核问题展开了持续的激烈博弈。由于伊朗核问题涉及国际核不扩散体系、大国关系及地区格局等十分广泛和影响重大的国际关系议题，世界主要大国和联合国都卷入了这一热点事务之中。伊朗核问题考验着各大国之间的关系，也成为中美关系中持续存在的重要话题。从根本上来说，伊朗核问题名为核问题，实质是美伊关系问题，美伊长期对峙是伊朗核问题的核心背景。2015年伊朗核问题六大国（美、英、法、俄、中、德，即"P5+1"）与伊朗达成了《联合全面框架协议》（JCPOA，以下简称"伊朗核协议"），伊朗核问题暂告一段落，但并没有彻底解决。2017年以来，由于美国特朗普政府执意退出伊朗核协议，伊朗

---

[1] Michael Intriligator and Dagobert Brito, "Nuclear Proliferation and Stability," *Conflict Management and Peace Science*, No. 3, 1978, p. 173.

[2] Todd C. Robinson, "What Do We Mean by Nuclear Proliferation?," *The Nonproliferation Review*, Vol. 22, No. 1, 2015, pp. 53–70.

核问题出现重大反复并陷入新一轮危机，考验着包括美伊在内的世界各国的外交智慧，中国也再次被外界期待能够发挥关键协调作用。

国内外学界对伊朗核问题的研究主要集中在以下几个领域：一是伊朗核问题的来源和主要症结；二是美国与伊朗的关系及其对伊朗核问题的政策；三是欧盟、俄罗斯等其他大国与伊朗核问题，主要关注谈判各方的博弈，包括中国应对伊朗核问题的政策与策略等。从已有研究成果来看，智库研究报告和媒体评论居多，研究的动态性较强；学术文章的分析也很多，但多是从西方视角出发的研究成果；总体上尚缺乏长时段的全局性、系统性研究，对于中国参与伊朗核问题协调外交的研究成果较少。多年来，中国作为大国在伊朗核问题的发展和谈判中发挥了突出的协调作用，伊朗核协议的达成也是中国在中东地区热点问题上开展多边协调的成功案例。

第一节　伊朗核问题的发展演变及其影响

中东地区一向是热点问题频发，地缘竞争与大国争夺十分激烈，而伊朗作为地区大国具有较大影响力，在中东地区国际关系中扮演着重要角色。伊朗的核计划始于1957年，当时美国开始为伊朗提供用于生产核能的设备和工程师，并被赋予监督和检查伊朗核设施以确保其和平利用的权利。一年后，伊朗成为国际原子能机构（IAEA）成员国。20世纪60年代，伊朗和西方大国之间开展了更多的核能合作。1970年伊朗批准了《不扩散核武器条约》（NPT）。欧洲国家还与伊朗签署了包括关于在布什尔和阿瓦士建设两个核电站的多项协议。[①] 1979年伊朗伊斯兰革命以后，伊朗遭到西方国家特别是美国的长期遏制与制裁，出于维护自身安全等多种考

[①] Dmitry Strovsky & Ron Schleifer, "The Iranian Nuclear Challenge as Reflected in the Russian Media," *Russian Journal of Communication*, 2020, pp. 2 – 3. DOI：10.1080/19409419.2020.1773912。（登录时间：2020年7月4日）

虑，伊朗在两伊战争之后重启了核技术开发进程，并在21世纪初引爆成为中东地区的重大热点问题之一。通过分析伊朗核问题长期曲折的发展演变过程，可以看出其高度的敏感性、全局性和复杂性，同时也为深入认识其核心症结和探索解决路径提供了重要基础。

一、伊朗核问题的发展演变

2002年8月，伊朗的反政府组织"伊朗全国抵抗委员会"在国外首先爆料称，伊朗正在国内纳坦兹和阿拉克秘密建造两座核设施。之后国际原子能机构（IAEA）和美国科学与国际安全研究所通过分析确定伊朗正在国内建造铀浓缩设施，并公布了纳坦兹铀浓缩设施的商用卫星图像。2003年2月，伊朗总统哈塔米宣布伊朗已发现铀矿并已成功提炼出铀，并表示伊朗为了发展核能正在建立完整的核燃料循环体系，包括开采亚兹德附近的铀矿，在伊斯法罕即将建成一座铀转化厂，在纳坦兹已建成铀浓缩设施和离心机组装设施。伊朗领导人公开承认其核计划引起国际社会的广泛关注，伊朗核危机正式爆发。从2003—2020年，伊朗核问题的发展演变大致可以划分为三个主要阶段。

（一）伊朗核问题的谈判与制裁交织阶段（2003—2012年）

在这一阶段，国际社会开始希望以谈判方式劝服伊朗放弃核开发，而美国延续了长期以来对伊朗的敌视态度，以核问题为依据进行单边制裁，其间美国也推动联合国对伊朗开展了多轮多边制裁，体现出谈判与制裁交织、制裁逐步加强的特征。根据伊朗核问题的发展进程，这一时期可以细分为三个小阶段。

1. 2003—2005年欧洲三国牵头的以谈判为主阶段

伊朗核危机正式爆发后，在国际原子能机构和英法德三国（E3）的积极斡旋下，2003年10月伊朗和英法德三国代表的欧盟签署了《德黑兰声明》，11月伊朗宣布暂停铀浓缩活动，12月正式签署了《不扩散核武器条约》附加议定书。2004年英法德三国与伊朗举行多轮会谈，并于当年11

月达成《巴黎协议》。根据这两份文件，伊朗重申在自愿基础上继续暂停有关核开发活动；欧盟表示承认伊朗和平利用核能的权利，承诺向伊朗提供轻水反应堆、核燃料及核技术，并积极支持伊朗加入世界贸易组织，共同打击恐怖主义。2005年上半年，欧盟三国与伊朗为落实《巴黎协定》举行了多轮会谈，但由于双方分歧严重，谈判无果而终，特别是在伊朗是否应该彻底停止铀浓缩活动这一关键问题上无法达成一致，相关协议也未能得到落实。这一时期，伊朗总统哈塔米表示，伊朗无意制造核武器，这与伊斯兰的宗教和文化背道而驰。这也是伊朗与国际社会开展谈判的重要基础。

2005年8月，艾哈迈迪·内贾德当选伊朗总统。他在核问题上的态度转向强硬，公开恢复了铀浓缩活动，伊朗核问题急剧升温，英法德等国宣布中止谈判。2005年8月10日，伊朗重启伊斯法罕铀转换设施。2006年1月3日，伊朗宣布恢复中止两年多的核燃料研究工作，并于10日启封了国际原子能机构冻结的铀浓缩设施，正式恢复核燃料研究活动。内贾德的核冒险和强迫国际社会接受伊朗核开发现实的做法，将居中协调的欧盟推向了美国。

在欧洲三国牵头与伊朗谈判的同时，美国一直主张对伊制裁，小布什政府态度强硬，伊朗发出的和解信号与英法德的调停均被美国拒之门外，[①] 伊朗核开发的进展及其政策反复使美国深信伊朗要发展核武器。美国在20世纪90年代和"9·11"事件后的相关制裁措施的基础上扩大了对伊单边制裁。2005年6月，美国颁布第13382号行政令，冻结所有参与到大规模杀伤性武器扩散中的指定个人及其支持者的资产，禁止与其进行交易，逐步增加与伊朗有关的个人和实体。2006年4月，美国众议院通过了旨在加强对伊朗制裁的法案。另一方面美国利用其影响力说服其他国家的金融机构加入对伊朗制裁，全球80多家银行终止或大幅减少了对伊业务，在伊朗的外资银行数量大幅减少。同时美国利用本国管辖权对违反其对伊朗经济

---

① 华黎明：《后伊核时期的美伊关系走向》，载《国际石油经济》2015年第8期，第2页。

制裁规定的外资银行进行罚款,如 2005 年 12 月荷兰银行被罚款 8000 万美元。[①] 这一时期的美国单边经济制裁对伊朗的外贸与金融往来造成了冲击,但美国与伊朗并无直接经济往来,而其他国家并未正式参与其中,美国单边经济制裁的效果有限,为此美国开始寻求国际合作,扩大对伊朗制裁的范围和力度。

2. 2006—2010 年联合国框架下的国际制裁阶段

内贾德决定重启核开发之后,伊朗不断提高浓缩铀丰度,将离心机数量逐步增加到 1 万多台,并生产了更先进的离心机设备。为阻止其发展核武器和破坏国际核不扩散体系,以美国为首的西方国家与联合国对伊朗施加了多轮经济制裁措施,主要集中在能源与金融领域。在国际和谈失败的背景下,2006 年美国推动国际原子能机构将有关伊朗核问题的报告提交联合国安理会。2006—2010 年,联合国对伊朗连续实施了四轮经济制裁,在伊朗核问题上的国际共识与制裁力度不断提升,美国单边制裁与国际联合制裁相交织,形成了对伊朗联合施压的国际氛围。联合国安理会先后通过 1696 号(2006 年)、1737 号(2006 年)、1747 号(2006 年)、1803 号(2008 年)、1835 号(2008 年)和 1929 号(2010 年)等涉伊相关决议,其中第 1737 号、第 1747 号、第 1803 号、第 1929 号四个决议中包含了大量对伊朗经济制裁措施。[②] 例如,安理会第 1747 号决议规定,不再向伊朗提供新的赠款、援助和优惠贷款;增加了受制裁的实体和个人;第 1803 号决议要求各国慎重为伊朗提供新的财政支持;对本国金融机构与伊朗金融机构的交易活动保持警惕;被制裁的实体和个人分别增加了 12 家和 13 名,并制定了监督制裁实施的规则;第 1929 号决议要求各国禁止伊朗银行在本国境内开设新的金融机构或设立新的合资机构,禁止本国境内或受本国管辖的金融机构在伊朗开设机构和账户;将 40 家伊朗公司和机构列入制裁名

---

① 《涉嫌洗钱:荷兰银行被美重罚 8000 万美元》,中国经济网,2005 年 12 月 21 日,http://www.ce.cn/finance/banking/main/news/200512/21/t20051221_5580755.shtml。(登录时间:2020 年 1 月 4 日)

② "IAEA and Iran UN Security Council Resolutions and Statements," *IAEA*, https://www.iaea.org/newscenter/focus/iran/iaea-and-iran-un-security-council-resolutions-and-statements。(登录时间:2020 年 1 月 4 日)

单，冻结其海外资产，制裁强度明显加大。① 由于伊朗核问题的挑战不断增大和美国考虑了其他大国在中东地区的利益，欧盟从开始的反对制裁逐步走向与美国一致，原本强烈反对制裁伊朗的中俄等国也在不同程度上转变了之前的对伊朗政策，国际联合经济制裁得到深化。②

美国在积极促成国际社会对伊朗联合制裁的同时，并未放松单边经济制裁，2008年美国宣布对伊朗出口开发银行实施制裁；2009年美国财政部对英国劳埃德银行处以3.5亿美元的罚款。奥巴马上台后对伊朗态度出现缓和但并未放弃遏制政策。2009年底，美国众议院通过"2009年伊朗精炼油制裁法案"，参议院也于同年11月提出了内容相似但制裁范围更广泛的"2009年伊朗制裁、责任及撤资法案"。此外，西方国家也逐步加入了对伊朗的经济制裁，2008年6月欧盟冻结了伊朗近40个实体和个人的资产，关闭了伊朗银行在欧洲国家的办事处；之后欧盟又宣布限制对伊朗出口信贷等金融支持以及与伊朗境内银行之间的活动等。但联合国层面的制裁并未能遏制伊朗的核开发进程，内贾德对国际制裁也表现出强烈的不屑。与此同时，由于俄罗斯和中国反对过分削弱伊朗，安理会制裁陷入僵局，联合国无法再推出更多制裁措施。

3. 2010—2012年美国联合西方加强单边制裁阶段

随着伊朗态度的强硬，美伊关系进一步恶化，伊朗核问题的形势进一步严峻，伊朗面临的经济制裁越来越多，国家越来越被孤立。③ 从2010年起，美国联合西方盟国开展了新一轮的对伊朗单边经济制裁，制裁范围、力度和影响力均空前提高，在内外多重因素作用下伊朗核问题出现了转机。国际原子能机构2011年11月的报告称伊朗正在接近生产出核武器，④

---

① United Nations Security Council, "S/RES/1929（2010），" https：//www.un.org/security-council/s/res/1929-%282010%29。（登录时间：2020年1月4日）

② 熊谦、田野：《国际合作的法律化与金融制裁的有效性：解释伊朗核问题的演变》，载《当代亚太》2015年第1期，第119页。

③ 蒋真：《后霍梅尼时代伊朗政治发展研究》，北京：人民出版社2014年版，第270页。

④ IAEA, "Implementation of the NPT Safeguards Agreement and Relevant Provisions of Security Council Resolutions in the Islamic Republic of Iran," Global Security, November 8, 2011, https：//www.globalsecurity.org/wmd/library/report/2011/iran_iaea_gov-2011-65_111108.htm。（登录时间：2020年1月4日）

加之伊朗采取不合作态度，驱逐了国际原子能机构的核查人员，以美国为首的西方国家与伊朗之间的对抗急剧升温。出于对联合国制裁走向僵局和内贾德可能加快推进核开发的担忧，欧盟开始同美国一起走向了联合制裁之路，欧美对伊核政策的共性开始发挥作用。2010年7月，美国出台"全面制裁伊朗、问责和撤资法案"，严厉禁止本国和外国个人、企业帮助伊朗开发石油资源、向伊朗出口石油制品，禁止外国银行与伊朗开展业务等。2011年11月，奥巴马签署第13590号行政令，同样禁止与伊朗发生任何石油贸易和金融往来。"2012财年美国国防授权法"禁止与伊朗发生业务关系的外国金融机构在美国开设银行账户，冻结同伊朗央行有业务关系的金融机构的在美资产。2012年6月，奥巴马签署第13645号行政令，首次对伊朗货币里亚尔实施制裁，导致伊朗货币大幅贬值。同年8月美国出台"降低伊朗威胁和叙利亚人权法案"，宣布运输伊朗石油的运输公司及与伊朗在境外进行油气合作的公司也将受到制裁。"2013财年国防授权法"将制裁范围进一步扩大到船运、造船、港口部门和贵金属交易以及保险和再保险领域。美国对伊朗的压力达到空前高度，目的就是以压促变，逼迫伊朗在核问题上做出重大让步。[①] 此外，美国还敦促相关国家加入制裁伊朗的行列，许多国家和相关实体被迫放弃与伊朗合作。从2010年起，欧盟连续实施了多轮全面而超出联合国决议的对伊朗制裁措施，影响巨大。[②] 2010年7月，欧盟紧随美国通过了内容相同的全面制裁决议。2011年12月，欧盟通过新法令大规模增加了受制裁的个人和实体名单。2012年初，欧盟宣布从7月起全面禁止从伊朗进口和转运石油，禁止为伊朗石油贸易提供融资和保险服务等。2012年3月，环球银行金融电信协会（SWIFT）宣布终止伊朗银行使用其提供的跨境支付服务。2012年12月，欧盟的制裁措施范围涵盖金融交易、船运设备和钢铁以及天然气进口等领域，并首次将外国公司及其负责人纳入制裁对象。2013年1月，欧盟发布

[①] 赵建明：《制裁、反制裁的博弈与伊朗的核发展态势》，载《外交评论》2012年第2期，第81页。

[②] Ruairi Patterson, "EU Sanctions on Iran: The European Political Context," *Middle East Policy*, Vol. XX, No. 1, Spring 2013, p. 135.

了更加严厉和全面的经济制裁措施,对伊朗贷款、贵金属贸易、钞票和铸币、合资企业均在禁止之列,还在制裁清单中追加了400多个实体和个人。美国的其他盟友如加拿大、韩国、日本纷纷对伊朗也采取了经济制裁措施,其他相关国家包括海合会、印度等也加入到对伊朗的制裁行列。

美欧的全面贸易禁运和金融限制强化了对伊朗的经济制裁,基本切断了伊朗与国际社会之间的金融与贸易渠道,迫使相关国家停止或大幅减少进口伊朗石油,大批外国石油企业撤出伊朗,伊朗石油产量和出口量快速下降,石油收入锐减,严重依赖石油出口的伊朗经济陷入困境。2012年伊朗出现了20年来的首次负增长,货币里亚尔急剧贬值,通货膨胀加剧,失业率达到两位数以上,出现货币贬值—通货膨胀—价格上涨—生产萎缩—失业上升的恶性循环。全面金融制裁对伊朗石油收入的回流造成了重大障碍,严重影响了伊朗的经济表现。[1] 伊朗原油日出口量从2011年的220万桶最低降到2013年5月的70万桶。[2] 持续增大的国际经济制裁使伊朗经济受到重创,并威胁到伊朗社会和政权的稳定,大大软化了其谈判立场,推动了伊核问题的谈判解决。国际经济制裁在迫使伊朗最终在核问题上做出让步方面起到了重要作用。[3] 从成本收益的角度来看,伊朗核计划的成本超出了收益,尽管伊朗可能会从中收获一些潜在的长期利益,但由于制裁的巨大经济和金融成本,以及核开发短期内无法产生政治安全上的有效威慑,收益无法抵消成本。[4]

(二) 伊朗核协议的达成与危机缓和阶段(2013—2016年)

这一时期,伊朗核问题进入实质性谈判阶段,最终取得了历史性突破并达成了伊朗核问题《联合全面框架协议》,伊朗核危机得到大幅缓解。

---

[1] Mohammad Reza Farzanegan, "Effects of International Financial and Energy Sanctions on Iran's Informal Economy", *SAIS Review of International Affairs*, Vol. 33, No. 1, 2013, p. 33.
[2] 吕蕊、赵建明:《试析欧盟在伊朗核问题中的角色变化与影响》,载《欧洲研究》2016年第6期,第37—56页。
[3] 岳汉景:《伊朗核问题与奥巴马的接触政策》,载《阿拉伯世界研究》2015年第4期,第42页。
[4] Thomas Juneau & Sam Razavi, "Costly Gains: A Cost-benefit Assessment of Iran's Nuclear Program," *The Nonproliferation Review*, Vol. 25, No. 1-2, 2018, p. 85.

在美欧全面加大制裁力度的背景下，2012 年伊朗提议重启核问题的六方会谈。当年 5 月，伊朗最高领袖哈梅内伊重申，核武器是一种罪恶，伊斯兰教义不允许核武器存在。2013 年初伊朗方面再次重申了数年前发布的有关核武器有违伊斯兰教义的"法特瓦"（宗教法令）。伊朗最高领导人哈梅内伊发布的禁止核武器的"法特瓦"是一项可靠的宗教法令，确实可能有助于核谈判。① 但伊朗实质性地参与谈判还是在 2013 年鲁哈尼当选总统之后。2013 年 6 月，哈桑·鲁哈尼以 50.7% 的选票当选伊朗第 11 届总统，之后伊朗国内对谈判的态度出现了重大变化。鲁哈尼执政后不仅表达了与美国和西方改善关系的意愿，而且在核问题上积极主张谈判，寻求尽快解决伊朗核问题。鲁哈尼任命熟悉核事务、与美国人打过多次交道的扎里夫担任外交部长，并将伊朗核问题谈判事务转交至外交部。鲁哈尼的当选既是因为前任的强硬路线使伊朗内政外交陷入了困局，也是因为其倡导的温和路线让伊朗人民看到了希望。如何在核问题上破局和缓和对美关系，是鲁哈尼就任总统后面临的首要难题和最大挑战，他在核问题上表现了温和态度和灵活立场。②

鲁哈尼上台后一改内贾德时期的激进外交路线，频频向国际社会释放出温和信号，主张以相互尊重为基础与世界各国和平相处，积极与大国互动，缓解与周边国家关系，力图改善伊朗的国际形象，并为朗伊核问题拓展更多的空间，为核谈判营造良好的氛围。鲁哈尼在就任后的首个新闻发布会上就曾表示，伊朗已经准备好与伊核问题有关各方进行"严肃的"谈判，彻底解决伊核问题。他还表示，核武器和大规模杀伤性武器违背伊朗最根本的宗教和道德信念，因此在伊朗的安全和国防理论中没有位置。同时，他认为伊朗发展核计划是在国际法和核不扩散条约框架下的合法活动，因此坚决维护伊朗拥有和平利用核能的权利，伊朗并没有想要发展核武器，"伊朗的核项目完全是出于和平目的……伊朗国家安全学说中不存

---

① Mohammad Hossein Sabouri, "Iran's Nuclear Fatwa: Analysis of a Debate," *Journal of Military Ethics*, Vol. 15. No. 3, 2016, p. 227.

② 金良祥：《伊朗外交的国内根源研究》，北京：世界知识出版社 2015 年版，第 159—163 页。

在核武器,伊朗没有隐藏什么"。① 国际社会因核问题对伊朗实施的制裁是不合理的,"伊朗没有做应受制裁的事情,它做的事情都在国际法的框架内"。② 2013年9月13日,鲁哈尼与俄罗斯总统普京进行会晤,普京对鲁哈尼的核谈判意愿表示支持。鲁哈尼在2013年9月参加联合国大会时也表示,解决伊朗核问题和实现美伊关系正常化并不是不可能的,只要西方国家承认其和平利用核能的权利,谈判是可以解决这些问题的。9月27日,鲁哈尼与美国总统奥巴马进行了历史性的电话会谈,这是美伊国家领导人34年来首次直接对话。

美国总统奥巴马也希望与伊朗达成协议,既为美国从中东的战略收缩做好准备,也希望为自己留下一份外交遗产。2013年鲁哈尼在纽约联大发表的演讲以及同奥巴马的电话外交,快速推动了伊美关系的改善,也为伊核谈判取得实质性进展创造了条件。除了英、法、德、中、俄、美六大国与伊朗会谈,美国与伊朗的双边秘密会谈对伊朗核问题临时协议的达成也起到了重要的推动作用,甚至是关键性作用。③ 2013年3月美伊就举行了首轮秘密会谈,鲁哈尼当选总统后,美伊双边接触与对话的节奏提速,两国又进行了四次密谈,奥巴马与鲁哈尼通电话以后,美国才开始把与伊朗的密谈告知盟友。伊朗与六国达成的伊朗核问题临时协议中的一些要点,正是以美伊间的这些秘密会谈为基础的。④

2013年11月24日,经过数月的直接谈判,英、法、德、中、俄、美六大国与伊朗在日内瓦达成了具有实质性意义的"共同行动计划"(即《日内瓦协议》),伊朗核问题谈判实现了前所未有的突破。根据这一阶段性协议,伊朗承诺不再生产浓度5%以上的浓缩铀,废弃已生产的浓度

---

① Steven Ditto, "Reading Rouhani: The Promise and Peril of Iran's New President," *The Washington Institute for Near East Policy*, 2013, pp. 1, 69.

② Saeed Kamali Dehghan, "Iranian President-elect Rouhani Promises Better Relations with West," *The Guardian*, June 17, 2013.

③ 岳汉景:《伊朗核问题与奥巴马政府的接触政策》,载《阿拉伯世界研究》2015年第4期,第41页。

④ Barak Ravid, "Israeli Intel Revealed Secret U.S.-Iran Talks, Months before Obama Briefed Netanyahu," November 24, 2013, http://www.haaretz.com/news/diplomacy-defense/premium1.559964。(登录时间:2020年1月4日)

20%的浓缩铀并接受国际原子能机构的核查；而美方同意部分地、有条件地解除对伊朗的制裁。这实际上既阻断了伊朗生产核武器的道路，又使伊朗和平利用核能的权利获得了间接的承认。世界各国都欢迎临时协议限制了伊朗的核计划，避免了战争的前景，并使制裁尽头露出了曙光。[①] 为了达成最终协议，此后各方持续举行了多轮谈判，但因双方分歧太大而未能如期达成最终协议，谈判不得不多次延长。经历了一年多艰难的谈判，2015年7月14日，六大国与伊朗在维也纳达成了历史性的全面解决伊朗核问题的最终协议——《联合全面行动计划》（Joint Comprehensive Plan of Action, JCPOA，也称为《伊朗核问题全面协议》），随后在7月20日联合国安理会通过2231号决议，批准了伊朗核协议，这场持续了13年之久的国际争端最终得到了较为圆满的政治解决，伊朗核危机随之大幅缓解。

伊朗核协议共100多页，包括主体部分和5个附件，分别涉及制裁问题、核领域问题、六国与伊朗联委会的工作、核能合作以及协议执行计划，其内容涵盖了解决伊核问题涉及的所有关键领域，通过一系列复杂、详细、技术性的条款，对伊朗核能力发展进行了限制和防范。伊朗核协议的主要内容包括以下5个方面：[②] 第一，伊朗重申在任何情况下都不会寻求、开发和获得任何核武器；国际社会承诺在伊朗成功落实核协议后，将使伊朗在《不扩散核武器条约》相关规定下拥有和平利用核能的权利，伊朗的核计划也将与该条约其他成员国享受相同待遇。第二，从5个方面在15年内限制伊朗发展核计划：一是限制伊朗浓缩铀纯度和离心机数量，伊朗将把现有的离心机数量削减2/3，从约1.9万台减少到6104台；伊朗在15年内不生产纯度超过3.67%以上的浓缩铀，并将现存的约10吨低浓度浓缩铀减少到300千克，15年内也不得再新建浓缩铀设施；二是将福尔多（Fordow）核设施转化为一个核技术中心，在15年内不得开展与浓缩铀有关的研发活动；三是保留纳坦兹的核设施，将现有的1000台新型离心机转

[①] Mark Fitzpatrick, "Overwhelming Global Vote for the Iran Nuclear Deal," *Survival*, Vol. 56, No. 1, 2014, p. 71.

[②] United Nations Security Council, S/RES/2231 (2015), 20 July 2015, https://undocs.org/S/RES/2231 (2015)。（登录时间：2020年1月8日）

移并处于国际原子能机构的监督下;四是国际原子能机构定期对伊朗的所有核设施进行核查,伊朗有权对国际核查的要求提出异议,最后由伊核问题六国和伊朗组成的仲裁机构裁定;五是对阿拉克重水反应堆进行改造,伊朗15年内不得建立新的重水反应堆。第三,分阶段解除对伊朗的制裁。在确定伊朗开始执行伊核协议后,联合国安理会、欧盟和美国将开始解除对伊朗绝大部分经济和金融制裁,美国仍保留因支持恐怖主义、侵犯人权等其他原因的制裁;武器禁运制裁5年后解除,弹道导弹制裁8年后解除。制裁取消的前提是国际原子能机构确认伊朗遵守了承诺。第四,伊核协议的期限。10年之内伊朗提炼浓缩铀能力和核研发能力受到限制;15年内伊朗不得实施新的核开发计划;期满后,伊朗作为《不扩散核武器条约》成员国享有相应的权利和义务。第五,如证实伊朗违反伊核协议,国际社会将在65天内恢复对伊朗的所有制裁措施。

伊朗核协议实际上是在两个平行的轨道上推进:政治轨道和技术轨道。政治轨道涉及六大国与伊朗的谈判沟通;技术轨道是原子能机构和伊朗制定合作框架的过程,该框架最终就"澄清有关伊朗核计划的过去和现在的悬而未决的路线图"达成协议。① 联合国安理会随后批准了伊朗核协议,并要求国际原子能机构总干事对伊朗与核有关的承诺进行必要的核查和监督,并定期向理事会提供最新情况,如果有合理的理由认为存在直接影响到伊核协议承诺履行的关键问题,国际原子能机构还应随时报告,也就是说,伊朗核协议是有严格的核查和技术保障机制的。

伊朗核协议的正式名称为《联合全面行动计划》,虽然并不是条约或协定,但依然在国际安全、地区安全和国际政治等多方面具有重大意义:伊朗核协议有助于维护全球多边防扩散体系;成功防止了地区紧张局势的升级,有利于维护地区稳定;是通过外交谈判手段解决热点问题的成功案例,也重现了《联合国宪章》所倡导的大国协商一致的原则。随着伊朗核协议的达成,美伊关系实现转圜,并推动了中东地区局势的缓和,这标志着困扰地区多年的伊朗核问题终于告一段落。伊朗核协议是多边主义重要

---

① Laura Rockwood, "How the IAEA Verifies If a Country's Nuclear Program is Peaceful or Not: The Legal Basis," *Bulletin of the Atomic Scientists*, Vol. 74, No. 5, 2018, p. 323.

成果，是通过政治外交手段解决地区和国际热点的典范。为此，伊朗核问题全面协议受到了国际社会的普遍欢迎和支持。①

伊朗总统鲁哈尼表示，核协议保护了伊朗的核成就，废除了对伊朗的"非法"制裁，包括联合国禁令，实施核协议将逐渐消除各国对伊朗的不信任态度。如果各大国均遵守伊朗核协议，伊朗也会遵守。美国总统奥巴马表示，达成协议能够阻止伊朗发展核武器，在重复了协议对伊朗的限制措施之后还称，美伊关系"不是建立在信任而是核查的基础上"，若伊朗违反了核协议，将立即恢复对其制裁，即不遵守协议 24 天后制裁可以"即刻恢复"。② 俄罗斯总统普京表示，参与伊朗核谈判的国家为了合作和稳定做出了艰难的抉择。俄罗斯外长拉夫罗夫也发表了与总统普京类似的观点，称伊朗核协议与俄罗斯外交政策相符，俄罗斯将积极参与伊朗核协议的执行；伊朗核协议强化了中东地区无大规模杀伤性武器的前景，且伊朗核协议将促进俄罗斯与伊朗的关系。欧盟外交代表莫盖里尼表示，伊朗核协议为国际关系开启了新篇章，该协议非常重要且具有历史意义，因为这重建了信任；伊朗承诺绝不寻求制造核武器。

伊朗核协议是美伊妥协的产物，该协议符合两国各自主要利益关切，对中东地区也具有重大影响。解决伊朗核问题，妥协、谈判是唯一的明智选择，无论如何美国都不可能为核问题与伊朗开战。面对核僵局的不利局面，美伊两国都在谋求改变现状，让事态发展朝着有利于自己的方向发展。伊朗推进核进程带来的经济损失和国际孤立日渐明显，经济制裁带来的累积效应在逐渐显现。③ 就美国来说，通过伊朗核协议初步实现了两大优先目标：一是初步实现了遏制伊朗核能力的预期目标，体现了美国的基本诉求，暂时消除了伊朗发展核武器的能力，因此奥巴马将其视为一大外

---

① 唐志超：《伊朗核问题的大国博弈及其影响》，载《当代世界》2019 年第 8 期，第 43 页。
② "Obama: Iran Nuclear Pact Provides 'Constant International Supervision'," Iowa Public Radio, July 14, 2015, https://www.iowapublicradio.org/2015 - 07 - 14/obama - iran - nuclear - pact - provides - constant - international - supervision "The Iran Nuclear Deal: What You Need to Know about JCPOA," The White House, https://obamawhitehouse.archives.gov/sites/default/files/docs/jcpoa_what_you_need_to_know.pdf. （登录时间：2020 年 1 月 4 日）
③ 赵建明：《伊朗核问题上的美伊战略互动与日内瓦协定》，载《国际关系研究》2014 年第 3 期，第 77 页。

交胜利,宣称"协议切断了伊朗获得核武的所有途径"。① 二是有力配合了美国的中东收缩战略。这是美国在中东战略收缩的逻辑体现。奥巴马一直渴望在中东外交上有所建树,在巴以问题难以突破的情况下,伊核问题自然成为其主攻方向。核协议达成后,媒体普遍将其视为奥巴马外交的最大胜利。② 从伊朗方面来看,国际社会对伊朗核权利的认可,使伊朗正式成为了有核国家,凭借拥有武器化潜能的核力量,伊朗的国家安全基本得到了保证。伊朗核协议的达成标着着伊朗部分摆脱了美国的遏制,为本国经济发展和对外关系创造了更好的国际环境。

2015年7月,伊朗核协议达成并得到联合国安理会批准之后,六大国与伊朗继续保持了密切合作,商谈解决了剩余的有关问题,并提交国内批准,表现出顺利落实的良好势头。2016年1月16日,在国际原子能机构确认伊朗已履行其对2015年7月达成的核协议的承诺③后,联合国、欧盟和美国对伊朗的所有与核有关的制裁也逐步得以解除,欧洲等地的企业纷纷计划进入伊朗开展投资合作,伊朗的国际压力大幅减轻。但伊朗核协议在美国国内遭遇巨大的反对声音,并没有得到美国国会的批准,奥巴马政府最终放弃了寻求国会批准,因而该协议只是一个美国政府签署的国际协定,国内法律效力大幅削弱。与此同时,美国针对伊朗发展导弹技术、支持恐怖主义等方面的制裁依然持续,美伊关系也并没有如外界预期的那样得以大幅度提升,更没有开启关系正常化的进程。

(三)美国退出伊朗核协议与伊核问题再度升温阶段(2017—2020年)

虽然2015年签署的伊朗核协议得到了国际社会的高度称赞,但在美国

---

① "The Iran Nuclear Deal: What You Need to Know about JCPOA," The White House, https://obamawhitehouse.archives.gov/sites/default/files/docs/jcpoa_what_you_need_to_know.pdf. (登录时间: 2020年1月4日)
② 田文林:《伊朗核问题全面协议评析》,载《国际研究参考》2015年第8期,第3—4页。
③ IAEA, "Verification and monitoring in the Islamic Republic of Iran in light of United Nations Security Council Resolution 2231 (2015)," IAEA board report, January 16, 2016, https://www.iaea.org/sites/default/files/gov-2015-53.pdf. (登录时间: 2020年1月10日)

和伊朗国内均存在很大的反对声音,特别是美国国内共和党人反对声音激烈,最终未能提交国会审议批准,为伊朗核协议的前途埋下了巨大隐患。与此同时,伊朗核协议在伊朗国内也遭到强硬派的反对,他们指责鲁哈尼政府签订的协议"丧权辱国"。与核谈判一样艰难的是,鲁哈尼和扎里夫在国内面临着平衡政界和社会中的强硬派和改革派争议的巨大挑战。[①] 而且随着外部制裁的解除和国际投资的进入并未能如预期那样快速,伊朗国内民众也逐步由之前的高度期待转为失望。在中东地区,美国的主要盟友以色列和沙特则公开联手,指责美国放纵伊朗的"核野心",千方百计希望废掉伊朗核协议。甚至有学者认为,以色列由于担忧美国撒手,可能会改变其模糊化的核政策并首先使用核武器。[②] 伊朗核协议的签署使沙特认为伊朗是一个核门槛国家,与此同时沙特领导人变更之后采取更具进攻性和冒险性的地区政策,预示着沙特与伊朗区域"冷战"的新阶段,[③] 而且沙特暗示将拥有与伊朗相匹配的核能力。有专家担心,"核武器可能是沙特能够与伊朗的整体力量相提并论的唯一手段。"[④] 随着2016年底美国总统大选结果的明朗,伊朗核协议出现反复乃至逆转的可能性不断上升。以色列、沙特也加大了对新总统特朗普的游说。在中东地区,任何与伊朗的合作都会遭到以色列与海湾阿拉伯国家的反对。[⑤] 以色列因素始终是一个对美国的伊核政策具有重要影响的外部因素,美以公共事务委员会(AIPAC)等游说组织的存在以及它们对华盛顿决策者施加的巨大压力产

[①] Ali M Ansari, "The End of the Beginning?," *The RUSI Journal*, Vol. 160, No. 4, 2015, p. 24.

[②] Albert B. Wolf, "After the Iran Deal: Competing Visions for Israel's Nuclear Posture," *Comparative Strategy*, Vol. 35, No. 2, 2016, pp. 124 – 130.

[③] Uzi Rabi & Chelsi Mueller, "The Geopolitics of Sectarianism in the Persian Gulf," *Asian Journal of Middle Eastern and Islamic Studies*, Vo. 12, No. 1, 2018, pp. 46 – 47.

[④] "Report: Saudi Arabia Wants Uranium-Enrichment Capacity," NTI Global Security Newswire, February 14, 2014, http://www.nti.org/gsn/article/saudi-arabia-reportedly-wants-developfull-nuclear-fuel-cycle/; George Perkovich, "Why the Iran Nuclear Deal Is Not the North Korea Deal," Carnegie Endowment for International Peace, April 28, 2015, http://carnegieendowment.org/2015/04/28/why-iran-nuclear-deal-is-not-north-korea-deal/i7wa. (登录时间:2020年1月10日)

[⑤] M. Shokri, "A new perspective in the Middle East: A Comprehensive Approach to the US-Iran Relations in the region," *Glocalism Journal of Culture, Politics and Innovation*, No. 2, 2016, p. 1.

生了重要影响。① 以色列强烈反对伊核协议，一直鼓动特朗普政府退出；沙特与伊朗的地缘政治争夺持续加剧，海湾阿拉伯国家将伊朗视为最大威胁，和以色列联合起来反对伊朗核协议。近年来，沙特与伊朗之间的竞争在塑造中东政治格局方面已变得越来越有影响力，在一个日益分裂的地区中，沙特通过将伊朗核问题安全化对美国施加影响。②

2017年，美国总统特朗普上台后一直宣称要退出伊朗核协议，同时美国并没有放松对伊朗的制裁。特朗普政府对伊朗的外交政策出现巨大变化，突出表现在任用主张对伊强硬的人士，退出伊朗核问题全面协议以及在经济、政治、军事等方面打压伊朗。③ 特朗普政府逐步放弃了奥巴马政府时期同伊朗接触、谈判的政策，重拾以往对伊朗强硬甚至敌视的立场，退出核协议的行为已经成为特朗普政府伊朗政策的重要标志。伊朗核协议作为奥巴马政府的政治遗产，被特朗普认为是"最糟糕的协议"，并扬言要"解除与伊朗的灾难性交易"。④ 对伊朗违规行为的虚假指控有助于证实特朗普当选总统前后关于伊核协议是"有史以来最糟糕的协议"的说法。⑤ 而特朗普关于伊朗仍在秘密发展核武器、支持恐怖主义等说法是不符合事实甚至可以说是胡言乱语。⑥ 2017年入主白宫后，特朗普就下令全面开展对伊朗政策的战略审议，不断质疑伊朗核协议的作用，不时释放退出信号，扬言要重启对伊朗进行制裁。2017年9月19日，特朗普在联合国大会上发言时，再次称伊朗核协议"是美国有史以来参与的最糟糕、最失算

---

① Farhad Rezaei, "The American Response to Pakistani and Iranian Nuclear Proliferation: A Study in Paradox," *Asian Affairs*, Vol. 48, No. 1, 2017, p. 46.

② Simon Mabon, "Muting the Trumpets of Sabotage: Saudi Arabia, the US and the Quest to Securitize Iran," *British Journal of Middle Eastern Studies*, Vol. 45, No. 5, 2018, p. 742.

③ 迟永：《特朗普政府的伊朗政策及其影响》，载《现代国际关系》2018年第9期，第44页。

④ "The Art of the 'Worst' Deal: Trump Blasts Iran Agreement," *NBC News*, October 12, 2017, https://www.nbcnews.com/politics/white-house/art-worst-deal-trump-blasts-iran-agreement-n809986. （登录时间：2020年1月10日）

⑤ Mark Fitzpatrick, "Assessing the JCPOA," Adelphi Series, Vol. 57, No. 466-467, 2017, p. 51.

⑥ Yassamine Mather, "The Political Economy of Iran's Islamic State, Donald Trump and Threats of War," *Critique*, Vol. 46, No. 3, 2018, p. 455.

第三章　伊朗核问题：大国的多边协调
/ 165 /

的交易之一"。① 特朗普一直对伊核协议持批判态度，他认为伊朗核协议不仅存在"日落条款"等"先天不足"，而且不能限制伊朗"破坏地区稳定的活动"，包括"支持恐怖主义的行径"。这一观点在2017年12月的美国《国家安全战略》中正式表达出来，宣称伊朗在核领域以外许多方面都威胁美国利益。② 特朗普认为伊朗核协议存在的严重缺陷主要集中在现场视察、突破时间、"日落条款"和导弹计划四个方面。特朗普质疑伊朗核协议是否有足够的核查，要求伊朗应允许国际核查人员对所有场所进行即时检查，担忧伊朗在核协议期满后重启核武器发展计划，因此认为需要永久限制伊朗的核活动，而不是核协议规定的从2025年起部分放松。特朗普还认为，伊朗的远程导弹和核武器计划是密不可分的，伊朗发展和试射导弹应受到严厉制裁。在2017年4月19日、7月17日、10月15日经过数次审议和豁免对伊朗制裁之后，2018年1月12日，特朗普发出最后通牒，当年5月12日将是最后期限，如果美国国会和欧盟不能在最后期限前解决核协议的重大缺陷，美国将退出伊朗核协议。③

在勉强签字延长伊朗核协议一年多之后，2018年5月8日特朗普正式宣布退出伊朗核协议，④ 之后不断收紧对伊朗的制裁，实行前所未有的极限施压。但前期对部分国家进口伊朗石油进行豁免，并在2018年11月宣布延长半年，2019年4月底宣布不再延长。总体来看，特朗普之所以坚持要退出伊朗核协议，原因主要包括以下三个方面：一是国内政治因素使然，特朗普作为共和党人，又任用鹰派上台，对前任民主党总统奥马巴的内外政策表现出"逢奥必反"的特征；二是对伊朗核协议的有关内容不

---

① "President Trump Calls the Iran Nuclear Deal an Embarrassment in U. N. Speech," *The Political Insider*, September 19, 2017, https：//thepoliticalinsider.com/trump-un-iran-deal-speech/。（登录时间：2020年1月15日）

② "National Security Strategy of the United States of America," December 2017, The White House, https：//www.whitehouse.gov/wp-content/uploads/2017/12/NSS-Final-12-182017-0905.pdf。（登录时间：2020年1月15日）

③ President Donald J. Trump, "Statement by the President on the Iran Nuclear Deal," January 12, 2018, The White House, https：//www.whitehouse.gov/briefings-statements/statement-president-iran-nuclear-deal/。（登录时间：2020年1月16日）

④ "Remarks by President Trump on the Joint Comprehensive Plan of Action," The White House, 2018.

满，特别是"日落条款"、未涉及限制伊朗导弹问题等；三是采取亲以、亲沙的中东政策，对伊朗充满敌视等。因此，虽然国际原子能机构多次确认伊朗完全遵守了核协议，世界大国都力劝美国不要退出伊核协议，但最终美国依然选择了退出。

在宣布退出伊朗核协议后，2018年5月12日，美国国务卿蓬佩奥发表了对伊朗的12点要求，以最后通牒式的口吻要求在此基础上重签协议，包括伊朗必须向国际原子能机构报告所有与核计划相关的军事层面的情况，永久并可核查地放弃核开发工作；必须停止铀浓缩，永远不进行钚后处理，关闭重水反应堆；必须允许国际原子能机构不受限制地进入伊朗全国范围内的所有相关设施；必须停止弹道导弹扩散，停止进一步发射或发展核导系统；必须释放以"虚假指控"而扣押的所有美国公民以及美国的伙伴和盟国的公民；必须停止对中东"恐怖组织"的支持；必须尊重伊拉克政府的主权并允许什叶派民兵解除武装、复员和重返社会；必须停止对也门胡塞武装的军事支持；必须从叙利亚撤出所有受伊朗指挥的军事力量；必须停止对塔利班及阿富汗和地区其他"恐怖组织"的支持；必须停止伊斯兰革命卫队"圣城旅"对世界各地"恐怖分子"的支持；必须停止对邻国的威胁行为等。[①] 从这些要求看，除了再次强调伊朗弃核外，更要求伊朗停止发展弹道导弹，不要支持美国认定的"恐怖组织"，不干涉地区国家内政，不威胁美国地区盟友的安全，其目的显然是要遏制伊朗的发展和地区影响力的扩大。

与此同时，特朗普政府不断推出新的对伊朗制裁措施，极大地恶化了美伊关系和海湾地区形势。伊朗方面则多次谴责美国的背约行为，并表示将会回击，同时积极争取欧洲等大国的支持，力图挽救伊朗核协议。伊朗希望避免伊朗核问题全面协议被彻底废弃，并反对协议重谈和将弹道导弹发展、伊朗地区影响力等问题纳入议程；避免与美国爆发大规模军事冲

[①] "Pompeo's 12 Demands for Iran Read More Like A Declaration of War Than A Path to Peace," *The Drive*, May 21, 2018, https://www.thedrive.com/the-war-zone/20989/pompeos-12-demands-for-iran-read-more-like-a-declaration-of-war-than-a-path-to-peace. （登录时间：2020年1月16日）

突；同时继续与欧盟、俄罗斯和中国在维护伊核问题协议上保持合作，竭力打破美国的制裁和封锁，避免遭到国际社会孤立。为此，伊朗一方面针锋相对地回击美国的制裁和威胁，对美国展示力量，但在策略上则力避与美国发生直接军事冲突，不直接打击美国当地驻军，而是选择美国地区盟友作为打击对象，并借助本国盟友来实施打击；另一方面，利用国际社会对继续维护伊朗核协议的共识以及对协议可能失败的担忧，在外交上孤立美国的同时，逼迫欧盟出台维持经贸能源合作的反制裁措施，缓解制裁压力。此外，面对美国的极限施压，伊朗采取多种措施维护国内稳定，包括大力发展"抵抗经济"，多方寻找规避出口制裁的手段，加强与周边国家的联系，提升抵御经济制裁的能力。特别是伊朗将欧盟作为维护伊朗核协议的核心力量，既以废弃伊朗核协议来对欧盟施压，迫使其尽快采取措施挽救核协议，同时又宣布不退出伊朗核协议，努力与欧盟搞好团结。但总体来看，伊朗的努力效果甚微，国际压力不断增大。

在此背景下，美伊之间"斗法"不断。长期以来，霍尔木兹海峡一直是伊朗独特的地缘战略杠杆，美国退出伊朗核协议，重启对伊朗制裁之后，伊朗多次威胁将封锁霍尔木兹海峡。[1] 2019年4月8日，美国宣布伊朗伊斯兰革命卫队（IRGC）为"恐怖组织"，这是首次把主权国家的武装力量列为"恐怖组织"。伊朗则针锋相对地宣布美国中央司令部为恐怖组织，指控美国中央司令部及其所有部队都是恐怖分子，同样也将美国称为"恐怖主义支持者"。之后海湾地区接连发生油轮遇袭和"扣船战"，5月中旬4艘油轮在阿曼湾遇袭。6月中旬又有2艘油轮在海湾地区遇袭。6月20日美军"全球鹰"无人机被伊朗军方击落。7月初，英国扣押伊朗油轮，之后伊朗先后扣押3艘英国等国油轮。7月，美国宣布组建"海湾护航联盟"，并在8月29日宣布正式开始，英、澳、巴等国参加。2019年9月3日，美国宣布制裁伊朗航空机构。9月14日，沙特油田和石油设施遭遇大规模袭击，美国指控系伊朗所为。从2019年4月起美军一直向海湾地区增派兵力，特别是5月和9月。伊朗奉行战争边缘政策，既针锋相对与

---

[1] Mahsa Rouhi, "US-Iran Tensions and the Oil Factor," *Survival*, Vol. 60, No. 5, 2018, p. 34.

美国对抗，无惧冲突升级，通过击落美军无人机、扣押外国商船提高与美国谈判筹码，又避免与美国爆发直接军事冲突。

此后，伊朗针对美国退出伊朗核协议开始"以牙还牙"，宣布有限重启铀浓缩活动。2019年5月8日，在美国退出伊核协议一年之后，伊朗宣布将分阶段停止履行部分核协议承诺，但表示不会退出核协议。此后的7月、9月和11月，伊朗先后宣布减少履行伊朗核协议的第二、第三和第四阶段措施，逐步开始新型离心机开发，启动福尔多核设施的1044台离心机，并向福尔多核设施的离心机注入铀气。伊朗同时表示，这些各个阶段的暂停措施都是可逆的，如果西方国家重新履行其伊核协议义务，伊朗将重新回到遵守伊核协议的轨道上来。2019年11月11日，国际原子能机构发布的专题报告证实，伊朗正在快速增加浓缩铀储量，浓缩铀库存已增加到551公斤，远高于伊朗核协议规定的300公斤上限；浓缩铀丰度仍为4.5%，高于核协议3.67%的上限，但仍远低于伊朗之前达到的20%丰度和制造核武器所需的90%丰度。在美国退出、伊朗暂停履行承诺的背景下，伊朗核协议走到了生死存亡的关头。

虽然美国与伊朗关系高度紧张，但美伊之间并不会爆发战争。美国毁约的目的是迫使伊朗改弦更张，甚至通过施压实现政权更迭，同时借此拉住地区盟友，防止中俄等大国提高影响力等。虽然美国一直强势制裁施压，实际上政策选择余地也较为有限。欧盟、俄罗斯和中国等其他大国一直力挺伊朗核协议，坚持维护多边主义，维护核不扩散条约，努力防止地区局势失控。因此，伊朗力求在战略上拉住欧洲、力保伊朗核协议，在战术上以少换少、强硬对强硬，在策略上努力转嫁压力、以拖待变。应该看到的是，当前不确定性因素仍然存在，主要包括：特朗普特立独行的行事风格；美伊双方国内政治因素的推动，特别是美国国内党争和大选压力；美伊双方对形势的误判风险；面对日益增多的突发事件，美伊双方应对失当导致形势升级的风险；中东地区各种势力相互影响，以色列和沙特在力促美国对伊朗遏制甚至直接开战，这些因素都影响着未来美伊关系和伊核问题的走向。当前美伊复谈的可能性不大，但不至于失控和开战。此外，美国退出伊朗核协议之后，网络攻击等秘密行动可能成为美国和以色列反对伊朗核计划和向伊朗施加压力的越来越有吸引力的工具。[1]

二、伊朗核问题的实质和影响

（一）伊朗核问题的实质

现实主义认为，对核技术的追求主要是国家在无政府状态的国际体系中追求安全的结果。结构现实主义的奠基人肯尼斯·沃尔兹认为，国际体系的无政府状态迫使各国将生存作为第一要务，对于有能力这样做的国家来说，获得核武器是保证生存的最有效威慑。[2] 核武器可以显著改善拥有国的战略地位，[3] 获得核武器将提供阻止外来威胁的最终手段。[4] 美伊矛盾是典型的结构性矛盾，由于美伊长期敌对，美伊之间一直根深蒂固地严重缺乏互信。[5] 历史上，1953 年美国中情局曾策动政变推翻伊朗摩萨台政府，而 1979 年伊斯兰革命爆发时伊朗劫持美国使馆人员作为人质长达 444 天，也让美国人无法忘却。之后美国一直将伊朗视为"敌国"，伊朗也视美国为"眼中钉、肉中刺"。美国坚持对伊朗进行制裁，不放弃对伊朗进行政权颠覆甚至武力攻击，常年对伊朗保持高强度的军事威慑，美伊关系的高度敌对状态导致伊朗长期缺乏安全感。伊朗坚持开发核技术的深层动力来自于自身的安全诉求，当然也有能源和科技方面的动机。而伊朗拥核的前景令美国十分不安，因此竭力进行遏制。美国国家情报总监詹姆斯·克拉珀 2014 年在美国国会听证时指出，核武器在世界范围内的扩散构成美国国

---

[1] Richard Maher, "The Covert Campaign against Iran's Nuclear Program: Implications for the Theory and Practice of Counterproliferation," *Journal of Strategic Studies*, 2019, p. 21. DOI: 10.1080/01402390.2019.1662401.

[2] Kenneth Waltz, *Theory of International Politics*, Boston, MA: McGraw Hill, 1979.

[3] Michael Horowitz, "The Spread of Nuclear Weapons and International Conflict: Does Experience Matter?", *Journal of Conflict Resolution*, Vol. 53, No. 2, 2009, pp. 234–57.

[4] Stephen Walt, *The Origins of Alliances*, Ithaca, NY: Cornell University Press, 1987.

[5] 田文林：《伊朗核谈判困境下的美伊博弈》，载《当代世界》2015 年第 1 期，第 52—55 页。

家安全的最大威胁之一。① 时任美国国务卿希拉里·克林顿曾宣称："核武装的伊朗是对地区以及更多国家生存的直接威胁。"② 长期以来，美国主流舆论将伊朗描绘成邪恶、侵略和恐怖主义的支持者，不仅威胁着美国利益，而且威胁着地区稳定与全球和平，这种情绪严重制约了双边认知和互信的建立。③ 西方政治家和媒体经常从黑匣子的进攻性现实主义角度解读伊朗的言行，将伊朗及其领导人哈梅内伊描述为一个不愿合作的威胁。这也直接导致关于伊朗的核计划及其武器化潜力的巨大争议。④

伊朗核问题的实质不是核问题，而是美国与伊朗关系的问题，特别是美国以伊核问题为借口遏制伊朗的问题，是如何看待伊朗国际地位的问题。伊朗核问题的关键是美伊关系问题。事实上，伊朗核问题让本已势同水火的美伊关系更加恶化，而大国博弈致使伊朗核问题复杂化，其背后反映的是国际政治问题。伊朗核问题的实质不是核问题本身，而是伊朗在中东的地区地位问题，即外界是否承认伊朗在中东地区存在合法的国家利益。⑤ 在核问题上，美国不相信伊朗不发展核武器的承诺，而伊朗高层也怀疑在核问题上做出让步的效果。哈梅内伊就曾说过："反对伊朗的运动不仅仅是针对核问题，它们（西方）现在的话题是核问题，并借炒作核问题制裁我们。但核问题何时才出现，制裁又持续了多久？西方制裁伊朗已

---

① James R. Clapper, "Worldwide Threat Assessment of the US Intelligence Community," Statement for the Record, US Senate Select Committee on Intelligence, January 29, 2014, http：//www.dni.gov/index.php/newsroom/testimonies/203 - congressional - testimonies - 2014/1005statement - for - the - record - worldwide - threat - assessment - of - the - us - intelligence - community. （登录时间：2020 年 1 月 20 日）

② Matthew Kaminski, "The Hillary Doctrine：The Secretary of State Takes an Optimistic View of Human Nature, Not to Mention Vladimir Putin," Wall Street Journal, August 14, 2009, http：//online.wsj.com/news/articles/SB10001424052970203863204574348843585706178. （登录时间：2020 年 1 月 20 日）

③ Sybille Reinke de Buitrago, "The Role of Emotions in US Security Policy towards Iran," Global Affairs, Vol. 2, No. 2, 2016, pp. 155 - 164.

④ Hayden J. Smith, "Threats Won't Work," Dynamics of Asymmetric Conflict, Vol. 11, No. 3, 2018, pp. 156 - 157.

⑤ 吴冰冰：《伊朗核问题：实质是伊朗在中东的地区地位问题》，载《世界知识》2018 年第 14 期，第 26 页。

有 30 年了，为什么在没有核问题之前，他们仍制裁我们？"① 在伊朗强硬派看来，美国历史上和当前都对伊朗充满敌意，不是可靠的谈判者。因此哈梅内伊屡次表示，对谈判前景并不乐观，认为其不会有任何结果，并宣称伊朗可以在制裁下生存下去。当然，美国同样不信任伊朗。因此，彼此缺乏信任加剧了双方达成协议的难度，伊核谈判的症结主要在美伊两国关系上。伊朗和美国关系的发展直接影响伊朗核问题能否顺利解决，如果能够解决好伊朗和美国的互信问题，那么伊朗核问题也将迎刃而解。

　　伊核谈判进程从本质上来说主要是美国和伊朗的利益博弈。伊核问题既是美伊整体紧张关系的一部分，也是美伊整体紧张关系的象征。② 伊朗核问题本身涉及的并不仅仅是核不扩散问题，还涉及伊朗国内政治问题、美国与伊朗关系等，尤其是伊朗与美国之间的信任问题是解决伊朗核问题的重要因素，而美伊之间的分歧并不是纯粹的核问题，这些问题的解决比单纯解除对伊制裁和限制伊朗核技术要困难的多。伊朗方面的谈判底线是必须承认伊朗铀浓缩的权利，因为这是《不扩散核武器条约》赋予签字国的合法权利，作为该条约签字国，伊朗理应享有与其他签字国平等的权利。美国则想要求伊朗放弃铀浓缩和核开发，这是伊朗无法接受的。2010年之后，美国及国际社会对伊朗施加了非常严厉的制裁，但并没有迫使伊朗放弃铀浓缩权利这一底线。奥巴马政府意识到，越来越严厉的制裁并不能使伊朗屈服，如不愿采取战争手段，那就只能转而改变美国的谈判立场。伊核谈判之所以能够在 2013 年取得突破，就是因为美国最终接受了伊朗铀浓缩的权利。伊核协议的达成对美国总统奥巴马来说事关其两届任期的政治功绩，对伊朗总统鲁哈尼来说事关其政治生命，国际社会的长期制裁也已影响到伊朗政权的稳定。对伊朗而言，达成协议既是出于摆脱制裁的需要，也是由于该协议各方面条件对其相对有利。该协议不仅允许伊朗和平利用核能，也有助于伊朗与西方世界缓和关系，大幅改善其外部环

---

① Zachary Keck, "Iran: The Case for Rapprochement," *The National Interest*, September 27, 2013.
② 牛新春：《试析美国与伊朗在伊核问题上的政策选择》，载《现代国际关系》2012 年第 7 期，第 40 页。

境。伊朗核问题全面协议有利于伊朗继续开展国际经贸能源合作，避免再次受到国际孤立，符合其最大利益。最终美伊双方相互妥协达成了一致，然后才有了六大国与伊朗之间的最终协议。

奥巴马的对伊政策与他的前任没有太大不同，采取了外交谈判与政治经济压力相结合的方式，以合作方式解决伊朗核问题的挑战。特朗普政府也奉行"外交与压力"结合的对伊政策，但在执行该政策的策略上明显不同，其倾向于通过向伊朗施加最大压力来寻求"更好的交易"。[1] 美国退出伊朗核协议严重威胁到伊核协议的前景，破坏了国际社会在此问题上取得的进展，影响到国际核不扩散体系的稳定和地区和平。美国特朗普政府对伊朗的敌视和制裁前所未有地加剧，美伊关系重新走向敌对。伊朗签署核协议的主要目的在于解除外部制裁，改善国际环境，但随着美国退出伊核协议和重启制裁而落空，最终选择中止履行有关核协议条款加以反制，美伊关系再次陷入恶性循环的泥淖。这再次印证了伊朗核问题的实质和关键就在于美伊关系，并对国际社会特别是参与伊核问题谈判的其他大国提出了严峻挑战。伊朗有自身的大战略，只要不危及伊斯兰政权的安全，伊朗愿意采取务实主义的态度与任何对手或伙伴进行谈判与合作，伊朗核协议谈判历程证明了这一点，对于美国来说，对伊政策只有遵循这一逻辑才有可能成功。[2] 美国应当明白，威胁、制裁和政权更迭的选择只会使伊朗激进化，从而导致伊朗温和派边缘化，并导致美伊双方设计的政治外交渠道遭到破坏。美国的权力是有限的，它需要与其他国家进行对话和合作，以解决与伊朗有关的全球和区域问题。[3]

（二）伊朗核问题的影响

伊朗核问题的影响十分广泛，总体上来看，其涉及全球战略稳定，核

---

[1] Ayman Saleh Albarasneh & Dania Koleilat Khatib, "The US Policy of Containing Iran-from Obama to Trump 2009 – 2018," *Global Affairs*, Vol. 5, No. 4 – 5, 2019, p. 370.

[2] Amir Magdy Kamel, "The JCPOA: How Iran's Grand Strategy Stifled the US," *Middle Eastern Studies*, Vol. 54, No. 4, 2018, p. 719.

[3] Mohammad Reza Chitsazian & Seyed Mohammad Ali Taghavi, "An Iranian Perspective on Iran-US Relations: Idealists Versus Materialists," *Strategic Analysis*, Vol. 43, No. 1, 2019, p. 37.

第三章 伊朗核问题：大国的多边协调
/ 173 /

不扩散体系的权威；直接牵动着全球大国关系，是世界大国博弈的焦点问题之一；极大地影响着中东地区稳定，并与其他地区热点问题存在高度联动性；也涉及包括中国在内的世界各国的切身利益，包括外交格局、能源安全、反恐斗争以及发展利益等。

冷战结束后，核问题成为全球治理的重要议题。在非传统安全治理中，核扩散不仅是世界大国长期关注的热点，而且事实上已成为威胁世界安全的潜在挑战，特别是由核武器发展导致的地区核竞赛为核战争埋下了隐患，而核材料、核技术的扩散也导致核恐怖主义成为人类的新挑战。近年来，全球恐怖主义猖獗，如若核武器落入恐怖分子之手，全球安全形势将面临极大挑战。基于以上安全形势的判断，全球核治理已成为各国乃至全球迫在眉睫的议题，尤其是安理会常任理事国在阻止核扩散层面已形成重要共识，特别是在横向核扩散领域更是如此。

中东地区是全球核扩散的高风险地区和全球核治理的关键地区。中东国家寻求核能的历史可以追溯到20世纪50年代，约旦和埃及都参加了1955年在瑞士日内瓦举行的第一届和平利用核能国际会议，并提出了它们希望获得核能的理由。[1] 尤其是冷战结束后，以色列成为中东地区唯一的拥核国家，卡扎菲领导下的利比亚、萨达姆主政时期的伊拉克、阿萨德掌权时的叙利亚、哈梅内伊任最高领袖时期的伊朗等纷纷提出各自的核计划，使中东地区面临核扩散的严重挑战。从2003年的伊拉克战争到2011年的利比亚战争和叙利亚内战，中东反美国家的核计划遭受挫折，中东国家之间关于中东核不扩散问题一直争论不休，尤其是伊朗、以色列、沙特、土耳其等国因立场不同而引发激烈争论。虽然提出很早，但自1995以来建立中东无核区的倡议始终无法取得进展。[2]

伊朗核问题就是当今最为典型、最为紧迫的全球核治理议题之一。伊朗核问题首先是涉及国际核不扩散体系与全球核问题治理全局的重大问

---

[1] M. V. Ramana & Zia Mian, "Scrambling to Sell a Nuclear Middle East," *Bulletin of the Atomic Scientists*, Vol. 72, No. 1, 2016, p. 39.

[2] Nir Hassid, "Thinking Outside the Box: Preserving the NPT While Advancing the Middle East Weapons – of – mass – destruction – free Zone," *The Nonproliferation Review*, Vol. 24, No. 1 – 2, 2017, pp. 155 – 166.

题。国际原子能机构的基本判断是,伊朗的秘密铀浓缩计划违反了其对《不扩散核武器条约》的承诺。[①] 核不扩散的目标是国际社会处理伊朗核问题的基本出发点,这也在塑造奥巴马政府及其在军备控制领域的支持者所通过的协议中起着核心作用。奥巴马"坚持要阻止伊朗获得核武器的所有途径,主要是因为它将彻底破坏不扩散制度,这是他全球议程的重要支柱"。[②] 进一步从全球核不扩散机制来看,核技术具有军民两用特征,伊朗的核开发活动处于"灰色地带"。伊核问题牵涉到的基本技术问题包括:和平利用核能与核武器开发的区别;核不扩散条约缔约国的权利与义务;不同的铀浓度(3.5%、20%和90%)的区别;核武器与导弹的关系等。还要回答一些关键问题,如伊朗到底有没有核野心?其有没有能力制造核武器?为何其他很多国家(印度、巴基斯坦、朝鲜)可以有核武器,而伊朗不能有?伊核谈判的结果为治理这种"灰色地带",回答上述有关问题建立了清晰的标准和应对依据,伊核谈判和伊核协议对于全球核治理具有重大的开创性和标杆性意义。关于伊朗核问题存在很多争议,仔细分析可以发现,围绕伊朗核问题的谈判包括四个主要目标:加强全球核不扩散制度、中东地区和平与稳定;恢复美伊双边关系以及使伊朗重新融入国际社会;促进伊朗内部的人权和民主。[③] 虽然这是美国与西方的观点,但客观上也说明了伊核问题的丰富内涵和广泛影响。

伊朗核问题全面协议的达成有力地维护了国际核不扩散体系,有效地维护了《不扩散核武器条约》的严肃性、连续性和稳定性。伊朗核协议赋予国际原子能机构的额外检查和监督权利,不仅增强了国际原子能机构系列保障措施的权威,以提高侦查能力,发现已知和秘密核设施的扩散威

[①] "Implementation of the NPT Safeguards Agreement in the Islamic Republic of Iran 2005," IAEA Board of Governors, September 24, 2005, https://www.iaea.org/sites/default/files/gov2005-77.pdf.(登录时间:2020年1月28日)

[②] Martin S. Indyk, "The End of the U. S. -Dominated Order in the Middle East," Brookings, March 15, 2016, https://www.brookings.edu/blog/order-from-chaos/2016/03/15/the-endof-the-u-s-dominated-order-in-the-middle-east/。(登录时间:2020年1月28日)

[③] Kian Tajbakhsh, "Who Wants What from Iran Now? The Post-Nuclear Deal U. S. Policy Debate," *The Washington Quarterly*, Vol. 41. No. 3, 2018, p. 42.

胁，而且还成为其长期防止核扩散努力的重要组成部分。① "P5 + 1"与伊朗之间达成的协议避免了一场可能会使全球核不扩散体系陷入危险并将中东地区拖入冲突的重大危机，国际社会应借鉴该协定并将之转变为普遍的全球标准，将其应用到所有寻求铀浓缩或其他核开发活动的国家。② 但其重要性远远超出了核不扩散领域，极大缓解了伊朗与西方国家之间的紧张关系，危机的和平解决也有效避免了中东地区再次走向大规模冲突甚至是战争结局。伊核危机爆发后，战争的阴影始终笼罩着中东上空，美国从来没有承诺过放弃武力，以色列也曾多次扬言要对伊朗的核设施实施打击，美国与伊朗之间多次陷入战争边缘，全面协议的达成使伊朗重新回到和平利用核能初级阶段，奥巴马正式宣布美国无意改变伊朗现政权，由此大大降低了战争风险。因此，伊朗核问题全面协议的达成不仅有力维护了国际核不扩散体系，而且在维护中东地区安全历史进程中也是一个重要的里程碑事件。③

伊朗核协议提供了一个通过和平谈判解决重大国际争端的有益经验，因此，它得到了国际社会的普遍欢迎和赞扬。④ 其通过国际经济制裁与和平谈判的顺利转化维护了国际核不扩散体系，对国际社会解决相关国际热点问题具有重大的借鉴意义。保持压力加建设性接触的政治解决模式为处理其他国际和地区危机树立了样板。⑤ 多年来，伊朗核问题一直是世界最难解决的国际争端之一。伊核问题全面协议的达成，表明通过外交协调与合作可以克服数十年的紧张关系和冲突对立，这为国际社会以谈判方式解决热点问题提供了重要的成功经验，将对处理其他地区热点问题包括朝鲜半岛核问题树立了有益典范。伊朗核协议本身就是历史性的成功防止地区冲突的国际外交案例，也是在不诉诸军事手段或政权更迭的情况下，联合

---

① Paul Kerr, "The JCPOA and Safeguards: Model or Outlier?," *The Nonproliferation Review*, Vol. 24, No. 3 – 4, 2017, p. 261.

② David Hannay & Thomas R. Pickering, "Building on the Iran Nuclear Agreement," *Survival*, Vol. 59, No. 2, 2017, p. 153.

③ 唐志超：《伊朗核问题的大国博弈及其影响》，载《当代世界》2019 年第 8 期，第 43 页。

④ 李国富：《伊朗和协议达成及其影响》，载《世界知识》2015 年第 15 期，第 8 页。

⑤ 王雷：《伊核全面协议对中东秩序的冲击和影响》，载《当代世界》2015 年第 10 期，第 47 页。

国撤销对大规模杀伤性技术扩散指控所施加的制裁的第一个成功先例，利用严格核查监督削减核能力在世界军控历史中也很少见。① 未来国际问题的解决可以借鉴伊核谈判模式，即通过世界大国、利益相关方和中立方共同协商，寻求和平、公正、共赢、可持续的解决方案。② 持续对峙与制裁带来的对国际和平与安全的重大威胁最终通过谈判得以圆满解决，虽然首先是美伊两国相互妥协的结果，但符合联合国宪章的宗旨与精神，也对未来联合国在国际制裁上的实践与改革具有重要启示。此外，伊朗核谈判和达成协议也对大国关系带来了积极影响和有益启示，凸显了大国在全球性热点问题治理中合作的必要性和可能性。对于美欧关系来说，跨大西洋联盟对于推动伊朗谈判进程向前发展至关重要，外交和经济压力加上适当的激励措施，使伊朗朝着得到认可的严格限制的方向迈进，这也被认为是欧洲外交和跨大西洋合作的成功。③

尽管伊朗核协议并不完美，就像任何谈判达成的协议一样，其存在一定的缺陷，但在美国撤出之前它运行平稳，伊朗信守诺言，一些问题正在得到解决和进一步改善，特别是在伊朗核协议框架下成立的旨在解决投诉和分期的联合委员会已成功地决定了尚未确定的技术问题，如伊朗可运行的离心机数量、国际原子能机构的持续监测、重水的处理等。④ 美国学者大多认为虽然伊朗核协议存在缺点并对其最终效力表示怀疑，但退出不是明智的选择，而主张采取对冲战略或其他措施进行弥补漏洞。⑤ 根据2015年7月达成的伊核协议，伊朗的核计划受到限制并接受严格检查，国际原子能机构的核查仍然是确保伊朗不开发核武器的最佳方法。尽管伊核协议对伊朗铀浓缩的限制有期限，但加强验证的措施是永久性的。正如国际原

---

① Moritz Pieper, "The Transatlantic Dialogue on Iran: The European Subaltern and Hegemonic Constraints in the Implementation of the 2015 Nuclear Agreement with Iran," *European Security*, Vol. 26, No. 1, 2017, p. 99.
② 罗孝如：《伊核问题的爱恨情仇》，载《军事文摘》2018年第8期，第10页。
③ Cornelius Adebahr, "The Linchpin to the Iran Deal's Future: Europe," *The Washington Quarterly*, Vol. 38, No. 4, 2015, pp. 115 – 131.
④ Mark Fitzpatrick, "Assessing the JCPOA," *Adelphi Series*, Vol. 57, No. 466 – 467, 2017, p. 58.
⑤ David A. Cooper, "Hedging the Iran Nuclear Bet: Reinvigorate Supply-Side Nonproliferation," *The Washington Quarterly*, Vol. 39, No. 3, 2016, p. 41.

子能机构主席天野之弥在2017年11月所说的那样,"国际原子能机构的保障措施不存在日落问题"。伊朗核协议长达100多页,措辞严密,规定详细,其细节花费了两年的时间才得以确定,制定了详细的时间表来销毁伊朗20%浓度的浓缩铀与关闭离心机等,并允许国际原子能机构进行侵入性的严格监控。这与美国和朝鲜之间只有一页纸的一般性声明形成了鲜明对比。[1]

美国对自身利益的认知及对伊朗战略的摇摆,加剧了伊朗核问题的复杂性与挑战性。有学者认为美国在对伊朗战略上有推回、离岸平衡、遏制和接触四种选择,每一种选择都各有利弊并将带来不同后果,但美国对伊朗战略在国内一直处于激烈争议之中。[2] 在后伊核协议时代,形势的反转和重现危机更加凸显了伊核问题的复杂性,美国退出伊朗核协议带来的重大冲击更说明了伊核问题的影响力。为维护国际和平与地区稳定,国际社会也需要总结伊核问题演进和谈判的经验教训,为缓解伊核问题危机做出更大努力。可以明确的是,更多的制裁不会导致伊朗根据美国的条款屈服并重新谈判核协议,尤其是在没有其他主要伙伴自愿支持新制裁的情况下。[3] 美国退出伊朗核协议导致好不容易建立起来的监督核查机制无法发挥作用,伊朗核开发与材料技术的扩散无法控制,这无疑也是特朗普退出伊朗核协议的意外后果之一。[4] 此外,美国退出伊朗核协议从根本上也导致了朝鲜永远不会与美国谈判达成核协议,这对美国的国际谈判信誉和能力造成了损害。[5]

---

[1] Yassamine Mather, "The Political Economy of Iran's Islamic State, Donald Trump and Threats of War," *Critique*, Vol. 46, No. 3, 2018, p. 456.

[2] Albert B. Wolf, "After JCPOA: American Grand Strategy Toward Iran," *Comparative Strategy*, Vol. 37, No. 1, 2018, pp. 22–34.

[3] Mark Fitzpatrick, "Assessing the JCPOA," *Adelphi Series*, Vol. 57, No. 466–467, 2017, pp. 59–60.

[4] Paulina Izewicz, "The JCPOA Procurement Channel," *Adelphi Series*, Vol. 57, No. 466–467, 2017, p. 87.

[5] Sharon Squassoni, "Through a Fractured Looking-glass: Trump's Nuclear Decisions So Far," *Bulletin of the Atomic Scientists*, Vol. 73, No. 6, 2017, p. 370.

第二节　伊朗核问题的大国博弈

伊朗核问题出现的根源在于美国与伊朗的敌对，其实质是美伊关系问题。但由于核问题的战略属性和伊朗独特的能源地缘地位，其他世界大国也纷纷介入其中，主动或被动地卷入这场纷争或参与解决这一热点问题。参与伊朗核问题谈判的 6 个大国分别是英国、法国、德、美国、俄罗斯和中国，即联合国安理会 5 个常任理事国加上德国（"P5 + 1"）。由于利益和立场同中有异，各国在伊核问题的有关制裁和谈判进程中展开了多轮角力，大国博弈也使伊朗核问题更加复杂化。伊朗核谈判的进展或挫折，都多少会触动这几大关系，虽然伊朗还只是一个中等国家，但伊朗核问题微妙地撬动了大国关系。①

美国的立场自不必说。美欧是传统盟友，在伊朗核问题上基本属于同一阵营，但利益却未尽一致。长期以来，美国对伊朗是政治孤立、经济制裁和军事威慑三管齐下，欧洲虽然反对伊朗拥核，但反对动武，主张谈判解决伊核问题。在经济上，欧洲也不愿放弃伊朗市场，大部分情况下反对美国对伊朗的过度制裁，欧洲商界一直渴望重返伊朗，寻求经济机会。与此同时，经济因素并不足以完全解释欧盟对伊朗的政策，与美国的盟友关系可能是一个更为关键的影响因素。② 俄罗斯在伊朗问题上的立场与美国存在根本不同。③ 美国与俄罗斯一直存在着地缘和战略竞争，伊朗也是美俄争夺战略空间的一个重要舞台。但美俄在伊朗核问题上又保持合作，这是因为美俄在反对伊朗拥核上拥有共同利益，而且俄罗斯并不愿意与美国全面对抗，有利用"伊朗牌"与美国讨价还价的动机。俄罗斯与欧洲之间

---

① 秦天：《伊朗核谈判：撬动地球的支点》，载《世界知识》2015 年第 8 期，第 43 页。

② Michal Onderco, "Money Can't Buy You Love: The European Union Member States and Iranian Nuclear Programme 2002 – 2009," *European Security*, Vol. 24, No. 1, 2015, pp. 56 – 76.

③ Dmitry Strovsky & Ron Schleifer, "The Iranian Nuclear Challenge as Reflected in the Russian Media," *Russian Journal of Communication*, 2020, p. 2. （登录时间：2020 年 1 月 30 日）

也存在着地缘竞争，但在伊朗核问题上的对抗非常有限。但如果欧伊之间借助天然气纽带形成能源战略伙伴，俄罗斯在欧亚大陆的能源和地缘优势难免遭到削弱，这也是俄罗斯不愿看到的结果。中国与欧洲、俄罗斯在伊朗核问题上没有明显的利益冲突，都重视与伊朗的经贸联系，对美国的单边制裁均存在不同程度的不满。但中美在伊朗核问题上的关系就比较复杂，中国处理伊朗核问题须同时考虑中美关系和中伊关系，而中美关系的重要性虽然远超中伊关系，但伊朗因其地缘和外交特性对中国具有独特的意义。中国一直反对美国对伊朗的单边制裁，对于伊朗核谈判，中国乐见其成并积极推动，在其中发挥着重要作用。①

一、对伊朗制裁问题上的大国博弈

2003 年伊朗核危机爆发后，以美国为首的西方国家与联合国都曾对伊朗施加了多轮经济制裁措施，制裁措施集中在能源与金融领域。对伊朗的经济制裁在推动伊朗核危机走向谈判解决中发挥了重要作用，大国之间也在长达多年的对伊制裁问题上进行了激烈博弈。

伊核危机爆发后，美国一直是最为积极、主要和一以贯之的制裁方。相对于联合国，美国与欧盟是对伊朗经济制裁的主力。在伊核问题爆发初期，国际社会的主流意见是通过外交谈判途径劝服伊朗放弃核开发计划，对伊朗制裁主要是美国的单边行动。对伊朗抱持敌视态度的美国从一开始就极端不相信伊朗会主动放弃核开发政策，深信伊朗要发展核武器，坚持直接对其进行制裁，因而前期基本上只有美国对伊朗实施的单边经济制裁。美国一方面扩大了对伊朗单边制裁，签署了多个对伊朗制裁的总统行政令，美国国会也通过了旨在加强对伊朗制裁的法案，另一方面利用其影响力说服其他国家金融机构加入对伊制裁，对违反其对伊朗经济制裁规定的外资银行进行罚款。这一时期的美国单边经济制裁对伊朗的对外贸易与金融往来造成了冲击，但美国与伊朗并无直接经济往来，而其他国家并未

---

① 秦天：《伊朗核谈判：撬动地球的支点》，载《世界知识》2015 年第 8 期，第 43—44 页。

正式参与其中，美国单边经济制裁的效果有限，为此美国开始寻求国际合作扩大对伊朗制裁的范围和力度。在谈判未果后，伊核问题被提交至联合国安理会，安理会相继推出了4轮制裁，制裁措施日益严厉，但并未取得预期的明确效果。从制裁措施的技术角度来看，联合国基本穷尽了其所能采取的主要制裁手段，因此无法再推出新的制裁措施，后期的对伊制裁主力重新转移到美国（及其盟友）身上，但这也表明伊核问题的症结在于伊朗与美国的关系上。

2006年，美国推动国际原子能机构将有关伊核问题的报告提交联合国安理会。2006—2014年间，美国推动联合国安全理事会接连通过10个涉伊朗核问题决议，即2006年7月第1696号、2006年12月第1737号、2007年3月第1747号、2008年3月第1803号、2008年9月第1835号、2010年6月第1929号、2011年6月第1984号决议、2012年6月第2049号决议、2013年6月第2105号决议、2014年6月第2159号决议。其中包含了对伊制裁措施的主要是在2006—2010年间先后通过的第1737号（2006年）、第1747号（2007年）、第1803号（2008年）、第1929号（2010年）这4个决议。由于伊核问题的挑战不断增大且美国考虑到其他大国在中东地区的利益，欧盟从开始的反对制裁逐步走向与美国一致，原本强烈反对制裁伊朗的中俄等国也在不同程度上转变了之前的对伊朗政策，国际联合经济制裁得到深化。[①]

美国在积极促成国际社会对伊朗联合制裁的同时，并未放松单边经济制裁。奥巴马上台后对伊朗态度出现缓和但并未放弃遏制政策。2010年以后，联合国无法再推出新的对伊朗制裁决议，美国的单边制裁开始不断加码，包括2010年7月出台《全面制裁伊朗、问责和撤资法案》。2011年11月的第13590号行政令《2012财年美国国防授权法》。2012年6月的第13645号行政令。8月出台的《降低伊朗威胁和叙利亚人权法案》《2013财年国防授权法》等，制裁范围和力度不断扩大。美国还敦促相关国家加入制裁伊朗的行列，许多国家和相关实体被迫放弃与伊朗合作。其中，欧盟

---

① 熊谦、田野：《国际合作的法律化与金融制裁的有效性：解释伊朗核问题的演变》，载《当代亚太》2015年第1期，第119页。

跟随美国实施了多轮对伊朗强硬制裁的措施，加拿大、韩国、日本、海合会、印度等也加入到对伊朗制裁的行列。2012年前后对伊朗的国际多边制裁达到了一个顶峰，对伊朗带来了巨大的经济和政治压力，[1] 推动了伊核问题的解决。

美国（及其盟友）以贸易（能源）制裁和金融制裁为主，在实行石油禁运的同时向金融制裁领域不断深化，针对伊朗的经济要害进行制裁施压，动用的制裁手段更为多样，也更为广泛和严厉。如制裁高潮的2011—2012年，美国和欧盟同时推出措施重点强化对伊朗的石油与金融制裁，对伊朗实行全面的石油禁运，并扩大到所有外国企业与金融机构，同时环球银行金融电讯协会的加入使伊朗与全球金融体系的联系被切断，其金融业务与对外贸易均遭受重创。而美国（及其盟友）的对伊朗的制裁内容更多、范围更广，除针对与伊核活动相关的人员、物资、金融交易之外，还将制裁范围扩大到对伊朗能源的贸易、投资、运输、保险和技术服务等方面。美国以金融、贸易、能源和人员等多领域制裁为主要手段，同时运用其他配套措施，对伊朗政权施加全方位、多管齐下的压力，以期促使伊朗放弃现行政策。[2] 美国不断升级对伊朗经济制裁措施，推动其单边制裁向国际联合制裁发展的同时，利用自身国际经济影响力实施第三方制裁，迫使其他国家不得不加入对伊制裁的行列。后期美国更注重强化对伊朗的经济制裁，在金融、能源、石化等领域不断收紧制裁枷锁，并敦促日本、韩国、中国与印度跟进对伊朗制裁，警告"任何国家要么与美国做朋友，要么与伊朗做生意"。为此，美国一旦发现他国公司违反美制裁规定，即对其进行严厉惩罚。[3] 美国对英国、法国、荷兰、中国、俄罗斯等相关国家的企业和金融机构都曾经进行过严厉制裁和惩罚，美国非友即敌的"简单二分法"大大压缩了伊朗规避经济制裁和其他大国从中渔利的空间。与1991—2003年的对伊拉克经济制裁相比，对伊朗的经济制裁发生在已经转

---

[1] Amir Magdy Kamel, "The JCPOA: How Iran's Grand Strategy Stifled the US," *Middle Eastern Studies*, Vol. 54, No. 4, 2018, p. 716.
[2] 王锦：《试析美国对伊朗制裁的有效性》，载《现代国际关系》2014年第4期，第11页。
[3] 李峥：《美国经济制裁的历史沿革及战略目的与手段》，载《国际研究参考》2014年第8期，第14页。

入"聪明制裁"时期之后，更具针对性。

美国是对伊朗经济制裁的发起方，是国际社会中最为积极和主动的对伊朗进行制裁的国家，也是联合国安理会介入和通过对伊朗制裁决议的主要推动力量。2005年年中以后，美国抓住伊核谈判失败和伊朗态度转向强硬的机会，直接推动国际原子能机构将伊核问题提交至联合国安理会，使安理会在2006年初开始介入对伊朗的制裁，推动了国际社会对伊朗制裁联盟的形成。美国采取威逼利诱的"两手策略"推动了其他相关国家对伊朗制裁态度的转变，一方面为推动其他与伊朗有重大利益关系的国家特别是中俄等大国转变对伊朗制裁的审慎与反对态度，在联合国介入对伊朗制裁后主动通过给予豁免权、利益交换等途径换取其他大国同意对伊朗的经济制裁，使各国在对伊朗制裁上的共识与一致性不断提升，这在联合国的后期决议中有比较明显的体现，而美国要维持制裁同盟的稳固和扩大，就必须在维持其制裁和议题关联的同时建立制裁补偿机制，寻求通过包括经济补偿、战略利益交换等方式补偿制裁参与国[1]；另一方面，美国利用自身的全球经济影响力，通过治外法权的方式对违反其制裁规定的经济实体进行单边惩罚，也迫使很多国家不得不权衡利弊，加入到对伊朗联合制裁的行列中来。此外，美国（及其盟友）也是后期对伊朗制裁的主力军。在联合国四轮制裁决议未能奏效之后，美国联合西方盟友推出了更为严厉的制裁措施，实际上联合国又被抛在了一边。在新世纪美国与西方国家在联合国主导地位下降的背景下，在对伊朗的经济制裁中就出现了美国单边制裁与联合国多边制裁的明显分野。

从国际经济制裁的角度来看，包括联合国在内的国际社会对伊朗的经济制裁取得了一定的成果。联合国的制裁旨在敦促伊朗同国际社会合作，尽快澄清和解决与核计划相关的重大问题，遵守国际核不扩散规定。联合国的对伊朗制裁是逐步加强的，制裁措施日益严厉，但由于国际社会依然存在深刻分歧，更主要的是伊朗对外政策以及美伊对峙的原因，使得联合国的四轮制裁措施实施后并没有取得直接效果。虽然美国推动联合国实施

---

[1] 孙泽生等：《美欧对伊朗石油业的制裁》，载《国际展望》2013年第2期，第129页。

对伊朗联合制裁，但经过利益折冲与妥协后的联合国制裁决议在美国看来还是不够严厉，不足以迫使伊朗让步。美国由此加大了单边制裁力度，同时诱使和迫使西方盟国和其他相关国家参与对伊朗采取更大程度的制裁。在2010年下半年后，美国开始对伊朗采取更为严厉的单边制裁，制裁的矛头直指伊朗能源、金融等要害领域，连续推出有史以来最为严厉的制裁法案，并利用自身的经济影响力迫使其他国家的经济实体参与到对伊朗联合经济制裁的进程中来，否则这些国家将面临美国的严厉惩罚。欧盟在对伊朗的两面性政策失败后，也紧跟美国开展了严厉的经济制裁，主要集中在能源、金融、保险、出口和运输业等方面，由于长期以来欧盟是伊朗石油的重要进口方，且欧洲企业是对伊朗石油工业投资的主导力量，欧盟的全面制裁对伊朗经济的打击更为直接和重大。因此，后期的美欧对伊联合经济制裁的效果更为显著。从现实主义的角度来看，欧盟前期承诺采取劝服而非强制性方法，旨在掩盖其缺乏"硬"权力资源的现实，同样，后来其转向更强硬制裁也可能被认为是受到美国霸权强大压力的影响，尤其是对英法两国来说。[1] 伊核问题最终取得进展，主要是在西方主导的后期严厉制裁之后在美伊政策转变的背景下达成的。

一般来说，参与经济制裁的国家数量越多，对目标国造成的压力和影响就越大。制裁的效果与制裁联盟的构建呈正相关变化，制裁参与国越多，制裁的效果越显著，对被制裁国形成合围是制裁的理想状态，而主要国家的参与则是制裁生效的必要条件。[2] 但在多边国际经济制裁中，不同国家的目标和利益并不总是统一的，分歧和矛盾是常态，主导制裁的国家通常会在其他问题上做出让步换取其他国家在制裁问题上的支持与一致。由于政策认知与利益差异，国际社会特别是世界大国之间在对伊经济制裁问题上存在明显分歧，美国等部分西方国家希望加大对伊朗的制裁力度，但中俄等国强调应对有关制裁进行一定的限定，制裁措施应主要针对核问

---

[1] Eva Mareike Schmitt, "Between European and National Role Conceptions-the EU3 Initiative Regarding the Iranian Nuclear Programme," *European Security*, Vol. 26, No. 2, 2017, p. 268.

[2] 赵建明：《制裁、反制裁的博弈与伊朗的核发展态势》，载《外交评论》2012年第2期，第88页。

题而不应扩大化，不能影响各国正常经贸往来和伊朗人民的正常生活，以避免造成人道主义危机。联合国作为国际社会的机制性代表，其行动机理有赖于世界各国特别是各大国之间的协调一致，但由于各国利益与认知差异往往很难在短时期内形成一致意见，因此事态的发展和各国认知调整与利益协调都需要一个较长的过程。同时联合国的行动还需要有关国家提出并得到专业国际机构（在核问题上就是国际原子能机构）的技术报告支撑。联合国不仅开展和维持了对伊朗的系列经济制裁，国际联合制裁"也创造了最终谈判解决的条件"。[①] 最后六国与伊朗达成的核协议也需要并顺利得到了联合国安理会的审核批准，也为国际社会的外交努力及取消对伊朗的经济制裁提供了合法保障。

总体上来说，国际社会对伊朗的联合经济制裁是推动伊朗最终愿意开展实质性谈判并取得谈判成功的关键因素，但联合国在对伊朗经济制裁进程中并不占据主导地位，在美国对伊朗发起的单边经济制裁中较为被动和无力，对伊经济制裁的最终成效也并不取决于联合国的作为。2003年以来，伊朗对于国际谈判的态度经历了反复变化，导致对话时断时续。国际原子能机构以及欧盟与伊朗的谈判一直纠缠在伊朗是否允许核查和伊核项目的透明度等问题上难以取得进展；而在联合国框架下，四轮制裁之后，伊核问题六国与伊朗的谈判依然未果。2010年以后美欧推出空前严厉的对伊单边经济制裁，给伊朗经济造成了严重打击，加之内外因素的变化，伊朗的态度出现了实质性改变，恰恰是在2013年底伊核谈判取得了明显进展。奥巴马表示，伊朗之所以同意坐在谈判席上，就是因为近几年美国对其"超乎寻常的制裁"。[②] 因此，从直接效果来看，后期的美欧单边制裁的确直接推动了伊朗政策的转变与核问题的重大进展。

值得注意的是，国际经济制裁并不是伊核问题获得解决的充分条件，甚至不是主要条件。利用制裁作为使伊朗遵守其国际义务的一种战略总是

[①] Dina Esfandiary and Mark Fitzpatrick, "Sanctions on Iran: Defining and Enabling 'Success'", *Survival: Global Politics and Strategy*, Vol. 53, No. 5, 2011, p. 143.

[②] 《美以领导人会晤谈伊朗核问题》，新华网，2013年10月1日，http://news.xinhuanet.com/world/2013-10/01/c_117579119.htm。（登录时间：2020年2月6日）

有争议的。① 一方面，国际经济制裁并未能真正阻止伊朗核能力的提升及其核开发进程，伊朗也一直没有放弃和平利用核能的权利。制裁后期，伊朗的离心机数量发展到1.9万台，核技术也获得了提升；浓缩铀的水平不断提高，于2010年具备生产纯度为20%的浓缩铀能力；重水反应堆容器也于2013年安装到位。在美国加大制裁的2010年以后，伊朗在离心机安装和研发、浓缩铀纯度和数量、核项目军事性、重水反应堆和地下核设施发展方面都取得了较大进展。伊朗将核项目发展作为与西方博弈的一张牌，制裁难以从根本上改变伊朗的核决心。② 另一方面，从很大程度上来看，伊朗核问题的解决并不仅是由国际社会的对伊制裁导致的，更多是美伊两国政府政策态度转变的结果。后期，美国中东政策已走到新的十字路口，维持中东霸权的代价已经变得十分昂贵。③ 美国总统奥巴马于2009年上台后逐渐调整了政策，表示愿意与伊朗进行对话，通过政治和外交手段解决美伊分歧，制裁的主要目的是以施压促使伊朗政策发生变化。2013年立场温和的鲁哈尼当选伊朗总统，表示愿意就核问题达成协议，奥巴马给予了积极回应并在联大发言时史无前例地明确表态，美国不谋求变更伊朗现有政权，也将尊重伊朗和平利用核能的权利。美伊两国间举行了高级别对话推动伊核问题谈判进入务实阶段，当年底各方达成了十多年来的首份临时性协议，伊朗同意冻结部分核计划以换取放松制裁。此后经过一年多的艰苦谈判，美伊双方均做出了重大让步，最终在2015年7月达成全面协议。因此，伊核问题的发展演变主要取决于美伊两国之间的权力博弈与政策变化。伊核协议的达成是美伊双方现实利益诉求与战略需要而相互妥协的结果。④ 从根本上来说，作为外交政策工具的国际经济制裁既受到国际权力格局与大国政策的决定性影响，也受到主权国家内部政策及相互间关系变动的影响，联合国与国际经济制裁的关系波动当然受到这一基础因素

---

① Stephen G. Carter, "Iran, Natural Gas and Asia's Energy Needs: a Spoiler for Sanctions?", *Middle East Policy*, Vol. XXI, No. 1, Spring 2014, p. 56.
② 王锦：《试析美国对伊朗制裁的有效性》，载《现代国际关系》2014年第4期，第15页。
③ 华黎明：《后伊核时期的美伊关系走向》，载《国际石油经济》2015年第8期，第2页。
④ 张业亮：《伊核协议能否翻开美伊关系"新篇章"》，载《世界知识》2015年第17期，第42页。

的重大影响。美欧可以利用"石油武器"开展对伊经济制裁在很大程度上凸显了其在国际社会中的结构性权力。[1] 此外,伊朗国际经济制裁问题的最终解决还是要走联合国的权威渠道,发展前景还是要受到联合国层面的各国合作与博弈的重大影响。

二、伊朗核问题谈判进程中的大国博弈

伊核问题牵涉面广,既涉及突出的政治因素,也包含复杂的技术难题。大多数研究和观察从美伊关系的角度对伊核问题谈判过程进行了分析,但伊朗核问题协议绝不是美伊之间双边会谈的成果,而是得益于其他相关方积极参与的多边对话。[2] 长期以来,美伊关系处于敌对状态,伊朗研发核技术的能力和决心与美国反对伊朗拥核的立场形成了严重对立,甚至让双方走到了战争的边缘。伊朗认为自己作为《不扩散核武器条约》的缔约国,拥有和平利用核能的固有权利。伊朗还指责美国在防扩散上奉行双重标准,将伊朗单独挑出来,妖魔化伊朗,拒绝伊朗和平利用核能的权利,此种做法是不公正的。而美国认定伊朗是支持国际恐怖主义的国家,不能拥有可以制造核武器的材料、设备和技术,而且伊朗作为《不扩散核武器条约》缔约国,其核活动已违反国际核不扩散的相关规定,就不能再享有条约第四条赋予的和平利用核能的权利,国际社会有权要求伊朗终止其核开发活动。实际上更重要的是,对伊朗抱持敌视态度的美国从一开始就极端不相信伊朗会主动放弃核开发活动,美国政府不接受伊朗掌握铀浓缩能力,既不想看到一个拥核的伊朗,也不想动用武力,而是希望通过谈判解决伊朗核问题。但是美国对外交解决又没有把握,因而实际上是经济制裁、外交谈判、秘密行动、政权更迭、战争威胁多管齐下,并适时调整各个手段的先后次序和权重,并始终未排除对伊朗核设施发动军事打击的

---

[1] Thijs Van de Graaf, "The 'Oil Weapon' Reversed? Sanctions Against Iran and US-EU Structural Power," *Middle East Policy*, Vol. XX, No. 3, Fall 2013, pp. 145 – 163.

[2] Tara Shirvani & Siniša Vukovi, "After the Iran Nuclear Deal: Europe's Pain and Gain," *The Washington Quarterly*, Vol. 38, No. 3, 2015, p. 80.

选择。

在伊核问题爆发初期，国际社会的主流意见是通过外交谈判途径劝服伊朗放弃核开发计划，使之遵守核不扩散体系的规定，这也符合《联合国宪章》与国际法的宗旨。为避免伊朗核问题引发冲突，最开始主要由英、法、德三国（EU-3）出面与伊朗进行谈判，并先后达成了一些成果。在国际原子能机构和英法德三国的积极协调下，2003 年 11 月伊朗宣布暂停铀浓缩活动，随后正式签署了《不扩散核武器条约》附加议定书。2004 年英法德三国与伊朗举行了多轮会谈，并于当年 11 月达成"巴黎协议"，但由于分歧严重，协议未能得到落实。2005 年内贾德当选伊朗总统后态度转向强硬，公开恢复了铀浓缩活动，伊核问题急剧升温，英法德等国宣布中止谈判。欧盟出面调停是这一时期的突出亮点。欧盟三国（EU-3）的倡议在 2003—2006 年的第一阶段相对成功，它暂时停止了伊朗的核浓缩活动，并在国际社会中展现了欧洲的重要角色。① 经过多轮协商和谈判，取得了阶段性成果，但相关协定未能落实。同时这一时期主要由国际原子能机构主持处理，围绕伊朗是否应该停止铀浓缩活动而展开，双方争执不断。其间，2005 年 12 月俄罗斯提出将铀浓缩的后续活动转移到俄罗斯境内的建议，后又提出在俄罗斯境内建立浓缩铀联合企业，以确保伊朗核技术不会用于军事目的。美国和欧盟赞同，但伊朗表示其铀浓缩活动必须在本国境内进行。

2006 年起，围绕伊朗核问题争端的主要变化是大国磋商机制的建立及联合国安理会的介入。2006 年 1 月，在美国倡议下，联合国安理会 5 个常任理事国和德国代表在伦敦聚会讨论伊朗核问题，会议呼吁伊朗停止重启的浓缩铀研究。关于伊朗核问题的安理会 5 个常任理事国+德国（"P5+1"）的六国机制自此启动。这表明伊朗核问题已经上升为世界重大安全问题，表现为：伊朗与国际社会之间核扩散危险与反扩散、防扩散努力之间的矛盾；国际原子能机构已无力主持处理这一问题，而下降为安理会决议的执行机构；国际社会尤其大国之间在伊核问题上达成基本共识，反对并

---

① Eva Mareike Schmitt, "Between European and National Role Conceptions-the EU3 Initiative Regarding the Iranian Nuclear Programme," *European Security*, Vol. 26, No. 2, 2017, p. 259.

防止伊朗开发核武器。核不扩散是大国的共同利益，伊朗不能拥有核武器是大国的共同立场，但大国在防止伊朗核扩散的方式和途径方面仍然存在分歧。美国拉拢欧盟逐步加大对伊制裁，而俄罗斯与伊朗的核合作仍在继续。2008年7月9日，"P5+1"会谈首次在日内瓦举行，国际社会承诺停止扩大制裁以换取伊朗停止扩大铀浓缩活动，但双方没有达成协议。也正是在大国逐步建立基本共识的背景下，联合国安理会在这一时期通过了4个针对伊朗的制裁决议。2009年奥巴马上台后表现出实行中东战略收缩和与伊朗谈判的认真态度。9月25日，奥巴马政府在"P5+1"会谈中提出"核交换计划"，即伊朗把浓度为3.5%的1200公斤低浓缩铀运到国外，由第三国向伊朗提供浓度20%的医用浓缩铀。但伊朗担心浓缩铀一旦运到国外，就会失去主动权，故没有同意。2010年5月17日，巴西、土耳其和伊朗在德黑兰达成"德黑兰宣言"，伊朗同意把铀运往巴西、土耳其，但是奥巴马政府拒绝接受该方案。土耳其试图利用其独特的战略和地缘政治地位发挥桥梁作用，在伊朗核问题中试图充当调解人或中间人，将伊朗带回国际舞台，但是由于伊朗核问题谈判的结构性制约因素，土耳其的这一调停人的身份尝试失败了。[1] 此后，奥巴马政府把政策重心从外交转向制裁，相继出台了一系列制裁措施。2010—2012年"P5+1"会谈在日内瓦和伊斯坦布尔多次举行，均没有取得有意义的成果。也正是在此背景下，美国联合盟国空前加大了对伊朗的制裁力度，伊核问题上的大国协调和谈判陷入最为艰难的僵持期。

欧盟是伊朗核问题谈判进程中极为重要的参与者，能源被认为是其中的一个重要因素。[2] 欧盟在伊朗有着重要的经贸能源利益，伊朗的油气资源对寻求能源多元化的欧盟具有很大的吸引力。欧洲不像美国那样在中东有着错综复杂的利益，更多的是从经贸尤其是能源的角度重视与伊朗的关系，如伊朗正是其天然气进口多样化战略中的重要选项。毫无疑问，经济

---

[1] Iain William MacGillivray, "Complexity and Cooperation in Times of Conflict: Turkish – Iranian relations and the Nuclear Issue," *British Journal of Middle Eastern Studies*, 2019, p. 23.

[2] Tara Shirvani & Siniša Vukovi, "After the Iran Nuclear Deal: Europe's Pain and Gain," *The Washington Quarterly*, Vol. 38, No. 3, 2015, pp. 79 – 90.

因素在欧盟与伊朗国关系中发挥着并将继续发挥重要作用，欧盟核心国家德国也一直强调用自己的方式处理伊朗问题。① 欧盟与美国在防止伊朗拥有核武器上具有共同利益，但在对伊朗核问题的政策方式上与美国存在冲突。除了奥巴马政府，美国历届政府均否认伊朗拥有和平利用核能的权利，认为这一权利只会被伊朗滥用于发展核武器，欧盟则认为伊朗拥有和平利用核能的权利。与美国强调军事打击不同，欧盟反对使用武力解决伊朗核问题，认为这只会加剧中东地区的动荡。美国一贯坚持对伊朗的制裁施压，欧盟偏向于通过谈判和平解决伊朗核问题，但在谈判无法取得进展和美国施压的情况下，也会选择跟随美国对伊朗进行制裁。特别是在2010年之后美欧联合起来对伊朗进行了空前严厉的能源和金融制裁。

俄罗斯与伊朗的关系一直十分复杂，大国战略、地缘政治、能源和核技术因素都在其中发挥着重要作用。普京时代，俄罗斯与伊朗关系的重要内容之一就是在布什尔建造的民用核反应堆等项目，甚至成为俄罗斯对伊朗外交政策的"试金石"。② 由于政治和安全原因，俄罗斯显然不希望伊朗拥有核武器，同时俄罗斯在伊朗拥有巨大的政治和经济利益，伊朗也被俄罗斯看作是能够平衡土耳其、美国、伊斯兰极端势力在南北高加索和中亚扩张的力量。在乌克兰危机和欧俄能源博弈的背景下，俄罗斯积极参与伊朗核谈判对其具有特殊的政治意义。在乌克兰危机后遭受西方制裁的情况下，伊朗核协议的达成也为俄罗斯破解西方制裁提供了一定的机会。2014年11月，俄罗斯与伊朗就签署了数十亿美元的为伊朗在布什尔建造另外两座核电站的协议，这使俄罗斯收获可观。2015年4月，俄罗斯决定取消向伊朗出售S–300地对空导弹的禁令，可见俄罗斯对伊朗的政策是合作而不是竞争。③ 俄罗斯反对制裁伊朗，更竭力阻止美国的军事打击企图，积极推动伊核问题的谈判解决，先后提出了多项化解谈判僵局的建议和举措。

---

① Soli Shahvar, "Germany and Iran: From the Aryan Axis to the Nuclear Threshold," *Israel Journal of Foreign Affairs*, Vol. 9, No. 2, 2015, pp. 325–328.

② Kimberly Marten, "Informal Political Networks and Putin's Foreign Policy: The Examples of Iran and Syria," *Problems of Post-Communism*, Vol. 62, No. 2, 2015, pp. 78–80.

③ 岳汉景：《乌克兰危机、俄欧能源博弈与伊核问题全面破局》，载《新疆社会科学》2017年第4期，第85—93页。

俄罗斯的积极介入为国际社会留下了和平解决伊核问题的空间。早在2005年，俄罗斯就曾向伊朗提议在俄建立铀浓缩联合企业，以消除国际社会对伊核问题的担忧，美国与欧盟均表示可接受这一妥协方案。2005年2月俄伊签署了《关于布什尔核电站核燃料供应和废料归还协议》，主要目的是防止伊朗从核废料中提取用于制造核武器的物质，规定伊朗核电站产生的核废料必须全部运回俄罗斯。俄罗斯希望借此防止伊朗发展核武器，同时满足伊朗发展民用核能的要求，主张通过谈判和平解决伊核问题。俄罗斯一方面劝说伊朗与国际社会及国际原子能机构合作，另一方面坚持与伊朗发展核能合作，并不顾压力向伊朗提供防空武器。2005年11月，俄罗斯进一步提出允许伊朗在本国从事相对不太敏感的铀转化活动，然后在俄再浓缩为低浓缩铀燃料的新方案，以确保伊朗的核技术不会用于军事目的。尽管俄罗斯的方案得到美国等西方国家的认可，但伊朗最终未接受这些建议。伊朗在核问题上拒不妥协的强硬态度使俄罗斯最终同意将伊朗核问题提交联合国。2006年伊核问题提交安理会，六国就伊核问题形成了新的磋商机制，俄外长拉夫罗夫呼吁国际社会就伊朗核问题制定共同战略。总体上看，俄罗斯一直在积极推动伊核问题谈判进程，其立场主要包括以下四个方面：一是反对以军事手段解决问题，主张多边谈判是化解矛盾的主要手段；二是反对美国、欧盟和其他国家对伊朗单方面的制裁；三是制裁以不恶化伊朗经济状况为目的；四是维护和遵守国际核不扩散体系。俄罗斯在2013年谈判重启后发挥了重要的协调作用。在2014年3月的瑞士洛桑六方会谈期间，俄罗斯外长拉夫罗夫与美国国务卿克里举行会晤，协调美国与伊朗的立场，推动浓缩铀问题的最后突破，并协调延长谈判期限。2015年3月20日，俄罗斯外长拉夫罗夫致电美国国务卿克里，经多方协调，最终推动谈判取得了实质性的进步。

此外，由于中国和俄罗斯均同伊朗保持着良好关系，也不存在战略矛盾，因此在伊核问题上立场相近，一直努力推动美伊两国的直接对话和伊核问题谈判取得进展。伊朗也希望中俄在联合国安理会就取消制裁等问题上能提供帮助。中国和俄罗斯是伊核谈判的坚定支持者和建设性参与方，努力劝和促谈，在伊核问题谈判中实际上起着润滑剂的作用。在伊核问题转入联合国安理会之后，中俄共同反对美国单边制裁，反对诉诸武力，坚定支持通过对话解决伊核问题。中俄在不同场合进行外交协调，积极介入伊朗核问题的解决进程，尤其在联合国保持相互协助和支持。中俄支持联合国对伊核问题主要采取"外交努力与制裁"双轨模式，支撑"双轨"模式的三大基础是：一是国际核不扩散机制下的谈判与合作；二是国际原子能机构以及大国参与的多边谈判；三是多边政治经济合作。"双轨"模式的形成主要从2006年之后的联合国制裁决议开始，因为中俄处理伊朗核问题的出发点是维护国际核不扩散体系的有效性和中东地区的和平与稳定，"双轨制"是促使伊朗回到谈判轨道的一种手段，制裁并非目的。在伊朗与六国启动全面协议谈判后，中俄在全面解决伊朗核问题上的主张基本一致，通过双边和多边磋商机制尽力协调。通过各方通力合作和努力，伊核问题终于在2013年达成框架性解决方案，这与中国和俄罗斯的长期努力是分不开的。中俄在国际事务中再一次表现出共识和协作，体现了中俄全面战略协作伙伴关系的进一步深化。[①]

2013年11月，六大国与伊朗达成了具有实质性意义的《日内瓦协议》，表明伊核问题出现了转机。此后又经历了一年多艰难的谈判，2015年7月14日，六国与伊朗达成了历史性的全面解决伊朗核问题的协议——《联合全面行动计划》，要求伊朗限制其敏感的核活动，并接受国际原子能机构的监视与核查，以换取国际社会对其涉核制裁的解除。2015年10月18日，伊朗核协议经联合国安理会2231号决议认可后开始生效。2016年1月16日，经国际原子能机构确认伊朗已落实在核协议框架下的相关规定后，核协议正式执行，联合国、欧盟和美国各自解除了针对伊朗核问题的相关金融和经济制裁。从美伊关系角度来看，核问题谈判取得成功的关键是美伊政府与长期以来界定双边关系的公开敌意的决裂，这一时期，美伊定期举行高层双边对话；相互承认在核问题上的合法利益；相互尊重，双方谈判人员放弃敌对言论，并寻求了解彼此的关切；停止采用威胁、升级

---

① 李勇慧：《俄罗斯与伊朗核问题探析》，载《俄罗斯东欧中亚研究》2016年第2期，第44—48页。

和压力战术等。①

伊朗核协议的达成使这场持续13年之久的国际争端与热点问题得到了圆满的政治解决,有力地维护了国际核不扩散体系和国际和平与安全,极大缓解了伊朗与西方国家之间的紧张关系,也有效避免了中东地区再次走向大规模冲突甚至是战争结局,为此受到了国际社会的普遍欢迎。同时,伊朗核问题全面协议"提供了一个通过和平谈判解决重大国际争端的有益经验",② 通过国际经济制裁与和平谈判的顺利转化维护了国际核不扩散体系,对联合国自身与国际经济制裁的发展具有重大意义。对于长期悬而未决的伊朗核问题,以往各类制裁以及军事打击威胁并未奏效。以具有强约束力、长期效力和严格核查措施的伊朗核协议取代制裁或军事打击,较好地缓解了国际社会对伊朗核能力发展另有军事企图的担忧。如果协议相关条款得以全面、有效地执行,在协议规定的时期内,伊朗的核材料生产能力将受到严格限制和严重削弱,可能的秘密核计划将被有效慑止或有很大的可能性被以国际原子能机构为代表的国际社会及早察觉。也应看到的是,伊朗核协议不可能解决所有围绕着伊朗核计划而产生的问题,国际社会也不乏对该协议的置疑甚至反对声音,即便是美、伊两国政府在签署协议前后也都受到来自国内外的压力和掣肘。也许协议的最终文本可以像某些方面建议的那样,加入更严格详尽的限制措施和更具入侵性的核查手段,但任何条款的修订都要建立在平等交换的基本原则上,如果仅仅因为双方在某些过于理想化的条款上达不成共识而使谈判拖入旷日持久的境地,这显然不是国际社会所乐见的。客观而言,这份协议基本反映了双方的政治意愿,体现了双边利益平衡,可谓"双赢"——国际社会能防止并及时察觉伊朗可能的发展核爆炸装置的活动,而伊朗作为《不扩散核武器条约》的无核缔约国,保留了基本的发展民用核能的权利并得以解除相关制裁。从更深远的意义上来说,伊朗核协议的达成和生效有利于维持中东地区安全与稳定,有助于维护国际核不扩散机制、防止核武器进一步扩

---

① Seyed Hossein Mousavian & Sina Toossi, "Assessing U. S.-Iran Nuclear Engagement," *The Washington Quarterly*, Vol. 40, No. 3, 2017, pp. 65–66.

② 李国富:《伊朗和协议达成及其影响》,载《世界知识》2015年第15期,第8页。

散，同时为未来处理类似国际争端提供了良好范例。①

三、后伊核协议时代的大国博弈

伊朗核协议的达成相当于拆除了一颗定时炸弹，避免让海湾和中东再罹战火。该协议也被认为是中东地区安全的稳定器。② 伊朗核协议的签署无疑取得了真正的成功，为伊朗与国际社会之间的后续合作奠定了基础，特别是为伊朗与西方之间建立更互惠的关系打开了大门。③ 然而，维持合作往往比建立这种合作更为微妙和复杂。因为这是创造共同利益的过程，所以只有当各方愿意取得回报时，合作才有可能，但这种互惠回报不会立即产生，需要各方有兴趣发展基于信任的关系，并期望在无限的时间范围内对方会在必要的时候互惠互利。换句话说，对未来互惠行为的期望成为持续关系的重要组成部分。④ 但美国国内政局变动却对伊朗核协议的命运带来了重大变故，后伊核协议时代的大国博弈并没有停止。当前域内外大国围绕伊朗问题激烈交锋，远超出伊朗核问题本身，地缘政治竞争构成大国博弈的中心议题，这场博弈不仅关系到伊朗核协议的存废，也关系到海湾地区的稳定和中东地区安全秩序的重建。

2018 年 5 月 8 日，特朗普签署第 13846 号行政命令，废除伊朗核协议并对伊朗实行更为严厉的制裁。特朗普宣布退出核协议之后立即签署了总统备忘录，责成国务院和财政部制定措施重启对伊制裁。美国财政部将能源和能源出口相关的船运、港口和银行业过渡期设为 180 天，其他行业则为 90 天，全面制裁将在过渡期结束后立即恢复。11 月 4 日过渡期结束后，

---

① 史建斌：《试析"联合全面行动计划"对伊朗核能力的影响》，载《国际论坛》2016 年第 3 期，第 5 页。

② 吕蕊：《欧美关系视角下的伊朗核问题——基于 16 年以来欧美伊核政策的比较分析》，载《欧洲研究》2019 年第 1 期，第 27 页。

③ Tara Shirvani & Siniša Vukovi, "After the Iran Nuclear Deal: Europe's Pain and Gain," *The Washington Quarterly*, Vol. 38, No. 3, 2015, p. 89.

④ P. Terrence Hopmann, "Synthesizing Rationalist and Constructivist Perspectives on Negotiated Cooperation," in I. W. Zartman and S. Touval, eds., *International Cooperation: The Extensions and Limits of International Multilateralism*, New York: Cambridge University Press, 2010, pp. 95–110.

美国又再次延长了180天至2019年5月初。在8月4日实施的第一轮制裁中，美国禁止伊朗政府和央行从事美元和贵金属交易，禁止伊朗从事购销里亚尔的大宗交易，禁止认购或推动伊朗主权债务发行的活动，制裁伊朗的汽车工业。在11月4日实施的第二轮制裁中，美国对伊朗实行能源禁运，要让伊朗的石油"零出口"。除非获得豁免，美国禁止从伊朗进口原油、石油产品和石化产品，制裁伊朗航运公司在内的港口运营、航运、造船、保险和再保险行业。与此同时，美国多次要求SWIFT公司配合美国行动，在第二轮制裁中切断同伊朗的国际金融交易渠道。SWIFT以维护全球金融体系的稳定和完整为由，于2018年11月12日起切断同伊朗银行的金融联系。[1]

美国宣布退出伊朗核协议几乎招致国际社会的一致反对，此举不仅使伊朗核协议濒临死亡边缘，也给国际和地区安全带来了一系列重大消极影响。特朗普执意退出伊朗核协议，与其对伊朗核协议的偏见以及对伊朗的负面认知有关，也与其身边团队、地区盟友的紧密公关有一定关系。特朗普政府在缺乏伊朗违反核协议确凿证据的情况下宣布退出，除了以色列、沙特、阿联酋和巴林等少数几个国家外，国际社会对此几乎一片反对之声。特朗普政府全面遏制伊朗，还可能鼓励以色列、沙特等方面与伊朗之间的对抗。毫无疑问，特朗普政府对伊政策的背后有沙特和以色列的影子，沙以两国试图"借刀杀人"，怂恿和推动特朗普政府对伊动武。

特朗普退出伊朗核协议让伊朗面临艰难抉择。对于伊朗来说，美国退出核协议和全面恢复对伊制裁，使得原来通过制裁恢复石油生产出口和吸引投资、扩大贸易的希望彻底落空，尤其是在石油出口和金融领域的制裁将使得伊朗石油生产和出口面临重大打击，伊朗投资环境也重新恶化，加剧伊朗国内高通胀、高失业等危机，甚至可能改变伊朗国内政治格局，以鲁哈尼总统为首的务实派将面临强硬派的严重挤压。伊朗核协议是鲁哈尼执政后取得的最重要的政治资产，伊朗是不会轻易退出的。在伊朗核协议

---

[1] "SWIFT Kick: Iranian Banks about to Be Cut off from Global Financial Network," *RT News*, November 12, 2018, https://www.rt.com/business/443719-swift-disconnect-iranian-banks/.（登录时间：2020年5月10日）

签订后，虽没有达到预期成效，但仍获得了巨大的收益。伊朗态度强硬地表示，坚决不同意重启伊朗核协议谈判，也坚决反对增加任何附加协议；不会主动破坏核协议，但将坚决回应任何违反协议的行为。国际原子能机构连续发表了十余份报告，证明伊朗履行了伊核协议的义务，但依然无法改变美国的态度和伊朗面临的处境。特朗普政府重启对伊朗的各项敌视政策使美伊关系再度跌至"冰点"，也在一定程度上恶化了伊朗国内形势以及中东地区的安全形势。美国这种极具偏见的政策很可能助推伊朗核协议走向破产，更可能逼迫伊朗重拾核计划、开发核武器，逐步成为真正的拥核国家。[1] 如果伊朗在重压之下重启核计划，那么地区核军备竞赛很可能成为"自我实现的预言"。海湾地区也被认为是最有可能发生核扩散的地区，[2] 沙特或阿联酋似乎有可能成为第一个开发民用核计划的阿拉伯国家，其动机来自对自身声望地位的考量、对能源的担忧以及对伊朗威胁的回应。[3] 沙特已明确表示，一旦伊朗发展核武器，沙特将跟进效仿。

　　伊朗核协议不是伊朗和美国之间的双边协议，而是伊朗与伊核问题六国及欧盟共同达成的多边协议，并得到联合国安理会决议的认可，理论上任何一方不能单独推翻核协议。从国际法的角度来看，美国退出并不意味着伊朗核协议的自然终结，况且美国也仅代表签署国一方的意见，而其他签署国具有维系伊朗核协议的自由选择。与美国不同的是，伊朗核协议的其他谈判方，并不愿看到因为伊朗核协议瓦解而带来的地缘政治恶化以及经济利益受损，尤其是以英法德为代表的欧洲国家。伊朗遵守核协议有利于美国及其合作伙伴的国家安全利益，而美国与合作伙伴之间都没有任何利益要打破协议和寻求重新谈判，而美国退出伊朗核协议威胁到欧盟历史上最大的外交政策成就和前所未有的防扩散成果。[4]

---

[1] Stephen J. Cimbala, "The Trump Nuclear Posture Review Three Issues, Nine Implications," *Strategic Studies Quarterly*, Vol. 12, No. 2, 2018, p. 12.

[2] James Clay Moltz, "Regional Perspectives on Low Nuclear Numbers: An Overview," *The Nonproliferation Review*, Vol. 20, No. 2, 2013, p. 199.

[3] Yoel Guzansky, "Civilian Nuclear Development in the Arabian Peninsula: Prestige, Energy, and Iran," *Journal of Arabian Studies*, Vol. 5, No. 1, 2015, p. 67.

[4] Mark Fitzpatrick, "Iran's Protests and the Fate of the Nuclear Deal," *Survival*, Vol. 60, No. 1, 2018, p. 71.

由于美国退出以及威胁恢复对伊制裁，伊朗核协议的存废确实存在很大的不确定性。美国退出后，英、法、德、俄、中等相关方均表示将继续履行核协议，并展开了密切的外交磋商。伊朗政府虽然对美国表示谴责，发出了退出核协议和重启核计划的威胁，不过初期对退出核协议十分谨慎。伊朗明白留在核协议内对自身更为有利，退出核协议不利于改善外部环境和本国石油出口。但伊朗也明确表示，要看到欧洲在克服美国制裁方面取得实际成果才会决定留在核协议中。对于国际社会来说，面临着四大关键挑战：一是要说服伊朗不要退出核协议和重启核计划；二是在美国缺席的情况下保障核协议继续得到履行；三是要缓解地区紧张形势；四是联手反制美国的制裁并保障各国与伊朗的正常商业往来。其中，欧洲将起到非常关键的作用。[1] 由于美国相较于其他签署国在经济影响力和对世界金融体系的操控能力方面具有绝对优势，因此欧盟三国围绕伊朗核协议的存续，积极奔走和游说，并与特朗普政府就欧洲企业的豁免权进行了多次磋商，希望美国能够留在协议内。[2] 欧盟与美国对伊朗核问题认知、治理理念、地缘政治关切以及在伊利益等方面存在显著差异。从更大的地缘和国际格局来看，欧美围绕伊朗核问题的分歧，凸显了双方之间如何解决包括中东在内的地区热点问题的分歧，是对争端认知和处置方法的差异，同时也是在"一超多强"的国际体系之下，处于最高层次的美国同较低层次的欧盟之间围绕国际格局和地区格局未来演化方向的竞争。[3]

作为伊朗核协议非常重要的参与者，欧洲国家一直选择坚持留在核协议中。欧盟在确保伊核协议方面发挥了重要作用，表明它可以并希望扮演重要的外交角色。[4] 在特朗普威胁退出伊核协议之后，欧盟就加大了对美国的游说，力图说服特朗普政府不要废约。特朗普政府谋划废除伊核协

---

[1] 唐志超：《美国退出伊朗核协议后的四大关键问题》，载《世界知识》2018 年第 11 期，第 49 页。

[2] 魏敏：《美国退出伊朗核协议的动因及对中东局势的影响》，载《当代世界》2018 年第 7 期，第 48—49 页。

[3] 吕蕊：《欧美关系视角下的伊朗核问题——基于 16 年以来欧美伊核政策的比较分析》，载《欧洲研究》2019 年第 1 期，第 44 页。

[4] Edward Wastnidge, "Calling out Saudi Misadventure: the Trump Presidency and a Plea for European Diplomatic Nous in an Ever-turbulent Middle East," *Global Affairs*, Vol. 3, No. 2, 2017, p. 169.

议，但之前费尽心力制定协议的欧盟主要国家则明确表示反对。① 在美国退出前后，欧盟及德国、法国、英国为力保核协议进行外交协调，欧盟在8月更新了阻断法案，9月推出特殊目的通道，力图在美国退出的情况下维护核协议。欧洲领导人尤其是欧盟外交与安全政策高级代表莫盖里尼多次警告特朗普政府，伊朗核协议是一个多边协议，美国不能单方面废除该协议。2017年10月，在特朗普威胁将不再签署豁免对伊朗制裁的前夕，欧洲三大国领导人法国总统马克龙、德国总理默克尔和英国首相特蕾莎·梅罕见地联名警告特朗普破坏伊朗核协议的后果。马克龙警告特朗普不要退出伊朗核协议，因为"这将打开潘多拉的盒子，可能会带来战争"。② 英、法、德三国领导人都认为伊朗核协议是遏制伊朗拥核的"最佳途径"，"不完美协议能够带来世界更安全的结果"。③ 之后，欧洲国家对美国国会议员做了大量的游说工作，对美国国会原封不动地将伊朗核协议退回白宫发挥了重要的作用。英、法、德三国对特朗普2018年初以最后通牒方式逼迫其修改伊朗核协议非常反感，他们主张通过"接触与遏制"的途径来影响伊朗外交政策，而不赞成特朗普对伊朗一味打压的强硬政策，认为其结果只会加剧地区的动荡。自2017年9月之后，英、法、德等欧洲国家领导人开始与特朗普专门讨论伊朗核协议问题。2017年10月13日，特朗普提出不认可伊朗履行核协议后，英、法、德三国发表联合声明：强调继续支持核协议，称"维护核协议是我们共同的国家安全利益"。2017年11月1日，俄罗斯总统普京访问伊朗时表示，核协议是一份积极的协议，有助于国际和平与稳定，国际原子能机构是唯一有权确认伊朗是否遵守核协议的机构。中国也表示，伊朗核协议是经过联合国安理会正式确认的国际协议，继续维护和执行协议是各当事方的责任，也符合国际社会的共同愿望。

---

① Jack Thompson and Oliver Thranert, "Trump Preparing to End Iran Nuke Deal," *CSS Policy Perspectives*, Vol. 5, No. 4, 2017, pp. 1-2.

② John Bowden, "Macron: Trump Pulling Out of Iran Deal 'Could Mean War'," *The Hill*, May 4, 2018.

③ Emma Anderson, "UK, Germany, France Agree Iran Deal is 'Best Way' to Stop Nuclear Threat," *Politico*, April 29, 2018.

美国退出伊朗核协议之后,英、法、德三国在2018年5月发表了恪守伊朗核协议的联合声明,"欧盟将保障伊朗核协议框架不受损害,不会采取美国那样阻碍核协议实施的任何行动。但伊朗核计划也要保持和平与民用特性。"① 马克龙一直通过"呼吁各方……不让局势升级而导致冲突"来捍卫该协议。② 美国前总统奥巴马也批评特朗普的决定,指出撤军意味着"在拥有核武器的伊朗或中东的另一场战争之间做一个失败的选择"。③ 德国总理默克尔致电伊朗总统鲁哈尼(5月10日)重申德国对核协议的承诺。默克尔还出访俄罗斯(5月18日)和中国(5月25日),商讨各方在美国退出后维持伊朗核协议事宜。5月15日,欧盟外交与安全事务高级代表莫盖里尼对来访的伊朗外长扎里夫表示:"欧盟将保护欧盟在伊公司的利益,也已开始研究美国制裁的应对措施,并主要聚焦伊朗的油气出口和欧盟公司权益保障等领域。"④ 5月25日,默克尔访问中国期间,伊朗核协议是双方讨论的最重要的两大议题之一,两国一致认为伊朗核协议是最重要的多边主义成果,表示要共同维持核协议。2018年5月24日,国际原子能机构发布了美国宣布退出伊朗核协议后的第一份伊朗核问题报告,认定伊朗仍在与国际原子能机构合作,继续履行伊朗核协议。5月25日,除美国以外的伊朗核协议签署方代表在奥地利首都维也纳举行会议,磋商如何继续维护伊朗核协议,以及避免外国企业受美国制裁波及等。

欧洲国家在与美国进行谈判,努力争取让美国留在伊朗核协议内的同

---

① Theresa May, Angela Merkel, and Emmanuel Macron, "Joint Statement from Prime Minister Theresa May, Chancellor Angela Merkel, and President Emmanuel Macron following President Trump's Statement on Iran." May 8, 2018. https://www.gov.uk/government/ 。news/joint - statement - from - prime - minister - may - chancellor - merkel - and - president - macronfollowing - president - trumps - statement - on - iran? utm_source = a7071128 - 6af3 - 4426 - 9c6972e20e09c492&utm_medium = email&utm_campaign = govuk - notifications&utm_content？ immediate。(登录时间:2020年2月6日)

② John Irish and Marine Pennetier, "Netanyahu to Macron: Nuclear Deal will Die, Need to Tackle Iran's 'Agression'," *Reuters*, June 5, 2018.

③ Mark Landler, "Trump Abandons Iran Nuclear Deal He Long Scorned," *New York Times*, May 8, 2018.

④ Patrick Wintour and Jennifer Rankin, "EU Tells Iran It Will Try to Protect Firms from US Sanctions," *The Guardian*, May 15, 2018, https://www.theguardian.com/world/2018/may/15/eu - tells - iran - it - will - try - to - protect - firms - from - us - sanction。(登录时间:2020年2月6日)

时，也在积极准备预案。欧洲与伊朗的投资、融资和正常的经贸往来是使伊朗继续留在核协议中的重要基础，而如何保护欧洲的企业和个人在伊朗的权益成为了欧洲国家的主要目标和挑战。面对美国退出伊朗核协议，并威胁对所有与伊朗有经济往来的公司给予严厉制裁时，法德两国都表示不会屈服于美国的制裁；欧盟也表态称伊朗核协议仍然有效。美欧分歧在伊朗问题上突出表现为欧洲希望同伊朗和解，反对特朗普政府对伊朗采取遏制与敌对的政策。[1] 欧盟强调，即使面对美国威胁，包括伊朗在内的各方也仍会坚持执行伊核问题全面协议。[2] 2018年7月6日，在维也纳伊朗核问题外长会议上，欧盟代表发布声明称，将与参会各方继续执行伊朗核协议，并对美国的单方面撤出表示遗憾。[3] 欧盟的基本政策包括三个方面：一是反对美国单方面退出伊朗核协议，主张维护海湾及中东地区稳定；二是采取积极措施安抚伊朗，尝试打造特别结算机制，激励伊朗继续留在伊朗核协议中；三是与中俄开展合作共同维护和继续实施伊朗核协议。在维护伊朗核协议问题上，欧盟内部虽有较大共识，但在弹道导弹和伊朗地区影响力问题上各成员国并非完全一致，并且受美国的影响较大。

俄罗斯支持继续执行伊朗核协议，批评并反对美国单方面毁约，同时与中国、欧盟积极协调立场，力图继续维护伊朗核协议。伊朗局势动荡不符合俄罗斯利益，但美伊关系保持适当紧张却对其有利，一方面有助于抬升国际油价，抢占国际石油出口市场份额；另一方面也可将之作为与西方讨价还价的重要筹码，即在对美欧关系中打"伊朗牌"，同时也可以借此进一步扩大其在中东地区事务中的影响力。2019年7月23日，俄罗斯外交部推出《波斯湾安全概念》，提出该地区亟需建立新的安全机制，呼吁

---

[1] Peter Jenkins, "Trump's Iran Statement: A View from Europe," *The Washington Report on Middle East Affairs*, Vol. 37, No. 2, Mar/Apr 2018, p. 30.

[2] "EU Says All Parties Sticking to Iran Nuclear Deal," *AFP*, https://www.al-monitor.com/pulse/afp/2017/08/iran-us-sanctions-eu.html.（登录时间：2020年2月18日）

[3] Josh Lederman, "U. S. Seeks to Test Iran Deal with More Inspections," https://apnews.com/721fd%20d1bf86d4c9aa8b3b18c603ea60e/AP-sources:-US-%20seeks-to-test-Iran-deal-with-more-inspections.（登录时间：2020年2月10日）

有关各方改善关系，并要求所有外国军队一律撤出波斯湾。① 俄罗斯所提方案不仅与美国增兵海湾和组建"海湾护航联盟"形成了强烈对照，也强化了其作为新的中东政治掮客的形象，显示出俄罗斯不仅能推销自己的议程，还有能力去解决地区问题。②

美国退出伊朗核协议之后，国际社会围绕该问题形成了美伊两个主角、多元参与的博弈格局。新一轮博弈主要表现为美国联合地区盟友以色列、沙特与伊朗之间的地区对抗，以及美国与欧盟、俄罗斯、中国之间围绕伊朗核协议存废的大国博弈。特朗普政府竭力推动的"中东战略联盟"实际上就是一个反伊朗联盟。除了伊朗，美国、以色列和沙特对抗的两方之外，还有欧盟、俄罗斯和中国这个阵营。各国间利益交错和关系复杂，欧盟、俄罗斯和中国三方在维护伊朗核协议上存在共识，但在此问题上又不乏分歧，所谓的"统一战线"相对较为脆弱。③ 在后伊核协议时代，新一轮大国博弈更趋激励，地缘政治竞争愈演愈烈，地区局势持续紧张，伊朗核危机的解决难度不断提升，伊朗核协议的前景更加令人担忧。首先，美国采取"极限施压"政策，并联合地区盟友加紧对伊围追堵截，导致美伊矛盾激化，美伊双方爆发直接军事冲突的风险增大。虽然美伊均无意发动大规模战争，但双方爆发直接军事冲突的风险难以排除，美伊均采取战争边缘政策，双方发生误判导致擦枪走火的概率很高。其次，大国围绕伊朗问题的博弈导致伊朗核问题出现了明显的泛地区化倾向。这不仅体现为诸多地区国家日益卷入伊朗核问题博弈之中，还表现在伊朗核问题日益与广泛的地区议题相关联，比如叙利亚问题的解决、伊朗在叙利亚的军事存在、也门战争、地区性核与弹道导弹竞赛、恐怖主义、巴以问题、海合会分裂等。这或许预示着在解决伊朗核问题时需要考虑一个地区性综合解决

---

① The Ministry of Foreign Affairs of the Russian Federation, "Russia's Security Concept for the Gulf Area," http：//www.mid.ru/en/foreign_policy/international_safety/conflicts/-/asset_publisher/xI-EMTQ3OvzcA/content/id/3733575。（登录时间：2020年2月10日）

② Maxim A. Suchkov, "Why Russia is Calling for Rethinking Gulf Security," https：//www.al-monitor.com/pulse/originals/2019/07/intelrussia-proposal-gulf-security-iran-tensions.html#ixzz5uyuWaz6。（登录时间：2020年2月15日）

③ 唐志超：《伊朗核问题的大国博弈及其影响》，载《当代世界》2019年第8期，第47页。

方案。最后，围绕伊朗问题的博弈引发海湾地区局势持续紧张，海上航行安全面临严峻挑战。如前所述，自2019年年中之后，多次发生商船遭袭和爆炸事件，霍尔木兹海峡遭封锁以及海上航行自由与安全风险日益加大。当前，海湾地区正面临多样化的安全挑战，诸如美伊冲突、沙伊矛盾、沙特与卡塔尔危机、也门战争、恐怖主义、网络战争、大规模杀伤性武器扩散以及美国收缩带来权力真空等。①

第三节 伊朗核问题协调的全面参与

作为安理会常任理事国和发展中大国，中国近年来全面参与全球和地区核问题的治理进程，是应对全球多边扩散挑战的积极参与者。中国几乎参与了所有主要的核不扩散条约和制度，对于无限期延长《不扩散核武器条约》以及谈判《全面禁止核试验条约》发挥了至关重要的作用，也一直是维护《不扩散核武器条约》和核供应国集团规范的重要国家。② 从全球层面看，中国1984年加入了国际原子能机构，主动将其民用核设施置于该机构的监督之下；1992年中国正式签署并批准加入《不扩散核武器条约》；1996年中国积极参加《全面禁止核试验条约》的谈判并于当年签署该条约；1997年，中国成为致力于核武器出口管制的"桑戈委员会"（ZAC）成员国之一，并于1998年签署了附加议定书。从地区层面看，中国积极参与无核武器区的建设。目前，世界上已有5个无核区，分别是在东南亚、中亚、非洲、拉丁美洲和加勒比、南太平洋，蒙古国是独立的无核区。总体上中国参与全球核问题治理的时间并不长。20世纪80年代，中国对国际核扩散治理的认知和态度也发生了变化，开始选择性地参与国际核不扩散机制。1992年后，随着冷战的结束以及国际形势的变化，中国开始全面

---

① 唐志超：《伊朗核问题的大国博弈及其影响》，载《当代世界》2019年第8期，第48页。
② Hua Han, "China's Sroper Role in the Global Nuclear Order," *Bulletin of the Atomic Scientists*, Vol. 73, No. 2, 2017, p. 128.

接受和有步骤地参与主导全球核扩散治理的准则以及各个层面的机制建设。① 近10年来，中国在全球和地区核扩散治理中开始主动扮演积极角色，尤其是在有关朝鲜核计划的六方谈判中发挥了领导作用，在马拉松式的伊朗核谈判中发挥了独特的建设性作用。

中东是全球核扩散的重点地区，冷战后中东地区核扩散问题特别是伊朗核问题，成为了全球最为瞩目的热点问题之一。从当前全球范围内参与中东核扩散治理的主体来看，主要有以联合国、国际原子能机构为代表的国际组织，以埃及和海湾国家代表的区域内国家，以欧美为主体的域外大国，其中域外大国（安理会常任理事国和德国）发挥主要作用。然而，美国在中东核扩散治理方面采取多重标准，主要表现为对以色列的核计划采取暧昧态度和偏袒政策，对利比亚、伊拉克、伊朗和叙利亚等反美国家的核计划采取遏制和打压政策，对埃及、海合会等亲美的所谓温和国家和组织采取积极介入和控制政策等。② 除欧美国家外，作为新兴大国的中国和俄罗斯也在中东核扩散治理方面积极作为。对于中国来说，中东地区既是重要的市场，又是重要的能源进口来源地，中国还是伊朗第一大贸易伙伴。多年来出于多重因素的考虑，中国积极参与了中东地区和伊朗核问题的协调。

如前所述，伊核问题的国际谈判和大国博弈过程十分艰难，可谓一波三折，最终达成伊朗核协议，不仅是因为美伊达成了关键的妥协，也是因为中、俄、欧三方发挥了重要的协调作用。中国在伊朗核谈判进程中发挥了劝和促谈的重要作用，扮演着关键的救火队、桥梁和润滑剂角色。特别是中国在伊核谈判中针对技术争议多次提出了中国方案，例如，针对美伊之间激烈争议的是否保留阿拉克重水反应堆问题，中国提出了将之改为轻水反应堆的折衷方案，对于推进伊朗核谈判发挥了关键作用。伊核问题谈判是中国在中东地区和热点问题上开展协调外交的成功案例，值得认真总

---

① Mingjiang Li, ed., *China Joins Global Governance: Cooperation and Contentions*, Lanham: Lexington Books, 2012, p. 193.
② 周士新：《中东国家核选择动因比较》，载《阿拉伯世界研究》2009年第3期，第48—49页。

结经验和深入研究。

一、协调伊朗核问题上的利益基础

中东是世界上油气资源最为丰富的地区，也是具有重大地缘战略价值和影响力的地区，同时，中东又是世界上热点问题最集中、矛盾冲突最激烈的地区。对于中国来说，中东地区是保证自身能源安全和拓展经济发展空间的关键地区，也是中国逐步加大投入和彰显特色大国外交的重要舞台。中国与中东地区国家之间的合作关系不断加强，中国在中东地区的利益也日益扩大。近年来，中东国家普遍看重中国的发展潜力，把中国视为开拓国际空间、平衡传统大国影响、促进经济发展的重要依托。在中东地区原有力量被打破的背景下，它们的"东向"战略在未来 10 年将更多地从意愿转化为行动。[①] 中国在中东开展协调外交的动因主要由四个方面组成：利益相关度、权力影响度、国际关注度和危机解决难度。[②] 利益相关度是中国参与伊朗核问题协调外交的重要动因。

伊朗是中东地区大国，战略地位重要，油气资源丰富，综合实力强劲，虽然长期遭受美国制裁，依然具有重大的地区影响力。中国与伊朗关系密切，政治上保持频繁的高层交往，互为重要合作伙伴，2016 年进一步升级为全面战略伙伴关系。经济上，中国是伊朗的最大贸易伙伴和最大的投资来源地，伊朗是中国的第三大石油来源地。总体来说，中伊两国有着长期相互尊重的历史，双边经济关系互补性强，在诸多地区和国际问题上有着相近的立场和利益，中国也是伊朗在战略上可以借重的重要对象。[③]

[①] 华黎明：《伊朗核问题与中国中东外交》，载《阿拉伯世界研究》2014 年第 6 期，第 15 页。

[②] 孙德刚：《中国在中东开展斡旋外交的动因分析》，载《国际展望》2012 年第 6 期，第 22—24 页。

[③] 金良祥：《伊朗外交的国内根源研究》，北京：世界知识出版社 2015 年版，第 176—177 页。

（一）在伊朗核问题上的主要利益

中国在核问题上的立场可以概括为三大原则：一是维护国际核不扩散机制权威的原则。中国一直致力于维护国际核不扩散体系，维护中东地区的和平与稳定。二是坚持多边谈判的原则。中国坚决维护联合国的权威，主张以多边形式解决伊朗核问题，反对美国和欧盟等国家对伊朗实行的单边制裁。三是坚持政经分开的原则。中国反对将核问题同国家关系和经贸关系挂钩，主张脱离非此即彼的单项选择的窠臼。[1] 上述原则和立场体现了中国在核问题上的政治逻辑和理性，并贯彻到解决伊朗核问题的进程之中。

在伊朗核问题上，中国拥有自身的明确原则立场和政策优势。与伊朗和西方国家的关系敌对、紧张不同，中国与伊朗关系跨越了时代和意识形态的障碍，一直保持着良好的发展势头，是少数同伊朗保持良好关系的大国之一。伊朗核问题爆发以后，中国与伊朗之间在维持合作的同时积极劝服伊朗遵守国际核不扩散制度，与国际社会保持谈判。首先，中国主张以国家平等与和平的外交原则处理伊朗核问题。中国历来倡导在国际社会中国家无论大小一律平等的原则，在国家关系中主张以和平手段解决彼此的矛盾和纠纷，反对在国际关系中动用武力或者以武力相威胁。其次，中国反对美国利用核问题名义打击异己谋取霸权。冷战结束后，从伊拉克到利比亚，从朝鲜到伊朗，反扩散成为美国打击政治宿敌的借口，这种夹带私货的做法玷污了国际核不扩散机制与国际和平责任的崇高与神圣。伊朗伊斯兰革命之后，美国对伊朗政府恨之切切，欲除之而后快。美国以伊朗支持国际恐怖主义、国内压制民主等借口在经济上制裁伊朗，削弱伊朗的国家实力。核问题曝光为美国打击伊朗提供了更合适的理由。[2] 再次，中国反对美国对伊朗实行的单边经济制裁。中国认为美国和欧盟通过的单边经

---

[1] 《中国政府对伊朗核问题的立场》，新华网，2012年6月19日，http://news.xinhuanet.com/ziliao/2007-03/08/content_5817244.htm。（登录时间：2020年2月20日）

[2] A. K. Ramakrishnan, *US Perceptions of Iran: Approaches and Policies*, New Dehli: New Century Publications, 2008.

济制裁具有明显的治外法权的意味，是典型的霸权主义做法。单边经济制裁违反国际社会中国家无论大小强弱一律平等的基本原则，也无助于伊朗核问题的解决。中国更反对美国以国际道义的维护者自居，并援引美国国内法制裁中国。最后，中国坚决维护核不扩散机制，在伊朗核问题上的投票行为表明了中国的决心和意志。伊朗核问题能够走到现在，同中国的大力支持密不可分。2006年，中国在国际原子能机构理事会上投赞成票，同意将伊朗核问题提交联合国安理会。中国支持安理会通过的三个制裁决议。没有中国的支持，伊朗核问题不可能提交联合国安理会。没有中国的支持，安理会也不可能通过任何制裁伊朗的决议。中国反对的是美欧等国绕过联合国对伊朗实行的单边经济制裁，认为制裁本身仅仅是手段而非目的，一味制裁将恶化局势且无助于核问题的解决。

在参与伊朗核问题解决的过程中，中国既要承担起一个负责任大国的国际责任，也需要维护本国的国家利益，这需要实现二者之间的平衡。对中国来讲，不能脱离国家利益奢谈国际责任，维护国家利益是承担国际责任的前提和根本，需要保持战略定力，中国一方面不能被美国的"利益攸关方"之类的言辞所迷惑，陷自己于被动；另一方面也要反对核扩散，在不损害国家利益的前提下承担国际责任。在中美伊三角关系中，中国的国家利益具体体现在以下三个方面：经济利益、安全利益和战略利益。在伊朗核问题上，中国最大的安全利益是防止伊朗拥有核武器。伊朗拥有核武器将冲击现有的核格局，危害中国的国家安全。尽管如此，伊朗如果拥核对中国的地缘安全危害相对较小。在伊朗的威胁序列中，首要敌人是域外大国美国和地区大国以色列。而且尽管俄罗斯、印度、巴基斯坦等核国家环布中国，但是中国已经同这些有核国家建立了相对成熟的协调机制，拥有同它们和平相处的经验。客观来看，中国伊朗问题上更多的是经济利益而非战略利益，中伊关系远未到达战略层面的高度，但是美伊的核博弈给国际关系带来的影响却具有战略意义。首先，美国在制裁伊朗等问题上需要中国的合作，防止核扩散已经成为中美关系的合作基础。其次，美伊关系紧张迫使美国将有限的战略资源投入到波斯湾，这有利于缓解对中国的外交和军事压力。伊朗核问题的长期化和持久化在客观上将延长中国的战略机遇期。但是导致上述局面出现的原因在于美国对伊朗的政策，而非中国有意为之。因此，中国不希望美伊之间发生战争，战争将损害中国在伊朗的广泛投资，甚至将投资化为乌有。中国由于同美伊两国都保持相对良好的关系，因此中国期望在美伊之间进行协调，敦促美伊通过谈判冰释前嫌，在核问题乃至双边关系上寻求突破。即使美伊关系不能更进一步，维持现状也会是不错的选择。这将意味着伊朗不寻求发展核武器，而美国不通过战争手段打击伊朗。

总体上来看，中国参与伊朗核问题治理与协调的动因主要包括四个方面，即确保能源利益、构建大国形象、维护战略利益和捍卫主权至上的外交原则，这也是中国在伊朗核问题上的利益所在。能源利益是中国参与伊核问题治理的重要动因。中东地区是中国维护能源供应安全、扩大海外市场和加大对外投资的重点区域之一。中国从中东国家进口的石油已超过世界上其他任何区域。①

中国在伊朗核问题上的首要经济利益在于能源。从能源利益的角度看，中国积极参与伊朗核问题治理与协调，首先要确保中国和伊朗之间保持正常的能源合作和经贸关系，并利用伊朗核问题，力争在中伊石油价格谈判上取得一定优势。中国与伊朗在能源领域合作关系密切。2002年，中伊两国政府签署了《原油贸易长期协定》和《在石油领域开展合作的框架协议》。2004年底，中石化和伊朗签署了有关伊朗亚达瓦兰油田油气开发项目的谅解备忘录。2006年7月，伊朗国家成品油销售公司与中石化签署了扩建阿拉克炼油厂的合同，以使该炼油厂提高25万桶/日成品油的加工能力。同年，中海油和伊朗签署了一项开发伊朗的北帕尔斯天然气田并建造生产液化天然气相关装置的谅解备忘录，该项目共投资160亿美元，中海油将取得所产液化天然气50%的份额。2006年12月，伊朗与中石油签署协议，从2011年起的25年内伊方每年向中方供应液化天然气约300万吨。中石油获得伊朗南阿扎德甘油田70%的权益，预计日产原油26万桶。2007年12月，中石化与伊朗国家石油公司正式签署了总价值达1000亿美

---

① 孙德刚、张玉友：《中国参与伊朗核问题治理的理论与实践》，载《阿拉伯世界研究》2016年第4期，第3页。

元的亚达瓦兰油田开发合同，中石化将在4年内投资20亿美元对其进行开发，并在未来25年之内每年从伊朗回购1000万吨液化天然气。①

伊朗核问题爆发之后，美国对伊朗发起了多轮制裁，但中国没有追随美欧制裁的脚步，并坚决反对对伊朗实行石油禁运。美国对中国石油公司与伊朗的合作强烈不满，多次威胁和实施制裁中国公司，美国对伊朗的制裁制约和影响了中国三大石油公司在伊朗的活动和中国的能源利益。在美国和欧洲的强力施压下，从2011年下半年开始，中国三大石油公司开始放缓在伊朗作业。中石油推迟了在伊朗南帕尔斯第二期天然气田的钻探工程，中海油也撤走了驻北帕尔斯天然气田的项目人员，中石化则延迟了在伊朗亚德瓦兰油田的动工日期。中国在2012年开始减少从伊朗的石油进口，而中国企业因为开发进程延缓也引发了伊朗方面的抱怨。②

中国通过外交协调避免紧张关系螺旋式升级，同时努力维护自身利益。中国多次强调，中国同伊朗开展的经贸和能源合作是正常、公开和透明的，不违反安理会有关决议，不影响中方在防扩散问题上的立场。毫无疑问，美国对伊全面制裁导致中国面临着来自两方面的巨大挑战，即一方面面临伊朗停止石油供应的局面，另一方面又面临中国在美国的金融机构被制裁的困难前景。在此背景下，中国缓慢而默默地减少进口伊朗石油的数量或许是一个可行的办法。中国的目标是既要保全中国金融机构在美国市场的合法经营，又要确保海外石油对中国的正常供给。③ 在制裁伊朗的这些年里，每次安理会通过的涉伊决议都很好地顾及了中国的能源利益关切，中国的石油供应并没有受到限制或严重影响。④ 中国三大石油公司在伊朗拥有重要的能源利益，美欧的禁运使中国在与伊朗石油价格谈判中占据优势。2010年，美国在提交给联合国安理会关于制裁伊朗的草案中，提

---

① 《中石化20亿美元开发伊朗大油田》，人民网，2007年12月11日，http：//finance.people.com.cn/GB/6638985.htm。（登录时间：2020年2月20日）
② 蔡鹏鸿：《美国制裁伊朗及其对中国的影响》，载《现代国际关系》2012年第4期，第20—21页。
③ 同上，第20—21页。
④ 《中国成伊朗石油禁运最大受益者》，财经网，2012年1月13日，http：//economy.caijing.com.cn/2012-01-13/111613186.html。（登录时间：2020年2月24日）

出禁止外国投资伊朗债券，伊朗国家银行宣布出售价值10亿欧元的债券以开发南帕尔斯天然气田，这关系到中国中石油的利益，在中国的努力下，新草案并未提及禁止购买伊朗债券。[①] 中国通过参与伊核问题治理，维护了自身合法能源权益，一直维持了自伊朗的石油进口和尽可能大的能源合作。

从战略利益的角度看，中国积极参与伊核问题的谈判与协调，首先，可牵制西方大国特别是美国通过核不扩散问题垄断中东地区事务的主导权。中国和俄罗斯参与伊核问题的解决，有助于促进国际关系的民主化和多极化，建立更加平衡的关系。中东地区一直以来都是大国博弈的场所，该地区新旧热点问题相互交织，令各大国力图通过处理中东热点问题来提升其对中东事务的话语权，进而加强自身的国际影响力。中国作为后发国家，重视利用每一次机会来提升解决国际危机的能力，并扩展自身影响力，这为维护中国在中东地区的整体利益打下了良好的基础。伊朗核问题牵动着世界各大国的神经。实际上，伊朗核问题也是中美、中俄、中欧战略合作的重要"组成部分"。[②] 其次，平衡与美国和伊朗的关系。中国战略文化与西方不同。西方的战略文化强调"分"，将中东地区分为伊朗与沙特、逊尼派与什叶派、巴勒斯坦与以色列、温和派与激进派等对抗的两派，其本质是拉帮结派，按照"友好度"和所谓"民主化程度"划线，奉行联盟战略；中国的战略文化强调"统合"，在中东不选边、不站队、不偏袒任何一方，与各方均保持"零问题"，奉行平衡战略，一方面致力于构建中美新型大国关系，另一方面保持与伊朗的关系，从而避免中国在华盛顿和伊朗之间选边站。[③] 最后，维护中国在中东地区的安全利益。2011年《中国的和平发展》白皮书指出："在伊朗核问题上，中国以多种方式

[①] 熊谦、田野：《国际合作的法律化与金融制裁的有效性：解释伊朗核问题的演变》，载《当代亚太》2015年第1期，第119页。

[②] Lounas Djallil, "China and the Iranian Nuclear Crisis: Between Ambiguities and Interests," *European Journal of East Asian Studies*, Vol. 10, No. 2, 2011, p. 227.

[③] Dingli Shen, "Iran's Nuclear Ambitions Test China's Wisdom," *Washington Quarterly*, Vol. 29, No. 2, 2006, p. 63.

劝和促谈，寻求在国际原子能机构框架内妥善和平解决伊朗核问题。"[①] 中国政府多次强调反对任何国家研制和发展核武器，因为中国现正处于经济高速发展阶段，需要一个安全稳定的国际环境，而核武器的出现可能会导致中东核战争的发生，更可能会对全球生态环境造成一定的影响；同时中国反对单边制裁，多次谴责美国和西方单方面制裁伊朗的做法。

在伊朗核问题上，中国积极参与协调谈判也有维护主权原则、彰显负责任大国地位、协调大国关系和治理理念博弈等方面的考量。长期以来，中国政府一直将国家主权放在国家核心利益的首位，强烈反对外部势力干涉本国事务。从维护主权的外交原则角度来看，中国政府认为，在遵守《不扩散核武器条约》的前提下，伊朗有和平利用与开发核能的权利。中国强调伊朗有权和平利用核能，伊朗的主权和领土完整必须得到尊重，反对西方动辄对伊朗实施军事遏制和以武力相威胁。有中国学者认为，"即使伊朗尚未加入《不扩散核武器条约》，中国仍然没有理由反对伊朗使用民用核能的权利"。[②] 从意识形态层面来看，美国不认同伊朗政教合一的政治制度，伊朗的什叶派政权也决不能接受美国和西方的价值观念，更不允许美国向伊朗输出西方式的民主。[③] 从国家主权角度看，开发民用核技术是一国主权范围内的事务，在遵守国际规则的前提下他国无权阻止。1979年伊朗伊斯兰革命后，美国与伊朗一直缺少政治互信，美国始终认为伊朗以开发民用核技术为借口来发展核武器。自2006年开始，安理会已通过10余项针对伊朗核问题的决议，其中包括四项制裁决议，中国虽然在每轮的投票中都投了赞成票，但中国只支持在安理会范围内的制裁，且一直声称尊重伊朗和平发展民用核技术的权利。简言之，从参与动机和本国利益的角度来看，国家主权原则是中国处理各类国际事务的根本原则之一，这在伊朗核问题上也有突出体现。

[①] 中华人民共和国国务院新闻办公室：《〈中国的和平发展〉白皮书（全文）》，新华网，http://news.xinhuanet.com/2011-09/06/c_121982103.htm.（登录时间：2020年2月24日）

[②] Dingli Shen, "Iran's Nuclear Ambitions Test China's Wisdom," *Washington Quarterly*, Vol. 29, No. 2, 2006, p. 58.

[③] 华黎明：《伊朗核问题与中国外交的选择》，载《国际问题研究》2007年第1期，第62页。

（二）协调伊朗核问题的政策基础

从理论上来说，中国对伊朗核问题的协调大致有以下四种政策选择：一是在道义上强调和平与对话，但不采取任何积极措施；二是政治上支持或默认伊朗发展核武器；三是与西方和俄罗斯一道阻止伊朗发展核武器；四是在伊朗和西方之间成为协调者，开展"等距离外交"。

由于和伊朗、美国均有重大利益关联，中国在美伊之间面临两难处境。美国是中国最大的经济合作伙伴和最大的外部影响因素，而伊朗则是中国重要的能源进口来源国，美伊两国的长期对立对中国外交曾提出过严峻的挑战。美伊两国都希望中国支持自己，打击或者制衡另一方，美国为达到迫使伊朗在核问题上做出妥协的目的，要求中国减少从伊朗的石油进口；而伊朗则以向我国出口石油为由，要求中国帮助化解来自美国的压力。[①] 美国将中国称为"利益攸关方"，希望中国承担更多责任，对伊朗采取强硬立场，在制裁伊朗等问题上与美国保持一致。[②] 如果参与美国对伊朗制裁，将对中国在伊朗的经济利益产生巨大影响，中国因伊朗停止石油供应而可能将会遭受很大的损失。如果中国不同意美国要求参与对伊制裁，且中国又无银行替代方式，中国在美国的金融机构将面临制裁。美国作为世界金融霸主，掌握着全球金融主导权，在国际金融体系中的主导地位目前很难撼动，中国显然无法承受失去金融市场的代价，如果美国切断中国金融机构在美国营业的机会，中国的损失可能会更大。尽管中国外交部多次声明，中国以符合国际法并以正常、公开方式同伊朗进行贸易交往，但这难以抵御美国在国际金融领域内以其金融软实力发动的制裁和限制。

伊朗看重中国的世界大国地位和友好政策，极力通过能源和经贸拉拢中国支持，期望中国牵制美国并在联合国安理会上做出有利于伊朗的选

---

① 杨兴礼等著：《现代中国与伊朗关系》，北京：时事出版社2013年版，第275页。
② 2005年美国时任助理国务卿佐利克指出美国应当将中国塑造为国际体系的"利益攸关方"，"Zoellick: Stakeholder Concept Offers New Direction for U. S. -China Relations," *People Daily*, January 25, 2006, http://english.peopledaily.com.cn/200601/25/eng20060125_238050.html. （登录时间：2020年2月24日）

择。伊朗议长伊阿里·拉里贾尼曾经倡导建立中伊战略同盟，强调中国在伊朗外交和核问题上的重要性，其中就蕴含着这一政治意图。伊阿里·拉里贾尼等人认为，伊朗在核谈判中应当重视中国、俄罗斯、印度等东方国家的作用，"以东制西"，规避来自美国的政治压力和军事威胁。[①] 显然伊朗版本的"战略伙伴"论具有拉中国下水、帮伊朗解困的目的。同时，中国也无法完全停止从伊朗进口石油，中国需要有一个缓冲的办法和可行的渠道，继续从伊朗进口石油。因此，使伊核问题相对可控，促进美伊关系缓和，符合中国的利益。为此，中国需要在伊核问题上发挥建设性协调作用，为美伊双方增进信任、推动直接谈判做出积极努力。中国前驻伊朗大使华黎明指出，美伊"积怨太深……必须有一个有影响的大国在两国间进行协调、穿梭……中国可以而且应该担当这个角色"。[②]

根据自身国际利益和现实情况，中国在伊朗核问题上的基本立场包括以下四个方面：第一，伊朗同其他国家一样，有权和平利用核能；第二，反对伊朗发展核武器；第三，主张通过外交和对话手段和平解决伊朗核问题，不赞成通过制裁、胁迫或武力方式解决问题；第四，主张在联合国等多边舞台讨论和解决伊朗核问题，反对单边主义的做法。

虽然中美都主张维护国际防扩散体系和反对伊朗拥有核武器，但在如何解决伊朗核问题的方式以及对伊朗进行制裁等问题上明显存在矛盾。在伊朗核问题上，中国最关切的是伊朗不拥有核武器，中国在伊朗的利益不受损，地区和平不因伊朗核问题而遭破坏。美国总以怀疑的眼光解读中伊关系，在伊朗核问题上又对中国的立场抱有不切实际的期待，并以此检验中国是否是"负责任的国家"。这对中美关系的正常发展带来了负面影响，成为抑制中美关系的消极因素之一。在国际原子能机构、联合国以及"P5+1"的磋商和表决时，中国不得不一次又一次在美国和伊朗之间做出艰难的选择。中国可以继续在"P5+1"和联合国安理会的机制中发挥积极

[①] "Iran Stresses Balanced Nuclear Diplomacy between West and East," *People Daily*, November 14, 2005, http://English.people.Com.cn/200511/14/eng20051114_220851.html.（登录时间：2020年2月24日）

[②] 华黎明：《伊朗核问题与中国外交的选择》，载《国际问题研究》2007年第1期，第62页。

的作用，但是联合国的任何决议既无法迫使伊朗弃核，也没有办法阻止美国对伊朗制裁、动武。在伊朗核问题上，初期中国的处境始终比较被动，而中国在决议案磋商和表决过程中的立场既会影响中美关系，也可能会伤害中伊关系。

从参与协调的必要性来看，伊朗核问题影响重大，牵涉国际与地区安全，也涉及中国切身利益，而作为联合国安理会常任理事国和负责任的大国，中国在伊朗核问题上承担有重大的国际责任。首先，伊朗核问题是一个极为复杂而影响深远的重大国际问题。如何处理伊核问题不仅关系到维护国际安全、防止核扩散、维护世界和平与稳定的重大问题，同时它还涉及如何维护包括伊朗在内广大发展中国家和平利用核能的正当权益的问题，以及对伊朗周边国家特别是海湾地区国家的影响以及可能产生的连锁反应。因此，国际社会要维持国际核不扩散体系的权威，禁止和约束无核国家跨越核门槛。鉴于伊朗在国际原子能机构的核查中存在的诸多问题以及伊朗政府采取的推诿立场，中国作为安理会成员有责任防范并制止伊朗拥有核武器。其次，伊朗核问题正在成为海湾新的战争诱因，导致地区局势持续紧张。美国曾经多次将军事打击伊朗逐渐提上议事日程，对伊战争可谓一触即发。在此背景下，维持海湾地区的稳定与和平，努力避免战争成为了紧迫挑战。中国理应承担维护中东和平与稳定的国际责任，在美国与伊朗之间居中调停，舒缓矛盾，化解冲突，规劝双方保持克制和让步，以免事态失控，导致地区战争爆发。最后，伊朗核问题涉及中国与美国、伊朗的三边关系。伊朗和美国对于中国来说均涉及重大利益与外交价值，并与双方保持合作关系，然而美国与伊朗长期互为敌人，而伊核问题又进一步加剧了双方的紧张关系。由于中美和中伊关系对中国都很重要，因此中国一直在努力减小美伊敌对关系对中国发展与两国关系的影响。因此，努力协调伊朗核问题，防止美伊走向冲突也事关中国的切身利益。

考虑到伊核问题的复杂性和重要性，中国在该问题上的立场主要包括：反对包括核武器在内的大规模杀伤性武器扩散；伊朗和平利用核能的权利应得到充分的尊重，但需做出努力消除国际社会的担心和疑虑；反对使用武力，应该通过外交途径，以和平的方式加以解决。中国采取上述原则性的立场和积极参与协调符合中国的外交原则、国家利益与国际社会的期待。作为安理会"五常"之一和负责任的大国，中国对防止包括核武器在内的大规模杀伤性武器扩散，维护世界和平与稳定负有重大的责任。而中国一直奉行独立自主的和平外交方针，反对在国际争端中付诸武力，一贯主张通过和平谈判的方式解决问题。作为最大的发展中国家，中国理应维护包括伊朗在内各国特别是发展中国家的正当权益，这一政策也兼顾了中美关系的重要性和中国在伊朗的利益。①

然而，要坚持上述原则立场和实现多重国际责任并不容易，实际上不同目标之间存在着内在矛盾和张力，如防止核扩散和维护地区和平何者为先，可能会带来不同的应对政策与解决方式，如果坚持维护地区和平为先，那么中国就需要防止和平政策蜕变成绥靖政策，被伊朗利用中国的协调和努力跨越核门槛；如果中国坚持防扩散优先，那么中国必须正确处理国际反扩散与美国谋霸的关系，处理好与美国共同捍卫国际核不扩散机制与帮助美国惩治宿敌的关系。中国须保持政治警惕，避免顾此失彼，既不能为因与美国保持一致而损害了中伊关系，也不能因照顾伊朗而伤害中美关系大局，而需要在美伊两国之间寻求平衡，充当中间人、协调者的角色。这种平衡点是在维护自身国家利益的前提下，寻找美伊两国的共同点，在美伊之间协调促谈，将伊朗核问题纳入美伊直接谈判的框架之内。尤其是在2013年鲁哈尼当选为伊朗新一届总统，以及美国奥巴马总统表示将同伊朗直接会谈的背景下，中国的中间人责任将更为重要和突出。②

中国具有协调伊朗核问题的关键基础和有利条件。一方面，中国与伊朗、美国都保持着务实的合作关系，在核问题上较少受到国内因素羁绊。既然伊朗核问题的核心困难是美伊之间的敌对，既然美伊谈判是解决伊朗核问题的唯一出路，中国就有机会在美伊之间充当调停者的角色。由于美伊之间积怨太深，严重缺乏互信，在此背景下，需要有一个有影响力的大

---

① 李国富：《伊朗核问题的症结与中国的立场》，载《当代世界》2007年第10期，第25—26页。

② Joby Warrick, "U. S. Looks for Signs of Thaw as New Iranian President Rouhani Prepares to Take Office," *Washington Post*, July 12, 2013, http://articles.washingtonpost.com/2013 - 07 - 12/world/40536974_1_new - nuclear - talks - iran - s - supreme - leader。（登录时间：2020年2月25日）

国在美伊两国间进行协调、穿梭，提出可供选择的解决方案，供彼此交涉和讨价还价，中国可以而且应该担当这个角色。中国曾主持朝核问题六方会谈，向世界充分展示了谋求和平的诚意和协调核问题争端的能力。伊朗核问题再次赋予了中国超越传统外交的窠臼，实践和彰显特色大国外交的机会：一是中国外交和平发展和大国外交政策使然；二是中国出面帮助美伊化解敌意，推动美伊关系改善将对中美关系产生积极影响，伊朗也期待中国能够帮助它摆脱困境；三是国际社会都希望伊核问题能够和平解决，美伊关系不能长期紧张下去。中国外交应未雨绸缪，及时调停美伊关系，帮助美伊化解敌意有利于中国巩固与美伊的战略关系。①

另一方面，尽管中国夹在针锋相对的美伊之间左右为难，但是中、美、伊三国之间并非完全没有共同利益。三国之间均不希望爆发战争，努力避免因核问题开战就是三方的共同利益，这也意味着需要通过谈判解决伊朗核问题。对美国来讲，制裁已经几乎走到了极限，动用武力解决伊朗核问题的概率不断上升，但成本很高，风险极大。如果说伊拉克让美国陷入经济危机，那么美国对伊朗的战争将会再度重创美国的霸权，而且现在伊朗的实力远胜于当年的伊拉克。反扩散同维持美国霸权之间的矛盾使得美国在对伊动武问题上踌躇难决。对伊朗来讲，美欧的单边经济制裁对以石油主导型的伊朗经济的打击不言而喻，经济制裁对伊朗造成的负面影响已开始显现。内贾德时期的伊朗经济饱受摧残，强硬外交引发了外部制裁的不断强化，在内贾德执政后期彻底陷入了衰退的深渊。②尽管伊朗的核立场尚未松动，但伊朗清楚美欧遏制伊朗拥核的决心和意志，对伊战争并非是空穴来风，而是残酷的现实，因此避免战争也成为伊朗面临的政策之选。对中国来讲，避免美伊迎头相撞有利于保障本国的在伊投资和经贸利益，毕竟美伊战争将让中国蒙受巨大经济损失。同时，伊朗和平利用核能的权利具有合法性，得到国际社会的普遍承认，也有望得到美国的认可。

---

① 华黎明：《伊朗核问题与中国外交的选择》，载《国际问题研究》2007 年第 1 期，第 62 页。

② 韩建伟：《伊朗伊斯兰共和国经济现代化研究》，北京：时事出版社 2019 年版，第 242 页。

伊朗作为《不扩散核武器条约》签字国，进行低浓缩铀的研发与生产即和平利用核能是应当享有的合法权益。伊朗领导人多次表示伊朗不会拥有核武器，但始终强调在本土自主研发和生产浓缩铀是伊朗不容谈判的政策红线。从现实来看，虽然美国希望阻止伊朗拥有任何形式的浓缩铀研发与生产，但是缺乏有效的方法制止伊朗取得核技术突破。伊朗在美欧制裁背景下仍能够不断提升铀浓缩纯度，从3.5%直至20%，伊朗已经能够生产多个类型的浓缩铀，而且在外部制裁进程中，伊朗的核突破并未受到实质性遏制。让伊朗的铀浓缩归为零点对美国来讲不是不想而是不能，奥巴马关于允许伊朗拥有低浓缩铀的表态也是无奈之举。问题的关键在于美国能够在何种程度上认可伊朗的浓缩铀与核进程。不管怎样，美伊的上述立场为中国提供了居中协调的机会和空间，中国可以利用从朝核问题和六方会谈中取得的经验和成果，在敦促伊朗弃核问题上承担更多的责任，发挥更大的作用。

中国逐步找到了在伊朗核问题上进行协调的切入点，并扩大了协调谈判的空间。第一，坚持国家平等的原则，反对将伊朗核问题政治化和扩大化。中国强调国家关系与核问题分开的原则，鼓励美伊双方在言辞上采取克制态度，避免局势进一步恶化。中国在核问题上倡导就事论事，规劝伊朗遵规守矩，指责伊朗不遵守《不扩散核武器条约》的行为，敦促伊朗配合国际原子能机构的核查，尽快解决伊朗涉及核武器的问题。同时，中国努力防止核问题的政治化和扩大化，反对美国进一步制裁伊朗，不让核问题成为美国军事打击伊朗的借口，批评甚至谴责美国对伊朗的军事威胁。第二，劝服伊朗配合国际原子能机构的核查。从既往历史看，伊朗曾经多次利用瞒报拖延、拒绝准入等做法同国际原子能机构周旋，这些行为加强了国际社会对伊朗的不信任和对其核意图的质疑。而且伊朗始终未就高能炸药、金属铀切割、导弹战斗部填充等涉及核武器问题做出合理的解释，这更加强了美欧等国对伊朗发展核武器的疑虑。[①] 因此增信释疑，澄清现

---

① "Implementation of the NPT Safeguards Agreement and Relevant Provisions of Security Council Resolutions in the Islamic Republic of Iran," *IAEA*, May 25, 2012, http://www.iaea.org/Publications/Documents/Board/2012/gov2012-23.pdf.（登录时间：2020年2月25日）

有问题成为了解决伊朗核问题的关键,而这只能通过加强国际原子能机构核查予以解决。无论是作为联合国安理会常任理事国还是伊朗的友好国家,中国都有责任规劝伊朗配合核查,敦促伊朗尽快解决核问题,舒缓同国际社会的矛盾。第三,努力缓解伊朗的安全关切。无论伊朗核意图是否是寻求发展核武器,伊朗的安全关切是核问题中始终难以回避的问题。美国对伊朗政策长期维持制裁加威胁的高压态势,使伊朗的安全形势不断恶化。在核问题上美国运用高压战略逼迫伊朗妥协,不惜以战争相威胁,但这不利于核问题的解决,在安全受到威胁的情况下谈弃核只能加剧伊朗对国际社会的不信任,在外部缺乏可依赖伙伴的伊朗只能目光向内寻求自保,而保留浓缩铀就保障了伊朗用于发展核武器的基本条件,从而保障了伊朗的国家安全。因此缓解伊朗的安全困境应当成为中国介入核问题的重要抓手。第四,鼓励并敦促美国同伊朗就核问题开展直接谈判。美国同伊朗的恩怨十分复杂,核问题只是其中之一,解铃还须系铃人,美伊的历史纠葛只能靠两国自行解决,而且只有将核问题纳入美伊双边关系的框架之下才更具意义。因此中国在核问题上应当力促美伊直接谈判,将核问题纳入一揽子的谈判议程进行综合解决。中国充分利用美伊领导人希望改善关系的良机促成美伊直接谈判,并使之成为带动多边会谈的发动机。直接谈判的优势在于伊朗核问题已经成为美伊之间角力的意图和内容,伊朗核问题在美伊直接谈判的框架内更可能寻找到可行的路径。第五,中国也认清自身在解决伊朗核问题中的局限,努力避免双输局面。在解决伊朗核问题上,中国缺乏遏制美国对伊朗动武的能力,也无法遏制伊朗强烈的核诉求,不能过分高估自身对伊朗的影响力。

二、协调伊朗核问题的路径与机制

如上所述,中国在伊朗核问题上拥有自身的明确原则立场和政策优势,积极参与伊朗核问题的解决既是国际道义和现实利益的需要,也具有开展协调外交的良好基础和有利条件,并逐步探索出开展外交协调的切入点和有效抓手。

(一) 协调伊朗核问题的主要路径

从路径选择层面来看，中国基于利益相关度、运用协调外交方式积极参与伊朗核问题上的解决。中国在参与伊朗核问题的解决过程中采用的是一种弹性的外交方式——协调外交，也称"穿梭式外交"。协调外交，即"主权国家或国际组织作为中立的第三方，主动以非强制性方式介入冲突，以和平方式管理和化解冲突的行为"。在参与伊朗核问题解决的进程中，中国属于谈判中的"第三方"与"中间人"，在各种场合均主张通过劝和的方式与谈判各方建立信任关系并提出折中方案，力求以和平的手段管理危机和打破僵局。协调外交思路在中国首次参与"P5+1"的谈判时就被中国外交人员运用到实践中，而且协调外交贯穿于中国参与伊朗核问题治理的各个阶段。从中国政府的表态来看，中国主张以和平对话、谈判的手段解决问题，但这并不意味着中国无所作为，相反，中国选择协调外交的路径正是基于有所作为的外交理念，借此凸显了中国角色。

中国以多边协调外交为主要路径参与伊朗核问题治理，能源利益、构建大国形象、战略利益和捍卫主权至上的外交原则是影响中国参与伊朗核问题治理的四个因素。[①] 通过对中国参与伊朗核问题治理的路径选择和机制运用可以看出，中国主动参与了这一问题的治理。这种主动参与型是指中国投入较多外交资源，包括派出特使参与热点问题的解决，中国国家领导人也时常参与问题的解决。[②] 在伊朗核问题的治理上，中国先后派出外交部高层（部长助理、副部长和部长）参与伊朗核问题的谈判，中国国家领导人也在各大国际会议上与各方就伊朗核问题进行磋商，提出中方的立场以及提议。

在协调伊核危机特别是在制裁问题上，中国的行动以有利于维护国际核不扩散体系、有利于维护中东地区的和平与稳定和不影响伊朗国内发展

[①] 孙德刚、张玉友：《中国参与伊朗核问题治理的理论与实践》，载《阿拉伯世界研究》2016年第4期，第3页。

[②] 孙德刚：《中国在中东开展斡旋外交的动因分析》，载《国际展望》2012年第6期，第27页。

和外交正常的经济需求为主要原则。2010年6月第四轮联合国制裁表决结束后，中国常驻联合国代表李保东大使表示，制裁不是解决伊朗核问题的根本办法，外交努力的大门并未关上。伊朗核问题的全面最终妥善解决，必须通过对话和谈判来达成，新决议的目的是促使伊朗重返谈判，激活新一轮的外交努力。① 2013年10月15日，在全面协议谈判启动之初，中国还就全面解决伊朗核问题提出了五点主张：坚持六国与伊朗对话方式；寻求全面、公平、合理的长期解决方案；秉持分步、对等原则；营造有利的对话谈判气氛；寻求标本兼治、综合治理。② 这些主张有利于弥合各方分歧，推动各方在规定时间内达成全面协议。这也是中国首次就伊朗核问题全面提出自己的主张。2014年11月24日，中国外交部长王毅出席在维也纳举行的伊朗核问题六国与伊朗外长会时表示，中方作为伊核问题谈判重要一方，一直积极参与谈判进程。我们秉持客观公正立场，在各方间协调促谈，多次提出建设性意见。此次中方又提出解决焦点问题的新思路，各方都予以积极评价，相信将为下一步的最终谈判发挥积极作用。王毅强调，在谈判的最后阶段，中方呼吁各方坚持政治解决伊核问题的定力和耐心；坚持维护国际核不扩散体系，坚持保障伊朗和平利用核能权利的基本共识；坚持分步对等原则，在合理时间框架内达成一揽子方案，并予以分步实施；坚持采取灵活务实、相向而行的积极姿态，汇聚解决问题的共识。这次外长会上，各方积极评价近期谈判取得的重要进展，这为达成全面协议奠定了良好基础，并同意适当延长伊核问题谈判期限，力争在几个月内解决所剩问题，达成伊核问题全面协议。中国领导人习近平也亲自做伊朗总统鲁哈尼的工作，希望伊方把握机遇，保持对话势头，同各方寻求最大公约数，争取最好结果。为了加快伊核问题解决，2015年2月，习近平主席与美国总统奥巴马通话，国务委员杨洁篪与美国总统国家安全事务助理赖斯深入交换了看法。中国外长王毅于当年2月访问了伊朗，还通过与其他几方外长接触，呼吁各方克服分歧，以推动谈判取得实质性进展。

---

① 《联合国安理会通过史上最严厉制裁伊朗方案》，新华网，2010年6月10日，http://news.xinhuanet.com/mil/2010-06/10/content_13643504.htm。（登录时间：2020年2月26日）
② 姚匡乙：《中国在中东热点问题上的新外交》，载《国际问题研究》2014年第11期。

第三章　伊朗核问题：大国的多边协调
/ 219 /

2015年3月31日，外交部长王毅在伊朗核问题外长会结束前夕接受中国媒体采访，积极评价此次会议进展，就伊朗核问题谈判提出了四点主张：一是坚持政治引领。伊朗核谈判涉及大量技术问题，协议本身也需要专业支撑。但伊核问题说到底是政治安全问题，各方要加强政治引领，适时做出政治决断。二是坚持相向而行。谈判各方都有自己的立场，在最后阶段，如果相向而行，就能取得成功，如果原地踏步，势必功败垂成。三是坚持分步对等。解决问题需要一个过程，必须分阶段、对等地向前推进，各方都应承担相应的责任与义务。四是坚持一揽子解决。目前遗留的几个焦点问题实际上相互关联，各方应发挥创造性思维，考虑一揽子解决方案。强调照顾各方核心关切不可回避，发挥联合国安理会作用至关重要。一年多来，中国在谈判艰难时刻多次提出建设性方案，通过各种渠道积极协调。这次外长会上，王毅也与各方分享了解决焦点分歧的思路，相信会为达成全面协议发挥积极作用。4月2日，伊朗核问题六国与伊朗就外长会谈判成果发表联合声明后，王毅应询问记者表示，中方欢迎伊朗核问题谈判达成的重要共识，六国与伊朗都为此做出了不懈努力，也为下一步达成全面协议奠定了坚实基础。

中国作为联合国安理会常任理事国中的发展中大国，一方面承载着第三世界国家的共同利益，另一方面则面临欧美等国的施压和拉拢。因此，中国力图通过推动伊朗核问题的和平解决来彰显负责任大国的形象，构建中美、中俄、中欧等稳定的新型大国关系。2016年4月，习近平主席在出席华盛顿伊朗核问题六国机制领导人会议上指出，对话谈判、大国协作、公平公正是六国机制解决伊核问题的主要原则。中国是伊核问题解决的"积极参与者、推动者、贡献者"，中国愿同各方一道，"为推进全面协议后续执行不懈努力，为促进全球安全治理做出新的贡献"。[①]

（二）协调伊朗核问题的主要机制

全球治理的国际机制大致可分为多边机制和双边机制。一般来说，当

[①]《习近平出席伊朗核问题六国机制领导人会议》，载《人民日报》2016年4月2日，第2版。

前关于核扩散治理有两类多边机制：一类是用于事前防止核武器的扩散，[①]这类机制又分为正式机制和非正式机制，正式机制一般是指成员国之间建立了有法律约束力的权利与义务关系，如《不扩散核武器条约》和《全面禁止核试验条约》；非正式机制就是指成员国之间没有建立有法律约束力的权利与义务关系，如关于核出口管控的非正式安排。[②] 另一类是旨在解决某一国可能或者已经发生核武器扩散而建立的正式或者非正式机制，如旨在解决朝核问题的"六方会谈"机制以及联合国主导下的大国协调机制等。中国协调伊朗核问题的多边机制是国际原子能机构和伊核问题会谈机制，其双边机制是中美战略与经济对话机制和中俄战略磋商机制。中国主要通过两种多边机制来寻求解决伊朗核问题，其分别是国际原子能机构和联合国主导下大国协调机制，即"P5+1"机制，前者主要是在伊朗核问题被移交联合国安理会之前，后者是在伊朗核问题被移交安理会之后。除多边协调机制外，中美战略与经济对话机制和中俄参与的上海合作组织、金砖国家领导人峰会机制以及双边领导人会谈机制，都是中国参与伊朗核问题解决的重要双边机制。[③] 中国主要通过以下三种机制来参与伊朗核问题的治理。

第一，国际原子能机构框架下的协调外交机制。国际原子能机构成立于1957年，它由大会、秘书处和理事会组成。中国于1984年加入该机构，并与该机构保持着积极而高效的合作。伊朗核问题爆发后，2002年12月，国际原子能机构理事会就通过一项决议，要求伊朗中止所有有关铀浓缩的活动。[④] 伊朗核问题浮出水面后，中国迅速行动，并于2003年上半年分别在国际原子能机构的大会和理事会上向各国表达和平解决伊朗核问题的愿

[①] 核武器的扩散分为横向扩散和纵向扩散，横向扩散一般是指有新的国家拥有了核武器；而纵向扩散是指一个国家同时增加核武器的种类多样性和数量。

[②] 刘宏松：《非正式国际机制的形式选择》，载《世界经济与政治》2010年第10期，第74页。

[③] 孙德刚、张玉友：《中国参与伊朗核问题治理的理论与实践》，载《阿拉伯世界研究》2016年第4期，第3页。

[④] "Timeline of Nuclear Diplomacy with Iran," *Arms Control Association*, July 2016, http://www.armscontrol.org/factsheet/Timeline-of-Nuclear-Diplomacy-With-Iran.（登录时间：2020年2月26日）

望。从2002—2006年，伊朗核问题主要是在国际原子能机构的主导下进行磋商，中国作为该机构的理事国积极地发挥了应有的作用。

第二，联合国主导下的大国协调机制，即"P5+1"机制。2003—2004年，英、法、德三国加上伊朗就已建立起欧盟三国—伊朗协商机制，但并没有取得成效。2006年初，伊朗核问题进一步恶化，在联合国的引导下，中、美、俄三国加入原来的欧盟三国—伊朗协调机制，从而形成了"P5+1"这一新的磋商机制。起初伊朗并没有参与该机制的会谈，对"P5+1"机制所提出的议案也予以回绝，伊朗实际上处于"缺席审判"的地位。[1] 2008年4月，美、俄、中、英、法、德六国外交部政治总司长及欧盟理事会对外关系总司长在上海举行会谈，达成了全面、长期和妥善解决伊核问题的复谈方案。该方案增加了诸多鼓励性措施，但要求伊朗暂停铀浓缩活动。[2] 2009年1月，奥巴马入主白宫后，试图在外交领域取得一定成就，更是将解决伊朗核问题作为其外交突破口之一。由于美国政府有意愿解决伊朗核问题，2009年10月1日，在奥巴马政府的倡导下，"P5+1"六国与伊朗达成首份协议。这也是自"P5+1"机制成立以来，各方首次能够"坐在一起"进行会谈。但由于伊朗总统内贾德一直对发展核计划持强硬态度，伊朗同六方并没有建立起基本的信任关系。2013年温和派的鲁哈尼上台后，各方解决问题的意愿大幅上升。同年2月26日，"P5+1"六国与伊朗在哈萨克斯坦城市阿拉木图重启核谈判。2013年2月26日至2014年11月24日间举行的所有核谈判，都是在"P5+1"机制框架内进行的，该机制在伊朗核问题的解决中发挥了至关重要的作用。在伊朗核问题的谈判过程中，中国多次提出伊核问题的新思路和新倡议。2015年3月31日，在伊朗核问题外长会议结束前，外交部长王毅就伊朗核问题谈判提出了四点主张：坚持政治引领，坚持相向而行，坚持分步对等，坚持一揽

---

[1] "History of Official Proposals on the Iranian Nuclear Issue," *Arms Control Association*, January 2014, http://www.Armscontrol.org/factsheets/Iran_Nuclear_Proposals。（登录时间：2020年2月26日）

[2] 熊谦、田野：《国际合作的法律化与金融制裁的有效性：解释伊朗核问题的演变》，载《当代亚太》2015年第1期，第118页。

子解决。① 同年7月14日，伊朗核问题六方与伊朗达成伊核问题全面协议。王毅外长表示："中国作为安理会常任理事国，意识到对国际和平与安全承担的责任和义务，始终以建设性姿态参与了伊核谈判全过程。中国并不是矛盾焦点，这可以使中方以更为公正、客观的立场积极开展协调。特别是在谈判的一些重要节点，包括谈判遇到困难、陷入僵局时，中方总是从各方共同利益出发，积极寻求解决问题的思路和途径，提出中国的方案。可以说，中国发挥了独特的建设性作用，得到各方高度赞赏和肯定。"②

第三，中国与美国和俄罗斯等大国的双边战略对话与合作机制。2006年5月30日，时任国家主席胡锦涛主动致电时任美国总统布什，交换了关于中美战略合作的意见，其中就包括关于伊朗核问题的立场与意见。③ 2012年5月，中美在第四轮战略与经济对话期间，决定就中东事务进行磋商；同年8月，双方在北京举行首轮中东问题对话。2013年6月，中美双方在华盛顿举行了第二轮中东问题对话，并在伊朗核问题上建立了对话与磋商机制，解决中东地区冲突已成为中美构建新型大国关系的重要领域。④ 2015年7月21日，奥巴马在与习近平主席通电话中感谢中方为达成这一历史性协议所做的贡献。美方希望同中方继续协调合作、共同努力，确保全面协议得到实施。中美在伊朗核问题上的合作表明，只要双方合作努力，就能够共同应对气候变化、经济发展、公共卫生等全球性挑战。中国国家主席习近平强调，在伊朗核问题谈判过程中，中美双方开展了密切沟通和协调，这是两国共同构建新型大国关系的又一重要体现。⑤

中俄在战略协作伙伴关系框架下，加强了在伊核问题上的务实合作。

---

① 刘宝莱：《艰难"核谈"何以"破冰"？》，载《解放日报》2015年4月4日，第6版。
② 《伊核问题终达成全面协议》，载《人民日报》2015年7月15日，第1版；《王毅：中国为达成伊核全面协议发挥了独特的建设性作用》，中国新闻网，http://www.chinanews.com/gj/2015/07-14/7405251.shtml。（登录时间：2020年2月26日）
③ 《胡锦涛主席与布什总统通电话》，载《人民日报》2006年6月2日，第1版。
④ 吴冰冰：《中东战略格局失衡与中国的中东战略》，载《外交评论》2013年第6期，第48页。
⑤ 《习近平同美国总统奥巴马通电话》，新华网，2015年7月21日，http://news.xinhuanet.com/politics/2015-07/21/c_1115990400.htm。（登录时间：2020年2月29日）

伊核问题涉及中俄多重战略利益，双方拥有和平解决伊核问题的共同利益和政策立场，中国积极同俄罗斯就加强在伊核问题上的磋商与协调达成共识。除了在伊朗都有重要的经济利益之外，中俄两国都认为在伊朗核问题上的合作将推进多极化国际格局的形成，有利于建立世界新秩序。中东地区一直是国际格局演变的关键地区，也是大国推行霸权主义和强权政治的主要地区。中俄共同对抗美国的霸权主义，倡导世界格局向多极化方向发展。伊朗是地区大国，是反对美国霸权、中俄倡导的多极化世界格局中重要的力量，是对抗西方、反对霸权主义的潜在盟友。2011年6月，时任国家主席胡锦涛访问俄罗斯，两国元首签署了《中俄关于当前国际形势和重大国际问题的联合声明》，伊核问题成为联合声明中的重要内容。[①] 2013年以来，在推进中俄全面战略协作伙伴关系的过程中，双方通过上海合作组织、金砖国家领导人峰会以及双边领导人会谈等多个场合，就伊朗核问题举行了战略磋商与协调。中俄双边合作机制也是中国参与伊核治理的重要平台。2015年5月，习近平在出访俄罗斯时，两国发表《中华人民共和国和俄罗斯联邦关于深化全面战略协作伙伴关系、倡导合作共赢的联合声明》，双方积极评价两国在推动政治外交解决伊朗核问题中的协作，呼吁谈判各方抓住历史机遇，加大外交努力，达成公正平衡、互利共赢的全面协议。[②]

三、协调伊朗核问题的外交实践

从实践来看，自2002年8月伊朗核危机出现至2015年7月伊朗核协议签订，中国参与伊朗核问题的协调外交大致可以分为三个阶段。

第一阶段是2002—2006年。这一阶段也是伊朗核问题的初始阶段，涉及的谈判方并不多，主要有伊朗、国际原子能机构和美、英、法、德四国。伊朗核问题爆发后，美国以伊朗违反了《不扩散核武器条约》为由，

[①]《胡锦涛主席出访成果丰硕》，载《人民日报（海外版）》2011年6月22日，第1版。
[②]《中华人民共和国和俄罗斯联邦关于深化全面战略协作伙伴关系、倡导合作共赢的联合声明》，载《人民日报》2015年5月9日，第2版。

要求将伊朗核问题提交联合国安理会讨论，对伊朗实施制裁。中国当时并没有作为单独一方参与伊朗核问题的解决，也不赞成将伊核问题提交联合国安理会讨论，因为伊核问题的国际化恐将导致联合国安理会的分裂。由于中国是国际原子能机构的成员国，中国的协调外交从这一时期就开始得以运用，但中国的参与具有间接性和非连续性特征。2003年6月，中国代表在国际原子能机构理事会关于伊朗核问题的讨论会上就提出通过对话、磋商与合作的方式来解决伊朗核问题，并在敦促伊朗签署有关保障和平利用核能的附加议定书方面发挥积极作用。中国常驻维也纳联合国和其他国际组织代表张炎大使对各方表示，中国主张以务实和稳妥的方式处理伊朗核问题，以便为有关问题的妥善解决提供建设性的合作气氛和正确导向①。2003年9月12日，在美国的强烈要求和游说下，国际原子能机构理事会通过决议，要求伊朗在10月底前公开核计划，接受突击检查，中国对决议案投了赞成票。在国际原子能机构理事会议上，张炎大使再次向各方陈述中国政府关于伊朗核问题的立场，提出唯有对话才能增进了解，唯有合作才能建立信任。② 2004年底，中国代表张炎大使再次表示，中国一贯主张在国际原子能机构的框架内通过对话协商妥善解决伊朗核问题。这不仅有利于维护和增强国际原子能机构在国际防扩散领域里的作用和权威，同时也有利于确保包括伊朗在内的各国在严格保障监督下和平利用核能的权利。在伊朗核问题局势再次严峻的情况下，中方反对以武力相威胁，更反对某些国家对伊朗使用"先发制人"的军事打击手段，始终坚持在国际原子能机构框架内妥善解决危机的立场。2005年8月10日，伊朗重启伊斯法罕铀转换设施。2005年8月10日，当国际原子能机构考虑将伊朗核问题移交至联合国安理会时，中国常驻联合国代表王光亚在纽约表示，将伊朗核问题提交联合国安理会无助于该问题的解决，安理会并不是解决伊朗核问题的合适场所，各方应该坚持在国际原子能机构框架内解决伊朗核问

---

① 林川：《我代表处主张稳妥处理伊朗核问题》，载《人民日报》2003年6月20日，第3版。
② 《伊朗对决议予以抨击，我主张通过对话解决》，载《人民日报》2003年9月14日，第3版。

第三章　伊朗核问题：大国的多边协调
/ 225 /

题。他还表示，欧盟和伊朗都没有放弃通过谈判解决问题的途径，相信双方能够通过外交努力找到和平解决伊朗核问题的方法。① 2005年9月24日，在国际原子能机构关于伊朗核问题是否移交联合国安理会的投票大会上，中国代表吴海龙投了弃权票，并做了阐释性发言，强调"中方一直在以自己的方式为推动伊朗核问题早日在机构框架内妥善解决进行不懈努力，支持伊朗与欧盟谈判一项长期解决方案"②。2006年1月10日，伊朗宣布恢复浓缩铀的研制，伊核问题陷入僵局。从第一阶段的参与情况来看，中国参与的方式主要是通过驻国际原子能机构和联合国为主的联合国代表（大使）向各方阐述中方的立场，从而与各方建立信任关系。

第二阶段：2006—2013年6月。伊朗核问题升温的标志是伊朗提炼出低浓度铀，2005年上任的伊朗总统内贾德强硬的外交风格，使本来就复杂的伊朗核问题变得更加难以预测。中国在这一时期的协调外交非常频繁，积极穿梭于有关各方，努力寻求和平解决伊朗核问题。2006年1月16日，在美国倡议下，联合国安理会5个常任理事国和德国代表在伦敦聚会讨论伊朗核问题，会议呼吁伊朗停止重启的浓缩铀研究，关于伊朗核问题的安理会5个常任理事国+德国（P5+1）的六国机制从此启动。2006年1月底，英、法、美、俄、中、德六国就伊朗核问题举行了磋商，时任中国外长李肇星强调不应放弃通过对话和谈判方式寻求出路的努力③。2006年2月4日，国际原子能机构理事会以27票支持、3票反对和5票弃权的结果通过了欧盟方面提出的一项决议案，决定将伊朗核问题"报告"给联合国安理会。中国对此投了赞成票，赞成将伊核问题报告安理会，并希望决议有利于伊朗核问题继续在国际原子能机构框架内，通过外交谈判得到妥善解决，一方面，既然将伊核问题报告给安理会不可避免，可借对此投赞成票刷新外交格局，树立大国形象；另一方面，这张赞成票也显示中国不会不顾国际舆论为伊朗一路背黑锅，从而敦促相关事态向良性化发展。经过

---

① 《中国不赞成提交安理会 安南呼吁通过谈判解决》，载《人民日报》2005年8月12日，第3版。
② 《中国代表投弃权票后作解释性发言》，载《人民日报》2005年9月26日，第3版。
③ 《六国讨论伊朗核问题》，载《人民日报》2006年2月1日，第3版。

长时间磋商，2006年3月29日，联合国5个常任理事国就伊核问题的声明草案最终达成一致意见，呼吁伊朗停止一切与铀浓缩有关的活动，并要求国际原子能机构在30天内向国际原子能机构理事会和安理会报告伊朗核问题的最新进展。中国常驻联合国代表王光亚表示，主席声明的通过是推动伊核问题解决的重要一步，但更重要的是包括俄罗斯在内的所有有关各方积极通过各种外交努力，促成伊朗核问题的妥善解决。进入4月份，伊朗核问题逐渐升温。美国小布什政府放出狠话："将采取一切手段推动联合国实施对伊制裁。"伊朗方面则声称："已经做好反击的准备，并威胁将用'人弹'部队进行报复。"在此情况下，中国紧急派出外长助理崔天凯于4月14—18日前往伊朗和俄罗斯进行磋商，寻求和平解决伊朗核问题。在随后的几个月中，中国常驻联合国代表王光亚、中国外长李肇星和中央军委副主席曹刚川分别在联合国、伊核问题六国外长会议、上海合作组织国防部长会议上向各方代表阐述中国关于核问题的立场以及解决方法。由于欧美等国与伊朗仍然存在失信，六国外长遂在维也纳举行了磋商会议并达成共识，提出了"六国解决方案"。2006年7月，美国再次启动"P5+1"机制，推动六国将伊朗核问题提交联合国安理会。2006年7月31日，联合国安理会针对伊朗核问题发布第一份决议，即第1696号决议，限伊朗在一个月内停止铀浓缩活动，中国对决议案再次投了赞成票。伊朗拒绝决议案后美国开始谋求对伊朗进行制裁。进入讨论制裁阶段后，中美在伊朗核问题上的分歧开始超出外交理念的范畴，而直指中国在伊朗重大的经济和能源利益。2007年3月24日，联合国安理会已经对伊朗实施了第三份决议，即第1747号决议，该决议增加了对伊朗的制裁。虽然中国在安理会投票中（包括后面三次决议）均投了赞成票，但中国仍然积极穿梭各方寻求谈判解决伊朗核问题。中国在第1747号决议的投票后曾表示，"制裁和施压不可能从根本上解决伊核问题，外交谈判仍是最佳选择。当务之急是创造性地寻求重启谈判的办法"。① 自2006—2010年，在美国的强烈推动下，联合国安理会先后通过4个制裁伊朗的决议。由于中国的坚持，所有

---

① 《安理会通过新决议》，载《人民日报》2007年3月26日，第3版。

决议案都剔除了直接损害中国在伊朗重大经济利益的条款和内容。但是，中美围绕中伊能源合作和供应的矛盾越来越深。从2008年至2013年6月，中国外交部部长级和副部长级官员多次参与关于解决伊朗核问题的各种会议。2008年5月2日，中国外交部部长助理何亚非参加在伦敦举行的中、美、俄、英、法、德外长会议。2009年10月1日，六方会谈机制六国首次与伊朗进行了会谈，时任中国外长的杨洁篪就公开呼吁各谈判方致力于增强各方的政治互信，相向而行，从而为谈判营造良好的氛围。2012年4月和5月，中国参加六国与伊朗在伊斯坦布尔举行的两次磋商会议。在这一阶段，中国投入了大量外交资源，其中直接参与方是中国外交部，同时，国防部和商务部等部门也配合外交部的协调行动。此外，中国还利用与伊朗的经贸关系施加了一定的压力，鼓励伊朗重新回到谈判桌旁，推动伊核问题的实质性解决，如2013年伊朗伊斯兰议会议长拉里贾尼访问中国，同中国签署220亿美元的欠款转为投资的协定。[①] 针对当时美国和欧盟所采取的单边经济制裁，中国认为具有明显的治外法权的意味，是典型的霸权主义做法。单边制裁无助于伊朗核问题的解决，同时违反国际社会中国家无论大小强弱一律平等的基本原则。2012年之后，美国总统奥巴马发出了和伊朗进行谈判的真诚信号，六大国与伊朗在土耳其伊斯坦布尔重启核谈判，之后又先后在巴格达、莫斯科和阿拉木图举行了4次谈判，但由于美伊双方立场僵硬，谈判均无果而终。在伊朗核谈判的各方中，中国不是当事方，却是与美伊双方都有友好关系，也是伊朗最信任的一方。中国不是解决伊核问题的关键，但是在美伊关系高度紧张的气氛下，谈判能僵而不破，保持美伊双方不离开谈判桌，4次谈判能在平和与建设性的气氛中进行，中国所发挥的作用十分关键，中国所扮演的角色不可取代。[②]

第三阶段：2013年6月14日—2016年。2013年6月14日，温和派的哈桑·鲁哈尼成为伊朗新总统后，伊朗核问题出现了新的转机。作为伊朗

[①] 杜天琪、葛元芬：《伊朗称220亿"油款"被困中国》，载《环球时报》2013年11月1日，第3版。

[②] 华黎明：《伊朗核问题与中国中东外交》，载《阿拉伯世界研究》2014年第6期，第15页。

前核谈判代表，鲁哈尼上台后积极重启与"P5+1"的核谈判。作为"P5+1"机制的谈判方，中国参与了大大小小的数十次会谈，并作为中立方，在英、法、德、美和俄之间展开协调。根据美国的《军控协会》（Arms Control Association）统计，从2013年9月26日起至2014年11月14日，伊朗和"P5+1"六国共进行了17次各级别会议，中国参与了其中所有的会议。① 2013年11月11日，各方在维也纳举行会议后达成共识，并在随后24日的会谈中达成"联合行动方案"的合作框架。② 根据"联合行动方案"，从2013年11月开始的半年时间里，伊朗不得从事纯度为5%以上的铀浓缩活动，不得扩建或新建铀浓缩设施，停止建设阿拉克重水反应堆，允许国际原子能机构核查人员进入更多设施。作为交换，国际社会不再对伊朗追加制裁；暂停对伊贵金属、汽车零部件和石化制品的禁运；允许少量伊朗石油出口；解冻伊朗留学生资金；放宽对伊食品和药品进口限制③。该方案计划在2014年7月20前达成全面协议，为此六国举行了6轮正式谈判。2013年11月阶段性协议达成后，伊核谈判开始进入深水区。因未能在2014年11月预期日期前达成协议，不得不延长至2015年6月30日，后来依然未达成协议不得不数次延长。谈判的核心技术问题包括：伊朗的1.9万台离心机削减到多少，阿拉克重水反应堆要不要改为轻水反应堆，福尔多铀浓缩工厂是否保留，制裁保留多少年后取消等。由于在核心问题上各方存在较大分歧，遂决定延长至2014年11月20日，后又进行了4轮正式谈判。在这10轮谈判中，中国均派出级别较高的政府官员参与了会谈。2014年2月20日，中方在第一轮谈判中派出了外交部副部长李保东参与会谈；同年11月24日举行第十轮谈判，中方派出了王毅外长参与会

---

① "Timeline of Nuclear Diplomacy with Iran," *Arms Control Association*, July 2016, http://www.armscontrol.org/factsheet/Timeline-of-Nuclear-Diplomacy-With-Iran.（登录时间：2020年3月2日）

② Anne Gearan and Joby Warrick, "Iran, World Powers Reach Historic Nuclear Deal with Iran," *The Washington Post*, November 24, 2013; "Obama Declares Iran Deal 'Important First Step'," *Boston Herald*, November 24, 2013.

③ 陈立希：《伊朗核问题达成初步协议》，载《广州日报》2013年11月25日，第A5版；John Kerry, "Iranian Nuclear Deal Still Is Possible, But Time Is Running Out," *The Washington Post*, June 30, 2014.

谈。此外，中国也积极协调并向有关各方发表中方立场以及主张。2014年4月14日，中国代表团团长在土耳其伊斯坦布尔参与新一轮会谈前，"同各方秘密接触，呼吁各方坚持外交解决方向，致力于尽早取得进展；会谈期间，中方推动各方本着向前看的精神，重视彼此关切，体现灵活和诚意，使对话取得积极成果。"[①] 2014年11月24日，王毅在维也纳接受中外记者采访时，强调了中方解决伊朗核问题的新思路，即"中方秉持客观公正立场，在各方之间，特别是在美国和伊朗之间进行多次协调，推动各方缩小分歧，增进共识"。[②]

随着伊核谈判进入深水区，关键症结也逐步凸显出来，主要体现在三个方面：一是核查范围。伊朗最高精神领袖哈梅内伊此前强调，决不允许国际原子能机构核查小组检查伊朗的军事基地，而奥巴马宣称，如果伊朗核设施不能受到全面监控，美国将终止核谈判。双方均表现出强硬立场，最终伊朗方面做出让步，允许国际社会在拥有充分理由的条件下核查伊朗军事基地。二是如何取消对伊朗的制裁。伊朗要求西方立即全面解除对伊朗的制裁，包括解除武器禁运。西方则倾向于根据伊朗对国际社会的履约情况分步解除制裁，如果伊朗不履约将恢复制裁。三是双方就如何处置伊朗现有的低浓度浓缩铀，以及伊朗应保留多少离心机等问题也存在分歧。伊核谈判中存在的主要争议之一是解除制裁的步调，以及对伊朗开发新型尖端离心机的能力的制约。在2014年第6轮伊核问题谈判中，双方分歧的焦点集中在：一是美方坚持伊朗必须将阿拉克重水反应堆改建为轻水反应堆，以彻底废止伊朗加工提炼钚的能力，伊朗坚持在保留重水反应堆的前提下降低核材料的浓度；二是美方坚持伊朗必须废弃秘密建造的福尔多浓缩铀加工厂，伊朗不同意；三是伊朗目前拥有1.9万台IR-1型加工浓缩铀的离心分离机，其中大约1万台目前处于正常工作的状态，美要求伊削减至4000台，并不得研发新型的IR-2离心机，遭伊朗拒绝；四是伊朗要

[①] 陈铭：《伊朗核问题对话会取得积极成果》，新华网，2012年4月15日，http：//news.xinhuanet.com/2012-04/15/c_122980303.htm。（登录时间：2020年3月2日）

[②] 《中方提出解决伊朗核问题焦点新思路》，中国政府网，2014年11月24日，http：//www.gov.cn/xinwen/2014-11/24/content_2782855.htm。（登录时间：2020年3月2日）

求最终协议签订后,对伊朗的经济制裁必须永久地结束,美国则坚持视伊朗的态度在10年内逐步取消制裁。

在第三阶段的10轮谈判中,中国积极寻找外交空间并与各方协调,使整个会谈过程少了一分"冲突",多了一分"谅解"。2014年1月,伊朗与伊核问题六国达成"共同行动计划",六国与伊朗未能按期达成全面协议,谈判期限多次延长。2014年11月24日,伊核问题达成全面协议的最后期限被延至2015年6月30日。2015年4月初,伊朗核问题六方与伊朗政府达成了框架协议。① 4月23日,习近平在会见参加万隆会议60周年庆祝大会的伊朗总统鲁哈尼时指出:"伊朗和六国在伊朗核问题谈判中达成共识,是各方朝着达成全面协议方向迈出的积极一步。中方愿继续同包括伊朗在内有关各方保持沟通,继续在谈判中发挥建设性作用,推动尽早达成一项公正平衡、互利共赢的全面协议。"② 伊朗核问题会谈六方与伊朗于2015年7月14日在维也纳达成全面协议,预示着在推迟了6次后,僵持了13年的伊朗核问题终于出现了和平解决的曙光。正如中国外长王毅所言,中方建设性参与了全面协议谈判全过程,为推动解决铀浓缩和制裁解除等难点问题提出了有益的方案和思路。全面协议达成后,在阿拉克重水反应堆改造问题上,中国同美、伊等各方继续开展协调,推动达成了"官方文件"和"谅解备忘录",还为国际原子能机构2015年和2016年度执行全面协议相关对伊核查任务捐款400万元人民币。③

伊核问题的解决带来了伊朗国际环境的改善,也对中国外交带来了新变化与挑战。有研究发现,在2010年以来美国、欧盟和联合国加强对伊朗实施制裁之后,伊朗更加依赖中国。然而伊朗核协议达成之后的一定时期内,伊朗对中国的不对称依赖大大降低。④

---

① Scott Horsley, "President Obama Praises Tentative Iranian Nuclear Deal," *NPR*, April 2, 2015.
② 《习近平会见鲁哈尼》,载《新华每日电讯》2015年4月24日,第1版。
③ 《伊朗核问题全面协议执行 王毅外长阐述"中国作用"》,载《新华每日电讯》2016年1月18日,第7版。
④ Joris Teer & Suolao Wang, "Sino-Iranian Asymmetrical Interdependence in Light of the Iran Nuclear Issue," *Asian Journal of Middle Eastern and Islamic Studies*, Vol. 12, No. 2, 2018, p. 167.

四、协调伊朗核问题的特点与经验

长期以来，美欧国家对中伊关系的发展多有非难和指责，认为中伊经济合作破坏了美欧通过制裁迫使伊朗让步的努力，阻碍了伊朗核问题的解决。西方学者高龙江（Jonhn W. Garver）在《中国与伊朗：后帝国世界的古老伙伴》一书中，指责中国在伊核谈判中采取"拖延与削弱"战术，因为一个陷入与美国对抗、孤立的伊朗为中国提供了扩大在中东影响力的独特机会，并把美国困在海湾而无法真正转向亚太地区。[1] 西方学者还以美中在中东地区影响力的此消彼长为依据证明这一观点并指责中国。卡内基国际和平基金会学者迈克尔·史文把中国既支持伊朗和平利用核能又限制伊朗发展核武器的对伊政策比喻为"走钢丝"。尽管中国在促使伊朗和平解决核问题上进行了长期不懈的努力，但是西方仍然以"中国例外论"等论调诋毁中国，否认中国承担的国际责任。这些批评言论认为中国在伊朗核问题中置身其外，规避国际责任。

但事实上，中国作为负责任的行为体，在伊朗核问题上发挥了自己的独特作用。中国加强对伊经济关系并没有阻碍甚至有利于伊朗核问题的解决，一方面，中伊经济关系有助于伊朗稳定经济和改善民生，防止其因为缺乏安全感而采取更为激进的政策，也有利于伊朗增加以谈判方式解决伊核问题的民族自信；另一方面中伊经济合作关系也有助于中国作为协调人在伊朗与西方之间劝和促谈。在伊朗表现出妥协意愿但美国内政治制约依然存在的情况下，中国没有理由放弃扩大与伊朗经济合作的机遇。[2] 中国与西方国家的立场差别实际上体现了双方思维以及解决问题的方式不同，西方对中国在伊朗核问题上的指责显然有失公允。中国在核问题上坚持的维护核不扩散机制原则、和平促谈原则和政经分开原则体现了中国外交的政治理性。中国反对伊朗核问题政治化和扩大化，努力在捍卫自身国家利

---

[1] John W. Garver, *China and Iran: Ancient Partners in a Post-Imperial World*, Seattle: University of Washington Press, 2006.

[2] 金良祥：《美反伊政治与伊核问题前景》，载《国际展望》2014年第2期，第75页。

益和承担国际责任之间寻求平衡。中国在伊朗核问题上的立场和行动有力回应了"中国例外论"的指责。

在伊朗核问题上，中国始终坚持反对核扩散的一贯立场，认为在确保遵守国际防扩散机制的前提下，伊朗有和平利用核能技术的权利，同时也明确反对以和平利用核能为借口从事开发核武器的任何活动。与此同时，由于伊朗核问题具有复杂的根源和背景，中国主张通过和平手段，以对话和国际合作方式来解决问题。鉴于伊朗、美国、欧盟等有关方面在解决伊朗核问题上均没有关闭和平谈判的大门，中国可以在相应的外交协调中发挥积极作用，在和平解决伊朗核问题上做出独特贡献，以体现负责任大国的国际形象。中国解决伊朗核问题进程之中的原则和立场，体现了中国在核问题上的政治逻辑和务实理性。从效果来看，中方在伊朗核问题上的协调外交成效显著，其中有不少经验值得总结。

第一，坚持以国际关系基本准则为原则。一方面，中国历来倡导在国际社会中国家无论大小一律平等的原则，在国家关系中主张以和平手段解决彼此的矛盾和纠纷，反对在国际关系中动用武力或者以武力相威胁。2015年《中国的军事战略》白皮书指出："作为一个发展中大国，中国仍然面临多元复杂的安全威胁，遇到的外部阻力和挑战逐步增多，生存安全问题和发展安全问题、传统安全威胁和非传统安全威胁相互交织，维护国家统一、维护领土完整、维护发展利益的任务艰巨繁重。"[①] 在伊朗核问题上，中国反对美国对伊朗实行的单边经济制裁，更反对美国以武力相威胁寻求伊朗单方面屈服的设想，反对美国援引国内法制裁他国的霸道做法。这从根本上来说是维护国际关系基本准则与世界和平。另一方面，中国坚决维护国际核不扩散机制权威，一直致力于维护国际核不扩散体系，维护中东地区的和平与稳定。在伊朗核问题上，中国在国际原子能机构和联合国安理会的投票行为表明了中国坚决维护核不扩散机制的决心和意志。

中国坚持国家平等和主权原则，反对将伊朗核问题政治化和扩大化。中国在核问题上倡导就事论事，尊重伊朗和平利用核能的权利，同时要求

[①] 国务院新闻办：《中国的军事战略》，北京：人民出版社2015年版。

伊朗遵守《不扩散核武器条约》，敦促伊朗配合国际原子能机构的核查，尽快解决伊朗涉及核武器的问题。同时，中国努力防止伊朗核问题的政治化和扩大化，反对进一步制裁伊朗，不让核问题成为美国军事打击伊朗的借口，批评甚至谴责美国对伊朗的军事威胁。简言之，从参与动机和本国利益的角度来看，国家主权原则是中国处理各类国际事务的根本原则之一，而作为联合国安理会常任理事国和负责任的大国，中国在反对核扩散问题上承担有重大的国际责任。

第二，坚持以维护国家利益为基础，认清自身利益所在是关键前提之一。中国在中东开展协调外交的动因主要由四个方面组成：利益相关度、权力影响度、国际关注度和危机解决难度。[①] 在建立于利益基础上的外交政策才能具有持久动力，利益相关度是中国参与伊朗核问题协调外交的重要动因。在伊朗核问题上，中国的国家利益包括经济利益、安全利益和战略利益等多个方面，确保能源利益、构建大国形象、维护战略利益和捍卫主权至上的外交原则，这是中国在伊朗核问题上的利益所在和积极参与解决该问题的主要动因，也与维护国际关系基本准则的立场相一致。伊朗核问题不仅牵涉国际与地区安全，也涉及中国切身利益，其中，由于和伊朗、美国均有重大利益关联，中国在美伊之间一度面临两难处境，这也是中国积极参与伊核问题协调的重要动因。在解决伊核问题的过程中，中国注重实现担负大国责任和维护本国的国家利益之间的平衡。如前所述，中国通过积极参与伊核问题协调，维护了自身合法的能源权益，一直维持着自伊朗的石油进口和尽可能大的能源合作，也避免了美国更大程度地对华施压甚至制裁，在中美伊三角关系中尽可能地维护了自身利益最大化。

第三，坚持多边谈判的路径与机制，努力寻找各方利益共同点，坚持多边谈判的原则。中国由于同美伊两国都保持相对良好的关系，因此中国期望在美伊之间进行协调，敦促美伊通过谈判冰释前嫌，在核问题乃至双边关系上寻求突破。中国根据国际关系基本准则，认为伊朗同其他国家一样，有权和平利用核能，伊朗和平利用核能的权利应得到充分的尊重，但

[①] 孙德刚：《中国在中东开展斡旋外交的动因分析》，载《国际展望》2012 年第 6 期，第 22—24 页。

反对伊朗发展核武器，伊朗需做出努力消除国际社会的担心和疑虑，这满足了伊朗和美国的基本诉求。中国在美伊之间的平衡是在维护自身国家利益的前提下，寻找美伊两国的共同点，在美伊之间协调促谈，推动美伊直接谈判。同时，中国奉行独立自主的和平外交方针，反对在国际争端中付诸武力，一贯主张通过和平谈判的方式解决问题。在伊朗核问题上，中国主张通过外交和对话手段和平解决问题，反对通过制裁、胁迫或武力方式解决问题，并且主张在联合国等多边舞台讨论和解决伊朗核问题，反对单边主义的做法，通过积极协调和多边协调寻求利益共同点，推动谈判取得进展。中国方面多次表示，伊朗核问题的全面最终妥善解决，必须通过对话和谈判来达成。① 2013年全面协议谈判启动之初，中国就提出了五点主张：坚持六国与伊朗对话方式；寻求全面、公平、合理的长期解决方案；秉持分步、对等原则；营造有利的对话谈判气氛；寻求标本兼治、综合治理。②

大国多边协调机制为解决地区热点问题提供了范例。中国协调伊朗核问题的多边机制是国际原子能机构和伊核问题会谈机制，其双边机制是中美战略与经济对话机制和中俄战略磋商机制。中国主要通过两种多边机制来寻求解决伊朗核问题，分别是国际原子能机构和联合国主导下大国协调机制，即"P5 + 1"机制。多边协调外交思路在中国首次参与"P5 + 1"的谈判中就被中国外交人员运用到实践中，而且协调外交贯穿于中国参与伊朗核问题治理的各个阶段。中国坚决维护联合国的机制权威，主张以多边形式解决伊朗核问题，反对美国和欧盟等国家对伊朗实行的单边制裁。中国虽然在国际原子能机构和联合国的多轮投票中都投了赞成票，但中国只支持在安理会范围内的制裁。美国在制裁伊朗等问题上需要中国的合作，防止核扩散成为中美关系的合作基础。

从这个角度来看，伊朗核协议不是伊朗和美国之间的双边协议，而是伊朗与伊核问题六国及欧盟共同达成的多边协议，并得到联合国安理会决

---

① 《联合国安理会通过史上最严厉制裁伊朗方案》，新华网，2020年6月10日，http://news.xinhuanet.com/mil/2010-06/10/content_13643504.htm。（登录时间：2020年8月2日）

② 姚匡乙：《中国在中东热点问题上的新外交》，载《国际问题研究》2014年第11期。

议的认可，理论上任何一方都不能单独推翻核协议。从国际法的角度来看，美国退出并不意味着伊朗核协议的自然终结，况且美国也仅代表签署国一方的意见，而其他签署国具有维系伊朗核协议的自由选择。

第四，有效利用自身外交优势，善于创造性地提出具体解决方案，推动谈判取得进展与突破。中国与中东国家都保持着友好关系，在中东地区热点问题中从不选边站队、不偏袒任何一方，在坚持自身外交原则立场的基础上与各方均保持"零问题"，奉行平衡战略。中国与伊朗关系一直保持着良好的发展势头，是少数同伊朗保持良好关系的大国之一，同时也致力于与美国构建新型大国关系，与沙特等国也保持密切合作关系。伊朗核问题爆发以后，中国与伊朗之间在维持合作的同时积极劝服伊朗遵守国际核不扩散制度，不寻求发展核武器，与国际社会保持谈判；同时也竭力阻止美国通过战争手段打击伊朗，推动美国接受国际谈判的方式解决伊核问题。面对伊朗核问题的复杂性与敏感性，中国力求保持平衡，避免顾此失彼，在有关各方特别是美伊两国之间寻求平衡，充当诚实可信赖的中间人、协调者的角色。

在协调解决伊核问题的过程中，中国也善于在有关症结问题上提出创造性的建议，推动了伊核谈判不断取得进展和突破。美国反对伊朗开发核技术，否定伊朗和平利用核能的权利，既得不到国际法的支持，实践也证明无法有效阻止伊朗核技术取得进展，奥巴马时代终于允许伊朗拥有低浓缩铀的权利，而如何限制和规范伊朗的核技术开发就成为了各方谈判的重要内容，这为中国居中协调提供了空间和机会。在此过程中，中国持续敦促遵守《不扩散核武器条约》的规定，劝服伊朗配合国际原子能机构的核查，通过各方可接受的方式增信释疑，缓解矛盾对立，为继续和谈创造了有利条件。在此基础上，中国充分利用美伊领导人希望改善关系的良机促成美伊直接谈判，并使之成为带动多边会谈的发动机。在2006年联合国通过制裁伊朗决议、美伊高度对立的背景下，中国紧急派出外长助理崔天凯于4月14—18日前往伊朗和俄罗斯进行磋商，寻求和平解决伊朗核问题。在随后，中国常驻联合国代表王光亚、中国外长李肇星和中央军委副主席曹刚川展开密集外交协调，推动了六大国达成共识和形成"P5＋1"机制。

2012年之后，伊核谈判艰难进行，在美伊关系高度紧张的气氛下，谈判能僵而不破，保持美伊双方不离开谈判桌，四次谈判能在平和与建设性的气氛中进行，中国所发挥的作用十分关键，中国所扮演的角色不可取代。[1]在伊核谈判的关键阶段，美伊双方在核查范围、取消对伊制裁、处置现有离心机和浓缩铀等方面存在关键而重大的分歧。如在阿拉克重水反应堆去留的问题上美伊争执不下，后来中国创造性地提出将之改建为轻水反应堆的建议，满足了双方的诉求，解决了这一关键障碍，推动了谈判的进展。

第五，投入了大量外交资源主动参与和积极推动了伊核问题的协调，寻求标本兼治、一揽子解决。伊朗核问题事关中国重大利益，是中国外交面临的重大挑战。从实践来看，中国在伊朗核问题协调中投入了大量外交资源，包括派出特使参与热点问题的解决，中国国家领导人也时常参与问题的解决。中国先后派出外交部高层（部长助理、副部长和部长）参与伊朗核问题的谈判，中国国家领导人也在各大国际会议上与各方就伊朗核问题进行磋商，提出中方的立场以及提议。2012年之后中国投入了大量外交资源，中国外交部、国防部和商务部等部门都参与到协调行动之中，鼓励伊朗重新回到谈判桌旁，推动伊核问题的实质性解决。在伊朗核谈判的关键阶段，中国领导人习近平亲自做伊朗总统鲁哈尼的工作，希望伊方把握机遇，保持对话势头，同各方寻求最大公约数，争取最好结果。为了加快伊核问题解决，2015年2月习近平主席与美国总统奥巴马通话，国务委员杨洁篪与美国总统国家安全事务助理赖斯深入交换了看法。中国外长王毅当年2月访问了伊朗，还通过与其他几方外长接触，呼吁各方克服分歧，以推动谈判取得实质性进展。2015年3月31日，中国外交部长王毅在伊朗核问题外长会上就伊朗核问题谈判提出四点主张，其中之一就是坚持一揽子解决，强调目前遗留的几个焦点问题实际上相互关联，各方应发挥创造性思维，考虑一揽子解决方案，强调照顾各方核心关切不可回避，发挥联合国安理会作用至关重要。一年多来，中国在谈判的艰难时刻多次提出建设性方案，通过各种渠道积极协调。

---

[1] 华黎明：《伊朗核问题与中国中东外交》，载《阿拉伯世界研究》2014年第6期，第15页。

国际社会普遍对达成伊朗核协议给予了积极评论和赞扬，认为该协议是历史性的。习近平主席表示，达成伊朗核协议有力维护了国际核不扩散体系，为国际社会提供了通过谈判解决重大争端的有益经验，向世界发出了积极信号。中国积极协调伊朗核问题有效地维护了自身利益，维系了中伊关系的持续发展，彰显了负责任大国的形象。2016年4月1日，习近平在华盛顿出席伊朗核问题六国机制领导人会议时强调："当今世界仍不太平，国际热点此起彼伏，加强全球安全治理刻不容缓。伊朗核问题的解决为我们提供了不少启示：第一，对话谈判是解决热点问题的最佳选择。对话协商虽然费时费力，但成果牢靠。第二，大国协作是处理重大争端的有效渠道。国际社会是命运共同体。大国要像伊朗核问题六国那样成为解决问题的中流砥柱。"①

五、后伊核协议时代的协调外交

特朗普时代美国的政策转变增大了全球核扩散的风险，其战略收缩和降低安全承诺可能导致盟友寻求核武器，而试图废除伊朗核协议更是会对全球防扩散努力造成重大伤害，可能是核扩散的真正催化剂。② 2018年5月，美国正式退出伊朗核协议重新激化了美伊关系与伊核问题争议，伊朗核协议的落实陷入困境，相关各国之间展开了新一轮的激烈博弈。在美国2018年5月单方面退出伊核协议并对伊朗不断施加制裁措施的背景下，在竭力推动欧洲等大国挽救伊朗核协议无果之后，伊朗自2019年5月起开始分阶段中止履行伊朗核协议的部分条款，随后逐步突破了低丰度浓缩铀存量、浓缩铀丰度以及离心机运行数量等方面的限制。在美国的层层施压下，伊朗核问题正在快速升温，伊朗核协议也处于更大的危险之中。

2019年5—11月，伊朗分四阶段逐步中止履行伊朗核协议部分条款，

---

① 《习近平出席伊朗核问题六国机制领导人会议》，载《新华每日电讯报》2016年4月1日，第1版。

② Jeffrey W. Knopf, "Security Assurances and Proliferation Risks in the Trump Administration," *Contemporary Security Policy*, Vol. 38, No. 1, 2017, pp. 26–33.

但宣布这些措施是可逆的,如果美国等各方能遵守协议并取消对伊制裁,伊朗将重新回归伊核协议,因此其主要目的在于以此为手段对美国等各方进行施压。11月伊朗向福尔多核设施内的1044台离心机注入铀气,重启福尔多核设施的铀浓缩活动,在纳坦兹核设施启动了30台新型离心机,浓缩铀的产量将不断增加,伊朗还启动了南部布什尔核电站第二座核反应堆的混凝土浇筑工作,有望在2025年完成建设并投入使用。① 此外,伊朗还正在研发IR-9型离心机,速度比第一代快50倍。伊朗本不愿放弃对其相对有利的核协议,一直在想法设法对国际社会施加压力以挽救伊朗核协议。伊朗停止履行伊核协议的主要原因是美国单方面退出伊核协议,对伊朗进行全面制裁和极限施压,并以霸凌主义的方式迫使其他国家不与伊朗进行经济往来。2019年4月,美国宣布伊朗伊斯兰革命卫队为"恐怖组织",5月以来海湾地区接连发生油轮遇袭事件,6月伊朗击落美国无人机,7月英国和伊朗之间发生"扣船战",9月沙特石油设施遇袭等,美国都将矛头指向伊朗,同时开始组建针对伊朗的"海湾护航联盟",并持续向海湾地区增兵,这些都加剧了美伊之间的紧张关系。2019年6月,美国还高调宣布制裁伊朗最高领袖哈梅内伊。11月4日,美国宣布对包括最高领袖哈梅内伊的儿子在内的9名个人实施制裁。美国的蛮横制裁和施压均引来了伊朗针锋相对的强硬反击,美伊关系呈现出螺旋式上升的激化态势。

　　伊朗分步骤逐步停止履行核协议的举动并不是真的要退出伊朗核协议,一方面是对美国的单方面退约和全面制裁行为进行回应,表明自己绝不屈服的强硬态度;另一方面对国际社会特别是欧洲施压的意图十分明显,希望借此找到减轻和绕过美国制裁的方法,缓解自身压力。伊朗明白留在伊核协议中对其更为有利,并不希望退出伊核协议,因此在小步突破伊核协议的同时反复表示目前的做法均是可逆的。伊朗历次都宣布退出措施是可逆的,如果西方国家重新履行其伊核协议义务,伊朗将回归核协议。当前局势下,伊朗希望拉住欧洲、力保协议,利用大国关系转嫁自身压力,在美国缓和态度无望的情况下以拖待变,做好最坏打算,行动上表

---

① 《伊朗宣布中止履行伊核协议第四阶段措施》,新华网,2019年11月5日,http://www.xinhuanet.com/world/2019-11/05/c_1125196210.htm。(登录时间:2020年3月2日)

现出一贯的以强硬对强硬的态势。在美国退出伊核协议及重启对伊制裁之后，伊朗经济再一次遭遇了严重的打击，着力发展"抵抗经济"。①

进入2020年，美伊敌对有增无减，伊朗核问题继续升温，伊朗核协议的前景依然未卜。2020年1月初，美国在伊拉克打死伊朗伊斯兰革命卫队"圣城旅"负责人苏莱曼尼，激起伊朗的强烈反应，美伊冲突骤然升级，并对地区形势带来了复杂而重大影响。此事后，伊朗对外部环境的判断发生新的变化，意识到要想确保政权安全，必须像朝鲜那样发展核武器，因此，为防范更坏的结果和增强谈判的筹码，伊朗定会排除一切困难加快核开发计划。1月5日伊朗宣布了第五阶段中止履行伊核协议条款的措施，也是最后一个阶段。根据伊朗发布的声明，将不再遵守伊核协议的任何技术性限制措施，包括离心机数量、铀浓缩的百分比以及研发，开始无限制地推进本国核开发计划。一方面，结合当前的美伊关系新情况和伊朗的态度，这事实上等同于伊朗退出了伊核协议，未来伊朗核开发的步伐将更加难以遏制。另一方面，伊朗也同时表示，继续与国际原子能机构保持合作，而且如果取消制裁并且满足伊朗的利益，那么伊朗可以恢复履行伊核协议。② 名义上伊朗的声明依然是中止履行伊核协议，并非完全退出伊核协议，其退出措施也是可逆的，留有一定的回旋余地，体现了伊朗的理智和务实态度，并没有被仇恨冲昏头脑，伊核协议依然具有发挥作用的空间。因此，可以理解为伊朗暂时退出了伊核协议，虽然从目前形势来看回头的难度极大，但并没有把谈判的大门完全关上。

2020年1月14日，伊核协议缔约国中的英法德三国表示将启动伊核协议争端解决机制。三国声明说，对美国单方面退出伊核协议表示遗憾，但也强调在欧洲持续为维护伊核协议付出外交努力的情况下，英法德无法接受伊朗不仅不断违反伊核协议，而且还为此辩解称自己有权这么做的行为。由于伊朗多次违反伊核协议中的关键限制性条款，三国决定启动协议

---

① 韩建伟：《伊朗伊斯兰共和国经济现代化研究》，北京：时事出版社2019年版，第243页。

② 《伊朗宣布中止履行伊核协议最后阶段》，新华网，2020年1月6日，http://www.xinhuanet.com/world/2020-01/06/c_1125425532.htm。（登录时间：2020年3月9日）

第36条所规定的争端解决机制。① 而伊朗则警告称，英法德此举犯了战略性错误，三国要为此承担后果。英法德此次宣布启动该协议的争端解决机制，主要出于对美伊相互采取战争边缘手段的遏制与反遏制斗争有可能导致局势失控的忧虑。尤其是伊朗以中止履行协议第五阶段作为对美反制的极限方式，这导致了英法德等欧洲国家的不安全感。

从根本上来说，美国单方面退出伊核协议并对伊朗实行极限施压是当前伊核危机的根源。伊核问题的核心并不是核问题，而是美伊关系问题，美国以伊核问题为借口遏制伊朗，伊朗也以核问题反制美国制裁。而缓和或解决伊核危机需要美国改弦更张，但鉴于特朗普政府对伊朗的既定政策和强硬态度，目前看不到美国缓和对伊制裁或美伊和谈的希望，未来一年内伊核问题可能会继续升级，美伊"斗法"将会加剧，伊核协议的前景也更加岌岌可危。伊朗事实上退出伊核协议和加快核开发步伐不可避免地会带来连锁反应，其潜在影响值得引起高度关注。一是伊核协议前景堪忧，可以说真正到了生死存亡的关头。伊核协议是中国近年来在中东地区热点问题上开展协调外交的成功案例，其存亡事关我国外交和战略利益，关系到我国与世界大国协调机制的构建。二是伊核问题将快速升温，重新成为地区主要热点问题，影响全球和地区形势稳定；美欧可能会加强协调，再次联手遏制伊朗。这将对"一带一路"倡议在中东地区的推进带来新的风险，进而威胁中国在海湾地区的能源与投资安全，阻滞中国与相关支点国家的经济合作及战略布局。三是引起周边国家的安全担忧与效仿，加剧中东地区的核扩散。除伊朗外，沙特、阿联酋、土耳其等中东多国均有自己的核开发需求和计划，伊核问题的再次激化必将推动这一趋势，甚至带来核开发竞赛，未来阿拉伯国家可能要求美国部署核武器。核扩散加速甚至核武器进入海湾地区的前景，必将对中国安全与战略利益带来更大挑战，加大中国与伊朗开展安全合作和保持平衡外交的难度。

作为伊核协议的谈判方和参与方，中国也是协议的坚定维护者和执行者。中国认为，当前伊核紧张局势归根结底是美国退出伊朗核协议，对伊

---

① 《启动争端解决机制 挽救伊核协议进入"高风险"阶段》，新华网，2020年1月15日，http://www.xinhuanet.com/world/2020-01/15/c_1125465525.htm。（登录时间：2020年3月9日）

朗施行极限施压政策所致，呼吁各方共同努力推动伊核问题政治外交解决进程。解决伊核问题应遵循"四个坚持"：一是坚持维护多边主义的根本原则。维护全面协议，就是维护多边主义，维护以国际法为基础的国际秩序。二是坚持维护全面协议权利与义务的平衡。美方退出协议和恢复制裁打破的平衡应该得到恢复，这是起码的公平正义。三是坚持对话协商化解分歧。各方应避免相互指责，坚持在联委会框架内处理履行全面协议问题。四是坚持促进地区和平的基本方向。中方支持海湾地区国家就地区安全问题开展对话，呼吁域外国家避免在地区制造对立和对抗。中方一直坚定维护与伊朗的正常经贸合作，将继续根据全面协议及各方共识，推动阿拉克重水堆改造取得更大进展。中方将与各方一道，继续维护和执行好全面协议，为推动伊核问题政治外交解决做出不懈努力。

中国依旧坚持发展与伊朗的关系，并在此基础上做伊朗的工作。中国和伊朗在2016年1月建立了全面战略伙伴关系。2019年2月20日，习近平主席在会见伊朗议长拉里贾尼的时候说过，无论国际和地区形势如何变化，中方同伊朗发展全面战略伙伴关系的决心不会改变。2019年5月17日，国务委员兼外交部长王毅在北京会见扎里夫时也表示，中方坚决反对美国实施单边制裁和所谓"长臂管辖"，理解伊方目前的处境和关切，支持伊方维护自身正当权益。中方坚定维护伊核问题全面协议，维护联合国权威和国际关系基本准则。中方赞赏伊方迄今认真履行伊核问题全面协议义务，并表示无意退出协议，愿同伊方一道排除复杂因素干扰，使伊核协议得以完整执行。2020年1月15日，中国外交部指出，美国单方面退出全面协议，无视国际法和国际义务，对伊朗进行极限施压，并阻挠其他方面履约，这是伊核紧张局势的根源所在。伊朗核协议是业经联合国安理会决议核可的多边外交重要成果，是国际核不扩散体系和中东地区和平稳定的重要支撑，是以国际法为基础的国际秩序的重要组成部分。中方对英法德启动伊朗核问题全面协议争端解决机制感到遗憾，认为此举无助于解决问题，也不利于缓和当前的紧张局势。中方将继续同有关各方保持密切沟通，积极劝和促谈，推动伊核问题的政治外交解决，为维护全面协议，缓和伊核及中东地区紧张局势做出不懈努力。

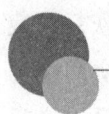

第四章
叙利亚问题：大国的调解协调

叙利亚地处地中海东部，战略地位重要，被称为中东的"心脏"。在席卷阿拉伯世界的中东变局中，叙利亚也迅速陷入了动荡漩涡和内战泥潭。2011年爆发的叙利亚危机及内战是近十年来中东地区持续时间长、外部干预深、涉及国家多、国际影响大的重大热点问题，引发了国际社会和世界大国的高度关注。从国家层面来看，叙利亚危机的爆发源于长期以来复兴党政权积累的矛盾，如族际冲突、教派冲突、社会治理的失效、国家认同危机、宗教与世俗的冲突等。从地区层面来看，叙利亚问题是中东地区秩序紊乱的产物，它已发展成为中东什叶派与逊尼派、以色列与伊朗、土耳其与阿拉伯国家争夺的焦点。[1] 经历惨烈的内战、恐怖主义组织"伊斯兰国"的崛起、激烈的大国博弈和严重的人道主义危机之后，叙利亚局势逐步趋向明朗，政治谈判和恢复稳定成为了叙利亚内外各方及国际社会的共同期待，联合国和外部大国建立和推进了多渠道的政治协调进程。不过，叙利亚问题作为"阿拉伯之春"引发的一场极其复杂的地缘政治博弈，是集内战和反恐于一体、大国干涉和地区力量介入相交织的冲突，也是在美国中东战略收缩背景下发生的重大事件。[2] 世界大国和地区大国以前所未有的力度介入了叙利亚问题，复杂激烈的大国博弈使得叙利亚内战空前惨烈持久，也使得叙利亚问题变得更加难以解决。

中东剧变在一定程度上改变了中国对中东的态度。中国作为崛起中的

---

[1] 闫伟：《美俄博弈下的叙利亚问题及其前景》，载《国际论坛》2020年第4期，第74页。
[2] 马晓霖：《"奥巴马主义"与叙利亚危机》，载《阿拉伯世界研究》2017年第1期，第61页。

全球新兴大国,正在逐步尝试采取协调外交或"准协调"外交方式介入叙利亚问题等热点问题之中。① 2011年叙利亚危机爆发以来,中国始终坚持政治解决叙利亚问题的原则,尊重和维护叙主权独立和领土完整,积极支持各方政治和谈倡议与进程,设立叙利亚问题特使,在联合国、阿盟、大国间多层面开展外交协调,主持召开叙利亚问题研讨会、中东安全论坛等,协调大国关系,凝聚各方共识,发挥了负责任大国的作用。中国对叙利亚问题这种以调解为主的协调努力经受住了实践的检验,得到了叙利亚和地区内外各方的认可。

第一节 叙利亚问题的形成与发展

2011年,叙利亚危机在"阿拉伯之春"的影响下骤然爆发,并迅速演变为惨烈的内战和复杂的代理人战争。这场冲突造成的问题经历了多年复杂曲折的演变过程,造成的损失难以计算。叙利亚问题的性质具有多重性和复杂性,经历了从叙内部问题转变为中东地区问题、从内战演化为地区战争和国际战争的重大变化。叙利亚危机中交织着多重矛盾和多种力量,其实质是巴沙尔政权存亡和地缘政治利益的争夺,是侵略与反侵略、干涉与反干涉、恐怖袭击与反对恐怖主义等多重性质的复杂较量。② 随着叙利亚问题逐步到了关键节点,政治和谈成为了各方共识,但依然面临着诸多内外风险。

一、叙利亚内战的爆发与战争发展进程

叙利亚危机逐步升级为战争,从内战演变为代理人战争,并夹杂着国

---

① Guy Burton, "Chinese Conflict Management in Libya, Syria and Yemen after the Arab Uprisings," *Asian Journal of Middle Eastern and Islamic Studies*, Vol. 13, No. 1, 2019, pp. 30-34.
② 王林聪:《叙利亚危机与中东秩序重塑》,载《当代世界》2017年第12期,第54页。

际反恐战争，战争态势经历了巨大变化。2011年叙利亚危机爆发，随着各方势力复杂博弈，最终演变为影响中东地缘格局稳定的重大议题。经历了多年的战场争夺，叙利亚战场逐渐形成了"三方割据"的战略态势：叙政府军主导战场走向，在俄伊等盟友的支持下继续扩大势力范围，巴沙尔政权得到进一步巩固；反对派势力盘踞于西北部伊德利卜沦为土耳其代理人，与叙利亚政府军、库尔德人两面作战；东北部库尔德人武装在消灭恐怖主义残余力量之后被美国"用后即弃"，处境艰难之下寻求与叙政府和解。整体来看，叙利亚政治形势在朝着有利于叙政府的方向发展。叙利亚问题的发展和变化，大体上经历了以下几个阶段。

（一）反政府示威和危机开始

2011年，自突尼斯开始的"阿拉伯之春"导致主要阿拉伯世俗化威权国家发生多米诺骨牌式的连续政治地震。受此影响，叙利亚国内对现政府及国内政治秩序不满的各方力量开始抬头。2011年2月10日，叙利亚南部高贫困率和高失业率城市德拉的街头赫然出现了一组反政府涂鸦，其内容相当敏感和少见。[①] 叙利亚政府对此反应激烈，很快逮捕了涂鸦的作者——一群13岁到15岁的叙利亚青年。据称，叙政府对这些青年进行了严刑拷打。德拉随后发生要求释放这些青年的群众性示威游行。在这次游行中，一名为哈马兹·卡提卜（Hamza al-khateeb）的13岁男孩又遭叙利亚情报部门逮捕，并被酷刑虐待致死。[②] 这些消息很快便激起了叙利亚举国上下的集体愤怒，叙国内局势随之迅速恶化。

从2011年3月15日开始，叙利亚首都大马士革爆发了大规模的反政府示威游行。在这次示威期间，军警向游行群众开火并拘捕了至少6人。3月18日，叙利亚首次爆发了全国性的大规模群众示威游行，有激进者直接纵火焚烧了包括一座复兴党党部在内的数座叙利亚政府建筑物，叙军警随

[①] 涂鸦中出现"人民希望政府倒台""轮到你了，医生"等反政府信息。
[②] Al Jazeera, May 2011, http://www.aljazeera.com/indepth/features/2011/05/201153185927813389.html。（登录时间：2019年4月8日）

后与示威者发生了激烈冲突,冲突造成 7 名警察和 15 名示威群众死亡。①
3 月 30 日,巴沙尔·阿萨德(Bashar al‐Assad)总统首次被迫就叙利亚国内局势发表讲话,他宣称叙利亚国内局势动荡是"敌对势力的阴谋",以色列参与了叙国内的反政府宣传。

巴沙尔讲话后,群众性的示威活动不仅没有减弱,反而继续在全国范围内蔓延。4 月 8 日之后特别是在看到德拉男孩哈马兹·卡提卜尸体的惨状之后,示威群众的政治诉求发生改变,"巴沙尔政府下台"迅速代替"实现政治改革"成为示威群众的新口号,示威民众与军警冲突频发。到 2011 年 5 月底,政府的武力镇压行动已导致 1000 名平民与 150 名军警死亡,并另有数千人被捕。2011 年 6 月,叙利亚西北的伊德利卜省爆发武装冲突,叙利亚国内动荡不断升级。

(二)冲突升级与全面爆发

2011 年 7 月,一些叙利亚政府军官兵成立叙利亚自由军(Free Syrian Army, FSA),意图整合叙全国各地反对派的分散势力,谋求推翻巴沙尔政府,这标志着叙利亚内战正式爆发。由于叙利亚政府军组织严密、装备精良,叙利亚自由军自成立之初,并没有向政府军发起成建制的进攻,而是在农村地区通过游击战的方式袭扰政府军。面对自由军的组织化威胁,巴沙尔政府以坚决的武力镇压加以应对。2011 年 8 月起,叙政府军对自由军武装力量集中的德拉、霍姆斯以及大马士革郊区发动武力攻击。2011 年 10 月,叙利亚自由军获得来自土耳其的大宗物资援助,自由军领导层获准在土耳其南部的哈塔伊省成立指挥中心,以遥控叙利亚国内战事。

2011 年 11 月开始,叙利亚政府军集中力量主要对霍姆斯地区的自由军武装进行武力打击,并呼吁所有"持有、贩卖、分发、运输、购买和资助购买武器,但尚未犯谋杀罪的叙利亚国民"立即自首并上缴武器。同年 11 月下旬,内战在叙利亚全境蔓延,国际社会也开始加大对于叙利亚的制裁力度。法国外长阿兰·朱佩对叙反对派表示:"北约正计划为保护叙利

---

① "The Struggle for Syria in 2011," *Understanding War*, 2011, http://www.understandingwar.org/report/struggle‐syria‐2011。(登录时间:2019 年 4 月 8 日)

亚平民而采取军事干预"。面对外部干预态势，巴沙尔在接受《星期日泰晤士报》采访时表示，他已经做好"战斗致死的准备……绝不会屈服于外界压力辞去总统职务。"①

2011年底，叙利亚政府军出现严重的变节现象，据一位匿名的美国官员估计，仅12月份叙政府军就有总计1000到3500名军人叛逃和变节。② 2012年初，巴沙尔政府陷入日益严峻的政治困境，叙利亚政府军中继续发生高官变节和叛逃事件。2012年1月下旬，自由军武装突然袭击并一度攻占了大马士革郊区。1月31日，自由军武装经过激战重新夺取了霍姆斯附近的拉斯坦市。2月10日，有1.5万名伊朗伊斯兰革命卫队精英部队进入叙利亚，协助叙政府军平叛。③ 2012年3月，叙利亚政府军持续在德拉、伊德利卜、霍姆斯、哈马以及大马士革附近与反对派武装展开激烈交火。

与此同时，伊斯兰极端组织开始在叙利亚境内出现和扩张。2012年4月，叙利亚各方停火期间，叙利亚大马士革发生汽车炸弹袭击事件，造成至少55人死亡，372人受伤，④ 该袭击事件据信是由"基地"组织在叙利亚的分支机构策划实施的，旨在叙利亚境内制造混乱，趁机牟利。5月中下旬，叙利亚境内出现了多起屠杀事件，支持叙利亚政府和反对叙利亚政府的团体在不少地区相互袭击，局势混乱。6月初，以叙利亚自由军为主干的反政府武装开始在全国范围内发起对政府军的新一轮进攻，霍姆斯、哈马、德拉、伊德利卜等地区均出现激烈交火的局面。而叙利亚政府军则加大了对反对派目标的重火力攻击。

进入2012年下半年后，叙利亚内战局势开始向白热化和碎片化的方向发展，一方面，阿勒颇等叙利亚国内重要城市开始被反对派控制，内战初期政府军的压倒性军事优势基本不复存在；另一方面，反对派的一致性也开始走向瓦解，其联合军事机构叙利亚自由军的组织体系趋于瓦解，各反对派武装的自立性增强，反对派武装与政府军及其外国支持者以及不同反

---

① 《叙利亚总统拒绝外部干涉称欲战斗至死》，载《京华时报》2011年11月21日。
② Bakri Nada, "Syria Army Defectors Reportedly Kill 27 Soldiers," *The New York Times*, 2011.
③ "15,000 Elite Iranian Special-ops 'Head' to Syria," *RT News*, February 10, 2012.
④ Neil MacFarquhar, "Hwaida Saad. Explosions Kill Dozens in Damascus," *The New York Times*, May 10, 2012.

对派武装之间在全国范围内展开激烈混战。2012年7月,叙利亚反对派武装再次试图向大马士革发动进攻。与此同时,在叙利亚北部,已经逐渐势微的自由军武装联合各伊斯兰极端组织,突入北部重镇阿勒颇。大马士革与阿勒颇两场战役后,叙利亚政府军失去了对叙国内军事局势的有效掌控。2012年底至2013年初春,伊德利卜省境内的塔法纳空军基地(Taftanaz air base)和拉卡省首府拉卡先后被反对派武装攻占。与此同时,伊斯兰极端组织势力在叙利亚也开始快速上升。

2013年4月大批黎巴嫩真主党武装开始进入叙利亚境内协助叙政府军作战。4月下旬,一批亲政府的武装团体占领了位于黎巴嫩边境的卜哈尼亚(Burhaniya)、萨克加(Saqraja)、拉德瓦尼亚(al-radwaniya)等城镇。在"真主党"的支持下,叙利亚政府军开始发动反攻,但是收效甚微。2013年8月,大马士革省反对派武装控制下的古塔地区(Ghouta)发生严重化学武器袭击事件,事件造成数千人死亡。化武袭击发生后,叙利亚政府军很快向古塔地区发起军事进攻,以西方国家为代表的国际社会指责叙利亚政府对古塔地区的化武袭击事件负有全责,美国一度宣称要对叙动武。最终,此事在俄罗斯的协调下得以和平解决。

2013年底,叙利亚政府军在数条战线上向反对派武装发动了全面反攻。其中,政府军与黎巴嫩真主党武装在大马士革和阿勒颇两地对反对派发起的军事进攻声势最大。与此同时,反对派武装内部发生了较为严重的内讧,叙利亚世俗反对派武装、伊斯兰圣战组织、东部部落武装、库尔德人武装以及这些武装与极端组织"伊斯兰国"之间因利益诉求分歧而频繁发生冲突。极端组织"伊斯兰国"在叙利亚境内的迅猛崛起,意味着内战中叙利亚已经开始成为中东地区种族、教派仇恨的重灾区和全球恐怖主义的输出中心。

极端组织"伊斯兰国"的前身起源于1999年成立的约旦萨拉菲派圣战极端组织。2003年萨达姆政权被美军摧毁后,该组织乘机窜入伊拉克境内,多次袭击美国主导的多国部队以及伊拉克什叶派穆斯林。2010年,扎卡维及其继任者先后在美军的军事行动中身亡,巴格达迪继任组织头目,对该组织的运行机构进行了大规模改革,接纳和吸收了萨达姆政权时代的多位军事将领。2011年3月叙利亚危机爆发,巴格达迪派遣武装人员进入叙利亚,其势力迅速发展壮大,形成了名为努斯拉阵线(al-Nusra Front)的伊斯兰圣战组织,作为"伊斯兰国"在叙利亚的分支。努斯拉阵线成立后,协同其他反对派武装在叙利亚西部对抗政府军,其在阿勒颇战役中取得了巨大战果,攻占了叙利亚代尔祖尔、拉卡、大马士革等省份的大片乡村地区。2013年4月,"伊斯兰国"和"努斯拉阵线"因为领导权问题而分道扬镳。努斯拉阵线继续坚持与叙反对派合作,共谋推翻巴沙尔政权。"伊斯兰国"则对推翻巴沙尔政权不感兴趣,其更倾向于"在被征服的领土上建立和巩固自己的统治"。由于"伊斯兰国"大肆奴役占领区内的广大民众并且狂热地推行宗派仇杀和宗教极端主义,其组织被许多叙利亚反对派武装和民众视为残暴的外国入侵者。[①] 2014年1月,努斯拉阵线联合叙利亚自由军向伊德利卜、阿勒颇地区的"伊斯兰国"势力发动了大规模进攻。

2014年6月,巴格达迪自称"哈里发",宣布将在整个伊斯兰世界开展宗教净化,其呼吁全体穆斯林在世界范围内发起反对异教徒的"圣战"。随后,大批海外宗教极端主义和恐怖集团先后向"伊斯兰国"宣誓效忠。同时,一批"伊斯兰国"武装分子持伪造的叙利亚护照随难民流潜入欧洲,伺机发动恐怖袭击。2014年的"伊斯兰国"已经发展成为叙利亚、中东地区乃至世界性重大安全威胁。

(三)联合反恐阶段

随着极端组织"伊斯兰国"的崛起,恐怖主义对世界各国的威胁快速增强,联合反恐成为国际社会的主要诉求。美国联合盟友组建了"全球反恐联盟",对"伊斯兰国"武装进行空中打击,并寻求叙利亚库尔德人作为反恐盟友,开始大规模介入叙利亚局势。在反恐压力下,外部大国在叙利亚问题上的利益诉求与博弈态势出现了新变化。

随着叙利亚国内局势的持续恶化,俄罗斯开始直接军事介入叙利亚内

[①] 关于极端组织"伊斯兰国"的演变,参见王晋:《"伊斯兰国"与恐怖主义的变形》,载《外交评论》2015年第2期。

战。2015年8月，经叙利亚政府同意，俄罗斯正式启动军事介入叙利亚计划，大批俄工程技术人员开始对拉塔基亚附近的阿萨德机场进行大规模工程改造。同年9月，大批俄罗斯军机开始进驻叙利亚，并开始执行军事任务。在俄空军支持下，2016年1月，叙政府军对外宣布，已将反对派武装彻底逐出拉塔基亚省。两日后叙利亚政府军在南方完全控制了德拉省的战略重镇马斯卡因。与此同时，叙政府军成功挫败了"伊斯兰国"对代尔祖尔省叙政府控制区域的进攻。

到2016年初，在俄罗斯军队的有力支援下，叙利亚政府军及其支持者逐渐取得对反对派武装特别是对盘踞在西北地区的极端组织努斯拉阵线①的军事优势。政府军也不断向反对派武装联盟占据的第二大城市、叙北部重镇阿勒颇挺进。到2016年12月，阿勒颇仅有不到5%的区域仍然处在反对派武装的控制之中。随后，在国际社会人道主义协调下，叙政府军与反对派武装达成停火协议，允许追随反对派的阿勒颇平民以及反对派武装残余力量撤离阿勒颇。12月底，阿勒颇所有的反对派武装均已撤出，政府军随后宣布完全解放阿勒颇。阿勒颇战役是叙利亚内战爆发以来发生的最惨烈、最漫长的战役，在这场长达数年的军事冲突中，有超过31000人死亡，这一数字占到叙利亚内战阵亡人口总数的十分之一。

阿勒颇战役结束后，盘踞在叙利亚东北的库尔德自治机构罗贾瓦联邦及其下属武装组织库尔德民主军（成立于2015年10月10日）成为了叙利亚境内最大的独立反对派力量。与一般反对派不同，库尔德反对派对叙利亚政府的态度较为暧昧，推翻巴沙尔政权不是该组织的既定目标，其真正目的是借内战之机消除叙利亚阿拉伯人对其长期的民族歧视，以自保和争取更多自治权力。叙利亚内战爆发后，以美国为首的西方国家一直将之作为重点资助对象加以扶持。2016年以来，叙利亚库尔德人不断发动针对极端组织"伊斯兰国"的攻势，收复大量土地。2016年10月开始，西部反对派于阿勒颇遭受重创的情况出现后，美国旋即加大了对"库尔德民主

---

① 注：随着"自由军"的式微，"努斯拉阵线"发展成为叙利亚西部反对派武装的中坚力量，但因其与"基地"组织的关系，该武装一直被国际社会视为恐怖组织，在其断绝与"基地"组织的关系后，国际社会对其恐怖组织的性质定义仍然没有发生改变。

军"武装的扶持力度。2016年11月6日,"库尔德民主军"宣布正式开启解放拉卡的"幼发拉底之怒"军事行动。到12月10日,库尔德民主军在美军空中掩护下成功摧毁"伊斯兰国"在拉卡北部的防御阵线,解放了大片土地。到2017年10月初,经过数月激烈的城区巷战,库尔德民主军宣布完全解放拉卡。极端组织"伊斯兰国"由此遭到重创,已成强弩之末。

库尔德民主军在拉卡地区发起对"伊斯兰国"全面攻势的同时,叙利亚政府军在俄军的空中援助下开始对代尔祖尔和大马士革省东区的"伊斯兰国"控制区域发起猛烈攻势。至2017年11月,叙政府军完全控制了代尔祖尔市,"伊斯兰国"在该地的存在被扫清。"伊斯兰国"在叙利亚境内仅剩叙伊边境城市阿布卡迈勒一座大型据点。随后,伊拉克政府军在俄罗斯空军掩护下,收复了叙利亚-伊拉克边境重镇阿布卡迈勒。至此,极端组织"伊斯兰国"在叙利亚境内长达数年的实体存在被彻底摧毁。叙利亚反恐战争取得阶段性的重大胜利。叙境内随即形成西南巴沙尔政权、东北库尔德武装、西北伊德利卜反对派武装集团三足鼎立的态势。

2017年11月20日,叙利亚总统巴沙尔飞抵莫斯科会晤俄罗斯总统普京,两国元首共同对外宣布极端组织已被战胜,叙利亚正式开启国内政治和解进程。同时,伊拉克方面也宣布击败了"伊斯兰国"。叙利亚国内局势明显好转,但许多关键性问题仍未得到有效解决,各派势力在短期内达成的复杂平衡是相当脆弱的,一旦其被打破,叙利亚国内战事还将继续下去。

(四)叙利亚战场局势的演变

叙利亚危机爆发的原因较为复杂,且很快演变为持久惨烈的内战,持续时间长,卷入力量多,经历了错综复杂的演变进程。后来叙利亚政府军在盟友支持下站稳脚跟,开展大规模的收复失地和反恐行动,在战场上取得了决定性的胜利,最终,约三分之二的领土已处于巴沙尔政权控制之下。叙利亚国内主要战事已进入尾声,国内各方势力开始重新组合,以巩固现有局势。多年的叙利亚战事使得包括政府军在内的交战各方尽显"疲态"。叙利亚军队经受了长期战火的考验,2018年后叙利亚战场形成了叙利亚政府军、库尔德武装力量和反政府武装构成的三足鼎立局面。

叙利亚反政府武装大体上可以分为世俗派反政府武装、伊斯兰反政府武装和极端主义反政府武装。世俗反对派主要为叙利亚自由军，主要以游击战术袭扰叙政府军，其主要装备为自动步枪、反坦克火箭等轻武器，无坦克、火炮等重型装备，亦缺乏空中掩护。其主要战术为以7-10人小股部队实施游击战，破坏、争夺叙政府军控制的机场、火炮基地、交通要道、检查站等战略据点，以逐渐削弱当局重武器优势。① 伊斯兰反政府武装主要为伊斯兰阵线（Islamic Front），其曾经遍布叙利亚全国，其中"沙姆自由人旅"在伊德利卜、哈马两省势力最强，其作战方式主要为城市爆破、暗杀高官、抢占战略要地和网络攻击等。极端组织主要为极端组织"伊斯兰国"和"支持阵线"（Jabhatal-Nusra），其中前者实力最为雄厚，装备有坦克、装甲车、榴弹炮、防空导弹等重武器，曾占据叙利亚大片领土。后者军事实力也不容小觑，已拥有兵工厂，可自行生产机枪、炸弹、迫击炮、反坦克火箭筒等多种武器，持续制造自杀式袭击。叙利亚军队的主要对手不再是传统的正规军，战争形态呈现"碎片化"的特点。根据叙利亚军队在战场上的态势来看，叙利亚内战可以划分为军事介入阶段、军事防御阶段、军事反攻阶段。

1. 军事介入阶段（2011年6月—2012年7月）。这一阶段，叙军的行动主要是配合国内安全部队维护社会秩序稳定。第一次武装行动是在2011年6月12日，此前反政府武装分子攻击了位于伊德利卜省的吉斯尔·舒古尔镇的叙利亚政治安全局，并打死了大约120名安全部队官兵。7月，一名叙利亚空军将领宣布成立反对派武装"叙利亚自由军临时军事委员会"。面对危局，叙利亚政府将军事力量集中在大马士革、叙利亚中部和沿海战略要地，以稳定国内局势。② 霍姆斯及其周边区域是叙利亚政府军和反政府武装反复拉锯的战场。叙利亚政府军通过检查站来监视周边局势，利用火力优势（坦克、大炮、飞机）对该城镇进行轰炸。随后叙利亚政府军以

---

① 龚正：《叙利亚反对派武装组织》，载《国际研究参考》2014年第10期，第23页。
② William C. Taylor, *Military Responses to the Arab Uprisings and the Future of Civil-Military Relations in the Middle East*, New York: Palgrave Macmillan, 2014, p. 148.

坦克、装甲运兵车为先导，步兵随后入城扫荡。叙利亚军方将这一战略命名为"清除、控制、建设"。① 起初这一战略确实起到了成效，但随着时间的推移，叙利亚军队作战模式被反政府武装摸透，行动效果大不如前，还带来了平民伤亡问题，在国际上造成了负面影响。2012年7月，反对派武装袭击阿勒颇，随后与政府军在该城市周边区域对峙。

2. 军事防御阶段（2012年7月—2015年9月）。2012年下半年，叙利亚内战全面爆发，叙利亚政府军和反政府武装之间的冲突日益激烈，叙利亚政府军兵员枯竭，军力捉襟见肘。在战略上，叙政府将全国战局分成三条战线，分别为南部战线、西部战线和东部战线，整体上采取"西进东缓"的策略。具体而言，阿勒颇—大马士革一线以西为政府军主要战场（南部战线和西部战线），部署精锐部队。此线以东为政府军次要战场（东部战线），防御则主要依靠国内安全部队和预备役部队。叙利亚政府军奉行"以守待变"的策略，保卫首都大马士革，集中力量向关键战略要地发动反击。

在战术上，叙政府军积极利用飞机和火炮优势开展空地一体战，其陆军利用坦克和火炮为主的装甲集群对反对派进行猛烈炮击和严密封锁，其空军利用直升机和轰炸机对反对派控制区的经济设施、交通线以及军事目标（指挥部、部队集结地、弹药库）实施轰炸，暂时稳定了国内战局。2013年，叙政府军取得了一系列胜利，在南部战线将"叙利亚自由军"围困至德拉省，在西部战线包围"伊斯兰阵线"控制下的阿勒颇，东部战线则与"伊斯兰国"等极端组织进行抗争。

但是随着战争的进行，叙利亚政府军的战场态势日益严峻。首先，面对城市巷战，其火力优势难以充分发挥。反对派武装则充分利用城市战场特点，在市区道路布置大量陷阱和炸弹用于打击叙军装甲部队；在城区建筑打造火力堡垒用于防空和伏击步兵；在地下工程开发隐蔽场所用于储备战略物资和联系外界。其次，叙政府军由于装备老化和打法陈旧，延误了大量战机。装备方面，地面部队主要的装甲车辆以俄系武器为主，有生产

---

① William C. Taylor, *Military Responses to the Arab Uprisings and the Future of Civil-Military Relations in the Middle East*, New York: Palgrave Macmillan, 2014, p. 148.

第四章 叙利亚问题：大国的调解协调

于20世纪50年代的T-55坦克、T-62坦克和性能好一些的T-72主战坦克（包括比较新式的T-72BM改型），另外还有大量的BMP系列步兵战车。空中部队装备着大量老旧的米格-21、米格-23/27等飞机，并且大多年久失修缺乏战斗力。战法方面，叙军依旧沿用古老的装甲战术。大部分坦克被作为基地和据点周围的固定炮台使用，装甲兵很少进行机动作战，坦克被当成"库房保卫者"，步坦协同、联合作战的战术几乎没有。[1]在城市作战中，叙军坦克由于基本没有步兵的观察与保护，导致坦克被反政府步兵在近战中大量摧毁。同时，叙军步兵则缺少坦克的强大火力，无法顺利进行逐屋清剿作战。再次，反对派武装积极开展游击战，对叙军的重要军事设施进行疯狂打击，导致后者损失惨重。最后，反对派军事实力逐步提高，特别是获得了新式的"陶"式、"短号"反坦克导弹，以及RPG-29重型火箭筒等技术兵器的支援后，对叙军的威胁大为上升。

至2015年上半年，无论是叙军战损还是国内战况都到了最为艰难的时刻。战损方面，叙空军25个空军基地中5个陷落，7个遭到围攻，大量空勤人员伤亡，很多零备件也被迫遗留在陷落的机场，这些导致叙空军麻烦不断。叙空军因为技术故障而坠毁的飞机数量明显增多，仅2015年4月，叙空军就因为机械故障损失了3架飞机。至2015年，叙空军一共损失了超过40架直升机、10架米格-21、7架L-39教练机、4架米格-23BN战斗机以及5架苏-22M战斗轰炸机。[2] 战况方面，南部战线，叙利亚自由军在德拉市攻占德拉监狱；在拉塔基亚，占领了拉塔基亚的边界哨所。西部战线，伊德利卜省完全被包括努斯拉阵线在内的伊斯兰联盟军占据。东部战线，"伊斯兰国"占领帕尔米拉，完全控制了拉卡省，并夺取了境内大部分油气田，其势力范围已遍布拉卡、代尔祖尔、阿勒颇及伊德利卜省等。可以看出，叙利亚内战形势已经到了最为严峻的时刻，巴沙尔政权岌岌可危。

3. 军事反攻阶段（2015年10月-2019年）。2015年9月30日，俄罗

---

[1] Anthony H. Cordesman, *Israel and Syria The Military Balance and Prospects of War*, New York: Praeger, 2008, p.16.

[2] 宋心荣：《内战中的叙利亚空军》，载《兵器知识》2017年第8期，第29页。

斯正式出兵叙利亚，叙政府军在俄军的战略掩护下，积极与伊朗和黎巴嫩真主党武装合作，战争形势峰回路转，叙利亚战争进入军事反攻阶段。

一方面，叙利亚军队调整战略方针，从"以守待变"调整为"全面反攻"，在正面攻防的同时，积极拓展战略纵深，在俄空军配合下，对反政府武装控制区实施多维度空袭，相继发动了"大马士革之钢""花岗岩"等战役，全力夺取"大马士革—霍姆斯—阿勒颇"一线的控制权。另一方面，叙利亚军队接受俄罗斯弹药供应和武器援助的同时，大力开展现代化改革。最突出的例子是叙利亚科学研究中心（SSRC）开发的萨拉巴系统，这是一种对抗所有瞄准线半自动指令制导反坦克导弹的干扰装置。它利用传统的红外发射器或发光二极管，可以连续工作6个小时，能够非常便捷地安装在所有车辆以及固定的检查站和防御阵地上。由此，叙利亚军队战斗力大为提升。

就战果而言，在南部战线，叙政府军成功收复了大马士革东古塔地区，取得了完全胜利；在西部战线，政府军相继控制了拉塔基亚省的军事重镇萨姆和哈比亚，清除了拉塔基亚省的反政府武装，2019年8月，政府军彻底包围了伊德利卜省，同时标志着叙利亚东西战线部队胜利会师；[①] 在东部战线，政府军相继夺回"伊斯兰国"控制的帕尔米拉，攻下反政府武装聚集的北方重镇阿勒颇，结束了阿勒颇四年的战火，解放了代尔祖尔省，"伊斯兰国"大势已去。至此，政府军以大马士革为战略中心，北控阿勒颇，中守帕尔米拉，形成战略大三角，主要任务就是稳定当前战略要地的情况下，攻下反对派的分散据点和彻底肃清"伊斯兰国"的残余势力。至此，叙利亚战争基本已进入"政治和谈时期"。

（五）2019年以来叙利亚政府军的战略态势

2019年以来，叙利亚政府军继续保持进取姿态。一是维持解放区的安全稳定，清扫战场，打击恐怖主义残余势力。叙利亚政府军已扫除了首都大马士革周边军事据点，着重将反对派武装驱除、收编、消灭，以确保首

[①] 张宇燕、李冬燕、邹治波：《全球政治与安全报告（2020）》，北京：社会科学文献出版社2020年版，第64页。

都安宁。①

二是打击伊德利卜反对派和极端组织的据点,重点攻击战略要塞,打通主要交通干道,维护大城市之间的交通畅通。对于伊德利卜的反对派武装,叙政府军采取了"切香肠"战略,即在不造成大量人员伤亡、不破坏俄土停火协议、不招惹美国的情况下逐步收复战略据点。② 2019年叙利亚政府军及其盟军展开了代号为"伊德利卜破晓"的军事行动,接连攻占了伊德利卜多个战略要地。8月20日,俄叙联军全面控制伊德利卜省南部最大城市汉谢洪。汉谢洪战略地位极其重要,它既靠近叙利亚南北的交通要道M5公路,又位于山区重要制高点,长期作为反对派武装人员的聚集地和物资集散地。汉谢洪的收复基本宣告反对派武装在伊德利卜的失败。2019年11月,俄叙联军又成功拿下伊德利卜的卡巴尼镇,卡巴尼镇是伊德利卜省的西大门,战略位置极其重要,为了此役,巴沙尔亲自到前线督战鼓舞士气,俄罗斯连夜出动了百架次的战斗机和轰炸机,将叛军工事摧毁殆尽,最终成功拿下了卡巴尼镇,至此,叛军再无要塞可守。2019年底,叙利亚政府军在伊德利卜省东南部占领了多个重要城镇,并抵达战略城市马阿拉特·努努曼的郊区。

三是整肃重组叙利亚政府军,解散收编亲政府的民兵团体,提高战斗力,同时呼吁反对派武装投诚、交械,既往不咎,许多地方零星武装响应政府号召。在2019年的大部分时间里,重组叙利亚军队成为叙利亚冲突的主要特征。事实上,在叙利亚冲突中,许多战斗实际上是由不同的亲政府民兵团体进行的,由叙利亚正规军提供后勤支持,这导致了军事和安全系统的分散,给叙利亚政府指挥和控制带来了相当大的挑战。据报道,2019年5月1日,叙利亚政府国防部发布了一项决定,解散14个不同的亲政府民兵团体,并将其战斗人员和指挥官编入叙利亚阿拉伯军。③ 7月27日,叙利亚内政部长穆罕默德·拉赫穆恩(Mohamad Rahmoun)至少发布了

---

① 刘宝莱:《2019年中东局势六大看点》,环球网,2019年12月31日,https://opinion.huanqiu.com/article/9CaKrnKoDmI.(登录时间:2020年1月10日)

② 龚正:《叙利亚重建的机遇与挑战》,载《世界知识》2019年第18期,第38页。

③ "Syria Update: April 25 – May 08, 2019," COAR, https://coar – global.org/2019/05/08/syria – update – between – 25 – april – to – 08 – may – 2019.(登录时间:2020年1月10日)

400项指令,以调动在该部工作的100余名高级官员。内政部决定改组空前数量的高级官员,这可能是重新获得政府军事和安全机构指挥和控制权的更广泛努力的一部分。①

未来叙利亚的战场形势仍然面临诸多挑战。叙利亚南部德拉省是叙利亚危机中最先爆发反政府示威游行的地区,也是除伊德利卜和库尔德控制区之外最后一批被解放的省份。2018年7月,在俄罗斯的军事协调之下,叙政府军宣布解放德拉省全境,与反对派武装达成和解协议:服从巴沙尔政权的叛军,被收编成为叙政府军的一部分;不服从巴沙尔政权的叛军,则拖家带口被遣送到北部伊德利卜。然而,这次和解也为德拉省反抗运动埋下了隐患。德拉省的叛军成分复杂,有些和土耳其、约旦或沙特有关系,其共同点是逊尼派叛军,反对什叶派巴沙尔的统治,因此大批叛军投降后并未放弃与以色列和约旦等国的联系。根据投降协议,叙利亚武装分子可以保留自己的武装组织,这就给叛军在南部地区随时发动武装暴动带来了可能。

2018年底,由拒绝与政府和解或被重新安置到叙利亚北部反对派控制地区的派系和个人组成的"民众抵抗运动"出现,这一新的激进派别声称对德拉发生的多起针对亲政府武装的袭击负责,主要是伏击和有针对性的暗杀。② 分析人士指出,事实上叙利亚政权在西南省份库奈特拉、德拉和苏韦达控制区达成的"和解"并未完全成功,它继续以危险的方式破坏着稳定。据报道,在2019年年中的6个月里,南部省份发生了160多起袭击事件——从驾车枪击和暗杀,到武装袭击、炸弹袭击和伏击等,这些攻击的规模和复杂性将随着时间的推移而增加。③ 因此,尽管叙利亚政府军已经解放了境内大多数被反对派以及恐怖武装组织占领的城镇,但是隐患依

---

① "Syria Update: July 25 – July 31, 2019," COAR, https://coar-global.org/2019/07/31/syria-update-between-25-july-to-31-july-2019/. (登录时间:2020年1月10日)
② Mariva Petkova, "Tensions Escalate in Deraa, 'Cradle of the Syrian Revolution'," March 5, 2020, https://www.aljazeera.com/news/2020/03/tensions-escalate-deraa-cradle-syrian-revolution-200304110051998.html. (登录时间:2020年1月10日)
③ Charles Lister, "The War in Syria Is Far from Over, But Its Nature Is Changing," October 2, 2019, https://www.mei.edu/publications/war-syria-far-over-its-nature-changing. (登录时间:2020年1月11日)

然存在。没有被完全消灭的反对派残余分子以及恐怖武装组织的漏网之鱼，利用藏匿起来的武器装备，试图再次掀起战火。

与此同时，以色列多次借打击伊朗军事设施空袭叙利亚境内目标，成为叙利亚南部不稳定的另一大诱因。据报道，2019年6月之后以色列军方对叙利亚南部地区及中部霍姆斯省等多地进行了空袭。

叙利亚西北部很可能成为叙利亚问题演变的关键地区。叙利亚北部因土耳其的出兵和美国的撤军再生变数，其中西北部伊德利卜省为反对派武装和极端组织的最后据点，东北部为谋求独立和自治的库尔德人控制区。自2017年极端组织"伊斯兰国"灭亡后，近两年时间里，叙利亚国内局势一直停留在不规则的"三方割据"状态：叙利亚政府、反政府武装与库尔德武装。叙北地区成为叙利亚最混乱和最难以解放的区域，除自身难以解决的结构性矛盾之外，叙北局势还深受大国干涉和地缘博弈的影响，其中美国和土耳其是最主要的两个影响因素。美国支持库尔德力量打击恐怖主义，对抗叙利亚政府，而土耳其支持伊德利卜反对派武装与叙政府作对，同时遏制打击库尔德武装。2018年底，美国宣布撤军决定，这为土耳其带来了机会，2019年土耳其一方面在伊德利卜调兵遣将制约叙政府对伊德利卜的收复行动，另一方面积极谋划对库尔德武装的军事打击。叙利亚的库尔德武装既是美军打击极端组织的"马前卒"，又是影响土耳其国家安全的"眼中钉"，这一矛盾的身份使库尔德人进退维谷，其命运深受美土博弈与利益交换的影响。2019年10月土耳其发动"和平之泉"军事行动，打击幼发拉底河以东的库尔德武装，土耳其的军事行动使本已动荡的叙北局势雪上加霜。这场危机最终在俄罗斯的协调之下达成停火协议，库尔德武装撤至边境30公里以外的叙领土，俄土军队在"和平之泉"军事行动东西两侧10公里纵深内联合巡逻。但是暂时的停火并不会给叙北人民带来长久的和平，各方势力围绕叙利亚北部展开了外交和军事较量，土耳其出兵打击库尔德人加剧叙北局势冲突得风险，制约叙政府全境收复；美国"杀回马枪"留下部分军队借"保护"油田之名继续插手叙北事务；俄罗斯支持巴沙尔政府继续扩大控制范围，反对派武装和极端组织负隅顽抗，受制地缘博弈二者矛盾无法"速战速决"。

二、叙利亚国内和解进程的开启及其进展

随着战场态势的逐渐平息，叙利亚国内政治和解逐渐开启，一方面，叙利亚政府采取多样化的措施积极进行国家重建，国内政治和解出现了一些积极信号；另一方面，随着叙局势趋稳和巴沙尔政权的稳固，原来敌视叙政权的阿拉伯国家释放出了善意，叙利亚回归阿盟"只是时间问题"。2019年叙利亚宪法委员会的成立与召开，则标志着叙利亚政府与反对派的和解迈出了重要一步。

（一）叙利亚国内和解释放积极信号

近些年来，叙利亚国内政治形势整体在向有利于叙利亚政府的方向发展，国内和解释放出积极信号，主要体现在以下三个方面。

一是打击极端组织势力取得重大胜利，恐怖主义残余进一步得到清理。2019年3月23日，"叙利亚民主军"宣布攻占极端组织"伊斯兰国"最后据点——代尔祖尔省的巴古兹村。2019年10月27日，美国总统特朗普在白宫宣布，极端组织"伊斯兰国"最高头目阿布·贝克尔·巴格达迪已在美军袭击行动中身亡。[1] 12月初，国际联军的一架无人机在叙伊德利卜省清除了恐怖组织"沙姆解放组织"的一名指挥官。

二是库尔德武装遭遇土耳其越境军事打击和美国背信弃义撤军的双重打击，处境艰难之下寻求与叙政府和解。一直以来，库尔德武装作为叙利亚境内的一股地方割据势力而存在，与叙政府军和反对派形成了三足鼎立的态势。然而，面对土耳其大军压境，自身又失去美国支持，库尔德武装不得已向叙政府军寻求帮助，并在俄罗斯的调解下实现了与叙政府的"和解"，通过交出包括曼比季、泰勒里法特、科巴尼、卡米什利等边境重镇

---

[1] Camilo Montoya-Galvez, Caroline Linton, "ISIS Leader Dead after U. S. Commandos Stage Dramatic Raid in Syria," *CBS News*, October 27, 2019, https://www.cbsnews.com/news/abu-bakr-al-baghdadi-isis-leader-dead-killed-in-us-raid-in-syria-2019-10-27/. （登录时间：2020年1月12日）

和拉卡、哈塞克等重要城市,来换取叙政府军的支持。无疑,这对于叙政府巩固政权有着积极作用。

三是巴沙尔政权进一步巩固,国内政治氛围宽松,积极开展重建工作。叙政府在确保首都安全的情况下,尽快医治首都的战争创伤,恢复正常社会秩序和经济建设。2019年8月28日,叙利亚第61届大马士革国际博览会开幕,由于国内局势不断向好,本届博览会规模创下历届大马士革国际博览会的最大规模。此外,叙利亚政府在2019年再次宣布大赦,释放政治犯,叙总统巴沙尔签署法令,很多犯罪服刑人员的刑期获得了减免。

(二) 叙利亚与阿拉伯国家关系逐步缓和

自2011年叙利亚危机爆发以来,阿拉伯国家在叙利亚问题上出现了严重分歧,大部分阿拉伯国家与叙利亚政府关系紧张。其中以逊尼派占主导地位的沙特、卡塔尔、阿联酋等海湾国家为主,这些国家也是美国在中东的传统盟国,长期支持叙利亚总统巴沙尔的反对派。叙利亚内乱伊始,沙特等国就通过海合会和阿盟的政治平台谴责叙利亚政府"残暴压迫人民",并对叙利亚实施制裁。2011年11月,在沙特和其他海湾国家主导下,阿盟暂停叙利亚政府的阿盟成员国资格,一些阿盟国家接连宣布与叙利亚断交。而经过8年的战争之后,叙利亚政府军已经从极端分子和反对派武装手中收复了绝大部分领土,巴沙尔巩固了执政地位。自2018年起,一些阿盟国家接连向叙利亚伸出橄榄枝,叙利亚与阿盟国家的关系"转暖",阿联酋、巴林、科威特及卡塔尔等海湾国家纷纷宣布重启驻叙利亚大使馆。

2019年,更多的阿拉伯国家释放出善意信号,呼吁恢复叙利亚的阿拉伯盟成员资格的声音日高,其中包括埃及、阿联酋、伊拉克、黎巴嫩、突尼斯、苏丹、阿尔及利亚以及巴林等。2019年3月3日,叙利亚人民议会议长前往约旦首都安曼参加阿拉伯各国议会联盟第29次会议,这是内战以来叙利亚首次参加阿拉伯国家的会议,3月31日的阿盟峰会现场为叙利亚预留了一个座位,这是叙总统巴沙尔·阿萨德重新被接纳的另一迹象。有分析人士认为,叙利亚回归阿盟是大势所趋,目前剩下的"只是时间问题"。突尼斯外长杰希纳维在接受阿拉伯媒体采访时表示,阿拉伯领导人将在合适的时机重新讨论这个问题,对形势进行评估。他说:"叙利亚在阿拉伯世界有特殊地位,总有一天它必将回到它本来的位置。"① 但由于伊朗等因素的存在,以沙特为首的部分阿拉伯国家反对叙利亚政府的立场尚未改变。

(三)宪法委员会和谈出现重要进展

自内乱爆发以来,为推动叙利亚和平的实现,国际社会先后出现两大多边政治谈判机制和国际协调平台——以联合国主导的日内瓦和谈和俄土伊三国推动的阿斯塔纳和谈。② 目前,两大和谈机制已进行了十多轮谈判,目的为叙利亚问题探索一条新的政治解决之路。叙利亚宪法委员会就是在这样的背景下出现的,2015 年 12 月 18 日,联合国安理会通过了关于叙利亚局势的第 2254 号决议,强调"为推进叙利亚政治进程制定和起草叙利亚新宪法"。③ 2018 年 1 月,叙利亚全国对话大会在俄罗斯索契举行,会议决定成立 150 人组成的宪法委员会,其中叙政府、反对派和民间社会组织代表各 50 人,但各方围绕人选名单无法达成共识。经过近两年的争论和多方协调,2019 年 9 月 23 日,叙利亚政府和反对派就成立宪法委员会达成最终协议,联合国秘书长古特雷斯在联合国总部宣布叙利亚宪法委员会正式成立。2019 年 10 月 30 日,叙利亚政府、反对派和民间社会组织的代表齐聚日内瓦参加叙利亚宪法委员会(Syrian Constitutional Committee)成立大会,这是迄今为止通过政治谈判结束叙利亚内战的最有希望的努力。

叙利亚宪法委员会召开前夕,俄、土、伊三方外长发表联合声明,强调支持叙利亚国家统一和领土完整,外国不应干预叙利亚宪法委员会的工作,不得从外部强加任何期限。叙利亚宪法委员会的第一次全会于 10 月 30 日在日内瓦庄严举行,之后启动了 45 人宪法委员会小组会议。此后,

---

① 《阿盟峰会:在失望和希望中寻求"新起航"》,新华网,2019 年 3 月 30 日,http://www.xinhuanet.com/world/2019-03/30/c_1124305291.htm。(登录时间:2020 年 1 月 12 日)

② 2019 年,阿斯塔纳和谈会议地址已改为哈萨克斯坦首都努尔苏丹,因此,又称"努尔苏丹和谈"。

③ 王健:《"曙光"初现,叙利亚距离和平有多远》,载《中国国防报》2019 年 11 月 6 日,第 4 版。

宪法委员会小组会议进行了多轮谈判,但叙政府和反对派代表围绕修改现有宪法还是起草新宪法这一根本问题持分歧对立态度,尚未取得任何实质性进展。各方观察,宪法委员会虽然前景并不乐观,叙利亚政府和反对派都没有抱有十足的诚意,正如联合国特使彼得森透露的那样:"谈判程序并不容易,意见分歧很大,强烈的愤怒和失落情绪浮出水面。"① 但叙政府与反对派能够坐下来进行政治谈判已是叙利亚政治进程的重要一步,因为几年前反对派坚持认为"革命"的首要和核心目标是推翻阿萨德政权。这是按照安理会第2254号决议建立过渡理事机构、开启政治进程的先决条件。他们过去坚称"在任何情况下,他们都不会与阿萨德总统谈判。"② 如今,反对派已变为宪法委员会的少数成员,与政府代表、民间代表一同协商为叙利亚修订或起草宪法,这相当于反对派和支持他们的区域和国际大国已然承认他们假定的"革命"落下帷幕,这也是对叙利亚现行宪法和2014年阿萨德总统选举合法性的承认。另一方面,也应看到叙利亚政府愿意加入宪法委员会并与反对派谈判,这也使反对派合法化,而在此之前政府将反对派定性为恐怖主义威胁。

三、叙利亚政治和解进程的主要障碍

叙利亚内战渐近尾声,政治和解取得了一定进展,但和平进程仍面临严峻挑战,主要的制约因素包括伊德利卜战事频仍、国家认同脆弱多元、族际关系对立紧张、地缘政治博弈加剧以及非传统安全威胁的蔓延扩散等。

(一)伊德利卜问题久拖不决

2019年叙南德拉省虽已与政府达成和解但局地仍有反抗运动,暴力事

---

① "Syrian Constitutional Committee a 'Sign of Hope': UN Envoy Tells Security Council," November 22, 2019, https://news.un.org/en/story/2019/11/1052051.(登录时间:2020年1月15日)

② Elias Samo, "The Syrian Constitution Committee Is Formed: The Easy Part," *Strategic Culture Foundation*, November 1, 2019, https://www.strategic-culture.org/news/2019/11/01/the-syrian-constitution-committee-is-formed-the-easy-part/.(登录时间:2020年1月15日)

件时有发生，叙北失控的伊德利卜和库尔德控制区局势因土耳其代越境军事行动而再度紧张。伊德利卜地处土叙边境，是叙利亚反对派和极端组织盘踞的最后据点，也是事关土耳其利益的"红线"。伊德利卜问题逐步成为叙利亚最令人关注的焦点之一，未来伊德利卜何去何从仍然存疑。伊德利卜事关叙利亚是否能够实现全境解放，因此是制约未来叙利亚政治和解的首要军事问题。2019年初以来，叙利亚总统巴沙尔多次表示，无论以什么方式，政府第一要务都是收复伊德利卜。目前，盘踞在伊德利卜省的反政府武装团体构成复杂、派系众多，分别受到以美国为首的西方国家、土耳其以及海湾等国的支持。其中主要代表为"国民解放阵线"和"解放沙姆阵线"。"国民解放阵线"的前身为"叙利亚自由军"，是一支世俗武装力量，背后由土耳其提供武器支持，土耳其明确伊德利卜是"红线"，在此设置多个军事观察点，警告叙政府军一旦进攻将遭到报复。"解放沙姆阵线"前身是努斯拉阵线，被广泛认为是"基地"组织的叙利亚分支，是一支恐怖主义武装力量，该组织利用伊德利卜冲突降级区制造暴力事件，攻击叙政府军，偷袭俄在叙军事基地。除此之外，伊德利卜还有约十几个不同的武装团伙，包括外国圣战分子在内总共有约3万名武装分子。此外，伊德利卜存在严峻的难民问题，"伊德利布目前的人口包括绝大多数无辜平民，但其中也包括大约10000多名全副武装的塔克菲里战士，其中大部分不是叙利亚人，塔克菲里战士担心如果他们在伊德利卜失败，他们将无处可去，他们也无情地使用平民作为人质。"[①] 就目前局势看，阿萨德政府无论是在政治上还是军事上都很难"毕其功于一役"。由于伊德利卜省的根本矛盾尚未解决，而且进入伊德利卜的土军作战部队已经超过了1万人，因而伊德利卜在未来随时可能爆发更为激烈的冲突。

（二）国家认同危机依然存在

国家认同是指人们对其存在其中的国家的认可与服从，其反映的是人

---

① Helena, "The Real Plight of Idlib's Civilians," *Just World News*, June 5, 2019, https：//just-worldnews.org/2019/06/05/the–real–plight–of–idlibs–civilians/. （登录时间：2020年1月15日）

与国家的基本关系。对国家而言，它决定着国家的合法性基础，进而决定着国家的稳定与繁荣。① 纵观历史，从帝国行省到法国委任统治地，叙利亚几乎从来都不是一个单一的独立国家，并且它也从未有过一个能够吸引全体人民忠诚与服从的内生型中央权威，其特殊的地缘位置使它长期处于帝国争夺的分裂状态。叙利亚在1946年摆脱法国委任统治获得国家独立，但"它在很多方面是一个领土国家，而非一个民族国家，是一个政治实体，而非一个政治共同体。"② 由于叙利亚内部的人口、族裔、宗教、部落、社团以及社会阶层是高度异质化的，一直以来叙利亚人都缺乏对国家的集体认同。长期的内战不仅造成叙利亚国家与社会的严重破坏，也撕裂了历史发展进程中形成的脆弱的民族国家认同。统一国家认同的缺失不仅造成了叙利亚形形色色的反对派势力和极端主义思潮，也使得叙政府与反对派在政治和解的问题上存在结构性矛盾，且短期内无法协调。目前，叙利亚内战已进入收尾阶段，随着宪法委员会工作的深入，未来制定一个怎样的新宪法，确定何种政治体制，各方因对国家认同的不一致尚未形成共识。

（三）族际教派关系高度紧张

叙利亚危机加剧了族际关系的紧张，理清叙国内的民族、教派、部落之间的关系是实现叙利亚国内政治和解的重要基础。一方面，叙利亚作为一个多民族的现代民族国家，国内除了主体阿拉伯民族之外，还有库尔德人、亚美尼亚人、犹太人、土耳其人等区域跨界民族。另一方面，叙利亚国民以伊斯兰教逊尼派为主，却长期由占据人口少数的什叶派支派阿拉维派统治，还有数量不少的德鲁兹人、基督徒等。长期以来，叙利亚多元族裔、教派之间的关系并不和谐。法国委任统治期间，采取"分而治之"的民族政策，客观上造成各族裔之间的分离和敌意，而叙利亚独立以来，尤

---

① 林尚立：《现代国家认同建构的政治逻辑》，载《中国社会科学》2013年第8期，第22页。

② Moshe Ma'oz, "Attempts at Creating a Political Community in Modern Syria," *Middle East Journal*, Vol. 26, No. 4, Autumn 1972, p. 389.

其是复兴党上台以来的民族同化和歧视政策则加剧了不同族裔和部落之间的紧张关系。其中库尔德人作为中东地区跨界族裔的典型拥有3000万人口,同时也是叙利亚第二大族裔,库尔德人具有强烈的民族意识与忠诚度,长期保持对叙利亚执政当局的不信任和不认同,在叙利亚境内建立自治区、争取独立一直是库尔德人的夙愿。2019年,库尔德人面临土耳其人的大军压境和美国的背信弃义而处境艰难,叙政府一方面说服库尔德武装人员加入叙利亚政府军,与"土耳其侵略者"作战,另一方面也强调叙利亚官方不承认叙利亚东北部、控制幼发拉底河以东领土的自治政府及其库尔德武装。大马士革与库尔德当地自治实体之间的族际矛盾无法根本解决,所以双方进行的数轮政治谈判也未取得实质性结果。而库尔德人内部因土耳其的打击也出现分裂,分裂的库尔德内部政治只会进一步加剧叙利亚东北部的不稳定,库尔德人和阿拉伯人之间的紧张关系日益严重。因此,叙利亚未来族际之间的敌对和互不信任仍然盛行,这依然是制约叙利亚实现全面政治和解的主要因素。

(四)地缘博弈持续加剧

自俄罗斯2015年10月出兵叙利亚挽救巴沙尔政权以来,美俄在叙的博弈总体呈现"美退俄进"态势。但叙利亚周边地缘政治博弈并未因"美退俄进"态势有所减弱,美国的撤军行动反而带来了某种程度的"权力真空",引发了新一轮的地缘冲突,突出表现即为土耳其肆无忌惮地发动针对库尔德人的越境军事行动造成叙北局势紧张。虽然美国在叙利亚乃至中东地区的影响力有所下降,但美国在叙"欲走还留",并未放弃制衡俄罗斯在该地区的影响力。2019年10月24日,美国国防部宣布将向叙东部增派军事力量,以加强对叙油田的控制,防止油田重新落入极端分子手中。[①]事实上,"醉翁之意不在酒",美国借"保护油田"之名行"武力干涉"之实,以确保其在叙事务中的发言权。不论是叙利亚危机持续,还是参与叙利亚政治和解进程,美国人都不会袖手旁观。除了美俄争霸,还有地区

---

① 程安琪:《库尔德武装撤了,大国博弈还在》,载《解放军报》2019年10月30日,第4版。

强国争锋，多强缠斗皆与利益有关。土耳其遏制库尔德人，伊朗发展什叶派力量，以色列谋求国家安全，海湾国家凭借财力参与地区争霸等，各方都从本国立场出发或多或少介入叙利亚内战，叙利亚沦为中东地缘政治的黑洞，由此陷入了"公地悲剧"。

（五）非传统安全威胁上升

叙利亚危机迄今延宕起伏近十年之久，长期的军事冲突不仅使国内政治生态遭到严重破坏，社会安全稳定面临严峻挑战，同时也衍生出一系列非传统安全威胁，严重阻碍了叙利亚的政治和解和国家重建。非传统安全威胁是除军事、政治和外交冲突以外的其他对主权国家及人类整体生存与发展构成威胁的因素。当前，叙利亚面临多重非传统安全威胁，主要包括恐怖主义、武器扩散、疾病蔓延、走私贩毒、难民危机等。2019 年，随着"伊斯兰国"最后据点的拔除以及头目巴格达迪被击毙，叙利亚战争进入到后"伊斯兰国"时代，但叙境内仍然有大量恐怖分子蛰伏、隐藏，一些残余势力潜伏在叙利亚东部沙漠地带或民间，伺机发动袭击。在叙利亚哈萨克省和拉卡省以及土耳其军队占领区内，走私贩毒活动不断发展，大量叙利亚武装分子使用和贩卖毒品，毒害叙利亚年轻人。2020 年，新冠肺炎在全球大爆发，长期陷入内乱的叙利亚也未能幸免，由于叙利亚医疗机构和公共卫生体系在长期的内乱中遭受重创，国立和私立医院被严重损坏，医护人员和医药设备严重不足，一旦新冠肺炎在叙利亚大流行，叙利亚将面临更加严峻的公共卫生挑战和人道主义危机，政治和解也将面临新的不确定性。

第二节　大国在叙利亚问题上的立场、博弈及其影响

叙利亚战争本质上是一场地缘政治战争。[①] 叙利亚问题爆发后不仅迅

---

① 唐志超：《叙利亚战争与大国的地缘政治博弈》，载《当代世界》2018 年第 11 期，第 53 页。

速走向惨烈持久的内战，而且外溢效应迅速扩大，地区大国与世界大国纷纷介入其中，推动叙利亚内战演变为代理人战争，外部势力的利益冲突与深度博弈也使得叙利亚问题的解决进程变得更为艰难，尤其是地区内外大国在叙利亚问题上的博弈更加凸显了其地缘政治争夺的实质性特征，这也是理解叙利亚问题以及中国介入叙利亚问题的重要背景。

一、世界大国在叙利亚问题上的立场与博弈

（一）俄罗斯对叙利亚政府的支持

俄罗斯一直给予叙利亚政府坚定支持。苏联解体后，俄罗斯大幅从中东战略收缩，主要发展与中东国家之间的经济交往，其政治和军事影响力一落千丈，只与叙利亚保持了冷战期间确立的盟友关系，并维持了在叙利亚塔尔图斯港的海军基地。在2011年叙利亚内战爆发后，俄罗斯坚定支持叙利亚政府，并且在2015年9月直接出兵介入叙利亚内战，很大程度上帮助叙利亚政府军扭转了战局。通过直接介入叙利亚内战，俄罗斯不仅帮助叙利亚政府在多年内战中站稳脚跟，还重新获得了来自于中东国家的认可与尊重。

俄罗斯深度介入叙利亚问题主要有三方面的考量。首先，俄罗斯认为，叙利亚政府对于遏制伊斯兰极端主义和恐怖主义在中东、高加索和中亚地区的扩张有着重要的作用。如果叙利亚政府垮台，叙利亚很可能陷入极端恐怖势力手中，并直接威胁俄罗斯南翼的安全。俄罗斯总统普京就曾指出："叙利亚政府的崩溃将会极大地刺激恐怖分子。当前我们需要支持叙利亚政府，而不是进一步损害他们。我们需要在战争中加强叙利亚政府的国家能力。"[1] 其次，俄罗斯反对美国和西方直接在中东随意干涉他国内政的行为。俄罗斯认为，美国在世界范围内的肆意干涉导致了"严重的后果"，美国的干涉"并未带来民主和进步，反而带来了暴力、贫困和社会

---

[1] Angela Stent, "Putin's Power Play in Syria: How to Respond to Russia's Intervention," *Foreign Affairs*, January/February 2016, p.109.

混乱",认为"我们彼此并不相同,世界也并不存在单一的发展模式……我们应当尊重彼此"。① 最后,俄罗斯认为,叙利亚政权变更将很可能导致俄叙传统友好关系受到巨大影响。如果叙利亚政府倒台,俄罗斯将很可能会失去在地中海的塔尔图斯港。叙利亚还是俄罗斯的重要贸易伙伴,也是俄罗斯的第三大武器进口国。俄罗斯介入叙利亚也有利于其反制美国和西方盟国在乌克兰危机之后谋划针对俄罗斯构筑的"封锁圈",俄罗斯支持叙利亚政府以及保持在中东地区的军事存在,"是权力平衡的重要手段——将会凸显伊朗的优势,削弱土耳其和沙特的影响——并帮助俄罗斯的崛起。"②

在外交层面,一方面,俄罗斯多次发表声明,反对他国对叙利亚进行干预,提出"政治解决"而不是"军事解决"叙利亚问题。从2012年起,俄罗斯多次在联合国安理会否决了美国等国提出的关于制裁和谴责叙利亚政府的议案,帮助叙利亚政府减轻了来自于国际社会的压力。另一方面,俄罗斯从2016年开始联合伊朗、土耳其形成三方合作机制,多次主持和参与"阿斯塔纳叙利亚问题和平会议",从2017年开始多次召开叙利亚问题索契峰会。通过"阿斯塔纳和平进程",俄罗斯与伊朗和土耳其一道推出了"冲突降级区",成功缓和了叙利亚国内战场乱局,给叙利亚政治和解带来了巨大的机遇,扩大了自身的话语权。

在军事层面,俄罗斯的军事介入成为帮助叙利亚政府获得战场优势的关键。俄罗斯通过2015年9月直接介入叙利亚战事,成为了叙利亚内战中最为关键的外部力量。俄罗斯之所以选择在此时直接军事介入叙利亚,大致是出于以下三方面的战略目的。其一,支持日渐衰弱的传统盟友。叙利亚复兴党特别是复兴党阿萨德政权是前苏联和俄罗斯在中东最重要、最亲

---

① "Statement by H. E. Mr. Vladimir V. Putin," President of the Russian Federation, at the 70th Session of the UN General Assembly, September 28, 2015, https://gadebate.un.org/sites/default/files/gastatements/70/70_RU_EN.pdf.(登录时间:2020年1月20日)

② Pavel K. Baev, "Unfriended: How Russia's Syria Quagmire is Costing it Middle East Allies," *Brookings*, January 7, 2016, https://www.brookings.edu/blog/order-from-chaos/2016/01/07/unfriended-how-russias-syria-quagmire-is-costing-it-middle-eastern-allies/.(登录时间:2020年1月20日)

密的战略盟友。从2014年开始,叙利亚国内局势开始变得不甚明朗,叙政府逐渐失去了内战初期具备的军事战略优势。因此出兵叙利亚直接支持巴沙尔政府,便成为俄罗斯在叙战略抉择方面的紧迫方案之一。其二,消除以伊斯兰极端主义为代表的恐怖主义威胁。伊斯兰宗教极端主义一直是俄罗斯的心头之患。2014年,极端组织"伊斯兰国"借叙利亚内战之际大规模崛起,其不断聚拢中东的宗教极端势力并向俄境内投射影响力。"伊斯兰国"仅2015年就在俄罗斯境内招募了近2000名成员。俄北高加索地区的一些恐怖组织,如"高加索酋长国"和"奥霍夫斯基地区组织",相继宣誓效忠"伊斯兰国","伊斯兰国"则很快宣布北高加索为"该国"的"一部分",并将俄罗斯列为主要敌人,威胁要与俄在车臣和高加索开战。其三,适应俄罗斯地缘战略推进的需要。一旦叙利亚有失,俄罗斯尤其是俄南部地区将不得不面对宗教极端主义势力和以美国为首的西方国家集团两个方向的战略合围。这在2014年的乌克兰危机之后更加凸显。因此,出兵叙利亚便成为俄罗斯决策层从国家战略布局出发的必然选择。普京在叙利亚的强势举动不仅事关反恐安全,更希望借此达到"撬动"中东地缘政治板块、改善俄美以及与西方关系的政治目的,在这场堪称新地区战争的混合战争中占得先机,赢得主动。[1]

2015年9月以来,俄罗斯通过对叙利亚的军事干预加强和扩大了在叙利亚以及东地中海地区的军事存在,并迫使美国、土耳其等有关各方就叙利亚问题进行了对话。俄罗斯在叙利亚初步实现了其战略目的:即挽救了叙利亚政权免于崩溃,确保了俄罗斯在叙利亚的利益得到尊重,打击了"伊斯兰国"极端分子,夺得了在叙利亚问题上的重要话语权。2016年9月,美国和俄罗斯在日内瓦就叙利亚停火协议达成一致,叙利亚问题似乎赢来了和平解决的曙光。但随着美军"误炸"叙政府军和人道主义救援车队遭袭等事件的发生,美俄两国再度翻脸,甚至有剑拔弩张的风险。[2] 之后,俄罗斯帮助叙利亚政府军收复了包括叙利亚北部阿勒颇地区、中部东

---

[1] 毕洪业:《叙利亚危机、新地区战争与俄罗斯的中东战略》,载《外交评论》2016年第1期,第60页。

[2] 章波:《美俄在叙利亚问题上的新博弈》,载《当代世界》2016年第11期,第38页。

第四章　叙利亚问题：大国的调解协调
/ 269 /

古塔地区、代尔祖尔省和南部的德拉省和库奈特拉省等大片反政府武装控制区，帮助叙利亚政府军占据了战场绝对优势。与此同时，俄罗斯也藉此成为了叙利亚问题最关键的一方，无论是劝说叙利亚巴沙尔政府参与和谈，还是压迫叙利亚反对派放弃"巴沙尔必须下台"作为参加和谈的"先决条件"；无论是土耳其最关切的叙利亚库尔德人问题，还是以色列最关切的伊朗及其支持的什叶派武装在戈兰高地周边40公里"不得出现"的诉求，都是通过俄罗斯来予以解决的。俄罗斯在叙利亚问题上的关键作用，已经得到了叙利亚问题相关当事方的认同。[1] 2019年4月，俄叙两国领导人签署协议，俄租下叙利亚塔尔图斯港口49年的使用权。

除了支持叙利亚政府军在战场上扩大胜果之外，俄罗斯还积极推进叙利亚政治和解进程。2018年11月，叙利亚政府与各个反对派团体就"宪法委员会"组成名单达成一致，但叙政府和反对派对于宪法委员会的未来都持怀疑态度。2019年2月14日，俄罗斯、伊朗和土耳其三国领导人在俄南部城市索契就叙利亚问题举行了三方会晤，三方重申将坚定不移地维护叙利亚主权、独立、统一和领土完整。9月中旬，伊朗、俄罗斯和土耳其在哈萨克斯坦努尔苏丹举行的第14轮阿斯塔纳会谈中，通过了关于叙利亚的联合声明。声明说："伊朗、俄罗斯和土耳其，作为阿斯塔纳进程的保证国，证实了他们对叙利亚主权、独立、统一和领土完整的继续承诺。"三国拒绝了以恐怖主义为借口的所有非法自治计划，并表示决心抵抗旨在破坏叙利亚主权和领土完整并威胁邻国国家安全的分裂计划。[2] 2019年12月10日到11日，俄土伊三方再次在阿斯塔纳举行了叙利亚问题三方和谈。[3]

---

[1] Zvi Magen, Udi Dekel and Sima Shine, "Russia in Syria: Between Iran and Israel," *INSS Insight*, No. 970, September 2017, http://www.inss.org.il/publication/iran-israel-russia-syria. （登录时间：2020年1月25日）

[2] "Russia China Can Collaborate to Resolve Syrian Crisis," *Mehr News*, December 18, 2019, https://en.mehrnews.com/news/153499/Russia-China-can-collaborate-to-resolve-Syrian-crisis-Chinese. （登录时间：2020年1月25日）

[3] "Astana Summit to be Held in Near Future", *Mehr News*, February 19, 2020, https://en.mehrnews.com/news/155801/Astana-summit-to-be-held-in-near-future-Zarif. （登录时间：2020年2月25日）

2019年，随着巴沙尔政权地位日益巩固，作为巴沙尔政权盟友的俄伊双方在叙利亚问题上的分歧也开始凸显。两国都寻求提升亲本国的叙利亚势力的话语权。俄罗斯希望通过改造叙政府让亲俄人士进入核心部门。俄将叙利亚视为重返中东的战略支点，想借助叙利亚问题提高自身影响力，需要协调各方利益。而伊朗寻求通过强化在叙利亚的存在，提升与以色列、沙特和美国对抗的能力。伊朗和以色列在叙利亚的冲突不利于俄罗斯充当中东地区调解人的战略需求。此外，两国都希望在叙利亚经济重建中切得最大的蛋糕，因而不可避免地出现了分歧和冲突。① 但在巴沙尔政权没有得到彻底巩固、反对势力仍存的情况下，俄伊两国在叙利亚问题上仍将以合作为主。

（二）美国对叙利亚问题的政策演变与调整

美国长期将叙利亚视为对其中东利益的重大挑战。在美国看来，1979年伊朗"伊斯兰革命"之后，叙利亚政府就成为了伊朗在中东地区的重要盟友，不仅长期秉持"反美"意识形态，也对美国在中东地区的盟友如沙特和以色列等造成了巨大的安全威胁。② 但是美国并没有直接介入到叙利亚内战之中。美国坚持采用"以压促谈"的方式参与叙利亚危机进程，避免因军事卷入而重蹈伊拉克战争和阿富汗战争的覆辙，并注重发挥多边作用，试图通过力量制衡和利益置换来实现稳定叙利亚局势的目的，进而服务于美国的中东核心利益及中东政策③，一方面，美国在过去十多年间，先后经历了阿富汗战争和伊拉克战争，尽管先后成功推翻了塔利班政权和萨达姆政权，但却陷入当地的纷争之中，不仅死伤大量官兵，而且付出了巨大的经济代价，因此美国对于直接介入叙利亚内战充满疑虑；另一方面，中东已经不再是美国外交政策的中心，美国在中东敏感议题上缺少付

---

① 李莹莹：《俄罗斯伊朗在叙分歧日渐凸显，地区局势添新变数》，中国网，2019年12月3日，http://opinion.china.com.cn/opinion_39_215639.html。（登录时间：2020年1月25日）

② 周鑫宇：《美国在叙利亚问题上的三重困境》，载《世界知识》2013年第20期，第40—41页。

③ 马晓霖：《"奥巴马主义"与叙利亚危机》，载《阿拉伯世界研究》2017年第1期，第61页。

出更多努力的意愿。① 在此背景下，美国更愿意通过间接方式，即在外交上向叙利亚政府施加压力，并通过多种途径向一些叙利亚"温和派"反政府武装提供军事、资金、情报和训练方面的援助，② 来促使叙利亚政府的更迭。

在外交上，美国在多个国际场合向叙利亚政府施加压力。美国总统奥巴马在2011年8月的讲话中首次提出"巴沙尔必须下台"的政治主张，③ 当年10月，美国宣布撤回驻叙利亚大使。2012年5月美国宣布驱逐叙利亚驻美国大使馆代办。从2011年10月起，美国多次在联合国安理会试图通过谴责和制裁叙利亚政府的决议案，但都先后遭到了中国和俄罗斯的否决而无法成功。④ 与此同时，美国还积极组建和参与"叙利亚之友"国际会议，与欧洲国家、土耳其和一些中东地区国家一起谴责叙利亚政府。在2012年4月的第二次"叙利亚之友"国际会议上，美国宣布将叙利亚反对派"全国委员会"视为叙利亚"合法代表"，并且承诺向反对派武装和政治团体提供支持。⑤

但叙利亚动荡并没有在短期内结束，叙利亚内战呈现出长期化趋势，与此同时，美国对于叙利亚反对派武装内部一些秉持伊斯兰极端主义思想的武装团体借叙利亚内战之际崛起而忧心忡忡。⑥ 在此背景下，美国开始与俄罗斯接触，希望通过外交手段促成叙利亚政府"变革"，实现结束叙利亚内战、推翻巴沙尔政权的目标。2012年6月美国、俄罗斯、联合国和

---

① 牛新春：《美国中东政策：延续与变化》，载《当代世界》2018年第3期，26—29页。

② Richard Spencer, "US-backed Head of Free Syria Army Voted Out," *Telegraph*, February 17, 2014; Tom Bowman, "CIA Is Quietly Ramping up Aid to Syrian Rebels, Sources Say," *National Public Radio*, April 23, 2014, https://www.npr.org/sections/parallels/2014/04/23/306233248/cia-is-quietly-ramping-up-aid-to-syrian-rebels-sources-say。（登录时间：2020年1月25日）

③ Joshua Hersh, "Obama: Syrian President Assad Must Step Down," *Huffington Post*, October 18, 2011, https://www.huffingtonpost.com/2011/08/18/obama-assad_n_930229.html。（登录时间：2020年1月28日）

④ 王晋：《中国的四次否决票，也许救了叙利亚》，观察者网，2015年10月17日，https://www.guancha.cn/WangJin/2015_10_17_337864.shtml。（登录时间：2020年1月28日）

⑤ 陈铭、周潼潼：《第二届"叙利亚之友"国际会议闭幕》，环球网，2012年4月2日，http://world.huanqiu.com/hot/2012-04/2579206.html。（登录时间：2020年1月28日）

⑥ Aymenn J Al-Tamimi, "Success for Al-Qaida in Syria?", *Perspectives on Terrorism*, Vol. 11, No. 6, 2017, pp. 131-139.

阿拉伯国家联盟共同在日内瓦开启了有关和平解决叙利亚问题的谈判进程。随着2015年9月俄罗斯直接介入叙利亚战场，叙利亚政府军在多条战线发动反攻。在2015年的第三次日内瓦叙利亚问题会议上，美国软化了自己在叙利亚问题上的态度，首次允许叙利亚政府参与政治重建。2015年12月，美国和沙特等国共同推动了联合国安理会2254号决议案，就叙利亚政治过渡提出6个月内停火并组建联合政府、18个月内起草新宪法并进行自由选举的"和平路线图"。2016年1月，由联合国协调的叙利亚政府与反政府代表的和谈正式开启，叙利亚和平似乎指日可待。[①] 但叙利亚内战并未终结，和平谈判也陷入了持久僵局之中。

2017年特朗普就任美国总统之后，进一步减少了在叙利亚问题上的投入，甚至提出要"撤离叙利亚"。[②] 首先，特朗普叫停了一些对叙利亚的军事和经济援助。2011年后，美国中央情报局和国防部通过军事援助来帮助叙利亚境内的反政府武装，支持"温和反对派"。[③] 但一方面美国向叙利亚反对派提供的武器并不包含导弹、火炮、坦克等重型武器，使得叙利亚反对派无法抵挡来自于叙利亚政府军的攻势；另一方面美国提供的一些武器装备被其所支持的"温和反对派"直接或者间接地转赠给了叙利亚"极端反对派"。因此特朗普上台之后，开始收紧对于叙利亚反对派的军事援助。

其次，特朗普更加重视叙利亚库尔德人的作用。自叙利亚内战以来，叙利亚北部由"民主联盟党"（Democratic Union Party，PYD）领导的库尔德人武装成了美国在叙利亚的重要伙伴。对于美国来说，"民主联盟党"最初的作用是打击极端组织"伊斯兰国"的重要伙伴，自2014年以来"民主联盟党"及其领导的叙利亚库尔德武装得到来自美国的支持和帮助。与此同时，"民主联盟党"也是美国，尤其是有着坚定"反伊朗"情绪的

[①] 王震：《2254号决议来了，叙利亚和平还远不远？》，载《世界知识》2016年第2期，第15—17页。

[②] 王晋：《想说离开不容易：特朗普想撤离叙利亚面临国内和盟友的压力》，澎湃网，2018年4月2日，https://www.thepaper.cn/newsDetail_forward_2055119。（登录时间：2020年2月4日）。

[③] 关于美国援助叙利亚反对派的事宜，参见王晋：《被特朗普叫停的CIA秘密行动是什么？》，观察者网，2017年8月9日，http://www.guancha.cn/WangJin/2017_08_09_422018_s.shtml。（登录时间：2020年2月4日）

特朗普遏制伊朗的势力及其支持的什叶派力量在叙利亚扩张所倚仗的重要力量。因此当土耳其在2018年初在叙利亚北部发动一系列针对库尔德人的军事行动之后,美军仍然驻扎在幼发拉底河西岸关键重镇曼比杰(Manbij),阻止土耳其及其支持的叙利亚反对派武装跨过幼发拉底河向库尔德人发动进攻。但随着叙利亚形势和美土博弈的变化,2019年美国又默许了土耳其对库尔德人的军事行动。

最后,特朗普刻意避免直接介入叙利亚军事冲突。2017年4月,叙利亚化学武器事件爆发,尽管特朗普下令美军对叙利亚霍姆斯周边的一处政府军空军基地进行了空袭,但是空袭规模很小,而且提前向俄罗斯在当地的驻军进行了"通知",防止了事态进一步恶化。2018年4月,叙利亚化学武器事件再次爆发,美国、英国和法国尽管向叙利亚政府军目标发动了空袭,但是空袭时间仅持续了一个小时,而且打击范围有限,有观点将特朗普此次打击行动称为2017年打击行动的"昨日重现"。①

在叙利亚问题上,美国最初希望通过间接方式迅速推翻叙利亚政府,进而实现叙利亚的"民主化"。但随着叙利亚内战长期化,尤其是伊斯兰极端组织在叙利亚的滋生和发展,美国在叙利亚的战略重心也转为打击极端组织"伊斯兰国",在2014年9月组建了打击"伊斯兰国"的国际反恐联盟。2015年9月之后,随着俄罗斯直接介入叙利亚战局,叙利亚政府军逐渐占据优势,美国也逐渐放弃"军事解决",转而认同"政治解决"叙利亚问题的主张。② 自2015年起,美国为反恐目的在叙利亚部署了小型特种部队。特朗普于2017年批准加速打击"伊斯兰国"的军事努力以及放宽军事交战规则。2018年大约有2000名美军部署在叙利亚的12个基地,参与作战和空中支援任务。2018年美国官方开始阐明美国在叙军事存在的战略目的,除了确保打败"伊斯兰国"之外,还致力于为遏制(并最终驱

---

① 王晋:《空袭叙利亚犹如"昨日重现"》,载《北京周报》2018年4月16日, http://www.beijingreview.com.cn/shishi/201804/t20180416_800127079.html. (登录时间:2020年2月4日)

② Maxim A. Suchkov, "Putin, Trump Follow Winding Path to Latest Syria Agreement," *Al-Monitor*, November 13, 2017, https://www.al-monitor.com/pulse/originals/2017/11/putin-trump-russia-path-syria-agreement.html. (登录时间:2020年2月4日)

逐）伊朗在叙军事存在并在叙利亚达成政治解决方案。① 美国继续保持间接方式介入叙利亚问题，并维系叙利亚库尔德武装作为自己在叙利亚境内的重要盟友，在防止叙利亚极端主义复生的同时，也保留了自己在叙利亚问题上的影响力。随着叙利亚战场形势的稳定，敌视巴沙尔政权的美国、土耳其和欧盟都不再寻求通过武力实现叙利亚政权的更替。

在撤军问题上的拖延、反复反映了美国在叙利亚的政策困境。美国难以实现推翻巴沙尔政权的图谋，但并没有完全放弃敌视巴沙尔政权的政策。2018年12月，特朗普突然宣布撤军叙利亚，在美国国内引起了很大反弹，多数政界人士都反对美国撤军。2019年2月4日，美国将约150辆运输装甲车和搭载发电机的卡车，从伊拉克调往叙利亚境内库尔德武装控制的地区。2月21日，白宫发言人莎拉·桑德斯发表声明："一个大约200人的小规模维持和平团将在叙利亚留驻一段时间。"3月5日，美国国会参议院以77票赞成、23票反对的压倒性优势，通过了一项关于中东政策的法案，其中包括反对美国从叙利亚和阿富汗撤军。这些显示了美国对叙利亚政策选择上的分歧和摇摆。美国国内担心从叙利亚北部撤军将导致俄罗斯、土耳其和伊朗等国在该地区做大，而且抛弃盟友叙利亚库尔德人也有损美国的国际形象和国际声誉。10月，美国突然宣布从叙利亚北部撤军后，土耳其大举开进叙利库尔德区，在国内反对下，美国政府又重新驻军叙利亚，宣称要保障叙利亚东部石油产区的安全。特朗普政府在叙利亚撤军问题上的反复，不仅透支了国家信誉，而且给叙利亚局势增添了极大的不确定性。

（三）欧盟对叙利亚问题的参与

在叙利亚问题爆发后，欧盟与美国也试图颠覆巴沙尔政权，支持反对派，并试图主导日内瓦和谈进程。欧盟以及英法等国认为，叙利亚危机源于叙利亚"不民主"的政治体制，因此主张叙利亚实现政治变革，以此促成叙利亚危机的解决。但在经历多年内战之后，特别是难民危机爆发后，

---

① "The US Withdrawal from Syria," *Strategic Comments*, Vol. 25, No. 1, January 2019, pp. i – iii.

第四章　叙利亚问题：大国的调解协调

欧盟在叙利亚问题上的态度越发务实，并乐于以更加建设性的姿态参与到叙利亚事务当中。同时，"伊斯兰国"崛起和难民危机的爆发深刻改变了欧盟的对叙政策。叙利亚难民主要寻求庇护的目的国主要就是欧洲，包括德国（54%）、希腊（16%）、奥地利（4%）、荷兰（4%）和比利时（4%）。2018年第1~3季度，约87%来自叙利亚的寻求庇护者得到了欧盟的积极回应，其中47%的叙利亚寻求庇护者获得了难民身份，另有37%的申请者获得了附属保护地位。① 2018年，德国作为接收叙利亚难民最多的欧盟国家，共接收了46146份来自叙利亚国民的庇护申请。德国政府批准了其中18245份难民申请，给予其中1万名申请者以附属保护地位，其中274人获得人道主义地位，② 只有69人的庇护申请被拒绝。③ 叙利亚难民危机严重侵蚀了欧洲引以为傲的"一体化进程"和长期标榜的"人权""民主"等价值观，加剧了欧洲社会的各种矛盾。而"伊斯兰国"的崛起及在欧洲频频发动的恐怖袭击事件使反恐成了欧洲安全、外交和政治最优先考虑的重点，欧盟不得不改变其对叙政策。④

近年来，欧盟虽依然不承认巴沙尔政权，但也试图提升其在叙利亚问题上的发言权。英法等欧洲大国还通过资助"白头盔"组织、人道主义援助等方式不放弃对叙利亚问题的介入。2019年7月，英国控制的直布罗陀政府宣布扣押了一艘向叙利亚运送石油的伊朗格蕾丝1号（Grace 1）超级油轮，声称该油轮违反了欧盟制裁规定。欧盟认为，只要叙利亚总统巴沙

---

① 欧洲联盟理事会颁布的2011/95/EU指令（Directive 2011/95/EU）规定：如果非欧盟成员国国民或无国籍者不符合难民的条件，但有足够的理由相信，假如该人返回其原籍国或惯常居住地将面临遭受严重危害的真实风险，以至于其不能或不愿获得该国的保护，那么他可以申请获得附属保护。参见张磊：《欧盟与美国对非法移民的治理比较——兼论对我国的启示》，载《华东政法大学学报》2017年第5期，第151页。数据参见"Europe Key Data Q1 - Q4 2018," *UNHCR*, February 2019, https://data2.unhcr.org/en/documents/download/68103。（登录时间：2020年2月4日）

② 人道主义身份即"因人道主义缘由获准暂留"（authorization to stay for humanitarian reasons），是欧盟批准的三种相关人道主义保护身份中的一种。参见"Glossary: Asylum Decision," *Eurostat*, https://ec.europa.eu/eurostat/statistics-explained/index.php?title=Glossary:Asylum_decision。（登录时间：2020年2月9日）

③ "Country Report: Germany (2018 Update)," *AIDA*, April 2019, https://reliefweb.int/sites/reliefweb.int/files/resources/aida_de_2018update.pdf。（登录时间：2020年2月9日）

④ 李国富：《展望解决叙利亚危机的前景》，载《当代世界》2016年第5期，第37页。

尔·阿萨德不与反对派分享权力,西方就只会专注于人道主义援助,而不会为叙利亚的重建提供资金。①

　　欧盟和联合国于2019年3月共同在布鲁塞尔召开第三届支持叙利亚和该地区未来的会议。会议旨在支持联合国领导的政治进程,动员国际社会为叙利亚人提供财政支持,以便在叙利亚国内和叙周边国家为叙利亚难民提供人道主义援助。② 欧盟在10月7日敦促土耳其维护叙利亚的领土完整。③ 德国防长格雷特·克兰普·卡伦鲍尔呼吁,欧盟应组建一支数万人规模的联合部队进入叙利亚东北部,不能只让俄罗斯和土耳其主宰当地局势。时任欧洲理事会主席图斯克在10月11日对土耳其进行谴责,批评土耳其在叙利亚北部的军事行动破坏了地区稳定。欧盟成员国于10月14日一致谴责土耳其在叙利亚的军事行动。欧盟在叙利亚难民问题上持续发挥影响力。2019年12月5日,欧盟宣布追加近3亿欧元资金,继续援助涌入黎巴嫩和约旦的叙利亚难民。通过应对叙利亚危机的区域信托基金,欧盟向黎巴嫩和约旦提供总值2.97亿欧元的一揽子援助,用于支持涌入两国的叙利亚难民及其聚居的社区。④ 欧盟的制裁致使很多重要的医疗设备和药品仍然无法抵达叙利亚,包括挽救生命的癌症药物和医疗设备。⑤ 欧美对叙利亚的金融制裁是全面的,制裁针对所有的叙利亚国有银行,范围包

---

① "Russia's Putin Says Europe Should Leave Politics out of Syria Reconstruction," *MENAFN-Trend News Agency*, 18 May 2018, https://www.menafn.com/qn_news_story_s.aspx?storyid=1096877459&title=Russias-Putin-says-Europe-should-leave-politics-out-of-Syria-reconstruction, accessed 2 September 2018。(登录时间:2020年2月9日)

② "Supporting the Future of Syria and the Region-Brussels III Conference," *Consilium*, March 12-14, 2019, https://www.consilium.europa.eu/en/meetings/international-ministerial-meetings/2019/03/12-14/。(登录时间:2020年2月9日)

③ "Declaration by the High Representative on Behalf of the EU on Recent Developments in Northeast Syria," *Consilium*, October 9, 2019, https://www.consilium.europa.eu/en/press/press-releases/2019/10/09/declaration-by-the-high-representative-on-behalf-of-the-eu-on-recent-developments-in-north-east-syria/。(登录时间:2020年2月9日)

④ 戴尚昀:《应对叙利亚乱局,欧盟有心无力》,《人民日报》海外网,2019年10月12日,https://baijiahao.baidu.com/s?id=1647177721290608534&wfr=spider&for=pc。(登录时间:2020年2月9日)

⑤ Nour Samaha, "The Economic War on Syria: Why Europe Risks Losing," *European Council on Foreign Relations*, February 11, 2019, https://www.ecfr.eu/article/commentary_the_economic_war_on_syria_why_europe_risks_losing。(登录时间:2020年2月9日)

括美元的使用、欧盟的信贷安排以及欧盟银行与叙利亚金融机构之间的合作伙伴关系等（代理银行关系），并禁止一切涉及美国的金融交易，包括信用卡交易。①

在"阿拉伯之春"之后的环境中，中东转型国家的政治不确定性不断增加，欧洲都面临着经济金融危机，即使欧盟仍然是大多数中东国家的最大贸易伙伴，也很少有人期望欧盟能够崛起和发挥领导作用。②内外交困的欧盟难以在叙利亚问题上发挥多大作用，其影响力趋于下降。一方面，欧洲国家在叙利亚缺少足够的硬实力和有效手段影响叙利亚问题的走向。欧洲国家在叙利亚危机中，不仅未直接派出军队参与作战，也未在军事上支持叙利亚冲突中的任何一个军事派别，因此缺少足够的话语权来影响叙利亚战场形势的发展。另一方面，欧洲国家内部在叙利亚问题上一直存在着分歧和矛盾。德国和法国力求积极介入叙利亚危机，而英国和波兰等国则主张与叙利亚危机保持距离，通过外交途径来参与到叙利亚问题当中，这无疑制约了欧盟作用的发挥。

二、地区大国在叙利亚问题上的立场与博弈

中东地区大国在叙利亚问题上也十分活跃，纷纷通过政治干预、资助反对派甚至直接出兵等方式介入叙利亚问题，成为影响叙利亚问题走势的重要因素。

（一）伊朗与叙利亚问题

伊朗是叙利亚政府的主要支持者之一，同时也是叙利亚问题的关键方

---

① UN Human Rights Council, "Report of the Special Rapporteur on the Negative Impact of Unilateral Coercive Measures on the Enjoyment of Human Rights on His Mission to the Syrian Arab Republic," *Human Rights Council Thirty-sixth Session*, 10 – 28, A/HRC/39/54/Add. September 2, 2018, p. 8. https://reliefweb.int/report/syrian-arab-republic/report-special-rapporteur-negative-impact-unilateral-coercive-measures。（登录时间：2020 年 2 月 16 日）

② Alessia CHIRIATTI, "European and Turkish Humanitarian Response during the Syrian Crisis," *Asian Journal of Middle Eastern and Islamic Studies*, Vol. 11, No. 2, 2017, pp. 53 – 54.

之一。学界将伊朗介入叙利亚问题归结为两方面原因。一方面,从国际关系视角出发将叙伊两国视为中东地区现有政治格局的"挑战者",共同面对来自于美国、以色列和沙特等国的安全威胁。[1] 另一方面,叙利亚政权的什叶派属性是伊朗决定介入叙利亚和伊拉克事务的主要动力。[2] 伊朗希望借此巩固什叶派的联盟。相似的"挑战者"身份,以及政治领导层共同的伊斯兰什叶派背景,促使伊朗出兵叙利亚,以共同抵抗美国和西方世界的遏制。

叙伊两国关系可以追述到 20 世纪 70 年代末。1979 年伊朗伊斯兰革命爆发后,伊朗领导人霍梅尼将叙利亚视为重要的地区伙伴,认为与叙利亚的友好关系可以帮助伊朗扩展在黎巴嫩的什叶派势力,进而对以色列形成战略威胁[3];而叙利亚也在寻找新的地区盟友,将伊朗视作重要的地区伙伴和潜在的"盟友"。叙利亚是第一个承认伊朗伊斯兰革命政府的阿拉伯国家,在世界范围内也是第三个承认伊朗伊斯兰革命政府的国家。[4] 20 世纪 80 年代的两伊战争"为叙利亚和伊朗友好关系奠定了重要的历史基础。"[5] 在两伊战争期间,叙利亚成为了唯一一个支持伊朗并向其提供各种援助的阿拉伯国家。90 年代以来,对于以色列的共同的仇视和敌对态度,共同受迫于美国的制裁,促使叙利亚和伊朗之间的关系进一步深化。[6] 一方面,叙利亚希望借助于伊朗的关系,在叙利亚－以色列和平谈判进程中,为自己谋取更多的政治筹码。而且叙伊两国都支持巴勒斯坦"伊斯兰抵抗运动组织"(哈马斯)和"巴勒斯坦圣战组织"(吉哈德)等并提供

---

[1] See Benjamin Miller, *States, Nations, and the Great Powers: The Sources of Regional War and Peace*, New York: Cambridge University Press, 2017, Chapter 4.

[2] Sherko Kirmanj and Abdulla Kukha Sadq, "Iran's Foreign Policy towards Iraq and Syria: Strategic Significance and Regional Power Balance," *The Journal of Social, Political, and Economic Studies*, Vol. 43, No. 1, 2018, pp. 152 – 172.

[3] Mohsen Milani, "Why Tehran Won't Abandon Assadism," *The Washington Quarterly*, Vol. 36, No. 4, Fall 2013, p. 79.

[4] 第一个和第二个承认伊朗伊斯兰革命政府的国家分别是苏联和巴基斯坦。

[5] Jubin M. Goodarzi, *Syria and Iran: Diplomatic Alliance and Power Politics in the Middle East*, London: Tauris Academic Studies, 2006, p. 18.

[6] Edward Wastnidge, "Iran and Syria: An Enduring Axis," *Middle East Policy*, Vol. XXIV, No. 2, Summer 2017, p. 148.

了大量援助。① 此外，叙利亚也需要伊朗帮助自己研发新的地对地导弹，来对以色列形成战略威慑。② 美国对于伊朗和叙利亚政府的敌视促使两国联合起来保证自身的地区利益。2002年美国将叙利亚和伊朗共同定性为"邪恶轴心"，③ 促使伊朗和叙利亚关系进一步走近，双方协调了在伊拉克和黎巴嫩的立场。在伊拉克，叙利亚和伊朗都直接或者间接对伊拉克境内的什叶派团体提供支持，以制衡美国在伊拉克的影响力。④ 在黎巴嫩，伊朗和叙利亚共同支持黎巴嫩真主党在黎国内势力的壮大，以影响黎巴嫩中央政府的决策。

2011年叙利亚内战爆发之后，伊朗成为了叙利亚政府的重要支持者。伊朗视叙利亚为必争必保之地，借此巩固扩展"什叶派联盟"。叙利亚是伊朗在中东地区的重要盟友，是伊朗着力构建的以"伊朗—伊拉克—叙利亚—黎巴嫩真主党"为核心的"什叶派联盟"的重要一环。叙危机爆发以来，伊朗一直力挺巴沙尔政权，向其提供了数百亿美元的经济和军事援助，并派出大量军事顾问和志愿军直接赴叙作战。这其中既有巩固"什叶派联盟"的战略目标，也有避免美欧、沙特等国将斗争矛头和"战火"直接转向伊朗核问题和伊本土的现实考虑。⑤

一方面，伊朗担心内战会使得叙利亚变成一个海湾国家主导的"逊尼派国家"，在地缘政治上对伊朗产生不利影响；⑥ 另一方面，伊朗担心如果不介入叙利亚内战和帮助巴沙尔政府，将会极大地削弱伊朗在中东盟友心

---

① 关于哈马斯和叙利亚的关系，参见 Valentina Napolitano, "Hamas and the Syrian Uprising: A Difficult Choice," *Middle East Policy*, Vol. XX, No. 3, Fall 2013, pp. 73 – 85.
② 伊朗与叙利亚的导弹技术合作一直延续，see Toi Staff, "Iran Building Missile Factory in Syria-Report," *The Times of Israel*, August 15, 2017, http: //www.timesofisrael.com/iran – building – missile – factory – in – syria – report/。（登录时间：2020年2月16日）
③ "邪恶轴心"是美国总统乔治·沃克·布什于2002年1月在他的国情咨文中所发表的看法，意指"赞助恐怖主义的政权"，其中明确指出的国家包括伊朗、伊拉克和朝鲜。
④ See James Phillips, "Greater Iraqi-American Cooperation Needed on Counterterrorism, Syria and Iran," *Issue Brief*, The Heritage Foundation, No. 4079, November 5, 2013.
⑤ 曾蕊蕊：《从阿斯塔纳和谈看各方在叙利亚问题上的新一轮争夺较量》，载《当代世界》2017年第10期，第52页。
⑥ Karim Sadjadpour, "Iran: Syria's Lone Regional Ally," *Carnegie Endowment for International Peace*, June 9, 2014, http: //carnegieendowment.org/2014/06/09/syria – s – lone – regional – ally – iran。（登录时间：2020年2月16日）

中的形象。① 因此，伊朗一方面在外交场合力挺叙利亚政府，抨击叙利亚动荡是西方世界的"阴谋"。② 另一方面，在叙利亚危机爆发之后即派出军事人员进驻叙利亚，并且鼓励黎巴嫩真主党进入叙利亚，帮助叙利亚政府与反对派武装作战。③ 2013 年以后，随着叙利亚内战的持续以及叙利亚政府军后备力量兵力不足，伊朗又开始协调来自于伊拉克和阿富汗什叶派武装进入叙利亚作战，如伊拉克的"真主党旅"（Kata'ib Hezbollah）"义士联盟"（Asa'ib Ahl al-Haq），及阿富汗哈扎拉人什叶派武装"法蒂玛旅"（Liwa Fatemiyoun）等。④ 与此同时，伊朗也积极向叙利亚政府提供大量物资，开辟连接黎巴嫩南部真主党控制区到叙利亚的运输通道，⑤ 帮助叙利亚政府维持战场局面。据统计，2011 年叙利亚危机爆发后，伊朗累计向叙利亚提供了 300 亿美元的军事和经济援助。⑥

2019 年 2 月，在阿萨德访问伊朗期间，叙伊双方达成了一系列工业、军事和能源协议，包括建设发电厂、伊朗海军租借拉塔基亚港口等。11 月 2 日，伊朗和叙利亚签署了电力合作备忘录。伊朗为帮助叙利亚重建而做

---

① Jubin M Goodarzi, "Syria and Iran: Alliance Cooperation in a Changing Regional Environment," *Ortadogu Etutleri*, Vol. 4, No. 2, January 2013, p. 42.

② Ruth Sherlock, "Iran Boosts Support to Syria," *The Telegraph*, February 21, 2014, http://www.telegraph.co.uk/news/worldnews/middleeast/iran/10654144/Iran-boosts-support-to-Syria.html.（登录时间：2020 年 2 月 16 日）

③ 2012 年初，伊朗伊斯兰革命卫队"圣城旅"领导人伊斯玛仪·贾阿尼（Ismail Gha'ani）在接受伊朗媒体采访时，承认已经有伊朗武装人员进驻叙利亚。See "Syrian Army Being Aided by Iranian Forces," *The Guardian*, May 28, 2012, https://www.theguardian.com/world/2012/may/28/syria-army-iran-forces.（登录时间：2020 年 2 月 16 日）

④ 关于阿富汗什叶派进驻叙利亚，参见"Iran's Foreign Legion Leans on Afghan Shia in Syria War," *Aljazeera*, January 22, 2016, http://www.aljazeera.com/news/2016/01/iran-foreign-legion-leans-afghan-shia-syria-war-160122130355206.html.（登录时间：2020 年 2 月 16 日）关于伊拉克什叶派武装进驻叙利亚，参见 Will Fulton, Joseph Holliday and Sam Wyer, "Iranian Strategy in Syria," *The Institute of Study of War*, May 2013, http://www.understandingwar.org/sites/default/files/IranianStrategyinSyria-1MAY.pdf.（登录时间：2020 年 2 月 16 日）

⑤ "Weapons Being Smuggled Both Ways Between Lebanon and Syria: U.N. Envoy," *Al Arabiya News*, May 9, 2012, https://english.alarabiya.net/articles/2012/05/09/212988.html.（登录时间：2020 年 2 月 16 日）

⑥ "Iran Has Spent 30 Billion in Syria: Prominent MP," *Al Arabiya News*, May 20, 2020, https://english.alarabiya.net/en/News/middle-east/2020/05/20/Iran-has-spent-30-billion-in-Syria-Prominent-MP.（登录时间：2020 年 2 月 19 日）

出了努力，特别是在电力部门，包括建造发电厂、输电线路和减少叙利亚国家电网的电力浪费。① 11月12日，叙利亚驻伊朗大使马哈茂德（Adnan Mahmoud）表示，叙利亚愿意在战后重建时期与伊朗投资者进行合作。② 12月26日，伊朗最高领袖高级顾问韦利亚提（Ak Akve Velyati）的最高顾问强调："我们不同意外国人在叙利亚或任何其他地区国家建立安全区，因为这意味着该地区解体并由外国人管理。"③ 29日，伊朗国会议长拉里贾尼说，伊朗将全力支持叙利亚。

叙利亚和伊朗关系的走近，更多的是出于地缘政治上的互相需要，而并非两国执政团体秉持的宗教教义上的相互吸引。尽管伊朗与叙利亚之间存在着亲密的盟友关系，但双方仍然在一些具体事务上存在分歧。在伊朗国内，主管叙利亚问题的事务被伊朗国内以伊斯兰革命卫队为代表的强硬派所主导。在当前美国、沙特和以色列对伊朗的敌视和封锁不断持续的背景下，伊朗对于叙利亚政府与沙特等海湾国家的互动十分敏感。2019年7月，伊朗议会国际事务小组副组长阿卜杜拉西恩（Hossein Amir Abdollahian）造访大马士革会见叙利亚总统阿萨德，要求叙利亚政府保证不会与美国和沙特"过度走近"。

（二）土耳其与叙利亚问题

土耳其正义与发展党（AKP，简称"正发党"）政府所秉持的"新奥斯曼主义"政治理念，④ 促使其在2011年后积极介入叙利亚危机，力图推

---

① "Iran, Syria Sign Electricity MoU," *Mehr News*, November 2, 2019, https：//en.mehrnews.com/news/151819/Iran‐Syria‐sign‐electricity‐MoU。（登录时间：2020年2月19日）

② "Syria Keen on Attracting Iranian Investors to Reconstruction Projects," *Mehr News*, November 12, 2019. https：//en.mehrnews.com/news/152192/Syria‐keen‐on‐attracting‐Iranian‐investors‐to‐reconstruction。（登录时间：2020年2月19日）

③ "Iran against Establishment of Safe Zones in Regional Countries," *Mehr News*, December 26, 2019, https：//en.mehrnews.com/news/153781/Iran‐against‐establishment‐of‐Safe‐Zones‐in‐regional‐countries。（登录时间：2020年2月19日）

④ "新奥斯曼主义"由美国学者大卫·巴查德（David Barchard）在20世纪80年代提出，在外交层面，"新奥斯曼主义"表现为土耳其正义与发展党政府奉行的介入中东、疏远西方的外交政策。See David Barchard, *Turkey and the West*, Boston and Henley：Routledge and Kegan Paul, 1985, pp. 90‐91；Hakan Ovunc Ongur, "Identifying Ottomanisms：The Discursive Evolution of Ottoman Pasts in the Turkish Presents," *Middle East Studies*, Vol. 51, 2015, pp. 416‐432.

翻叙利亚政府，扶持叙利亚反政府政治团体上台执政。正发党政府将叙利亚战争视为巩固国内政治影响力、在中东地区推广"土耳其模式"的重要机遇。① 但由于叙利亚政府成功地击败了反政府武装，以及土耳其与西方国家之间关系的波折，使得土耳其难以促成叙利亚政府更迭，因此转而谋求在叙利亚北部的影响力。

2002年秉持"新奥斯曼主义"政治理念的土耳其正发党上台执政后，开始加强与中东国家的联系，土叙关系也经历了一个较好的发展时期，甚至一度成为了土耳其对外关系的"典范"。② 2011年叙利亚内战爆发之后，土耳其和叙利亚双边关系急剧恶化。土耳其正发党政府与中东地区的伊斯兰政治组织穆斯林兄弟会关系密切，因而同情叙利亚政治反对派，在叙利亚国内政治冲突愈演愈烈的背景下，与叙利亚政府关系逐渐恶化。在2011年叙利亚动荡开始之初，土耳其政府曾经号召叙利亚政府实施政治改革，与包括叙利亚穆兄会在内的叙利亚反对派政治力量分享权力，但是这一建议并没有被叙利亚政府所接受。在叙利亚内战爆发之后，土耳其成为了叙利亚反对派的重要大本营。一方面在土耳其的帮助下，叙利亚反对派政治团体"叙利亚全国委员会"（Syrian National Council）在土耳其成立，在2012年4月举办了第二届"叙利亚之友"国际会议，帮助协调叙利亚反对派立场，争取来自于国际社会对于叙利亚反对派的支持。另一方面，土耳其帮助在土耳其-叙利亚边境地区组建了反政府武装"叙利亚自由军"，并且为"叙利亚自由军"和其他叙利亚反对派武装提供庇护和支持。但叙利亚反对派也并没有能够推翻巴沙尔政府，特别是随着2015年俄罗斯直接介入叙利亚战场，土耳其因俄罗斯打击叙利亚北部伊德利卜省的土库曼反政府武装而击落了俄罗斯战机，一度造成土耳其和俄罗斯关系紧张。但是土耳其的"新奥斯曼主义"野心在叙利亚严重受挫，其国际地位没有提升，反而是在难民危机、"伊斯兰国"崛起中扮演着自己不愿看到的角色，

---

① Cenk Saraçolu, "The Syrian Conflict and the Crisis of Islamist Nationalism in Turkey," *Turkey Policy Quarterly*, Vol. 16, No. 4, 2018, pp. 11 – 26; Adam Szymański, "Turkish Policy Towards War in Syria," *Teka Kom. Politol. Stos. Międzynar*, Vol. 12, No. 1, 2018, pp. 63 – 84.

② "Turkey and Middle East: Ambitions and Constraints," *International Crisis Group*, April 7, 2010, pp. 4 – 14.

与美国的关系也受到质疑和冲击,可以说土耳其的叙利亚政策失败了。①

2015年之后,土耳其在叙利亚问题上的立场逐渐发生变化。土耳其在外交政策中逐渐朝着更具民族主义的方向发展,放弃了帮助反阿萨德反对派的最初目标,而转向了旨在限制库尔德分离主义势力、维护领土安全战略,这一转变是新的安全威胁以及总统制改革等国内政治变化的产物。②一方面,土耳其与美国和西方的关系出现裂痕。2016年7月爆发的土耳其未遂军事政变导致了土耳其与西方关系恶化,并促使土耳其和俄罗斯关系趋近。在政变之后,土耳其希望引渡在美国居住的"政变组织者"——"居伦运动"领导人费图拉·居伦(Muhammed Fethullah Gulen),而这一要求被美国所拒绝。③另一方面,土耳其政府在政变后通过"紧急状态"以及对于国内的军队、司法和媒体行业进行"清洗",也遭到了美国和欧洲的批评,导致土耳其与美国和欧洲的关系陷入僵冷。与美欧关系的疏远使得土耳其更加无力推翻叙利亚政府,而且库尔德人的崛起也使土耳其在叙利亚政策优先目标发生了转变,因此土耳其转而关注叙利亚北部地区局势,希望维持在叙利亚问题上的话语权。

土耳其在叙利亚问题上有两个关切,即保证伊德利卜省不被叙利亚政府军控制,以及遏制幼发拉底河以东的库尔德人势力。土耳其希望在叙利亚北部建立由亲土耳其的叙利亚反对派军事政治团体控制的地区,在该地区安置大量的叙利亚反对派军事人员及其家属。因此从2017年起,土耳其和俄罗斯、伊朗在阿斯塔纳叙利亚和谈进程框架下,共同在叙利亚建立了四个"冲突降级区"(De-Escalation Zone),④以帮助稳定叙利亚国内的战场局势。2018年10月,土耳其、俄罗斯和伊朗达成共识,在叙利亚西北

---

① Paul Antonopoulos, "Turkey's Interests in the Syrian War: from Neo-Ottomanism to Counterinsurgency," *Global Affairs*, Vol. 3, No. 4-5, 2017, pp. 455-416.

② Hasan Kösebalaban, "Transformation of Turkish Foreign Policy Toward Syria: The Return of Securitization," *Middle East Critique*, Vol. 29, No. 3, 2020, p. 335.

③ 王晋:《土耳其政变总统和精神领袖的对决》,载《联合早报》2016年7月21日,第14版。

④ 四个"冲突降级区"分别位于叙利亚西北部伊德利卜省、中部霍姆斯省、大马士革郊区和叙南部德拉省和库奈特拉省。2018年叙利亚政府军发动攻势,收复了中部、南部和大马士革周边区域,四个"冲突降级区"协议不复存在。

部的伊德利卜省周边建立"缓冲区",并且设立12个由土耳其军队驻扎的"观察站",来隔离叙利亚政府军与伊德利卜省境内的反政府武装。

土耳其以军事介入和促和相结合的方法,扩大了本国在叙利亚北部地区的影响力。2019年8月,土耳其和美国就在叙利亚北部建立安全区问题达成一致,9月双方实现在叙利亚北部的联合巡逻。10月,美国抛下库尔德人宣布撤出相关区域,美国的撤军为土耳其的军事进攻"开了绿灯"。在美国宣布从叙北撤军后,10月9日埃尔多安宣布启动"和平之泉"军事行动,进入叙北部幼发拉底河以东打击库尔德武装"叙利亚民主军"以"防止在土耳其南部边界沿线建立恐怖走廊"。[1] 这并非是土耳其第一次针对库尔德人的越境军事行动,2016年和2018年土耳其就相继对叙利亚库尔德武装发动了代号为"幼发拉底河盾牌"和"橄榄枝"的越境打击行动。此次土军向叙利亚北部"民主联盟党"控制区发起的新军事行动,旨在扫清叙利亚土耳其边境地区"民主联盟党"的力量,并建立由土耳其主导的横亘叙利亚土耳其边境的"缓冲区"。[2] 土耳其的军事行动极大地威胁了叙利亚局势的稳定,对叙利亚局势的未来发展带来了新的不确定性。

叙利亚政府将土耳其支持的叙利亚反政府武装视为"恐怖分子",将土耳其在叙利亚伊德利卜和库尔德人地区的军事存在视为非法入侵。在俄罗斯的劝说下,2019年10月底,土方宣布停止在叙北的军事行动,俄罗斯则保证促成"民主联盟党"撤离叙利亚-土耳其边境地区,并且建立由俄罗斯和叙利亚政府军共同组成的"联合巡逻队",避免土耳其在叙利亚军事行动所导致的局势升级。2019年年底,叙利亚政府军已完成对伊德利卜的包围态势,伊德利卜战役蓄势待发,叙土双方在伊德利卜的冲突似乎不可避免。

除了在叙北地区使用武力之外,土耳其也通过积极参与叙利亚和平进程,以提升本国在叙利亚问题上的影响力。2019年2月14日,土耳其与

---

[1] "Steadying the New Status Quo in Syria's North East," *Middle East & North Africa*, November 27, 2019, https://www.crisisgroup.org/middle-east-north-africa/eastern-mediterranean/syria/b72-steadying-new-status-quo-syrias-north-east.(登录时间:2020年2月23日)

[2] 王晋:《盟友还是对手? 俄罗斯与伊朗、土耳其在叙利亚问题上的关切与挑战》,载《俄罗斯研究》2020年第1期,第51页。

俄罗斯、伊朗领导人在索契就叙利亚问题举行会晤。同时9月中旬，土耳其参与在哈萨克斯坦努尔苏丹举行的第14轮阿斯塔纳会谈，三国通过了关于叙利亚的联合声明，声明要维护叙利亚的领土完整，拒绝所有非法自治计划，并表示决心抵制任何旨在破坏叙利亚主权和领土完整并威胁邻国国家安全的分裂计划。

（三）以色列与叙利亚问题

以色列一直密切关注叙利亚问题的发展和变化。来自于北部地区尤其是叙利亚危机所带来的战争风险，是以色列国内近年来最为关注的安全议题。第一，以色列担心伊朗在叙利亚境内扩张影响力，将最终威胁以色列的国家安全。叙利亚内战中，伊朗不仅直接派出伊斯兰革命卫队奔赴战场，还协调并指挥黎巴嫩的什叶派武装真主党、阿富汗什叶派武装"法蒂玛旅"、伊拉克什叶派武装"萨义德烈士营"和"圣者联盟"等武装团体进入叙利亚帮助叙利亚政府军作战。以色列担心，如果不加遏制，叙利亚将会成为伊朗及其支持的什叶派武装攻击以色列的"前沿基地"。[①] 2017年末，受到伊朗支持的伊拉克什叶派武装"人民动员军"（Al Hashd al Shaabi）领导人就曾经表示，其组织的前进目标在于"解放戈兰高地和圣城耶路撒冷"。[②] 第二，以色列十分担心叙利亚内战会波及自己所占领的戈兰高地，促使戈兰高地归属权问题复杂化。戈兰高地问题一直是叙利亚和以色列双边关系中的一个敏感议题。以色列自1967年第三次中东战争以来一直占据戈兰高地，根据1974年停火协议，联合国在戈兰高地建立了缓冲区，以隔离以色列和叙利亚军队。为了防控叙利亚境内什叶派武装所带来的安全威胁，以色列要求伊朗和什叶派武装团体不得进入戈兰高地及其周边地区。第三，以色列担心存留在叙利亚境内的化学武器、防空导弹和其

[①] "Shi'ite Militia Groups in Syria to Do Iran's Dirty Work, Strike Israel," *Jerusalem Post*, May 7, 2018, https：//www.jpost.com/Arab-Israeli-Conflict/Shiite-militia-groups-in-Syria-to-do-Irans-dirty-work-strike-Israel-553694。（登录时间：2020年2月23日）

[②] "Iraqi Resistance Movement Establishes Brigade to Liberate Golan Height," *Tansim News Agency*, March 8, 2017, https：//www.tasnimnews.com/en/news/2017/03/08/1349676/iraqi-resistance-movement-establishes-brigade-to-liberate-golan-heights。（登录时间：2020年2月23日）

他进攻性武器会落入真主党武装和其他什叶派军事团体手中。在以色列看来，如果黎巴嫩真主党和其他什叶派武装团体获得重型武器，不仅会直接用于袭击以色列本土，还可能提升其生产制造能力。此外，这些武器和技术还可能被黎巴嫩真主党转交给地区其他的反以军事团体，如巴勒斯坦伊斯兰抵抗运动"哈马斯"和巴勒斯坦圣战组织"吉哈德"等，从而进一步危害以色列的国家安全。以色列相信，哈马斯的火箭弹制造技术就来源于叙利亚政府的秘密援助。[1]

尽管在叙利亚问题上有着诸多关切，但以色列却难以直接主张自己的诉求，只能通过间接的方式来表达自己的主张。首先，以色列的犹太国家属性使其无法通过直接参与叙利亚问题有关的国际会谈，来发出自己的利益诉求。叙利亚政府和叙利亚各个反对派政治团体，都不承认以色列的合法存在，因此无论是当前的叙利亚问题日内瓦和谈机制、索契进程和阿斯塔纳进程，以色列都无法直接参与其中。

其次，以色列对叙利亚反对派政治和军事团体充满疑虑。尽管有媒体报道，以色列的军事医院曾经在戈兰高地收留和帮助了如"解放沙姆阵线"（Hay'at Tahrir al-Sham）[2]等极端组织成员，但是以色列对于叙利亚反对派并不信任。一方面，以色列认为，这些叙利亚反对派政治军事团体太过分散弱小，难以对叙利亚政治军事局势产生决定性的影响，更难以击败叙利亚政府军，撼动叙利亚政府在国内的政治合法性。"叙利亚反政府武装无法统一号令，形成强有力的政治和军事领导层，而且无法摆脱内部萨拉菲圣战分子的负面影响；而叙利亚政府展现了出色的政治技巧，而来自于盟国和广大民众的支持也帮助了叙利亚政府能够在内战中取得胜利。"[3]另一方面，以色列认为，绝大多数的叙利亚反政府政治军事团体同样威胁着以色列的国家安全，如果伊斯兰极端主义反对派掌权，以色列可能将更

---

[1] "Hamas Firing Syria-Made M‐302 Rockets: Israel," *NBC News*, July 10, 2014, https://www.nbcnews.com/storyline/middle‐east‐unrest/hamas‐firing‐china‐designed‐syria‐made‐m‐302‐rockets‐israel‐n152401.（登录时间：2020年2月23日）

[2] "解放沙姆阵线"在2017年之前以"征服沙姆阵线"（Jabhat Fateh al-Sham）为名。

[3] Eyal Zizzer, "Why Has Bashar Won the War in Syria," *Strategic Assessment*, Vol. 21, No. 2, July 2018, p. 66.

第四章 叙利亚问题：大国的调解协调

不安全。2014年10月，极端组织"伊斯兰国"就用希伯来语发布了两条针对以色列的视频："这是一条送给穆斯林头号敌人——犹太人的视频，真正的战争还未开始，你们至今所经历的恐惧只是小儿科，很快你们就会看到前所未有的事件，真主保佑！"[1]

最后，以色列高层不愿通过大规模军事介入的方式干涉叙利亚内战进程。针对北部邻国的战略一直是以色列军政界的敏感议题。第四次中东战争中叙利亚军队攻入戈兰高地一度使得以色列社会舆论非常紧张。1982年以色列入侵黎巴嫩以及随后发生的贝鲁特难民营大屠杀，最终导致了时任以色列国防部长沙龙引咎辞职，也引发了以色列国内军队、社会和政治关系的巨大变化。[2] 2006年以色列入侵黎巴嫩南部地区打击黎巴嫩真主党，不仅未能重创真主党，反而造成了以色列军民的较大伤亡，也成为了以色列奥尔默特内阁倒台的重要原因。[3] 因此，妥善处理与北部邻国叙利亚和黎巴嫩的纷争，避免直接大规模介入叙利亚战事是以色列军政界的一个普遍认知。[4]

在应对叙利亚问题上，以色列首先通过军事手段特别是空袭直接打击叙利亚境内的安全威胁。一方面，以色列军情部门密切跟踪叙利亚境内化学武器和重型武器的去向，关注叙利亚境内的军火库，尤其是黎巴嫩真主党与伊朗伊斯兰革命卫队的动向。一旦发现可能存在着军火交易和进攻性武器部署，以色列就会毫不犹豫通过越境空袭的方式来发动攻击，消灭潜在的军事威胁。在避免大规模直接介入的同时，通过小范围、高精度的战术打击来破坏和摧毁伊朗、真主党、叙利亚政府军和其他什叶派武装在叙利亚境内的军事基地、武器仓库、军事研发机构等，以保护以色列的国家安全。另一方面，以色列密切关注戈兰高地及其周边区域的安全动态。一

---

[1] Ricky Ben-David, "Watch: Islamic State Threatens Israel in New Hebrew Video," *Times of Israel*, October 23, 2015, http://www.timesofisrael.com/watch-islamic-state-threatens-israel-in-new-hebrew-video.（登录时间：2020年2月25日）

[2] 参见王晋：《以色列和平运动探微》，载《外交评论》2013年第2期，第143—158页。

[3] See Efraim Inbar, "How Israel Bangled the Second Lebanon War," *Middle East Quarterly*, Vol. 14, No. 3, 2008.

[4] 王晋：《以色列在叙利亚问题上的关切、应对与挑战》，载《当代世界》2019年第1期，第59—63页。

且发现黎巴嫩真主党和其他伊朗支持的什叶派武装团体逼近,或者伊朗及其支持的什叶派武装发动攻击,以色列就会在第一时间通过优势火力予以回击,并深入叙利亚腹地,通过大规模的空袭打击进行惩戒。以色列国防部长利伯曼在2018年的一次反击之后表示:"如果以色列下雨,那么叙利亚就要迎接倾盆大雨。"①

在外交上,以色列着力游说美国和俄罗斯,以实现自己在叙利亚问题上的诉求。一方面,以色列希望能够促成美国直接出兵介入叙利亚内战,在叙利亚营造有利于以色列安全的外部环境。但特朗普多次表示,美国不会直接介入叙利亚战事。特朗普尽管许诺会给予以色列"需要的帮助",但明确拒绝直接介入叙利亚内战,这种表态让内塔尼亚胡十分失望。② 另一方面,以色列也积极游说俄罗斯,希望俄罗斯能够在索契和平进程、日内瓦和平进程和阿斯塔纳和平进程中关注以色列的利益。如内塔尼亚胡在2018年5月访问俄罗斯时,将伊朗比喻为"当代纳粹",提出伊朗正在秘密向叙利亚"转移和输送致命性武器",力图在叙利亚建立永久军事存在,因此呼吁俄罗斯帮助约束伊朗在叙利亚的势力存在。③ 普京在2018年8月与特朗普会面之后表示,将支持以色列在戈兰高地地区的关切,"叙利亚武装部队将不会越过1974年停火协议所规定的停火线",并将护送联合国维和部队重新部署到戈兰高地的缓冲区。④ 此外,以色列还通过叙利亚危机渲染伊朗地区威胁,积极拉近与沙特、阿联酋和埃及等阿拉伯国家的关系。在2015年沙特国王萨勒曼上台之后,沙特视伊朗为中东地区最大的安全威胁,与以色列关系逐渐走近。

---

① "Israel Strikes Iranian Targets in Syria in Response to Rocket Fire," *BBC News*, May 10, 2018, http://www.bbc.com/news/world-middle-east-44063022。(登录时间:2020年2月25日)

② Ben Caspit, "Israel 'Alone in Fight' against Iran in Syria," *Al-Monitor*, April 11, 2018, https://www.al-monitor.com/pulse/originals/2018/04/israel-syria-iran-us-donald-trump-benjamin-netanyahu-assad.html。(登录时间:2020年2月25日)

③ "Benjamin Netanyahu and Vladimir Putin Talk Syria in Moscow," *Deutsch Welle*, May 9, 2018, https://www.dw.com/en/benjamin-netanyahu-and-vladimir-putin-talk-syria-in-moscow/a-43711126。(登录时间:2020年2月25日)

④ "Russia and Israel Reach Understanding on Golan Border Line," *Jerusalem Post*, August 8, 2018, https://www.jpost.com/Middle-East/Russsia-and-Israel-reach-understanding-on-Golan-border-line-564355。(登录时间:2020年2月25日)

（四）阿拉伯世界与叙利亚关系的变化

自2011年叙利亚危机爆发以来，阿拉伯国家在对待叙利亚的问题上出现了严重分歧，大部分阿拉伯国家与叙利亚政府关系紧张、恶化。2011年9月10日，阿盟秘书长阿拉比访问叙利亚，并向巴沙尔转达了旨在解决叙危机的"阿拉伯倡议"，遭到叙利亚政府拒绝。当年11月16日，在沙特和其他海湾国家的主导下，阿盟中止了叙利亚政府的阿盟成员国资格，一些阿拉伯国家接连宣布与叙利亚断交。11月27日，阿盟对叙利亚实施经济制裁。12月19日，叙利亚政府签署阿盟观察团协议，阿盟还要求派遣一支500人的观察团赴叙利亚调查战争情况。阿盟的制裁包括：禁止叙高层人士和官员出访阿拉伯国家；停止与叙利亚中央银行的交往；停止与叙利亚政府间的贸易交流；冻结叙利亚政府的资金，停止与叙利亚政府的金融交往，停止和叙利亚商业银行的所有交往；停止所有阿拉伯中央银行向叙利亚中央银行就政府间贸易交流的出资；阿拉伯各国中央银行监控银行汇款和商业信贷；冻结阿拉伯国家为叙利亚境内项目的出资等。阿盟声称，制裁的目的是希望在阿盟框架内解决叙利亚危机。卡塔尔首相兼外交大臣贾西姆表示："阿盟所做的一切是为了避免外部干涉。"[①] 叙利亚危机爆发后第一年，阿盟一度成为干预叙利亚危机的主要外部力量。

2012年1月，阿盟要求叙利亚总统巴沙尔·阿萨德将所有权力移交给第一副总统，并要求叙利亚当局在两个月内组建由政府和反对派双方参与的国民团结政府。阿盟观察团陆续撤出叙利亚。2012年2月，阿盟外长呼吁组建联合国阿盟维和部队进驻叙利亚，遭到叙利亚政府的强烈反对。阿盟以支持叙利亚反对派和授予反对派阿盟成员国资格为要挟，要求巴沙尔下台。从当年7月开始，阿盟宣布断绝与叙利亚政府一切往来，还要求其成员国召回驻叙利亚大使。至此，阿盟独自和平解决危机的努力宣告失败。

[①]《中国网络电视台，美俄航母"集结"周边国家备战，叙利亚或掀大浪》，中国网，2011年12月1日，http://www.china.com.cn/military/txt/2011-12/01/content_24052395.htm。（登录时间：2020年2月25日）

2015年9月俄罗斯出兵叙利亚，叙政府军在战场上逐渐掌握主动权。到2017年11月，在俄罗斯的帮助下，叙利亚政府基本肃清了"伊斯兰国"在其境内的残余，并控制了全国大部分国土，反恐战争取得阶段性胜利。联合国叙利亚问题日内瓦和谈再度启动，阿盟在叙利亚问题上的话语权更加微弱。2018年，随着叙利亚政府军在国内战场上取得压倒性优势，阿联酋、巴林等阿拉伯国家先后向叙利亚政府示好。阿拉伯国家为抗衡伊朗、土耳其等国在叙利亚的影响力，开始寻求改善与叙政府的关系。阿联酋、黎巴嫩、伊拉克等国提出恢复叙利亚阿盟成员资格的建议，但遭到沙特、卡塔尔等国的坚决反对。随着叙利亚战争的日趋缓和，阿盟与叙利亚关系缓和，叙利亚重返阿盟的条件逐渐成熟。

2019年，更多的阿拉伯国家对叙利亚释放出善意的信号。同年1月18日，第四届阿拉伯经济峰会的首场外长会在黎巴嫩首都贝鲁特举行，黎巴嫩外长巴西勒在会上呼吁叙利亚"重返阿盟"，呼吁各方摒弃分歧，支持恢复叙利亚的阿盟成员国身份。同年1月26日，突尼斯外长希纳奥伊也呼吁阿盟恢复叙利亚的成员资格，称阿盟的"自然地带"应包括22个成员。[1] 同年2月，阿盟秘书长盖特（Ahmed Aboul Gheit）对黎巴嫩进行正式访问，并与黎巴嫩高级政府官员讨论恢复叙利亚在该区域组织中的成员资格问题。而叙利亚外交部副部长梅克达（Faisal Mekdad）表示，叙利亚将最终重返阿盟，并强调大马士革政府将永远不会屈服于勒索或接受恢复其加入该区域组织成员资格的条件。[2] 2019年3月3日，叙利亚人民议会议长萨巴格前往约旦首都安曼参加阿拉伯各国议会联盟第29次会议，这是内战以来叙利亚首次参加阿拉伯国家会议，同年3月31日第30届阿盟峰会现场为叙利亚预留了一个座位，这是叙利亚重新被接纳的重要迹象。分析认为，叙利亚回归阿盟是大势所趋，目前剩下的"只是时间问题"。此次阿盟峰会上，阿拉伯国家重申在戈兰高地问题上支持叙利亚。沙特表示

---

[1] "Arab League Chief to Visit Beirut for Talks on Syria's Return to Bloc," February 8, 2019, https://www.globalsecurity.org/wmd//library/news/syria/2019/syria-190208-presstv02.htm.（登录时间：2020年2月28日）

[2] Ibid.

第四章　叙利亚问题：大国的调解协调

坚决反对任何侵犯叙利亚对戈兰高地主权的行为，强调政治解决叙利亚危机的重要性。突尼斯、科威特、约旦、埃及和巴勒斯坦也表达了相同立场。阿盟秘书长盖特在峰会上表示，美国有关戈兰高地的做法违背了所有的国际法和国际惯例，是阿拉伯国家所不能接受的。① 3月6日，科威特副首相兼外交大臣萨巴赫与到访的俄罗斯外长拉夫罗夫在举行会面后表示，如果叙利亚能够重返阿盟，科威特将十分欢迎。②

2019年8月，叙利亚和阿盟之间和解的趋势越发明显。包括埃及、阿联酋、伊拉克、黎巴嫩、突尼斯、苏丹、阿尔及利亚和巴林在内的8个阿盟成员国已经同意有关叙利亚重新加入阿拉伯国家联盟的提案，向叙利亚政府投去橄榄枝。同时，有关叙利亚阿盟成员资格的解冻事项也开始逐步运行，各国的叙利亚大使馆也将进入重开阶段。同年9月30日，伊拉克和叙利亚边境口岸重开，双边关系得到进一步改善。同年10月9日，土耳其宣布出兵叙北地区。阿盟秘书长盖特在一份声明中表示，土耳其的入侵行为公然践踏叙利亚的领土主权，此举可能危及到叙利亚东部和北部局势，甚至可能导致"伊斯兰国"组织死灰复燃。10月12日，阿盟秘书长盖特在阿拉伯国家外交部长会议上，再次抨击土耳其在叙利亚东北部的军事行动是"对阿拉伯国家领土的侵犯和对其主权的侵犯"。沙特外交大臣朱拜尔（Adel Al-Jubeir）也谴责土耳其的入侵，并敦促国际社会立即采取行动制止土耳其的入侵，阿联酋和伊拉克同样谴责土耳其入侵叙利亚北部的行动。③

但以沙特为首的部分阿拉伯国家反对叙利亚政府的立场尚未改变。2019年3月4日，沙特官方表示现在讨论沙特恢复与叙利亚外交关系、叙

---

① 《突尼斯 阿盟峰会聚焦戈兰高地主权纷争》，央视网，2019年4月1日，http://tv.cctv.com/2019/04/01/VIDEvzvON0XwVb0XGGOi7e4o190401.shtml。（登录时间：2020年2月28日）

② 《科威特外长：如果叙利亚重返阿盟将表示欢迎_图片频道》，新华网，2019年3月7日，http://www.xinhuanet.com/photo/2019-03/07/c_1124204059.htm。（登录时间：2020年2月28日）

③ "Turkish Attack in Syria Condemned as 'Invasion of an Arab State's Land'," *Arab News*, October 12, 2019, https://www.arabnews.com/node/1567876/middle-east。（登录时间：2020年2月28日）

利亚重返阿盟等事宜"为时尚早"。① 沙特仍拒绝承认叙利亚政府的合法性。6月,沙特海湾事务部部长萨班(Thamer al-Sabhan)访问了叙利亚东部,并会见了当地的库尔德人代表,表示支持库尔德人领导的"叙利亚民主军"。②

三、外部干预对叙利亚问题的影响

叙利亚危机自爆发以来经历了从危机发生和扩大到"以化武换和平"实施,从"伊斯兰国"极端组织崛起后攻城略地到叙危机全面升级、叙局势急剧恶化,从俄罗斯军事介入、阿勒颇战役取胜到全面清剿"伊斯兰国"武装组织并迎来反恐战争节节胜利等复杂过程。叙危机的爆发和演变有着深层的历史和社会根源,又是复杂的中东和国际政治博弈的反映,是内外诸多因素相互叠加又相互作用的结果,从内因看,叙利亚国内多种矛盾的积累和"叠加效应"促成了危机的爆发;从外因看,境外或域外力量的干预加剧了叙危机的"聚变效应"。③

(一) 叙利亚内外环境受到外力主导

叙利亚危机和战争对该国造成了几乎毁灭性的破坏和打击,损失难以计算。叙利亚原本是中东地区最稳定的国家,但内外势力联合干涉,使叙利亚从"稳定绿洲"变成人间地狱和"恐怖天堂"。④ 据统计,叙利亚内战造成25万人死伤,1200万人流离失所,其中600多万人流亡国外,半数城市被毁,大量良田抛荒。据叙利亚政治研究中心报告,2011年以来叙利亚有400万栋建筑被毁,3000所学校、70%的医院和卫生机构、60%的

---

① 《沙特不赞成?叙利亚重返阿盟添变数》,环球网,2019年3月6日,https://world.huanqiu.com/article/9CaKrnKiKyu。(登录时间:2020年2月28日)
② "The Muted Arab Attempt to Restore Influence in Syria," Responsible Statecraft, March 21, 2019, https://responsiblestatecraft.org/2020/03/21/the-muted-arab-attempt-to-restore-influence-in-syria/。(登录时间:2020年2月28日)
③ 王林聪:《叙利亚危机与中东秩序重塑》,载《当代世界》2017年第12期,第53页。
④ 田文林:《从"颜色革命"到"混合战争"——叙利亚危机再评估》,载《国际研究参考》2020年第3期,第30—31页。

基础设施、数以千计的工厂和上万家小企业被毁,许多城市几乎完全瘫痪。截至2015年底,叙利亚经济损失超过2547亿美元,为2010年叙利亚GDP总量的4倍,失业率从2011年的14.9%增加到2015年底的52.9%。叙利亚经济处在崩溃边缘。① 另据统计,叙利亚经济损失初步估计约2260亿美元(相当于2010年该国国内生产总值的4倍),死亡人数高达40万–47万。另有约半数国民背井离乡,或流散各地或出逃境外,形成了第二次世界大战以来全球最大规模的难民潮。② 叙利亚经济恢复到2010年水平至少需要30年时间。③ 叙利亚地处阿拉伯世界民族教派"断裂带"和"火山口",自身教派和解本就脆弱,叙利亚危机直接引发国内教派冲突,进而在中东地区形成逊尼派与什叶派对立的教派政治格局。逊尼派反叛势力得到沙特、卡塔尔、土耳其等国大力支持,旨在重绘中东政治地图,扩大和建立"逊尼派地缘政治弧",削弱伊朗的地区影响力。④ 什叶派国家和势力则力挺巴沙尔政权,伊朗为巴沙尔政权提供了大量武器、资金和军事顾问;伊拉克什叶派背景的马利基政府实际上也站在巴沙尔政权一边,允许伊朗利用其领空援助叙利亚,同时默许什叶派武装人员赴叙参战⑤;黎巴嫩真主党更是力挺巴沙尔并派兵协助叙利亚政府军作战,有报道称,真主党派遣了8000多名士兵参加叙利亚内战。⑥

外部势力一直是影响叙利亚局势走向的主因,而冲突各方之间关系错综复杂,矛盾重重。由于各方势力纷纷介入和地缘政治博弈不断加剧,在叙利亚问题上形成了两大不同阵营的分野与对抗。前期,美、欧、土、沙、卡等国组成了反巴沙尔阵营,而俄、伊组成挺巴沙尔阵营,双方激烈

---

① Bassel Oudat, "Verging on Collapse," *Al-Ahram Weekly*, Issue No. 1283, February 18, 2016.
② See Samar Kadi, "The High Cost of Syria's Destruction," *The Arab Weekly*, Issue 124, September 24, 2017, p. 9.
③ Ramy Srour, "30-year War for the Syrian Economy," *Asia Times Online*, November 8, 2013.
④ Robert Maginnis, "Syrian Conflict a Proxy War to Reshape the Middle East," *Human Events*, August 7, 2012, http://www.humanevents.com/2012/08/07/syrianconflict-a-proxy-war-to-reshape-the-middle-east/。(登录时间:2020年3月10日)
⑤ Suadad al-Salhy, "Iraqi Shiites Flock to Assad's Side as Sectarian Split Widens," Reuters, June 19, 2013, http://in.reuters.com/article/2013/06/19/iraqsyria-militants-idINDEE95I0G920130619。(登录时间:2020年3月10日)
⑥ Victor Kotsev, "Atrocities, Disunity Threaten Syrian Rebels," *Asia Times Online*, May 31, 2013.

对抗。后期，俄、伊、土三国形成新的合作机制，建立阿斯塔纳何谈机制，形成新的阵营，与美欧和海湾国家组成的阵营继续对峙。围绕叙利亚问题各方势力主要形成了两大阵营（以叙利亚、俄罗斯、伊朗为一方，以西方、土耳其和沙特等海湾国家为一方）和六对矛盾（叙政府与反对派、西方与俄罗斯、沙特与伊朗、以色列与伊朗、美国与土耳其、各方与"伊斯兰国"）。[1] 在叙利亚问题的演进中，美国与俄罗斯的博弈始终扮演着关键角色，在某种意义上左右了叙利亚局势，对美国而言，叙利亚问题更多是中东的地区性问题，旨在通过叙利亚问题遏制伊朗的地区影响，打击反美国家和"伊斯兰国"等极端组织；对俄罗斯而言，叙利亚问题是俄罗斯提升国际地位和撬动当前国际秩序的重要支点，也是重新定义国际规范、重塑俄罗斯世界大国地位的重要契机。[2] 2018年之后叙利亚逐渐形成了三股左右局势的外部与内部联合力量阵营，分别为"俄罗斯—伊朗—叙政府"阵营、"美国—库尔德武装"阵营、"土耳其—叙自由军"阵营。[3] 但随着形势的发展变化，阵营之间的界限日益模糊。

近年来，叙利亚问题上"俄进美退"的态势日益明显，俄罗斯成为叙利亚局势最关键的一方，土耳其在叙利亚北部的影响力因为美国撤军而上升，欧盟在叙利亚问题上发声日衰，伊朗对叙利亚局势的影响力依旧，以色列与伊朗在叙利亚的斗法继续，与阿盟关系的持续改善使叙利亚在阿拉伯世界孤立的局面大为改观。如何协调相关当事方的利益和冲突，是未来各国在叙利亚问题上面临的最大挑战，俄罗斯希望能够尽快成功推动叙利亚政治重建，帮助叙利亚政府和叙利亚反对派政治团体达成政治解决叙利亚问题的协议，开启政治重建进程；而叙利亚政府和伊朗则期待能够最大可能地打击叙利亚反对派，收复尽可能多的叙利亚领土；土耳其希望保留北部伊德利卜省的"势力范围"，安置自己支持的叙利亚反对派；美国和西方国家支持叙利亚北部库尔德人"民主联盟党"，将其视为未来遏制伊

---

[1] 唐志超：《叙利亚战争与大国的地缘政治博弈》，载《当代世界》2018年第11期，第53页。
[2] 闫伟：《美俄博弈下的叙利亚问题及其前景》，载《国际论坛》2020年第4期，第60页。
[3] 龚正：《叙利亚危机中的三个"阵营"与三个"配角"》，载《世界知识》2018年第4期，第44—45页。

斯兰极端组织和恐怖组织的重要力量；以色列、沙特和约旦则担忧伊朗在叙利亚境内的军事存在，希望俄罗斯能够保证伊朗及其支持的什叶派武装早日撤离叙利亚国土。① 面对错综复杂的当事方关系和相互交织的利益纠葛，如何协调各方关系，保证叙利亚局势稳定，促成叙利亚战后政治重建的早日开启，成为了叙利亚未来的重大挑战。

近年来，叙利亚所面临的外部环境有所改善。从2017年以后，叙利亚政府军在战场上继续高歌猛进，在叙利亚北部和伊德利卜地区取得了有利态势。叙政府将伊德利卜之战视为完成国家统一的最后一战，其外交形势因此应迎来了较大的改观。外部环境不断改善的同时，叙利亚政府也开始执行更加独立自主和务实的外交政策。

一方面，叙利亚政府继续保持与俄伊盟友的友好合作，同时对敌对势力充满警惕。叙利亚政府部门公开赞扬和感谢俄罗斯、伊朗两国对其在反恐、平叛、抵制外部敌对势力干预以及推进叙利亚和平进程等事务上的支持与援助，并表示在战后重建方面，叙利亚优先选择和俄罗斯和伊朗两个盟友进行合作。同时，叙利亚政府谴责外部敌对势力对叙利亚内政的干预，尤其是继续谴责美国、法国、英国等西方国家以及土耳其、以色列等国的侵略行径，认为这些国家支持本国的恐怖分子，同时非法在叙利亚境内活动。叙政府强烈谴责美国在有关戈兰高地问题上的表态和做法，谴责欧盟在叙利亚难民问题上不负责任的行为。针对以色列和部分阿拉伯国家对伊朗在叙利亚驻军问题上的发难，叙利亚政府反对阿盟紧急峰会在最后声明中提到伊朗干涉叙利亚事务的说法，并表示该声明本身才是对叙利亚内政不可接受的干涉。叙外交部表示，伊朗在叙利亚的存在是合法的，是应叙利亚政府的邀请帮助叙利亚打击恐怖主义。峰会应当谴责那些非法干涉叙利亚事务的国家，这些国家为叙利亚的恐怖分子提供支持，延长了叙利亚危机。②

---

① 王晋：《以色列与俄罗斯之间的关键议题》，载《世界知识》2016年第11期，第50—51页。
② 《叙外交部：反对阿盟峰会关于伊朗干涉叙利亚的声明》，环球网，2019年6月1日，https://world.huanqiu.com/article/9CaKrnKkMHp.（登录时间：2020年3月10日）

另一方面，叙利亚政府在一些具体问题上显示了外交政策的独立性和务实性。在"宪法委员会"问题上，2018年叙利亚对俄罗斯和联合国叙利亚问题特使提出的"宪法委员会"持保留态度，叙政府认为在2012年由政府制定的宪法代表了叙利亚人民的意志和共识，没有制定新宪法的必要。叙政府还在成立"宪法委员会"的问题上委婉抵制俄罗斯和联合国的主张。但叙政府在政治和解问题上也表现出务实性的一面，不一味坚持原来的立场。2019年9月23日，叙利亚政府和反对派就宪法委员会权限和核心程序规则达成协议。在土耳其出兵叙北问题上，叙利亚政府明确表示要解放全境的目标，巴沙尔表示，该国的最终目标是在美国突然撤军和土耳其对库尔德人发动进攻之后恢复对库尔德人控制的东北地区的国家权威。但在具体策略上，尽管叙政府表示要采取渐进方式，区分长期目标和战术目标。[1]

受到国内政治形势和战场形势的影响，叙利亚外交形势与外交政策呈现出新态势，一方面，随着政府控制区逐渐扩大，叙利亚政府在国内的合法性进一步提升；另一方面，美国、俄罗斯和周边地区大国对于叙利亚的态度发生了微妙变化。美国2018年提出撤离叙利亚，伊朗主张留驻叙利亚，土耳其进兵叙利亚北部，以色列与伊朗在叙利亚不断角力，部分阿拉伯国家开始与叙利亚政府进行接触，而俄罗斯则力求与联合国合作，以组建"叙利亚宪法委员会"的形式来推动叙利亚国内政治和解。在此背景下，叙利亚外交政策呈现出了"亲近伊朗、俄罗斯"、"警惕美国、欧洲、以色列和土耳其"，并且抵制"叙利亚宪法委员会"的特点。

叙利亚外交政策呈现出的这一特点，本质上反映出叙利亚政府仍然力求收复所有国土，期待重新恢复2011年叙利亚战争爆发前的政治局势。叙利亚政府始终坚持认为，叙利亚动荡的主要原因在于外部势力干涉，在于西方世界对于叙利亚主权的侵犯。"叙利亚和伊朗、朝鲜和俄罗斯，都是独立自主的国家。西方不能接受我们这些国家的独立姿态，美国也不能接

---

[1] "Bashar Assad Criticizes EU Countries for Hypocrisy," *Mehr News*, November 9, 2019, https：//en. mehrnews. com/news/152063/Bashar - Assad - criticizes - EU - countries - for - hypocrisy。（登录时间：2020年3月10日）

受任何欧洲国家谋求独立自主的想法,这就是为什么欧洲国家与俄罗斯关系长期紧张的原因。如果我们想独立自主,势必不能被美国所接受,而我们是一个小国,美国不能容忍我们独立自主。"[1] 因此,叙利亚政府认为,外部干涉才应当是叙利亚局势动荡的主要原因。

(二) 叙利亚政治和谈艰难推进

叙利亚危机爆发后,联合国积极进行了干预,但并没有能够阻止危机的升级和内战的扩大。2012 年 6 月由联合国主导的叙利亚问题日内瓦和谈机制建立,目标是推动叙政府与反对派开展对话,对话核心是政治议题。此后的五年里,日内瓦和谈机制共举行了八轮对话,但在谁能代表叙反对派与会、谁是反对派、谁是恐怖组织的问题上始终争吵不休,反对派坚持将巴沙尔下台作为对话的前提条件,最终各方在巴沙尔去留这一核心问题上僵持不下,各轮会谈均无法取得实质性成果。[2] 2012 年 6 月 30 日,联合国特使科菲·安南曾力促叙利亚各方在日内瓦达成停火协议,并启动政治过渡进程。在各方均认识到必须通过政治和谈解决叙利亚问题之后,谈判就在曲折中艰难推进。2015 年 11 月叙利亚问题第二次外长会,要求叙政府和反对派应在 6 个月内通过谈判组建过渡政府,18 个月内举行大选。2015 年 12 月,联合国安理会就政治解决叙利亚问题通过决议,要求在 2016 年 1 月初启动由联合国协调的叙利亚各派正式和谈。2016 年 1 月 29 日,联合国代表终于在日内瓦与叙政府代表开始会谈。这一时期各方仍在巴沙尔去留的问题上争执不下。美国和以沙特为首的海湾国家均表示无法接受巴沙尔掌权,要求巴沙尔在新的大选前下台,但遭到叙利亚政府拒绝,俄罗斯和伊朗方面也反对。2017 年 1 月,新一轮日内瓦和谈陷入僵局,被迫暂停。

2016 年下半年之后,俄罗斯联合伊朗、土耳其组成三方合作机制,并

---

[1] 《阿萨德总统接受俄罗斯 NTV 采访:任何宪法改革都只能由叙利亚人民做主,俄罗斯在中东地区的存在有利于国际平衡和打击恐怖主义》(阿拉伯语),叙利亚外事与侨务部网站,2018 年 6 月 24 日,http://www.mofa.gov.sy/ar/pages1002/。(登录时间:2020 年 3 月 10 日)

[2] 曾蕊蕊:《从阿斯塔纳和谈看各方在叙利亚问题上的新一轮争夺较量》,载《当代世界》2017 年第 10 期,第 50 页。

在哈萨克斯坦阿斯塔纳建立了新的和谈机制。2017年1月23日举行了首轮阿斯塔纳和谈，之后，俄、伊、土三国调动叙政府军和主要反对派武装围绕停火问题在阿斯塔纳举行了多轮和谈。参会的叙反对派武装数量不断增多，观察员国所派代表级别不断提高，会谈讨论的议题越来越实际，成果也日益显现，影响日益扩大。阿斯塔纳和谈聚焦于停火问题，旨在敦促叙政府和反对派武装之间实现永久停火，为日内瓦和谈奠定基础。起初阿斯塔纳和谈的定位有点像日内瓦和谈的预备会，但阿斯塔纳和谈节奏快、议题实，短期内举行多轮会谈，议题从停火、换囚、建立"冲突降级区"延伸到建立叙利亚民族和解委员会，并达成了有关成果文件。阿斯塔纳和谈的作用和影响直线上升，成为与日内瓦和谈并驾齐驱、旨在促进叙问题政治解决的"外交双轨"。[①]

随着战场形势趋于稳定，政府军不断巩固扩大战场优势，反对派武装节节败退，退守叙西北部伊德利卜省；库尔德人在美国支持下占据叙东北部地区，叙利亚政治版图形成"一大两小"三方割据新格局。叙利亚政治形势呈现以下发展特点与趋势。

首先，政治和谈多路推进，但难以取得实质性进展。叙利亚战场形势趋于稳定，叙政府军占据绝对优势，三方势力割据局面难以改变，战事向局部化、多头化和碎片化延伸。叙利亚政治和谈主要有两大机制：一是联合国主导的"日内瓦进程"，该机制由联合国于2012年发起，以联合国安理会2015年通过的"2254号决议"为基础，致力于实现停火和制定新宪法，在联合国监督下举行大选等；二是俄罗斯主导的"阿斯塔纳进程"。2017年，在"伊斯兰国"溃败的背景下，俄罗斯、伊朗和土耳其共同发起了该和平进程，旨在推动内战各派停火，鼓励各方进行和谈。[②] 在近年来新的形势背景下，政治和谈多路推进，但各方围绕叙利亚政治安排、巴沙尔去留等问题分歧严重，两大和谈机制难以并轨，未取得实质性成果。地缘政治博弈进入新阶段，国际和地区势力之间矛盾交织，各方从自身利益

[①] 曾蕊蕊：《从阿斯塔纳和谈看各方在叙利亚问题上的新一轮争夺较量》，载《当代世界》2017年第10期，第50页。

[②] 闫伟：《美俄博弈下的叙利亚问题及其前景》，载《国际论坛》2020年第4期，第63页。

出发直接或间接介入叙利亚内战，为叙利亚问题注入新的不确定性。其次，叙利亚政治形势在稳定和僵持中虽有所突破，但国外各方势力盘根错节，国内暗流涌动，局势瞬息万变。其中美英法三国借口化武袭击对叙进行空中打击、发酵中的伊德利卜最后一战问题以及美国宣布从叙利亚完全撤军的决定，都为未来叙利亚政治形势蒙上了阴影。最后，叙利亚问题的解决由军事热战为主进入到政治和谈为主的阶段，虽然说谈判桌上的地位由战场上的形势所决定，但叙利亚深陷地缘政治博弈的漩涡，复杂的"内忧外患"决定了叙利亚政治重建仍需攻克重重难关。

2018年1月29日，有1500多名代表参加的"叙利亚全国对话大会"在俄罗斯索契召开，决定组建"宪法委员会"，为推动和谈创造条件。联合国监督成立的"宪法委员会"具有很强的代表性，美国等西方国家和其他外部力量的干预和影响较小。"宪法委员会"的成员中除政府代表之外，大部分为受到土耳其影响的温和反对派或者持中立立场的公民社会代表，结构较为合理，态度较为务实。截至2019年12月1日，宪法委员会已进行了两轮的磋商。尽管叙利亚政府和反对派在议题设置上存在矛盾，导致宪法委员会暂时停摆，但这是叙利亚冲突双方第一次真正意义的不设前提条件的直接对话，叙利亚问题的解决出现了积极的信号。[1]

展望叙利亚危机的前景，三方割据的局面短时间内难以改变，国内低烈度、碎片化的局部冲突恐将持续，美俄两大域外国家仍将主导叙利亚局势基本走向，土耳其、以色列等域内国家根据自身利益对叙利亚战事的介入程度不断加深，各方关于解决叙利亚问题的政治和谈安排分歧愈加严重，各方围绕叙利亚问题的角逐博弈难分胜负。然而，叙利亚的未来毕竟掌握在叙国人民手中，军事打击只会使叙利亚局势陷入恶性循环，造成深重的人道主义灾难。而基于本国利益的干涉主义也只会陷入零和博弈，引发更大规模地区动荡。从根本上说，只有政治解决才是实现叙利亚和平与稳定的唯一出路，但如何建立一个以叙利亚人民福祉为出发点，同时能够融合各方力量的政治协调方案，是叙利亚能否真正实现和平、开启政治重

---

[1] 闫伟：《美俄博弈下的叙利亚问题及其前景》，载《国际论坛》2020年第4期，第73页。

建的关键。

当前，经济重建成为推动叙利亚问题解决的重要路径。经历连年战火，叙利亚的经济恢复存在诸多难题，这些难题的解决与否将成为未来叙利亚经济走向恢复、重建，乃至健康和可持续发展的关键因素。叙利亚经济逐渐复苏，但整体形势仍然堪忧，经济重建面临着一系列结构性制约因素。面对欧盟与美国长期、严厉的制裁措施及敌视政策，叙利亚的外部国际经济环境没有根本改变，重建资金更为短缺。内部经济区域的分割化与碎片化，难民与流离失所者回归困难重重，以及重建资金缺乏，使经济重建的前景暗淡渺茫。叙利亚政府多次强调在未来国家重建中自主和独立的重要性，反对其他外部势力的干涉和阻碍。首先，叙利亚政府强调要收复叙利亚境内所有国土，肃清"恐怖分子"和其他外国非法入侵者。阿萨德总统认为，"当前一些地方被恐怖分子所占领，而这些恐怖分子得到了来自于西方，尤其是美国和他们的盟国的支持。如果我们谈论叙利亚的未来，我们需要正视这一个问题"。① "我们将会解放所有的叙利亚领土。我们会前往南部、北部、东部和西部，解放所有的土地"。② 其次，叙利亚政府对于当前安定国内局势表达出了足够的信心，认为叙利亚国内民众团结如一，尤其是经历了战争的磨砺之后，更加坚定了团结一致的政治信心。③ 最后，叙利亚政府表达了对于通过自力更生实现战后社会和经济重建的信

---

① 《阿萨德总统接受俄罗斯 NTV 采访：任何宪法改革都只能由叙利亚人民做主，俄罗斯在中东地区的存在有利于国际平衡和打击恐怖主义》（阿拉伯语），叙利亚外事与侨务部，2018 年 6 月 24 日，http：//www. mofa. gov. sy/ar/pages1002/الرئيس-الأسد-في-مقابلة-مع-قناة-NTV-الروسية-أي-إصلاح-دستوري- يتعلق-بالشعب-السوري-فقط. لا-وجود-لروسيا-في-الشرق-الأوسط-مهم-للحفاظ-على-التوازن-الدولي-ولمحاربة-الإرهاب-فيديو。（登录时间：2020 年 3 月 13 日）

② 《阿萨德总统接受伊朗媒体采访：叙利亚–伊朗关系具有战略意义，对于以色列最强有力的回击是打击叙利亚境内的恐怖分子》（阿拉伯语），叙利亚外事与侨务部，2018 年 6 月 13 日，http：//www. mofa. gov. sy/ar/pages1000/الرئيس-الأسد-في-مقابلة-مع-قناة-العالم-العلاقة-السورية-الإيرانية-استراتيجية-الرد-الأقوى ضد-إسرائيل-هو-ضرب-إرهابييها-في-سورية---فيديو。（登录时间：2020 年 3 月 13 日）

③ 《阿萨德总统接受俄罗斯 NTV 采访：任何宪法改革都只能由叙利亚人民做主，俄罗斯在中东地区的存在有利于国际平衡和打击恐怖主义》（阿拉伯语），叙利亚外事与侨务部，2018 年 6 月 24 日，http：//www. mofa. gov. sy/ar/pages1002/الرئيس-الأسد-في-مقابلة-مع-قناة-NTV-الروسية-أي-إصلاح-دستوري-أمر-يتعلق-بالشعب- السور فقط. لا-وجود-لروسيا-في-الشرق-الأوسط-مهم-للحفاظ-على-التوازن-الدولي-ولمحاربة-الإرهاب-فيديو。（登录时间：2020 年 3 月 13 日）

心，表示不会接受西方世界的援助与投资，将会通过叙利亚人民和海外叙利亚侨民的努力，促成叙利亚社会和经济的恢复与发展。[①] 然而，面对重建基础薄弱和巨大的资金、技术和人才缺口，仅靠叙利亚自身肯定难以应对这一挑战。

第三节　大国对叙利亚问题的协调实践

中国在中东地区热点问题上一向坚持劝和促谈，为推动有关问题得到政治解决和局势缓和发挥了重要的建设性作用。中国对中东地区的外交工作是中国整体外交的重要组成部分，也是中国总体外交政策的体现。中国所倡导的互利共赢、共同发展、共享繁荣的政治理念，为世界发展注入了新内涵。中国正以一个负责任的新兴大国姿态站立在全球高地上，以更加积极和富有建设性的国际立场，创造性介入全球事务，更好地维护了本国利益，更好地推动了世界的和平与发展。[②] 2011年叙利亚危机爆发以来，中国始终坚持政治解决叙利亚问题的原则，尊重和维护叙利亚主权独立和领土完整，始终主张以和平手段解决矛盾纷争，为推动叙问题走向缓和，实现政治解决努力发挥积极作用。从实践来看，在叙利亚问题的不同阶段，中国的对叙政策主张呈现出阶段性特征，根据形势的发展变化进行大国协调与外交协调。叙利亚问题以及各方利益纠葛的复杂性前所未有，政治解决叙利亚问题的进程仍充满艰难曲折和诸多挑战。

[①] 《阿萨德总统接受俄罗斯NTV采访：任何宪法改革都只能由叙利亚人民做主，俄罗斯在中东地区的存在有利于国际平衡和打击恐怖主义》（阿拉伯语），叙利亚外事与侨务部，2018年6月24日，http://www.mofa.gov.sy/ar/pages1002/الرئيس-الأسد-في-مقابلة-مع-قناة-NTV-الروسية-اي-إصلاح-دستوري-يتعلق-بالشعب-فيديو-الإرهاب-سولمحاربة-الدولي-التوازن-على-للحفاظ-مهم-الأوسط-والشرق-سوريا-في-روسيا-وجود - فقط-السور。（登录时间：2020年3月13日）

[②] 吴思科：《劝和促谈——创造性介入全球事务》，载《文汇报》2013年5月31日，第12版。

一、对叙利亚问题的政策主张

2011年2月10日,叙利亚南部重要城市德拉爆发群众性的示威活动,要求结束复兴党统治,废除"紧急状态法",增加工资和社会补助等,随后抗议运动迅速蔓延至中部城市霍姆斯和哈马并向全国扩散。叙利亚政府动用军队镇压,冲突走向升级。之后,叙利亚政府利用在危机初期的优势,控制了叙利亚中部和南部的主要城市,但随着2011年6月叙利亚西北部伊德利卜省爆发武装冲突,其国内政治危机迅速演变为内战。

(一)叙利亚危机爆发之初的中国态度

叙利亚危机爆发伊始,美国、英国和法国等美西方国家以叙利亚国家"人道主义危机"为由,认为"用一切必要手段"实现叙政权更迭是解决叙利亚问题的主要方式。当年6月,时任美国国务卿希拉里·克林顿公开发表讲话,声称叙利亚阿萨德政府已失去合法性。与此同时,中国则主张各方应制止暴力,维护叙利亚主权独立和领土完整,并坚决反对任何军事干预实现其政权更迭。与其他域外大国相比,叙利亚危机爆发初期,中国在解决叙利亚危机问题上的政策主要包括以下方面。

第一,强调政治对话是解决叙利亚危机的唯一正确道路。2012年2月27日,中国外交部长杨洁篪应约同联合国和阿盟联合叙利亚危机特使安南通电话,双方就叙利亚问题交换了看法。杨洁篪介绍了中方有关立场及所做的工作,强调通过政治对话和平、妥善解决叙利亚问题符合叙利亚人民和国际社会的共同利益。中方呼吁叙利亚政府和各政治派别立即、全面停止一切暴力行动,尽快开启包容性政治对话,积极寻求为各方所接受的解决方案,希望安南为推动政治解决叙利亚问题做出积极贡献。[①] 中国在叙利亚问题上不谋求任何私利,通过与叙利亚所有各方保持接触,并多次提

[①] 《杨洁篪与联合国-阿盟叙利亚危机联合特使安南通电话》,中国外交部,2012年2月28日,https://www.fmprc.gov.cn/web/gjhdq_676201/gj_676203/yz_676205/1206_677100/xgxw_677106/t908949.shtml。(登录时间:2020年3月14日)

出促进政治解决的主张，劝和促谈，支持叙各派在联合国叙利亚问题特使卜拉希米的协助下制定政治过渡路线图，组建过渡管理机构，同时保持叙国家机构的延续性和有效性，这无疑是叙问题政治解决的可行蓝图。历史终将证明，政治解决叙危机符合叙利亚人民的根本和长远利益，对于稳定地区局势将起到重要作用，中国为此所做的不懈努力，也将经得起时间和历史的检验。①

第二，否决英法等国主推的叙利亚政权更迭的方案。2011年10月和2012年2月，西方国家和一些阿拉伯国家相继向联合国提交了两份关于叙利亚问题决议草案，以"危害人类罪"和"人道主义危机"为由要求巴沙尔下台。由于这些提议带有制裁和武装干预主权国家事务的含义，中国与俄罗斯对美英法等主导的方案多次投票否决。中国和俄罗斯在联合国安理会两次否决有关叙利亚问题的决议草案，不同意外部势力军事干涉主权国家。中国与俄罗斯在叙利亚问题上投否决票，其共同之处只是其外交取向的偶和，并不是集体决策的"共谋"。②

第三，与叙利亚政府及反对派保持沟通联系，积极劝和促谈。在叙利亚危机爆发的早期阶段，中方与叙利亚政府和反对派均进行了广泛的接触。2012年5月6日至9日，叙利亚反对派"全国委员会"代表团访华。中国外交部发言人刘为民表示，中方与叙利亚政府和包括"全国委员会"在内的主要反对派组织都保持着联系和沟通，积极劝和促谈，为缓解叙利亚局势做了大量工作。③ 2012年9月17日，中国外交部长杨洁篪会见了叙利亚反对派组织"全国民主变革力量民族协调机构"代表团。杨洁篪表示，中方重视"全国民主变革力量民族协调机构"在叙利亚问题上发挥的重要作用，愿与其保持接触和联系。④

---

① 吴思科：《政治途径：解决叙危机的唯一出路》，载《解放军报》2012年11月12日，第4版。
② 刘中民：《叙利亚决议案：中国为何说不？》，载《社会观察》2011年第11期，第67页。
③ 《外交部证实叙利亚全国委员会主席加利温将访华》，新华网，2012年5月4日，http://news.sohu.com/20120504/n342383553.shtml。（登录时间：2020年3月13日）
④ 《外交部长杨洁篪会见叙利亚反对派组织"全国民主变革力量民族协调机构"代表团》，中国外交部网站，2012年9月17日，https://www.fmprc.gov.cn/web/gjhdq_676201/gj_676203/yz_676205/1206_677100/xgxw_677106/t970246.shtml。（登录时间：2020年3月14日）

（二）全面危机后的中方政策

2011年7月后，域外大国对叙利亚援助增多，叙利亚反对派渐成气候。2011年8月23日，流亡海外的叙利亚反对派在伊斯坦布尔成立"叙利亚全国委员会"，成为了海外最具影响力的反政府团体。与此同时，伊斯兰极端组织乘势而起，在叙利亚境内开始肆虐开来。在此阶段，反对派势力扩大，大多强硬坚持巴沙尔下台，政治解决叙利亚问题遇到了严重障碍。叙利亚反对派政治力量的构成复杂，有的主张和平谈判，有的主张武力解决，各行其是。在此背景下中方呼吁有关各方要坚持政治解决，通过对话谈判，缩小矛盾分歧，兼顾各方利益，寻求持久、可持续的解决方案；坚持标本兼治，改善民生，营造宽容文化，努力和谐共处；坚持多边主义，发挥联合国及其安理会主渠道作用，其他政治及社会力量要秉持公正客观立场。[①] 在此阶段中国解决叙利亚危机的主要政策主张和实践包括以下三个方面。

第一，与国际社会广泛合作，协调各方立场，凝聚各方共识，助推叙利亚问题政治解决。由于此阶段叙利亚各种矛盾错综复杂，中国外交部长王毅将此时的叙利亚局势形容为"一团乱麻"，主张有关各方全面执行安理会关于叙问题的第2254号决议，希望各方特别是俄美两方为确保叙境内实现真正和全面停火、推进叙利亚问题政治解决进程发挥更大作用。[②] 2016年10月31日，中国外交部长王毅在北京同法国外长艾罗（Ayrault）会谈后共见记者时，就叙利亚局势介绍了中方立场和看法，即中方主张由联合国作为协调主渠道，既有充分的合法性和权威性，也能够更加有效地协调各方立场，凝聚各方共识。中方支持联合国为叙利亚问题的政治解决

[①] 《外交部长王毅出席联合国安理会叙利亚问题高级别会议》，新华网，2016年9月22日，http://news.ifeng.com/a/20160922/50009088_0.shtml。（登录时间：2020年3月14日）

[②] 《王毅：中方将继续为叙利亚问题的政治解决发挥建设性作用》，中国新闻网，2016年5月16日，http://www.qlwb.com.cn/2016/0516/622889.shtml。（登录时间：2020年3月13日）

发挥更大作用。①

第二，支持和参与销毁叙化武工作。2013年8月21日在叙利亚东古塔地区发生化学武器攻击事件，美国和西方国家认定是叙利亚政府所为，威胁对叙利亚动武，一时间叙利亚局势陷入了高度紧张的状态。为缓解叙利亚紧张局势，中方支持"化武换和平"协议，主张政治和解与销毁叙利亚化学武器并行。为执行联合国安理会第2118号决议和禁止化学武器组织关于销毁叙利亚化武的决定，中国、俄罗斯、丹麦、挪威4国军舰联合开展了叙利亚"化武海运"护航行动。中国在销毁叙利亚化学武器问题上做出了较为突出的贡献。

第三，积极协调冲突双方，促进政治对话。中方在充分考虑叙利亚政治现实的多元性和平衡叙利亚各民族、宗教和派别间利益的基础上，力推叙利亚政治进程的广泛代表性和包容性，呼吁叙利亚各方寻求"中间道路"。2013年12月7日，中国中东问题特使吴思科在巴林出席第九届"麦纳麦对话会"期间，向叙利亚"反对派和革命力量全国联盟"主席事务负责人强调，叙利亚局势发展进入关键阶段，唯有坚持走政治解决之路，才符合叙利亚国家和人民的根本利益。② 王毅表示，中方对举行第二次叙利亚问题日内瓦会议表示支持。这是推动政治解决叙利亚问题的重要契机，应该履行"五个坚持"：一是坚持通过政治手段解决叙利亚问题；二是坚持由叙利亚人民自主决定国家的未来；三是坚持推进包容性政治过渡进程；四是坚持在叙利亚实现全国和解和团结；五是坚持在叙利亚及周边国家开展人道救援。这即是中方提出的"五点主张"。2014年1月22日，外交部长王毅在瑞士蒙特勒出席叙利亚问题第二次日内瓦会议时，鼓励叙利

---

① 《王毅谈叙利亚局势：在一团乱麻中寻找新出路》，中国外交部网站，2016年10月31日，https://www.fmprc.gov.cn/web/gjhdq_676201/gj_676203/yz_676205/1206_677100/xgxw_677106/t1411661.shtml。（登录时间：2020年3月15日）

② 《中国中东问题特使吴思科会见叙利亚"全国联盟"主席事务负责人阿克比克》，中国外交部网站，2013年12月9日，https://www.fmprc.gov.cn/web/gjhdq_676201/gj_676203/yz_676205/1206_677100/xgxw_677106/t1106765.shtml。（登录时间：2020年3月15日）

亚各方拿出政治意愿，做出政治决断，坚持政治解决大方向。① 王毅同时表示，叙冲突双方应充分展现诚意，采取有利于推进政治和谈的建设性举措，相互靠拢，相向而行。鼓励谈判双方代表寻求共识，解决矛盾。②

（三）叙利亚政府军主导时期的政策态度

随着伊斯兰极端组织不断扩张以及叙反对派形成割据之势，巴沙尔政权岌岌可危。2015年9月俄罗斯正式出兵叙利亚，协助叙政府军收复失地。2016年12月，叙政府军与反对派经过长期激烈斗争，收复了第二大城市阿勒颇。与此同时，叙利亚"库尔德民主军"在美国的军事援助下，也在叙利亚东北部地区扩展占领区。2017年8月25日，叙利亚政府军和库尔德武装重新控制连接伊拉克的门户代尔祖尔省，肃清"伊斯兰国"在叙利亚的军事存在。③

2018年后，叙利亚战场形势逐渐明朗化和趋向稳定，叙利亚问题的解决迎来重要机遇。在此阶段，中国对叙利亚的外交政策也随之灵活调整，在推进叙政府和叙国内各派别在联合国框架下加快政治解决进程的同时，致力于推动叙利亚局势早日恢复稳定。中方在此阶段就叙利亚问题重点强调做好五方面工作：一是继续同有关各方保持沟通，劝和促谈；二是继续支持联合国的协调主渠道作用和联合国秘书长叙利亚问题特使的协调努力；三是继续积极参与日内瓦和谈、叙国际支持小组等促和机制，支持一切有利于推动叙问题政治解决并为各方所接受的促和倡议；四是继续向叙人民提供力所能及的援助；五是以适当方式支持叙重建进程。④

---

① 《王毅呼吁叙利亚各方寻求"中间道路"》，中国外交部网站，2014年1月22日，https：//www.fmprc.gov.cn/web/gjhdq_676201/gj_676203/yz_676205/1206_677100/xgxw_677106/t1121662.shtml。（登录时间：2020年3月15日）

② 《王毅分别会见叙利亚冲突双方谈判代表》，中国驻旧金山领事馆网站，2014年1月23日，http：//www.chinaconsulatesf.org/chn/zgxw/t1121854.htm。（登录时间：2020年3月15日）

③ 《叙利亚政府着手恢复国家经济（国际视点）》，2017年8月26日，人民网，http：//world.people.com.cn/n1/2017/0826/c1002-29495925.html。（登录时间：2020年3月18日）

④ 《中国政府叙利亚问题特使解晓岩出席叙利亚问题国际研讨会》，中国外交部网站，2018年5月14日，https：//www.fmprc.gov.cn/web/gjhdq_676201/gj_676203/yz_676205/1206_677100/xgxw_677106/t1559346.shtml。（登录时间：2020年3月18日）

首先，在停火问题上，中方主动提出具体设想。中国认为停火可由易到难，由点到面，从局部到全局，逐步推动展开。随着和谈的推进和彼此互信的建立，不断扩大停火的范围。作为第一步，可考虑先在大马士革、阿勒颇、霍姆斯等人口稠密区实施人道主义停火，叙冲突各方撤出重型武器装备。在国际层面，可由叙国际支持小组发表声明，共同宣布暂停向叙任何一方提供重型武器。安理会应适时授权设立停火监督安排，条件成熟时授权部署维和行动。①

其次，在和谈问题上，中方主张继续对话谈判。中方继续维护叙利亚主权独立和领土完整，维护叙利亚人民在政治解决进程中的核心地位。中国作为联合国安理会常任理事国，按照安理会有关决议和是非曲直，积极参与支持叙利亚政治解决进程。中方希望叙方抓住时机，展现灵活态度，努力推动对话谈判取得实质成果。②

再次，在反恐问题上，中方反对一切形式的恐怖主义，愿同包括叙利亚在内的国际社会加强反恐合作，维护地区和世界的安全与稳定。③ 中方主张应加强协调，重在形成合力，鼓励以美国为首的国际反恐联盟、俄罗斯牵头的反恐联盟和沙特召集的伊斯兰国家军事反恐联盟加强沟通，协同打击恐怖主义。中方主张国际社会应搁置分歧，继续合力反恐，打击恐怖极端组织残余势力，防止他们扩散、回流。④

最后，在难民和人道主义援助问题上，中国坚持进行力所能及的援助。在2016年9月举行的联合国难民会议上，中国政府承诺向有关国家和国际组织提供1亿美元的人道主义援助。其中，向联合国儿童基金会提供

---

① 《给和平以机会，让人民得安宁——在叙利亚国际支持小组第三次外长会上的讲话》，中国外交部网站，2015年12月19日，https：//www.fmprc.gov.cn/web/gjhdq_676201/gj_676203/yz_676205/1206_677100/xgxw_677106/t1326052.shtml。（登录时间：2020年3月18日）

② 《王毅谈叙利亚问题外长会：中方有四点期待》，新华网，2016年5月13日，http：//news.ifeng.com/a/20160513/48760880_0.shtml。（登录时间：2020年3月18日）

③ 《中国政府叙利亚问题特使解晓岩举行中外媒体吹风会》，中国外交部网站，2018年8月20日，https：//www.fmprc.gov.cn/web/gjhdq_676201/gj_676203/yz_676205/1206_677100/xgxw_677106/t1586531.shtml。（登录时间：2020年3月18日）

④ 《王毅：反恐、对话、重建是新阶段解决叙利亚问题的三个着力点》，人民网，2017年11月24日，http：//www.dzwww.com/xinwen/guojixinwen/201711/t20171124_16702956.htm。（登录时间：2020年3月18日）

100 万美元，用于援助叙利亚难民，以帮助他们克服当前困难。2017 年 2 月，中国政府向叙利亚提供 100 万美元现汇援助，用于支持黎巴嫩的叙利亚难民儿童救助。[①]

二、协调叙利亚问题的动因与实践

自叙利亚危机爆发以来，中国推动政治解决叙利亚问题的努力从未停歇，一方面，中国始终坚持政治解决叙利亚问题的基本原则和方向；另一方面，在危机的不同阶段中国解决叙利亚危机的实践与主张又有所区别，应对叙利亚危机的政策呈现出阶段化特征。随着叙局势趋稳与国家重建提上日程，中国以政治对话为基础、经济合作为重点、人道主义援助为辅助等方式积极参与叙利亚重建。总体来说，中国在叙利亚问题上具有自身的利益与政策考量，参与叙利亚问题解决具有坚定的原则立场和一定的政治与政策优势。叙利亚危机推动中国挺进国际调节舞台中心，而中国积极介入叙利亚问题并非是简单支持其现政权，也不是旨在向伊朗、俄罗斯拉近关系，这些昔日的冷战思维不适用于全球化时代的今天，僵化的非友即敌划分也不符合中国的国家利益。[②]

（一）叙利亚问题协调的动机

中东地区处于亚非拉三大洲交界处，同时也是油气能源富集带，在国际政治和经济上的地位日益上升，是中国重要的能源来源地、贸易伙伴和"一带一路"沿线的关键地区。而叙利亚位于中东地区的心脏地带，叙利亚局势持续动荡已严重影响到了中东地区的安全稳定与发展大局，也对中国与中东国家关系以及"一带一路"的顺利推进带来了巨大挑战。总体上来看，叙利亚问题事关中国的经贸、政治与战略利益，利益基础、国际道义和大国责任是中国积极参与叙利亚问题外交协调与协调的重要背景。

[①] 《中国向在黎叙利亚难民的援助项目执行完毕》，观察者网，2018 年 4 月 13 日，https://www.guancha.cn/Third-World/2018_04_13_453588.shtml。（登录时间：2020 年 3 月 20 日）

[②] 沈旭晖：《中国"调解外交"试水叙利亚》，载《南风窗》2012 年第 16 期，第 74 页。

第四章　叙利亚问题：大国的调解协调

第一，叙利亚问题事关中国政治利益和大国形象。中国始终在坚持《联合国宪章》的宗旨和原则基础上，致力于发挥负责任大国的作用。中国一贯主张和平解决叙利亚问题，政治解决叙利亚冲突是一直坚持的外交立场，这事关中国的国际政治利益与大国形象。2016 年 1 月，习近平主席在阿盟总部发表演讲时表达了解决中东热点问题的关键在于化解分歧，加强对话。"对话过程虽然漫长，甚至可能出现反复，但后遗症最小，结果也最可持续。冲突各方应该开启对话，把最大公约数找出来，在推进政治解决上形成聚焦。"① 关于中方在叙利亚问题的原则立场，习近平主席访问美国会见奥巴马总统时做出过明确的表述："动武无法从根本上解决问题"，"政治解决是唯一正确出路"。② 外交部长王毅 2016 年 9 月 21 日出席联合国安理会有关叙利亚问题的高级别会议时指出，"叙利亚冲突双方不应该在战场上决胜负，而要从谈判桌上止纷争。"③ 2017 年 3 月 15 日王毅部长接受《中东报》采访被问及"中方对叙利亚问题的最终解决有何建议"时，王毅部长不仅表明了"中国始终是政治解决叙问题的坚定支持者、积极参与者和大力推动者"的鲜明立场，还提出了三条重要建议：第一，必须坚持落实安理会第 2254 号决议；第二，必须坚持寻求全面解决方案；第三，必须坚持构建公平、公正的外部环境。④ 可见，中国在叙利亚问题上的核心立场就在于：政治解决是叙利亚问题的唯一现实出路。为争取实现这一目标，"劝和促谈"成为中国处理叙利亚问题的核心理念。⑤

在叙利亚危机初期，中国在 2011 年 10 月 4 日、2012 年 2 月 4 日、2012 年 7 月 29 日和 2014 年 5 月 22 日，连续四次在联合国安理会否决了西

---

① 《习近平在阿拉伯国家联盟总部的演讲》，新华网，2016 年 1 月 21 日，http：//www. xinhuanet. com/world/2016 – 01/22/c_1117855467. htm.（登录时间：2020 年 3 月 20 日）
② 《习近平谈叙利亚问题：政治解决是唯一正确出路》，新华网，2013 年 9 月 6 日，http：//www. xinhuanet. com//world/2013 – 09/06/c_117266477. htm.（登录时间：2020 年 3 月 20 日）
③ 《中国外长王毅：叙利亚冲突双方不应在战场上决胜负、而要从谈判桌上止纷争》，联合国新闻，2016 年 9 月 21 日，http：//www. news. un. org/zh/story/2016/09/26350。（登录时间：2020 年 3 月 30 日）
④ 《王毅外长接受沙特〈中东报〉书面采访稿》，中国外交部网站，2017 年 3 月 15 日，http：//new. fmprc. gov. cn/web/wjbzhd/t1445880. shtml.（登录时间：2020 年 3 月 20 日）
⑤ 姚匡乙：《中国在中东热点问题上的新外交》，载《国际问题研究》2014 年第 6 期，第 14 页。

方国家和部分阿拉伯国家提出的涉叙决议草案，维护了国际关系中尊重主权、不干涉内政等基本原则，避免了国际干涉的悲剧性结果重演。对中国而言，连续使用否决权非常罕见，中国在联合国安理会涉叙利亚问题决议上连续投反对票之后引起了不小的反对声音和诸多误解，提出议案的阿拉伯国家对中国的做法同样产生了不理解。实际上中国是充分尊重《联合国宪章》的宗旨和原则基础上，为维护中东地区的和平与稳定，并吸取了利比亚战争的教训而采取的立场。[1] 安理会涉叙利亚决议草案被否决，阻断了外国直接武力干预叙利亚之路，避免了利比亚事件重演。虽然外界支持反对派的努力不断，终是没有合法的依据，因而难以防止局势进一步恶化。[2] 中国之所以行使否决权，是因为决议草案中包含了违背《联合国宪章》宗旨和原则的内容，有可能被作为发动干涉主义战争的依据，完全消除叙利亚政治对话的可能性。[3] 2012年3月4日，中国提出了自己对解决叙利亚问题的六点主张：第一，叙利亚政府和有关各方立即停止暴力活动；第二，叙利亚政府和各派别立即开启包容性对话；第三，中方支持联合国发挥主导作用，协调人道主义救援努力；第四，国际社会有关各方应切实尊重叙利亚的独立、主权、统一和领土完整，尊重叙利亚人民自主选择政治制度和发展道路的权利，为叙利亚各政治派别开启对话创造条件、提供必要建设性协助并尊重其对话结果，中方不赞成对叙利亚实施武力干预或强行推动所谓"政权更迭"，认为制裁或威胁使用制裁无助于问题的妥善解决；第五，中方欢迎联合国与阿盟共同任命叙利亚危机联合特使，支持其为推动政治解决危机发挥建设性作用；第六，安理会成员应恪守《联合国宪章》宗旨和原则及国际关系基本准则。中国的这六点主张提出之后，联合国叙利亚问题特使安南开启调解活动，也提出了六点主张，两

---

[1] 刘中民：《拒绝为中东再陷战乱"开绿灯"》，载《文汇报》2012年2月6日，第6版。
[2] 杨福昌：《从埃及、叙利亚形势发展看中东局势及中国应对政策》，载《西北民族大学学报》（哲学社会科学版）2013年第1期，第39—40页。
[3] 曲星：《联合国宪章、保护的责任与叙利亚问题》，载《国际问题研究》2012年第2期，第7页。

者有不少吻合之处说明中国的主张得到联合国的赞同。① 中国中东问题特使吴思科表示，"有关叙利亚的政治主张，究竟哪一种是正确的，将会由历史来进行检验。作为一个负责任的大国，中国向来主张通过政治对话解决问题，反对外来干涉。让叙利亚人民自己解决内部问题，才最符合叙利亚人民的利益。"②

中国坚持的国际关系原则和组织外部干涉叙利亚的做法经受住了历史检验，事实证明中国的做法是正确的。实际上到 2014 年之后，经过反复动荡和深重苦难的中东国家已经没有了多少"阿拉伯之春"的革命激情，也更加看清了西方大国的图谋，对中国政策立场的理解与认可度大幅上升，这从 2014 年中国第四次行使否决权没有引起阿拉伯国家太大的反应就可以体现出来。

第二，叙利亚问题事关中国在中东地区的经贸能源利益和"一带一路"的顺利推进。近年来，中东地区国家提出的发展战略与"一带一路"倡议高度契合，如埃及的"经济振兴计划"、沙特的"2030 愿景"、约旦的"2025 愿景"、阿尔及利亚的"2035 愿景"等。自习近平主席提出"一带一路"倡议以来，包括巴林、埃及、伊朗、伊拉克、以色列、约旦、科威特、黎巴嫩、阿曼、巴勒斯坦、卡塔尔、沙特阿拉伯、叙利亚、土耳其、阿联酋以及也门等中东国家都与中国签署了谅解备忘录。与中东国家有关的国际组织，如阿盟、伊斯兰合作组织、欧佩克组织、中阿合作论坛和上海合作组织等多边平台都对"一带一路"倡议表示支持。2018 年以来"一带一路"合作已取得早期收获，与中东地区国家将加强全方位、多领域的合作，共同推动共建"一带一路"合作行稳致远和高质量发展。

在经贸领域，中东地区是中国的重要贸易伙伴，特别是中国能源进口的主要来源地。中国和中东国家的合作领域进一步拓展。石油出口一直是中国与中东地区贸易的传统支柱，中国对原油的巨大需求推动了与中东地

---

① 杨福昌：《从埃及、叙利亚形势发展看中东局势及中国应对政策》，载《西北民族大学学报》（哲学社会科学版）2013 年第 1 期，第 39—40 页。

② 《吴思科：见证新中国与中东国家近半世纪的外交史》，人民网，2019 年 6 月 18 日，http://m2.people.cn/r/MV8wXzEyODM3ODg4XzIzXzE1NjA4MjAyNzA=?__from=lenovo。（登录时间：2020 年 3 月 20 日）

区国家的贸易。除传统能源石油之外，中国与中东地区正在开展可再生能源领域的合作。随着中东国家寻求实现能源结构多元化，中国与中东地区国家，特别是海湾国家在这一领域的合作发展迅速。沙特、阿联酋、伊朗、伊拉克等国是中国最重要的地区贸易伙伴，中国是阿拉伯国家的第二大贸易伙伴、十余个国家的最大贸易伙伴。2018 年，中沙双边贸易额 633.3 亿美元；中阿（阿联酋）双边贸易额为 459.18 亿美元；中伊朗贸易额为 353 亿美元。① 2016 年，中国发布了《中国对阿拉伯国家政策文件》，其中将基础设施建设、贸易和投资便利化、核电、航天、新能源、农业和金融列为中国重点投资和合作领域。2018 年 7 月，中国将其与阿拉伯世界的关系提升为"战略伙伴关系"，中国领导人提出以能源合作为主轴，以基础设施建设和贸易投资便利化为两翼，以核能、航天卫星、新能源三大高新领域为突破口的"1＋2＋3"合作格局、加强产能合作等倡议，得到了阿拉伯国家的积极响应。

叙利亚并不是中国的主要贸易伙伴，但却是中国与中东国家经贸合作的重要影响因素。2017 年，叙利亚 25% 的进口来自中国。2018 年中叙双边贸易额仅为 12.7 亿美元，主要为日用消费品、电器和机电设备，其中，中方从叙进口额为 87 万美元。② 中国与叙利亚两国政府和人民有着友好交往的传统，叙利亚热切期盼中国参与和帮助叙利亚经济重建。中国参与叙利亚重建将"一带一路"倡议与叙利亚的经济重建对接，有助于加快推进叙利亚问题的政治解决进程，帮助叙利亚实现和平与发展。中国和叙利亚官方都非常重视双方合作，随着叙利亚重建进程的展开，中国与叙利亚的关系也迎来了新的发展机遇。2017 年 5 月，叙利亚文化部部长穆罕默德·艾哈迈德作为叙政府代表参加"一带一路"国际合作高峰论坛。叙方人士认为"一带一路"倡议将使广大发展中国家从中受益，希望加强与中国在

---

① 资料来源：中国海关统计。
② 《叙利亚国家概况》，中国外交部网站，2020 年 10 月，https：//www.fmprc.gov.cn/web/gjhdq_676201/gj_676203/yz_676205/1206_677100/1206x0_677102/。（登录时间：2021 年 3 月 20 日）

"一带一路"框架下的合作。① 中国"一带一路"建设与叙利亚重建可以实现有效对接,与叙利亚"向东看"的发展方向非常契合。2019年4月26日,叙利亚总统政治和媒体顾问夏班(Bouthaina Shaaba)代表叙利亚政府出席了第二届"一带一路"国际合作高峰论坛。叙方也在多个场合表示愿积极参与共建"一带一路",叙利亚将成为"一带一路"建设中的重要一环。

中国与叙利亚是传统贸易伙伴。危机爆发前的2010年,中国对叙非金融类直接投资存量为1681万美元,中国企业在叙累计签订承包工程合同额18.2亿美元,累计签订劳务合作合同额482万美元,2010年末在叙利亚劳务人数1100人。中国在叙利亚的新签大型项目包括湖北宏源电力工程股份有限公司承担的水泥厂自备电站项目等,在叙开展合作业务的主要中资企业有中石油、中石化、中石化十建公司、中纺、中材建设、北方公司、湖北宏源电力、中兴、华为、四川机械设备公司等。② 虽然叙利亚内战对中叙两国的商贸往来和经济合作造成影响,但从2011年内战爆发至今,中叙两国双边贸易并未中断。随着2017年战争局势好转,中叙双边贸易额逐年增长,中国努力开展对叙重建合作。

表4-1 2011—2019年中叙进出口贸易额情况(单位:亿美元)

年份	进出口 金额	进出口 增幅(%)	中国出口 金额	中国出口 增幅(%)	中国进口 金额	中国进口 增幅(%)
2011年	24.56	-1.16	24.29	-0.6	0.26	-35.1
2012年	12.01	-50.9	11.90	-50.8	0.11	-58.3
2013年	6.95	-42.1	6.90	-42.0	0.05	-56.9
2014年	9.86	42.0	9.84	42.6	0.02	-55.2
2015年	10.27	4.2	10.24	4.0	0.035	63.5

---

① 章波:《中国参与叙利亚重建:优势与挑战》,载《当代世界》2007年第11期,第45页。
② 《近年中叙经贸合作情况》,中国驻叙利亚大使馆经济商务处网站,http://sy.mofcom.gov.cn/article/zxhz/201106/20110607596800.shtml。(登录时间:2020年3月20日)

续表

年份	进出口		中国出口		中国进口	
	金额	增幅（%）	金额	增幅（%）	金额	增幅（%）
2016 年	9.18	-10.5	9.15	-10.5	0.032	-9.1
2017 年	11.04	20.02	11.03	20.5	0.01	-59.1
2018 年	12.74	15.4	12.73	15.4	0.00869	-34.8
2019 年	13.15	3.3	13.14	3.2	0.014	62.1

数据来源：中国海关总署海关统计。

第三，叙利亚问题事关国际安全与局势稳定，也影响到中国的安全与战略利益。维护中东地区的和平与稳定，是中国积极参与叙利亚危机的重要动因。中国的发展需要一个和平稳定的中东，中东地区的和平稳定事关中国的发展环境与机遇期。叙利亚冲突的持续扩大和外溢不仅影响中东地区的地缘政治稳定，激起恐怖主义风险的全球扩散，也不利于"一带一路"倡议的推进和中国周边安全及国内安全。

在中东地区格局中，叙利亚具有独特的战略地位。叙利亚几乎与中东的一切问题都存在着复杂的联系：它因戈兰高地问题成为阿以冲突和中东和平进程的重要一方；它因与黎巴嫩、伊朗的特殊关系成为"新月地带"的地缘政治枢纽；它作为俄罗斯在中东的唯一盟友可以撬动美俄关系。因此，一旦叙利亚因外部干预而酿成大规模的内战并产生外溢效应，中东就有陷入大规模地区性战争的现实可能性，同时极有可能导致美俄对抗的加剧乃至引发潜在的大国冲突。[1] 叙利亚深陷战争旋涡，成为中东地区的"风暴眼"和多种力量激烈对垒的博弈场，而叙利亚危机中各种"行为体"之间的多层博弈，又引发了中东国际关系深度调整和中东秩序的重塑，深刻影响着21世纪中东地区的发展方向。[2] 在国际层面，叙利亚危机体现了美俄继"冷战"后"新冷战"的战略对抗；而在地区层面，叙利亚危机最初是伊朗、叙利亚政府、黎巴嫩真主党联盟对抗以沙特、卡塔尔为首的阿

---

[1] 刘中民：《拒绝为中东再陷战乱"开绿灯"》，载《文汇报》2012年2月6日，第6版。
[2] 王林聪：《叙利亚危机与中东秩序重塑》，载《当代世界》2017年第12期，第53页。

拉伯国家与土耳其的联盟，然而危机的爆发使其邻国越来越多地卷入冲突。[1] 叙利亚危机与内战激化了中东地区教派冲突、地缘政治对抗以及恐怖主义的扩散，极大地影响了地区和平与稳定。"基地"组织等国际恐怖组织借助叙利亚乱局快速渗透，"伊斯兰国""解放阵线""伊斯兰军"等极端主义和恐怖主义组织纷纷在叙利亚内战中崛起，全球极端主义和恐怖分子也被"虹吸"至叙利亚和周边地区，而随着全球反恐战争的推进，很多国家的恐怖主义分子出现回流，对包括中国在内的世界各国安全造成了重大威胁。中国在叙利亚问题上有自己的全球议程，对西方大国的军事干预颠覆别国政权的行为保持高度警惕，对"伊斯兰国"为代表的恐怖主义扩散高度关注。[2] 随着中国在全球范围内的经济和政治参与的增长，它可能会越来越成为国际恐怖主义行为的目标和受害者。[3] 因此，积极参与叙利亚问题的外交协调和推动彻底解决，不仅是维护中国政治与经济利益的需要，也是维护中国安全利益和减少安全风险的迫切需求。

（二）叙利亚问题协调的实践进程

中国在中东地区热点问题上一贯坚持劝和促谈，为推动有关问题得到政治解决和局势缓和发挥了重要建设性作用，与各方均保持良好关系是中国在中东的传统外交优势。近年来，中国以一个负责任大国的身份，以更加积极和富有建设性的国际立场创造性介入中东热点事务，更好地维护了本国利益，更好地推动了世界的和平与发展。

从叙利亚危机爆发开始，中国就主张尊重叙利亚人民的意愿和选择，通过对话与和平协商使人民的合理诉求得到满足。同时，中国始终坚持不干涉内政和主权原则，中国在联合国投下有关反对票，曾遭到很多国家的

---

[1] 赵娟娟：《叙利亚危机与中东地缘政治格局变化——基于一般政治系统理论的分析》，载《新疆社会科学》2019 年第 3 期，第 73 页。

[2] Luke Patey, "China, The Syrian Conflict, And The Threat of Terrorism," Danish Institute for International Studies, 2016, http：//www.jstor.com/stable/resrep13114。（登录时间：2020 年 3 月 20 日）

[3] Dawn Murphy, "China's Approach to International Terrorism," US Institute of Peace, 2017, http：//www.jstor.com/stable/resrep20167。（登录时间：2020 年 3 月 20 日）

误解。中国坚持从叙利亚地区和叙利亚人民的利益来考虑这个问题，支持阿盟在解决叙危机中发挥积极作用，强调"谁走谁留应由叙利亚人自己决定，中国尊重和支持叙利亚人民的决定"。中国一贯坚持"叙人主导、叙人所有"原则，通过多边途径解决叙利亚问题，稳步推进各领域交往和合作。随着形势的发展演变，中国着眼于叙利亚人民的整体利益和地区稳定，多次提出政治解决叙危机的主张和建议，呼吁各方停止一切暴力行动。中国提出并履行"五个坚持"：坚持通过政治手段解决叙问题，坚持由叙人民自主决定国家的未来，坚持推动包容性政治过渡进程，坚持在叙利亚实现全国和解和团结，坚持在叙利亚及周边国家参与人道救援。中国在解决叙利亚危机过程中表现出了突出的顶住压力、保持定力、展露能力、彰显魅力的特征。中方努力实现的目标就是推动叙利亚各方走出一条符合叙自身国情、兼顾叙各方诉求和利益的"中间道路"。①

中国是最早呼吁政治解决叙利亚危机的国家之一，并为此进行了不懈努力，而所做的调解努力就是要给政治解决提供更多的机会和空间。早在2012年中方就叙利亚问题先后提出"六点主张"和"四点倡议"，2014年中方在此基础上提出"五个坚持"，此后又提出"四步走"和"三个坚持"等框架思路。中方建设性地参与联合国安理会有关磋商，积极促使15个成员国弥合分歧、达成协商一致，为通过关于叙利亚问题的第2043、2118、2254、2268号等十多项决议发挥独特作用。中方作为叙利亚问题国际支持小组初始成员，积极支持联合国叙利亚问题特使的促和努力，参与了所有叙问题的多边会议。中方分别邀请叙利亚政府高官和反对派代表访华，积极劝和促谈。此外，中方还向叙利亚、周边国家和相关国际组织提供了多批人道主义援助，用于帮助叙难民和流离失所者。

2016年10月和2017年1月，中国政府分别向世界卫生组织提供了200万美元和100万美元现汇专项援助，用于支持世界卫生组织的多个叙利亚相关项目，包括向叙利亚难民提供医疗卫生服务、加强叙利亚基础卫

---

① 吴思科：《叙利亚危机政治解决之路举步维艰》，载《当代世界》2014年第8期，第26页。

生保健及扩大卫生服务范围等。① 中国政府和世界卫生组织合作援助的大马士革穆瓦萨特医院急诊中心改造项目，是中国"南南合作援助基金"支持世界卫生组织在叙利亚实施的人道援助项目之一，项目包括穆瓦萨特医院急诊中心的水路、电路改造，加装电梯，提供床位以及医疗设备等。②

2018年以来，叙利亚局势发生了重大变化，叙政府军进一步占据主导地位的同时，伊德利卜等问题成为叙新一轮冲突的"风暴眼"，叙利亚危机与冲突仍在延续。新形势下，中国对叙政策随之调整，中国在与叙政府加快政治解决解决叙利亚危机的同时，平行推进反恐与经济重建；在坚持"叙人主导，叙人所有"原则的同时，支持通过多边途径解决叙利亚问题；在深化政治互信的同时，稳步推进各领域交往和合作。中方认为当前形势下应继续坚持叙问题政治解决的正确方向，坚持由叙人民自主决定国家的前途命运，坚持维护叙利亚的主权独立和领土完整，支持联合国继续发挥协调主渠道作用，积极参与有关国际促和会议，支持多边途径解决叙利亚问题。2018年1月，中国外交部亚非司副司长冯飚访问叙利亚、黎巴嫩和土耳其，会见了三国政府相关官员和叙反对派负责人，就当前叙利亚问题最新发展同各方深入交换意见。冯飚强调，中方在叙问题上始终坚持政治解决，认为叙国家未来应由叙人民自主决定，呼吁叙有关各方通过包容性政治对话，找到符合叙实际、兼顾各方关切的解决方案。中方愿同国际社会有关各方共同努力，继续为推动叙问题妥善解决发挥积极建设性作用。③

2018年5月13日至14日，上海国际问题研究院和上海外国语大学联合举办"叙利亚问题的出路与前景"研讨会，这是首次在中国举办关于叙问题的国际学术研讨会。联合国秘书长叙问题特使代表、英国政府叙问题

---

① 《中国与世界卫生组织合作参建人道项目》，央视网新闻网，2018年2月11日，http://news.cctv.com/2018/02/11/ARTIbKgfTYxRGmtLnTqQ8qWj180211.shtml。（登录时间：2020年3月27日）

② 《崔彬参赞陪同齐前进大使参观穆瓦萨特医院急诊中心改造项目》，中国驻叙利亚大使馆经济商务处网站，2018年2月12日，http://sy.mofcom.gov.cn/article/zxhz/201802/20180202711621.shtml。（登录时间：2020年3月27日）

③ 《外交部亚非司副司长冯飚访问叙利亚、黎巴嫩和土耳其》，中国外交部网站，2018年1月30日，https://www.fmprc.gov.cn/web/wjb_673085/zzjg_673183/xybfs_673327/xwlb_673329/t1530205.shtml。（登录时间：2020年3月27日）

特使、法国政府叙事务大使及来自中国、美国、叙利亚、埃及、卡塔尔、土耳其、伊拉克、伊朗、沙特、约旦、黎巴嫩、英国等十多个国家的专家学者与会，就叙问题的解决出路、影响叙问题解决的主要因素、国际社会在叙问题上的作用三个议题进行了深入讨论。中国政府叙利亚问题特使解晓岩应邀出席，他表示，政治解决是叙问题的唯一现实出路。叙主权、独立和领土完整应当得到维护和尊重，叙国家的未来应由叙人民自主决定，联合国应在叙问题上发挥协调主渠道作用。中方呼吁叙有关各方根据联合国安理会第 2254 号决议等共识精神，通过包容性的政治对话，找到符合叙实际、兼顾各方关切的解决方案。中方推动叙问题解决的努力从未停歇，从叙危机一开始，中方就同有关各方保持接触，劝和促谈。我们积极参与国际促和会议，并与各方沟通，寻求解决问题的途径。在向叙人民提供援助的队伍中，中国也从未缺席，向叙人民包括境外难民提供了力所能及的帮助。接下来中方将重点做好五方面工作：一是继续同有关各方保持沟通，就劝和促谈深入做各方工作；二是继续支持联合国的协调主渠道作用和联合国秘书长叙问题特使的协调努力；三是继续积极参与日内瓦和谈、叙国际支持小组等促和机制，支持一切有利于推动叙问题政治解决并为各方所接受的促和倡议；四是继续向叙人民提供力所能及的援助；五是以适当方式支持叙重建进程。[①]

2019 年 3 月 10 日，外交部部长助理陈晓东访问叙利亚，与叙利亚领导人会谈时表示，中方重视发展对叙关系，愿同叙方增进交往，加强在各领域合作。近期叙局势出现积极发展势头，中方认为当前形势下应继续坚持叙问题政治解决的正确方向，坚持由叙人民自主决定国家的前途命运，坚持维护叙利亚的主权独立和领土完整，支持联合国继续发挥协调主渠道作用。[②] 2019 年 6 月 18 日，国务委员兼外长王毅表示处理叙利亚问题要着

---

① 《中国政府叙利亚问题特使解晓岩出席叙利亚问题国际研讨会》，中国外交部网站，2018 年 5 月 14 日，https：// www. fmprc. gov. cn/web/wjb _ 673085/zzjg _ 673183/xybfs _ 673327/xwlb _ 673329/t1559261. shtml。（登录时间：2020 年 4 月 4 日）

② 《外交部部长助理陈晓东访问叙利亚》，中国外交部网站，2019 年 3 月 10 日，https：// www. fmprc. gov. cn/web/gjhdq _ 676201/gj _ 676203/yz _ 676205/1206 _ 677100/xgxw _ 677106/t1644413. shtml。（登录时间：2020 年 4 月 4 日）

重把握好三点：一是加快政治解决。各方应在现有成果基础上，积极务实推进包容性政治对话，争取早日达成符合叙国情、兼顾彼此合理关切的解决方案。二是反恐不容松懈。伊德利卜地区仍聚集着大量恐怖极端分子，局势仍有反复的风险，各方应摒弃地缘政治考虑，统一标准，加强协作，坚决打击被联合国安理会列名的恐怖组织，推动叙利亚和地区早日实现和平安宁。三是稳步开展经济重建。这既是叙利亚人民的迫切要求，也是叙利亚今后实现可持续发展的基础所在，国际社会应重视并支持叙开展重建，帮助叙人民早日恢复正常生产生活。①

坚定的友好基础、相互的战略需求是新时期中叙全面深化合作的基础与保障，频繁的高层交往和良好的政治互信也是中国参与叙利亚问题解决的重要基石。近年来，中叙双边关系不断取得新进展，中叙双方在深化政治互信的同时，稳步推进各领域交往和合作。中方继续为推动叙问题政治解决积极发挥建设性作用，并为叙重建提供帮助。2019年6月5日，习近平主席在接受俄罗斯主流媒体联合采访时表示："叙利亚是历史悠久的文明古国，也是中东地区重要国家。近年来，叙利亚局势持续动荡，基础设施遭到严重破坏，人民遭受了深重苦难，我们对此深感痛心。当前，叙利亚局势逐渐好转，政治解决进程向前推进，叙利亚政府和人民也在着手重建家园。中叙两国人民传统友好，中方愿在力所能及的范围内参与叙利亚重建，努力帮助叙利亚人民早日恢复正常生产生活。"② 2019年11月22日，国家副主席王岐山会见叙利亚复兴党代表团时表示，中国坚定支持叙利亚维护主权独立和领土完整，支持由叙人民自主决定国家未来，支持通过政治方式解决叙利亚问题。③

解决叙利亚危机的"中国方案"是中国以非军事介入方式参与化解危

---

① 王毅：《解决叙利亚问题下一步要着重把握三点》，中国外交部网站，2019年6月18日，https://www.fmprc.gov.cn/web/gjhdq_676201/gj_676203/yz_676205/1206_677100/xgxw_677106/t1673215.shtml。（登录时间：2020年4月4日）

② 《习近平接受俄罗斯主流媒体联合采访》，人民网，2019年6月5日，http://world.people.com.cn/n1/2019/0605/c1002-31120321.html。（登录时间：2020年4月8日）

③ 《王岐山会见叙利亚复兴党代表团》，人民网，2019年1月22日，http://world.people.com.cn/n1/2019/1122/c1002-31470260.html。（登录时间：2020年4月8日）

机的一整套理念和政策，其核心是新型国际关系理念与以和平方式政治解决的叙利亚问题的立场，即在联合国框架下，以尊重叙主权、独立和领土完整为前提，本着叙人主导的原则，通过政治渠道和平解决。叙利亚问题"中国方案"的提出是基于历史和现实的需要，也是中国外交智慧在当今国际事务中的具体体现。与政治立场相配合，"中国方案"在叙利亚的外交实践主要体现为经济合作带动政治互联，实现危机解决和利益共赢。[①] 在美俄等其他各方在巴沙尔政权去留问题上争执不下的背景下，中国很好地利用了自己的政策优势，成功展现了负责任大国的形象。[②]

三、协调叙利亚问题的机制与路径

虽然政治解决叙利亚危机在 2015 年后日益成为国际社会的共识，但其解决前景并不明朗，发展过程依然存在不确定性。在叙利亚问题上，中国有着自身的是非判断和政策立场，不仅多次主动投出反对票，阻止了外部势力的军事干预图谋，也日益积极加大调解协调力度，主张危机应通过政治调解来解决，应通过大国与相关利益方的协调推动政治和解进程。中国致力于与中东国家建立了全面友好的外交关系，中国在中东不建立同盟关系，也没有敌人。中国在参与中东治理时经历了几个角色：陌生人（被动旁观者）——送信人（被动参与者）——协调人（主动调停者）。中东冲突的解决往往是大国之间新的战略合作领域，平衡中东外部力量和平衡中东地区力量将反映新时期中国的外交智慧。[③] 中国始终强调以联合国为核心解决叙利亚问题，并积极推动大国之间的协调与合作，并设立特使机制不断加大对叙利亚问题的调解协调力度，对叙利亚问题呈现出前所未有的

[①] 刘莹：《叙利亚危机中的中美俄竞合关系》，载《国际论坛》2019 年第 4 期，第 67—68 页。

[②] Logan Pauley, "As the U. S. Spar Over Syria, China Sits Strategically on the Sidelines," *World Politics Review*, April 17, 2018, https：//www.worldpoliticsreview.com/articles/24580/as‐the‐u‐s‐and‐russia‐spar‐over‐syria‐china‐sitsstrategically‐on‐the‐sidelines。（登录时间：2020 年 4 月 8 日）

[③] Degang Sun, "China and Middle East Security Governance in the New Era," *Contemporary Arab Affairs*, Vol. 10, No. 3, 2017, pp. 367 – 369.

介入态势。

第一，强调以联合国框架为核心的调解协调。联合国是世界上最具普遍性、代表性和权威性的政府间国际组织，也是世界上各种危机与冲突的主要调停提供方。联合国在叙利亚问题上起着重要作用，解决叙利亚问题不能绕开联合国，否则将使叙危机各方更加偏离政治解决这个唯一正确轨道，加剧地区的紧张和动荡不安。① 2011 年叙利亚危机爆发后，联合国逐渐加大介入并展开国际调停。联合国秘书长设立了叙利亚问题特使，目前联合国调停经过了依次由安南、卜拉希米、德·米斯图拉参加的三个阶段。在调停进程中，联合国的身份经历了从处于边缘的关注者到联合调停人再到调停的单独牵头者的转变，此间联合国的作用则发生了由以提供和解方案为中心到以提供谈判便利为中心的变化。联合国身份及作用的变迁受到危机局势的演变、阿盟立场的转变、联合国有限的能力以及国际社会分裂等因素的影响。②

2012 年 2 月，在与阿盟协商后，联合国秘书长潘基文与阿盟秘书长阿拉比共同任命前联合国秘书长科菲·安南为联合国—阿盟叙利亚问题联合特使。联合国开始了与阿盟共同调停的进程。随后，安南结束中东之行后迅速拟定了解决危机的"六点计划"，③ 这得到了安理会主席声明的支持。安理会通过 2043 号决议，设立联合国叙利亚监督团（UNSMIS），监察交战各方的停火情况。但由于冲突升级，当年 6 月监督团出于安全考虑就暂停了其相关活动。同年 6 月 30 日，潘基文及安南召开由多国参加的日内瓦会议，会议通过了以"六点计划"为基础的《日内瓦公报》。但由于各方争执不下，叙利亚内战不断升级，同年 8 月初，安南宣布辞职。2012 年 8 月 17 日，卜拉希米继任联合国—阿盟联合特使，他以继续落实"六点计划"为自己工作的重心，但此时局势已完全失控，对立双方在巴沙尔去留

---

① 吴思科：《对叙利亚动武需三思》，载《中国经济周刊》2012 年 9 月 9 日，第 48 页。
② 申文：《从边缘到中心：叙利亚危机中的联合国调停》，载《国际观察》2017 年第 2 期，第 132 页。
③ 安南的"六点计划"主要内容包括：一个包容性的，由叙利亚人主导的政治进程；在联合国监督下的停火；提供人道主义援助；释放被羁押者；记者行动自由；保障结社与和平示威的权利。

这一关键问题上僵持不下，互不妥协使卜拉希米的努力收效甚微。虽然他在协助美俄两国解决化武危机、促成冲突方在日内瓦会议期间的首次面对面会谈等方面取得了一定成效，但未能就落实"六点计划"取得实质性进展。2014 年 7 月卜拉希米辞职。随后，斯塔凡·德米斯图拉就任联合国秘书长叙利亚问题特使，其身份不再是联合国—阿盟联合代表，联合调停阶段结束。此时，叙内战基本上形成僵局，"伊斯兰国"崛起，叙利亚问题外溢扩大，联合反恐成为当务之急。他尝试实行局部有限停火，发起国内和国际谈判，2015 年，联合国协助美国和俄罗斯制定新的和解计划，被称为"叙利亚和平路线图"，以此为基础形成了安理会第 2254 号决议。这是危机爆发 5 年多之后安理会通过的首个旨在全面政治解决叙利亚冲突的决议。2016 年 1 月，第三轮日内瓦会谈正式召开，会议一度中断。随后安理会 2268 号决议出台，要求冲突各方停火。会议最终在外部压力下恢复举行并达成停火协议。[①] 2018 年 11 月，挪威外交官吉尔·彼得森接替德米斯图拉开始担任新的叙利亚问题特使，其上任后多次访问叙利亚及其他相关国家，进行协调。2019 年 9 月，吉尔·彼得森表示，组建"叙利亚宪法委员会"得到了联合国安理会全体成员以及叙问题阿斯塔纳和谈机制（俄土伊三国）、叙利亚问题小组（埃及、法国、德国、约旦、沙特、英国和美国）所有各方的支持。总体上，联合国框架下的叙利亚和谈进程十分艰难。在调解叙利亚危机中，联合国提出或促成通过了具有建设性的和解方案，它建立了有效的国内国际沟通渠道，提供了谈判场所，也在一定程度上缓解了冲突带来的人道主义灾难。总体上，联合国在中国、俄罗斯等国的坚定支持下为叙利亚问题政治解决做出了重要贡献。特别是中俄多次在安理会动用否决权，阻止了西方大国干预叙内政、推动政权更迭的企图，捍卫了《联合国宪章》的宗旨。[②]

中方作为安理会常任理事国，主张政治解决是叙利亚问题的唯一出路，一直为推动叙利亚问题妥善解决发挥积极的建设性作用。中国一贯强

---

① 申文：《从边缘到中心：叙利亚危机中的联合国调停》，载《国际观察》2017 年第 2 期，第 136—140 页。

② 王林聪：《叙利亚危机与中东秩序重塑》，载《当代世界》2017 年第 12 期，第 55 页。

调尊重联合国在国际热点问题上的主体地位,希望政治谈判在联合国授权的框架下进行,联合国应为叙利亚问题解决发挥主导作用。中方一直建设性地参与联合国安理会有关磋商,积极促使15个成员国弥合分歧,达成协商一致,为通过关于叙利亚问题的第2043、2118、2254、2268号等十多项决议发挥了独特作用。中方作为叙利亚问题国际支持小组初始成员,积极支持联合国叙利亚问题特使的促和努力,参与了所有叙问题的多边会议,积极发挥大国作用。中方支持联合国秘书长叙利亚问题特使德米斯图拉的促和努力,提出了有关解决叙利亚问题的思路和举措,并积极向叙利亚及其周边国家提供人道主义援助。中国主张在安理会第2254号决议等基础上,推动"叙人主导、叙人所有"的包容性政治进程。2015年12月18日,王毅外长在纽约出席叙利亚国际支持小组第三次外长会议,就启动和谈、停火止暴、合力反恐、人道救援和经济重建五个方面提出中方政治解决叙利亚问题的主张和建议。随后出席联合国安理会叙利亚问题部长级会议,支持通过了联合国安理会2254号决议。之后的2015年12月24日,王毅外长与来访的叙利亚副总理兼外长穆阿利姆(Walid Al-Moualem)会谈时指出,当前叙利亚问题正处在关键节点上,安理会2254号决议明确了寻求政治解决、叙利亚人民决定叙前途命运、联合国发挥协调主渠道作用三大原则,构成国际社会政治解决叙利亚问题的基本共识,为叙利亚问题的政治解决注入了新的动力。落实安理会决议,关键是要迈出停火与和谈的步伐,中国希望叙方加强与联合国机构的配合,中国作为联合国安理会常任理事国,将继续本着客观公正立场,在推动叙利亚问题政治解决进程中发挥建设性作用。

2018年11月19日,中国常驻联合国代表马朝旭在安理会解释了中国在叙利亚问题上的三点主张:第一,推动尽快组建具有代表性、为各方所接受的叙利亚宪法委员会,平衡照顾叙利亚政府等各方合理关切,以启动持续有效的叙利亚政治进程。第二,持续推动叙利亚局势趋稳向好,有影响力的各方应确保伊德利卜非军事区有效运作。第三,叙利亚政府和反对派应从国家前途和人民根本利益出发,搁置分歧,逐步找到符合叙利亚实际、兼顾各方合理关切的政治解决方案。① 2019 年以来，针对西方国家依然试图通过联合国平台制裁叙利亚政府、针对性资助极端反叛武装的做法，中国与俄罗斯联合进行了反击。如 2019 年 12 月和 2020 年 7 月，中俄两次联手否决了西方国家提出涉叙跨境援助的决议草案，揭露了西方国家的双重标准和不愿务实推进解决叙利亚问题的做法。中国认为，当前叙利亚局势已经发生变化，跨境援助点设置和延期问题应获得叙利亚同意。同年 7 月 11 日，经过调整和妥协，联合国安理会最终通过决议，将土叙边境的一个跨境援助点进行延期。

在联合国框架下，中方在力所能及范围内向叙利亚提供人道主义援助，赢得了叙利亚政府和民众的好感，缓解了叙利亚的紧张局势。在 2016 年 9 月举行的联合国难民会议上，中国政府承诺向有关国家和国际组织提供 1 亿美元的人道主义援助。其中，向联合国儿童基金会提供 100 万美元，用于援助叙利亚难民以帮助他们克服困难。② 2017 年，中国政府与叙利亚政府签署了关于提供无偿人道主义援助的多项协议，并在 2016 年和 2017 年分别向世界卫生组织提供了 200 万美元和 100 万美元现汇专项援助，用于支持该组织在叙利亚及周边国家展开人道主义行动。2018 年 4 月 25 日，中国叙利亚问题特使解晓岩在中国驻欧盟使团举行的记者会上表示，中方通过双多边渠道，多次向叙民众包括境外难民提供紧急人道主义物资和现汇援助，总计超过 7.4 亿元人民币。③ 2018 年 7 月，习近平主席在金砖国家领导人会晤期间，宣布将向有关国家提供紧急粮食援助。2019 年 3 月 5 日，中国向叙利亚交付 1000 吨大米，落实了援助承诺，后续 3000 多吨大米将分三批陆续运抵。④

---

① 《中国代表呼吁国际社会推动"叙人主导、叙人所有"的包容性政治进程》，人民网，2018 年 11 月 21 日，http：//world. people. com. cn/n1/2018/1121/c1002 - 30413087. html。（登录时间：2020 年 4 月 11 日）

② 《中国向在黎叙利亚难民儿童提供 100 万美元援助》，中华网，https：//news. china. com/news100/11038989/20170514/30521923. html。（登录时间：2020 年 4 月 11 日）

③ 同上。

④ 《对叙利亚紧急粮食援助项目举行交接仪式》，中国商务部，2019 年 3 月 10 日，http：//www. mofcom. gov. cn/article/i/jyjl/k/201903/20190302841553. shtml。（登录时间：2020 年 4 月 11 日）

第二，坚持大国框架下的调解协调。叙利亚战争是一场地区化和国际化的战争，外部大国和地区大国均对其产生了重大影响。经过长时间的冲突与对抗，世界大国在叙利亚问题上实际上都不愿意看到危机失控，在维护中东稳定安全的问题上大国的利益是一致的，通过国际合作解决叙利亚危机不仅是可能，也是可行的，而政治谈判是解决中东热点问题的最佳出路。大国之间的协调合作对于叙利亚问题的解决至关重要。作为对世界格局具有重要影响的大国，中国、美国和俄罗斯在叙利亚问题上展示了不同的外交政策手段和关系处理模式，印证了新时期大国关系竞争与合作并存的特点，也对未来中美俄三边关系发展提出了新的挑战。与美俄在叙利亚战事中博弈对立的关系模式不同，中俄在继续深化战略协作伙伴关系的同时，在叙利亚问题上保持了理念一致的合作；而同时期的中美两国虽未在叙战场上发生直接碰撞，但其竞合关系也在地区外延领域充分展现。[①]

　　在大国关系方面，中国需有效协调同欧美国家的关系，力争在政治解决叙利亚问题上达成更大共识。美国曾长期支持叙利亚反对派，因此其难以迅速转而承认和支持叙利亚政府的政治解决方案以及战后重建项目。2018年12月19日，美国总统特朗普宣布从叙利亚撤军，这限制和减少了美国在叙利亚问题上将发挥的作用。特朗普称美国援助叙利亚重建的条件是阿萨德必须下台，还要求伊朗军队及其代理人撤离叙利亚领土，并削弱在伊朗的影响力。欧盟则称，自2011年以来欧盟已向叙利亚提供了超过106亿欧元的援助，为应对叙利亚危机的最大捐助国。[②] 然而，在未来系统重建问题上，欧盟依然立场强硬。2011年，欧盟暂停了与叙利亚政府的合作，开始实施主要针对叙利亚石油行业的制裁，导致叙利亚经济雪上加霜。2018年3月，欧盟外交事务高级代表宣布，"只有叙利亚严格照联合国安理会第2254号决议和2012年决议执行日内瓦公报，实现全面、包容

---

　　① 刘莹：《叙利亚危机中的中美俄竞合关系》，载《国际论坛》2019年第4期，第60页。

　　② "Council of the EU, Syria: Declaration by the High Representative Federica Mogherini on behalf of the EU," *Council of the EU*, March 15, 2018, https：//www. consilium. europa. eu/en/press/press - releases/2018/03/15/syria - declaration - by - the - high - representative - federica - mogherini - on - be- half - of - the - eu/.（登录时间：2020年4月11日）

和真正的政治过渡才能帮助重建叙利亚。"①

中国认为，叙利亚危机的最终解决，需要通过政治途径达成。中国一直协调叙利亚各方开展政治对话，支持各方主导的日内瓦和谈进程、阿斯塔纳和谈进程和索契和谈进程，推动叙利亚问题政治解决取得新的实质进展，以"叙人主导、叙人所有"原则来推动叙利亚各方的接触和沟通，达成兼顾各方合理关切的解决方案。中国与俄罗斯、美国、欧盟以及地区大国都保持着协调沟通，努力凝聚各方共识，力争取得最大程度上的力量协同。特别是面对美俄在叙利亚问题上的激烈博弈，如果中国的协调实在无法发挥有效的作用，美俄在叙利亚危机的博弈过程中矛盾和冲突升级，可能造成正面的军事对抗，那么中国最理性的选择仍然是坚持与所有参与方和关切方一起寻找机会劝和，尽最大努力让美俄双方重新回到谈判解决问题的正确道路，但同时坚决不参与两国的军事冲突，不偏袒任何一方。协调大国特别是美俄之间的冲突和矛盾，有助于在美国、俄罗斯和中国之间建立更加稳定的合作关系，有助于维护中国在中东的切身利益和国家安全，也有助于提高中国的国际话语权，道德号召力和政治影响力，丰富中国外交理论和实践的内涵，加强中国作为新兴全球大国的地位，巩固与美俄等大国的关系。② 中国在叙利亚的政策和主张得到了叙利亚、俄罗斯、伊朗等国的赞同，也获得了欧美等国的理解和支持。

第三，设立新的叙利亚问题特使机制。中国一直为推动叙利亚问题妥善解决发挥积极的建设性作用，并不是一味地被动依赖联合国或其他大国发挥作用，随着形势的发展也积极开辟更为积极直接应对叙利亚问题的外交协调机制。在叙利亚问题进入政治解决的关键时期，2016年3月中方专门任命了叙利亚问题特使，目的就是要更好地发挥劝和促谈作用，更加积极地贡献中国智慧和方案，更加有效地加强同有关各方沟通协调，为推动

---

① "Council of the EU, Syria: Declaration by the High Representative Federica Mogherini on behalf of the EU," *Council of the EU*, March 15, 2018, https://www.consilium.europa.eu/en/press/press-releases/2018/03/15/syria-declaration-by-the-high-representative-federica-mogherini-on-behalf-of-the-eu/.（登录时间：2020年4月11日）

② 姚全：《美俄在叙利亚危机中的懦夫博弈论析——兼论中国的战略选择方案》，载《世界经济与政治论坛》2018年第5期，第73页。

叙利亚问题最终妥善解决继续发挥建设性作用。随后的 4 月份，中国政府叙利亚问题特使解晓岩在访问叙利亚期间，分别会见叙副总理兼外长、叙总统政治与新闻顾问，双方就当前叙形势深入交换了看法。解晓岩说，中方一贯主张在不干涉内政的前提下推动叙问题政治解决，坚持维护叙主权独立和领土完整，坚持叙前途命运由叙人民自主决定，坚持联合国发挥协调主渠道作用，呼吁有关各方通过包容性的政治对话，找到符合叙实际兼顾各方关切的解决方案。中方愿继续与包括叙在内的有关各方保持沟通，携手推动叙问题早日得到妥善解决。[1] 2016 年 8 月，解晓岩特使先后访问伊拉克和约旦，同年 10 月先后英国、法国、欧盟、德国和俄罗斯等国，向各方阐述了中方在叙利亚问题上的原则立场和所做工作，重点介绍了在当前叙利亚局势再度升级背景下，中方呼吁国际社会保持团结一致，继续推进政治解决进程的有关看法和主张。

在叙利亚局势进一步发生趋向明朗化的背景下，中国政府叙利亚问题特使解晓岩更为积极地展开国际穿梭外交，宣传中方立场和政治解决方案，推动各方积极参与和携手推动叙利亚政治解决进程。2017 年 1 月，解晓岩特使先后访问联合国日内瓦总部、土耳其和俄罗斯，会见联合国秘书长叙利亚问题特使德米斯图拉、土耳其外交部副次长厄纳尔和战略研究中心主席厄兹江、俄罗斯外交部中东北非局局长维尔什宁等人，就叙利亚当前局势、阿斯塔纳对话会等深入交换了意见。2 月 22 日至 25 日，解晓岩特使在日内瓦出席联合国主持的第四轮叙问题和谈。期间，解特使应邀出席在万国宫举行的和谈开幕式，并先后会见联合国秘书长叙问题特使德米斯图拉、叙政府和反对派代表团团长及有关国家代表，就推进叙问题政治解决进程、本轮日内瓦和谈前景等问题深入交换了意见。3 月 22 日至 25 日，解晓岩特使在日内瓦出席联合国主持的第五轮叙问题和谈。期间解特使会见联合国秘书长叙问题特使德米斯图拉、叙政府代表团团长、有关反对派及俄罗斯、美国、沙特、约旦、欧盟代表，就推进叙问题政治解决进

---

[1] 《中国政府叙利亚问题特使阐述中方立场》，新华网，2016 年 4 月 21 日，http://www.xinhuanet.com/world/2016-04/21/c_128919165.htm/。（登录时间：2020 年 4 月 11 日）

程等问题深入交换了意见。① 2月22日和7月22日，解晓岩特使先后两次访问伊朗，强调叙利亚问题必须从实现停火、人道救助、合力反恐和政治谈判四条轨道并行推进，叙利亚未来应由叙人民来决定，任何外部势力都不应强加任何方案。② 4月下旬，解晓岩特使先后访问埃及、欧盟总部和俄罗斯。6月中旬，解晓岩特使先后黎巴嫩和叙利亚，为推动叙利亚问题政治解决积极做各方工作。

2018年4月25日，解晓岩特使前往布鲁塞尔出席欧盟、联合国等主办的"支持叙利亚和地区未来"布鲁塞尔国际会议，并在会上阐述了中方对解决叙利亚问题的原则立场，介绍了中方向叙人民提供人道主义援助的情况，并会见了包括联合国秘书长叙利亚问题特使德米斯图拉在内的各方代表。他强调叙问题军事解决没有任何出路，政治解决是唯一现实选择。当前各方在叙利亚军事对抗风险上升，停火止暴面临严峻挑战，中方对此深感忧虑。中方一贯反对在国际关系中动辄使用武力，有关方面应在国际法框架内，通过对话协商解决问题。对于叙利亚化武疑云，解晓岩指出中方坚决反对使用化武，支持禁化武组织派调查组赴叙，对疑似化武事件进行全面、公正、客观调查，得出经得起历史检验的可靠结论。在此之前，各方不能预判结果。解晓岩强调，叙利亚危机已进入第八年，如今又进入关键十字路口，而回顾过去的历史不难发现，军事解决叙问题没有任何出路，政治解决是唯一现实选择。为此，中方提出三点主张：一是坚持在对话和谈判基础上推进政治进程。应尊重叙主权、独立和领土完整，由叙人民自主决定国家未来，同时发挥联合国协调主渠道作用，叙有关各方应在联合国主导的日内瓦和谈框架下抓紧组建宪法委员会，尽快推动政治进程取得进展。二是将停火止暴落到实处，避免产生新的冲突爆发点。三是国际社会应相向而行，形成合力。叙问题发展至今，牵涉域内外多方利益，

---

① 《中国政府叙利亚问题特使解晓岩出席叙问题日内瓦和谈》，中国外交部网站，2017年2月28日和3月28日，https://www.fmprc.gov.cn/web/wjb_673085/zzjg_673183/xybfs_673327/xwlb_673329/t1442066.shtml。（登录时间：2020年4月16日）

② 《中国政府叙利亚问题特使解晓岩：中方欢迎建立冲突降级区》，国际在线，2017年7月23日，http://news.cri.cn/20170723/24dabb87-3390-6e5b-94b1-c15c6b6980fc.html/。（登录时间：2020年4月16日）

寻求解决方案需充分协商，兼顾各方关切。国际社会还应继续向叙人民提供人道主义援助，积极支持叙重建进程。① 随后，解晓岩特使还访问了埃及、俄罗斯等国。2018年7月下旬，解晓岩特使先后访问沙特、叙利亚和以色列三国，强调中方始终坚持政治解决叙利亚问题，并为此发挥了积极和建设性的作用。中方多次就政治解决提出中国方案，贡献中国智慧，积极参与有关国际促和会议，多次邀请叙利亚政府和反对派代表团访华，举办叙利亚问题国际研讨会。中方高度重视叙利亚人道局势，为缓解叙利亚人民遭受的苦难贡献力量。中方坚定支持以和平方式解决叙利亚问题。中方反对一切形式的恐怖主义，愿同包括叙利亚在内的国际社会加强反恐合作，维护地区和世界的安全与稳定。②

当年12月上旬，解晓岩访问了美国和纽约联合国总部，先后会见了美国国务卿叙利亚问题特别代表杰弗里和助卿帮办雷伯恩、联合国助理秘书长延恰，就叙利亚问题深入交换意见，并在日内瓦会见了联合国秘书长叙利亚问题特使德米斯图拉。他在日内瓦接受媒体采访时呼吁国际社会携手努力，推动叙利亚政治进程取得实质性进展。在叙利亚问题上，中方始终坚持政治解决，支持联合国发挥协调主渠道作用，支持联合国秘书长叙利亚问题特使的协调努力。当前叙利亚局势发生了新的重要变化，总体上在朝着积极的方向发展，地面战事基本结束，停火得到维持，各方重新聚焦在联合国主导下推动政治进程，正围绕组建叙宪法委员会沟通磋商；人道形势也有所缓和，一些难民开始回归家园，有关各方开始讨论推进重建工作；虽然恐怖势力犹存并不断滋事，对地区和国际社会依旧构成威胁，但反恐已经取得重大胜利。在这种情况下，各方应抓住机遇，共同推动叙问题政治解决。他表示，叙利亚重建是一项艰巨工程，需要国际社会共同努力，叙问题各方更应为此做出应有贡献。反恐必须一以贯之，国际社会应

---

① 《中国政府叙利亚问题特使：政治解决叙问题是唯一现实选择》，中国新闻网，2018年4月26日，https：//www.chinanews.com/gj/2018/04－26/8500232.shtml。（登录时间：2020年4月16日）

② 《中国政府叙利亚问题特使解晓岩举行中外媒体吹风会》，中国外交部网站，2018年8月20日，https：//www.fmprc.gov.cn/web/wjb_673085/zzjg_673183/xybfs_673327/xwlb_673329/t1586531.shtml。（登录时间：2020年4月16日）

统一标准，继续对所有联合国安理会列名的恐怖组织予以坚决打击。同时，各方也应重视人道问题，缓解叙利亚人民苦难。[①]

2019年3月13日至14日，中国政府叙利亚问题特使解晓岩出席欧盟和联合国主办的"支持叙利亚及地区未来"布鲁塞尔国际会议，并在会上阐述中方在叙利亚问题上的原则立场，介绍了中方为推动叙利亚问题政治解决所做工作等有关情况。期间，解晓岩特使还分别会见欧盟对外行动署副秘书长贝利亚、俄罗斯副外长维尔什宁、美国国务卿叙利亚问题特别代表杰弗里、法国总统叙利亚问题私人代表瑟内姆和联合国秘书长叙利亚问题特使裴凯儒，就叙利亚问题交换了意见。随后，解晓岩特使访问了约旦和俄罗斯等国，会见约旦外交与侨务大臣萨法迪、俄罗斯副外长博格丹诺夫，并同约旦、俄罗斯专家学者座谈，就叙利亚问题深入交换了意见。2019年12月18日至19日，中国政府叙利亚问题特使解晓岩访问俄罗斯，会见俄罗斯总统叙利亚问题特使拉夫连季耶夫、副外长维尔什宁，就叙利亚问题深入交换意见，同俄罗斯中东研究所专家学者进行了座谈。通过上述近年来密集的穿梭外交，中国政府叙利亚问题特使机制在协调大国关系和各方利益，推动叙利亚政治问题方面发挥了突出而重要的作用。

第四，积极参与叙利亚重建推动叙利亚稳定。中国一向主张以发展促和平，这在叙利亚问题上突出体现在对叙利亚重建的高度重视。随着叙利亚局势趋向稳定，中国也积极参与叙利亚国家重建进程，并将之作为推动叙利亚局势实现持久稳定和政治解决的重要路径。首先，参与叙利亚重建，帮助叙利亚早日实现国家稳定与发展，通过经济重建巩固政权，为饱受战争蹂躏的叙利亚营造可持续的和平，有助于真正解决叙利亚难民问题，进而稳定和恢复叙利亚及中东地区的政治经济环境。其次，参与叙利亚重建有利于推动中叙两国关系的进一步发展。叙利亚重建逐步提上议事日程，而安全重建、经济重建和政治重建是叙利亚重建过程中的三个重点领域，其中，安全重建是前提与保障，政治重建是核心，经济重建是主要

[①] 《中国政府叙利亚问题特使呼吁国际社会携手推动叙政治进程》，中国政府网，2018年12月8日，http://www.gov.cn/xinwen/2018-12/08/content_5346903.htm.（登录时间：2020年4月16日）

目的。自2011年叙利亚危机发生以来，中国始终支持叙利亚维护主权、独立、统一和领土完整，多次在联合国安理会动用否决权，推动了叙利亚问题的政治解决，避免了叙局势进一步升级。最后，参与叙利亚重建有利于推动"一带一路"建设。叙利亚地处陆海两条丝路的交汇处，是从亚洲通向欧洲的桥梁。习近平主席提出的"一带一路"倡议，得到了叙利亚国内的高度重视和支持，两国都希望在基础设施建设、投资、新能源、旅游业、农业、运输业等领域展开更多互惠互利的合作。近年来叙利亚在国家发展战略上"向东看"，有助于与"一带一路"倡议的对接，进一步推动和深化中叙传统友谊和友好关系不断深入发展。

叙利亚经受数年战火摧残，维持国家正常运行的基本公共设施大部分遭到了摧毁，这对中国基础设施建设企业而言是一个重要的投资机遇。①中国在基础设施建设方面具有国际领先的建设经验、技术以及资金优势，深度参与伊拉克战后重建的经验也为参与叙利亚重建奠定了基础。设施联通是共建"一带一路"的重点，参与叙利亚重建有利于"一带一路"建设在中东地区的顺利推进。中国在叙利亚重建进程中可以发挥出自身建设、技术与资金优势，同时也可借助重建进程推动叙利亚国内稳定和政治和解进程。2017年1月，中国国家主席习近平在日内瓦宣布，中国将提供2亿元人民币的人道主义援助，帮助叙利亚难民和流离失所者。② 2019年3月5日，中国驻叙利亚大使冯飚和叙利亚政府代表签署协议，将向叙利亚提供1000吨大米。③ 2019年3月6日，冯飚大使出席援叙办公设备项目交接仪式，向叙利亚政府交付了电脑、打印机、复印机等办公设备。④ 2019年

---

① 张新平、代家玮：《中国参与叙利亚重建的动因、挑战与方式》，载《国际展望》2019年第1期，第138页。
② 《中国将提供新的人道援助用于帮助叙难民和流离失所者》，中国驻叙利亚大使馆经济商务处，2017年1月23日，http://sy.mofcom.gov.cn/article/zxhz/201701/20170102506710.shtml。（登录时间：2020年4月20日）
③ 《对叙利亚紧急粮食援助项目举行交接仪式》，中国驻叙利亚大使馆经济商务处，2019年3月10日，http://sy.mofcom.gov.cn/article/zxhz/201903/20190302841553.shtml。（登录时间：2020年4月20日）
④ 《援叙利亚办公设备项目举行交接仪式》，中国驻叙利亚大使馆经济商务处，2019年3月10日，http://sy.mofcom.gov.cn/article/zxhz/201903/20190302841554.shtml。（登录时间：2020年4月20日）

6月18日，国务委员兼外交部长王毅在北京同叙利亚副总理兼外长瓦立德·穆阿利姆举行了会谈。王毅表示，叙利亚是最早同中国建交的阿拉伯国家之一，中方将坚定支持叙利亚稳步开展经济重建，这既是叙利亚人民的迫切要求，也是叙利亚今后实现可持续发展的基础所在，国际社会应重视并支持叙开展重建，帮助叙人民早日恢复正常生产生活。[①] 2020年6月30日，中国政府叙利亚问题特使解晓岩出席欧盟和联合国主办的第四届"支持叙利亚及地区未来"布鲁塞尔国际会议，阐述了中方在叙利亚问题上的原则立场，介绍了中方为支持叙利亚抗击新冠肺炎疫情、推动了叙利亚问题政治解决所做工作等情况。[②]

在叙利亚问题上，中国一方面展现出捍卫《联合国宪章》精神和不干涉内政原则的坚定意志，另一方面对复杂形势也给予了现实关照。正是在此基础上，中国坚持劝和促谈，坚持为政治解决危机发挥建设性作用，为和平而努力。中国充分利用自己多年来积累的国际信任资本与不断提升的实力，为解决叙利亚问题提供了实实在在的帮助。中国同时接触叙冲突双方积极协调；多批次提供人道主义援助；为销毁叙利亚化武提供了必要的器材和物资，有效履行了大国责任。同时中方也深刻认识到中东热点的相互关联与影响的特点，谋求综合施策，共同推进和解决。[③]

第四节　参与叙利亚重建推动的和解进程

随着叙利亚战事的明朗化与形势趋向稳定，政治解决叙利亚问题成为

[①] 《王毅：解决叙利亚问题下一步要着重把握三点》，中国外交部网站，2019年6月18日，https://www.fmprc.gov.cn/web/gjhdq_676201/gj_676203/yz_676205/1206_677100/xgxw_677106/t1673215.shtml。（登录时间：2020年4月20日）

[②] 《中国政府叙利亚问题特使解晓岩出席第四届"支持叙利亚及地区未来"布鲁塞尔国际会议》，中国外交部网站，2020年7月1日，https://www.fmprc.gov.cn/web/wjb_673085/zzjg_673183/xybfs_673327/xwlb_673329/t1793791.shtml。（登录时间：2020年8月20日）

[③] 吴思科：《叙利亚危机政治解决之路举步维艰》，载《当代世界》2014年第8期，第26页。

国际社会的共识，叙利亚战后重建特别是经济重建也日益明确地被提上议事日程。中国具有参与叙利亚战后重建的经验、技术和资金基础与能力，叙利亚战后重建也可以成为推动叙利亚国内和解与政治解决进程的重要驱动力，是中国参与叙利亚问题解决的重要抓手，有助于提升中国在叙利亚问题上的国际影响力。

一、危机背景下的叙利亚经济及重建机遇

（一）叙利亚经济形势

经历了多年战乱，叙利亚经济遭到严重破坏，2017年后叙利亚经济形势有所好转，但仍面临诸多问题与挑战。第一，经济规模缓慢回升，增速有所放缓。叙利亚政府收复大部分国土和推进重建进程，以及相对更为有利的全球经济环境，促成了叙利亚经济的总体增长。2019年叙利亚国内生产总值增长4.9%。根据叙利亚中央统计局的数据，2019年各经济部门对国内生产总值的贡献比重有所不同，其中农业出口占37%，工矿业部门占16.4%，外贸占13.3%。[1] 2019年叙利亚总人口1770万，继续呈现负增长趋势，人均国内生产总值约为4355美元。[2]

第二，从产业部门来看，农业和制造业仍是叙利亚重要的经济部门，农业基础设施遭到破坏等引发农业产量锐减，粮食紧缺，石油产量有所增长，电力和制造业有所恢复，旅游业等服务业缓慢复苏。由于叙利亚北部农业区的冲突持续，农业基础设施遭到破坏、农业生产资料价格上涨等因素造成叙利亚农业产量下降。2019年4月，随着叙利亚政府军对哈马、伊德利卜等地区发起军事行动，以及叙利亚北部反对派地区的军事冲突，引

---

[1] Amer Al-Omran, "The Recovery of the Syrian Economy: Opportunities and Obstacles," *Rawabet Center for Research and Strategic Studies*, January 14, 2020, https://rawabetcenter.com/en/? p = 7623 2020 - 04 - 18. （登录时间：2020年4月20日）

[2] Economist Intelligence Unit, "Country Report: Syria," February 10, 2020, http://www.eiu.com。（登录时间：2020年4月20日）

发了农业区的火灾连绵不断，致使超过2.5万公顷的小麦和大麦受损。① 火灾在拉卡、德拉、阿勒颇东部和哈塞克等省农村地区蔓延，5月下旬火灾烧毁了苏伟达省东部1250公顷农田的作物。② 叙利亚东北部是国家的农业主产区，生产着叙利亚灌溉小麦的64%、非灌溉小麦的38%、棉花的63%和扁豆的29%。大火吞噬了叙利亚东北部超过38.2万顿小麦，经济损失达170亿叙利亚磅。③ 在此背景下，叙利亚粮食产量下降严重，同年5月叙政府不得不与俄罗斯签署了三份进口60万吨小麦的合同。④

第三，叙利亚面临着严峻的石油及其能源危机。当前，叙利亚政府未能完全掌控主要石油产区，尽管恢复了石油和天然气生产，但产量有限，很难满足国内需求。由于叙利亚政府丧失了东部大部分石油资源，以及美国加大了对参与叙利亚石油转让公司和个人所实施的经济制裁的力度，来自伊朗的石油供应中断，致使叙政府控制区内出现能源危机。⑤ 2019年4月下旬，叙利亚各地出现严重的燃油短缺，导致加油站彻夜排长队。2019年叙利亚的石油产量为3万桶/日，相比2018年日产量增加了1万桶。⑥ 2019年叙利亚石油和矿产资源部仅能提供每日3.4万桶石油，而政府控

---

① "Syria's Crops Reduced to Ashes: Who Benefits?," *Enab Baladi*, June 29, 2019, https://english.enabbaladi.net/archives/2019/06/syrias-crops-reduced-to-ashes-who-benefits/. （登录时间：2020年4月20日）

② "Agricultural Crops Weaponized by Syria's Warring Parties," *Enab Baladi*, June 13, 2019, https://english.enabbaladi.net/archives/2019/06/agricultural-crops-weaponized-by-syrias-warring-parties/. （登录时间：2020年4月20日）

③ "Syria's Crops Reduced to Ashes: Who Benefits?," *Enab Baladi*, June 29, 2019, https://english.enabbaladi.net/archives/2019/06/syrias-crops-reduced-to-ashes-who-benefits/. （登录时间：2020年4月23日）

④ "Syria's Crops Reduced to Ashes: Who Benefits?," *Enab Baladi*, June 29, 2019, https://english.enabbaladi.net/archives/2019/06/syrias-crops-reduced-to-ashes-who-benefits/. （登录时间：2020年4月23日）

⑤ Murad Abdul Jalil, "Syrian Oil Wells Naked Greed Or Power Politics," *Enab Baladi*, November 15, 2019, https://english.enabbaladi.net/archives/2019/11/syrian-oil-wells-naked-greed-or-power-politics/. （登录时间：2020年4月23日）

⑥ Economist Intelligence Unit, "Country Report: Syria," February 10, 2020, http://www.eiu.com。（登录时间：2020年4月23日）

区每日所需石油高达13.6万桶①,每日的石油缺口超过10万桶。② 因此,叙利亚政府寻求与库尔德临时自治政府开展石油贸易。据统计,2019年库尔德武装叙利亚民主军控制的油田石油产量为1.4万桶/日,以每桶原油30美元的价格出售给叙利亚政府。③ 由于叙利亚天然气供应严重不足,2019年叙政府不得不通过智能卡系统向公民分配石油产品和液化气。

第四,政府财政预算有所增加,由于财政支出增长,政府财政赤字和公共债务居高不下。由于石油和天然气的收入难以满足需求,农业产量的严重下降,制裁导致对外贸易锐减,以及政府征税能力薄弱,虽然服务业部门的收入有所增加,但财政支出中小麦、石油衍生品补贴和支付公职人员的工资耗尽了2019年的财政预算,④ 致使叙利亚财政状况堪忧。2019年财政赤字和公共债务均有所增加,导致财政状况进一步恶化。2019年叙利亚政府预算为3.882万亿叙利亚镑(约合89.28亿美元),相比2018年增加了6950亿叙镑(约合14亿美元)。⑤ 2018年,叙利亚财政赤字占国内生产总值的10.8%,公共债务占国内生产总值的106.6%,2019年这两项数据上升至12.4%和123.8%。⑥ 政府财政恶化的同时,叙利亚货币叙磅严重贬值,汇率连续下跌,2019创历史新低。2019年初1美元兑换500叙利

---

① Jospeh Daher, "The Paradox of Syria's Reconstruction," September 4, 2019, https://carnegie – mec.org/2019/09/04/paradox – of – syria – s – reconstruction – pub – 79773, 2020 – 04 – 14。(登录时间:2020年4月23日)

② Aron Lund, "The Blame Game over Syria's Winter Fuel Crisis," *The New Humanitarian*, March 5, 2019, https://www.thenewhumanitarian.org/analysis/2019/03/05/blame – game – over – syria – s – winter – fuel – crisis。(登录时间:2020年4月23日)

③ Mohamed Homs, "A Convoluted System for Syria's Oil Revenues," *Enab Baladi*, November 23, 2019, https://english.enabbaladi.net/archives/2019/11/a – convoluted – system – for – syrias – oil – revenues/。(登录时间:2020年4月23日)

④ "Fuel and Wheat Devour Syria's Budget for 2019," *Enab Baladi*, May 28, 2019, https://english.enabbaladi.net/archives/2019/05/fuel – and – wheat – devour – syrias – budget – for – 2019/。(登录时间:2020年4月23日)

⑤ "Syria President Announces $9bn Budget for 2019," *Arab News*, December 6, 2018, https://www.arabnews.com/node/1416816/middle – east。(登录时间:2020年4月23日)

⑥ Economist Intelligence Unit, "Country Report: Syria," February 10, 2020, http://www.eiu.com。(登录时间:2020年4月20日)

亚镑，至 2019 年年底叙利亚汇率跌至 1 美元兑换 1000 叙镑的历史最低点。① 2019 年底 2020 年初，官方汇率为 1 美元兑换 437 叙利亚镑，而平行市场汇率约为 1 美元兑换 912 叙利亚镑。②

第五，为增加外汇和经济活力，叙政府积极促进外贸发展，特别是提升与邻国的贸易，使得对外贸易总额有所增加，但由于受到货币贬值和西方国家制裁的影响，贸易逆差仍较为严峻，外债有所增加。叙利亚企业需要依赖稳定而强劲的汇率来购买进口商品，特别是国内急需进口粮食、药品和汽油等产品。2019 年，叙利亚中央银行宣布扩大其补贴进口的清单，政府要求进口商须将相当于其进口许可证 40% 的资金存入特许银行，并按 25% 的比例作为存款，15% 作为对叙利亚镑的无息信托。③ 此外，2019 年叙利亚被纳入欧亚联盟国家优惠体系，其商品可以以高达 25% 的海关折扣进入许多市场，并与俄罗斯签署了"绿色走廊"协议，减少了叙利亚商品出口到俄罗斯市场的时间和成本。④ 2019 年叙利亚贸易进口额为 72.73 亿美元，出口额为 19.99 亿美元，贸易逆差为 52.74 亿美元。⑤ 此外，由于叙利亚经常项目赤字增加，导致外汇储备严重不足。叙利亚政府将需要进口外汇的商品种类大幅减少，以节约外贸资金。⑥ 叙利亚外汇储备从 2018

---

① "US Dollar Exchange Rate Exceeds One Thousand Syrian Pounds," *Enab Baladi*, January 15, 2020, https: //english. enabbaladi. net/archives/2020/01/dollar - exchange - rate - exceeds - one - thousand - syrian - pounds/. （登录时间：2020 年 4 月 23 日）

② Economist Intelligence Unit, "Country Report：Syria," February 10, 2020, http: //www. eiu. com。（登录时间：2020 年 4 月 23 日）

③ Mais Shtian, "Measures to Alleviate Impact of Decrees Prohibiting Dealing in Foreign Currencies Other Than the Syrian Pound," *Enab Baladi*, March 27, 2020, https: //english. enabbaladi. net/archives/2020/03/measures - to - alleviate - impact - of - decrees - prohibiting - dealing - in - foreign - currencies - other - than - the - syrian - pound/. （登录时间：2020 年 4 月 24 日）

④ "Syria Recovered More Than 60 Percent of Its Industry Affected," *Agencia Informativa Latinoamericana Prensa Latina*, January 24, 2020, https: //www. plenglish. com/index. php? o = rn&id = 51298&SEO = syria - recovered - more - than - 60 - percent - of - its - industry - affected。（登录时间：2020 年 4 月 24 日）

⑤ "Country Report：Syria," *Economist Intelligence Unit*, February 10, 2020, http: //www. eiu. com。（登录时间：2020 年 4 月 23 日）

⑥ Nabih Bulos, "Syria (barely) Survived a Civil War, Can It Weather the Latest Financial Crisis?," *Los Angeles Times*, November 29, 2019, https: //www. latimes. com/world - nation/story/2019 - 11 - 29/syria - latest - financial - crisis。（登录时间：2020 年 4 月 24 日）

年5.4亿美元商上升至2019年的6.69亿美元,而2019年叙利亚外债高达57.76亿美元,需要还本付息1700万美元。①

第六,叙利亚国内通货膨胀率较高,物价上涨较快,货币购买力严重不足。叙利亚2019年四个季度的消费价格指数分别高达791.4%、789.1%、791.4%和799.1%。②由于燃料短缺,平行市场上叙镑大幅度贬值,加之邻国黎巴嫩的金融危机,2019年叙利亚面临着多重通胀压力,官方统计通货膨胀率升至18.4%。③随着通货膨胀率上升和货币贬值,叙利亚物价呈上升趋势,货币购买力急剧下降,民众生活成本快速增加。由于食品价格上涨,家庭消费减少,大多数叙利亚家庭转而购买价格较低的食品,很难购买活鱼、肉类,牛羊肉消费也大幅减少。根据有关统计数据,叙利亚西北部地区大多数家庭月收入不到5万叙镑(约合80美元),其中80%的家庭依靠债务维持生活,56%的家庭送孩子去工作,33%的家庭减少了一日三餐的分量,而10%的人卖掉了自己的房产。④糖价由2019年9月的每公斤250叙镑上涨到12月的600叙镑,羊肉价格涨至每公斤12000叙镑。⑤

第七,失业率和贫困率居高不下。2018年和2019年叙利亚的失业率分别为48%和43.5%。⑥由于失业率居高不下,货币贬值严重,人民收入较低,造成社会总体贫困率很高。2019年,叙利亚公共部门工作人员平均月工资在2万至4万叙镑之间,而私营部门的收入在10万至15万叙利亚

---

① "Country Report:Syria," *Economist Intelligence Unit*, February 10, 2020, http://www.eiu.com。(登录时间:2020年4月23日)
② Ibid.
③ Ibid.
④ Hebaa Shehadeh, "Strategies to Strengthen Northern Syria's Economy Hindered by War," *Enab Baladi*, January 3, 2020, https://english.enabbaladi.net/archives/2020/01/strategies-to-stengthen-northern-syrias-economy-hindered-by-war/。(登录时间:2020年4月26日)
⑤ "Syrians Hit Hard by Economic Crisis," *Asharq Al-Awsat*, January 18, 2020, https://aawsat.com/english/home/article/2088381/syrians-hit-hard-economic-crisis。(登录时间:2020年4月26日)
⑥ "Country Report:Syria," *Economist Intelligence Unit*, February 10, 2020, http://www.eiu.com。(登录时间:2020年4月26日)

镑之间，而家庭每月基本生活必需品的最低支出为 10 万叙镑①，致使叙利亚最贫困阶层的生活条件正在恶化。2019 年，83% 的叙利亚人生活在贫困线以下。② 根据联合国的统计数据，80% 的叙利亚工作人群的月收入低于 100 美元。③ 而 2019 年叙利亚反对派控制的西北部地区民众贫困率高达 87%。④ 此外，根据联合国 2019 年的调查数据显示，约 73% 黎巴嫩的叙利亚难民生活在贫困线以下，相比 2018 年的 69% 有所上涨。⑤

（二）叙利亚经济重建的机遇

近年来，虽然叙利亚国内战事仍在继续，但叙利亚政府逐渐向经济重建阶段过渡，政府实施了一系列促进经济发展的法规和政策，同时积极寻求国际社会的支持与援助，努力营造开展经济重建的有利条件。

第一，叙利亚政府颁布了一系列经济重建的法律法规，为经济复苏创造了条件。2019 年以来，叙利亚通过实施反腐败措施、发行国债和实施新的投资法，力图扭转货币贬值、资金短缺和外资匮乏等问题，为经济复苏创造更为有利的环境与氛围。由于 2019 年叙利亚政府财政收入减少和民众陷入贫困，为解决财政危机，叙政府开始向国内走私者和货币投机者宣战。2019 年叙利亚政府发起向"腐败"宣战运动。2019 年 8 月，叙利亚总理伊马德·哈米斯指出，政府国库已经追回了政府官员和商人贪污款数

---

① "Syrians Hit Hard by Economic Crisis," *Asharq Al-Awsat*, January 18, 2020, https://aawsat.com/english/home/article/2088381/syrians-hit-hard-economic-crisis.（登录时间：2020 年 4 月 26 日）

② "Massive Power Outage in Daraa," *Enab Baladi*, December 20, 2019, https://english.enabbaladi.net/archives/2019/12/massive-power-outage-in-daraa/.（登录时间：2020 年 4 月 26 日）

③ "Syrians Launch Symbolic 'One-Pound' Campaign to Lift Morale," *Asharq Al-Awsat*, January 24, 2020, https://aawsat.com/english/home/article/2097881/syrians-launch-symbolic-one-pound-campaign-lift-morale.（登录时间：2020 年 4 月 26 日）

④ Hebaa Shehadeh, "Strategies to Strengthen Northern Syria's Economy Hindered by War," *Enab Baladi*, January 3, 2020, https://english.enabbaladi.net/archives/2020/01/strategies-to-strengthen-northern-syrias-economy-hindered-by-war/.（登录时间：2020 年 4 月 26 日）

⑤ "Lebanon's Financial Crisis Hits Syrian Refugees Hard," *The New Humanitarian*, January 9, 2020, https://www.thenewhumanitarian.org/news-feature/2020/1/9/Lebanon-financial-crisis-Syrian-refugees.（登录时间：2020 年 4 月 26 日）

十亿叙镑。从 2019 年初到 9 月底，财政部颁布了 538 项决定，没收了 10315 人的资产，收缴资金共计 18 亿叙利亚镑。① 12 月 17 日，法院对非法商人做出了扣押动产和不动产以防逃税的决定，这些商人中包括巴沙尔总统的亲戚拉米·马克鲁夫和其他四名商人，拉米·马克鲁夫被财政部指控走私货物，责令支付 110 亿叙利亚镑的罚款。② 然而，这些反腐败努力未能恢复投资者对叙利亚经济的信心，叙利亚镑继续暴跌。③

为筹集更多的经济重建资金，政府通过相关法案呼吁叙利亚侨民向国家伸出援手。法案要求叙利亚侨民每年缴纳 300 欧元（30 万叙利亚镑）的脱籍税，"与侨民的年收入相比，这只是一个小数目。"④ 为应对叙镑的快速贬值，政府采取了发行国债、支持叙利亚货币倡议等措施，防止叙利亚镑全面崩溃。2019 年 9 月，叙利亚央行行长会见叙利亚商人并发出了一项支持叙利亚货币的倡议，要求商人将外币存入一个特殊账户，依据叙利亚央行设定的汇率，在一个月后收回相当于其存款价值的叙利亚镑。据称，倡议成功地从叙利亚商人手中筹集了 10 亿美元。⑤ 叙利亚总统巴沙尔颁发了一项管理货币投机活动的法令，规定叙利亚人禁止使用叙利亚镑以外的任何货币进行交易，并对外汇交易人员的惩罚提高至 7 年苦役。⑥ 根据该

---

① Mais Hamad, "What Is Behind 'Fighting Corruption' in Syria," *Enab Baladi*, January 14, 2020, https://english.enabbaladi.net/archives/2020/01/what-is-behind-fighting-corruption-in-syria/.（登录时间：2020 年 4 月 26 日）

② Josie Ensor, "Syria Begins Shakedown of Wealthiest Businessmen as War Debts Spiral," *The Telegraph*, December 25, 2019, https://www.telegraph.co.uk/news/2019/12/25/syria-begins-shakedown-wealthiest-businessmen-war-debts-spiral/.（登录时间：2020 年 4 月 26 日）

③ Rohan Advani, Walid Al Nofal, "Economic Crisis Looms as the Syrian Pound Plummets to an All-time Low," *Syriadirect*, November 26, 2019, https://syriadirect.org/news/economic-crisis-looms-as-the-syrian-pound-plummets-to-an-all-time-low-4/.（登录时间：2020 年 4 月 27 日）

④ "Baath Party Newspaper Proposes an Increase in Expatriate Tax on Syrians," *Enab Baladi*, December 13, 2019, https://english.enabbaladi.net/archives/2019/12/baath-party-newspaper-proposes-an-increase-in-expatriate-tax-on-syrians/.（登录时间：2020 年 4 月 27 日）

⑤ Rohan Advani, Walid Al Nofal, "Economic Crisis Looms as the Syrian Pound Plummets to an All-time Low," *Syriadirect*, November 26, 2019, https://syriadirect.org/news/economic-crisis-looms-as-the-syrian-pound-plummets-to-an-all-time-low-4/.（登录时间：2020 年 4 月 27 日）

⑥ "To Fail the Economy Is to Fail the People," *Reuters*, January 19, 2020, https://www.thenational.ae/opinion/editorial/to-fail-the-economy-is-to-fail-the-people-1.966388.（登录时间：2020 年 4 月 27 日）

法令，政府关闭了多家从事美元交易的机构和兑换公司。① 政府对外汇的管控有助于稳定汇率，但无法有效改善外汇短缺和人民生活。9月，叙利亚部长会议官方网站发布一项声明，要求财政部发行国债，旨在对财政政策进行综合评估，为经济和服务部门的投资项目提供资金。② 随后举行的叙利亚部长会议上，叙政府宣布将发行国债供公众认购，国内外的叙利亚商人或特定国家，比如中国或俄罗斯购买叙利亚公共财政债券将不受任何限制。③ 此外，2019年叙政府还批准了新的投资法草案，有助于优化投资环境，缩短审批程序，在进口关税减免、融资渠道和资金保障方面提高投资项目激励。④

第二，叙利亚政府逐步展开能源工业、公路交通、互联网等基础设施的建设，举办国际博览会等经济活动，加快了经济重建的步伐。政府在西部加快发展工业，在沿海地区如塔尔图斯兴建了工业区，使其成为主要投资目的地。恢复石油工业是叙利亚政府推动经济重建的又一关键举措。2019年2月，叙利亚贸易部批准成立了一家私人石油公司——马萨（Masa）石油公司，主要从事石油和天然气设施的建设以及石油产品的交易。叙利亚政府还授权成立了杰斯米（Jasmine）石油和天然气服务公司。⑤ 12月，叙利亚议会通过了一项成立两家经营炼油业务的私营公司的法案，即

---

① Mais Shtian, "Al‑Assad's Decrees to Face 'Dollarization' … Strict but Fragile," *Enab Baladi*, February 6, 2020, https：//english.enabbaladi.net/archives/2020/02/al‑assads‑decrees‑to‑face‑dollarization‑strict‑but‑fragile/。（登录时间：2020年4月27日）

② "Syrian State Treasury to Undertake A Public Offering," *Enab Baladi*, October 3, 2019, https：//english.enabbaladi.net/archives/2019/10/syrian‑state‑treasury‑to‑undertake‑a‑public‑offering/。（登录时间：2020年4月28日）

③ "Syrian State Treasury Bonds Offered for 'Selling'," *Enab Baladi*, October 10, 2019, https：//english.enabbaladi.net/archives/2019/10/syrian‑state‑treasury‑bonds‑offered‑for‑selling/。（登录时间：2020年4月28日）

④ "Country Report：Syria," *Economist Intelligence Unit*, February 10, 2020, http：//www.eiu.com。（登录时间：2020年4月30日）

⑤ "Establishment of Two Oil Companies with Iranian and Chinese Investment Contributions in Damascus," *Enab Baladi*, March 6, 2020, https：//english.enabbaladi.net/archives/2020/03/establishment‑of‑two‑oil‑companies‑with‑iranian‑and‑chinese‑investment‑contributions‑in‑damascus/。（登录时间：2020年4月30日）

第四章　叙利亚问题：大国的调解协调
/ 341 /

建立海岸炼油厂和鲁萨法炼油厂。①

叙利亚逐步恢复公路、铁路交通基础设施建设，为经济复苏创造了条件。2019年7月叙利亚政府宣布，重新修订叙利亚道路的分类标准，17条重新分类的道路包括阿勒颇、塔尔图斯和拉塔基亚之间延伸至霍姆斯东部乡村和南部地区的道路网络。同年12月，叙利亚交通部长阿里·哈穆德（Ali Hammoud）称，已建成连接霍姆斯省哈斯亚市和塔尔图斯的诺巴德村庄之间的46公里高速公路，这条高速公路是叙利亚第一条收费高速公路。②此外，同年9月，地中海沿岸拉塔基亚和大马士革北郊纳西里耶之间长达310公里的铁路线重新开通，交通基础设施的恢复将有助于促进经济复苏。③此外，叙利亚政府也逐渐恢复叙利亚南部德拉省的互联网和通信线路。电信部门是财政收入的关键经济部门之一。叙利亚电信公司（Syrian Telecom Company）继续致力于修复塔布、穆斯法哈和纳斯比等地的通讯网络和网络服务提供商的基础设施，总费用为4500万叙利亚镑（约合42857美元）。④

第三，国际社会逐步对叙利亚经济重建给予更多的关注，虽然外部援助有限，但为叙利亚赢得了经济复苏的良好外部环境。

2019年8月，第61届大马士革国际博览会召开，阿曼和阿联酋派代表参加，表明阿拉伯国家逐渐加入了叙利亚经济重建进程。同年9月，大马士革卫星城赛耶达·扎伊纳布（Sayyeda Zainab）集市举行了工业、农业

---

① "Al-Assad Approves Establishment of Two Oil Refineries Belonging to Syrian Businessman Placed on Sanction List," *Enab Baladi*, January 11, 2020, https：//english. enabbaladi. net/archives/2020/01/al－assad－approves－establishment－of－two－oil－refineries－belonging－to－syrian－businessman－placed－on－sanction－list/. （登录时间：2020年4月30日）

② "Syria：The First Toll Highway," *Enab Baladi*, January 1, 2020, https：//english. enabbaladi. net/archives/2020/01/the－first－toll－road－in－syria/, 2020－04－11。（登录时间：2020年4月30日）

③ "Country Report：Syria," *Economist Intelligence Unit*, February 10, 2020, http：//www.eiu. com. （登录时间：2020年4月26日）

④ "Gradual Return of Internet in Syria's Daraa：Electricity Hampers Continuation of Internet Coverage," *Enab Baladi*, January 15, 2020, https：//english. enabbaladi. net/archives/2020/01/gradual－return－of－internet－in－syrias－daraa－electricity－hampers－continuation－of－internet－coverage/. （登录时间：2020年4月26日）

和基础设施的重建博览会,这是叙利亚第五届年度重建展览会,主题就是"2019 年重建叙利亚",来自 31 个国家的约 390 家企业参展。① 德国、西班牙和埃及参加了本次重建展览会,此次展览会涉及多个领域,包括建筑、安全、信息、农业、水、电、环保、供暖、石油/天然气、包装、通信等技术,以及医院、酒店、教育、食品/饮料、汽车维修和消费品等。②

伊朗、俄罗斯是叙利亚经济重建的重要外援国,但难以满足叙利亚的需要。近年来叙利亚政府基本上依靠伊朗的信贷维持着经济活动。伊朗对叙利亚长期项目进行投资,资金来源是叙利亚政府需在 25 年内偿还的数百亿美元信贷额度,包括 200 亿美元的石油销售、80 亿美元的重建和价值 1.2 万英亩的农业项目等。③ 伊朗与叙利亚还签署了大型基础设施建设的协议,主要是能源领域,包括复兴叙利亚天然气田,在塔尔图斯建造一座价值 4.5 亿美元的发电厂,以及在霍姆斯附近建造一座价值 10 亿美元的炼油厂。此外,伊朗还扩大了与叙利亚汽车制造商萨帕(Saipa)公司的合作,该公司每年可生产 1000 辆汽车。④ 2019 年 11 月,叙利亚和伊朗电力部门签署一项协议,在叙利亚建设电力系统和开发电力设备。⑤ 俄罗斯对叙利亚的资金投入较少,更多的是关注叙利亚的经济资源。俄罗斯获取一些叙利亚能源和矿业等资源,特别是控制着叙利亚磷酸盐工业。叙利亚政府授权俄罗斯斯特罗伊特兰加兹(Stroytransgaz)公司一份 50 年的独家采掘磷酸盐的合同,规定该公司获得所提取的全部磷酸盐的 70%,叙利亚政府仅

---

① Igor A. Matveev, "Syrian Reconstruction Expo Draws Russian Businesses," *Al-Monitor*, October 2, 2019, https://www.al-monitor.com/pulse/originals/2019/09/russia-syria-iran-investments-challenges.html。(登录时间:2020 年 4 月 26 日)

② Oula A. Alrifai, "The 'Rebuild Syria' Exhibition: Iranian Influence and U.S. Sanctions," *Washington Institute*, September 17, 2019, https://www.washingtoninstitute.org/policy-analysis/view/the-rebuild-syria-exhibition-iranian-influence-and-u.s.-sanctions。(登录时间:2020 年 5 月 3 日)

③ Ibid.

④ "Iran-Russia Rivalry for Syrian Economic Sway May Grow," *Oxford Analytica*, March 28, 2019, https://dailybrief.oxan.com/Analysis/DB242846/Iran-Russia-rivalry-for-Syrian-economic-sway-may-grow。(登录时间:2020 年 5 月 3 日)

⑤ "Rivalry or Cooperation: Syrian Electricity Sector under Iran and Russia's Control," *Enab Baladi*, Decemner 19, 2019, https://english.enabbaladi.net/archives/2019/12/rivalry-or-cooperation-syrian-electricity-sector-under-iran-and-russias-control/。(登录时间:2020 年 5 月 3 日)

获得30%。① 2019年，该公司获得开发位于帕尔米拉赫尼菲斯磷矿的长期合同、霍姆斯附近的磷肥加工厂项目。② 此外，俄罗斯还获得了在叙利亚开采和勘探石油资源的特许权。

尽管部分西方国家和国际组织宣布，除非达成政治过渡协议，否则不会参与叙利亚的重建，但一些欧洲公司已开始参与叙利亚重建过程，除与朝鲜、韩国、马来西亚、科威特、阿布哈兹和阿联酋有关联的公司外，包括英国、法国、西班牙、比利时、希腊的公司也与叙利亚投资者建立了伙伴关系。③ 随着叙利亚政府控制区安全形势的改善，海湾阿拉伯国家阿联酋和巴林积极参与经济重建，中国、印度、朝鲜等国与叙利亚也展开了基础设施投资方面的合作。因西方国家对叙利亚的制裁和叙国内局势的不稳定，中国企业对参与其经济重建持谨慎态度。中国向叙利亚多次提供人道主义援助。2019年3月中国援助叙利亚1亿元人民币（1700万美元），6月向叙利亚政府援助了100辆公共交通巴士。④ 10月中国公司中材苏州建设赞助叙利亚水泥行业的商业论坛，并计划投资叙利亚市场。⑤ 2019年6月以来，一些海湾国家的公司在中断多年后重新向叙利亚投资。当年6月，印度总理莫迪表示，将向叙利亚提供新的信贷额度用于建设叙利亚住房、

---

① "Iran-Russia Rivalry for Syrian Economic Sway May Grow," *Oxford Analytica*, March 28, 2019, https：//dailybrief. oxan. com/Analysis/DB242846/Iran – Russia – rivalry – for – Syrian – economic – sway – may – grow。（登录时间：2020年5月3日）

② Aron Lund, "From Cold War to Civil War: 75 Years of Russian-Syrian Relations," *The Swedish Institute of International Affairs*, July 2019, p. 43. https：//www. ui. se/globalassets/ui. se – eng/publications/ui – publications/2019/ui – paper – no. – 7 – 2019. pdf. （登录时间：2020年5月3日）

③ "'Reconstruction' Might Lead to Further Human Rights Violations in Syria, Report Says," *Enab Baladi*, August 25, 2019, https：//english. enabbaladi. net/archives/2019/08/reconstruction – might – lead – to – further – human – rights – violations – in – syria – report – says/。（登录时间：2020年5月3日）

④ Mais Shtian, "Chinese Government Grants to War-torn Syria: Ambitious Investments in Reconstruction Phase," *Enab Baladi*, March 12, 2020, https：//english. enabbaladi. net/archives/2020/03/chinese – government – grants – to – war – torn – syria – ambitious – investments – in – reconstruction – phase/。（登录时间：2020年5月3日）

⑤ Roie Yellinek, "Will China Rebuild Syria?," *BESA Center Perspectives Paper*, No. 1514, April 1, 2020, https：//besacenter. org/perspectives – papers/will – china – rebuild – syria/。（登录时间：2020年5月3日）

电力、纺织和食品等领域的重大项目。① 2019 年 12 月，叙利亚—朝鲜联合经济委员会缔结合作协定，涉及就业、劳工、农业和渔业等领域的合作，朝鲜公司将为叙利亚房地产投资、设施设计和地震保护系统方面的重建提供帮助。② 2019 年 12 月，3 名科威特投资者在叙利亚建立了一家专门从事旅游、酒店服务和酒店投资的公司。③

二、大国参与叙利亚重建的进程

2018 年以来，随着叙利亚战事逐渐平息，政治解决叙利亚问题已成为国际共识。2017 年 8 月 26 日，叙政府在首都大马士革市郊的展览城举办了第五十九届大马士革国际博览会，显示出叙利亚对回归平静和稳定充满信心，叙政府也已着手恢复国家经济。④ 叙利亚局势的趋稳为中国参与叙利亚重建提供了条件，中国以政治对话为基础、经济合作为重点、人道主义援助为辅助等方式积极参与叙利亚重建，具有政治、政策、经验和技术等方面的优势。

（一）参与叙利亚重建的优势

中国参与叙利亚重建具有一定的政策和技术优势。中叙两国不仅传统关系友好，而且中国在叙利亚问题上始终秉持客观公正的立场，叙利亚对中国怀有浓厚亲近感。从叙利亚危机开始，中国就积极参与国际协调与促和会议，并与各方保持沟通，寻求政治解决问题的有效途径。同时，中国

---

① Dipanjan Roy Chaudhury, "India, Syria to Hold Ministerial Meeting," *The Economic Times*, June 6, 2019, https://economictimes.indiatimes.com/news/politics – and – nation/india – syria – to – hold – ministerial – meeting/articleshow/69669640.cms? from = mdr.（登录时间：2020 年 5 月 4 日）

② "North Korea Scales up Trade with Syria," *Enab Baladi*, December 15, 2019, https://english.enabbaladi.net/archives/2019/12/north – korea – scales – up – trade – with – syria/.（登录时间：2020 年 5 月 4 日）

③ "Three Kuwaiti Investors Started Company in Syria," *Enab Baladi*, December 14, 2019, https://english.enabbaladi.net/archives/2019/12/three – kuwaiti – investors – started – company – in – syria/.（登录时间：2020 年 5 月 4 日）

④ 《叙着手恢复经济 国际博览会时隔 6 年恢复举行民众充满期待》，中国青年网，2017 年 8 月 26 日，https://www.takefoto.cn/viewnews – 1250462.html。（登录时间：2020 年 5 月 4 日）

也持续向叙利亚提供各种援助，向叙人民提供力所能及的帮助。中国在基础设施建设等领域具有的技术优势和成功经验，也促使叙利亚对中国参与其重建进程充满期待。中国作为全球领先的基础设施建设大国，在基础设施建设及相关服务方面拥有丰富的技术和经验积累，拥有更为雄厚的资金能力，也具有优势产能转移的动力和优势。

叙利亚政府曾多次表示欢迎中方积极参与战后重建进程。2018年9月27日，叙利亚副总理兼外长穆阿利姆表示，叙利亚愿推进同中国的广泛合作，积极参与"一带一路"倡议，为两国务实合作注入新动力。① 2019年3月10日，叙利亚总统巴沙尔·阿萨德在会见来访的中国外交部部长助理陈晓东时表示，叙方珍视叙中友谊，期待中方为地区的和平、稳定和发展发挥更大作用。② 此外，叙方欢迎中方积极参与叙重建工作的同时，抵制西方参与叙利亚重建。巴沙尔·阿萨德多次表示，不允许西方国家参与叙利亚战后重建："他们（西方）不会成为叙利亚重建的一部分，不允许他们加入，他们会带着钱来，还是不会？他们提供贷款、捐赠和资助……随便什么东西，反正我们都不需要，西方国家离'诚实'这个概念太远：他们不会给予，只会索取。"③

叙利亚珍视与中国的传统友谊，欢迎并支持"一带一路"倡议，愿意积极参与共建"一带一路"进程，推动两国合作取得更多务实成果。叙利亚总统政策与传媒事务顾问夏班曾表示，叙利亚希望参加中国"一带一路"倡议的贸易与交通发展项目，认为"叙利亚自古以来就是'丝绸之路'非常重要的伙伴国，我们也希望加入'一带一路'倡议。我们相信叙

---

① 《王毅会见叙利亚副总理兼外长穆阿利姆》，中国政府网，2018年9月28日，http://www.gov.cn/guowuyuan/2018-09/28/content_5326320.htm。（登录时间：2020年5月5日）
② 《外交部部长助理陈晓东访问叙利亚》，中国外交部网站，2019年3月10日，https://www.fmprc.gov.cn/web/gjhdq_676201/gj_676203/yz_676205/1206_677100/xgxw_677106/t1644413.shtml。（登录时间：2020年5月5日）
③ 《叙总统：不允许西方参与叙利亚重建 他们只会索取》，观察者网，2018年6月24日，https://www.guancha.cn/internation/2018_06_24_461228.shtml?web?Web。（登录时间：2020年5月5日）

利亚、伊朗和伊拉克能够架起联通的桥梁与纽带。"① 中叙传统友好关系及"一带一路"倡议为中国参与叙利亚重建提供了政策优势。叙利亚驻华大使伊马德·穆斯塔法（Imad Moustapha）表示："我们鼓励中国企业到叙利亚投资。与其他国家的企业相比，中国企业会受到叙利亚更热烈的欢迎。一方面是因为中国企业有强大的基建技术和生产能力，与中国企业合作符合叙利亚自身的利益，另一方面也是因为叙利亚人对中国怀有的深情厚谊。"②

（二）参与叙利亚重建的实践

中国一直主张同国际社会共同努力，为推进叙利亚问题政治解决进程，帮助叙利亚重建发挥积极和建设性的作用。随着叙重建逐渐被提上国家日程，中方继续通过援助和投资等方式帮助叙利亚开展经济重建。自叙利亚内战爆发以来，中国已向叙利亚提供了大量的人道主义救援物资。在两国政府的共同推动下，中国企业对叙利亚重建持乐观态度，协助叙利亚重建也是向世界展示中国企业实力和责任感的重要机会。叙利亚政府希望对接中国"一带一路"倡议，以中国先进经验助力开展其国内基础设施重建，中国企业也纷纷探索叙利亚的重建市场，希望借助"一带一路"倡议进入叙利亚市场并与当地企业开展广泛合作。

中国企业已积极参与叙利亚经济重建，根据实际情况投资了一些重建项目。叙利亚内战前，中国能源企业自2003年就已开始与叙利亚开展合作。中国石油天然气勘探开发公司与叙方签署戈贝比（Gobebi）油田二次采收项目合同，中方投资约1亿美元，合同承建期为25年。中国与印度石油公司联合收购幼发拉底石油公司（Al Furat Petroleum）38%的股份，同时中国也拥有叙利亚石油公司的股权并且叙利亚政府与中石油公司签署了

---

① 《叙利亚总统顾问：希望加入中国"一带一路"倡议》，观察者网，2019年5月2日，https://www.guancha.cn/internation/2019_05_02_500033.shtml。（登录时间：2020年5月5日）
② 《"中国人的面孔在叙利亚特别受欢迎"——访叙利亚驻华大使伊马德·穆斯塔法》，人民网，2019年10月14日，http://world.people.com.cn/n1/2019/1014/c1002-31397809.html。（登录时间：2020年5月8日）

修建炼油厂的备忘录。① 叙利亚内战爆发后,中国在叙利亚投资的能源项目遭到战争的严重破坏,无法正常运转,加之战争形势恶化,中国石油企业于 2013 年撤离叙利亚,② 由于局势尚未完全稳定,中国石油企业目前还未重新进入并重启合同。2015 年,中国著名通信企业华为承诺到 2020 将重建叙利亚的电信系统。

在中国参与叙利亚国内基础设施重建的过程中,援助和商业合作形式并存,中国向叙利亚提供医疗设备、电力设备等物资援助,中国部分大型企业也纷纷开始跟踪电力、能源、汽车等基础设施项目,部分私营企业进入叙利亚进行实地考察。自 2017 年 4 月以来,由中国—阿拉伯交流协会牵头,已有三批次近 30 名中国企业家赴叙利亚考察。为推动中国与叙利亚企业界交流,2017 年 5 月中国贸促会在北京举办了"中国—叙利亚企业对接交流会",来自两国基础设施、能源、制造业等领域的 150 余位企业代表参会,并进行了企业对口交流。③ 2017 年 8 月 15 日,叙利亚投资署长伊纳斯同叙利亚—中国企业家理事会主席哈密舒在大马士革签署合作协议,共同推动中国企业对叙投资。④ 据叙利亚驻华大使伊马德·穆斯塔法透露,这些中国公司在叙利亚往往比西方公司更受欢迎。因为当前战争仍在继续,重建首先需要恢复的是电力、石油、铁路、公路、桥梁等能源基建设施,中国企业在这些领域具有相当成熟的技术和强大的投资能力。⑤

2017 年 7 月,北京举办了"第一届对叙利亚重建项目交易会",共有约 1000 家中国公司参加了这次活动,中国承诺投资 20 亿美元,建设以工业项目为主,涵盖加工制造、物流、保税、技术开发、商贸和现代服务等

---

① 王有勇:《中国与叙利亚的能源合作》,载《阿拉伯世界研究》2006 年第 3 期,第 34 页。
② 《商务部:中国石油企业已撤离叙利亚》,中国广播网,http://finance.cnr.cn/gundong/201308/t20130830_513454869.shtml。(登录时间:2020 年 5 月 8 日)
③ 《中国—叙利亚企业对接交流会在京成功举办》,中国驻叙利亚大使馆经济商务处网站,2017 年 5 月 11 日,http://sy.mofcom.gov.cn/article/zxhz/201705/20170502573656.shtml。(登录时间:2020 年 5 月 8 日)
④ 《叙利亚投资署与叙中企业家理事会签署合作协议》,中国驻叙利亚大使馆经济商务处网站,2017 年 9 月 7 日,http://sy.mofcom.gov.cn/article/zxhz/201709/20170902640502.shtml。(登录时间:2020 年 5 月 8 日)
⑤ 《叙利亚驻华大使:中国企业将优先获得参与叙重建的机会》,载《环球时报》2017 年 9 月 25 日。

主要产业的工业园区,①预计会为叙利亚创造约4万个就业机会。该工业园区将为中叙两国今后开展经贸投资提供新的平台和渠道,深化两国经贸合作。与此同时,中国企业正准备在叙利亚各地开设代表处,并频繁派遣代表团前往该国寻找可能参与的项目②,这些公司正在筹备或签署数份合同。中国汽车公司吉利和长安已经与叙利亚汽车制造商马陆（Mallouk & Co）合作,其位于霍姆斯的制造厂将生产吉利和长安牌汽车。

大马士革国际博览会成为中叙两国企业的交流平台。创办于1954年的大马士革国际博览会是中东地区历时最长、规模最大的博览会之一,自创办以来每年举行一次,但在2012年至2016年因战争而中断,直到2017年该博览会才恢复举行。这是自叙利亚危机爆发后,叙政府举办的首届大马士革国际博览会,可以看出叙政府希望借此传递国内局势正在好转的信号,并借此发出叙利亚重建的信号,试图提振国际社会对叙利亚重建和叙利亚经济恢复的信心。2017年8月的第59届大马士革国际博览会上,有20余家中国企业参与,涉及能源、建材、汽车、家具、机械装备、家用电器等多个领域。③众多中国汽车企业参展,包括一汽、奇瑞、比亚迪、北汽、东风、江淮、长安、吉利等众多品牌的多款样车。④ 在2018年9月的第60届大马士革国际贸易博览会上,200多家中国企业到场参与。中国是第三大参展企业来源国,中国企业特别是工程、机械和汽车等门类受到欢迎。中国企业有意向参与建设钢铁厂、发电厂和医院,一旦叙利亚达到可接受的稳定水平,中国企业将准备启动合作。吉利汽车展区的当地合作联络人阿巴斯谈到:"中国企业精准把握了叙利亚市场的需求,同时展现出

---

① Laura Zhou, "Syria Courts China for Rebuilding Push after Fall of Islamic State's Strongholds," *South China Morning Post*, https：//www.scmp.com/news/china/diplomacy–defence/article/2121552/syria–courts–china–rebuilding–push–after–fall–islamic.（登录时间：2020年5月8日）

② "Syrian Day Held in Beijing to Promote Damascus International Fair," *Syrian Arab News Agency* (*SANA*), July 10, 2017, https：//sana.sy/en/？p=109748。（登录时间：2020年5月8日）

③《第59届大马士革国际博览会开幕》,中国驻叙利亚大使馆经济商务处网站,2017年8月18日,http：//sy.mofcom.gov.cn/article/todayheader/201708/20170802629359.shtml。（登录时间：2020年5月8日）

④《中国汽车企业看好叙利亚市场前景》,中国汽车工业协会网站,2017年8月21日,http：//www.caam.org.cn/search/con_5210909.html。（登录时间：2020年5月8日）

合作诚意,未来叙利亚重建进程中,中国企业与产品必将占据重要位置,这也是不少叙利亚本地企业、代理商以及叙民众乐于看到的局面。"① 在2019年8月的第61届大马士革国际博览会上,有来自38个国家和地区的约1700家企业参展,展区面积首次超过10万平方米。② 会前,博览会组委会就表示欢迎中国企业积极参加,并愿意为中国企业提供一定面积的免费展位。③ 中国驻叙利亚大使冯飚出席了本次展会,50多家中国企业参展,展出了机械电子、装饰建材等产品,受到了叙利亚客商普遍欢迎。④

叙利亚电力系统在内战中受损严重,尤其是频繁的恐怖袭击对电力系统造成重大损失。中国20世纪90年代承建的叙利亚迪什林(Tishrin)水电站被叙利亚反政府武装控制,随着叙利亚政府军逐渐收复失地,2019年11月俄罗斯军队驻叙利亚司令部发言人表示,该水电站已转由叙利亚政府军控制。⑤ 2018年中国向叙利亚援助一批电力设备,包括800台变压器、60公里长电缆和其他配电用设备,可用于改善电网,缓解电力供应不足。⑥ 中国国家电网有限公司高级培训中心与国家行政学院国际和港澳培训中心联合举办的2019年培训班,吸收叙利亚学员在北京接受培训,学习我国电

---

① 《为重建家园打开希望之窗》,人民网,2018年9月18日,http://world.people.com.cn/n1/2018/0918/c1002-30299050.html。(登录时间:2020年5月8日)

② 《第61届大马士革国际博览会开幕》,新华网,2019年8月29日,https://baijiahao.baidu.com/s?id=1643177398456943568&wfr=spider&for=pc。(登录时间:2020年5月10日)

③ 《叙利亚将举办第61届大马士革国际博览会 组委会欢迎中国企业参加》,中国商务部网站,2019年4月16日,http://www.mofcom.gov.cn/article/i/jyjl/k/201904/20190402853449.shtml。(登录时间:2020年5月10日)

④ 《驻叙利亚大使冯飚出席第61届大马士革国际博览会并视察中国企业展位》,中国驻叙利亚大使馆经济商务处网站,2019年9月2日,http://sy.mofcom.gov.cn/article/todayheader/201909/20190902895617.shtml。(登录时间:2020年5月10日)

⑤ 《俄媒:叙利亚第二大水电站转为叙政府军控制》,澎湃新闻网,2019年11月18日,https://www.thepaper.cn/newsDetail_forward_4989179。(登录时间:2020年5月10日)

⑥ 《中国向叙利亚援助一批电力设备 叙电力局长:缓解燃眉之急》,中国电力网,2018年10月12日,http://www.chinapower.com.cn/guoji/20181012/1251303.html。(登录时间:2020年5月10日)

网建设最新成果和经验。①

中国的工程机械已进入叙利亚重建市场。2019年中国辽原筑机两套LB1500型沥青搅拌站出口叙利亚，并同时派出两名安装工程师。②山重建机有限公司向叙利亚出口两台MC386挖掘机，龙工叉车等机械工程车辆出口至叙利亚，山东萨丁重工的100台大型拖拉机在2019年出口叙利亚，在叙利亚重建中发挥作用。③中国汽车企业早在内战爆发前就已进入叙利亚市场，中国汽车的价格、性能和外观在当地具有竞争优势，在叙利亚汽车市场占有一定份额，中国汽车企业看好重建的叙利亚市场前景。2015年厦门金旅客车获得叙利亚100台公交车项目订单，这是自叙利亚内战后中国客车首次批量出口叙利亚。④2017年2月，我国东风汽车与叙利亚代理商赫鲁夫集团合作，在大马士革举行了东风S50轿车和AX7旅行车产品发布会，该集团将与东风汽车合作，在叙利亚对上述两款产品进行组装生产和销售。⑤2018年2月，中兴汽车与叙利亚最大的汽车进口商马洛克公司合作SKD组装建厂项目签约，SKD皮卡生产线将于当年5月份安装调试完成，启动车辆的生产组装，实现年产3000台的皮卡产能。同时马洛克公司第一批234台采购订单也已经下达生产。⑥在2017年第59届大马士革国际博览会上，叙利亚马洛克公司总经理阿卜杜勒·马洛克表示，该公司位于霍姆斯省的工厂将于当年11月开始满负荷运转，在未来2年计划每年生产

---

① 《"一带一路"倡议下共享中国发展经验研修班开班》，中国电力新闻网，2019年10月17日，http：//www.cpnn.com.cn/zdyw/201910/t20191017_1171169.html。（登录时间：2020年5月10日）

② 《为和平而来，辽原筑机挺进叙利亚》，中国路面机械网，2019年7月24日，https：//news.lmjx.net/2019/201907/2019072413295729.shtml。（登录时间：2020年5月10日）

③ 《深化国际合作 萨丁重工再添大型拖拉机百台订单》，中国机械工业联合会网站，2019年7月23日，http：//www.mei.net.cn/nyjx/201907/836615.html。（登录时间：2020年5月10日）

④ 《金旅客车为何依然穿行叙利亚》，中国客车网，2016年9月2日，http：//www.chinabuses.com/buses/2016/0902/article_73698.html。（登录时间：2020年5月10日）

⑤ 《东风汽车在叙利亚市场发布两款产品》，中国驻叙利亚大使馆经济商务处网站，2017年2月21日，http：//sy.mofcom.gov.cn/article/zxhz/201702/20170202520076.shtml。（登录时间：2020年5月12日）

⑥ 《中兴汽车叙利亚海外工厂建设 续写资助品牌出口传奇》，中兴汽车网，2018年3月19日，http：//www.zxauto.com.cn/news/readnews.asp？id=1295。（登录时间：2020年5月12日）

约 1 万辆中国长安汽车和吉利汽车。① 2019 年 9 月，由叙利亚政府采购的中国 113 辆安凯客车运抵后，在叙利亚首都大马士革等城市投入运营，改善了城市公共交通状况。② 2020 年 2 月，东风风光 ix5 汽车在叙利亚上市。③

除了在联合国、世界卫生组织等框架下的援助之外，中国政府和企业也直接对叙进行了双边援助。2017 年 2 月 5 日，中国向叙提供人道主义物资，帮助实施人道主义援助项目。④ 2018 年福田汽车为叙利亚援助人道主义救援设备，由两辆福田欧辉医疗大巴和两辆救护车组成的大型多功能移动医疗单元，具备移动医疗和远程医疗功能，可为当地民众非常便捷地提供基本诊疗、手术、体检、医疗转运等卫生服务。⑤

三、参与叙利亚重建面临的挑战

随着叙利亚境内大部分地区的恐怖分子被逐步肃清，政府军逐步收复失地，叙利亚政府日益明确地向国际社会发出参与经济重建的信号。2017 年以来，叙利亚政府通过对内实施一系列促进经济复苏的政策，对外积极争取国际社会援助，为经济重建营造了良好的外部环境。但叙利亚经济重建仍面临严峻的挑战和风险，存在重建资金紧缺、经济区域分割化加剧、基础设施遭受破坏和人力资源匮乏、外部制裁制约等因素，叙国内战争并

---

① 《长安和吉利未来 2 年拟每年在叙生产 1 万辆汽车》，俄罗斯卫星通讯社网站，2018 年 9 月 10 日，http://sputniknews.cn/economics/201809101026310756/。(登录时间：2020 年 5 月 2 日)

② 《"一带一路"再结硕果，113 辆安凯客车出口叙利亚》，客车联盟网，2019 年 9 月 16 日，https://www.cnbuses.com/show-6-3127-1.html。(登录时间：2020 年 5 月 12 日)

③ 《全球化战略再提速 东风风光 580 摩洛哥上市》，东风汽车集团有限公司网站，2020 年 3 月 1 日，https://www.dfmc.com.cn/news/media/news_20200301_0931.html。(登录时间：2020 年 5 月 12 日)

④ 《中国与叙利亚签署关于提供无偿援助的经济技术合作协定》，中国驻叙利亚大使馆经济商务处网站，2017 年 2 月 5 日，http://sy.mofcom.gov.cn/article/zxhz/201702/20170202510022.shtml。(登录时间：2020 年 5 月 12 日)

⑤ 《品质客车现身"一带一路"人道救援 福田欧辉再担国际重任》，中国机械工业联合会主网，2018 年 5 月 14 日，http://www.mei.net.cn/qcgy/201805/778647.html。(登录时间：2020 年 5 月 12 日)

未结束，政治和解并未实现，这使叙利亚的经济重建举步维艰。

第一，资金紧缺成为制约经济重建进程的关键因素。根据联合国经济社会理事会的统计数据，叙利亚经济重建所需的资金总额为4000亿美元，[1] 2019年叙利亚财政预算约89亿美元，而用于重建的资金仅1.15亿美元。[2]因此，叙利亚政府无法承担如此大规模经济重建的投资。叙利亚政府的主要依靠者伊朗和俄罗斯经济疲软，且遭受外部制裁，均无法提供巨大的重建资金，而欧盟、美国及海湾国家不愿向叙利亚政府提供重建资金，其他国家对叙利亚投资依然大多持谨慎态度。尽管中国有意参与对叙利亚的重建，叙利亚政府对中国也抱有高度期待，但叙利亚战后重建的成本可能高达数千亿美元，中国也无法提供如此大规模的投资。有估计表明，在中阿交流协会于2017年7月访问中国之后，中国预计将在该国投资约20亿美元。[3]

第二，当前叙利亚仍呈现战时经济形态，经济重建的地域分化明显，严重制约了经济重建和一体化进程，这成为叙利亚经济顺利发展的重要障碍。2019年，叙利亚经济仍分割为四大区域：一是叙利亚政府控制的南部、西部和中部经济区。二是土耳其资助和武装的反对派组织控制的阿勒颇北部经济区。三是美国支持的库尔德人主导的叙利亚民主军控制的东北部经济区。四是"国民解放阵线"和"解放沙姆阵线"组织控制的伊德利卜省。叙政府控制区和土耳其控制的阿勒颇地区已开展经济重建工作，经济状况逐渐改善，但随着叙利亚支离破碎的国家开始重建，国民经济复兴变得越发困难。土耳其在控制区通过经济开发实现自上而下的"土耳其化"，在土耳其培训当地官员并支付工资，推行土耳其货币里拉在当地流

---

[1] Sharmila Devadas, Ibrahim Elbadawi, Norman V. Loayza, "Growth after War in Syria," *World Bank Group*, *Policy Research Working Paper*, August 2019, p. 3. http：//documents. worldbank. org/curated/en/424551565105634645/pdf/Growth－after－War－in－Syria. pdf。（登录时间：2020年5月12日）

[2] "Syrian Economy To Keep Growing On Piecemeal Foreign Investment," *Fitch Solutions*, November 20, 2019, https：//www. fitchsolutions. com/country－risk－sovereigns/economics/syrian－economy－keep－growing－piecemeal－foreign－investment－20－11－2019。（登录时间：2020年5月15日）

[3] Guy Burton, "Chinese Conflict Management in Libya, Syria and Yemen after the Arab Uprisings," *Asian Journal of Middle Eastern and Islamic Studies*, Vol. 13, No. 1, 2019, p. 28.

通，反对派组织建立的临时政府强迫居民使用具有土耳其特殊代码的新身份证，以获得土耳其的卫生、教育等基本社会服务。[①] 2019 年 12 月，土耳其支持的反对派政治力量——叙利亚临时政府（Syrian Interim Government）负责人阿卜杜勒·拉赫曼·穆斯塔法（Abdul Rahman Mustafa）表示："政府愿意向叙利亚北部市场注入面值分别为 5 里拉、10 里拉和 20 里拉的土耳其钞票"。[②] 这无疑破坏了叙利亚的经济重建和市场统一。

第三，叙利亚基础设施遭受非常严重破坏，人力资源损失惨重，经济复苏的人力和物力成本巨大，严重制约着经济重建进程。叙利亚的农业灌溉系统、天然气管道、输电网、道路、供水及电力系统严重受损，国内面临严重的水资源和电力紧缺，造成工农业产量减少，人民生活贫困。根据联合国的统计数据，2019 年由于供水中断和基础设施被破坏，70% 的叙利亚人无法正常获得安全的饮用水，约有 1550 万人需要水源和卫生设施，其中 620 万人急需帮助。[③] 基础设施遭受破坏，进一步加剧了叙利亚民众的贫困。许多叙利亚人将微薄收入的 25% 用于获取安全的饮用水。[④] 2019 年叙利亚有 120 万贫困人口生活在交通不便的地区，同时还面临严重的粮食紧缺危机。[⑤] 进入 2019 年，叙利亚国内仍有 600 多万人流离失所，绝大多

[①] Erwin van Veen & Engin Yüksel, "Turkey in Northwestern Syria Rebuilding Empire at the Margins," *CRU Policy Brief*, Clingendael Netherlands Institute of International Relations, June 2019, p. 6. https：//www. clingendael. org/sites/default/files/2020 – 01/Policy_Brief_Turkey_in_Northwestern_Syria. pdf。（登录时间：2020 年 5 月 15 日）

[②] "Syrian Interim Government with Plan to Inject Turkish Banknotes in Rebel – controlled Areas," *Enab Baladi*, December 13, 2019, https：//english. enabbaladi. net/archives/2019/12/syrian – interim – government – with – plan – to – inject – turkish – banknotes – in – rebel – controlled – areas/。（登录时间：2020 年 5 月 15 日）

[③] "Main Water Station in Maarat al-Nu'man Out of Service," *Enab Baladi*, July 12, 2019, https：//english. enabbaladi. net/archives/2019/07/main – water – station – in – maarat – al – numan – out – of – service/。（登录时间：2020 年 5 月 15 日）

[④] Jennifer Dathan, "The Reverberating Economic Effects of Explosive Weapon Use in Syria," *Action on Armed Violence*, February 6, 2019, https：//aoav. org. uk/2019/economic – effects – syria/。（登录时间：2020 年 5 月 15 日）

[⑤] "Food Security and Conflict in Syria," *2019 Syrian Center for Policy Research*, June 2019, p. 32. https：//www. wfp. org/publications/syria – food – security – analysis – march – 2020。（登录时间：2020 年 5 月 15 日）

数人难以满足基本生活需求，有1170万人需要人道主义援助。① 2019年10月，联合国难民署发布报告称，1月至9月期间75501名难民"自发"返回叙利亚。② 人数众多的国内流离失所者和少数难民的回归，导致国内安置压力巨大，而叙利亚经济重建急需的熟练工人、教师、工程师、专业人员和医生等极为缺失，叙利亚的劳动力市场极度疲软。

第四，叙利亚国内经济严重衰退，国内劳动力资源严重缺失。在近10年的战争中，叙利亚人口出现明显负增长现象。截至2016年初，叙利亚由于战争造成的死亡人数估计在40万至47万之间，还有更多的人受伤。2019年大约620万人在国内流离失所，其中包括250万儿童，超过560万人正式登记为难民。③ 在战争中的死亡人口以男性青壮年为主，这使国家劳动力资源严重短缺。联合国开发计划署和叙利亚经济科学协会合作撰写的报告，对叙利亚危机之前和危机期间叙利亚就业和生计状况进行了评估。报告指出，叙利亚社会存在着普遍的失业情况，劳动力市场存在着巨大缺口。劳动力的供给和需求之间存在明显的断层。劳动力人口下降幅度高达51%，而技术人员和专业人员的短缺更是高达80%。④

第五，以美国为首的西方国家依然对叙利亚政府实施经济制裁，且叙利亚经济重建面临严重的政治化趋势，叙利亚重建面临更为严重的非经济挑战。

一方面，叙利亚重建被政治化。由于叙利亚在中东地区重要的地缘政治地位，以及叙利亚与伊朗的友好关系，以美国为首的西方国家一直敌视和制裁叙利亚政府，希望以向叙利亚提供重建援助为筹码，谋求推翻巴沙尔政权并将伊朗的存在赶出叙利亚。美国国务卿蓬佩奥公开表示，叙利亚

---

① Heba Kanso, "9 Years in, 9 Things to Know about the Syrian Civil War," *Thomson Reuters Foundation*, March 20, 2019, https：//www.weforum.org/agenda/2019/03/nine-facts-about-syria-as-fresh-violence-marks-ninth-year-of-war。（登录时间：2020年5月15日）

② Karin Leukefeld, "Another Kind of War: Unilateral Economic Sanctions Damage Syria," December 23, 2019, https：//www.workers.org/2019/12/45046/。（登录时间：2020年5月15日）

③ "The World Bank in Syrian Arab Republic," *The World Bank*, April 1, 2019, https：//www.worldbank.org/en/country/syria/overview。（登录时间：2020年5月15日）

④ 《联合国报告：叙利亚危机后劳动力锐减 幅度高达51%》，联合国新闻网站，2019年1月7日，https：//news.un.org/zh/story/2019/01/1025972。（登录时间：2020年5月18日）

境内的伊朗武装撤离是美国援助叙利亚重建的前提条件。2018 年，他曾在美国国家安全犹太研究所的年度晚宴上表示："叙利亚如果无法保证所有得到伊朗支持的武装撤走，将不会从美国得到一分钱用于重建。""现阶段还有另外两个相互促进的目标，即通过政治途径和平解决叙利亚问题，以及从叙利亚全境驱逐所有伊朗武装和伊朗支持的武装。"① 2019 年 1 月 10 日，蓬佩奥访问埃及时谈及援助叙利亚重建时表示："在伊朗及其代理人撤出之前，在我们看到政治解决取得不可逆转的进展之前，美国不会对阿萨德控制的叙利亚地区提供重建援助。"② 美国和西方也将中国参与叙利亚重建赋予政治目的和色彩。以色列支持的一家智库文章中说："随着叙利亚内战进入最后阶段，中国似乎决心在叙利亚重建中占据中心地位。""中国在叙利亚扮演日益活跃的角色，可能标志着该地区地缘战略现实的转变。"③

另一方面，美国和欧盟及其盟友继续对叙利亚进行经济制裁。叙利亚内战中，美国和欧盟将经济制裁作为削弱巴沙尔政权的手段，在叙利亚问题没有达成政治协议的情况下，不允许向叙利亚重建出资或者解除对叙制裁。这些制裁涉及范围广、力度大，不仅限制美欧企业、个人与叙利亚往来，也使其他外国企业对叙投资承受巨大风险。④ 美国和欧盟对叙利亚的制裁对叙国内经济造成了巨大的影响，尤其导致石油收入锐减，能源短缺，货币贬值，物价攀升，对本就受到战争打击的国内经济雪上加霜。美国对叙利亚的经济制裁自 2004 年 5 月开始，叙利亚内战爆发后，美国加大了叙利亚政府的制裁力度，特朗普上台后更加严格限制和叙利亚的经济往

---

① 《蓬佩奥给援助叙利亚重建开条件：伊朗武装撤出》，人民网，2018 年 10 月 12 日，http://world.people.com.cn/n1/2018/1012/c1002 - 30336228.html。（登录时间：2020 年 5 月 15 日）

② Michael R. Pompeo, "A Force for Good: America Reinvigorated in the Middle East," U.S. Department of State, January 10, 2019, https://www.state.gov/a - force - for - good - america - reinvigorated - in - the - middle - east/. （登录时间：2020 年 5 月 15 日）

③ Gideon Elazar, "Moving Westward: The Chinese Rebuilding of Syria," *BESA Perspectives*: *The Begin - Sadat Center for Strategic Studies*, December 5, 2017, https://besacenter.org/wp - content/uploads/2017/12/673 - The - Chinese - Rebuilding - of - Syria - Elazar - final.pdf. （登录时间：2020 年 5 月 15 日）

④ 《西方制裁掣肘叙利亚战后重建 吓退外国投资者》，新华网，2018 年 9 月 4 日，http://www.xinhuanet.com/world/2018 - 09/04/c_129946044.htm。（登录时间：2020 年 5 月 15 日）

来。有报道称，美国对触犯制裁条款者的惩处不仅针对美国人，那些为叙利亚规避制裁提供帮助的外国企业或个人同样会被列入黑名单，失去大部分与美国人做生意的机会。① 美国参议院2019年12月18日通过的2020年国防预算法案，其中包括《凯撒叙利亚平民保护法案》，授权美国政府以侵犯平民权利为由，对叙利亚政府的高级官员、军事领导人及其所有支持者实施制裁；还允许对向叙利亚能源、国防和建筑部门提供了财政、物质和技术支持的俄罗斯及伊朗机构实施制裁，或是对重建做出贡献的实体实施制裁。② 美国财政部的制裁已冻结了叙利亚政府以及数百家公司和个人的资产③。2020年6月10日，美国国会正式通过了《叙利亚平民保护法案》，宣布对任何支持叙利亚总统阿萨德的个人和实体进行制裁，禁止任何有关方面参与叙利亚战后重建。④ 此外，自2011年5月开始欧盟也开展了对叙利亚的多轮制裁。欧盟对叙利亚的经济制裁涉及个人和企业的财产、能源、金融、设备、武器，以及日常生活用品等多个领域。⑤ 随后欧盟数次更新制裁内容，包括资产冻结、旅行禁令、贸易设限、金融制裁和武器禁运，用于勘探、开采或提炼石油和天然气的金属、设备和技术都被列入禁止出口清单。此外，欧盟还禁止欧盟企业在叙利亚投资或参与发电站建设。⑥ 欧美的制裁阻碍了国际社会对叙利亚的投资，使企业投资叙利亚的风险升高，多数企业选择继续观望，严重制约着叙利亚经济重建的进程。2019年1月21日，欧盟扩大了对叙利亚的制裁目标范围，有269

---

① 《西方制裁掣肘叙利亚战后重建 吓退外国投资者》，新华网，2018年9月4日，http：//www.xinhuanet.com/world/2018－09/04/c_129946044.htm。（登录时间：2020年5月15日）

② 《〈凯撒叙利亚平民保护法〉：多年之后终获批准》，半岛电视台中文网，2019年12月18日，https：//chinese.aljazeera.net/news/2019/12/18/caesar－law－protect－syrian－civilians－finally－approved。（登录时间：2020年5月15日）

③ "The Caesar Syria Civilian Protection Act：Why Washington Is both Corrupt and Ignorant," *Strategic culture foundation*，January 2，2020，https：//www.strategic－culture.org/news/2020/01/02/the－caesar－syria－civilian－protection－act－why－washington－is－both－corrupt－and－ignorant/。（登录时间：2020年5月15日）

④ 《中东：抗疫、复苏和冲突的拉锯战》，载《光明日报》2020年6月30日，第16版

⑤ 张金荣、詹家峰：《欧盟对叙利亚的经济制裁及影响》，载《当代世界》2013年第6期，第38页。

⑥ 《西方制裁掣肘叙利亚战后重建 吓退外国投资者》，新华网，2018年9月4日，http：//www.xinhuanet.com/world/2018－09/04/c_129946044.htm。（登录时间：2020年5月15日）

名商人、69家机构和公司被列入制裁名单，禁止他们进入欧盟，并冻结了他们在欧洲银行的个人资产。3月4日，叙利亚政府7名新部长被列入欧盟制裁名单。① 2019年7月4日，英国在直布罗陀扣押了一艘前往叙利亚的伊朗油轮，称此举是为了对叙利亚政府实施经济制裁。② 因伊朗无法向叙利亚输送石油，叙政府只能依靠黎巴嫩进口的数量有限的石油，③ 外汇储备锐减，叙镑贬值和物价的通货膨胀，致使其整体上的经济复苏更加举步艰难。

总之，经历了近10年的战争破坏，叙利亚国内百废待兴，资金、物资和人才资源极为缺乏，外部又遭受国际制裁，经济重建面临巨大挑战。尤其是基础设施重建关系着国计民生，电力、能源、住房、铁路、公路、桥梁、公共交通等主要基础设施建设是叙利亚政府的重要建设工程，同时，重建对基础设施建设所需的工程机械、钢铁、建材等具有极大的需求。中国在基础设施建设领域的先进经验和高技术水平是中国企业的巨大优势，叙利亚重建还要加快恢复工农商贸等民生行业，对各类工业制造设备及产品、日用、家电产品等同样具有巨大需求。叙利亚重建市场对于中国等其他国家来说既是机遇也有挑战。在世界银行2020年营商环境报告中，叙利亚的营商便利性被列于190个列入排名国家中的第176位。④ 中国企业进入叙利亚重建市场需提高风险防范意识，以降低企业有可能承担的风险和损失。

---

① "'Isolation Strategy': Sanctions an EU – US Measure to Suffocate Assad," *Enab Baladi*, July 20, 2019, https://english.enabbaladi.net/archives/2019/07/isolation-strategy-sanctions-an-eu-us-measure-to-suffocate-assad/.（登录时间：2020年5月18日）

② "Western Sanctions Blocking Two Waterways from Iran to Syria," *Enab Baladi*, July 16, 2019, https://english.enabbaladi.net/archives/2019/07/western-sanctions-blocking-two-waterways-from-iran-to-syria/.（登录时间：2020年5月15日）

③ Rohan Advani, Walid Al Nofal, "Economic Crisis Looms as the Syrian Pound Plummets to an All-time Low," *Syriadirect*, November 26, 2019, https://syriadirect.org/news/economic-crisis-looms-as-the-syrian-pound-plummets-to-an-all-time-low-4/.（登录时间：2020年5月15日）

④ "Doing Business 2020," *The World Bank*, October 24, 2019, https://openknowledge.worldbank.org/bitstream/handle/10986/32436/9781464814402.pdf.（登录时间：2020年5月15日）

第五章

也门问题：大国的政治协调

也门有3000多年文字记载的历史，也是阿拉伯世界古代文明摇篮之一，7世纪成为阿拉伯帝国的一部分。之后，16世纪初葡萄牙人侵入，1789年英国占领了属也门的丕林岛，1839年又占领了亚丁，并在当年9月建立殖民地。1863—1882年，英国先后吞并哈达拉毛等30多个酋长领地，组成"亚丁保护地"，将也门南方的大部分领土分割出来，并在亚丁周边地区建立以松散联盟为基础的缓冲区。1918年，奥斯曼帝国崩溃，也门随即脱离奥斯曼帝国，宣布独立，成立也门穆塔瓦基利亚王国。1934年，也门王国在同沙特阿拉伯王室的战争中失败，英国乘机迫使其签署不平等条约，承认英国对南部也门的占领，也门被正式分割为南北两方。

1959—1963年，英国先后将也门南部的6个苏丹国拼凑成"南阿拉伯联邦"，后"亚丁保护地"宣布加入。1962年北也门发生革命，建立阿拉伯也门共和国。1963年，南部人民在"民主阵线"领导下，举行大规模的反英武装斗争。1967年，英国撤出，南也门人民共和国成立，1970年改名为也门民主人民共和国，开始奉行亲苏联的社会主义政策。南北也门发生多起政变，北也门共有两位元首被杀害，三位元首被赶下台。同时期的南也门也有两位元首被杀，两位元首被夺权。仅仅1986年南也门部分军官在苏联支持下的12日政变，就导致南也门死亡1.2万人。[①] 随着国际形势的发展，两国加快了统一的步伐。1988年双方签署了南北居民自由过境和共同开发边界地区石油、矿业资源的协议，揭开了加快统一的序幕。1990年

---

① 林庆春、杨鲁萍：《列国志·也门》，北京：社会科学文献出版社2009年版，第201页。

5月22日，北、南也门宣布统一，成立了也门共和国。1994年5月，也门北、南方领导人在统一等问题上矛盾激化，爆发内战。同年7月内战结束，南方军队失败，也门重归统一。同年9月，议会通过宪法修正案，将总统委员会制改为总统制，10月1日萨利赫当选总统。1998年7月，希萨那、哈杰和迈赫维特省设立阿姆兰省，希伊卜、拉赫季和塔伊兹省设立达利省，而将哈德拉毛省分为两省的提议在当地被否决。1999年9月，萨利赫在也门统一后的首次全民大选中当选总统。2006年9月，萨利赫再次当选连任，直至2011年"阿拉伯之春"期间被赶下台。自此，也门出现了新的政治危机，并逐渐演进为延宕至今的内战，从而成为持续的地区热点问题。在此过程中，域内外多种政治力量卷入其中，深刻影响着也门问题的解决进程，使得也门问题至今悬而未决。本章将在介绍中东剧变后也门问题基本历史演变的基础上，分析大国参与也门问题解决的内在动因，以及形成各类国际机制的实际作用及不足之处，最后考察中国在中东剧变后也门问题上的参与形式及其协调实践。

第一节 中东剧变后也门问题的形成与演进

也门剧变的爆发有着深刻的结构性根源，即萨利赫统治后期的多重复合治理危机。萨利赫下台后的也门国家转型进程不仅未能解决国家的治理问题，而且导致也门再次爆发内战，战争目前仍在继续。中东剧变10年来，也门问题从之前的治理赤字问题逐渐演化为当前的安全赤字问题。

一、也门国家治理能力下降与国家危机

1962年北也门爆发革命，萨拉勒（'Abd Allah al-Sallal）领导的"也门自由军官运动"推翻了穆塔瓦基利亚王朝，建立共和国，拉开了也门现代史的序幕。随即也门陷入8年内战，对战双方是埃及及其支持的共和政

权和沙特及其支持的保皇势力。最终，共和制度得以在也门维持，但国家也付出了惨痛代价。埃里亚尼（'Abd al-Rahman al-Iryani）于1967年出任总统之后，因无法平衡不同力量的利益诉求而在1974年被罢黜。随后的两位总统哈姆迪（Ibrahim al-Hamdi）和卡西姆（Ahmad al-Ghashmi）均为军人出身，也无力解决也门的稳定和发展问题，并先后于1977年和1978年遇刺而亡。1978年，萨利赫（'Ali 'Abd Allah Salih）成为也门总统，他依赖哈希德部落联盟和以穆森将军为代表的军方支持，逐渐巩固了政权，保证了国家的基本政治稳定和经济中速发展。

（一）萨利赫统治前期的国家治理状况

萨利赫1978年上台时，很多人都认为他不过是一个随时可能被替换的过渡性人物，甚至萨利赫自己都做好了随时会被暗杀的准备。然而，"站在蛇头上跳舞"的萨利赫竟然统治了也门33年之久，这除了有一定的运气成分之外，也是他高超的权术运用使然。萨利赫创建的"部落—军队—商人复合体"是其长期统治的重要支柱，也是其国家治理的基本手段。

萨利赫掌权之初面临诸多压力，例如，纳赛尔主义者的政变、利比亚渗透进来的激进分子，以及南也门支持的异议分子。此外，北也门还在与南也门的1979战争中失败。然而，萨利赫凭借出色的权术巩固了自身的统治地位。他在1979年战争中得到了沙特和美国的支持，并从苏联接受军事援助，获取这些大国的支持是萨利赫政权生存的重要保证。他接纳左翼人士进入政府，将反对南也门的保守派从政府中解职但纳入总统办公室做顾问。同时，他通过赋予部落谢赫行政职位和经济特权，赢得了他们的基本支持。同时，为了显示自己的进步性，他任命一些参加过"九月革命"的人士，以及哈姆迪的追随者担任省长或大使。为了吸纳更多的统治精英，也门人民议会从99席增加到159席。此外，萨利赫还组建了一个咨询委员会，代表人员涵盖卡迪和赛义德、"九月分子"和保皇派、进步者和保守者，以及现代化者和传统论者。从政府内阁构成方面也能看出萨利赫的平衡努力：外交部长马基（Hasan Makki）是进步主义者，负责内部事务的沙瓦里布（Mujahid Abu Shawarib）是军队和部落代表，负责经济事务的是技术官僚局纳德（Ahmad al-Junayd）。① 通过拉拢也门主要的政治精英，萨利赫渡过了艰难的统治早期，实现了政权生存。

获取哈希德部落联盟和军方的支持，是萨利赫确保政治生存的关键。萨利赫充分吸取了哈姆迪被暗杀的教训，以及自己政治生涯的经验，全方位对关键性部落力量让步。在也门，部落可以被定义为一个以亲缘为核心组织原则的松散地方群体，群体中的成员往往认为自己的文化（在习俗、语言、起源等方面）是独特的。部落通常在政治上具有统一性，但不一定存在唯一权威，这两个特征反映在部落与中央政府的互动中。一些部落通常与同类的部落一起构成更大的组织——部落联盟。部落民众通常不与国家直接联系，而是通过这些中间性的组织与国家发生关系。② 鉴于70%～80%的也门人认可自己的部落身份，因此思考也门的社会结构和政治问题必须对部落给予优先关注。萨利赫充分认识到这一点，并努力赢得也门部落精英的支持。萨利赫上台之初，就显示出他利用部落力量巩固权力的总体生存战略。根据美国的解密档案，1978年，萨利赫与哈希德部落领袖艾哈迈尔·谢赫，以及同样来自桑汉部落的也门装甲部队总司令穆森（Brigadier General Ali Mohsen al-Qadhi al-Ahmar）达成了一份内部协议。协议的内容是桑汉部落和哈希德部落联盟支持萨利赫的总统地位，而穆森将军在萨利赫之后出任也门总统。作为交换，萨利赫在安全、司法和经济领域赋予两人相当广泛的自主权力。③ 事实上，萨利赫经常在反腐、控枪等事关中央集权的事务上向他们屈服，并向两人的部落和武装力量直接转移财政支付。

萨利赫通过构建"部落—军队—商人复合体"，彻底将部落、军队和经济精英内嵌到政权结构中，巩固了政权稳定。④ 在20世纪70年代末和

---

① J. E. Peterson, *Yemen: The Search for a Modern State*, London: Croom Helm Ltd, 1982, p. 125.
② Joseph Kostiner, Philip Shukry Khoury (eds.), *Tribes and State Formation in the Middle East*, Los Angeles: University of California Press, 1990, p. 5.
③ Michael Knights, "The Military Role in Yemen's Protests: Civil-Military Relations in the Tribal Republic," *Journal of Strategic Studies*, Vol. 36, No. 2, 2013, p. 265.
④ 朱泉钢：《阿拉伯国家军政关系研究——以埃及、伊拉克、也门、黎巴嫩等共和制国家为例》，北京：社会科学文献出版社2020年版，第147—155页。

80年代初，由于石油收入增加，大量的石油侨汇涌入，以及美国、苏联、海湾国家等提供的援助和贷款，也门经济进入了短暂的繁荣时期。[①] 萨利赫政权能够凭借这些增加的财政收入，通过资源分配获取部落精英的支持，而在政府和军队中任命部落人员就是其中重要的途径之一。进入20世纪80年代中期，当援助、侨汇和石油收入开始减少时，萨利赫需要建立新的精英内部联盟来避免政权生存危机。政府通过禁止私人进口的政策，将精英团体的利益与政权捆绑在一起。政府赋予社会精英、经济精英、政治精英、军队精英以经济特权，使得他们的经济和社会利益与政权紧密联系，并在也门形成了一个"部落—军队—商人复合体"。[②] 德雷斯克（Paul Dresch）指出："20世纪80年代中期，也门的个人财富主要通过控制进口商业和货币转移来累积，这将也门与外部经济联系起来。"[③]

最终，萨利赫依托也门社会精英的支持，以及低度的国家主义和福利政策所获得的民众支持，实现了相对有效的国家治理。

（二）萨利赫统治后期的国家治理

2000年之后，萨利赫政府的国家治理问题逐渐凸显，这也是也门在2011年爆发大规模民众抗议的深层次结构性原因。

第一，也门宏观经济结构中存在的问题不断累积。20世纪90年代中期，受困于国家主义经济模式的弊端，也门面临政府高赤字、高外债、高通胀、低增长的问题，因而被迫接受国际货币基金组织提出的"以改革换贷款"的要求，并从1995年开始实施新自由主义经济调整政策。其政策核心是"华盛顿共识"倡导的私有化、自由化和稳定化，主要目标是激发国家经济活力，释放国家经济潜能。然而，受到也门国内既有的政治结

[①] Kiren Aziz Chaudhry, *The Price of Wealth: Economies and Institutions in the Middle East*, Ithaca: Cornell University Press, 1997, pp. 193 – 225.

[②] Adam C. Seitz, "Patronage Politics in Transition: Political and Economic Interests of the Yemeni Armed Forces," in lke Grawert, Zeinab Abul-Magd (eds.), *Businessmen in Arms: How the Military and other Armed Groups Profit in the MENA Region*, Lanham, Maryland: Rowman & Littlefield Publishers, 2016, p. 158.

[③] Paul Dresch, *A History of Modern Yemen*, Cambridge: Cambridge University Press, 2000, p. 163.

构、经济结构和社会结构的制约，国家经济发展的活力激活十分有限。一方面，国家经济仍然严重依赖于石油部门，并深陷"资源诅咒"之中。2000年之后的"全球高油价时代"，也门藉由石油资源每年获得30亿美元的收入，这阻碍了也门政府发展其他产业的动力。到2010年时，也门33%以上的国内生产总值、50%的政府收入，90%的出口收入依赖石油资源。[①] 另一方面，经济私有化进程导致严重的裙带资本主义问题，造成大量的国有资产流失。政府在电力、水、食品等领域进行私有化改革，虽然降低了政府负担，但却以牺牲国家利益为代价使少数人群致富。[②] 改革的受益者主要是与萨利赫总统关系密切的群体，包括萨利赫家族成员、部落领袖、安全部门高层和商业精英等。这意味着，也门经济结构调整并未实现国家经济健康、稳健、公平的可持续发展。

第二，萨利赫政府的传统威权统治模式逐渐衰落，国家的政治稳定问题愈发凸显。长期以来，萨利赫的政权生存依赖于两大支柱：一是赋予传统部落精英特权以换取他们的支持；二是政府实行低水平的国家主义政策换取普通民众的支持。然而，到了2000年之后，这两个支柱都出现了明显松动。一方面，萨利赫的统治越来越依赖自己的家族成员，逐渐疏离了传统的部落精英盟友。2000年之后，萨利赫越来越依赖自己的家族成员担任党、政、军要职，他培植自己的长子艾哈迈德·萨利赫作为接班人，实现"家天下"的野心越发明显，这引起了传统盟友的不满。其目的一方面是加强自己家族控制武装的能力，另一方面是边缘化传统精英的武装权力。以安全领域为例，萨利赫开始组建各种与常规军平行性的国家安全机构，对某些安全力量进行改革，并试图将这些机构控制在自己的家族成员的指挥下。萨利赫的长子艾哈迈德·萨利赫掌管共和国革命卫队，他的另一个儿子阿里（Ahmed Ali）掌管也门特种作战力量，他的兄弟叶海亚·萨利赫（Yahya Abd'allah Saleh）领导中央安全组织，他的侄子艾马尔·阿拉

[①] World Bank Group, *The Economics of Post-Conflict Reconstruction in MENA*, Washington, DC: World Bank Publications, 2017, p. 31.

[②] Nora Ann Colton, "Yemen: A Collapsed Economy," *Middle East Journal*, Vol. 64, No. 3, Summer 2010, p. 423.

(Ammar Mohammed Abd'allah）掌管国家安全局。[1] 萨利赫这种依托家族成员、疏远传统部落盟友的做法引起了部落精英和高层军官的不满。另一方面，私有化改革意味着"以满足民众基本生活来换取民众政治沉默"的传统"社会契约"不再有效。也门的私有化改革意味着政府降低了维护民众最基本生活保障的责任，民众日益下降的生活水平导致他们对政府的合法性认同降低，国家不稳定加剧。根据世界银行"全球治理指标项目"的数据，与2000年相比，萨利赫政府2010年的政府透明度与责任、政治稳定和无暴力、政府效力三项指标的得分（该项目各项治理能力指标的得分是最高2.5，最低-2.5）分别从-0.8、-1.1、-0.8下降到-1.3、-2.4、-1.0，表明政府的政治治理水平显著下降。

第三，也门贫困问题日益突出，青年失业问题十分严重。由于相对恶劣的地理条件、国家轻视农业和工业建设的发展战略、国家急速的私有化改革、未能为底层民众提供最起码的社会保障等原因，贫困问题不断加剧。根据世界银行的贫困线（按购买力平价计算，每人每天1.9美元）标准，也门的贫困人数从1990年占总人数的44.9%增加到2010年的46%，而每天生活费不足4美元的人在2010年约占全国总人口的85%。此外，也门还是世界上营养不良率最高的国家之一。2012年，5岁以下的儿童中，有将近60%患有慢性营养不良症，13%患有严重的营养不良症。再有，也门还面临着严重的失业问题，尤其是青年失业问题。中东是全球生育率最高的地区，也门是中东地区生育率最高的国家之一，每个也门妇女平均生育5.4个孩子，也门的人均增长率超过3%。然而，也门宏观经济的恶化意味着国家难以提供足够的工作机会，从而造成了高失业问题。2010年前后，也门18岁以下的人口约占总人口的50%，而25岁以下的人口高达总人口的70%。这些大量的年轻人在就业中往往处于劣势，因而造成了较高的青年失业率问题。也门的失业率从2000年的12.6%上升到2010年的

---

[1] Michael Knights, "The Military Role in Yemen's Protests: Civil-Military Relations in the Tribal Republic," *Journal of Strategic Studies*, Vol. 36, No. 2, 2013, pp. 273-274.

17.8%，而到了2010年，也门的青年失业率已经高达60%。① 可见，萨利赫政府的社会治理问题十分明显。

总之，萨利赫政府统治后期，也门的政治、经济、社会领域的治理存在着复杂的互动关系，并形成了复合性治理危机。简单来讲，也门实施的新自由主义经济政策，未能解决国家的经济发展问题，且造成底层民众的生活压力增大。这些底层民众对于政府的经济政策十分不满，并试图表达政治不满，而萨利赫政府日益僵化的政治体系无力回应民众的民生诉求，民众变得对政府愈发失望。最终在阿拉伯剧变洪流的冲击下，"也门之春"在2011年1月15日爆发。

二、从民众抗议、政治转型失败到内战爆发

"也门之春"爆发之后，萨利赫总统在内外压力下最终下台。哈迪领导的国家转型进程并不成功，也门最终陷入血腥战争之中。截至2020年初，也门战争仍难看到结束的迹象。

（一）民众抗议、精英分裂与萨利赫下台

2010年底，突尼斯爆发"茉莉花革命"，并在整个阿拉伯世界发展为声势浩大的民众抗议浪潮——"阿拉伯之春"。在突尼斯的本·阿里总统逃往沙特之后的第二天，也门爆发了大规模的民众抗议。

抗议率先在也门首都萨那爆发，一群年轻人集会，抗议政府的腐败、国家经济不发展和政治体系僵硬等问题。随后，抗议活动迅速扩展到南部的亚丁、中部的伊卜和塔伊兹等地。全国范围内的抗议活动逐渐在"要求萨利赫总统下台"的诉求和"也门不能错过历史性变化"的期待下形成了合流，也门的人权组织、反对党也门联盟（al-Mushtarrak）、萨那的青年学生、南方的分离主义运动、萨达省的胡塞运动等力量搁置争议，摒弃前

---

① World Bank Group, *The Economics of Post-Conflict Reconstruction in MENA*, Washington, DC: World Bank Publications, 2017, p. 31.

嫌，联合行动。① 2011年2月25日，数十万人参加了在塔伊兹的抗议活动，数万人在塔伊兹和亚丁进行示威抗议，民众抗议将萨利赫政权置于严重的生存危机中。

萨利赫采取"胡萝卜加大棒"的政策，试图平息民众的不满。一方面，萨利赫"以退为进"，试图维系政治生涯。萨利赫表态，自己将不再参加2013年的总统大选，也不会将权力移交给自己的长子艾哈迈德。然而，这对于抗议民众来讲更像是"空头支票"，他们认为，两年时间足以确保萨利赫重新加强对政权的控制并收回之前的承诺。另一方面，萨利赫加强政治镇压，试图恐吓抗议民众。2011年2月底时，萨利赫政权明显加强了对强制力量的使用，一些抗议民众被杀害，抗议领导人被逮捕。然而，这不仅未能造成抗议分子的屈服，而且导致了统治集团内部的分裂。

随着民众抗议不断加剧，政权中的一些传统精英开始选择背叛政权，甚至支持民众抗议。起初，执政党人民大会党（GPC）的一些议员宣布辞职，抗议萨利赫的暴力行径。同年3月初，哈希德部落联盟领袖艾哈迈尔家族的成员纷纷宣布与萨利赫决裂，使得萨利赫丧失了部落支持。改革党（Islah）领袖萨迪克·艾哈迈尔发表声明，要求萨利赫尊重民众要求并下台。超级富商哈米德·艾哈迈尔告诉《纽约时报》说"也门政府已沦为黑帮"。前人民大会党成员侯赛因·艾哈迈尔要求其部落支持者联合其他反对派推翻政府。② 同年3月18日，亲政府的安全力量在变革广场上杀害了50多名抗议者，这引起了民众的愤怒，也加速了政权精英的背叛。以穆森将军为代表的高级军官发布声明称，军队将履行保卫民众的责任，支持民众的抗议诉求。部分军队高层及其指挥的军团选择背叛，这对于萨利赫政权来讲是致命的，因为这意味着政权无力依靠暴力手段成功镇压民众抗议。

与此同时，沙特领导的海湾合作委员会在同年4月份提出了也门转型

---

① Holger Albrecht, "Cain and Abel in the Land of Sheba: Elite Conflict and the Military in Yemen," in Holger Albrecht, Aurel Croissant, and Fred H. Lawson（eds.）, *Armies and Insurgencies in the Arab Spring*, Philadelphia: University of Pennsylvania Press, 2016, pp. 130 – 131.

② Lin Noueihed, Alex Warren, *The Battle for the Arab Spring: Revolution, Counter-Revolution and the Making of a New Era*, New Haven and London: Yale University Press, 2012, pp. 201 – 202.

倡议。其核心内容是萨利赫下台，新总统继任后两月之内举行总统大选。同时，萨利赫及其家族成员享受豁免权。萨利赫起初表示接受协议条款，但最终拒绝签署文件，也门陷入低烈度冲突当中。同年6月，萨利赫遭到炮弹袭击，受伤严重，并前往沙特接受治疗。同年9月，也门暴力对抗加剧，并引起了国际社会的担忧。同年10月21日，联合国安理会通过决议，要求萨利赫接受海合会的转型倡议。萨利赫表示自己会接受协议，但只会将权力移交给自己信任的人。在经过数周讨价还价之后，萨利赫于同年11月前往沙特首都利雅得签署了协议。自此，萨利赫正式下台，也门开启了转型进程。

（二）艰难转型及其失败

2011年11月23日，也门各方签署了转型文件《海合会倡议及其实施机制》，标志着也门转型正式拉开序幕。[①] 该文件的主要内容包括：哈迪将作为总统领导也门两年期的转型进程。在此期间国家将由民族团结政府管理，萨利赫领导的人民大会党、也门联盟和抗议民众的代表按相同比例进行分配，最终要建立国家新的治理机构。转型期间的核心任务是召开民族对话会议、组织制宪委员会和进行安全部门改革。然而在一系列因素的制约下，也门的转型最终走向了彻底失败。

第一，民族对话会议机制存在缺陷，难以确保转型顺利开展。在565名民族对话会议成员中，萨利赫领导的人民大会党有112名代表，以改革党为骨架的也门联盟有129名代表，胡塞运动有35名代表。南方运动成员有85人，但来自南部的代表占据了56%的席位，而在民众抗议中发挥重要作用的青年，仅仅占据了20%的席位。[②] 显然，这种人员构成表明萨利赫时期的政治精英仍掌控权力，旧有的权力结构并没有发生体系性的变革。此外，它也没能代表也门传统的南北权力格局。最终，也门转型仍是

---

① Helen Lackner, *Yemen in Crisis: Autocracy, Neo-Liberalism and the Disintegration of a State*, London: Saqi, 2017, pp. 33–66.
② 民族对话党网站（阿拉伯文），http://www.ndc.ye/news.aspx.（登录时间：2019年10月8日）

在一批传统精英主导下进行的，大多数部长都是人民大会党和改革党成员，这使他们能够继续依靠政府资源维持庇护网络和高额收入。2014年1月，民族对话会议结束，产生了1800余项内容的文件，然而一些关键的问题悬而未决，包括联邦国家结构、南方问题、军队改革、制宪委员会成员构成等。

第二，国际社会对也门转型提供了支持，却无力也无意愿从根本上推动其转型。虽然西方国家与海合会国家在一些事务上存在差别，但它们整体上保持着高度的一致，主要关注也门的反恐事务和也门继续执行新自由主义经济政策的问题。然而，海合会的君主国并不真心支持也门的民主化进程，国际社会也没有提供足够的政治动力和财政支持来帮助也门解决深层次的经济和社会问题。[1] 此外，国际社会设定的也门转型时间只有两年，根本不可能产生新的有组织的进步性政治力量，制宪、政府改革、安全改革等任务都要求在两年内完成，这是很不切实际的安排。事实上，西方国家和海合会国家更关注的是也门的基本稳定，以及他们与也门的经济合作，这些符合他们的国家利益，而至于2700万也门人民的根本利益并不是他们的主要关注。

第三，前总统萨利赫在也门政治体系中依然强势，这阻碍着转型进程。海合会倡导的协议不仅保障了萨利赫及其家族成员的司法豁免权，而且允许萨利赫继续待在也门并担任也门重要政治力量——人民大会党的党魁，这注定了转型很难顺利进行。一方面，萨利赫势力形成了"国中之国"，阻碍也门转型进程。以军事领域为例，萨利赫家族的武装力量破坏了也门安全部门的改革进程，其子艾哈迈德统领着前共和国卫队的武装，其侄子塔里克统领着前中央安全组织的武装，共约3万人，装备精良、资金雄厚、实力强大，他们并不接受哈迪政府的指挥。[2] 另一方面，萨利赫视自己为也门的"救世主"，一直伺机进行报复和再次夺权。萨利赫不仅

---

[1] Hussein Askary, "The Miracle of Yemen's Reconstruction and Connection to the New Silk Road," *EIR*, June 2018, p. 24.

[2] 朱泉钢：《也门多重武装力量崛起问题及其治理困境》，载《阿拉伯世界研究》2019年第4期，第41页。

支持相互敌对的政治派别，而且与胡塞武装建立策略性联盟，以破坏也门转型进程。2014年6月，萨利赫支持胡塞武装攻占阿姆兰省首府和其他地区，报复艾哈迈尔家族对自己的背叛，公开暴露了其与胡塞武装结盟的事实。同年9月，萨利赫支持胡塞武装攻陷首都萨那。最终，联合国调停也门政府与胡塞运动达成《民族和平伙伴协议》，但并未根本上解决双方的敌对问题。

2015年1月，哈迪颁布新宪法草案，导致胡塞武装进攻总统府，并迫使哈迪总统逃往亚丁，标志着也门转型彻底失败。

三、也门战争的发展阶段及其演进特征

（一）也门战争的参战方概况及战争性质

胡塞武装的快速崛起引起了沙特的不安，沙特在2015年3月组织国际联军在也门发动"果断风暴"军事行动。联军的军事行动不仅未能彻底击败胡塞武装，而且导致也门深陷内战泥潭，至今仍没有结束的迹象。

在战争的参战方问题研究中，武装力量与政府的关系往往是考察的起点。[1] 因此，这里根据武装力量对政府的态度，将也门战争的参战力量分为三类：亲政府的武装力量、反政府的武装力量和摇摆性的武装力量。

1. 亲哈迪政府的武装力量

亲哈迪政府的武装力量主要包括：一是也门安全部门，其中最重要的是政府军。2016年初，也门政府声称政府军有45万人，但根据权威人士判断，政府军或许仅有6万—7.5万人。[2] 当前，沙特领导的联军（主要是阿联酋）负责训练和武装政府军。军队名义上归哈迪政府管辖，但由于也门长期存在的"部落型军队"传统，军队具有明显的碎片化特征，不同的

---

[1] Ana Arjona, Nelson Kasfir, Zachariah Mampilly（eds.）, *Rebel Governance in Civil War*, New York：Cambridge University Press, 2015, p.2.

[2] Zoltan Barany, *The Challenges of Building a National Army in Yemen*, Washington, D.C.：CSIS, 2016, p.34.

军团往往更加忠诚于军团指挥官和部落精英，而对国家的忠诚则相对有限。①

二是政府新建或整编的平行性安全部门。哈迪继承了也门政府组建平行性安全部门的传统，他在2012年组建总统保卫部队，由他的儿子纳赛尔进行领导。此外，政府将一些非政府武装力量也整编进了平行性安全部门。例如，在战况激烈的塔伊兹市，哈迪将一些反胡塞武装的非政府武装整编为总统保卫部队第五营。

三是穆赫辛将军（Ali Mohsen al-Qadhi al-Ahmar）领导的武装力量。穆赫辛将军是也门重要的军事和政治精英，他与也门最为显赫的艾哈迈尔家族，具有穆斯林兄弟会背景的伊斯兰改革集团（即伊斯拉党）、哈希德部落联盟保持有紧密的联系，并且与"基地"组织有长期来往。②萨利赫政权倒台后，穆赫辛领导的也门第一装甲师彻底转变为一支忠诚于他的武装，该力量大约有3万人。目前，沙特是其最大的金主。

四是沙特领导的国际联军。2015年，为应对亲伊朗的胡塞武装在也门强势崛起的威胁，沙特纠集埃及、摩洛哥、约旦、苏丹、科威特、阿联酋、卡塔尔和巴林等国对也门实施军事干预，其行动主要集中在空中袭击和海路封锁。在地面战场上，外国军队主要是阿联酋的陆军，以及沙特资助的塞内加尔、苏丹、哥伦比亚等国的雇佣军。

2. 反对哈迪政府的武装力量

反对哈迪政府的武装力量主要包括：一是胡塞武装。20世纪70年代，萨达省的宰德派宗教人士巴达尔·丁·胡塞（Badr al-Din al-Houthi）发起宰德派复兴运动，2004年更名为"胡塞人"，即人们熟知的"胡塞运动"。目前，其领导机构是长老委员会，其军事力量即人们通常所说的胡塞武装。胡塞武装有约2万—3万人，成员主要是萨达省的部落民兵，它在战

---

① Adam C. Seitz, "Patronage Politics in Transition: Political and Economic Interests of the Yemeni Armed Forces", in IkeGrawert, ZeinabAbul-Magd (eds.), *Businessmen in Arms: How the Military and other Armed Groups Profit in the MENA Region*, Lanham, Maryland: Rowman & Littlefield Publishers, 2016, p.159.

② 苏瑛、黄民兴等：《伊斯兰改革集团对也门政治发展的影响》，载《西亚非洲》2018年第6期，第102页。

争中通过赋权地方指挥官而变得十分强大，重型武器主要来自击败政府军所获的战利品。①

二是极端主义武装力量。在也门极端主义组织主要是"基地"组织半岛分支和"'伊斯兰国'也门分支"。② 前者是也门影响力最大的极端主义武装，其目标是在阿拉伯半岛建立哈里发国和执行沙里亚法，其活动区域主要是贝达省（Al Bayda'）、埃布省（Ibb）、阿比扬省（Abyan）和哈德拉毛省（Hadramawt），并且在塔伊兹、亚丁和夏卜瓦（Shabwa）有零星活动，目前的领导人是雷米（Qasim al-Raymi），组织有约4000人。③ 而"'伊斯兰国'也门分支"的影响也不容小觑，其领导层包括阿代尼（Nashwan al-Adeni）等人，该组织主要在亚丁、哈德拉毛、萨那、塔伊兹、夏卜瓦和贝达等逊尼派占多数的地区活动，他们表现的比"基地"组织半岛分支更加残暴。

3. 摇摆性的武装力量

它们对待政府的态度相对复杂，很难用亲政府或反政府的简单二分法来界定其性质。这些武装力量主要包括：

一是人民委员会（Popular Committees）。在也门组建人民委员会并不是新的现象。人民委员会主要是部落力量为了保护社群利益免受外部威胁而组建的，职责包括保护当地的基础设施，维持公共秩序，负责检查站安检等。④ 由于人民委员会并不是一个组织，而是对多数部落民兵组织的概称，因此需要对其性质进行具体分析。那些与哈迪政府关系相对良好的人民委员会，其成员每个月从政府那里领取工资，大约有1.5万人。然而他们并不完全遵循政府命令，而是具有高度的独立性，甚至进行绑架、勒索、抢劫等非法活动。2014年9月，胡塞武装也组建了亲己的人民委

---

① Marcel Serr, "Understanding the War in Yemen," *Israel Journal of Foreign Affairs*, Vol. 11, No. 3, 2017, p. 359.

② 刘中民、任华：《也门极端组织的演变、成因及其影响》，载《阿拉伯世界研究》2017年第2期，第3页。

③ Dylan O'Driscoll, *Violent Extremism and Terrorism in Yemen*, K4D Helpdesk Report, 2017, p. 6.

④ Peter Salisbury, "Yemen and the Business of War," *The World Today*, August & September 2017, p. 28.

员会。

二是萨利赫家族控制的武装力量。在长达30余年的统治中，前总统萨利赫组建庞大的庇护网络，确保他与许多精英保持紧密联系。虽然2011年被迫下台，但他仍能利用自己累积的600亿美元的资金庇护忠诚于自己的武装和其他力量。① 萨利赫家族控制的最重要武装是前政权的平行性安全部门，尤其是他的儿子和侄子掌管的共和国卫队和中央安全组织等，这些力量中的大多数人在萨利赫下台后仍忠诚于萨利赫家族，人数大概有3万人。2014年，萨利赫集团与胡塞武装结盟，共同反对哈迪政府。2017年底，萨利赫由于与沙特接近而被胡塞武装杀害。之后，萨利赫家族转而与哈迪政府一道反对胡塞武装。

三是南方过渡委员会。该组织成立于2017年5月，其前身是"南方运动"，② 领导人包括前亚丁省省长祖贝迪等人，成员主要是南方的一些军政精英及其追随者。他们的武装力量并不是特别强大，主要依赖阿联酋的支持。③ 该力量在对抗胡塞武装时与哈迪政府合作，但在也门南部影响力的争夺上与政府存在冲突。

（二）也门战争的性质

很多媒体将也门冲突描述为三种性质的战争：沙特和伊朗主导的代理人战争、逊尼派与什叶派之间的教派战争、国际社会在"失败国家"进行的反恐战争。④ 这些描述虽然反映了冲突的一些特征，但并未触及冲突的本质。

2012年初，萨利赫总统被迫下台，但政权更迭并未给也门带来稳定、

---

① Gerald Feierstein, "Does Saleh's Death Signal the End of the Yemen War?," December 9, 2017, https：//nationalinterest.org/feature/does – salehs – death – signal – the – end – the – yemen – war – 23579? page = 0%2C1.（登录时间：2018年1月13日）

② "南方运动"成立于2007年，是追求分离主义运动的组织，它要求实现南部也门（1990年也门统一之前的南也门所辖地域）独立。

③ Noel Brehony, "From Chaos to Chaos: South Yemen 50 Years after the British Departure," *Asian Affairs*, Vol. 48, No. 3, 2017, p. 440.

④ Maria-Louise Clausen, "Understanding the Crisis in Yemen: Evaluating Competing Narratives," *The International Spectator*, Vol. 50, No. 3, September 2015, p. 17.

发展和民主。新的政治安排既未妥善处理前朝余孽，也未充分保障青年抗议者、胡塞运动和"南方运动"等新兴政治力量的利益，① 为也门乱局埋下隐患。2014 年 7 月开始，不满于继续被边缘化的胡塞运动持续挑战哈迪政府，此举得到对丧失权力耿耿于怀的萨利赫集团的支持。同年 9 月，胡塞武装攻进首都萨那，迫使哈迪政府签署《民族和平伙伴协议》，该协议规定胡塞武装退出已攻占的土地，政府承诺在国家政治和安全领域赋予其更多权力。但双方均未认真执行该协议。胡塞运动继续发难，最终在 2015 年 1 月 22 日迫使哈迪宣布辞职，并以打击恐怖主义之名向南推进。

"胡塞运动"的崛起受到其他政治力量的反对和制衡，并爆发了严重的暴力冲突。也门是部落色彩浓厚的国家，精英没有能力也缺乏意愿建立强大的中央政府，但他们致力于增加在政府中的影响力，因为控制政府意味着可以在国家资源分配中获得优势地位。因此，面对胡塞运动的强势崛起，在前政府中获益甚多的改革集团（Islah）及其盟友穆森（Ali Mohsen al-Ahmar）将军、哈希德部落联盟中最有权势的艾哈迈尔家族、哈迪集团纷纷起而武装反对。此外，胡塞武装野心勃勃的向南推进也引起了"南方运动"、部落力量和伊斯兰极端力量的强力阻击。"胡塞运动"持续壮大也引起了沙特的担忧，2015 年 3 月 26 日，沙特纠集 10 国联军对也门进行军事干预，试图迫使胡塞武装退回北方，并恢复哈迪政府。

纵观也门危机的演变，冲突的根源是也门国内有关政治力量争夺国家权力。随着沙特主导的军事介入，也门的国内权力斗争染上了地区权力争夺的色彩，并带有教派冲突的性质，变成了一场由国内矛盾引发的宗教政治派别武装冲突，并由地区国家武力直接介入的也门战争。

（三）也门战争发展的阶段及其动态演进特征

也门战争已经历时 5 年，胡塞武装与反胡塞武装之间的对抗是其主要矛盾。也门战场形势大体经历了胡塞武装快速扩张，胡塞武装被反胡塞集

---

① Noel Brehony, "The Current Situation in Yemen: Causes and Consequences," Norwegian Center for Conflict Resolution, November 2015, http://www.peacebuilding.no/var/ezflow_site/storage/original/application/2f5bf98a4531d31682098dcb67226b44.pdf.（登录时间：2019 年 12 月 7 日）

团有限推回，双方深陷战略僵局三个阶段。

1. 胡塞武装快速扩张阶段（2014年9月—2015年3月）

严格来讲，"胡塞运动"在也门的扩张并不是从2015年开始的，而是可以追溯到2011年前后。"胡塞运动"起初是一个伊斯兰教什叶派分支"栽德派"的宗教复兴运动，主要目标是抵制逊尼派意识形态在萨达省的扩张，但从2004年开始逐渐军事化，并与政府爆发了6轮武装冲突，其下属的武装力量"胡塞武装"逐渐声名鹊起。在阿拉伯剧变的刺激下，"胡塞运动"在2011年控制了萨达省，并在2014年9月占领萨那的行动中，趁机将控制权向南扩展至伊卜省，向西扩展至荷台达省。2015年1月开始，"胡塞运动"在萨利赫家族领导的武装力量的支持下，不仅完全占领了萨那，而且将控制范围向南扩展到阿比扬省、拉赫季省和亚丁省。

胡塞武装的迅速扩张得益于以下几点因素：

第一，胡塞武装与政府长期作战淬炼出的战斗经验。"胡塞运动"在2004—2010年期间与政府进行了6轮战争，暴力冲突淬炼了数万名胡塞民兵。凭借这批武装力量，以及国家经济和政治改革倡议者的身份，"胡塞运动"借助也门政治转型混乱之机吸引追随者，迅速在也门北部扩展势力范围。[1]

第二，胡塞武装与萨利赫集团结盟带来的军事实力提升。出于对哈迪政府的不满，以及攫取更多政治权力的考量，萨利赫于2014年和"胡塞运动"结成了机会主义联盟。由于掌权33年之久，萨利赫得以在军队、部落和政府中建立庇护网络，培植大量亲信，这些追随者在他下台后仍对其忠诚。支持萨利赫的全国人民大会成员、部落和军人暂时与"胡塞运动"结盟，并在一些战斗中发挥着关键作用。萨利赫试图通过与"胡塞运动"结成策略联盟，削弱敌对势力，并确保萨利赫家族及追随者在未来的也门政治格局中占据一席之地。

第三，也门政府军的极度虚弱无法阻止胡塞武装的扩张。也门军队长

---

[1] Noel Brehony, "Yemen and the Hutis: Genesis of the 2015 Crisis," *Asian Affairs*, Vol. 46, No. 2, p. 237.

期遭受部落文化的影响，这导致军队并不真心忠诚于国家和政府。[1] 因此士兵在面临敌对力量时，除非他们的部落利益遭到严重损害才会奋起抵抗，而面临与己利益并不是直接相关的敌人时，他们将很难有效承担军事任务，反而很容易选择逃亡或背叛。再加上哈迪政府执政时间过短，安全部门的系统改革和建设尚未全方位开展，这进一步降低了军队的战斗力。

2. 胡塞武装被有限推回阶段（2015年3—9月）

2015年3月，胡塞武装兵临亚丁，哈迪总统被迫逃亡沙特。经过与沙特高层密切协商之后，哈迪在3月24日向海合会提出"军事干预以支持也门政府，保护民众免遭胡塞武装进攻"的请求，沙特在26日领导联军（沙特、阿联酋、科威特、巴林、卡塔尔、埃及、约旦、摩洛哥、塞内加尔、苏丹10国，之后索马里、厄立特里亚加入）发动"果断风暴"军事行动，主要通过空中打击、海路封锁、地面进攻等手段打击胡塞武装。沙特决定进行军事干预，主要出于领土安全、教派政治、地区声誉、地缘政治竞争、国内政治等因素的考量，[2] 沙特领导的军事干预有效延阻了胡塞运动的扩张。其一，沙特领导十国联军对胡塞运动和萨利赫集团的控制地区进行空袭，尤其是对机场、军火库、油库、"基地"等军事目标进行打击。此外，联军还对也门进行海空封锁，阻止伊朗等亲胡塞的外部力量对其提供援助。其二，沙特向反胡塞集团提供大量的政治、经济和军事援助。联军向反胡塞的各股力量空投武器、食物、药品等物资，并为他们提供后勤支持。沙特还通过向一些反胡塞战士发放工资，激励他们对抗胡塞武装。其三，沙特也借重美欧的支持，在国际社会中孤立胡塞运动。在沙特的运作下，联合国安理会在2015年4月通过了第2216号决议，要求"胡塞运动"撤离占领土地，解除武装，并对胡塞运动的领导人和萨利赫之子发布出行禁令和财产冻结令。

2015年7月中旬，沙特与阿联酋首次出动3000人的地面部队，这意

---

[1] Marieke Brandt, *Tribes and Politics in Yemen: A History of the Houthi Conflict*, London: C. Hurst & Co, 2017, p. 21.

[2] May Darwish, "The Saudi Intervention in Yemen: Struggling for Status," *Insight Turkey*, Vol. 20, No. 2, 2018, pp. 125 – 141.

味着反胡塞集团的反攻开始。亚丁是也门南部主要城市和港口,具有重要的战略意义。2015年7月19日,阿联酋率领与哈迪政府保持松散联系的战士收复亚丁省。① 此后数周,他们从胡塞武装手中重新夺取大片南部土地,包括达利阿、拉哈吉、阿比洋、夏卜瓦。反胡塞集团能够迅速将胡塞武装驱逐出南部地区,主要由于以下几个原因:第一,联军对胡塞武装的前一阶段空袭逐渐显现出效果,尤其是在"胡塞运动"影响力较小的南部地区十分明显。联军持续打击胡塞武装及萨利赫集团的军事目标,导致其军事能力有所下降。第二,南部存在着大量反胡塞运动的力量,他们将胡塞武装视为入侵者,或者视为意识形态的敌人。这些力量在南部拥有大量的民众支持基础,又熟悉地理地势和风土人情,因而在联军提供军事和后勤支持时,能够充分调动资源对抗胡塞武装。第三,"胡塞运动"与萨利赫集团的分歧加大,影响了战斗力。胡萨联盟本就是缺乏深度共识的机会主义联盟,面对反胡塞集团的攻击、双方在战场的指挥权限、以及物资供应分配等议题上分歧愈发严重,加速了胡塞武装从南部撤离。

除了从南部撤离以外,"胡塞运动"在北部的一些地区,尤其是沙斐仪教派占主导的逊尼派地区也面临着强烈反对。然而,胡塞武装仍能够在战略地位重要的一些地区抵抗反胡塞集团的进攻。

3. 血腥的战略僵局阶段(2015年9月以来)

进入2015年9月,对战双方陷入战略僵持阶段,没有任何一方能够获得具有战略意义的实质性推进。反胡塞集团能够沿红海海岸向北推进,主要是因为那里胡萨联盟实力较弱,并且海岸的平原地势能够使他们发挥空中优势。同年12月,他们在哈贾省和焦夫省以及沙特与也门边境地带有所推进。虽然反胡塞集团逐渐将战线向北推移,沙特也试图继续削弱胡塞武装,甚至将其推回萨达省的大本营,但南方的一些反胡塞力量并不愿前往北部参加战斗。此外,也门北部山地的地势复杂,很难派出大规模机动部队前往作战。再加上胡塞运动在北部有着深厚的群众基础和强大的影响力,因而"胡塞运动"在北部并未受到严重损伤。面对反胡塞集团的推

---

① 李亚男:《也门:再现南北分裂?》,载《世界知识》2015年第17期,第48页。

进，胡塞武装通过发射"飞毛腿"导弹增加了对沙特的跨境袭击。

从2015年秋开始，胡塞武装与反胡塞武装逐渐陷入战略僵局，双方虽互有得失，但整体上都无法发动实质性的战略进攻，也无法获取显著的战略优势，更无力彻底击败对方。截至2020年4月，双方的战略僵持主要维持在以下几条战线上：在也门第三大城市塔伊兹，地方民兵虽将胡塞武装击退，但他们一直没能彻底打破胡塞武装的包围；在红海沿线，反胡塞武装利用萨利赫集团与胡塞武装同盟关系在2017年底的破裂，向北推进到荷台达地区，但一直无力彻底攻克荷台达；反胡塞武装巩固了对北部马里卜省的控制，但持续遭受胡塞武装的进攻，近期的战略压力有所增大；在中部，双方大体上沿着贝达、达里、夏卜瓦、阿比扬和拉赫季沿线保持着对峙局势。

目前，也门形成了4个相互联系但又相对独立的冲突区。[1] 在北部，亲哈迪政府的力量与胡塞武装激战，前者得到沙特联军的空中支援和装备补给。在南部，"南方过渡委员会"在阿联酋的支持下，既与政府一道反对胡塞武装的"入侵"，又与政府存在摩擦。东部的哈德拉毛省和麦赫拉省是第三个冲突区域。哈德拉毛省自然资源丰富，并深受部落和宗教势力的影响，"基地组织半岛分支"在2015—2016年期间控制该省大半年。当前，在哈德拉毛省，哈德拉毛精英军负责穆卡拉港和岛屿的安全，而也门第一军区下属的武装力量负责北部哈德拉毛谷地（Northern Wadi Hadramawt）的安全。[2] 麦赫拉省是也门受战争冲击最小的地区，其部落准自治组织承担安全治理职能。第四个冲突区域是也门暴力程度最高的塔伊兹和荷台达。在那里，多支地方民兵与不同的冲突方结盟，并参与战争。他们主要争夺城市控制权，包括切断供应线，摧毁基础设施等。塔伊兹遭到数年的围城战，那里的居民深受胡塞武装和极端主义力量封锁的影响，并深

---

[1] Stacey Philbrick Yadav, "Fragmentation and Localization in Yemen's War: Challenges and Opportunities for Peace", Crown Center for Middle East Studies, Brandeis University, *Middle East Brief*, No. 123, November 2018, p. 5.

[2] EleonoraArdemagni, "Patchwork Security: The New Face of Yemen's Hybridity," Istituto Per Gli Studi Di Politica Internazionale, October 30, 2018, https://www.ispionline.it/it/pubblicazione/patchwork-security-new-face-yemens-hybridity-21523。（登录时间：2018年11月3日）

陷联军空袭的困扰。红海沿线的荷台达，在战争一开始就被胡塞武装占领，并深受沙特联军海路封锁的影响。当前，荷台达仍是反胡塞联军与胡塞武装争夺的焦点。

四、也门战争的多重博弈特征及其延续机制

也门战争的实质是各种势力争夺权力和资源的斗争。越来越多的学者承认，也门战争虽然以胡塞武装与反胡塞武装之间的斗争为主要特征，但是蕴含着全球层面的反恐战争、地区层面的战略竞争、也门国内的政治斗争等色彩，是一场多行为主体参与的大博弈，[1] 并且这些主体之间的关系相互交织、错综复杂。

（一）也门战争的多重博弈特征

在国内层面，也门战争展现了也门长期存在和新近出现的数组矛盾。一是"胡塞运动"与中央政府之间的矛盾。也门政治结构具有深厚的部落政治特征，国家权力长期被哈希德部落联盟的成员把持，"胡塞运动"作为也门第二大部落联盟"巴基勒部落联盟"的成员，在国家的政治体系和资源分配体系中长期处于边缘地位，这也是胡塞武装寻求体系外武装反抗中央政府的重要原因，在当前的也门战争中表现为"胡塞运动"与哈迪政府之间的冲突。二是"南方运动"崛起反映出的也门南北矛盾和"南方运动"与中央政府之间的矛盾。也门南北差异具有很深的历史原因，1990年北也门和南也门统一后于1994年爆发内战，战争以北方获胜告终。之后，南也门精英和民众认为北方长期剥削和欺压南方，一些南也门的军政人士在2007年成立了"南方运动"，寻求南方更大的自治权。随着"胡塞运动"的南下，"南方运动"在阿联酋的支持下武装化程度不断提高，分离

---

[1] Marie-Christine Heinze, "Yemen's War as Seen from the Local Level," in POMEPS, *Politics, Governance, and Reconstruction in Yemen*, 2018, p. 34.

主义倾向也越发严重，并在 2017 年成立了"南方过渡委员会"。① 其下辖武装于 2018 年 1 月、2019 年 8 月在亚丁两次与哈迪政府军爆发武装冲突，虽然在沙特和阿联酋的协调下双方和解，但根本矛盾并未消除。2020 年 4 月，双方再次爆发武装冲突。三是也门政治伊斯兰力量之间的矛盾。在也门，除了教俗矛盾之外，伊斯兰力量内部也充满了矛盾和斗争，这主要表现在以下三股势力之间的矛盾：带有穆斯林兄弟会色彩的改革党所代表的温和伊斯兰力量、"基地"组织也门分支和"伊斯兰国"也门分支代表的极端伊斯兰力量、胡塞运动代表的栽德派宗教复兴运动，在也门战争中，这些力量既合作又冲突。四是也门部落之间的矛盾，彼此为争夺资源、财富和权力而敌对。也门战争爆发之后，"不安全文化"扩散导致部落的不安全感加剧，部落进一步武装化。此外，一些部落为了保护自己的部落利益和部落荣誉，与胡塞武装展开激战。例如，在哈贾省附近，哈吉尔部落（Al-Hajour）的武装在沙特支持下，与胡塞武装爆发了数月之久的暴力冲突，② 虽然最终被击败，但暴露出部落力量对胡塞运动统治的不满。

在国际层面，地区大国和域外大国积极介入也门战争，争夺地区权力和影响力。一是以沙特、阿联酋为一方，以伊朗和黎巴嫩真主党为另一方的地缘政治竞争，这组冲突还带有逊尼派与什叶派之间的教派冲突色彩。沙特、阿联酋积极扶植代理人参与也门战争，对抗胡塞武装，其代理人包括苏丹、塞内加尔和部分海湾君主国的军队，以及哈迪政府军、"南方过渡委员会"的武装、前总统萨利赫去世之后忠诚于萨利赫的武装、穆森将军领导的军队、极端主义势力、一些部落武装等。伊朗向胡塞武装提供轻武器和导弹技术，许多军事专家认为，胡塞武装的导弹技术突飞猛进得益于伊朗提供的装备和技术。此外，伊朗还对胡塞运动提供政治和经济支持。2020 年一个值得注意的问题是，土耳其正义与发展党政府通过扶植与其意识形态接近的改革党，对也门事务的干预程度有所提高。二是美国不

---

① Robert Forster, "Toward a Comprehensive Solution? Yemen's Two-Year Peace Process," *The Middle East Journal*, Vol. 71, No. 3, Summer 2017, p. 479.
② 朱泉钢：《〈斯德哥尔摩协议〉后的也门局势进展及其对海湾地区安全的影响》，载李新烽主编：《中东发展报告（2018－2019）》，北京：社会科学文献出版社 2019 年版，第 196 页。

仅积极支持传统盟友沙特和阿联酋对抗胡塞武装，还在也门长期进行打击恐怖主义力量的战争。在中东地区，消灭至少是削弱敌视美国的非国家武装力量（以"基地"组织和极端组织"伊斯兰国"为代表）是美国的重要国家利益。因此，美国长期在也门进行反恐战争。自2002年以来，美国在也门进行了372次打击恐怖分子的战斗，打死1500余名恐怖分子，[①] 其中包括"基地"组织也门分支头目雷米及其炸弹专家阿斯利等。

（二）也门战争延续的国内因素：安全结构脆弱

也门战争的长期延续有特定的历史和组织因素，尤其是结构性原因至关重要。[②] 也门内战持续的深层次原因是也门不稳定的安全结构，包括缺少强有力的政府机构，缺乏包容性的社会结构，以及极度困难的经济状况。

第一，也门国家机构长期脆弱，这是也门战争爆发和延续的重要原因。国家机构是不同社会力量谈判和讨价还价的制度平台，它往往反映社会力量互动的"游戏规则"，决定国家权力的分配和管理。[③] 在也门，缺乏效力的国家机构降低了社会力量合作解决问题的意愿和背叛国家的成本。

一方面，国家机构脆弱致使一些社会群体被边缘化，并促使他们使用武力手段谋取社群利益。正如萨拉·菲利普斯（Sarah Phillips）指出的那样，长期以来，也门的国家资源极为稀缺，国家机构效力有限，政府运行的实质是庇护政治，即总统使用国家资源构建并维持庇护网络，以此来换取地方精英对政府的承认。[④] 哪些力量能被纳入庇护体系，以及他们在庇护体系中的地位，主要取决于他们与总统的关系。在萨利赫下台后的政治转型进程中，长期被不公平对待的胡塞运动和"南方运动"继续被边缘

---

① Jeremy M. Sharp, *Yemen: Civil War and Regional Intervention*, CRS, R43960, 2020, p. 11.
② Murat Yeşiltaş, TuncayKardaş (eds.), *Nol-State Armed Actors in the Middle East-Geopolitics, Ideology, and Strategy*, London: Palgrave Macmillan, 2017, p. 10.
③ ［美］道格拉斯·C·诺斯著，刘守英译：《制度、制度变迁与经济绩效》，北京：生活·读书·新知三联书店1994年版，第4页。
④ Sarah Phillips, *Yemen's Democracy Experiment in Regional Perspective: Patronage and Pluralized Authoritarianism*, New York: Palgrave Macmillan, 2008, p. 3.

化,他们愤而使用武力手段寻求社群利益。

另一方面,国家机构脆弱导致政府无力镇压武装力量的反叛,"无政府状态"促使非政府武装力量填补"安全真空",并相互竞合和战斗。埃及、突尼斯的国家能力相对强大,两国虽然受到阿拉伯剧变冲击,但其国家机构得以维持,安全部门能够有效维持国家秩序。然而,也门脆弱的国家机构在胡塞武装的冲击下迅速崩塌,也门不再有"利维坦"保障国家安全和秩序,陷入了霍布斯所说的"所有人反对所有人"的状态。[①] 为了应对这种极度不安全形势,一些社群便激活或者新建武力量确保安全。

第二,也门社会异质化程度高,而且缺乏公民文化,是战争延续的社会原因。一个国家的社会构成、文化传统和政治态度往往影响着冲突与和平。也门社会凝聚力较低,不同社群之间存在结构性矛盾,再加上好战的部落传统文化,使得社群矛盾的解决容易诉诸武力。

一方面,也门存在多种结构性的社会矛盾,这为一些社群力量参与武装冲突提供了"燃点"。在也门主要的社会矛盾包括南北矛盾、部落矛盾和教派矛盾。历史上也门南北差异较大,虽然1990年南北也门实现了统一,但是南也门民众普遍认为中央政府偏袒北方,这也是"南方运动"寻求武装自治的重要原因。此外,也门存在200个左右的较大部落,历史上他们为了争夺资源和声誉经常发生冲突。胡塞武装与萨利赫政府之间的战争,就有巴基勒部落联盟和哈希德部落联盟冲突的影子。最后,也门存在显著的教派差异。也门什叶派和逊尼派的比例大约为35%:65%,20世纪70年代之后,宰德派和萨拉菲运动的矛盾不断加剧,[②] 教派矛盾有助于"基地"组织半岛分支在也门的发展。

另一方面,也门主导性的文化仍然是部落性和区域性的,而非公民性和国家性的,这使得武装冲突极易被激活。在也门,农村人口高达70%,他们仍然高度重视自己的部落身份,并且愿意将自己的安全交托部落。如

---

① [英]霍布斯著,黎思复、黎廷弼译:《利维坦》,北京:商务印书馆2010年版,第94—95页。

② 吴天雨、吴冰冰:《也门宰德派的兴衰与胡塞武装的政治抗争》,载《阿拉伯世界研究》2018年第3期,第53页。

一个塔伊兹的护士在采访中指出,"如果有家族,就不需要警察。我不想去警局,因为那里没有女性警官,并且警察会将指责转向我,并败坏我的声誉"。① 公民身份和国家认同意味着民众将其他民众视为群内成员,因而愿意使用和平手段解决冲突。由于缺乏公民文化和国家认同,也门的部落认同不仅加剧了群体之间的分裂感,而且部落的尚武文化传统刺激了武装冲突。

第三,也门经济状况恶劣,获取经济利益成为社群精英和普通民众使用强制能力的重要动机。著名的内战问题专家保罗·科利尔(Paul Collier)等学者指出,一旦一国陷入内战,冲突方就有强大的经济动机推动内战持续,尤其是在那些政治机构脆弱和缺乏统一民族身份的国家。② 在也门,经济因素是推动战争延续的重要原因。

一方面,获取经济利益是一些社群领导组建武装力量的重要考虑。胡塞武装一直抱怨政府对于他们的大本营萨达省的资源分配过少,谋求更多的物质利益是他们在2014年发动武装反叛的重要原因。此外,随着战争的爆发和延续,也门的武装力量领导往往受益于战争经济,他们得益于直接从事经营活动和间接管理经济活动(在控制区内"收税")③。通过掌控强制能力获取经济收益,使他们愿意积极扩充武装,而不愿轻易解除武装力量。

另一方面,普通民众缺乏经济机会,加入武装组织能够获得相对稳定的收入。长期以来,也门经济主要依赖农业,一直是阿拉伯世界经济最落后的国家之一。2010 年,也门人均国民生产总值仅有 1180 美元。由于缺乏工业部门吸收劳动力,失业率长期居高不下,这种状况随着武装冲突而进一步加剧。据《也门观察者》的数据显示,也门失业率从 2011 年 2 月

---

① Mohammad Al-Shami, "Safety and Security in Yemen: Main Challenges and Stakeholders," Wilson Center, *Viewpoints*, No. 84, 2015, p. 2.
② Paul Collier, AnkeHoefer, and Dominic Rohner, "Beyond Greed and Grievance: Feasibility and Civil War," Center for the Study of African Economies, Working Paper Series, 2006.
③ Kristin Smith Diwan, Hussein Ibish, Peter Salisbury, Stephen A. Seche, Omar H. Rahman, Karen E. Young, "Yemen after the War: Addressing the Challenges of Peace and Reconstruction," The Arab Gulf States Institute in Washington, 2018, p. 3.

革命前的25%升至2013年的36%，2014年更是飙升到44%。① 大量年轻人苦于无法找到合适的工作，转而加入武装组织谋求生计，这为武装力量提供了大量兵源。

（三）也门战争延续的外部因素：代理人战争的推动

2014年以来，也门国内不同的力量为了争夺权力、进行复仇和竞争资源而展开激烈的武装冲突。其中，胡塞武装得到了伊朗的支持，而沙特基于遏制胡塞武装和伊朗扩张的考量，不仅组建联军对也门进行直接军事干预，而且积极扶植代理人间接影响也门局势，这为也门的战争持续注入了外部动力。

第一，沙伊两国为也门的代理人提供军事支持，是战争持续的重要因素。沙特在也门投入的战略成本很高，沙特积极为反胡塞力量提供军事训练和武器装备。从2015年开始，沙特在其境内南部城镇沙鲁拉（Sharurah）为亲哈迪的也门部落武装提供军事训练，包括轻武器使用和战术知识。② 此外，沙特持续为哈迪政府军等代理人提供武器装备支持，也门军方曾多次公开表示对沙特领导的阿拉伯联军的感谢。

伊朗则支持胡塞武装，积极为其提供军事援助。2014年路透社援引匿名的伊朗高级官员及西方消息来源称，一些胡塞武装成员在伊朗库姆附近的伊斯兰革命卫队训练营接受训练。2011年以来，伊朗增加了对胡塞武装的武器援助，包括AK-47和便携式火箭弹。许多军事专家认为，胡塞武装的导弹技术突飞猛进得益于伊朗提供的装备和技术。③

第二，沙伊两国为也门的代理人提供资金和外交支持，是战争延续的重要原因。沙特为反胡塞力量提供了大量资金支持，近年来，安全和军事

---

① 中国驻也门大使馆经商处：《经济报告预测2015年也门失业率将达60%》，2015年3月18日，http://ye.mofcom.gov.cn/article/jmxw/201503/20150300913324.shtml。（登录时间：2019年1月20日）

② Ali Mahmood, "Thousands of Yemeni Reinforcements Take up Fight Against Houthi Rebels", April 1, 2018, https://www.thenational.ae/world/mena/thousands-of-yemeni-reinforcements-take-up-fight-against-houthi-rebels-1.717749, *The National News*。（登录时间：2018年第6月8日）

③ Michel D. Wyss, "Iranian Proxy Warfare in Iraq and Yemen," April 1, 2016, https://www.ict.org.il/UserFiles/ICT-Rag-Iranian-Proxy-Wyss.pdf。（登录时间：2018年6月10日）

开支一直是沙特政府的最大支出部分,安全预算占2017年沙特财政预算的32%。2015年,沙特财政大臣称,也门战争花费了沙特53亿美元。当前,也门战场每年耗费沙特约50—60亿美元。[1] 此外,沙特还通过外交和宣传来加强自身干预也门以及对抗胡塞武装的正当性。

伊朗向胡塞武装提供资金和政治支持。据报道,伊朗每年向胡塞武装提供数百万美元的援助。一些伊朗军政高官公开表示对胡塞武装的支持,并批评沙特领导的联军对也门进行军事干预。此外,伊朗还帮助胡塞武装在黎巴嫩真主党控制的地区开设了马赛拉电视频道(Al Maseera)。[2]

在也门战场上,美国的庇护国角色常被忽略。事实上,美国在也门有两场代理人战争:一是支持沙特联军对抗胡塞武装;二是扶植阿联酋及其盟友在地面战场打击极端主义力量。美国对于沙特的军事支持,不仅是沙特进行空袭和扶植代理人的基础,而且是沙特长期不愿积极参与和平谈判的重要原因。

总之,也门国家机构缺乏效力、社会缺乏凝聚力和经济状况极端恶劣,这些脆弱的安全结构要素是也门战争爆发和维持的内部原因,而外部力量的干预和代理人战争不仅为也门武装力量的崛起提供了重要支持,而且为也门武装冲突的持续注入了动力。

五、也门战争对国内外安全的严重影响

也门战争的参战主体复杂,并且持续时间较长,破坏性极大,对于也门和海湾地区的传统安全和非传统安全均造成了较大影响。也门战争不仅严重破坏了也门国内安全状况,而且影响着海湾地区的安全竞争和敌对,还加剧了一系列非传统安全问题。由于也门问题迟迟无法得到有效解决,其对海湾地区安全形势的消极影响也难以消除。

---

[1] Xander Snyder, "Making Compromises in Cash-Strapped Saudi Arabia," *Geopolitical Futures*, August 15, 2017, https://geopoliticalfutures.com/making-compromises-cash-strapped-saudi-arabia/.(登录时间:2019年6月10日)

[2] Michel D. Wyss, "Iranian Proxy Warfare in Iraq and Yemen", April 1, 2016, https://www.ict.org.il/UserFiles/ICT-Rag-Iranian-Proxy-Wyss.pdf。(登录时间:2019年6月10日)

(一) 也门国内安全状况堪忧

也门中央政府及其武装能力长期脆弱的历史，以及 2014 年以来不断恶化的安全形势，导致非国家武装力量呈现崛起之势。[1] 这些武装力量为了争夺资源、权力和地位展开激烈的武装冲突，使得也门深陷战争的泥潭，国家安全形势急剧恶化。

由于哈迪政府没有能力垄断暴力的合法使用，因此无法进行全国范围内的安全治理，这导致也门出现了许多非国家武装力量。2014 年之后，胡塞武装的南下刺激了其他部落力量，社会团体开始使用暴力手段保护自身利益。在非和平时期，对于民众来讲，确保安全总是最为优先的议题。由于政府的腐败以及国家安全力量的脆弱，也门民众逐渐对政府提供安全丧失了信心，一些部落武装和南方分离运动等民兵力量动员民众支持，抵抗胡塞武装的进攻，提供安全治理并获取权力。在也门民意中心 2017 年的调查中，当被问及"哪种力量保障自己的安全"时，20% 的人选择邻里，13% 的人选择部落和谢赫，而只有 16% 的人选择警察。[2] 这表明也门民众认为，国家的安全供给能力下降了。

也门国内的冲突迟迟无法平息。胡塞武装与哈迪政府经过了数轮和平谈判也未能达成和平，当前双方仍在紧张对峙。南方分离主义问题进一步恶化，"南方过渡委员会"与哈迪政府不时爆发武装冲突，加剧了也门局势的紧张。此外，对于也门安全更长久的影响或许是也门社会的不安全文化和不信任文化进一步加剧，这既不利于实现整体和平，也不利于维持和平状态。

战争对也门安全形势造成的恶劣影响，不仅导致大量人员伤亡，而且加剧了也门的人道主义危机。根据武装冲突地点和事件数据项目（Armed Conflict Location and Event Data Project）的数据，截至 2018 年底，也门战争

---

[1] Mohammad Al-Shami, "Safety and Security in Yemen: Main Challenges and Stakeholders," Wilson Center, Viewpoints No. 84, 2015, p. 2.

[2] "Perceptions of the Yemeni Public on Living Conditions and Security-related Issues," Yemen Polling Center, May 2017, p. 77.

造成6万人死亡。联合国难民事务高级专员公署2019年1月指出,也门战争导致390万人流离失所,有超过一半的也门人需要紧急食物援助。①

(二) 地区安全竞争和敌对加剧

也门战争不仅因为外部势力的干预而加剧,而且战争又反过来影响着地区国家间关系和地区安全。总体来看,也门战争对于海湾国际关系的影响是深远的。

第一,也门战争激化了沙特与胡塞运动之间的敌对关系。由于胡塞武装的什叶派属性和沙特的逊尼派特征,以及先前的萨达战争中沙特支持萨利赫政府打击胡塞运动的历史仇恨,再加上沙特支持哈迪政府的政策,导致沙特与胡塞武装之间存在深刻的矛盾。虽然沙特对胡塞武装享有整体的军事优势,尤其是在空军领域享有绝对优势,但胡塞武装依靠导弹和无人机等技术,逐渐建立起了不对称威慑能力。据报道,在2016年7月到2019年7月之间,胡塞武装共向沙特发动了250余次袭击。② 2019年9月14日,胡塞武装使用无人机成功袭击沙特阿美石油公司的阿布盖格石油炼化设施(世界上规模最大的石化厂)与胡赖斯油田(沙特国内的第二大油田),造成沙特产油能力骤降,震惊了全世界。之后,双方关系有所缓和,但2020年3月底以来,胡塞武装再次向沙特首都利雅得以及沙特南部目标发射无人机和导弹袭击,声称这是报复沙特对胡塞武装据点的空袭,显示出双方"以眼还眼,以牙还牙"的冲突逻辑。显然,沙特与胡塞武装处于高度敌对状态,双方深陷安全困境当中。

第二,沙特与伊朗的地缘政治竞争加剧。作为海湾地区的两个大国,沙特和伊朗的战略竞争由来已久,这种竞争在阿拉伯剧变后不断加剧,双方围绕国家利益、政治制度、地区话语权、宗教正统性和势力范围展开激烈竞争。③ 长期以来,也门并不是沙特和伊朗进行战略竞争的主要阵地。

---

① Jeremy M. Sharp, *Yemen: Civil War and Regional Intervention*, CRS, 2019, p. 3.
② Seth G. Jones et. , *Iran's Threat to Saudi Critical Infrastructure*, Washington D. C. : CSIS, 2019, p. 3.
③ 韩小婷:《伊拉克战争后沙特与伊朗关系探析》,载《阿拉伯世界研究》2018年第4期,第108页。

随着胡塞武装的崛起,以及沙特与胡塞武装之间的敌对加剧,胡塞武装与伊朗不断走近,也门问题愈发具有沙特和伊朗对抗的特征。从地缘政治的视角来看,也门对于比邻而居的沙特有着极其重要的战略利益,当伊朗试图利用也门危机牵制沙特的战略精力和战略资源时,沙特也坚决抵消与伊朗有联系的胡塞武装在也门的战略收益。双方在也门的代理人战争,加剧了两国整体的战略竞争。

第三,随着阿联酋在也门的存在增强,沙特与阿联酋在也门的战略竞争有可能加剧。虽然沙特和阿联酋在遏制胡塞武装以及伊朗在也门的扩张上具有共同利益,但他们与也门不同的力量合作,并且采用不同的策略。[①] 沙特的军事策略主要包括对胡塞武装的据点进行空袭,对反胡塞武装提供财政、军事和物质支持,并且对胡塞武装控制的领土进行海陆空全方位封锁。与沙特不同,阿联酋直接出动一定规模的地面部队,并且与它培训的地方性武装力量"南方地带军""哈德拉毛精英军"等一道战斗,重点在也门南部和中部建立影响。此外,阿联酋并不愿与具有穆兄会印记的伊斯拉党建立合作,而是积极与哈迪政府有矛盾的萨拉菲民兵和南方过渡委员会走近。目前,沙特与阿联酋保持着良好的盟友关系,但随着时间的推移,双方在管理代理人和争夺在也门的影响力方面的矛盾可能会更加显现。

第四,加剧了伊朗与美国及其盟友之间的敌对。特朗普上台后,美国对伊朗的战略压力增大,着重关注伊朗的核技术、导弹技术、地区扩张问题。美国认为,伊朗支持胡塞武装是其地区野心的重要表现,也是美国对伊朗实施"极限施压"战略的原因之一。面对美国的施压,伊朗则以"极限抵制"与其对抗。进入2019年,海湾局势陡然紧张,5月和6月,数艘商船在阿曼湾被击毁;6月,伊朗击落美国无人侦察机,差点引起美国的军事报复;7月,英国和伊朗互扣对方油船;9月,沙特阿美公司遭无人机袭击;2020年前后,美国与伊朗支持的伊拉克民兵组织紧张加剧;2020年1月3日,美国在巴格达国际机场公然袭杀伊朗伊斯兰革命卫队"圣城

---

① 吴冰冰:《中东地区的大国博弈、地缘战略竞争与战略格局》,载《外交评论》2018年第5期,第59页。

旅"指挥官卡西姆·苏莱曼尼少将,遭致伊朗5天之后的报复,伊朗向美国驻伊拉克的两处军事基地发射了数十枚导弹,美方以无人员伤亡为由没有进行报复,但美伊双方的紧张关系仍在继续。① 值得注意的是,面对海湾紧张局势加剧,阿联酋试图与伊朗缓和关系,并从2019年6月开始陆续从也门撤军。

(三) 非传统安全威胁上升

也门战争除了造成军事和暴力安全问题之外,还引发或加剧了许多非传统安全问题。由于非传统安全威胁具有跨国性、非政府性、相对性、可转化性、动态性等特征,② 因此相较传统安全问题容易被忽视,但其影响的长期性和深刻性要求人们必须予以重视。

第一,也门战争加剧了恐怖主义威胁。也门的"基地"组织半岛分支是主导性和最有实力的激进组织,它是"基地"组织开展全球行动的重要网络,还对一些臭名昭著的恐怖主义分子提供庇护所。例如,曾被关在关塔那摩监狱的库西(Ibrahim al Qosi)目前是"基地"组织半岛分支的重要领导人。该组织主要在沙特联军影响有限的也门中部地区活动,美国和阿联酋在2017年和2018年加大了对其打击力度,一定程度上削弱了其实力。该组织不仅培育地方性的附属势力,如"安瓦尔阵线""哈德拉毛之子""阿比扬之子"等,而且与其他武装力量合作战斗,最显著的就是激进主义者阿布·阿巴斯领导的力量在塔伊兹的存在。③ 另一个在也门影响较大的激进主义组织是"伊斯兰国"的也门分支。2017年,美国空袭"伊斯兰国"在也门中部的训练营后,该组织在也门的实力显著削弱,但并未根除。

---

① 王林聪、余国庆、朱泉钢:《中东地区形势分析与展望》,载谢伏瞻编:《中国社会科学院国际形势报告(2020)》,北京:社会科学文献出版社2020年版,第131页。
② 刘学成:《非传统安全的基本特性及其应对》,载《国际问题研究》2004年第1期,第33—34页。
③ Katherine Zimmerman, "Testimony: Taking the Lead Back in Yemen," March 6 2019, https://www.criticalthreats.org/reports/taking-the-lead-back-in-yemen. (登录时间:2019年6月18日)

第二，也门战争恶化了环境安全问题。根据世界银行的观点，也门是世界上水资源最稀缺的国家，人均年用水量仅为125立方米，约为全球平均人均年用水量2500立方米的1/20。在占也门人口90%的栽德高地，人均年用水量仅为90立方米。长期以来，也门面临严重的水资源供应危机，地下水以4倍于自然补给率的速度被开采。也门解决水资源短缺的能力受到管理不力、制度虚弱和庇护政治的制约，战争进一步加剧了这些管理问题，而且削弱了传统的部落性水治理机制和水冲突管理机制。① 此外，战争造成森林砍伐严重。阿布福图赫（Abulfotouh）援引政府调查报告称，在萨那有722家面包店，每年烧掉约17500吨木柴，这需要砍伐超过86万棵树，大约摧毁780公顷的植被。而如果考虑到全国范围，战争已造成数百万棵树被砍伐。②

第三，也门战争造成了性别安全危机。也门战争对妇女和女童产生了独特的影响，加剧了也门既有的性别不平等和女性脆弱问题。自冲突开始以来，妇女和女童面临的安全威胁逐渐增大。2006年起，也门在世界经济论坛的性别鸿沟指数排名中一直处于后列。2017年11月，联合国人道主义事务协调办公室的报告指出，相较战前，也门女性安全状况进一步下降，包括强奸和性攻击在内的性犯罪增加了约63%，女孩遭受强制婚姻和早婚的现象增长了约3倍。③ 此外，人道主义机构虽然采取了前所未有的努力，但是也门的女性健康问题仍面临严重挑战。由于战争摧毁了许多医疗机构和设施，人道主义资金相对有限，并且人道主义行动深受限制，再加上也门男尊女卑的社会文化，以及女性相对弱势的生存和竞争能力，使得女性成为了也门医疗条件恶化的最大牺牲品。

---

① Matthew I. Weiss, "A Perfect Storm: The Causes and Consequences of Severe Water Scarcity, Institutional Breakdown and Conflict in Yemen," *Water International*, Vol. 40, No. 2, 2015, p. 251.

② Adel Aldaghbashy, "Yemen's Forests Another Casualty of War Amid Fuel Crisis", Sci Dev Net, May 9 2019, https://www.scidev.net/global/environment/news/yemen-s-forests-another-casualty-of-war-amid-fuel-crisis.html.（登录时间：2019年6月18日）

③ Delphine Valette, *Protection, Participation and Potential: Women and Girls in Yemen's War*, International Rescue Committee, 2019, p. 4.

（四）也门和平进程的艰难推进

在也门战争期间，国际社会为实现和平进行了许多努力，但几乎都以失败告终。在沙特领导的国际联军军事干预也门之后不到一个月的时间，联合国安全理事会通过了关于也门问题的第 2216 号决议，要求冲突各方进行和平谈判。在此基础上，哈迪政府与胡塞武装进行了四轮和谈：2015 年 6—12 月进行了两轮日内瓦和谈，2016 年 4—8 月进行了科威特和谈，2018 年 12 月进行了斯德哥尔摩和谈。然而，前三次和谈均无果而终，第四次和谈虽然促使哈迪政府和胡塞武装签署了《斯德哥尔摩协议》，主要解决战俘交换、荷台达停火、塔伊兹地位谈判三个问题，但协议执行过程中问题重重，也门和平迟迟未能到来。

进入 2018 年 10 月，出现了一件有利于也门和谈的大事——卡舒吉事件，它加剧了沙特的外交窘境，促使美国向沙特施压，以及沙特向哈迪政府施压参与和谈。虽然预想的日内瓦和谈未能举行，但格里菲斯并未放弃协调活动，他与胡塞运动、沙特联军、哈迪政府和西方大国积极接触，商谈也门和平事宜。同年 10 月 2 日，沙特驻土耳其伊斯坦布尔领事馆发生了震惊全球的卡舒吉事件，这不仅导致沙特遭受到严重的国际谴责，而且使美国政府无条件支持利雅得承受了巨大压力。事实上，早在卡舒吉事件之前，美国国会就对美国支持沙特在也门战场上的军事行动存在争论。卡舒吉事件进一步迫使美国反思其对沙特的支持，加大了对沙特接受和平谈判的压力。同年 10 月中旬，格里菲斯在华盛顿与美国国防部长马蒂斯以及其他高官和议员会晤时，他要求美国支持也门和平进程，并向沙特联军施压，促使他们支持和谈和和平计划。同年 10 月 30 日，马蒂斯发表声明称，美国支持联合国在瑞典举行的也门和平对话。同日，美国国务卿蓬佩奥发表声明，敦促美国的海湾盟友有条件地停止在也门的敌对行动，并敦促在未来 30 天内重启也门和谈。至此，美国支持也门和谈的政策基本确立。

在国际社会的压力之下，亲胡塞力量与反胡塞集团经过不断地试探和互动之后，哈迪政府和胡塞运动同意参加和谈。迫于压力，阿联酋领导的联军在同年 11 月初中止了向荷台达港的继续推进。同年 11 月 10 日，美国宣布，应沙特政府要求，停止对联军飞机提供空中加油服务。与此同时，同年 11 月 19 日，胡塞武装宣布，停止对沙特、阿联酋和盟军的无人机和导弹袭击，但全面停火需要沙特联军做出互惠性的举动。显然，沙特联军与胡塞运动的策略属于艾克斯罗德提到的积极意义的"一报还一报"互动模式，① 这种策略鼓励合作，是双方能够最终重启和谈的重要原因。

2018 年 12 月初，哈迪政府与胡塞运动的代表在瑞典斯德哥尔摩展开和谈。起初，格里菲斯期待双方能在以下问题上达成协议，包括战俘互换、重开萨那机场、重建统一的也门中央银行并发放公务员工资、结束荷台达和塔伊兹的战斗，以及达成和平进程的共识性框架。此外，他还希望双方同意在 2019 年 1 月底重新召开会议。然而，双方最终仅在战俘互换、荷台达停火和塔伊兹地位协商方面达成了协议。胡塞武装明确拒绝了有关重开萨那机场的计划，因为他们认为那将导致政府能够监控飞往萨那的航班。哈迪政府拒绝签署和平框架协议，因为他们认为那将赋予胡塞武装过高的合法性。最后，关于中央银行的讨论也被搁置了，毕竟在不能全面启动和平谈判的情况下，各方都想独自控制财权。

斯德哥尔摩的和平进程，以及《斯德哥尔摩协议》的达成并不容易。斯德哥尔摩的和平进程是在格里菲斯特使的协调下，外部干预的关键力量沙特因卡舒吉事件受到美国的压力增大，遂向哈迪政府施压参与和谈而进行的。2018 年 12 月 13 日，《斯德哥尔摩协议》达成，其核心内容是：双方同意建立交换战俘机制，在荷台达省与荷台达、塞利夫、埃萨三个港口实现停火，组建讨论塔伊兹局势的委员会。这一协议的达成具有四重意义。

第一，降低了荷台达港爆发大规模军事冲突的风险。事实上，在和谈开始之前，阿联酋领导的准备进攻荷台达的反胡塞武装仍跃跃欲试，一些派别的军事领导明确表示将对荷台达发起总攻。协议的达成不仅阻止了联军对荷台达的进攻，而且从根本上为荷台达的军事冲突"掐灭了引线"。

第二，沙特领导的联军军事干预也门以来，联合国协调取得了最大成

---

① ［美］罗伯特·艾克斯罗德著，吴坚忠译：《对策中的制胜之道——合作的进化》，上海：上海人民出版社 1996 年版，第 39—40 页。

果。在联合国安理会的第 2216 号决议基础上，联合国协调了四轮和谈：2015 年 6 月的日内瓦和谈，2015 年 12 月的日内瓦和谈，2016 年 4—8 月的科威特和谈，2018 年 12 月的斯德哥尔摩和谈。前三次谈判均未能达成最终协议，《斯德哥尔摩协议》的达成无疑是重大突破。

第三，表明国际社会对也门问题的关注不断增强。奥巴马政府虽然通过中止向沙特出售智能炸弹等方式限制联军在也门的军事行动，但整体上并未阻止他们的军事干预。特朗普上台后，加强了与联军的关系，但卡舒吉事件迫使美国政府向沙特在也门问题上施压。事实上，如果没有美国对沙特的施压，协议的达成很难想象。

第四，在联合国和平协调中，沙特等海湾国家成为支持性力量。在之前的数次和平谈判中，沙特并不积极，因为它们认为凭借自身更强的综合实力和国际支持，联军处于更加有利的地位。卡舒吉事件改变了这一态势，沙特不得不展现一些积极的姿态改变其国际形象，以及回应美国国内对沙特的持续批评。[1]然而，就战俘交换、荷台达停火安排、塔伊兹地位协商三个方面看，《斯德哥尔摩协议》整体的执行情况并不理想，一方面，这是由于协议本身的规定并不具体，各方总是利用这种模糊性，以有利于己方利益的方式解读协议；另一方面，冲突方缺乏足够的战略互信，在均无法给出可信的战略承诺的条件下，没有一方愿意率先做出重大妥协来推动协议执行。因此，协议执行并不顺畅。

也门和平进程进展缓慢的原因是复杂的，但整体上可以归纳为以下三点：[2] 第一，冲突的利益攸关方并未被完全纳入和平进程。沙特、阿联酋和伊朗代表的外部势力并未直接参与和平进程，这既不能反映三国在也门战争中的参与情况，又无法明确三国在也门和平进程中的具体作用。此外，"南方过渡委员会"已经发展为也门冲突中的重要力量，他们对于无法参与和平进程心怀不满，这也是他们在 2019 年 8 月与哈迪政府爆发冲突

---

[1] Peter Salisbury, "Making Yemen's Hodeida Deal Stick," Crisis Group, December19 2018, https://www.crisisgroup.org/middle-east-north-africa/gulf-and-arabian-peninsula/yemen/making-yemens-hodeida-deal-stick.（登录时间：2019 年 7 月 18 日）

[2] 朱泉钢：《地缘政治视角下也门危机僵局及其出路》，载《当代世界》2018 期年第 4 期，第 66 页。

的重要原因。虽然在沙特的协调下,"南方过渡委员会"与哈迪政府在2019年11月达成了《利雅得协议》,但双方的矛盾并未根本解决。

第二,谈判方的承诺难题问题。从理论上讲,和平协议的达成往往以谈判方的相互让步为基础,而让步需要以最终能确保自身利益为前提,这在缺乏互信的情况下很难进行。在2016年的和谈中,哈迪政府由于担心自身未来的政治地位不能得到保障,所以并不想达成协议,而《斯德哥尔摩协议》的执行困难同样是因为双方都担心过早让步会增加对手的优势。

第三,和平协议内容的模糊性问题。观察《斯德哥尔摩协议》和《利雅得协议》的达成可以发现,这两个协议都只是确立了和谈方向,而对于解决问题的具体执行机制问题涉及有限。以《利雅得协议》为例,"南方过渡委员会"的利益如何保证并没有特别具体的规定,这也导致他们的不满加剧,并于2020年4月再次与哈迪政府爆发冲突,并宣布南方自治。因此,内容模糊的协议只不过是把问题暂时压下去而已,并不能真正地解决问题,很可能在未来再次爆发冲突。

中东剧变10年以来,也门局势不断恶化,不仅最初的国家治理问题没有能够解决,而且造成了严重的暴力冲突和战争问题。目前,也门的当务之急是实现和平,恢复秩序。长远来看,也门问题的最终解决需要提升国家的治理能力和治理体系的现代化。

2020年4月8日,沙特单方面宣布,受新冠肺炎疫情影响,反胡塞联军从9日开始在也门战场上停火两周时间,显示出沙特试图退出也门战争的意愿。鉴于也门战争的内外联动性,也门和平进程有赖于国际社会、地区国家和也门国内力量共同努力,通过建立多层协调机制,建立并实施兼顾全球、地区和政府层面互动的多层次安全治理框架,推动也门和平进程。然而,遗憾的是,也门多层次安全治理框架并未被制度化,更没有得到有力执行。也门问题的主要利益攸关方在《斯德哥尔摩协议》达成之后并未进一步推进协议的落实,反而出现了相互扯皮现象,这显然不利于也门安全赤字问题的解决。

第二节 也门问题的国际协调及其作用

在也门问题的解决过程中，在全球层面、跨地区层面、地区层面以及也门国内层面等形成了多重行为体参与协调的格局，构成了错综复杂的协调机制网络。这些机制相互交叠，相互影响，主要参与行为体因各自目标与动力不同，导致其现实作用差异较大，深刻影响着该问题的彻底解决。

一、全球层面的联合国协调机制

尽管联合国在当代热点问题上的影响受到诸多限制，但由于缺少其他更为有效的泛全球政治组织或机构，通常在正式和非正式领域的问题上，联合国往往代表着整个国际社会。每当战争或其他灾难来临时，人们也总是不断呼吁联合国参与其中，也门问题也不例外。

中东剧变后，也门爆发的严重政治危机始终是联合国试图要解决的热点问题之一。在此过程中，尽管联合国受到五大安理会常任理事国和有关也门问题决议的难以落实等因素的严重制约，但自2011年危机爆发起，联合国政治机构、安理会和特使等就给予了格外关注，试图通过三种主要路径参与其中并发挥应有作用。

第一，将也门问题作为安理会的重要议题并形成决议。自2011年也门出现政治危机至2020年7月，也门问题就成为联合国安理会会议讨论的重要议题之一。据不完全统计，安理会会议涉及也门问题的讨论至少有110余次，涉及内部政治条件、武器禁运、外部干预及方式、人权、贫困、政治对话、传染病等[①]，并形成了有关也门问题解决路径的主要决议，包括第2014（2011）、2051（2012）、2140（2014）、2175（2014）、2201

---

① 联合国安理会会议记录（2011－2019），https：//www.un.org/securitycouncil/zh/content/meetings－records。（登录时间：2020年2月4日）

(2015）、2204（2015）、2216（2015）、2266（2016）、2342（2017）、2402（2018）、2451（2018）、2452（2019）、2481（2019）、2505（2020）、2511（2020）以及2535（2020）号决议。①

第二，建立特使协调机制，直接参与问题协调。2011年，也门爆发大规模抗议活动，国际社会最初通过"也门之友"进行干预，"也门之友"被国际社会视为也门和平的重要稳定器。"也门之友"邀请欧盟和海合会作为机构代表参与其中，而将联合国排除在外。随着政治危机不断恶化，也门问题随之成为被联合国关注的问题之一，联合国秘书长潘基文任命英国外交官贾马尔·贝诺马尔（Jamal Benomar）为也门问题特别顾问，负责也门危机的调解工作。②贝诺马尔经过将近半年的调解，无果而终，使命也宣布告终。

也门由危机滑向内战后，新任联合国秘书长古特雷斯任命谢赫·艾哈迈德为也门问题特使，试图实现和平协调冲突各方。在艾哈迈德的推动下，也门各方举行了三轮和谈，即2015年6月和12月的两轮日内瓦和谈，以及2016年4—8月的科威特和谈，但对弥合相关方的根本分歧并无实质性作用，自此联合国协调的也门和平谈判基本处于"濒死"状态。2017年6月，胡塞武装运动宣布艾哈迈德特使为不受欢迎的人，拒绝联合国特使继续这种无效协调。在此情况下，2018年2月联合国秘书长古特雷斯不得不更换艾哈迈德，重新任命英国人马丁·格里菲斯（Martin Griffiths）为新一任也门问题特使。格里菲斯的任命部分恢复了联合国和谈机制的合法性，为也门各方重启政治谈判提供了新的机会。

格里菲斯上任之后承诺，以2011年的海合会过渡协议、2014年的也门民族对话大会，以及安理会有关也门问题的2216号决议为依据和基础，并同所有的利益攸关方进行了会谈。在格里菲斯的一系列努力和多方协调下，胡塞武装重新回到谈判桌上，同沙特开启了秘密谈判。2018年3月25

---

① 联合国安理会决议（2011－2020.7），https://www.un.org/securitycouncil/zh/content/resolutions.（登录时间：2020年8月4日）

② Ginny Hill, "The UN Role in Yemen's Political Transition," *The Conflict Prevention and Peace Forum*, May 17, 2011.

日，格里菲斯在萨那会见了胡塞武装高级官员。随后，格里菲斯同国际社会承认的哈迪政府的部分高级官员进行了会晤。4月初，格里菲斯又与"南方过渡委员会"的成员在阿联酋的阿布扎比会晤。4月19日，他和美国的代理国务卿约翰·沙利文在华盛顿会面，讨论了他当前的协调努力。①在充分了解各利益攸关方的意图后，6月中旬格里菲斯提出了一份比较详细的和谈计划，但9月8日，因胡塞武装代表团缺席，联合国在日内瓦主持的最新一轮也门和谈无果而终。②11月16日，格里菲思计划近期召集也门政府和胡塞武装代表在瑞典举行新一轮和谈，双方领导层已确认将出席此次和谈。2018年12月，联合国主持的也门问题和谈在瑞典首都斯德哥尔摩举行，也门政府和胡塞武装代表在涉及停火、战俘交换等重要议题上达成一致。③2019年1月16—17日，联合国也门问题特使办公室和红十字国际委员会代表列席。也门政府和胡塞武装代表在约旦首都安曼进行了和谈，双方一致同意采取措施推进换俘工作。

第三，启动安理会制裁机制。2011年9月23日，联合国安理会主动向萨利赫政权施压，要求他签署海合会倡议，履行10月份通过的第2014号决议。该决议强调，"当前（也门）危机的最佳解决办法是通过一个包容各方、由也门领导的政治过渡进程，以满足也门人民对变革的合法要求和愿望"，"注意到也门总统承诺立即签署海合会倡议，并鼓励他或有权代表他采取行动的人这样做，并在此基础上实施政治解决，并要求毫不拖延地将这一承诺转化为行动"。④需要指出的是，虽然这项决议加速了萨利赫政权的瓦解，但民众起义、军队与反对派武装之间的僵局、萨利赫身体状况恶化、海合会和其他强国的直接压力等因素更为重要。11月23日，海

---

① Katherine Zimmerman, "2018 Yemen Crisis Situation Report: April 24," April 24, 2018, https://www.criticalthreats.org/briefs/yemen-situation-report/2018-yemen-crisis-situation-report-april-24.（登录时间：2020年1月31日）

② 《联合国特使说也门冲突方将在瑞典举行和谈》，新华网，2018年11月17日，http://www.xinhuanet.com/world/2018-11/17/c_1123729022.htm。（登录时间：2019年12月4日）

③ 《新一轮也门和谈将在约旦举行》，新华网，2019年2月2日，http://www.xinhuanet.com/world/2019-02/02/c_1124081435.htm。（登录时间：2019年12月4日）

④ 《联合国2014号决议》，https://www.un.org/securitycouncil/zh/content/resolutions。（登录时间：2020年1月31日）

合会协议将联合国起草的"执行机制"纳入其中,形成了解决也门危机的两阶段过渡期方案。

该方案第一阶段包括建立一个民族团结政府,并保证萨利赫及其核心同僚享有豁免权。第二阶段包括安全部门改革、民族对话大会、起草新宪法、提交全民公决,然后选举经全民选举产生理事机构。之后,第一阶段如期实现,但第二阶段却反复推迟。2012年11月,联合国潘基文秘书长访问也门,出席纪念海合会协议签署一周年的活动。2013年1月,联合国安理会全体成员国代表访问也门,旨在支持过渡政权的立场,同时增进安理会成员代表对也门危机的了解,但两次访问对也门当地及其官员行为的影响微乎其微。

为推进第二阶段目标早日落实,联合国安理会分别于2012年5月、2013年2月和4月举行会议讨论指出,需要加速第二阶段目标的实现,但也门各方无动于衷。[1] 8个月后,安理会开始启动制裁机制。2014年2月26日,安理会通过第2140号决议,授权强制解决也门问题。该决议要求任何妨碍也门过渡政策落实之人,均将受到经济和旅行限制。11月7日,安理会点名制裁前总统萨利赫,以及两名胡塞武装高级官员阿卜杜勒·哈利克·胡塞和阿卜杜拉·叶海亚·哈基姆。[2] 值得注意的是,根据海合会协议,哈迪总统任期将于2014年2月到期,但该决议对哈迪总统超期任职只字不提,这也是之后其政权合法性受到质疑的重要原因。

随着哈迪过渡政权和胡塞武装权力争夺日益公开化,2014年8月下旬也门首都萨那发生了支持胡塞武装的大规模示威游行,抗议过渡政府在国际货币基金组织和世界银行的支持下颁布法令,提升燃料和其他生活必需品价格。联合国对不断恶化的安全局势表示担忧,安理会对此发表了一份主席声明,表示欢迎经济改革议程,但对胡塞武装采取的行动视为恶化安

---

[1] 《联合国安全理事会会议记录(2012)》,https://www.un.org/securitycouncil/zh/content/meetings-records-2012;《联合国安全理事会会议记录(2013)》,https://www.un.org/securitycouncil/zh/content/meetings-records-2013。(登录时间:2020年1月31日)

[2] 《安理会 S/RES/2140(2014)》,2014年2月26日,https://undocs.org/zh/S/RES/2140(2014)。(登录时间:2020年1月31日)

全局势之力量。① 联合国和平与国家伙伴关系委员会（Peace National Partnership Association）在冲突扩大为战争之前寻求和平解决方案做了最后一次尝试，但以失败而告终。

2015年初，胡塞武装将哈迪及其政府官员软禁，也门危机达到高潮。2月，联合国安理会通过第2201号决议确认了这一情况，但联合国并未采取强制措施，只是继续呼吁执行海合会协议。② 海合会成员国则对2201号决议进行了强烈批评，认为该决议没有明确授权军事干预。尽管该决议"呼吁所有会员国避免企图煽动冲突和不稳定的外部干预，而是支持政治过渡"，海合会国家于是威胁要采取单方面武力干涉。3月20日，哈迪在沙特要求联合国"紧急干预"。3月22日，哈迪发表总统声明称："支持也门总统哈迪的合法性、也门的统一和完整，谴责胡塞武装的恶劣行径，并重申解决办法是通过一个和平、包容、有序和由也门领导的政治过渡进程，满足也门人民对和平变革和意味着政治、经济和社会改革的合法要求和愿望。"③ 3月26日，沙特领导的阿拉伯联军在联合国安理会默许的情况下，发动了代号为"果断风暴"的空袭行动。4月14日，联合国安理会通过了2216号决议，联合国对也门的行动集中于达成的"和平解决方案"，④试图防止也门问题从内战演变为国际化冲突的问题。

安理会第2216号决议是近10年来联合国唯一的实质性行动。这份决议界定了安理会潜在干预的范围。哈迪总统和沙特领导的联盟都坚持认为该决议具有决定性意义，并成功阻止了他国试图修正这一决议。它们的理由无可争辩，即通过重申"支持也门总统哈迪的合法性"，这就证明了他的总统任期的正当性，无论是在也门，还是在其他地方，如哈迪流亡的沙特。该决议"要求胡塞武装立即无条件地（a）停止使用暴力；（b）从包

---

① 《联合国安全理事会会议记录（2014）》，https：//www.un.org/securitycouncil/zh/content/meetings-records-2014。（登录时间：2020年1月31日）

② 《安理会S/RES2201（2015）》，2015年2月14日，https：//undocs.org/zh/S/RES/2201（2015）。（登录时间：2020年1月31日）

③ 《2015年联合国安全理事会会议记录》，https：//www.un.org/securitycouncil/zh/content/meetings-records-2015。（登录时间：2020年1月31日）

④ 《联合国安理会第2216（2015）号决议》，2015年4月14日，https：//undocs.org/zh/S/RES/2216（2015）。（登录时间：2019年12月8日）

括首都萨那的所有占领地区撤军；(c)放弃从军事和安全机构缴获的所有额外武器，包括导弹系统；(d)停止一切完全属于也门合法政府权力范围内的行动；(e)避免对邻国进行任何挑衅或威胁，包括通过获取邻国土地；(f)安全释放也门国防部长马哈茂德·苏拜伊少将、所有政治犯和所有被软禁或任意拘留的个人；(g)停止招募和利用儿童，并将所有儿童从其军队中释放"。① 另外，这份决议还规定了武器禁运，以及重申了制裁委员会的作用，并将阿卜杜勒·马利克·胡塞和萨利赫的长子艾哈迈德·阿里·萨利赫列入制裁名单。尽管决议获得通过，但这份决议受到联合国内外的批评和谴责，尤其支持胡塞—萨利赫联盟的政治力量认为该决议是为了"战争"合法化，而非为了"和平"。② 之后，联合国有关也门问题讨论及形成的决议，基本上是围绕如何落实上述决议内容而展开的。

客观来看，从联合国安理会积极讨论也门问题，到派遣特使协调以及之后的强制作用显而易见，为了防止也门爆发全面内战，联合国的干预至少推迟了内战爆发的时间，这本身就可以被视为一项成就，这意味着也门人在相对和平的环境中又生活了四年。另外，战争是否能够避免不是联合国所能决定的，因为联合国始终作为外部调解者出现的，而没有真正参与具体决策过程。不仅如此，也门局势非常复杂，不仅需要调停者具备非凡的政治技能，而且更需要也门有关各方承诺寻求和平解决办法。尽管联合国通过了所谓的强制性决议来解决也门问题，2015年各方也承诺和平解决争端的倾向，但联合国受到多方制约，终究无力贯彻落实其通过的决议，到2019年时这种可能性几乎丧失殆尽。这也使得作为局外协调者的联合国至今对彻底消除战争甚至从根本上局势扭转显得无能为力。

---

① 《安理会第2216号决议》，2015年4月14日，https://undocs.org/zh/S/RES/2216(2015)。（登录时间：2019年12月8日）

② 韩晓明、张朋辉等：《联合国制裁也门胡塞武装，被指对内战影响有限》，载《环球时报》2015年4月16日，https://mil.huanqiu.com/article/9CaKrnJK1iD。（登录时间：2019年12月8日）

二、西方大国的也门政策与实践

（一）美国介入也门政治危机及其作用

美国介入也门政治危机主要是从安全角度考虑的。在也门政治危机之前，美国在也门的多个军事目标及人员至少遭到 30 余次的恐怖袭击，其中较为严重的有：2000 年 10 月 12 日，美军"科尔"号导弹驱逐舰在也门亚丁港加油时，遭到"基地"组织策划的恐怖袭击，舰上 17 名海军人员死亡，39 人受伤，"科尔"号舰体严重受损①；2008 年 9 月 17 日，一枚自杀式汽车炸弹在美国驻也门大使馆门前爆炸，身着警察制服的武装人员手持火箭筒和轻型武器与使馆安保人员激烈交火，最终造成 16 人死亡。② 美国在小布什政府时期（2001—2008 年）同也门萨利赫政权反恐合作较为密切，包括资助也门政府组织、训练和武装反恐部队。

奥巴马执政时期（2008—2016 年），尽管其本人倾向于用外交手段解决全球问题，但在也门问题上却倾向于使用军事手段。美国政府继续将恐怖组织"阿拉伯半岛的基地组织"视为美国在也门的首要军事打击目标。2009 年 12 月，美国国防部宣布在未来 18 个月里花费超过 7000 万美元，使用特种部队训练并装备也门军队、内政部和海岸巡逻队，这远远超过了美国以往对其的军事资助水平。③ 由于萨利赫不允许美国在也门直接动用武力打击恐怖分子，这让奥巴马政府及其安全团队感到非常不满。2011 年，也门社会抗议席卷全国之时，奥马巴政府就开始寻找更迭萨利赫政权的机会。1 月初，美国国务卿希拉里访问萨那，分别会见了萨利赫总统和也门最大反对派"联席会议"（JMP）的负责人。在与萨利赫的会晤中，希拉里认为美也两国应加强反恐合作，但萨利赫表现得无甚兴趣。这进一

---

① 《美国"科尔号"驱逐舰也门被炸始末》，央视网，2010 年 10 月 14 日，http://www.cctv.com/news/world/20001014/11.html.（登录时间：2019 年 12 月 8 日）

② 《美国称驻也门使馆遇袭事件系"基地"组织所为》，国际在线，2008 年 9 月 18 日，http://news.cri.cn/gb/19224/2008/09/18/2225s2248181.htm.（登录时间：2019 年 12 月 8 日）

③ 《美国 7000 万美元特训也门军队，也门或成下一战场》，新华网，2009 年 12 月 30 日，https://world.huanqiu.com/article/9CaKrnJmPuj.（登录时间：2019 年 12 月 8 日）

步促使美国抛弃萨利赫的决心向前迈了一大步。

在也门社会抗议局面不可收拾时，美国驻也门大使费尔斯坦（Gerald Feierstein）不是竭力支持萨利赫政权，而是积极促成了也门过渡计划的谈判，并起到了关键作用，使得各方达成两点主要共识：一是特赦萨利赫及其家人，允许萨利赫保留总人民大会（GPC）党魁的角色；二是选举副总统哈迪为临时总统。这两点都有助于美国的反恐政策，前者确保了军事指挥权向过渡政权顺利移交，同时保留了美国帮助建立的"特别行动"部队；后者有助于美国早日实现直接在也门开展军事反恐行动。2012年春夏，哈迪在中情局顾问和美国无人机以及当地部落民兵的帮助下组织了一次军事反恐行动，打击"基地"组织，取得了初步效果，这也意味着奥巴马政府对哈迪过渡新政府的大力支持，哈迪也希望依赖美国政府助其渡过难关。但是，哈迪的国内执政基础极其薄弱，加之其对奥巴马过于信任，除了其家庭成员和朋友之外，其无法实现发展同地方的联盟，最终使得临时政权日益孤立，政府举步维艰。综观来看，2012—2014年也门内战爆发前这段时期，美国在也门政治过渡中大致有三方面的作用。

首先，美国从台前走向幕后。也门政府进入过渡期后，美国外交官大幅减少在萨那举行的全国对话大会（National Dialogue Conference）活动。当全国民主委员会因未能就按配额分配代表的问题达成一致而被推迟时，费尔斯坦在幕后工作，以确保妇女和青年等特定群体获得代表席位，并鼓励哈迪政府招募南方人来取代抵制俄罗斯的人。

其次，美国试图控制也门强力部门的改革进程。美国驻也门大使费尔斯坦并未像其他大使一样仅关注政治变化，他选择了充当也门军事改革的"教父"。根据费尔斯坦的说法，这是美国10年来帮助建立也门"特别行动"部队经验的自然产物。[1] 自2012年起，美国政府与哈迪政权进行了较为密切的安全合作，将也门所有武装部队重组，成立统一指挥部，以提升部队的作战协调能力。但这种破旧立新的做法遭到了三方面的强大阻力：

---

[1] Gerald Feierstein, "The War in Yemen is a Homegrown Affair," *Alarabiaya*, September 26, 2019, https://english.alarabiya.net/en/views/news/middle–east/2019/09/26/The–war–in–Yemen–is–a–homegrown–affair.（登录时间：2019年12月8日）

一是也门大多军官置个人利益于国家利益之上，因新军改可以解决大量吃空饷问题，而遭到国防部抵制；二是萨利赫及其堂兄弟放弃了军事指挥权，但下级军官仍然忠于前总统的家人。萨利赫的主要对手阿里·穆辛·艾哈迈尔将军也拒绝辞去第一装甲师指挥官的职务；三是萨利赫辞职后，该国本已虚弱不堪的制度能力几乎不复存在。

最后，继续支持哈迪政府，尝试瓦解政治反对派，但立场有所变化。随着公共服务的崩溃，哈迪的合法性不断受到侵蚀，美国也意识到哈迪缺乏足够的权威来重建也门的军队和其他强力部门，但仍然不遗余力地支持哈迪政府，如在试图说服艾哈迈尔退休失败后，美方欢迎胡塞武装打击艾哈迈尔将军。2014年5月初始，在过渡的几个月里，美国临时代办卡伦·萨沙哈拉经常呼吁胡塞领导人"放弃使用武器"，但同时表示愿意看到胡塞武装在萨那发挥更大的影响力。显然，美国对也门政策开始发生变化。同年7月，胡塞叛军占领了阿姆兰省的重要军事基地，美国再次呼吁胡塞领导人"放弃使用武器"。美国对也门的政策变化主要基于两个原因：一是胡塞武装在击败艾哈迈尔之后，在夺取萨那之前的行动虽然让美国有所警觉，但在哈迪总统不断向美国保证反叛分子不会对其构成威胁后，美国对胡塞武装的关注较少；二是美国的反恐计划主要集中在萨那以南和以东地区，而不是北部。这无形之中给美国对后来也门局势发展造成误判。于是，美国大使馆不得不继续支持哈迪总统加快将全国民主委员会成果转化为新宪法文本的进程，要求哈迪在全国公投前提交并通过宪法草案。但在2015年1月中旬提前通过该草案时，最终草案是在2014年年底前拟定的，而哈迪的参谋长艾哈迈德·本·穆巴拉克被胡塞武装绑架，随后哈迪总统和巴哈总理也被软禁起来。2015年1月22日，哈迪和巴哈被迫宣布辞职，过渡政权瓦解，也门政治危机自此滑入了延宕至今的战争。

在2015—2020年初的内战期间，美国在战争期间最初采取的是接触政策。早在2014年9月，胡塞反政府武装进入也门首都后不久，美国驻也门大使马修·图勒就与该组织在萨那的军事指挥官建立了电话热线，旨在同该武装保持有效沟通和保护美国公民在萨那的安全。尽管随着萨那局势恶化，胡塞武装部分人员继续寻求同美方保持合作，但美国政府还是在2015

年1月底到2月11日将所有美军全部撤出萨那，并认为胡塞强硬派是在伊朗伊斯兰革命卫队和黎巴嫩真主党的帮助下正在努力摧毁解决也门问题的海合会协议。①

美国从也门撤军成为也门从政治危机走向内战的一个转折点。美国从也门撤走了包括驻扎在亚丁湾阿纳德空军基地的反恐部队，另一方面使馆撤到沙特吉达并设立也门事务办事处，以继续实施美国对也门的政策。这也成为奥巴马政府为有限支持2015年3月26日阿拉伯联军发动代号为"果断风暴"军事打击胡塞武装的重要步骤。美国对也门政策此时已经比较明朗，即不愿重蹈在利比亚和叙利亚的覆辙，也不愿派地面部队深度卷入也门战争，但又不愿拒绝沙特意见。奥巴马仅授权美国少将级指挥官参加在沙特阿拉伯组建的"联合计划小组"，但奥巴马通过国防部确立了"限制原则"，禁止美军选择也门的轰炸目标。因此，美国指挥官只能通过提供从美国卫星数据中获取的情报报告来帮助阿拉伯同事。同样，美国飞行员为海合会战斗机执行空中加油任务，但他们不被允许与也门境内的目标交战。不过，奥巴马政府对美国向沙特出售武器没有任何限制，但有意避免针对胡塞武装力量。奥巴马政府的解释是："他们（指胡塞武装）不是我们的军事目标。我们的军事目标是'阿拉伯半岛基地组织分支'，我们必须专注于此。"②

随着战争带来的严重人道主义危机，奥巴马政府再次转向支持政治解决方案，敦促包括胡塞领导人在内的所有政治派别参加的和解方案，同时要求沙特国王帮助缓解也门日益严重的人道主义危机。2016年春，美国政府为表诚意，利用和谈临时停火之机，撤回"联合计划小组"人员，但继续进行军事训练和援助，包括为联军战机空中加油。2016年夏，也门全面战争再次爆发，美国海军舰艇在红海被胡塞萨利赫部队控制的沿海地区成为攻击目标。10月，奥巴马总统随后授权美国海军用舰对岸导弹进行应

---

① 《法媒：美紧急关闭驻也门使馆，毁密件弃车撤离》，参考消息网，2015年2月13日，http://www.cankaoxiaoxi.com/world/20150213/667819.shtml.（登录时间：2020年1月23日）

② Jay Solomon, Dion Nissenbaum and Asa Fitch, "In Strategic Shift, US Draws Closer to Yemeni Rebels," January 29, 2015, *The Wall Street Journal*.

对，摧毁了沿海的雷达站，并协助联军从国家南部沿海的"基地"组织手中收复领土，美国由此直接卷入了这场战争。

2017年1月，特朗普总统入主白宫后，美国执行全面支持"阿拉伯联军"的战争政策。特朗普授权对也门西南部的"基地"组织活动地进行直接空袭，还加快了批准向海合会国家出售武器的进程，包括授权奥巴马政府时期的部分禁售武器系统。2017年，胡塞武装向沙特发射新型导弹后，特朗普向沙特出售了一套综合导弹防御系统。特朗普政府之所以强化支持沙特的力度，主要有两大因素：一是美国借助打击也门胡塞武装，达到压制伊朗在也门扩张势力的目标；二是能够合法向沙特出售军火。2017年5月，特朗普总统出席利雅得峰会时，宣布了一项计划，向沙特出售了价值1100亿美元的武器。① 同时，特朗普政府还加快了奥巴马政府时期积压的价值约500亿美元的军火交付流程。2018年3月，沙特王储访美期间，再次签订价值125亿美元的军购订单，包括购买美国公司的飞机、导弹和护卫舰等。② 2020年11月，特朗普政府向阿联酋出售价值超过230亿美元的无人机及其他武器。③

美国的也门政策以担忧国家安全为依据，只要美国保持对也门的这种认知，它就会忽视本国在短期人道主义救济和长期经济发展的更大需求。总体来看，美国的也门政策是失败的。美国在2011年之后所起的作用不大，未能确保该国成功实现政治过渡。2012—2014年期间，美国本应更加关注也门公民的经济需求，以确保过渡政府得到民众的支持，但美国却将反恐作为其也门政策的首要目标，进而向也门出售大量军火，并试图重组也门军队，以减少未来的安全威胁，这种错误政策在相当程度上加速了哈迪过渡政权的全面政治崩溃。而在2015年至今的内战期间，美国大肆对海

---

① 《美国与沙特签订1100亿美元的国防合同》，俄罗斯卫星通讯社，2017年5月21日，http://sputniknews.cn/military/201705211022676856/。（登录时间：2020年1月3日）

② 《沙特王储访美签军火大单 特朗普称两国关系"空前友好"》，东方网，2018年3月22日，http://news.eastday.com/w/20180322/u1ai11309461.html。（登录时间：2020年1月3日）

③ 南博一：《特朗普政府计划向阿联酋出售武器，29个组织签署联名信反对》，环球网，2020年12月1日，https://world.huanqiu.com/article/40vCAUzx21G。（登录时间：2020年12月8日）

第五章 也门问题：大国的政治协调

湾国家出售军火以及提供军事技术和后勤支持，不仅无助于该问题的解决，反而使得这一问题变得更为复杂无解。

（二）俄罗斯对也门问题的反应与政策

中东剧变后，俄罗斯中东政策的最大特点就是积极采取联盟政策，强势回归中东，以达至相关战略目标。但在也门问题上，俄罗斯的反应与所采取的政策明显不同于其对利比亚和叙利亚的政策。在从也门政治危机到战争爆发的整个过程中，俄罗斯执行不结盟政策。俄罗斯政府尽管在2012年2月支持哈迪接任也门总统，但对关于惩罚胡塞武装则持保留意见，因此在联合国安理会第2216号决议表决时投了弃权票，同时俄罗斯公开批评沙特为首的联军对也门的军事行动。俄罗斯采取这样的政策主要有两方面的考虑，一方面避免长期陷入战争，另一方面其同也门存在历史传统关系。

1990年，南也门社会主义政权瓦解后，俄罗斯就退出了也门内部事务，之后俄罗斯也曾协调也门内部事务，但因向南也门民兵出售"米格-29"战斗机等而失去相关方的信任，成为失败的调停者。因此，2000—2010年，俄罗斯在也门的主要目标是重建与萨利赫政权的重要伙伴关系，同时防止因同萨利赫政权关系的改善而危及俄罗斯与沙特的双边关系。[①]2000年，俄罗斯免除了也门拖欠的80%债务，达53.14亿美元，约占也门全部债务的70%，[②] 这一决定使得俄罗斯同萨利赫政权的关系得到较大改善和升温。2002年和2004年俄也两国总统进行了两次会晤，为俄罗斯最终恢复在红海的军事存在奠定了基础。

俄罗斯为了凸显同也门伙伴身份的重要性，普京在同萨利赫政权接触过程中，与之达成多项政治共识。2002年12月，俄也首脑举行峰会，双方均认为有必要建立多极世界秩序，消除中东地区大规模杀伤性武器。2004年4月，普京与萨利赫会晤时，萨利赫认同普京提出的"国家稳定是

[①] 武剑：《也门危机考验俄罗斯"重返中东"》，载《大众日报》2015年4月12日。
[②] 杨建荣：《也门统一后的经济发展及面临的挑战》，载《阿拉伯世界研究》2005年第5期，第30页。

对抗恐怖主义的堡垒"的观点。此外，俄也两国反对2003年伊拉克战争，并对美国推进"大中东民主计划"持谨慎态度。2009年2月，美国因反恐问题深度介入也门内争后，俄罗斯被迫放缓了同也门关系的步伐。

尽管俄也关系进展有限，但俄罗斯政府继续保持同也门的传统关系，并试图继续在红海地区发挥地缘政治影响。2008年10月，俄罗斯联邦委员会主席谢尔盖·米罗诺夫访问也门，提出俄罗斯军舰使用也门港口的想法。2009年1月，俄罗斯再次表达了希望在亚丁重建军事基地。① 梅德韦杰夫与萨利赫会晤时强调，俄罗斯愿意同也门合作，打击红海港口的海盗威胁。萨利赫政权瓦解后，俄罗斯在也门重建军事基地的构想已成泡影，但利用也门问题重返红海的想法仍是近些年俄罗斯外交政策的关切点。

2011—2014年过渡期间，俄罗斯与也门关系的战略基础并没有发生根本变化，但2011年萨那爆发的大规模抗议活动，以及美国批评也门政府的政治暴力，使萨利赫的政治盟友转而寻求俄罗斯的援助，导致俄罗斯对也门政策开始发生变化。2011年3月，也门驻俄罗斯大使穆罕默德·萨利赫·希拉利请求梅德韦杰夫任命一名特使前往也门，以便促成萨利赫政府和也门反对派之间达成和平解决方案，但俄罗斯没有直接回应希拉利的请求，而是同中国一起否决了4月20日联合国的一项关于批评萨利赫政府镇压也门反对派武装的决议草案。俄罗斯外长拉夫罗夫表示支持萨利赫政权，承诺对恢复也门稳定给予"无限支持"，并发誓要通过联合国渠道同"也门之友"共同推进这一议程。但俄罗斯最终还是支持国际社会对也门革命的共识，支持联合国第2014号决议和联合国第2051号决议和海合会协议。

哈迪就任总统后，俄罗斯的首要目标是与也门新政府建立积极的关系，确保过渡时期不发生政权更迭。2013年4月，哈迪总统访问俄罗斯，两国贸易额随之大幅提升。2013年3月—2014年1月，俄罗斯与来自欧盟、联合国、海合会和中国等十国集团代表一起担任了"全国对话会议"的联合主席，同时表示支持"也门社会的民主转型"。除此之外，俄罗斯

---

① 注：冷战期间，亚丁曾是苏联海军的军事基地。

仅仅在其外交部定期发布新闻简报中提到也门局势，如"基地"组织阿拉伯半岛分支的恐怖活动、安全部门改革和经济复兴等。这些声明并没有引起也门公众的任何反应，也无助于"全国对话会议"发挥积极作用。一言以蔽之，俄罗斯至少认为也门问题在其对外战略中的重要性微不足道，而不愿投入精力和武力。

2015年3月，哈迪政府被胡塞武装驱逐出萨那，俄罗斯采取了两边押注的外交政策：一方面，俄罗斯支持2015年2月联合国第2201号决议，继续承认哈迪总统的合法性，要求胡塞武装撤出萨那的政府机构，并释放哈迪的心腹，使其免遭任意拘留；另一方面，俄罗斯在亚丁和萨那两地都保留了外交人员，使其能够与也门的两个主要交战方保持着积极的外交关系。

沙特领导的阿拉伯联军进行军事干预后，俄罗斯才在也门进行远期战略部署。俄罗斯试图将自己定位为支持政治解决也门问题的国际力量，以提升在中东地区对美国的制衡力度。2015年2月，俄罗斯在也门问题上就已倡导和平的声音，其驻联合国副大使弗拉基米尔·萨夫龙科夫在安理会上发言时表明，俄罗斯明确反对外部势力对也门进行军事干预，警告说这"不利于和平进程的单边行动"。沙特辩称其军事干预是应哈迪之邀进行的，是合法的，但俄罗斯对沙特的干预行动仍持批评态度，俄罗斯认为除非联合国安理会授权沙特行动，否则都是违反国际法的。

随着阿拉伯联军空袭升级，俄罗斯对沙特主导的军事干预所持的反对态度越来越强烈。2015年4月4日，俄罗斯敦促联合国要求沙特停止空袭，以此缓解也门日益严重的人道主义危机，还呼吁延长对沙特盟军的武器禁运。同年4月14日，俄罗斯公开抵制沙特领导的军事干预，对联合国安理会第2216号决议投出了弃权票。这次弃权将俄罗斯与安理会的其他成员区分开来，后者一致支持对胡塞武装实施武器禁运，对萨利赫和胡塞高级领导者实施制裁。为了证明莫斯科投弃权票的理由，俄罗斯驻联合国大使维塔利·丘尔金声称，该决议没有考虑到俄罗斯的人道主义暂停建议，并将对胡塞武装的制裁描述为"不适当"的措施，因为它会加剧也门的内战状态。① 俄罗斯安全委员会秘书尼古拉·帕特鲁舍夫也对该决议的可信度提出质疑，他认为"联合国作为一个多边机构，本应带头解决也门冲突，而不是依靠阿拉伯世界的既得利益者，如海湾君主国，来解决问题。"②

俄罗斯的弃权凸显它对也门内战的避险态度，同时预示着其加强与伊朗的关系，但不与胡塞武装结盟。在沙特主导的军事干预后不久，普京致电伊朗总统鲁哈尼，希望立即结束在也门的敌对行动。2015年4月17日，伊朗外长扎里夫公布了解决也门问题的"四点和平计划"，包括停火、尽快终结所有外国军队的攻击行动、紧急运送人道和医疗援助、重启政治对话和重组全国统一政府。③ 伊朗的政策主张与俄罗斯在联合国第2216号决议之前的主张相似。尽管俄罗斯在也门问题上与伊朗持有共同立场，但它不希望被视为胡塞武装的支持者。2015年2月，俄罗斯政府对胡塞武装代表团访问俄罗斯国家杜马的处理方式就表明了这一点。尽管胡塞武装向俄罗斯提出了诱人提议，即在石油资源丰富的马雷布省给予俄罗斯优惠合同，以换取外交认可，但莫斯科公开拒绝了这些提议，理由是站在胡塞武装一边将构成对也门内政的外部干涉。④ 俄罗斯拒绝胡塞武装的提议，反映了它试图在也门充当调解人的抱负，因为调解人的身份可以使俄罗斯平衡与所有主要冲突派别的良好关系。2015年4月，俄罗斯国际事务委员会的一份报告认为，俄罗斯将也门内战视为"系统性和长期性的危机"，如果俄罗斯能与胡塞武装就防止"伊斯兰国"在也门立足进行建设性合作，那么就能实现"平衡沙特影响力"的作用。⑤

---

① 《2015年联合国安全理事会会议记录》，https：//www.un.org/securitycouncil/zh/content/meetings-records-2015。（登录时间：2020年1月22日）

② UN Security Council to Discuss Arms Embargo Against the Rebels in Yemen, *RIA*, April 14, 2015, https：//ria.ru/20150414/1058386982.html。（登录时间：2020年1月22日）

③ 《也门拒绝伊朗"四点和平计划"称有"政治阴谋"》，新华社，2015年4月20日，http：//www.xinhuanet.com/world/2015-04/20/c_127708953.htm。（登录时间：2020年1月30日）

④ "Houthis Are Looking for Interlocutors in Moscow," *Kommersant*, February 25, 2015, https：//www.kommersant.ru/doc/2674533。（登录时间：2020年1月22日）

⑤ Charles Schmitz, "Yemen's National Dialogue," *Middle East Institute Policy Paper Series*, March 10, 2014, Washington, DC: Middle East Institute, https：//www.mei.edu/sites/default/files/publications/Charles%20Schmitz%20Policy%20Paper.pdf。（登录时间：2020年1月22日）

然而，俄罗斯充当协调者的雄心及在地区投射力量的愿望，与其地缘政治的实际情况并不匹配。俄罗斯在改善也门内战问题上无法发挥领导作用，原因有三：一是哈迪政府无驻俄大使；二是莫斯科不屑理会"南方运动"的援助请求；三是国际社会普遍将莫斯科视为胡塞武装团体的重要支持者。俄罗斯因要与沙特保持正常化关系而拒绝与胡塞武装的贸易来往，但在也门问题上双方并未扩大合作。2015年6月，沙特国防部长穆罕默德·本·萨勒曼前往圣彼得堡，试图说服俄罗斯接受关于胡塞武装威胁的情况，但俄罗斯拒绝改变对沙特军事干预的批评立场。这导致在2015年末因叙利亚问题与沙特紧张关系持续升级时，俄罗斯无法将也门作为讨价还价的筹码。

无论如何，也门内战爆发的最初一年中，俄罗斯很大程度上坚持了在内战初期形成的战略中立态度，但2016年俄罗斯对萨利赫与胡塞武装联盟的立场开始发生变化。2015年底，亚丁和塔伊兹的安全局势越发糟糕，俄罗斯外交部没有承认胡塞民兵作乱，而是公开批评哈迪政府无法打击"基地"组织和其他极端组织的恐怖分子，这种微妙的政策转变主要有两大原因：一是俄罗斯仍将萨利赫视为稳定也门局势的潜在人物；二是俄罗斯强力干预叙利亚内战，导致俄沙关系不断恶化。

2016年8月19日，俄罗斯驻萨那临时代办奥列格·德雷莫夫（Oleg Dremov）将萨利赫－胡塞联盟最高委员会称为"合法的谈判方"，并敦促也门人民承认其合法性。尽管也门副总理兼外交部长阿卜杜勒马利克·梅赫拉菲（Abdulmalik al-Mekhlafi）还是强调，俄罗斯依然承认哈迪是也门的合法总统，但萨利赫则将俄大使言论视为请求俄罗斯支援的开端。8月22日，萨利赫试图邀请俄方高级官员访问也门军事设施，誓言与俄罗斯合作开展反恐行动，但俄罗斯官员没有同意。客观而言，俄罗斯不选边站队可以最大限度地发挥自身在也门的影响力。与此同时，俄罗斯继续对外部势力军事干涉也门内战持批评立场，并努力游说在联合国框架下扩大对也门的人道主义援助，而不只是完全劝阻停止敌对行动。2017年4月，俄罗斯副外长根纳季·加季洛夫（Gennady Gatilov）敦促世界主要大国阻止沙特领导的联盟封锁荷台达，还呼吁向也门提供人道主义援助捐款。尽管俄罗斯努力展现自己对也门人道主义问题的关注，但效果却微乎其微。国际社会普遍认为，俄罗斯之所以强调也门人道主义问题，旨在抵消在叙利亚的战争罪指控对其声誉造成的损害。

2017年夏天，俄罗斯对也门政策发生了大幅转变。当时，沙特减少了对叙利亚反对派的支持，这使得俄沙关系有了改善空间。同时，俄罗斯与哈迪政府的关系得到了升级。7月13日，俄罗斯同意哈迪提名的候选人艾哈迈德·萨利姆·瓦希什（Ahmed Salem al-Wahishi）担任也门驻莫斯科大使，结束了也门6年来在莫斯科无外交代表的历史，体现了俄罗斯努力维护与哈迪政府的紧密关系。同年10月，在沙特国王萨勒曼对莫斯科进行里程碑式的访问后，也门问题成为俄沙首脑会晤期间的重要议题，俄罗斯也门问题调解人的身份得到进一步强化。

尽管俄罗斯为哈迪政府与胡塞武装提供对话场所，但在胡塞武装分子暗杀萨利赫后，俄罗斯认为萨利赫遇刺事件"严重恶化了也门局势"。俄罗斯外长拉夫罗夫直接批评了胡塞武装，称胡塞运动已经激进化，并关闭了在萨那的外交办事处，将全部外交人员撤到沙特首都利雅得，以示对胡塞武装的失望。

尽管如此，俄罗斯在也门的亲沙特倾向并没有持续下去，而是试图通过推进"具有俄罗斯特色的多边外交"来提升自己在中东地区的形象。俄罗斯认为，与科威特和阿曼等地区国家安排的临时协调举措相比，联合国框架下的多边外交更有助于也门内战的解决。然而，俄罗斯也不避讳地批评联合国对和平进程的处理方式。2017年12月，拉夫罗夫声称，如果沙特和伊朗之间的局势持续紧张，联合国框架下的和谈注定会失败。俄罗斯国际事务理事会总干事安德鲁也指出，俄罗斯希望建立一个包容性的地区集体安全架构，以促进解决也门冲突问题。① 同时，俄罗斯还进一步批评美国对也门的政策，使得其协调者身份受到国际社会的相当认可。2018年11月10日，俄罗斯外交部公开谴责美国不愿结束也门冲突。这些言论在一定程度上为俄罗斯在中东事务中塑造建设性的正面形象提供了可能。

---

① 《联合国安理会会议记录 S/PV.8167》，2018年1月30日，https：//www.un.org/security-council/zh/content/meetings – records。（登录时间：2020年1月22日）

尽管如此，俄罗斯实际参与促进也门和平的程度并不高，并且对也门和平的前景持悲观态度。在注重解决冲突的前提下，俄罗斯适时地利用与也门各冲突派别进行接触，加强了与主要国际利益攸关方的联系。为防止利益冲突，俄罗斯将重点放在与每个地区大国所关注的不同问题上。为了吸引沙特，俄罗斯对哈迪政府的宣传重点是胡塞武装带来的安全威胁。但是，正如前俄罗斯驻沙特大使安德烈·巴克拉诺所言，也门各派不愿意就和平问题进行认真对话。[1]

俄罗斯在也门与伊朗接触的重点，是使其免受因支持胡塞武装袭击沙特领土而受指控。如俄罗斯阻挠联合国专家小组的调查进程，要求撤换一名研究伊朗走私活动的在联合国工作的美籍雇员。俄罗斯还自2018年2月否决了英国将伊朗列为胡塞武装的导弹提供者一份决议草案。尽管这一否决被美国驻联合国代表凯利·埃克斯·库里斥为"反常"，但俄罗斯的行动并没有引起其与沙特领导的联盟之间的摩擦，因为莫斯科反对胡塞武装侵犯沙特主权。此外，俄罗斯比其他大国更为关注与阿联酋结盟的南方过渡委员会（Southern Transitional Council）。

综上所述，虽然俄罗斯在也门内战中保持不结盟，没有采取像公然干预叙利亚或暗中干涉利比亚那样的政策，而是努力推进也门问题解决的规范议程。在此过程中，俄罗斯一方面利用也门的动荡局势，加强同地区伙伴的关系；另一方面，俄罗斯与所有主要派别都保持着较为密切的联系，从而成为了有较大影响力的国际协调者。俄罗斯虽然在调解也门各方过程中受到诱惑，但其在战略上仍然选择了避免卷入冲突，避免选择联合国支持的和平谈判之外的其他方案。

（三）欧盟的也门政策及其作用

欧盟的现实经验已经表明，其对外政策的影响力较为有限。在关涉成员国对外重大事务决策中，各成员国往往将外交作为自身主权结构的核心

---

[1] "Challenge Dialogue: What Links Russia and Saudi Arabia," *Al-Sharq Forum*, October 25, 2018, https://www.sharqforum.org/2018/10/25/challenge-dialogue-what-links-russia-and-saudi-arabia/。（登录时间：2020年1月22日）

部分，经常表现为拒绝放弃独立外交权、反对改变自治结构及相关政策。欧盟发展史已经充分显示，每逢重大危机发生时，欧盟很难在成员国平行外交政策之间找到交集。① 因此，理解欧盟对也门危机的政策及其提出的解决方案，可以从两个视角切入：一是研究欧盟全体成员国的政策；二是研究以欧盟机构和人员为代表的单一外交政策。

在也门问题上，欧盟发挥的作用不大，尤其在也门合法政府垮台之后，欧盟绝大多数成员国在解决也门内战过程中基本上没有发挥应有作用。

首先，除了英国，② 欧盟成员国中没有任何国家同也门存在重要的经济联系。在欧洲国家决策者和大众媒体看来，也门只是"一个边缘地带的、无人问津的国家"。③ 也门油气行业尽管有大量的外国投资，但欧洲企业在也门的利益却十分有限。法国道达尔公司曾是也门投资最大的一家欧洲企业，在舍卜瓦省的液化天然气项目上投资20亿美元，用于建设基础设施。但因内战爆发，2015年巴尔哈夫码头被迫关闭，出口液化天然气项目也被迫暂停，然而这次损失并未对法国石油公司及其股东产生多少负面影响。

其次，盘踞在也门的恐怖组织对欧洲安全的影响较小。2015年1月，"阿拉伯半岛基地组织"在也门策划并在之后袭击了位于巴黎的《查理周刊》杂志总部，导致12人死亡。④ 但欧洲国家对此却漠不关心。主要原因有三：一是"圣战"组织是也门战争中的边缘角色，一旦战争开始，他们向境外输出暴力的能力有限；二是当时欧洲的注意力集中在叙利亚和"伊斯兰国"；三是也门政治危机没有产生涌入欧洲城市的大批难民。

---

① 相关论述参见 Bulmer, S., & Lequesne, C. (Eds.), *The Member States of the European Union*, Oxford: Oxford University Press, 2005；也可参见敬璇琳、刘金源：《务实主义的被动外交——欧盟南海政策的演进及未来走向》，载《欧洲研究》2018年第4期，第66—83页。

② 注：本书研究时段视英国仍为欧盟成员国。2020年1月，英国国会投票通过脱欧协议。1月30日，欧盟正式批准了英国脱欧。1月31日，英国正式脱欧。

③ Laurent Bonnefoy, *Yemen and the World: Beyongd Insecurity*, New York: Oxford University Press, 2018, p. 3.

④ 《法国〈查理周刊〉恐怖袭击事件专题》，法国侨网，2015年1月7日，http://www.franceqw.com/portal.php? mod = topic&topicid = 67。（登录时间：2019年12月16日）

最后，欧盟对也门问题不够重视，内部分歧严重。无论是欧洲决策者，还是普通民众，均认为也门问题不值得优先关注。欧洲主要决策者也认为也门对其重大利益实现无关紧要。在欧盟讨论也门问题的过程中，没有形成统一的一揽子解决方案，其政策主张和具体行动是分裂的、破碎的。造成这一情况的根本原因在于，欧盟成员国的之间存在商业利益实现与人道主义关切之间难以弥合的分歧。

根据欧盟规定，禁止成员国与违反国际人道主义法的团体组织或机构进行武器交易。[①] 在也门问题上，军火交易问题成为欧盟成员国内部讨论的重点。荷兰、瑞典和芬兰等北欧国家重点放在和平谈判或与人权以及人道主义相关问题上，但由于这些国家实力有限，其关注议题和提出的解决方案并未得到集团内外的主要国家认可。法国积极参与了也门新宪法的咨询工作，如派遣一名法国宪法专家在萨那参加2013—2014年期间举行的各项会议讨论，[②] 因为法国在也门问题上有着重大商业利益，尤其是军售利益。法国虽然在也门的经济利益有限，但法国是沙特的第二大军售来源国，[③] 卡塔尔是法国军售的第一大客户，这两个国家是"阿拉伯联军"重要成员。德国早在2000年就同也门胡塞武装领导人建立了良好关系。胡塞武装领导人的兄弟、也门议会前议员叶海亚·胡塞曾在德国获得政治庇护。此外，不少其他胡塞政治精英也曾在德国医院接受治疗，这为双方私下交流提供了机会。不仅如此，默克尔总理在2017年大选后多次直接批评并宣布禁止向沙特出售新武器，并承诺将对向沙特等国家出售武器的国家实行部分禁运。德国在也门问题上的立场受到西班牙和瑞典的支持。

此外，在也门战争爆发后，欧洲国家主要关注战争造成的人权和人道主义问题，但欧盟成员国没有形成统一立场。2015年，阿拉伯联军狂轰滥

[①] Givovanna Maletta, "Legal Challenges to EU Member States' Arms Exports to Saudi Arabia: Current Status and Potential Implications," Stockholm International Peace Research Institute Backgrounders, June 28, 2019, https://www.sipri.org/commentary/topical-backgrounder/2019/legal-challenges-eu-member-states-arms-exports-saudi-arabia-current-status-and-potential。（登录时间：2019年12月18日）

[②] Francois Frison-Roche, "Transition et négociations au Yémen: Le rôle de l'ONUM," *Notes de l'Ifri*, October, 2015.

[③] 注：2008-2018年沙特与法国签订了价值120亿美元的军售合同。

炸，造成大量平民伤亡，引起欧洲社会的强烈抗议。2016—2017年，联合国人权事务高级专员试图成立一个也门问题专家小组，负责调查在也门存在的战争罪行，欧盟内部对此出现了截然不同的意见：法国声称要与阿拉伯联军寻求和解，荷兰则表示支持独立调查，并成功提名法国和突尼斯籍活动人士金多比（Kamel Jendoubi）担任调查工作负责人。

因此，所有这些都凸显了欧洲国家在也门战争中涉及商业利益实现和人道主义关切之间的尖锐矛盾，这也是导致法国、德国以及北欧等其他国家提出的相关议题彼此并不相容的根本所在。需要指出的是，尽管欧洲机构对也门的关注有限，但这并不意味着在欧盟层面对也门事务的冷漠，当然也不表示其内部形成过统一政策。欧盟的表现至少有三点是值得肯定的。

一是欧盟各成员国至少在欧盟层面上讨论和争议过也门相关的议题，进行过内部的反复协调，包括欧盟议会和欧盟委员会，特别是外交和安全政策联盟高级代表在内的一系列机构，均关注过也门问题，甚至一度出现过也门问题是"欧盟议程之首"的论调。但在2015年之后，也门就再也没有成为欧盟层面上的优先讨论事项。

二是欧盟外交努力的确存在。欧盟外交官们支持也门进行全国对话会议和在联合国监督下起草新宪法的计划。2018年3月，欧洲驻也门代表团大使访问萨那，8个月后又访问了亚丁。尽管直到2019年底，这些访问未能带来任何明显的外交举措，但这些实实在在的行动仍然不容否认。

三是欧盟提供了大量的人道主义经济援助。2015—2019年间，欧盟及其成员国向也门拨款约8亿美元，其中大约5亿美元主要用于当地和国际组织的人道主义援助。[1] 尽管欧盟委员会在财政和人道主义方面发挥了重要作用，但它从未对也门战争表现出过有效的政治态度，特别是未能对也门交战各方施加压力、支持对违反国际法的行为进行过司法调查等。

---

[1] 《欧盟：将向也门提供1.615亿欧元人道主义援助金》，中国新华新闻电视网，2019年2月27日，http://www.cncnews.cn/new/detail/116470.jhtml.（登录时间：2019年11月4日）；《欧盟将向也门等国新增1200万欧元人道主义援助》，环球网，2015年8月7日，https://china.huanqiu.com/article/9CaKrnJOhf6。（登录时间：2019年11月4日）

客观而言，在也门问题上欧盟作用的有限性主要表现在两个方面：一是自身制度及成员国的制约，二是欧盟参与意愿缺乏动力。正如2018年末萨那战略研究中心的一份研究报告所言："在为解决也门冲突中，欧盟所做出的真正能够体现地缘政治和外交潜力的贡献，只有在其正式成为欧盟政策后才能够发挥作用。"① 欧盟及其27个成员国的政策建议在很大程度上流于形式，欧盟及其成员国的态度明显表现出对也门问题缺乏应有的了解。

三、地区大国的也门政策与实践

（一）沙特对也门的政策及其影响

沙特深度介入也门冲突主要有两个原因：一是沙特不希望在阿拉伯半岛上存在一个所谓的民主国家；二是遏制伊朗势力在阿拉伯半岛的扩张。自2011年也门政治危机至2019年底，沙特对也门的政策及其效果呈现阶段性特点。

第一阶段，2012—2014年沙特采取置身事外的政策。2011年11月23日，萨利赫签署海湾合作委员会调解协议。2012年2月27日，萨利赫同哈迪完成政权交接。此时，沙特推翻异己、扶植亲己势力的主要目标得以实现，加之沙特王国领导层的变化，② 沙特对也门事务的兴趣随之下降。新王储萨勒曼因个人非凡能力而同家族成员建立了更为紧密的联系，但其欠缺外交经验，几乎没有涉及过也门事务。他只是简单地遵循着沙特的传统路线，即恢复资助一度停滞的伊斯兰改革集团和艾哈迈尔将军，不再敌视穆斯林兄弟会及其团体。在也门全国对话会议期间，沙特人发挥的作用

---

① Farea al-Muslimi, "The Iran Nuclear Deal and Yemen's War: An Opportunity for EU Statecraft," Sanaa Center for Strategic Studies, November 18, 2018, https://sanaacenter.org/publications/analysis/6665。（登录时间：2019年11月4日）

② 注：阿卜杜拉国王的健康每况愈下，其政策僵化。随着苏尔坦的离开，也门事务已无重量级人物负责。阿卜杜拉的继任者穆罕默德·本·纳耶夫的父亲纳耶夫王储，当时身体状况也欠佳，是有名的保守派，十分讨厌也门改革，但他在2012年10月任期不满一年就去世了。穆罕默德·本·纳耶夫对也门的兴趣几乎全部集中于"基地"组织阿拉伯半岛分支，这同美国关注点高度一致。

不大，萨勒曼未能发挥应有的外交影响力。可以说，沙特在解决冲突和改革方面没有实践经验，对也门国家重建工作贡献也不大。相反，胡塞武装承认全国对话会议在2014年取得的成果，但反对建立"六地区联邦共和国倡议"，其私下同前总统萨利赫实现和解，建立同盟，旨在赶走共同的敌人——哈迪政府。凭借早期与黎巴嫩真主党的关系，胡塞武装逐渐与伊朗建立起了联系。胡塞武装派士兵前往伊朗和黎巴嫩接受训练，并获得了一定的现代军事武器和财政援助，而伊朗和真主党也派遣专家前往也门去提升胡塞武装的军事实力，特别是在重型武器方面给予意见。到2015年1月，美国官员，特别是五角大楼的官员，公开表示美国与胡塞武装之间存在情报联系，并正从胡塞武装方面获取对抗"基地"组织阿拉伯半岛分支的有益帮助。

第二阶段，2015年沙特军事干涉政策。2015年1月23日，沙特国王阿卜杜拉去世。也门胡塞武装趁沙特领导权交接之际，不断攻城掠池，也门局势突然恶化。2015年1月，胡塞武装接管了首都的总统府，哈迪辞职。2月初，胡塞武装罢免了议会并成立了革命委员会来管理也门。2月21日，哈迪逃离萨那前往亚丁，并将亚丁作为该国的临时首都。3月22日，胡塞武装进入也门第三大城市塔伊斯，其他胡塞势力则控制住也门中部海岸线上的曼德海峡和丕林岛。

胡塞武装势力不断扩大，使沙特新领导人感到恐惧。因为沙特认为胡塞武装是伊朗在也门的代理人，胡塞控制的地盘有助于伊朗控制其西南边界的曼德海峡。胡塞武装占领萨那后，宣布同伊朗启动直飞航班，并重申支持黎巴嫩真主党。这对沙特来说，意味着伊朗已直接威胁其边境地区，也门首都萨那已成为什叶派势力的"第四个沦陷区"。[①] 于是，沙特新任国防部长穆罕默德·本·萨勒曼亲王不顾美国建议，做出了干涉也门的决定，并说服其父亲采取行动。2015年3月，沙特在利雅得举行了海湾合作委员会大会，谴责胡塞武装接管政权是对哈迪政府的非法政变。[②] 哈迪接

[①] 《也门内乱为何突然引起世界关注，又一场代理人战争？》，新华网，2015年3月28日，http：//www.xinhuanet.com/world/2015-03/28/c_127630793.htm.（登录时间：2020年1月9日）

[②] 注：也门的邻国阿曼拒绝派兵参战。

受了沙特的提议，在利雅得开始建立流亡政府。在仓促决策后，沙特于3月26日让皇家空军实施代号为"果断风暴"的行动，开始对也门境内的胡塞武装目标实施打击，巴林、科威特、卡塔尔、埃及、约旦、摩洛哥、苏丹和阿联酋等国也派兵参战，但均对军事行动进行了严格限制。沙特军队对"果断风暴"行动的准备明显不足，对胡塞武装的攻击并未达到预设目标。沙特由于地面部队力量有限，希望巴基斯坦能够提供必要的地面力量支持，将胡塞武装赶出萨那，但遭到巴基斯坦议会的拒绝。阿曼政府也拒绝派兵参战。但沙特出兵也门获得了联合国安理会2216号决议的支持，也使得沙特发动军事行动具有了"合法性"。2015年4月，由于战争耗费巨大且难以脱身，沙特将"果断风暴"行动的代号改名为"恢复希望"行动。

在卷入也门战争后，由沙特领导的联盟与胡塞武装和萨利赫同盟展开了激烈的地面战。沙特皇家空军及其盟友轰炸了对方的大量军事和民用目标，而胡塞武装也向也门和沙特境内的联军目标发射了火箭和导弹，双方的战斗处于僵局。阿拉伯联军只有沙特和阿联酋向也门战场派遣了大批部队，其规模之后不断缩减（苏丹和卡塔尔之后撤出联军）。伊朗加强了对胡塞武装的支持，包括提供弹道导弹技术和专门知识咨询。这场战争侵耗了沙特巨大的财力，而伊朗付出的代价微不足道。客观而言，沙特参与战争对也门人民来说是一场毁灭性的灾难。封锁切断了重要的食品和药品供给，人道主义灾难日益严重，但美国奥巴马政府仍然不遗余力地支持沙特联军。尽管如此，胡塞武装针对空袭实施报复，对包括利雅得在内的沙特城市进行了导弹和无人机袭击，伊朗和真主党对此提供了帮助，沙特石油设施和机场成为袭击目标，国内受到胡塞武装的袭击使沙特感到极为屈辱。

特朗普就任美国总统后，立即撕毁伊核协议，对伊朗施行极限施压，但对沙特在也门战场上肆意践踏人权和国内改革则保持缄默，并继续支持也门战争。特朗普的首次海外访问选择了沙特，他对沙特政府的所有政策给予了积极评价，尤其是赞许沙特付抗伊朗及其联盟的举措。在特朗普女婿的大力支持下，穆罕默德·本·萨勒曼加强了对地区反伊朗联盟的构建。2018年初，沙特王储访问美国并被誉为中东地区的改革家。

然而，沙特依旧深陷也门战争泥潭，造成了数百亿美元的损失。沙特一方的联盟试图将萨利赫与胡塞武装分开，并诱导萨利赫转而攻击胡塞武装。2017年12月4日，萨利赫在谴责胡塞武装后被胡塞狙击手击毙。沙特和阿联酋未能采取必要措施，来充分利用萨利赫与胡塞武装的分裂。尽管沙特继续巩固并控制着在战争中占领的战略要地，并试图占领马哈拉省，但美国和欧洲反对沙特的舆论之声此起彼伏，将也门的人道主义灾难归咎于沙特。在此背景下，虽然特朗普政府坚定地支持沙特，但美国国会开始严格限制向沙特出售武器，媒体和国会对政府支持沙特的行为越来越加以质疑。2018年10月2日，卡舒吉事件发生后，尽管特朗普继续支持沙特王储，但美国参议院还是通过了一项决议，一致谴责穆罕默德·本·萨勒曼谋杀卡舒吉。为了转移人们对暗杀事件的关注，特朗普政府首次但较为有限地支持了联合国在也门的调解工作。2019年7月，沙特的主要盟友阿联酋显然决定降低对也门战争的涉足和投入，并从北方前线撤出了对抗胡塞武装的部队，同时减少了在南方地区的存在。阿联酋在南方的收缩促使南方分离主义势力控制了哈迪政府的首都亚丁，并与效忠于哈迪的部队在南方其他地区形成对峙。分离主义势力高度依赖阿联酋的支持，8月下旬阿联酋派出空军轰炸了汇聚在亚丁的哈迪盟军。截至2020年5月，两派冲突仍然连绵不绝，处于胶着状态。

也门战争暴露了沙特决策制定中所存在的深层问题。穆罕默德·本·萨勒曼是一个冲动且不沉稳的王储。他在制定关键决策时忽视了希望达成的终极目标和实现这一目标所需的策略。他不愿意承认错误，也不愿意接受其他意见。由于萨勒曼的个人能力难以支撑其地区扩张的抱负，但未来其会长期统治沙特，也门问题短期内将很有可能会持续严峻下去。

（二）伊朗对也门的政策及其作用

在2011年中东变局的冲击下萨利赫政权倒台后，伊朗才将也门视为其扩大影响力的目标。伊朗介入也门内部事务的主要动机旨在同沙特竞争中实现地区权力平衡。这就是胡塞武装突然成为伊朗领导的反对美国、以色列及其阿拉伯地区盟友"抵抗轴心"成员的原因。

2012年2月,哈迪当选总统之初,伊朗人认为他是沙特的盟友。但随着萨利赫政权瓦解,胡塞武装运动逐渐变成一种拥有广泛影响的国家力量后,在2012—2014年的政治过渡期间,伊朗开始积极发展同也门的关系。2012年,伊朗开始秘密向也门胡塞武装提供军事援助。2013年1月,也门海军截获了一艘伊朗的"准备提供给胡塞武装组织的约40吨的军需物资"的船只,其中包括地对空导弹、高效炸药和火箭推进式榴弹。① 美国也发现了伊朗的革命卫队在向胡塞武装组织提供训练和援助。同年5月,伊朗驻也门大使与胡塞政治委员会主席萨利赫·哈布拉举行了首次正式会晤。受到叙利亚问题发展的推动,伊朗与沙特的地区代理权力的竞争加剧,也变得越来越不在意公开与胡塞武装的联系。对伊朗来说,也门主要的作用是对抗沙特。2013年7月和2014年1月,伊朗两名在也门的外交官被杀,伊朗政府明确将其归咎于沙特。2014年10月,胡塞武装夺得政权后,伊朗最高领导人哈梅内伊的最高外交政策顾问阿里·阿克巴尔·韦拉亚提(Ali Akbar Velayati)接待了访问伊朗的胡塞代表团,称"我们对你们的胜利非常高兴"。② 伊朗强硬派议员阿里扎·扎卡尼(Alireza Zakani)宣称,胡塞武装到达萨那意味着继巴格达、贝鲁特和大马士革后,"第四个阿拉伯首都"落入伊斯兰共和国手中。③ 这一言论引起了海湾阿拉伯国家的愤怒。

尽管如此,沙特和伊朗支持联合国驻也门特使贾马尔·比诺马尔(Jamal Benomar)提出的在萨那建立联合政府的提议。因此,虽然地区竞争加剧且也门逐渐成为伊朗与沙特争斗的战场,但两国实际上都想避免陷入也门泥沼。从伊朗方面来说,伊朗政府对外政策深受强硬派和温和派分歧的

---

① Oren Dorell, "Iranian Support for Yemen's Houthis Goes Back Years," *US Today*, April 20, 2015, http://www.ustoday.com/story/news/world/2015/04/20/iran-support-for-yemen-houthis=goes=back-years/26095101/.(登录时间:2019年12月29日)

② 武星艳:《伊朗与也门胡塞武装组织的关系探析》,载《国际研究参考》2016年第3期。

③ Peter Salisbury, "Yemen and the Saudi-Iranian 'Cold War'," Chatham House, February 18, 2015, http://www.chathamhouse.org/sites/files/chathamhouse/field_dicument/20150218YemenIranSaudi.pdf.(登录时间:2019年12月29日)

影响，而沙特对伊朗温和派释放出的善意并不信任，如伊朗总统鲁哈尼说，"我们这边没有障碍"，"我们希望沙特了解地区不断变化形势……解决也门问题的最佳方是争取和平与安全以及驱逐恐怖势力。真主保佑，如果他们这样做，我们之间的关系就不会有任何问题"。① 沙特对鲁哈尼的言论表示愤怒，认为伊朗呼吁对话的行为仅表明其认为自己占了上风。在也门危机发生的同时，伊朗加大了从黎巴嫩到叙利亚事务的干预程度。由于在地区内的深度介入，伊朗力不从心，需要根据地区战略目标来调整自己在也门的行动。加之由于也门人数众多，需要数百亿美元的人道主义援助。伊朗政权内部的温和派认为，伊朗在也门并无直接的国家利益存在，必须避免在也门进行军事纠缠，政府不应向胡塞武装提供武器，而应将也门视为外交谈判的良好场所。

沙特国王去世后，新国王萨勒曼及其子穆罕默德·本·萨勒曼（Muhammad Bin Salman）在处理伊朗和胡塞问题上选择了相反的方向。伊朗强硬派准备迎接挑战，但鲁哈尼还不准备放弃地区和解的想法。2015年1月，哈迪政权垮台，哈迪逃亡到沙特时恰逢阿卜杜拉国王在利雅得去世以及萨勒曼国王上台执政。萨勒曼国王旋即指责伊朗是胡塞人攻占萨那的幕后主使，并将也门作为沙特反伊朗活动的中心，并于3月26日发动"决断风暴"行动，沙特及其盟友旨在阻止伊朗把胡塞武装变成一个类似黎巴嫩真主党这样的代理人，进而在腹地威胁阿拉伯半岛。以伊斯兰革命卫队为代表的伊朗政权的强硬派，真心希望并相信胡塞武装组织能够像黎巴嫩真主党一样，成为伊朗在地区博弈中的棋子。2015年1月，伊朗精锐伊斯兰革命卫队"圣城军"（IRGC Quds Force）的阿里·希拉齐（Ali Shirazi）代表最高宗教领袖哈梅内伊向媒体公开了这一情况。

在沙特领导盟军打击胡塞武装组织不久，伊朗就提出了和平解决也门问题的四步方案：一是停火，停止一切外国军事行动。二是向也门人民提供人道主义援助。三是在也门人民的领导下，在所有政党和社会团体代表

---

① 翟潞曼：《伊朗总统指责沙特阿拉伯支持恐怖主义》，环球网，2015年12月28日，https://world.huanqiu.com/article/9CaKrnJSl9t.（登录时间：2019年12月30日）

的参与下，恢复全国对话。四是建立一个包容性的民族团结政府。[1] 伊朗旨在实现一个长远目标，即成为也门问题解决过程中一个建设性角色。但胡塞武装组织不仅拒绝了联合国监督下的全国对话大会结果，也拒绝了伊朗的倡议。由此可见，伊朗至少此时在也门境内的实际影响力还非常有限。伊朗后来对胡塞武装的支持主要是哈梅内伊发挥了重要作用。

2018年3月，沙特阿拉伯王储穆罕默德·本·萨勒曼当日接受美国媒体采访时，将伊朗领导人比作为希特勒，并警告如果伊朗当局研制出核武器，沙特也将跟进拥核。[2] 哈梅内伊及革命卫队认为，在萨勒曼王储明确地将哈梅内伊与希特勒联系起来后，便形成了对伊朗的公然挑衅。这也是伊朗在也门问题上对胡塞运动的支持力度突然加大的重要原因。伊朗官方媒体对沙特军事干预也门问题提出强烈批评，认为沙特的行为类似于以色列对巴勒斯坦人的行动。2017年1月，伊朗最高领导人哈梅内伊发表演讲说："也门战争是一场政治战争，而非宗教战争。他们（指沙特和阿联酋等海湾阿拉伯国家）错误地宣称这是什叶派和逊尼派之间的教派问题，但事实并非如此。当前，沙特他们在该地区制造这样的局势，是他们制造了动荡。我们与沙特在许多政治问题上有不同的立场。但我们一直认为沙特在外交事务上做得圆滑但严肃（tact and gravity），但沙特现在已经失去了这种特质。一群经验不足的年轻人掌握着国家这些事务的权力，比起圆滑，他们更倾向于残暴和直截了当，这将成为他们的缺陷。我警告沙特停止在也门的犯罪行为，这在地区内是不可接受的。"[3]

这次讲话后，伊朗对胡塞武装的各类支持明显增多。2018年1月联合国一份报告判定胡塞武装部署的部分导弹来自伊朗。同时，伊朗政府和黎巴嫩真主党公开给予胡塞武装政治支持。2018年9月，胡塞高级代表团与黎巴嫩真主党领袖哈桑·纳斯鲁拉（Hassan Nasrallah）举行了首次正式会

---

[1] 《伊朗向联合国提出也门和平倡议》，新华网，2015年4月19日，http://www.xinhuanet.com//world/2015-04/19/c_127705250.htm。（登录时间：2020年1月5日）

[2] 王战涛：《沙特王储警告：若伊朗拥核沙特亦将跟进研制核武》，环球网，2018年3月16日，https://world.huanqiu.com/article/9CaKrnK6XZX。（登录时间：2020年1月2日）

[3] 《周三新闻》（波斯语），http://www.mersadnews.ir/news/221716/فسنجانی-هاشمی-روایت-ارتباطات-عربستان-پادشاه-بدقولی-از-سعود-آل-با-خود-ارتباطات-از-نر。（登录时间：2019年12月28日）

晤，胡塞武装代表团还访问了伊朗、伊拉克和黎巴嫩。这给人的印象是，胡塞武装已经完全变成"抵抗轴心"的核心成员。2020年2月9日，美国海军军舰在阿拉伯海域扣留了一艘装有武器的伊朗船只，船上有350多枚伊朗反坦克和防空导弹和其他武器部件，这些武器是伊朗政府为也门胡塞武装提供的。[①]

总体来看，也门战争无疑成为了伊朗拓展地区影响力和消解西方压力的重要抓手。从2015年也门内战以来，伊朗视也门为可以用来对抗沙特且成本较低廉的机会。伊朗塑造了胡塞武装的政治身份，在"抵抗轴心"中给了它一个意识形态的归宿。而且，伊朗通过给胡塞武装提供先进武器这种物质支持，扩大了该组织的军事能力。这无疑影响到了沙特军事联盟军事打击的有效性。2019年7月，阿联酋领导人决定从也门撤军的部分原因，是胡塞的导弹对其境内重要基础设施构成的威胁日益严重。

但事实上，伊朗在也门战争中的地位和作用较为有限。胡塞武装的独立性较强，并不受伊朗左右，伊朗未能对胡塞武装组织有效施加宗教或意识形态影响，胡塞武装组织也并不愿意完全卷入伊朗的地区议程。胡塞武装并未像伊朗的其他地区盟友，或成为伊朗的代理人，或成为其附庸。也门政治危机期间，胡塞武装同萨利赫政治力量的媾和与分离，很大程度上是胡塞武装组织的自主行为，伊朗并未起到关键作用。伊朗只是在也门陷入内战后少数支持胡塞武装的国家之一，且非常愿意在这场胡塞武装组织缺少外部盟友的运动中扮演支持者的角色，这也是伊朗的主动行为，而非胡塞武装组织主动请求伊朗增援的结果。需要指出的是，伊朗虽然会继续在口头上以及物质上帮助胡塞武装，但伊朗并不是也门冲突的起因，也没有能力结束这场战争。伊朗介入也门冲突旨在拓展教派力量，并以此作为在地区层面与沙特竞争中获得更多的优势。同时，伊朗试图在也门战胜有美国支持的沙特势力，但这种能力似乎比伊朗官媒所表示的更为有限。随着时间的推移，伊朗看到也门当地的政治形势和地区趋势有利于胡塞武装

[①]《美国务卿：美海军扣留358枚提供给也门胡塞武装的伊朗导弹和部件》，俄罗斯卫星通讯社，2020年2月14日，http：//sputniknews.cn/military/202002141030659028/。（登录时间：2020年3月4日）

时，就开始进行加倍投资。2019 年 9 月，伊朗最高精神领袖哈梅内伊在德黑兰会见胡塞武装代表团、宣布将继续给予反政府武装以政治支持等即是明证。①

第三节　政治解决也门问题过程中的中国协调

中国作为负责任的全球性大国，在也门问题上始终坚持政治手段是解决也门问题的唯一途径的政治立场，积极倡导各方应维护也门主权、独立、统一和领土完整，支持在安理会有关决议、海合会倡议及其实施机制、也门全国对话会议成果文件基础上，通过对话谈判，达成具有广泛包容性的政治解决方案，并积极呼吁国际社会应为也门各方执行协议，寻求政治解决创造良好环境。在也门问题的具体协调实践过程中，中国始终奉行劝谈促和的方针，积极支持也门合法政府和联合国的协调作用，并对也门提供了大量人道主义援助。此外，中国政府近年还倡导提高也门国家治理能力的理念，符合也门战后重建及其国家发展的内在需要。

一、参与也门问题协调的利益考量

长期以来，中国与也门政府保持着友好联系。对于也门政治危机，中国最初支持萨利赫政权，但萨利赫被迫下台后，中国政府做出了务实决定，与上台的新政府领导人建立关系。中国积极参与也门相关问题的解决与协调，既是维护国际正义和实现国际道义使然，也有为本国国家利益的现实考量。

首先，出于国际道义。也门的人道主义危机仍然是当今世界上最严

---

① 《哈梅内伊会见胡塞武装代表，宣布继续给予政治支持》，新华社，2019 年 8 月 15 日，http://www.xinhuanet.com/world/2019-08/15/c_1210242332.htm。（登录时间：2019 年 12 月 28 日）

的一场人道危机。在经历了5年多的激烈冲突后,经济崩溃、基本服务和卫生基础设施全面恶化以及大部分人口濒临饥饿。"武装冲突地点和事件数据库项目"(ACLED)2019年6月发布的数据显示,自2015年军事介入也门内战以来,至少9.16万人死亡,1400多万百姓面临饥荒,8.5万名5岁以下儿童被饿死,至少有6万人死于战乱,仅2018年1年就有约2.57万人因战争丧生。① 世界卫生组织表示,也门现在有超过2400万人需要得到帮助,其中1970万人需要得到医疗保健服务,近2000万人粮食得不到基本保障,超过25万人严重营养不良,处于饥饿边缘,1780万人缺乏安全饮用水和卫生设施,导致传染病不断大面积暴发。2019年1—10月,也门共报告发现77.1526万例疑似霍乱病例,其中有999例死亡,此外还报告出现大量白喉、登革热、疟疾、麻疹和风疹病例及相关死亡。由于缺乏资金和基本医疗条件,3.5万名癌症患者和100多万名其他非传染性疾病患者将不再接受拯救生命的治疗。② 2020年4月10日,也门首例新冠肺炎患者确诊后,截至6月15日,共确诊848例,累计死亡人数却高达209例,③ 也门全国新冠肺炎确诊患者病死率高达1/4。可以预见,新冠肺炎疫情在也门的蔓延甚至失控,使得也门人道主义危机雪上加霜。当前,也门是世界上最严重的人道主义危机国家,将近80%的人口需要人道主义援助。④

其次,从地缘战略考量。也门海上航线的关键地理位置特殊,在国际航道上所处的地缘战略位置,属于海上交通要塞,特别是连接红海和印度洋的亚丁湾以及巴布曼达布海峡,这也是中国建设"海上丝绸之路"的必经之地,而公海战略准入对中国的军事和经济利益至关重要。欧洲是中国

---

① Arms Conflicts Location & Events Data, "Yemen"(2015 – 2019), https://www.acleddata.com/data/export/yemen。(登录时间:2019年10月24日)

② 《联合国:也门危机仍是世界最大的一场人道主义危机》,联合国中文网站,2019年11月15日,https://news.un.org/zh/story/2019/11/1045701。(登录时间:2019年12月8日)

③ 《也门新增116例新冠肺炎确诊病例,病死率高达四分之一》,新浪,2020年1月16日,http://news.sina.com.cn/w/2020 – 06 – 16/doc – iircuyvi8671258.shtml。(登录时间:2020年1月20日)

④ "The Humanitarian Crisis in Yemen," Center for Strategic International Studies, April 5, 2018, https://www.csis.org/analysis/humanitarian – crisis – yemen。(登录时间:2020年1月20日)

的主要贸易伙伴之一，其进出口贸易绝大部分需要经过亚丁湾、红海和苏伊士运河。此外，中国从中东和非洲进口的石油也要通过巴布曼达海峡和霍尔木兹海峡过境。因此，中国政府十分看重也门的战略位置，同也门维持友好关系有助于中国在"非洲之角"投射力量及其稳定。这样中国就在东非地区形成了同苏丹和肯尼亚日趋紧密的三角关系，这也是中国非洲战略的重要组成部分。因此，有西方中东问题专家认为，也门位于阿拉伯半岛西南侧，靠近苏伊士运河，对中国决策者颇具吸引力。正如中国在巴拿马运河和苏伊士运河的存在所表明的那样："中国人注重巩固在世界各战略要道和商贸要塞的立足点。也门的位置符合中国这种宏大战略思维模式。"①

再次，基于商业利益安全。中国在也门的主要利益是促进双边贸易、基础设施投资和获得石油供应。中也关系始于1956年。早在20世纪50年代，中国就帮助也门修建了从首都萨那通往港口城市荷台达的165英里的公路，同时还帮助也门陆续兴建了各种发电厂，负责安装电缆和天然气管道，还中标了5.08亿美元的集装箱码头扩建项目。尽管也门这个最贫穷的阿拉伯国家在经济上对中国经济发展的重要性十分有限，但中国政府还是从拓展朋友圈及实现互利双赢的现实角度发展同也门的友好关系。与此同时，也门政府也欢迎中国投资以提振其经济。在中国政府"走出去"政策的刺激下，中国国有企业在整个中东和非洲产油国进行能源勘探开发投资，其中包括也门等次重要产油国。石油贸易是中也关系发展中最为重要的一环。即便也门的石油资源少于邻国，但中国能源需求与日俱增，使得所有产油国都成为了中国发展友好关系的重要对象，这也是中资企业在也门安全局势恶化之际仍扩大在当地业务的主因。中国在也门的投资主要是在开发和建筑行业。20世纪90年代中期，也门原油占中国中东原油总进口量的32%。② 中石化和中石石油是两家国企投资开发也门的石油公司。

---

① 穆罕默德·祖尔菲卡·拉克马特：《中国为何对也门感兴趣》，王会聪译，载《环球时报》2014年6月6日。

② 中国国家统计局数据库（2000－2010），http://www.stats.gov.cn/tjsj/。（登录时间：2020年1月18日）

2005年,中石化签署了一份价值7200万美元的也门东部石油勘探和生产协议。截止到2014年,中国石化和中石油的总产量接近2万桶/天,占也门总产量的8%。①

从2001—2010年,中国与也门的双边贸易额从2001年的9.11亿美元增长到2010年的40亿美元。② 在过去的10年之初,也门对中国的出口大部分是石油和其他自然资源,占双边贸易的80%。③ 到2010年,中国对也门的出口占双边贸易的比重较大,从也门进口的差额占双边贸易总额的比重降至69%。④ 两国在电信、电力和基础设施建设方面也进行了合作。也门总统萨利赫鼓励中国企业在多个经济领域的投资。2006年4月,萨利赫总统访问北京期间,和中国国家主席胡锦涛签署了8项总价值达15亿美元的协议,在也门实施包括贸易和电信在内的战略项目。⑤ 也门政府呼吁更多的中国公司加入该国的石油勘探、铁矿石和矿产资源项目,并帮助其为开发项目融资。萨利赫推进了中国在工业区和亚丁自由区的投资机会,他说这将为也门青年创造就业机会。与西方国家相比,萨利赫在会见胡锦涛时感谢中国无条件的长期提供援助。⑥ 萨利赫特别提到欧洲联盟对也门的援助,这与民主改革、人权和赋予妇女权利有关。事实上,过去几十年间,中国向也门提供了发展援助和人道主义援助,两国都享有胡锦涛所说的"全天候"友谊,这是一个本来专门用来形容中国和巴基斯坦关系牢固的外交术语。21世纪初,也门中央政府面临的主要安全挑战是北部的胡塞武装抵抗、南部分离主义运动和阿拉伯半岛"基地"组织。在也门中央政

---

① 穆罕默德·祖尔菲卡·拉克马特:《中国为何对也门感兴趣》,王会聪译,载《环球时报》2014年6月6日。
② 中国国家统计局数据库(2000 - 2010),http：//www.stats.gov.cn/tjsj/。(登录时间：2020年1月18日)
③ 中国国家统计局数据库(2001),http：//www.stats.gov.cn/tjsj/。(登录时间：2020年1月18日)
④ 中国国家统计局数据库(2011),http：//www.stats.gov.cn/tjsj/。(登录时间：2020年1月18日)
⑤ 《胡锦涛在北京与也门总统萨利赫举行会谈》,国际在线,2006年4月10日,http：//news.cri.cn/gb/8606/2006/04/06/107@988751.htm。(登录时间：2020年1月18日)
⑥ 《胡锦涛在北京与也门总统萨利赫举行会谈》,国际在线,2006年4月10日,http：//news.cri.cn/gb/8606/2006/04/06/107@988751.htm。(登录时间：2020年1月18日)

府与萨达省胡塞武装2004—2010年的冲突期间，中国提供人道主义援助，以应对数十万也门人的大规模流离失所。2009年，中国政府为此提供了75.3万美元的补助金。①

在2011—2019年间，尽管也门政治危机加剧，内部冲突连续不断，中国并未中断同也门的关系，不仅仍然同也门保持着贸易、投资和工程承包等多个领域的合作，甚至在某些地区的合作有逆势而上的趋势。据中国商务部公布的数据，2019年1—9月，中也双边贸易额为26.7亿美元，同比增长43.8%，其中，中方出口20.7亿美元，同比增长46.6%，进口6亿美元，同比增长35%。对也门的投资截至2018年底，中国企业对也门直接投资存量达6.2亿美元。2018年，中国企业对也门直接投资为1045万美元。工程承包方面，2019年1—9月，中国在也门新签工程承包合同金额达793万美元，同比增长54.6%，完成营业额1664万美元，同比增长299%。② 2020年尽管受新冠肺炎疫情影响，中也双边贸易仍然保持相对平稳，1—8月，中国与也门双边货物进出口额为242739.8万美元，同比下降1.6%。其中中国对也门出口商品总值为185556.6万美元，中国自也门进口商品总值为57183.2万美元，中国与也门的贸易差额为128373.40万美元。③

最后，出于反恐和打击海盗的需要。也门经济极其落后，国内武装派别割据一方，政府内部矛盾重重，是国际恐怖主义在也门生根发芽的主要原因。自南北也门统一以来，由于历史遗留问题，原南也门地区经济发展滞后，基础设施匮乏，民生凋敝。南部居民对中央政府的不满情绪日益高涨，寻求南也门重新独立的武装派别在这些地区得到了当地居民的支持。在此背景下，"基地"组织在其控制的阿比扬省实行伊斯兰教法，帮助当地居民修复电站、开垦农田，深得部分民心。同时，"基地"组织还设立

---

① 江涛：《中国对也门的援助：背景、动因与展望》，载《国际援助》2015年第6期。
② 商务部西亚非洲司：《中国—也门经贸合作情况》，2019年11月29日，http://xyf.mofcom.gov.cn/article/tj/hz/201911/20191102917968.shtml。（登录时间：2020年3月1日）
③ 华经产业研究院：《2020年1-8月中国与也门双边贸易额及贸易差额统计》，2020年10月6日，https://www.huaon.com/channel/tradedata/653729.html。（登录时间：2020年10月30日）

伊斯兰教法法庭，解决当地纠纷，因其办事效率高于原政府部门，不少也门民众在遇到纠纷时也选择求助于"基地"组织。此外，"基地"组织还与也门地方部落合作，逐步发展壮大。据估计，在也门有超过 6000 万支各种枪械，人均近 3 支。① 而在也门这个部落文化强势的国家，多数也门人对自己部落的忠诚度远高于对中央政府的信任，部落武装的战斗力可见一斑。另外，随着中国同非洲和欧洲贸易往来逐年飙升，多年来，许多中国船只被索马里海盗劫持或骚扰，迫使中国军方为了保护国家利益而向海外投射力量。② 因此，中国同也门政府保持友好关系并积极参与也门问题的国际协调，自然就成为题中的应有之义。

二、参与也门问题协调的行动与作用

中国参与的国际协调机制主要包括全球层面的联合国机制平台协调、"也门之友"跨地区协调平台，以及中阿合作论坛机制的协调平台，并付诸实际行动，支撑自己的立场和言论。

首先，中国积极参与"也门之友"跨地区协调机制和利用中阿合作论坛机制协调立场。

在萨利赫最终签署了海合会倡议下台后，十国集团的大使们对实施过渡进程的责任进行了划分。美国关注也门军事重组，英国关注警察和安全部队重组，法国关注也门宪法改革。与此同时，俄罗斯负责跟踪全国对话大会。中国尽管也通过参加多次会议来支持全国对话会议，但在也门政权过渡期间发挥的实际作用较为有限。在整个过程中，中国政府强调通过对话和协商实现政治解决。在也门政治过渡时期，中国政府希望通过维持萨利赫时代的双边经济项目，同时与总统哈迪签署新协议，以确保两国关系的持续发展。

---

① 刘万利、商英侠等：《"基地"欲趁中东乱局坐大》，参考消息网，2012 年 4 月 12 日，http://ihl.cankaoxiaoxi.com/2012/0412/27891.shtml. (登录时间：2020 年 1 月 8 日)

② 王竞超：《国际公共产品视域下的索马里海盗治理问题》，载《西亚非洲》2016 年第 6 期，第 53—72 页。

第五章　也门问题：大国的政治协调
/ 429 /

2011年之前，由于中国缺乏与也门反对派组织的独立关系，与反对派相关的局势演变主要来自美国驻也门大使馆向中国大使馆通报的信息。[①] 2011年也门徘徊在内战边缘，"基地"组织阿拉伯半岛的迅速崛起引起了各方关注，对也门未来和地区安全产生了重要影响。在此背景下，2010年1月，在伦敦的一次部长会议上成立"也门之友"，旨在对也门进行政治支持并援助也门，助其解决不稳定因素。2011年11月，海合会倡议签署后，标志着也门政治权力从萨利赫手中和平转移到了哈迪手中。"也门之友"将在两年的过渡期内支持过渡政府至2014年2月。两年间共举行了4次部长级会议，即2010年1月24日的伦敦会议、2010年9月24日的纽约会议、2012年5月23日的利雅得会议和2012年9月27日的纽约会议。"也门之友"有39个国家和国际组织，[②] 每次部长会议由英国、沙特和也门共同主持。

2012年5月23日，"也门之友"部长级会议在海湾国家沙特阿拉伯首都利雅得落幕。会议由沙特、英国和也门三方共同主持，旨在显示国际社会对也门新政府的支持，帮助也门恢复经济，重建政治。有来自美国、英国、中国、法国、俄罗斯、日本、海湾阿拉伯国家合作委员会（海合会）等30多个国家和国际组织的代表参加了这次会议。与会国家代表承诺向也门提供超过40亿美元的援助，其中沙特援助32.5亿美元。中国外交部副部长翟隽在会上宣布，中国将向也门提供1亿元人民币无偿援助。[③] 在会议发言中，中国副外长翟隽强调，长期以来中国向也门提供了大量无私援助，此次中方除了决定向也门提供1亿元人民币的无偿援助外，还承诺未

[①] Ahmed AbdulKareem, "Israel and the UAE Hope to Turn Yemen's Remote Islands into an Intel Gathering Hub," Global Reach, September 14, 2020, https：//www.globalresearch.ca/israel-uae-hope-turn-yemen-remote-islands-intel-gathering-hub/5723740。（登录时间：2020年10月1日）

[②] 39个国家和国际组织分别是：阿尔及利亚、日本、土耳其、澳大利亚、约旦、阿联酋、巴林、韩国、英国、巴西、科威特、美国、中国、马来西亚、也门、捷克、荷兰、丹麦、阿曼、埃及、卡塔尔、法国、俄罗斯、德国、沙特、印度、西班牙、印度尼西亚、瑞士、意大利和突尼斯；阿盟、欧盟、海合会、伊斯兰发展银行、国际货币基金组织、伊斯兰合作组织、世界银行和联合国。

[③]《中国向也门提供1亿元人民币无偿援助》，中国新闻网，2012年5月24日，https：//www.chinanews.com/gn/2012/05-24/3910944.shtml。（登录时间：2019年12月12日）

来继续为也门培养亟须的各类专业人才。同时，翟俊还认为，也门顺利实现了权力移交和过渡，前总统萨利赫的副手哈迪取而代之，这一方案正是由以沙特为首的海湾国家倡议和主导的，实施步骤都由沙特亲自操作和督导。

2012年9月27日，中国外交部长杨洁篪在美国纽约出席"也门之友"小组第四届部长级会议并发言。杨洁篪部长提出关于解决也门政治危机的基本观点和主张：中方肯定并支持政治解决也门政治危机，同时提醒注意正面困难。中方认为在有关各方的共同努力下，也门政治过渡和经济重建进程取得了积极进展，但仍面临不少困难和挑战，需要国际社会继续予以高度重视并提供相应支持。为早日实现也门稳定与发展，各方应支持也门政治过渡和平、有序进行，帮助也门经济重建尽快取得进展，切实改善安全形势，同时还应进一步加强国际合作和"也门之友"小组机制建设。同时，中国方面承诺作为也门人民的真诚朋友，中方一直以实际行动支持也门政府推进政治过渡和经济重建。我们将一如既往与也门开展各层次的友好交流和多领域互利合作，愿与"也门之友"小组各成员及国际社会共同努力，为帮助也门早日实现稳定与发展继续发挥建设性作用。[①] 2013年初，中国外交部副部长翟隽访问也门，显示了中方对也门过渡进程的支持。访问期间，翟隽表示中方愿继续在也门问题上发挥建设性作用，并同小组成员国一道，通过多边和双边渠道加大对也门的政治、经济支持，共同帮助也门早日实现稳定和发展。

2013年3月7日，由英国、沙特阿拉伯、也门三方共同主持的"也门之友"小组第五届部长级会议7日在英国伦敦举行，中国代表团团长、中国驻英国大使刘晓明出席并发言。刘晓明表示，也门局势不仅关系到也门的自身利益，也关系到整个地区乃至国际社会的利益。中方高兴地看到，2012年9月"也门之友"小组纽约会议以来，在有关各方的共同努力下，也门政治过渡、军队重组、经济重建进程取得了新进展。刘晓明还表明中国政府的一贯立场，即中方尊重也门的主权、独立和领土完整，尊重也门

---

① 《杨洁篪出席"也门之友"小组第四届部长级会议》，中国新闻网，2012年9月28日，https://www.chinanews.com/gn/2012/09-28/4218397.shtml。（登录时间：2019年12月12日）

人民自主选择国家发展道路,支持也门政府为落实海湾阿拉伯国家合作委员会倡议机制及其实施机制所作的努力,高度重视并积极参与"也门之友"小组部长级会议。①

2013年9月19日,中国驻也门大使常华会见也门外长科尔比时表示,中方一直以积极的、建设性的姿态参与"也门之友"小组历次会议;中方支持也门政治过渡进程,中方将继续在力所能及的范围内向也方提供帮助。②2014年9月24日,外交部亚非司司长陈晓东作为王毅外长代表,出席在美国纽约举行的"也门之友"小组部长级会议,他在发言中表示,中方欢迎也门各派达成"民族和平伙伴协议",希望也门各派切实遵守协议。中国坚定支持也方推进政治过渡、经济重建和反恐维稳努力,愿同小组各成员及国际社会一道,帮助也门克服当前困难,实现国家和平、稳定和发展。③

另外,中国利用中阿合作论坛部长级会议,进行也门问题的国际协调。2012年6月,中阿合作论坛第五届部长级会议公报明确表示,"支持也门各政治派别做出努力,以落实海合会倡议的剩余内容及其执行机制,根据2012年5月23日,在沙特首都利雅得召开的也门之友会议的成果和决议,再次呼吁向也门提供支持和援助,帮助其克服和消除因政治危机所导致的经济影响。双方高度赞赏也门共和国政府和人民克服自身能力不足,在打击恐怖主义方面的坚定原则立场,呼吁国际社会向也门提供其所需的实质支持。"④2014年6月,中阿合作论坛第六届部长级会议"北京宣言"上表示了对也门政治进程的期待和支持,"强调根据海合会倡议及

---

① 中央政府门户网站:《中国代表出席"也门之友"小组第五届部长级会议》,新华社2013年3月8日,http://www.gov.cn/jrzg/2013-03/08/content_2348674.htm。(登录时间:2020年10月1日)

② 《驻也门大使昌化出席也门外长科尔比召集的"也门之友"小组有关国家驻也使节会议》,环球网,2013年9月23日,https://china.huanqiu.com/article/9CaKrnJCoc4。(登录时间:2019年12月8日)

③ 《外交部亚非司司长陈晓东出席"也门之友"小组部长级会议》,环球网,2014年9月28日,https://china.huanqiu.com/article/9CaKrnJFCFl。(登录时间:2019年12月8日)

④ 《中国-阿拉伯国家合作论坛第五届部长级会议公报》,2012年6月1日,http://www.chinaarabcf.org/chn/lthyjwx/bzjhywj/diwujiebuzhangjihuiyi/t937161.htm。(登录时间:2020年10月1日)

其执行机制,维护也门共和国的统一、安全与稳定,对也门共和国包容性全国对话会议为在共识、民族伙伴和良政原则基础上建立一个现代民主国家所取得的成果表示欢迎,呼吁"也门之友"为也门在该阶段提供必要支持"。①

也门战争爆发后,中国继续在中阿合作框架下,对该问题表示极大关注并提出解决之法。中国在中阿合作论坛第七届部长级会议"多哈宣言"上提出了如下解决方案:"强调应切实坚持维护也门的统一和领土完整,尊重其主权和独立,反对干涉也门内政,支持也门人民对自由、民主和社会公正的期待。重申安理会相关决议,特别是第2201(2015)号和第2216(2015)号决议,后者特别强调支持以哈迪总统为代表的也门合法政府,谴责胡塞组织破坏也门政治过渡进程的单方面行动。同时呼吁也门各方通过对话协商解决分歧,呼吁胡塞组织及萨利赫武装恪守其承诺采取的建立信任措施,遵守国际法理决议,为人道救援行动提供便利,谴责对城市特别是塔兹市的封锁,并欢迎"萨勒曼国王救援与人道主义工作中心"的设立。强调应落实海湾合作委员会倡议及其执行机制和全国对话会议成果,欢迎于2015年5月17—19日应也门共和国总统哈迪要求召开、由也门各派参与的利雅得会议成果,支持联合国所作努力及其也门问题特使所发挥的作用,欢迎也门各派参与第一次和第二次日内瓦谈判,赞赏科威特国接待也门冲突各方,强调全面支持正在进行的和谈,以达成和平解决,停止也门兄弟的流血"。② 2018年7月,面对也门战争不断升级,出现严重人道主义灾难,中国借助中阿合作论坛,再次提出解决问题的若干主张:"强调坚持也门的统一、主权、安全、稳定和领土完整,支持哈迪总统领导的也门合法政府。支持重启政治磋商,在海合会倡议及其实施机制、也门全国对话会议成果文件、安理会第2216(2015)号决议等安理会有关决

---

① 《中国—阿拉伯国家合作论坛第六届部长级会议北京宣言》,2014年6月10日,http://www.chinaarabcf.org/chn/lthyjwx/bzjhyjwj/diliujiebuzhangjihuiyi/t1163768.htm。(登录时间:2020年10月1日)

② 《中国——阿拉伯国家合作论他第七届部长级会议多哈宣言》,2016年6月23日,http://www.chinaarabcf.org/chn/lthyjwx/bzjhywj/dqjbzjhy/t1374608.htm。(登录时间:2020年10月1日)

议三大基础上，实现也门问题政治解决。强调支持联合国秘书长也门问题特使为重启也门政治进程所做的努力。警告也门人道、卫生及经济局势有恶化的危险，呼吁进一步向也门人民提供人道及医疗援助。支持也门合法政府的重建努力，其中包括沙特和阿联酋为支持2018年也门人道主义行动框架下全面人道主义计划所承诺提供的15亿美元支持。"① 2020年8月，中国和阿拉伯国家在叙利亚、利比亚和也门等战乱国家问题上达成普遍共识："应在国际和地区层面共同努力，根据联合国决议、相关协议和原则政治解决地区问题和危机。为此，双方强调，应维护叙利亚、利比亚和也门等阿拉伯国家的统一和领土完整，应加强阿拉伯国家安全及其对领土和自然资源的主权，停止杀戮，促进政治解决，反对针对阿拉伯国家的外部干涉，支持联合国和阿盟为此所做努力。"②

其次，也门战争爆发后，中国在联合国框架和平台下积极进行国际协调。尽管沙特试图夸大伊朗对胡塞武装的威胁和军事援助，但伊朗在也门冲突中进行作用当时微乎其微，而中国在也门问题上始终坚定自己的原有立场。与叙利亚和伊朗问题不同的是，中国在安理会也门问题谈判中的积极协调，从也门客观情况出发，在避免卷入也门问题背后的沙特与伊朗之争的同时，力促安理会5个常任理事国达成共识。

2015年2月，中国对安理会第2201号决议投了赞成票，要求胡塞武装立即无条件撤军，并遵守海湾合作委员会倡议。从中国的角度看，阿拉伯国家的军事行动侵犯了也门的主权，违背了中国长期坚持的反对未经联合国授权在另一个主权国家使用武力的原则。但实际上，北京既没有政治意愿也没有能力从根本上改变也门的行动方针。

2018年11月16日，安理会举行也门问题公开会期间，中国常驻联合国代表马朝旭表示，政治手段是解决也门问题的唯一途径，军事手段无法

---

① 《中国——阿拉伯国家合作论坛第八届部长级会议北京宣言》，2018年7月10日，http://www.chinaarabcf.org/chn/lthyjwx/bzjhywj/dbjbzjhy/t1577002.htm.（登录时间：2020年10月1日）

② 《中国——阿拉伯国家合作论坛第九届部长级会议安曼宣言》，2020年8月10日，http://www.chinaarabcf.org/chn/lthyjwx/bzjhywj/djjbzjhy/t1805168.htm.（登录时间：2020年10月1日）

实现持久和平。国际社会应维护也门主权、独立、统一和领土完整，支持联合国协调努力，通过对话谈判达成包容性解决方案。马朝旭强调，安理会及各方应该团结一致，继续支持格里菲思协调，加大劝和促谈努力，推动也门各方搁置分歧，争取尽快在瑞典启动新一轮和谈。中方敦促也门各方与格里菲思密切合作，尽快重回对话轨道，持续参与谈判进程。

2018年10月23日，中国常驻联合国代表马朝旭大使在安理会也门问题公开会上发言，呼吁国际社会积极采取行动，努力缓解当前的也门人道危机。在荷台达等地冲突持续的大背景下，也门人道危机加重，更多民众遭受到更严重的苦难。尽管得到国际社会大力支持，但也门整体经济社会状况持续恶化，医疗等基本公共服务减少，关乎民生的食品、燃料等价格上涨，饥荒威胁更加突出。武装冲突造成的平民伤亡增加，基础设施遭到损毁，人道援助通道不畅，则进一步加剧了人道危机。国际社会应积极采取行动，努力缓解当前也门严峻的人道局势。为此，中方提出如下主张：第一，冲突方应为缓解也门人道局势创造条件。我们敦促冲突方遵守国际法，停止敌对行动，为人道物资运输提供有效、安全和及时通道，确保商业物资正常流通。这有助于平抑物价、确保人道救援及时发放，从而保障也门人民基本生活需要。第二，国际社会应继续加大人道援助力度，有针对性地提供医药、食品等物资，缓解也门人民苦难。世界卫生组织、世界粮食计划署等机构为缓解霍乱、饥荒威胁做了大量工作，世卫组织10月初为50多万也门民众提供霍乱疫苗，我们对此表示赞赏。第三，推动政治进程是缓解也门人道危机的根本和长远解决之道。国际社会应加大支持联合国和格里菲斯特使的协调努力，共同推动冲突方搁置分歧，推进冲突降级，采取释放俘虏等建立信任措施，尽快重启面对面的政治对话并建立可持续的谈判进程。[①]

2019年1月16日，常驻联合国副代表吴海涛在安理会也门问题公开会上发言，呼吁各方抓住政治解决的主线，争取早日重启联合国主导的全

---

① 殷淼：《中国代表呼吁国际社会努力缓解也门人道危机》，人民网，2018年10月25日，http://world.people.com.cn/n1/2018/1025/c1002-30362362.html。（登录时间：2019年1月20日）

面政治解决进程。斯德哥尔摩协议执行工作虽有波折,但为缓和荷台达紧张局势,促进也门各方对话发挥了重要作用,应继续得到落实。利雅得协议执行情况直接关系到下一步政治谈判。中方注意到也门政府与南方过渡委员会近期就军事及安全领域多项内容达成共识,赞赏沙特阿拉伯等地区国家继续发挥关键协调作用,希望也门各方共同维护南部团结稳定,捍卫国家主权、独立、统一和领土完整。国际社会应积极协调,形成合力,为也门各方对话谈判创造条件。同时,国际社会应有针对性地改善也门人民的生存状况。也门各方应充分配合联合国及有关机构的人道救援行动,避免爆发更严重的人道危机。中国一直通过多双边渠道为也门人民提供人道援助,同时主张通过发展促进冲突国家的和平与稳定。中方愿继续为也门人民多做实事,参与也门经济重建,为也门早日实现长治久安发挥建设性作用。①

2月19日,中国常驻联合国代表马朝旭表示,国际社会应努力推进也门各方持续有效地进行政治对话和谈判,解决也门问题应坚持发挥联合国的主渠道作用。也门各方应加强同联合国也门问题特使马丁·格里菲思以及联合国支助荷台达协议特派团团长、重新部署协调委员会主席洛莱斯高的合作。要在重新部署协调委员会主持下,将政治意愿转化为实际行动。中方希望在格里菲思主持下尽快开启下一轮和谈,早日达成平衡兼顾各方利益的解决方案,恢复也门和平、稳定与正常秩序。也门各方总体遵守停火协议,由联合国主持、也门各方参与的重新部署协调委员会有序开展工作,并于2月17日就第一阶段撤军计划达成协议。也门各方正推进落实换俘协议和解决塔兹问题等,对这些积极进展,中方表示欢迎。协议执行工作面临的现实困难不容低估。国际社会应继续推动落实也门政府和胡塞武装执行2018年12月在瑞典达成的协议。也门各方要切实履行协议,通过对话解决分歧,扩大共识。安理会要充分考虑并尊重当事国及地区国家意见,继续保持团结。要继续努力缓解也门人道局势。也门各方应积极配合联合国人道救援努力,为此提供畅通无阻的人道准入。国际社会应有针对

---

① 《中国代表呼吁各方坚持政治解决也门危机》,新华网,2020年1月17日,http://www.xinhuanet.com//world/2020-01/17/c_1125474447.htm。(登录时间:2020年1月28日)

性地提供食物、医药等物资和资金,支持也门改善经济状况、稳定物价,满足也门民众基本生活需求。①

中国的主要作用就是支持联合国特使艾哈迈德推动和平进程、缓解人道主义危机的倡议。中国提供了财政援助,并注销了也门超过1亿美元的债务。在联合国三轮和平谈判失败后,中国驻也门大使田琦试图在2017年6月后提供协助。当时特使提出一项建议,规定胡塞武装人员从荷台达港撤出,以便人道主义援助物资在联合国的监督下流入也门。谈判破裂时,中国大使积极展开协调,曾提出安排会面,重启乌尔德-谢赫和胡塞武装的沟通,但胡塞武装拒绝了这一提议,并拒绝会见特使。尽管如此,中国政府在也门问题上,仍然不遗余力地推动政治解决进程。

2020年1月16日,中国驻联合国代表吴海涛在安理会第8704次会议讨论也门问题时,继续推动也门问题政治解决,并提出中国方案。这份政治解决方案主要包括:第一,也门各方应抓住政治解决的主线,继续推进执行《斯德哥尔摩协议》《利雅得协议》,重启联合国主导的全面政治解决进程。第二,包括安理会、地区国家在内的国际社会应积极协调、形成合力,为也门各方对话谈判创造条件。安理会成员应对也门问题保持关注,探讨通过多种方式推动也门各方对话谈判,就进一步执行现有协议、平息亚丁局势、实现全境停火等问题交换意见。地区国家应继续对也门各方施加积极影响,通过互相释放俘虏等措施增强互信,维持停火和对话势头。中方一直同也门各方保持沟通并愿意协调。第三,国际社会应有针对性地改善也门人民生存状况,重点保障石油、食品和饮用水的供应,稳定货币和物价,抑制霍乱等疾病,支持发展和重建项目,重视对儿童、青年的教育、培训,并增加就业。②

再次,遵守联合国相关决议,落实相关主张和承诺,尤其是提供人道主义原则和发展援助。中国一直通过多边、双边渠道为也门人民提供援

---

① 王建刚:《中国代表呼吁推进也门各方持续有效进行政治对话和谈判》,新华网,2019年2月20日,http://www.xinhuanet.com/2019-02/20/c_1210064031.htm。(登录时间:2020年1月28日)

② 《联合国安全理事会会议记录(2020)》,https://www.un.org/securitycouncil/zh/content/meetings-records-2020。(登录时间:2020年1月31日)

助，同时主张通过发展促进冲突国家的和平与稳定。中国遵守联合国决议，尤其不向冲突各方出售任何武器，以及用于购买武器的资金。此外，中国履行承诺，通过多种方式对战争造成的人道主义灾难和战后重建提供力所能及的多样援助，并免除以往数亿美元贷款。近年来，中方通过双边和多边渠道向也门提供了食品、医疗物资等多项援助。2018年7月，中国国家主席习近平在第八届中阿合作论坛部长级会议上宣布了对也门的援助新举措。中方将积极履行上述承诺，帮助缓解也门人道状况。中方将继续向也门人民提供力所能及的帮助。中国政府向也门提供了大量的人道主义援助。例如，为在内战中无家可归的人提供资金，援建也中友谊医院并捐助大量先进医疗设备等。2013年11月，哈迪对北京访问期间，同中国签署多项协议，包括发电厂建设、港口开发和其他财政援助。中国承诺提供总发电能力5000兆瓦的新发电厂，以帮助缓解也门的电力短缺。也门发电站的发电量不足1500兆瓦，仅能满足人们41%的需求。习近平还签署了一项协议，用5.08亿美元的软贷款帮助开发也门位于亚丁和摩卡的两个主要集装箱港口。此外，中国公司还将升级亚丁和塔伊兹机场。2018年下半年，中国还为也门国防部提供价值800万美元的援助资金，另有1640万美元的一般性援助和3000万美元的长期无息贷款。[①] 2020年1月15日，中方同也门卫生部签署协议，向也门提供一批980万元人民币的医疗器械援助。同时，中国同也门政府签署了经济技术合作协定。

最后，做好中国在也门的海外利益保护工作，尤其是在也门机构的人员安全。2015年3月，沙特阿拉伯和海合会联军开始空袭胡塞武装时，中国的主要目标是保护在也门的近600名中国公民。曾在索马里附近执行反海盗护航任务的海军舰艇被派往也门港口疏散中国公民。这标志着中国在利比亚大规模行动后第二次动用军舰从阿拉伯冲突地区撤离其公民。3月29日，该计划第19批护航舰队抵达亚丁港，并将122名中国公民撤离到吉布提。3月30日，449名中国公民乘坐中国海军护卫舰离开荷台达港。4月初，"临沂"导弹护卫舰从荷台达接回38名中国公民和中国大使馆工作

[①] 穆罕默德·祖尔菲卡·拉克马特：《中国为何对也门感兴趣》，王会聪译，载《环球时报》2014年6月6日。

人员抵达吉布提。

三、政治协调也门问题面临的困难

中国虽然不支持沙特主导的对也门的军事干预，但也不愿意公开挑战得到西方主要大国美国和英国支持的干预行动。客观而言，中国在也门问题的国际协调中遭遇的困境也是显而易见的。第一，如何使也门问题协调符合中国对外战略大局。总体来看，同海湾国家相比，也门在中国总体战略布局中的价值相对有限。因此，中国在也门问题上始终主张以政治谈判方式解决内部问题，以及当战争爆发后，中国始终坚持这一主张。主要原因是这两个国家都在中国"一带一路"建设中发挥着关键作用。沙特是中国的主要石油出口国，也是中国在中东投资的主要地区目的地。

阿联酋是中国第二大贸易伙伴，也是阿拉伯世界最大的出口市场。2019年，双边贸易额为486.69亿美元。[1] 截至2019年上半年，中国对阿联酋直接投资金额累计达到59.1亿美元（约合389亿元人民币），完成承包工程营业额累计达到297亿美元。[2] 阿联酋是中国投资项目最多的阿拉伯国家。习近平主席称阿联酋是"阿拉伯世界发展的绿洲"，强调了阿拉伯国家对中国的战略和经济价值。尽管中国在也门问题上的政策倾向于沙特的立场，但在中东问题整体上采取了平衡政策。因此，习近平主席取消了原定2015年4月的沙特之行，以避免在阿拉伯空袭也门期间被视为偏袒沙特。中国国家主席后来两次访问沙特。而在2016年1月，习近平主席分别访问了埃及、沙特和伊朗。2015年4月，习近平在给萨勒曼国王的电话中说，应该加紧实现也门政治解决的努力，"也门局势事关中东特别是海湾地区的安全稳定，应加快也门问题政治解决进程"。中国敦促尽快解决也门冲突，恢复和平与稳定，这将有助于恢复中国在也门的经济投资项

---

[1] 中国海关：《海关进出口数据统计 阿联酋》，http：//www.customs.gov.cn/。（登录时间：2020年10月1日）

[2] 《阿联酋宣布取消外商限制 将有利于当地中企发展》，腾讯网，2020年11月25日，https：//new.qq.com/omn/20201125/20201125A0DHOH00.html。（登录时间：2020年11月28日）

目，扩大海湾地区的"一带一路"项目。

第二，中国对海湾国家军售面临道义和商业利益实现的矛盾。在也门战争期间，中国向沙特和阿联酋出售了用于也门战争的某些武器。中国的"红旗2号"（红旗）地对空导弹曾在2015年也门的战斗中使用。沙特还使用了"翼龙Ⅰ"无人机和"彩虹-4S"系列无人机对付胡塞武装，阿联酋则在也门上空部署了"彩虹-4S"无人机。2018年4月，阿联酋使用中国无人机击毙胡塞武装最高领导人、支持联合国和谈的胡塞最高政治委员会主席萨利赫·萨马德。众所周知，中国外销无人机主要用于反恐行动，且始终不向非国家行为者提供武器。但是，伊朗人将从中国购买的中国武器转卖给也门胡塞武装。胡塞武装使用中国武器C-801或C-802A反舰导弹攻击美国海军舰艇。2019年1月联合国专家小组的报告发现，胡塞武装拥有中国武器的变种，包括反舰巡航导弹和突击步枪。这些都给中国国际形象带来负面影响，也成为西方国家指责中国在也门问题上主张的借口。

第三，同大国协调过程中的分歧带来的困境。在国际协调实践过程中，参与各方因价值观、利益观以及各自政治目标等不同，在具体问题上仍然存在较为明显的分歧，进而使得中国在对也门问题协调过程中，始终面临这类困境。在联合国安理会，在也门问题上，中国不仅同美国、法国和英国等西方国家存在深刻分歧，就是和俄罗斯的立场也有重大区别。在2014年底安理会讨论针对前总统萨利赫的制裁时，五大常任理事国就在也门问题上显示出分歧的迹象。俄罗斯最初对制裁相当抵触，并与萨利赫关系密切，中国与俄罗斯立场一致，支持2014年11月联合国制裁委员会将萨利赫和两名胡塞反叛武装军事领导人处以冻结资产的全球旅行禁令。

战争爆发后，两国在也门战争问题上立场不同，中国支持联合国安理会2015年4月通过的第2216号决议，对胡塞领导人和萨利赫的儿子实施全面资产冻结、旅行禁令和武器禁运。俄罗斯对决议投了弃权票，认为考虑俄罗斯呼吁各方停止开火的提议没有得到重视，以及"不恰当地提到制裁"，这可能会使冲突升级。① 中国支持安理会其他决议，单方面要求胡塞武装放弃使用武力，并对反叛组织实施制裁，从而显示出明显的偏向沙特的立场。俄罗斯的立场与中国的立场不同，尽管俄罗斯总体上支持在也门问题上的国际共识，并参与了联合国的和平进程，但其更倾向于支持伊朗。不过，总体上中国则试图通过支持更为优先事项的政策来平衡沙特和伊朗关系。在中国看来，也门战争是沙特阿拉伯明确的国家优先事项，而伊朗的主要利益是2015年7月缔结的伊核协议。中国没有公开批评沙特在也门的战争，而是对沙特在"也门问题上的重要作用"，"中方赞赏沙特所作努力，愿同沙特加强沟通与协调，为也门早日恢复和平与稳定做出贡献。"② 安理会的共识开始在伊朗声称的协助胡塞一方参与也门战争的问题上出现分歧。2018年2月，俄罗斯否决了英国起草的一项决议，其中包括关于也门专家小组调查结果的声明，表明伊朗不遵守武器禁运，向胡塞武装转让违禁武器。莫斯科不允许对伊朗发表任何谴责性声明，因为伊朗开始使俄罗斯脱离五常共识。中国在表决中投了弃权票，而没有反应俄罗斯的否决权，但后来支持俄罗斯随后提出的将对也门的制裁再延长一年的决议草案。

  总体来说，中国在缓和也门冲突方面没有发挥领导作用，但始终积极支持并推动和平进程的地区和国际社会努力。中国政府没有迫切需要解决也门内战，部分原因是经济和战略利益有限，而且两国之间没有更广泛的地缘政治竞争，这同西方和俄罗斯在也门问题上的行为和做法完全不同。中国在很大程度上支持海合会和西方国家为解决也门危机而采取的行动。中国政府不愿意挑战这些国家，中国一方面缺乏改变冲突轨迹的动机和能力，另一方面激怒西方和海合会国家更不符合中国在也门的现存利益。因此，中国赞同将哈迪视为也门合法执政当局的国际共识，支持落实《关于荷台达的斯德哥尔摩协定》和联合国安理会有关也门的所有决议。中国在

---

① 《联合国安全理事会2015年会议记录：S. PV6722》，2015年4月3日，https：//www.un.org/securitycouncil/zh/content/meetings-records-2015。（登录时间：2020年10月1日）
② 《王毅国务委员兼外长接受沙特〈中东报〉书面采访答问稿》，新华社，2020年11月20日，http：//www.xinhuanet.com/world/2020-11/20/c_1210895447.htm。（登录时间：2020年11月22日）

也门的目标是：与地区和国际社会一道努力实现停火，为也门人开辟人道主义援助渠道；在沙特与伊朗的竞争中保持中立，但在也门问题上也照顾到沙特的国家安全利益；并投资也门的矿产资源和石油资源，同时定位为在战后的发展和重建中发挥作用。中国参与联合国-海合会和平进程，表明其希望在全球冲突问题上发挥建设性作用。除非也门冲突具有严重威胁中国对外航运和海上国际贸易的可能，否则中国政府在积极推进"一带一路"建设背景下，既不太可能主动承担领导责任，也不会采取强制性行动来结束战争。

结 论
中东热点问题大国协调的经验与成效

作为世界主要大国，中国近年来在对中东热点问题展开协调的过程中，积累了宝贵的经验并取得了一定的积极成效。进入21世纪以来，随着中东地区在中国海外利益版图中的地位日益重要，中国也愈加高度关注中东地区各种冲突引发的热点问题对地区和平及中国国家利益的影响。中共十八大以来，以习近平同志为核心的党中央积极推进新时代中国外交，审时度势地提出了"一带一路"倡议。中东作为中国"一带一路"倡议推进的重要地区和关键连接点，其战略地位极为显著。近年来中国在继承与发展中国中东外交理念与经验的基础上，已逐步形成了大国协调中东热点问题的思想、原则、观点和方法。特别是，作为新时期中国外交思想核心的习近平外交思想，高度重视中东国家在中国外交中的作用。在中国中东外交思想建立的基础中，包含了中国在中东地区的权力结构变化、利益依存度提升、影响力日益深入、中华文化尚"和"基因以及中国与中东地区双边深厚友谊等要素，其具体内涵则涉及和平与发展、结伴不结盟、正确的义利观、中阿命运共同体和促进热点问题政治解决等具体思想。在此基础上，中国协调中东热点问题的总体原则就是维护联合国为核心的国际体系，坚持以国际法为基础的国际秩序，坚持和平共处五项原则，坚持正确的历史观、大局观、角色观和安全观，从根本上促进国际关系的合理化、法治化、民主化。这些原则的形成与体系化，跨越了万隆会议、中国1971年恢复联合国合法席位、改革开放和十八大以来等不同时代，反映了中国对不同阶段基本外交原则的坚守、融会和发展。

在中东热点问题中，巴以问题既是当代中东问题中持续时间最为长久的老问题，又是与诸多全球和中东地区层出不穷的热点问题相交织的新问题，其体系性与复杂性决定了该问题解决的高难度性。中国作为一个发展中国家和世界大国，一直致力于全方位协调巴以问题。正如习近平主席所言："大国更应该有大的样子，要提供更多全球公共产品，承担大国责任，展现大国担当。"中国在巴以问题上的全方位大国协调主要包含三个层次：

首先，中国对自身在中东地区的身份定位保持相对中立，特别是与巴以双方以及所有阿拉伯国家都建立了外交关系。历史上中华文明和伊斯兰文明、犹太文明均有着和谐交往的经历，中国与阿拉伯世界曾经同受西方殖民主义和帝国主义的侵略，中国在二战期间曾积极收留受纳粹迫害的犹太人，这些都为中国最终与巴以双方同时保持外交关系奠定了坚实的基础，也便于中国在巴以之间的大国协调外交顺利展开。

其次，中国对阿以和平进程有着长时段的参与。20世纪70年代以来，特别是中国恢复联合国合法席位和中美关系实现突破以后，中国的国际处境得到巨大改善，大国地位日益得到国际社会的认可。中国早在1979年便对埃以单独媾和表示了理解态度，这在很大程度上为改革开放以来的中国巴以政策奠定了基本方向。此后，中国在巴以问题上的基本立场逐渐明晰，即在维护巴勒斯坦核心权益和建国权利的同时，也承认以色列的基本生存权。尤其是巴解组织对以色列态度趋于务实之后，中国立刻通过不同形式鼓励巴以间实现和平共处。马德里中东和会召开和中以建交后，中国更是深度参与协调巴以问题，支持"奥斯陆协议"的持续推进和落实。中国在巴以之间积极劝和促谈，大力发挥元首外交和首脑外交的作用，国家领导人将巴以作为同时出访地，或邀请巴以领导人相继访华，扮演了异于西方大国的独特角色。尤其是在美国采取偏袒以色列并试图将巴以问题边缘化的背景下，中国积极促进巴以问题的政治解决，实现巴以比邻而居。中国的中立立场与客观态度得到巴以双方的一致认可。最后，中国的全方位协调还体现出鲜明的多边主义色彩，即极力维护联合国的主导作用和国际法、国际关系准则的权威性。中国作为联合国安理会常任理事国，积极扮演好"五常"中唯一的发展中国家的大国角色，在努力为相对弱势的阿拉伯世界发声的同时，也积极捍卫以色列的合法权益。中国反对任何大国通过单边主义来主导巴以问题的走向，支持在联合国巴以问题相关决议的基础上来促进该问题的解决，反对巴以任何一方或其他大国违反联合国决议，特别是在涉及领土、边界、首都等问题上越过"红线"。中国始终坚持巴勒斯坦问题是中东的根源性问题，并坚持以这一原则来全方位协调处理巴以热点问题。

伊朗核问题是中东地区持续时间长、影响广泛、大国深度参与的重大热点问题。由于伊朗核问题涉及国际核不扩散体系、大国关系及地区格局等十分广泛和影响重大的国际问题，各方围绕伊朗核问题展开了持续的激烈博弈。从根本上来说，伊朗核问题的实质是美伊关系问题，美伊长期对抗是伊朗核问题的主要背景。在伊朗核问题的发展演变与国际谈判进程中，中国发挥了突出的外交协调作用，伊朗核协议的达成也成为中国在中东地区热点问题上开展协调外交的成功案例。在伊朗核问题上，中国拥有自身的明确利益基础、原则立场和政策优势，并逐步找到在此问题上进行外交协调的切入点，扩大了协调谈判的空间。中国坚持国家平等的原则，反对将伊朗核问题政治化和扩大化。主张在联合国等多边舞台、通过外交和对话手段和平解决伊朗核问题，反对单边主义的做法。中国反对核扩散和伊朗发展核武器，努力劝服伊朗遵守国际核不扩散制度，与国际社会保持合作。努力缓解伊朗的安全关切，尊重伊朗和平利用核能的权利。中国鼓励并敦促美国同伊朗就核问题开展直接谈判，通过在大国之间及地区国家之间的外交协调避免紧张关系螺旋式升级，积极为和谈创造必要条件。中国主张创造性地解决重水反应堆改造等谈判技术难题，就核查范围、取消对伊制裁、浓缩铀处置等诸多关键症结提出各方可接受的解决方案及保障措施，成功化解了谈判僵局与危机，努力推动伊核谈判取得实质性进展和最终成功。

中国主要借助三种机制来参与伊朗核问题的多边协调：一是国际原子能机构框架下的协调外交机制；二是联合国主导下的大国协调机制，即"P5＋1"机制；三是中国与美国、俄罗斯等大国的双边战略对话与合作机制。在参与协调解决伊朗核问题进程中，坚定的原则立场和灵活的协调方式体现了中国的政治逻辑和务实理性。总体来说，中国在伊朗核问题上的外交协调成效显著，获得了值得总结借鉴的有益经验，包括坚持以国际关系基本准则为原则，坚持以维护国家利益为基础，坚持多边谈判的路径与机制，努力寻找各方利益公约数；有效利用自身外交优势，善于创造性地提出具体解决方案，推动谈判取得突破进展；针对事关国际秩序和自身利益的重大问题，需要更大外交投入主动参与和积极推动协调斡旋，寻求标本兼治、一揽子解决。近年来由于美国执意退出伊朗核协议，伊朗核问题陷入新一轮危机，中国也再次被外界期待发挥关键协调斡旋作用。中国是伊核协议的谈判方和参与方，也是协议的坚定维护者和执行者，中国将继续积极呼吁各方共同努力推动伊核问题政治外交解决进程。

叙利亚危机及内战是近10年来中东地区持续时间长、外部干预深、涉及国家多、国际影响大的重大热点问题，引发国际社会和世界大国的高度关注。叙利亚问题一直受到外部因素的重大影响和干扰，世界大国和地区大国以前所未有的力度介入了叙利亚问题，复杂激烈的大国博弈使得叙利亚内战空前惨烈持久，也使之变得更加难以解决。在世界大国层面，俄罗斯继续在叙利亚问题上发挥着关键作用，不仅在政治上促成了叙利亚政府和反对派的对话，还在外交上与伊朗和土耳其保持密切沟通，维系了叙利亚北部局势的稳定。美国的叙利亚政策出现摇摆，努力保持在叙利亚问题上的话语权。在地区大国层面，土耳其和伊朗等国继续在叙利亚问题上发挥重要作用，土耳其及其支持的叙利亚反政府武装在叙北部占有重要地位，伊朗继续向叙利亚政府提供援助和扶持；以色列和海湾阿拉伯国家以复杂心态密切关注着叙利亚局势的发展，以色列不时打击叙利亚境内的军事目标，震慑伊朗及其支持的什叶派武装；海湾阿拉伯国家与叙利亚政府的接触缓慢展开，对伊朗、土耳其在叙利亚扩张势力戒心增加，双边关系仍然面临诸多挑战。未来叙利亚问题的走向仍然面临内外诸多风险，叙利亚西北部伊德利卜省周边局势仍然存在不确定性，政府军和反政府武装之间的冲突随时可能升级，土耳其依然随时准备军事介入叙北局势；俄罗斯和土耳其之间的关系成为叙利亚局势走向的重要外部因素；美俄博弈以及俄土之间在叙利亚问题上的分歧与合作也必然会影响叙利亚问题的发展趋势。

叙利亚危机爆发以来，中国始终坚持通过调解协调来政治解决叙利亚问题的原则，尊重和维护叙主权独立和领土完整，主张以和平手段解决矛盾纷争，为推动叙问题迈向缓和、实现政治解决努力发挥积极作用。叙利亚问题涉及中国的能源、安全与战略利益，影响到新时期"一带一路"倡议的顺利推进。在叙利亚问题的不同阶段，中国的对叙政策主张呈现出阶段性特征，根据形势的发展变化进行大国协调与外交协调，积极劝和促谈，力所能及地提供人道主义援助。中国在叙利亚问题上有着自身的是非判断和政策立场，积极支持各方政治和谈倡议与进程，通过大国与相关利益方的协调推动政治和解进程。中国对叙利亚的多重协调主要从政治、经济两个方面着手进行。在政治方面，主要是坚持政治解决叙利亚问题，反对西方大国的干预和制裁，强调以联合国为核心解决叙利亚问题。中国主要以劝和促谈的方式对叙利亚冲突各方进行调解，设立叙利亚问题特使加大对叙利亚问题的协调力度。中国还在联合国、阿盟以及相关大国之间开展多层面外交协调，主持召开叙利亚问题研讨会和中东安全论坛凝聚各方共识。在经济方面，随着叙利亚战事趋于稳定，中国积极投身于叙利亚战后重建，协调各方把战后重建作为推动叙利亚国内和解与政治解决进程的重要驱动力，发挥了中国作为负责任大国的协调作用。中国对叙利亚问题的多重协调努力经受住了实践的检验，得到了叙利亚和地区内外各方的认可。

也门问题是在中东十年剧变的过程中，一场从之前的治理赤字问题逐渐演化为当前的安全赤字的问题，其实质则是各种政治宗教派别势力对权力和资源的争夺。也门战争虽然以胡塞武装与反胡塞武装之间的斗争为主要表征，但蕴含着全球层面的反恐战争、地区层面的战略竞争、也门国内的政治斗争等浓重底色，是一场不折不扣的多行为主体参与的大博弈，并且这些主体之间的关系相互交织、错综复杂。围绕也门问题每个发展阶段，国际社会形成了一些相应的协调机制和解决方案。联合国作为唯一的泛全球政治协调机构，主要通过特使协调和安理会机制来制止也门爆发内战，但最终依然未能避免战争的全面爆发。美国则从自身的利益出发，积极支持沙特进行干预。结果不仅无助于问题的解决，而且成为问题不断恶化的强大推手。俄罗斯在也门冲突中实行不结盟政策，极力避免卷入冲突，实际参与度并不高。但俄罗斯与冲突各方都保持着密切的联系，被地区国家视为有一定影响力的仲裁者。伊朗虽然对也门的胡塞武装有一定的宗教意识形态影响，但胡塞武装并不希望被列入伊朗的地区议程。伊朗介入冲突的目的是通过也门胡塞武装打击美国支持的沙特势力，进而在地区教派争斗中获取优势，但伊朗实现这一目标的能力极为有限。沙特介入也门内战则暴露了沙特自身决策和行动的深层问题，也加剧了也门问题导致的恐怖主义问题的解决难度，并制造了严重的人道主义灾难。

中国在积极参与解决也门相关问题的协调工作中，始终强调政治解决的立场，支持各种政治解决方案。中国参与也门问题的协调，既是维护国际正义和实现国际道义使然，也有为本国国家利益的现实考量。其中包括地缘战略考量以及反恐和打击海盗考量，还有维护中国在当地的商业利益安全以及人员安全。中国对也门问题的协调，主要是在全球层面利用联合国平台，在跨地区层面利用"也门之友"平台和中阿合作论坛机制的平台来协调各方立场，同时表达中国的主张。在避免卷入也门问题背后的沙特与伊朗之争的同时，中国主要是极力促使安理会五个常任理事国达成共识，共同遵守联合国相关决议，落实相关主张和承诺，尤其是向也门提供人道主义援助和发展援助。

值得注意的是，中国对也门冲突的协调过程始终面临着三方面的问题：一是如何让也门问题协调符合中国的对外战略大局，即如何平衡也门在中国总体战略布局中的相对有限价值与海合会国家具有的重要价值之间的矛盾。二是如何避免中国对海湾国家军售道义和商业利益之间的矛盾。在也门内战期间，中国向沙特和阿联酋出售过用于打击恐怖主义的先进技术和武器，但两国将其运用于也门内战的战场。三是如何在协调过程中与其他大国弥合分歧。在国际问题的大国协调实践中，参与各方因价值观、利益观以及政治目标不同，在具体问题上必然存在较为明显的分歧。中国在也门问题协调过程中，也始终面临这这类问题。在联合国安理会中，中国在也门问题上不仅与美国、法国和英国等西方国家存在深刻分歧，而且和俄罗斯之间也常常难以达成一致。这主要是由于中国虽然积极支持缓和也门冲突并参与地区和国际社会推动和平进程的努力，但却不能发挥主导作用的缘故。究其原因不外乎是中国在也门的经济和战略利益有限，而且也门对中国的地缘政治影响也无关紧要。同时，中国政府始终恪守政治解决的立场和方案，并在也门冲突中保持中立。这样既可以避免和西方国家以及海合会国家出现紧张关系，也符合中国在也门的现存利益和联合国框架下的国际共识，更有利于中国在中东地区推进"一带一路"建设。最后，中国在也门问题上主要是发挥建设性的协调作用，并不希望诉诸强制措施。中国在也门问题的协调过程中采取的参与方式和路径，必须符合中国始终坚持的政治解决立场。

　　面对中东地区的一系列热点问题，中国的大国协调具有鲜明的中国特色和中国理论风格，表明了以"百年未有之大变局"的视角来观察中东问题，以人类命运共同体的理念来引领中国与中东关系。从本质上来说，中国参与中东热点问题的大国协调是对发展合作与多边主义原则的坚守与落实，具体而言，就是重视联合国的作用，在联合国的框架下参与中东维和活动并在安理会投票中坚持原则；坚持以多边主义外交方式，积极参与中东热点问题的解决；开展针对中东热地区问题的特使外交，积极践行"劝和促谈"；汲取中东国家的成功经验，推动中东国家的去极端化。在实际践行中，中国协调中东热点问题的思想、原则、观点和方法都发挥了明显的实际效应。在巴以问题上的全方位协调、在伊核问题上的多边协调、在叙利亚问题上的多重协调、在也门问题上的政治协调、在打击"伊斯兰国"极端组织上的深入协调等方面，都各有侧重，各具特色，在一定程度上促进了中东热点问题的降温与缓和。总的来说，中国对中东热点问题的协调，既有对国际关系基本准则的严格恪守，也有对中国传统外交理念的深化，更是新时期中国中东外交思想的集中呈现。

参考文献

一、中文文献

（一）文件

习近平：《论坚持推动构建人类命运共同体》，北京：中央文献出版社2018年10月版。

习近平：《习近平谈治国理政》（第一卷），北京：外文出版社2014年9月版。

习近平：《习近平谈治国理政》（第二卷），北京：外文出版社2017年11月版。

习近平：《习近平谈治国理政》（第三卷），北京：外文出版社2020年4月版。

习近平：《决胜全面建成小康社会 夺取新时代中国特色社会主义伟大胜利——在中国共产党第十九次全国代表大会上的报告》（2017年10月18日），北京：人民出版社2017年10月版。

胡锦涛：《坚定不移沿着中国特色社会主义道路前进 为全面建成小康社会而奋斗——在中国共产党第十八次全国代表大会上的报告》（2012年11月8日），北京：人民出版社2012年11月版。

胡锦涛：《胡锦涛文选》（第一、二、三卷），北京：人民出版社2016年版。

中国国务院新闻办公室：《新时代的中国国防白皮书》（全文），2019年7月24日。

中国国务院新闻办公室：《〈中国军队参加联合国维和行动30年〉白皮书》（全文），2020年9月18日。

《中华人民共和国反恐怖主义法》（2018年修订），北京：法律出版社2018年版。

联合国安理会会议决议（2010–2019年），联合国网站。

（二）研究报告

达巍主编：《国际安全蓝皮书：中国国际安全研究报告》（2018），北京：社会科学文献出版社2018年版。

冀开运：《伊朗蓝皮书：伊朗发展报告》（2016–2017），北京：社会科学文献出版社2018年版。

冀开运：《伊朗蓝皮书：伊朗发展报告》（2017–2018），北京：社会科学文献出版社2019年版。

李绍先、张前进主编：《阿拉伯国家形势报告》（2018–2019）北京：社会科学文献出版社2019年版。

李绍先、张前进主编：《阿拉伯国家形势报告》（2019–2020）北京：社会科学文献出版社2020年版。

李新烽主编：《中东黄皮书：中东发展报告》（2017–2018），北京：社会科学文献出版社2018年版。

李新烽主编：《中东黄皮书：中东发展报告》（2018–2019），北京：社会科学文献出版社2019年版。

刘慧等主编：《国际安全蓝皮书：中国国际安全研究报告》（2017），北京：社会科学文献出版社2017年版。

刘中民、孙德刚：《中东地区发展报告（2016—2017）》，北京：世界知识出版社2017年版。

刘中民、孙德刚：《中东地区发展报告（2017—2018）》，北京：世界知识出版社2018年版。

刘中民、孙德刚：《中东地区发展报告（2018—2019）》，北京：世界知识出版社2019年版。

刘中民、朱威烈、孙德刚：《中东地区发展报告："一带一路"建设与中东（2015—2016）》，北京：时事出版社2016年版。

罗林：《阿拉伯黄皮书：阿拉伯发展报告》（2017-2018），北京：社会科学文献出版社2018年版。

罗林：《阿拉伯黄皮书：阿拉伯发展报告》（2018-2019），北京：社会科学文献出版社2019年版。

罗林：《阿拉伯黄皮书：阿拉伯发展报告》（2019-2020），北京：社会科学文献出版社2020年版。

王新刚主编：《叙利亚蓝皮书：叙利亚发展报告》（2018），北京：社会科学文献出版社2019年版。

王新刚主编：《叙利亚蓝皮书：叙利亚发展报告》（2019），北京：社会科学文献出版社2020年版。

中华人民共和国常驻联合国代表团：《中国为推进中东和平进程和促进建立中东无核武器区所采取的步骤的国家报告》，2005年5月2日至5月27日。

（三）专著

［俄］普京著，徐葵译：《普京文集：文章和讲话选集》，北京：中国社会科学出版社2002年版。

［美］哈里·亨德森著，贾伟译：《全球恐怖主义——完全参考指南》，北京：中国社会科学出版社2003年版。

［美］奥德丽·克罗宁著，宋德星等译：《恐怖主义如何终结：恐怖活动的衰退与消亡》，北京：金城出版社2017年版。

［美］道格拉斯·C·诺斯著，刘守英译：《制度、制度变迁与经济绩效》，北京：生活·读书·新知三联书店1994年版。

［美］罗伯特·艾克斯罗德著，吴坚忠译：《对策中的制胜之道——合作的进化》，上海：上海人民出版社1996年版。

［美］乔纳森·莱昂斯著，刘榜离、李洁、杨宏译：《智慧宫：阿拉伯人如何改变了西方文明》，北京：新星出版社2013年版。

［美］威廉·匡特著，饶淑莹译：《中东和平进程：1967年以来的美国外交和阿以冲突》，上海：华东师范大学出版社2009年版。

［美］小约瑟夫·奈著，张小明译：《理解国际冲突：理论与历史》，上海：上海世纪出版集团2009年版。

［美］詹姆斯·多尔蒂、小罗伯特·普法尔茨格拉夫著，阎学通、陈寒溪译：《争论中的国际关系理论》（第五版），北京：世界知识出版社2002年版。

［叙利亚］艾哈迈德·优素福·哈桑、［英］唐纳德·希尔著，梁波、［新西兰］傅颖达译：《伊斯兰技术简史》，北京：科学出版社2010年版。

［叙利亚］穆罕默德·海尔·瓦迪著，王有勇、李楠等译：《中国外交与中国经验》，香港：香港社会科学出版社有限公司2011年版。

［以］内塔尼亚胡著，田在玮、莎文译：《持久的和平》，北京：世界知识出版社2009年版。

［以］泽夫·苏赋特著，高秋福译：《中国以色列建交亲历记》，北京：新华出版社2000年版。

［以］伊曼纽尔·阿德勒、［美］迈克尔·巴涅特主编，孙红译：《安全共同体》，北京：世界知识出版社2015年版。

［英］安德鲁·查德威克：《互联网政治学：国家、公民与新传播技术》，任孟山译，北京：华夏出版社，2010年版。

［英］查尔斯·利斯特著，姜奕晖译：《"伊斯兰国"简论》，北京：中信出版社2016年版。

［英］赫德利·布尔著，张小明译：《无政府社会：世界政治中的秩序研究》，上海：上海人民出版社2015年版。

［英］霍布斯著，黎思复、黎廷弼译：《利维坦》，北京：商务印书馆2010年版。

［英］吉姆·哈利利著，李果译：《寻路：阿拉伯科学的黄金时代》，北京：中国画报出版社2020年版。

［英］克里斯蒂安·罗伊-斯米特、［英］邓肯·斯尼达尔编：《牛津国际关系手册》，上海：译林出版社2019年版。

参考文献

安惠侯：《中东热点的冷观察》，北京：世界知识出版社 2018 年版。

白秀兰：《血色年轮：中东的历史与现实》，长春：吉林大学出版社 2007 年版。

蔡文之：《网络传播革命：权力与规制》，上海：上海人民出版社 2011 年版。

陈冬云：《世界新格局下深化中阿文化交流的潜力与发展前景》，载张宏等：《当代阿拉伯问题研究》，北京：人民出版社 2006 年版。

方芳：《恐怖主义的媒体话语与中美国家身份》，北京：中国政法大学出版社 2015 年版。

方金英：《穆斯林激进主义历史与现实》，北京：时事出版社 2015 年版。

韩建伟：《伊朗伊斯兰共和国经济现代化研究》，北京：时事出版社 2019 年版。

黄河、汪晓风主编：《复旦国际关系评论（第二十六辑）：中国与世贸组织改革》，上海：上海人民出版社 2020 年版。

冀开运：《伊朗发展报告（2017－2018）》，北京：社会科学文献出版社 2019 年版。

冀开运：《伊朗与伊斯兰世界关系研究》，北京：时事出版社 2012 年版。

蒋真：《后霍梅尼时代伊朗政治发展研究》，北京：人民出版社 2014 年版。

金良祥：《伊朗外交的国内根源研究》，北京：世界知识出版社 2015 年版。

孔寒冰：《中国，我的第二故乡：巴勒斯坦前驻华大使穆斯塔法·萨法日尼口述》，北京：北京大学出版社 2016 年版页。

李惠斌主编：《全球化与公民社会》，桂林：广西师范大学出版社 2003 年版。

李洁宇：《论以美特殊关系的根源：以色列总理决策的"理性"成因》，上海：上海交通大学出版社 2012 年版。

李意：《海湾安全局势与中国的战略选择》，北京：世界知识出版社2010年版。

李湛军：《恐怖主义与国际治理》，北京：世界知识出版社2006年版。

林庆春、杨鲁萍：《列国志·也门》，北京：社会科学文献出版社2009年版。

刘云、钱磊：《北非变局对环地中海国际关系的影响研究》，北京：社会科学文献出版社2019年版。

刘中民、范鹏：《中国热点外交的理论与案例研究——以中东热点问题为例》，北京：世界知识出版社2017年版。

刘中民：《当代中东国际关系中的伊斯兰因素研究》，北京：社会科学文献出版社2018年版。

刘中民：《一位中国学者眼中的中东变局（2011—2017）》，北京：世界知识出版社2017年版。

马建光：《叙利亚战争启示录》，武汉：长江文艺出版社2017年版。

钮松：《欧盟的中东民主治理研究》，北京：时事出版社2011年版。

钮松等：《当代东亚与中东关系研究》，北京：世界知识出版社2015年版。

欧慕然、唐建文：《从耶路撒冷到北京：一个杰出犹太家族的中国情缘》，北京：世界知识出版社2011年版。

潜旭明：《美国的国际能源战略研究——一种能源地缘政治学的分析》，上海：复旦大学出版社2013年版。

任筱锋、郑宏、梁巍编：《国际反对恐怖主义公约汇编》，北京：世界知识出版社2015年版。

孙德刚：《冷战后中国参与中东地区治理的理论与案例研究》，北京：社会科学文献出版社2018年版。

孙德刚：《准联盟外交的理论与实践》，北京：世界知识出版社2012年版。

唐士其：《西方政治思想史》，北京：北京大学出版社2008年版。

汪波：《美国中东战略下的伊拉克战争与重建》，北京：时事出版社

2007年版。

汪波：《欧盟中东政策研究》，北京：时事出版社2010年版。

汪波：《欧洲穆斯林问题研究》，北京：时事出版社2017年版。

汪波：《中东库尔德问题研究》，北京：时事出版社2014年版。

汪波：《中东与大国关系》，北京：时事出版社2013年版。

王霏：《叙利亚现代民族国家构建研究》，北京：社会科学文献出版社2015年版。

王明芳：《冷战后美国的伊朗政策研究》，北京：社会科学文献出版社2018年版。

王彤主编：《当代中东政治制度》，北京：中国社会科学出版社2005年版。

王新刚、王立红：《中东和平进程》，北京：时事出版社2012年版。

王新刚：《现代叙利亚国家与政治》，北京：人民出版社2106年版。

王新刚：《叙利亚发展报告（2018）》，北京：社会科学文献出版社2019年版。

王新刚：《叙利亚发展报告（2019）》，北京：社会科学文献出版社2020年版。

王振容：《伊朗伊斯兰共和国政治制度研究（1979－2012）》，北京：世界知识出版社2015年版。

吴成：《伊朗核问题与世界格局转型》，北京：时事出版社2014年版。

吴思科：《特使眼中的中东风云》，北京：世界知识出版社2015年版。

吴思科：《中国政府中东问题特使讲述："丝路"外交见闻》，北京：中国文史出版社2019年版。

习近平：《论坚持推动构建人类命运共同体》，北京：人民出版社2018年版。

肖宪：《当代中国—中东关系》，北京：中国书籍出版社2017年版。

谢益显主编、曲星、熊志勇副主编：《中国当代外交史（1949－2001）》，北京：中国青年出版社2004年版。

杨光主编：《眼睛里的你——中国与以色列》，北京：社会科学文献出版社 2014 年版。

杨兴礼等著：《现代中国与伊朗关系》，北京：时事出版社 2013 年版。

余国庆：《大国中东战略的比较研究》，北京：中国社会科学出版社 2013 年版。

余国庆：《欧盟与中东关系：政治与安全视野下的考察》，北京：社会科学文献出版社 2018 年版。

岳汉景：《奥巴马政府对伊朗的"接触政策"研究》，北京：社会科学文献出版社 2014 年版。

张金平：《当代恐怖主义与反恐策略》，北京：时事出版社 2019 年版。

张倩红：《以色列史》，北京：人民出版社 2008 年版。

赵伟明：《中东问题与美国中东政策》，北京：时事出版社 2006 年版。

中国现代国际关系研究院能源安全研究中心：《国际能源大转型：机遇与挑战》，北京：时事出版社 2020 年版。

周明、曾向红：《恐怖主义的最新演变及其理论解释》，北京：中国社会科学出版社 2019 年版。

朱泉钢：《阿拉伯国家军政关系研究——以埃及、伊拉克、也门、黎巴嫩等共和制国家为例》，北京：社会科学文献出版社 2020 年版。

（四）论文

［以］谢爱伦著，钮松译：《论以中关系的发展现状及其前景》，载《阿拉伯世界研究》2011 年第 5 期。

白玉广：《美国基督教锡安主义及其对美以关系的影响》，载《美国研究》2011 年第 1 期。

包澄章、刘中民：《对中东变局以来中东教派主义的多维透视》，载《西亚非洲》2015 年第 5 期。

包澄章：《"伊斯兰国"组织社交媒体传播策略及其影响》，载《宗教与美国社会（第十一辑）》，时事出版社，2015 年 10 月版。

包澄章：《黎巴嫩去极端化的理念、政策及实践》，载《阿拉伯世界研究》2020 年第 6 期。

毕健康：《以色列中东战略调整与"一带一路"倡议下的中以合作》，《当代世界》2018年第12期。

蔡鹏鸿：《美国制裁伊朗及其对中国的影响》，载《现代国际关系》2012年第4期。

曾蕊蕊：《从阿斯塔纳和谈看各方在叙利亚问题上的新一轮争夺较量》，载《当代世界》2017年第10期。

曾向红：《恐怖主义的全球治理：机制及其评估》，载《中国社会科学》2017年第12期。

陈来元：《中以建交好事多磨——纪念中国—以色列建交25周年》，《世界知识》2017年第3期。

陈双庆：《巴勒斯坦问题：中国可发挥更大作用》，载《现代国际关系》2015年第12期。

迟永：《特朗普政府的伊朗政策及其影响》，载《现代国际关系》2018年第9期。

崔守军：《互利合作驱动中国和以色列关系升级》，《中国社会科学报》2017年4月13日。

丁俊：《当代伊斯兰文明的思想危机与理论重建》，载《阿拉伯世界研究》2020年第1期。

董漫远：《"伊斯兰国"崛起的影响及前景》，载《国际问题研究》2014年第5期。

董玉洁：《走出梵蒂冈的教宗》，载《世界知识》2014年第4期。

段九州：《从社会调停到国家主导：埃及政府去极端化政策的演变》载《阿拉伯世界研究》2019年第6期。

高望来：《全球治理的困境与欧盟反恐模式》，载《国际政治研究》2006年第2期。

龚正：《叙利亚反对派武装组织》，载《国际研究参考》2014年第10期。

龚正：《叙利亚危机中的三个"阵营"与三个"配角"》，载《世界知识》2018年第4期。

龚正：《叙利亚重建的机遇与挑战》，载《世界知识》2019 年第 18 期。

韩小婷：《伊拉克战争后沙特与伊朗关系探析》，载《阿拉伯世界研究》2018 年第 4 期。

韩志斌、梁娟娟：《伊拉克雅兹迪民族的历史生成与演变》，载《阿拉伯世界研究》2017 年第 1 期。

何田田：《联合国安理会决议与国际法渊源关系的思考》，载《南都学坛（人文社会科学学报）》2017 年第 3 期。

华黎明：《后伊核时期的美伊关系走向》，载《国际石油经济》2015 年第 8 期。

华黎明：《伊朗核问题与中国外交的选择》，载《国际问题研究》2007 年第 1 期。

华黎明：《伊朗核问题与中国中东外交》，载《阿拉伯世界研究》2014 年第 6 期。

焦兵：《特朗普保守国际主义战略分析》，载《现代国际关系》2018 年第 8 期。

金良祥：《美反伊政治与伊核问题前景》，载《国际展望》2014 年第 2 期。

敬璇琳、刘金源：《务实主义的被动外交—欧盟南海政策的演进及未来走向》，载《欧洲研究》2018 年第 4 期。

李国富：《试析布什政府的中东政策》，载《国际问题研究》2001 年第 6 期。

李国富：《伊朗和协议达成及其影响》，载《世界知识》2015 年第 15 期。

李国富：《伊朗核问题的症结与中国的立场》，载《当代世界》2007 年第 10 期。

李国富：《展望解决叙利亚危机的前景》，载《当代世界》2016 年第 5 期。

李合敏：《论邓小平对和平共处五项原则的运用和发展》，载《决策与信息》2016 年第 11 期。

李景治：《论习近平国际战略思想的突出特点》，载《教学与研究》2017 年第 5 期。

李丽：《保护的责任与安理会强制性干预决议——利比亚与叙利亚案例的比较分析》，载《战略决策研究》2017 年第 1 期。

李鸣：《联合国安理会授权使用武力问题探究》，载《法学评论》2002 年第 3 期。

李睿恒：《伊拉克战后去极端化的实践及挑战》，载《阿拉伯世界研究》2019 年第 6 期。

李伟建：《从总体超脱到积极有为：改革开放以来的中国中东外交》，载《阿拉伯世界研究》2018 年第 5 期。

李伟建：《当前中东安全局势及对中国中东外交的影响》，载《国际展望》2014 年第 3 期。

李亚男：《也门：再现南北分裂？》，载《世界知识》2015 年第 17 期。

李勇慧：《俄罗斯与伊朗核问题探析》，载《俄罗斯东欧中亚研究》2016 年第 2 期。

李峥：《美国经济制裁的历史沿革及战略目的与手段》，载《国际研究参考》2014 年第 8 期。

李志斐：《冷战后的中国特使外交》，载《国际关系学院学报》2008 年第 3 期。

林尚立：《现代国家认同建构的政治逻辑》，载《中国社会科学》2013 年第 8 期。

凌胜利：《百年未有之大变局：学术争论与战略意涵》，载《亚太安全与海洋研究》2019 年第 6 期。

刘宏松：《非正式国际机制的形式选择》，载《世界经济与政治》2010 年第 10 期。

刘纪末：《"后伊斯兰国"时代中亚恐怖主义发展态势及其治理》，载《和平与发展》2018 年第 2 期。

刘骞：《中国和平发展外交目标的认知视角分析——以中国在达尔富

尔问题上的外交目标设定为例》，载《学术论坛》2010 年第 8 期。

刘乐：《"伊斯兰国"组织与"基地"组织关系探析》，载《阿拉伯世界研究》2017 年第 2 期。

刘林智：《北非地区动荡化与中国海外利益维护》，载《现代国际关系》2012 年第 5 期。

刘志杰：《"后伊核协议时代"美以特殊关系浅析》，载《世界经济与政治论坛》2016 年第 4 期。

刘挺：《巴勒斯坦问题视阈下的邓小平国家利益外交思想》，载《宜宾学院学报》2015 年第 7 期。

刘学成：《非传统安全的基本特性及其应对》，载《国际问题研究》2004 年第 1 期。

刘莹：《叙利亚危机中的中美俄竞合关系》，载《国际论坛》2019 年第 4 期。

刘中民、任华：《也门极端组织的演变、成因及其影响》，载《阿拉伯世界研究》2017 年第 2 期。

刘中民：《在中东推进"一带一路"建设的政治和安全风险及应对》，载《国际观察》2018 年第 2 期。

刘中民：《中东变局与世界主要大国中东战略的调整———兼论中国的中东外交》，载《西亚非洲》2012 年第 2 期。

刘中民：《中东伊斯兰地区与国际体系的关系缘何紧张？》，载《国际观察》2009 年第 6 期。

罗承先、周韦慧：《美国页岩油开发现状及其巨大影响》，载《中外能源》2013 年第 3 期。

罗孝如：《伊核问题的爱恨情仇》，载《军事文摘》2018 年第 8 期。

吕蕊、赵建明：《试析欧盟在伊朗核问题中的角色变化与影响》，载《欧洲研究》2016 年第 6 期。

吕蕊：《欧美关系视角下的伊朗核问题——基于 16 年以来欧美伊核政策的比较分析》，载《欧洲研究》2019 年第 1 期。

马述强：《巴勒斯坦就耶路撒冷问题与梵蒂冈达成协定》，载《光明日报》2000年2月17日。

马晓霖：《"奥巴马主义"与叙利亚危机》，载《阿拉伯世界研究》2017年第1期。

马晓霖：《掣肘巴勒斯坦独立建国的外部因素》，载《西亚非洲》2017年第4期。

门洪华：《构建新型国际关系：中国的责任与担当》，载《世界经济与政治》2016年第3期。

蒙克、陈涛：《特使外交：穿过历史隧道》，载《世界知识》2016年第16期。

慕小明：《美以军援关系为何如此"拧巴"》，载《世界知识》2016年第22期。

牛新春：《"一带一路"下的中国中东战略》，载《外交评论》2017年第4期。

牛新春：《美国中东政策：延续与变化》，载《当代世界》2018年第3期。

牛新春：《试析美国与伊朗在伊核问题上的政策选择》，载《现代国际关系》2012年第7期。

牛新春：《中国在中东的利益与影响力分析》，载《现代国际关系》2013年第10期，第52页。

牛新春：《中国中东战略的基本特性》，载《现代国际关系》2015年第12期。

钮松、徐曹宇：《"基地"组织当前"建国"活动及其走向》，载《亚非纵横》2014年第3期。

钮松、张羽：《伊拉克战争对伊拉克未来走向的影响》，载《武汉大学学报（人文科学版）》2014年第1期。

钮松：《"越境打击"索马里海盗与中国外交转型》，载《太平洋学报》2012年第9期。

钮松：《当代中国与沙特关系演进中的伊斯兰朝觐》，载《阿拉伯世界研究》2020年第4期。

钮松：《当前美俄在叙利亚问题上的合作与博弈》，载《长江论坛》2016年第6期。

钮松：《国际关系理论的"宗教转向"与中东国际关系研究》，载徐以骅主编：《宗教与美国社会（第八辑）》，北京：时事出版社2013年版。

钮松：《海湾战争与欧洲冷战的结束》，载《军事历史》2017年第6期，第15页。

钮松：《黎巴嫩港口大爆炸事件，法国为何表现最为活跃》，载《世界知识》2020年第18期。

钮松：《圣址平叛与圣地驻军：伊斯兰激进主义的转向》，载徐以骅主编：《宗教与美国社会（第十八辑）》，北京：时事出版社2019年版。

钮松：《现代国际体系的构建与转型》，载《系统科学学报》2014年第3期。

钮松：《伊斯兰社会核心价值观及其与基督教社会核心价值观的比较》，载《武汉大学学报（人文科学版）》2010年第2期。

钮松：《中东国际体系的宗教因素——以中国在中东的维和与护航行动为考察重点》，载《太平洋学报》2012年第4期。

钮松：《总体国家安全体系、人类命运共同体与生物安全治理》，载《国际关系研究》2020年第4期。

钱学文：《中东剧变对中国海外利益的影响》，载《阿拉伯世界研究》2012年第6期。

秦天：《伊朗核谈判：撬动地球的支点》，载《世界知识》2015年第8期。

曲星：《联合国宪章、保护的责任与叙利亚问题》，载《国际问题研究》2012年第2期。

申文：《从边缘到中心：叙利亚危机中的联合国调停》，载《国际观察》2017年第2期。

沈旭晖：《中国"调解外交"试水叙利亚》，载《南风窗》2012年第16期。

史建斌：《试析"联合全面行动计划"对伊朗核能力的影响》，载

《国际论坛》2016 年第 3 期。

宋心荣：《内战中的叙利亚空军》，载《兵器知识》2017 年 8 期。

苏格：《习近平外交战略思想全面领航》，载《国际问题研究》2016 年第 5 期。

苏瑛、黄民兴等：《伊斯兰改革集团对也门政治发展的影响》，载《西亚非洲》2018 年第 6 期。

苏长和：《共生型国际体系的可能性——在一个多极世界中如何构建新型大国关系》，载《世界经济与政治》2013 年第 9 期。

苏长和：《论中国海外利益》，载《世界经济与政治》2009 年第 8 期。

孙德刚、张帅：《改革开放以来中国参与联合国在中东维和行动的理念与实践》，载《阿拉伯世界研究》2018 年第 5 期。

孙德刚、张玉友：《中国参与伊朗核问题治理的理论与实践》，载《阿拉伯世界研究》2016 年第 4 期。

孙德刚：《从顺势到谋势：论中国特色的中东安全治理观》，载《复旦学报（社会科学版）》2020 年第 5 期。

孙德刚：《美国与以色列的安全合作关系探析》，载《西亚非洲》2017 年第 2 期。

孙德刚：《中国参与中东地区冲突治理的理论与实践》，载《西亚非洲》2015 年第 4 期。

孙德刚：《中国在中东开展斡旋外交的动因分析》，载《国际展望》2012 年第 6 期。

孙吉胜：《传统文化与十八大以来中国外交话语体系构建》，载《外交评论》2017 年第 4 期。

孙泽生等：《美欧对伊朗石油业的制裁》，载《国际展望》2013 年第 2 期。

唐志超：《从配角到主角：俄罗斯中东政策的转变》，载《俄罗斯东欧中亚研究》2020 年第 2 期。

唐志超：《美国退出伊朗核协议后的四大关键问题》，载《世界知识》2018 年第 11 期。

唐志超：《叙利亚战争与大国的地缘政治博弈》，载《当代世界》2018年第11期。

唐志超：《伊朗核问题的大国博弈及其影响》，载《当代世界》2019年第8期。

田宏杰：《恐怖主义犯罪的界定》，载《西北政法学院学报》2003年第6期。

田文林：《"一带一路"与中国的中东战略》，载《西亚非洲》2016年第2期。

田文林：《从"颜色革命"到"混合战争"——叙利亚危机再评估》，载《国际研究参考》2020年第3期。

田文林：《伊朗核谈判困境下的美伊博弈》，载《当代世界》2015年第1期。

田文林：《伊朗核问题全面协议评析》，载《国际研究参考》2015年第8期。

汪波、姚全：《新时期中国中东外交思想构建研究》，载《阿拉伯世界研究》2019年第2期。

王虎华、肖灵敏：《再论联合国安理会决议的国际法性质》，载《政法论丛》2018年第6期。

王锦：《试析美国对伊朗制裁的有效性》，载《现代国际关系》2014年第4期。

王晋：《"伊斯兰国"与恐怖主义的变形》，载《外交评论》2015年第2期。

王晋：《"伊斯兰国"组织在利比亚的扩张及其制约因素》，载《阿拉伯世界研究》2016年第3期。

王晋：《盟友还是对手？俄罗斯与伊朗、土耳其在叙利亚问题上的关切与挑战》，载《俄罗斯研究》2020年第1期。

王晋：《以色列和平运动探微》，载《外交评论》2013年第2期。

王晋：《以色列与俄罗斯之间的关键议题》，载《世界知识》2016年

王晋：《以色列在叙利亚问题上的关切、应对与挑战》，载《当代世

界》2019 年第 1 期。

王竞超:《国际公共产品视域下的索马里海盗治理问题》,载《西亚非洲》2016 年第 6 期。

王雷:《伊核全面协议对中东秩序的冲击和影响》,载《当代世界》2015 年第 10 期。

王林聪:《叙利亚危机与中东秩序重塑》,载《当代世界》2017 年第 12 期。

王猛:《"一带一路"视域下的中国中东外交:传承与担当》,载《西亚非洲》2018 年第 4 期。

王泰:《"文明"视野下的中东与复杂多元的"交往"——中国特色中东区域国别研究学术体系构建刍议》,载《西亚非洲》2018 年第 1 期。

王泰:《国际格局调整与中国的中东战略》,载《西亚非洲》2014 年第 1 期。

王毅:《探索中国特色大国外交之路》,载《国际问题研究》2013 年第 4 期。

王毅:《中国特色大国外交攻坚开拓之年》,载《国际问题研究》2017 年第 1 期。

王毅:《中国为达成伊核全面协议发挥了独特的建设性作用》,载《世界知识》2015 年第 15 期。

王有勇:《中国与叙利亚的能源合作》,载《阿拉伯世界研究》2006 年第 3 期。

王震:《2254 号决议来了,叙利亚和平还远不远?》,载《世界知识》2016 年第 2 期。

王震:《以色列正在向亚洲"靠拢"》,载《世界知识》2015 年第 1 期。

魏海香:《人类命运共同体与和平共处五项原则关系探究》,载《理论与评论》2018 年第 6 期。

魏敏:《美国退出伊朗核协议的动因及对中东局势的影响》,载《当代世界》2018 年第 7 期,第 48—49 页。

吴冰冰：《伊朗核问题：实质是伊朗在中东的地区地位问题》，载《世界知识》2018 年第 14 期。

吴冰冰：《中东地区的大国博弈、地缘战略竞争与战略格局》，载《外交评论》2018 年第 5 期。

吴冰冰：《中东战略格局失衡与中国的中东战略》，载《外交评论》2013 年第 6 期。

吴思科：《对叙利亚动武需三思》，载《中国经济周刊》2012 年 9 月 9 日。

吴思科：《叙利亚危机政治解决之路举步维艰》，载《当代世界》2014 年第 8 期。

吴天雨、吴冰冰：《也门宰德派的兴衰与胡塞武装的政治抗争》，载《阿拉伯世界研究》2018 年第 3 期。

吴晓芳：《穿梭在中东的中国特使》，载《世界知识》2012 年第 7 期。

吴云贵：《解析伊斯兰极端主义思想的三种形态》，载《世界宗教文化》2018 年第 2 期。

武星艳：《伊朗与也门胡塞武装组织的关系探析》，载《国际研究参考》2016 年第 3 期。

席桂桂、陈水胜：《"一带一路"背景下中国的中东经济外交》，载《阿拉伯世界研究》2016 年第 6 期。

肖宪：《"一带一路"视角下的中国与以色列关系》，载《西亚非洲》2016 年第 2 期。

肖宪：《巴以关系：或已触底，和谈仍有希望》，载《世界知识》2018 年第 14 期。

熊谦、田野：《国际合作的法律化与金融制裁的有效性：解释伊朗核问题的演变》，载《当代亚太》2015 年第 1 期。

许莹：《美国页岩油的快速发展对全球原油市场的影响》，载《当代石油石化》2014 年第 3 期。

闫伟：《美俄博弈下的叙利亚问题及其前景》，载《国际论坛》2020

年第 4 期。

杨福昌：《从埃及、叙利亚形势发展看中东局势及中国应对政策》，载《西北民族大学学报》（哲学社会科学版）2013 年第 1 期。

杨洁勉：《新时期中国外交思想、战略和实践的探索创新》，载《国际问题研究》2015 年第 1 期。

秦亚青：《关于构建中国特色外交理论的若干思考》，载《外交评论》2008 年第 1 期。

姚匡乙：《中阿合作论坛十年回顾与展望》，载《阿拉伯世界研究》2014 年第 9 期。

姚匡乙：《中国在中东热点问题上的新外交》，载《国际问题研究》2014 年第 6 期。

姚璐：《和平共处五项原则理念与实践探析——六十年的"变"与"不变"》，载《教学与研究》2014 年第 9 期。

姚全：《美俄在叙利亚危机中的懦夫博弈论析——兼论中国的战略选择方案》，载《世界经济与政治论坛》2018 年第 5 期。

叶青：《化武换和平——从叙利亚危机看中东问题背后的大国博弈与合作》，载《当代世界》2013 年第 10 期。

殷罡：《中国与以色列关系六十年述评》，载《当代世界》2010 年第 4 期。

尹承德：《周恩来：和平共处五项原则的创意者、发起者、牵头者》，载《党史博览》2017 年第 1 期。

于卫青：《伊朗应对"伊斯兰国"组织的政策探析》，载《阿拉伯世界研究》2017 年第 4 期。

袁嘉惠：《梵二会议后天主教会对于圣约及犹太人回归的不同态度》，载《世界宗教文化》2017 年第 6 期。

岳汉景：《乌克兰危机、俄欧能源博弈与伊核问题全面破局》，载《新疆社会科学》2017 年第 4 期。

岳汉景：《伊朗核问题与奥巴马政府的接触政策》，载《阿拉伯世界研究》2015 年第 4 期。

张弛：《互联网"圣战"视频调查》，载《凤凰周刊》2014 年第 14 期，总第 508 期。

张楚楚：《阿尔及利亚去极端化模式：手段、成效与困境》，载《阿拉伯世界研究》2019 年第 6 期。

张健：《欧盟对北非中东政策走势》，载《现代国际关系》2011 年第 4 期。

张金荣、詹家峰：《欧盟对叙利亚的经济制裁及影响》，载《当代世界》2013 年第 6 期。

张磊：《欧盟与美国对非法移民的治理比较——兼论对我国的启示》，载《华东政法大学学报》2017 年第 5 期。

张清敏、田田叶：《十八大以来中国外交中的文化因素》，载《国际论坛》2016 年第 2 期。

张新平、代家玮：《中国参与叙利亚重建的动因、挑战与方式》，载《国际展望》2019 年第 1 期。

张旭：《恐怖主义犯罪的惩治与防范：现状、问题与应对》，载《国家检察官学院学报》2004 年第 4 期。

张业亮：《伊核协议能否翻开美伊关系"新篇章"》，载《世界知识》2015 年第 17 期。

张永奇：《习近平新时代中国特色社会主义思想中的大历史观》，载《西北大学学报（哲学社会科学版）》2019 年第 5 期。

张宇燕、李冬燕、邹治波：《全球政治与安全报告（2020）》，北京：社会科学文献出版社 2020 年版。

张玉友：《摩洛哥反极端主义政策评析》，载《阿拉伯世界研究》2019 年第 6 期。

章波：《美俄在叙利亚问题上的新博弈》，载《当代世界》2016 年第 11 期。

章波：《中国参与叙利亚重建：优势与挑战》，载《当代世界》2007 年第 11 期。

赵建明：《伊朗核问题上的美伊战略互动与日内瓦协定》，载《国际关系研究》2014 年第 3 期。

赵建明：《制裁、反制裁的博弈与伊朗的核发展态势》，载《外交评论》2012 年第 2 期。

赵娟娟：《叙利亚危机与中东地缘政治格局变化——基于一般政治系统理论的分析》，载《新疆社会科学》2019 年第 3 期。

赵军：《中东恐怖主义治理及其发展前景》，载《阿拉伯世界研究》2013 年第 3 期。

甄妮、陈志敏：《"不干涉内政"原则与冷战后中国在安理会的投票实践》，载《国际问题研究》2014 年第 3 期。

周士新：《中东国家核选择动因比较》，载《阿拉伯世界研究》2009 年第 3 期。

周鑫宇：《美国在叙利亚问题上的三重困境》，载《世界知识》2013 年第 20 期。

朱泉钢：《地缘政治视角下也门危机僵局及其出路》，载《当代世界》2018 期年第 4 期。

朱泉钢：《也门多重武装力量崛起问题及其治理困境》，载《阿拉伯世界研究》2019 年第 4 期

朱威烈：《伊斯兰文明与世界》，载《世界经济与政治》2007 年第 7 期。

毕洪业：《叙利亚危机、新地区战争与俄罗斯的中东战略》，载《外交评论》2016 年第 1 期。

朱威烈：《中东恐怖主义、全球治理与中国的反恐政策》，载《阿拉伯世界研究》2011 年第 2 期。

邹志强：《土耳其的中东地缘三角战略：内涵、动力及影响》，载《国际论坛》2018 年第 6 期。

邹志强：《伊斯兰复兴视角下的土耳其伊斯兰极端主义探析》，载徐以骅主编《宗教与美国社会》（第 19 辑），时事出版社 2019 年版。

邹志强：《中国参与中东地区经济治理的理论与实践》，载《国际展望》2016 年第 5 期。

二、外文文献

(一) 文件与研究报告

Alexander, Neill, "China and the Middle East," Adelphi Papers, 2014.

Alterman, Jon B., The Other Side of the World, China, the United States, and the Struggle for Middle East Security, Washington: Center for Strategic and International Studies, 2017.

Israel Ministry of Foreign Affairs, "Address by PM Sharon of the Conference of Presidents," April 14.

Israel Ministry of Foreign Affairs, "Israeli Disengagement Plan," May 2005.

Israel Ministry of Foreign Affairs, "Israeli Disengagement Plan," February 20, 2005.

Israel Ministry of Foreign Affairs, "Israeli Disengagement Plan," April 14, 2004.

Israel Ministry of Foreign Affairs, "PM Netanyahu sums up Operation Protective Edge," August 27, 2014.

Israel Ministry of Foreign Affairs, "PM Netanyahu welcomes Chinese Vice President Wang Qishan," October 22, 2018.

Jeremy, M. Sharp, *Yemen: Background and U. S. Relations*, Congressional Research Service, January 21, 2015.

Joffe, Alex and Romirowsky, Asaf, "A Memo to Jared," May 12, 2019.

Knesset, "Top Russian Official to Foreign Affairs and Defense Committee Delegation: We Never Questioned the Right of Jews, and Others, to the Temple Mount," November 8, 2016.

Meron, Medzini (ed.), *Israel's Foreign Relations Selected Documents* (*Vol. 1 – 10*), Jerusalem, Ministry of Foreign Affairs, 1981.

Ministry for Foreign Affairs of Sweden, "Wallström, Margot, Minister for Foreign Affairs, on the Decision to Recognise the State of Palestine," October 30, 2014.

Office of the Press Secretary, "Memorandum of Understanding Reached with Israel," White House Fact Sheet, September 14, 2016.

Scobell, Andrew and Nader, Alireza, "China in the Middle East: The Wary Dragon," Santa Monica: Rand Report, 2016.

Survey Research Unit, "Press Release: Public Opinion Poll," *Ramallah: Palestinian Center for Policy and Survey Research (PSR)*, July 4, 2018.

The Department of the United States, *Country Repots on Terrorism (2010 – 2019)*.

The Roméo Dallaire Child Soldiers Initiative, *Yemen Country Report: Children & Security*, January 31, 2017.

The White House, *National Strategy for Counterterrorism of the United States of America (2014 – 2019)*.

(二) 专著

Ana, Arjona, Nelson Kasfir, Zachariah Mampilly (eds.), *Rebel Governance in Civil War*, New York: Cambridge University Press, 2015

Anthony, H. Cordesman, *Israel and Syria The Military Balance and Prospects of War*, New York: Praeger, 2008.

Brandt, Marieke, *Tribes and Politics in Yemen: A History of the Houthi Conflict*, London: C. Hurst & Co, 2017.

Bonnefoy, Laurent, *Yemen and the World: Beyongd Insecurity*, New York: Oxford University Press, 2018.

Breger, M. J., The Vatican-Israel Accords: Political, Legal, and Theological Contexts, Washington, DC: University of Notre Dame Press, 2004.

Bulmer, S., & Lequesne, C. (Eds.)., *The Member States of the European Union*, Oxford: Oxford University Press, 2005

Burton, Guy, "How Do Palestinians Perceive China's Rise?" in Ehteshami, Anoushiravan and Horesh, Niv eds., *China's Presence in the Middle East*, London: Routledge, 2017.

Chaudhry, Kiren Aziz, *The Price of Wealth: Economies and Institutions in the Middle East*, Ithaca: Cornell University Press, 1997.

Christiansen, Drew, "Palestinian Christians: Recent Developments," Breger, M. J. ed., *The Vatican-Israel Accords: Political, Legal, and Theological Contexts*, Washington, DC: University of Notre Dame Press, 2004.

Croft, Stuart, *Securitizing Islam: Identity and the Search for Security*, Cambridge University Press, 2012.

David, Barchard, *Turkey and the West*, Boston and Henley: Routledge and Kegan Paul, 1985.

Dresch, Paul, *A History of Modern Yemen*, Cambridge: Cambridge University Press, 2000.

Ferrari, Silvio, "The Vatican and the Middle East during the Pontificate of John Paul II," in Breger, M. J. ed., *The Vatican-Israel Accords: Political, Legal, and Theological Contexts*, Washington, DC: University of Notre Dame Press, 2004.

Grawert, lke, Zeinab Abul-Magd (eds.), *Businessmen in Arms: How the Military and other Armed Groups Profit in the MENA Region*, Lanham, Maryland: Rowman & Littlefield Publishers, 2016.

Gus, Martin, *Essentials of Terrorism: Concepts and Controversies*, California: Sage Publications, 2011.

Helen, Lackner, *Yemen in Crisis: Autocracy, Neo-Liberalism and the Disintegration of a State*, London: Saqi, 2017.

Holger, Albrecht, Aurel Croissant, and Fred H. Lawson (eds.), *Armies and Insurgencies in the Arab Spring*, Philadelphia: University of Pennsylvania Press, 2016.

John, W. Garver, *China and Iran: Ancient Partners in a Post-Imperial*

World, Seattle: University of Washington Press, 2006.

Joseph, Kostiner, Philip Shukry Khoury (eds.), *Tribes and State Formation in the Middle East*, Los Angeles: University of California Press, 1990.

Jubin, M. Goodarzi, *Syria and Iran: Diplomatic Alliance and Power Politics in the Middle East*, London: Tauris Academic Studies, 2006.

Kemp, Geoffrey, *The East Moves West: India, China, and Asia's Growing Presence in the Middle East*, Washington, D. C. : Brookings Institution Press, 2010.

Laqueur, Walter, *The New Terrorism: Fanaticism and the Arms of Mass Destruction*, Oxford: Oxford University Press, 2000.

Li, Mingjiang, ed. , *China Joins Global Governance: Cooperation and Contentions*, Lanham: Lexington Books, 2012.

Matthiesen, Toby, *Sectarian Gulf: Bahrain, Saudi Arabia, and the Arab Spring That Wasn't*, Stanford, California: Stanford University Press, 2013.

Miller, Benjamin, *States, Nations, and the Great Powers: The Sources of Regional War and Peace*, New York: Cambridge University Press, 2017.

Niblock, Tim, Talmiz Ahmad and Degang Sun, eds. , *Conflict Resolution and Creation of a Security Community in the Gulf Region*, London: Gerlach Press, 2017.

Noueihed, Lin, Alex Warren, *The Battle for the Arab Spring : Revolution, Counter-Revolution and the Making of a New Era*, New Haven and London: Yale University Press, 2012.

Olimat, Muhamad *China and the Middle East: From Silk Road to Arab Spring*, London: Routledge, 2012.

Ramakrishnan, A. K. , *US Perceptions of Iran: Approaches and Policies*, New Dehli: New Century Publications, 2008.

Peterson, J. E. , *Yemen: The Search for a Modern State*, London: Croom Helm Ltd, 1982.

Phillips, Sarah, *Yemen's Democracy Experiment in Regional Perspective:*

Patronage and Pluralized Authoritarianism, New York: Palgrave Macmillan, 2008.

Reiss, Mitchell, *Without the Bomb: The Politics of Nuclear Nonproliferation*, New York: Columbia University Press, 1988.

Sagan, Scott and Kenneth Waltz, *The Spread of Nuclear Weapons: A Debate*, New York: W. W. Norton and Co. , 1997.

Sun, Degang, Liu Zhongmin, eds. , *The New Frontier of the Middle East Politics and Economy*, Beijing: World Affairs Press, 2017.

Taylor, William C. , *Military Responses to the Arab Uprisings and the Future of Civil-Military Relations in the Middle East*, New York: Palgrave Macmillan, 2014.

Walt, Stephen, *The Origins of Alliances*, Ithaca, NY: Cornell University Press, 1987.

Waltz, Kenneth, *Theory of International Politics*, Boston, MA: McGraw Hill, 1979.

World Bank Group, *The Economics of Post-Conflict Reconstruction in MENA*, Washington, DC: World Bank Publications, 2017

Yeşiltaş, Murat and Tuncay Kardaş (eds.), *Non-State Armed Actors in the Middle East-Geopolitics, Ideology, and Strategy*, London: Palgrave Macmillan, 2017.

Zartman, I. W. and S. Touval, eds. , *International Cooperation: The Extensions and Limits of International Multilateralism*, New York: Cambridge University Press, 2010.

Zou, Zhiqiang Shu Meng, eds. , *Outside Powers and the Middle East Governance*, Beijing: World Affairs Press, 2017.

Zürcher, Erik-Ja, *Jihad and Islam in World War I: Studies on the Ottoman Jihad on the Centenary of Snouck Hurgronje's "Holy War Made in Germany,"* Leiden University Press, 2016.

（三）论文

Adebahr, Cornelius , "The Linchpin to the Iran Deal's Future: Europe," *The Washington Quarterly*, Vol. 38, No. 4, 2015.

Agdemir, A. M. "Israel's Rise in Asia: The Relations between Israel and the People's Republic of China," *Review of International Law & Politics*, Vol. 12, No. 1, 2016.

Albarasneh, Ayman Saleh & Dania Koleilat Khatib, "The US Policy of Containing Iran: From Obama to Trump 2009 - 2018," *Global Affairs*, Vol. 5, No. 4 - 5, 2019.

Al-Ibrahim, Bader, "ISIS, Wahhabism and Takfir," *Contemporary Arab Affairs*, Vol. 8, No. 3.

Al-Tamimi, Aymenn J. , "Success for Al-Qaida in Syria?" *Perspectives on Terrorism*, Vol. 11, No. 6, 2017.

Al-Shami, Mohammad, "Safety and Security in Yemen: Main Challenges and Stakeholders", Wilson Center, *Viewpoints*, No. 84, 2015.

Al-Shami, Mohammad, "Safety and Security in Yemen: Main Challenges and Stakeholders", Wilson Center, Viewpoints No. 84, 2015.

Alterman, Jon B. , The Other Side of the World, China, the United States, and the Struggle for Middle East Security, Washington: Center for Strategic and International Studies, 2017.

Anderson, Emma , "UK, Germany, France Agree Iran Deal is 'Best Way' to Stop Nuclear Threat," *Politico*, April 29, 2018.

Ansari, Ali M. , "The End of the Beginning?," *The RUSI Journal*, Vol. 160, No. 4, 2015.

Antonopoulos, Paul, "Turkey's Interests in the Syrian War: From Neo-Ottomanism to Counterinsurgency," *Global Affairs*, Vol. 3, No. 4 - 5, 2017.

Ardemagni, Eleonora, "Patchwork Security: The New Face of Yemen's Hybridity," Istituto Per Gli Studi Di Politica Internazionale, October 30, 2018.

Arnett, Eric, "Deterrence After Nuclear Proliferation: Implications for Nuclear Forces and Defense Spending," *The Nonproliferation Review*, No. 1, 1994.

Askary, Hussein, "The Miracle of Yemen's Reconstruction and Connection to the New Silk Road", *EIR*, June 2018.

Barany, Zoltan, *The Challenges of Building a National Army in Yemen*, Washington, D. C.: CSIS, 2016.

Brehony, Noel, "From Chaos to Chaos: South Yemen 50 Years after the British Departure", *Asian Affairs*, Vol. 48, No. 3, 2017.

Brehony, Noel, "The Current Situation in Yemen: causes and consequences", Norwegian Center for Conflict Resolution, November 2015.

Brehony, Noel, "Yemen and the Hutis: Genesis of the 2015 Crisis," *Asian Affairs*, Vol. 46, No. 2.

Buitrago, Sybille Reinke de, "The role of Emotions in US Security Policy Towards Iran," *Global Affairs*, Vol. 2, No. 2, 2016.

Burton, Guy, "Chinese Conflict Management in Libya, Syria and Yemen after the Arab Uprisings," *Asian Journal of Middle Eastern and Islamic Studies*, Vol. 13, No. 1, 2019.

Carter, Stephen G., "Iran, Natural Gas and Asia's Energy Needs: a Spoiler for Sanctions?," *Middle East Policy*, Vol. XXI, No. 1, Spring 2014.

Chaziza, Mordechai, "China's Mediation Efforts in the Middle East and North Africa: Constructive Conflict Management," *Strategic Analysis*, Vol. 42, No. 1, 2018.

Chen, Yiyi, "China's Relationship with Israel, Opportunities and Challenges, Perspectives from China," Israel Studies, Vol. 17, No. 3, 2012.

Chiriatti, Alessia, "European and Turkish Humanitarian Response during the Syrian Crisis," *Asian Journal of Middle Eastern and Islamic Studies*, Vol. 11, No. 2, 2017.

Chitsazian, Mohammad Reza & Seyed Mohammad Ali Taghavi, "An Iranian Perspective on Iran-US Relations: Idealists Versus Materialists," *Strategic A-*

nalysis, Vol. 43, No. 1, 2019.

Cimbala, Stephen J., "The Trump Nuclear Posture Review Three Issues, Nine Implications," *Strategic Studies Quarterly*, Vol. 12, No. 2, 2018.

Clausen, Maria-Louise, "Understanding the Crisis in Yemen: Evaluating Competing Narratives," *The International Spectator*, Vol. 50, No. 3, September 2015.

Cohen, Raymood "Israel and the Holy See Negotiate: A Case Study in Diplomacy across Religions," *Hague Journal of Diplomacy*, Vol. 5, No. 3, 2010.

Collier, Paul, AnkeHoefer, and Dominic Rohner, "Beyond Greed and Grievance: Feasibility and Civil War," Center for the Study of African Economies, Working Paper Series, 2006.

Colton, Nora Ann, "Yemen: A Collapsed Economy," *Middle East Journal*, Vol. 64, No. 3, Summer 2010

Cooper, David A., "Hedging the Iran Nuclear Bet: Reinvigorate Supply-Side Nonproliferation," *The Washington Quarterly*, Vol. 39, No. 3, 2016.

Cox, Fletcher D., "Democracy and Peacebuilding: A Resource Guide", International Institute for Democracy and Electotoral Assistance, 2017.

Cui, Shoujun and Teitelbaum, Joshua and Medzini, Meron, "Can China-Taiwan 'Cross-Straits' Relations Serve as a Model for Israeli-Palestinian Cooperation? A Proposal," *Israel Affairs*, Vol. 23, No. 1, 2017.

Darwish, May, "The Saudi Intervention in Yemen: Struggling for Status," *Insight Turkey*, Vol. 20, No. 2, 2018.

Ditto, Steven, "Reading Rouhani: The Promise and Peril of Iran's New President," *The Washington Institute for Near East Policy*, 2013.

Diwan, Kristin Smith, Hussein Ibish, Peter Salisbury, Stephen A. Seche, Omar H. Rahman, Karen E. Young, "Yemen after the War: Addressing the Challenges of Peace and Reconstruction," The Arab Gulf States Institute in Washington, 2018.

Djallil, Lounas, "China and the Iranian Nuclear Crisis: Between Ambiguities and Interests," *European Journal of East Asian Studies*, Vol. 10, No. 2, 2011.

Dorsey, James M., "China and the Middle East: Venturing into the Maelstrom," *Asian Journal of Middle Eastern and Islamic Studies*, Vol. 11, No. 1, 2017.

Du, Xianju, "China and Israel: Five Decades of Relations," Dissertation for Ph. D., Brandeis University, 1998.

Dunn, Lewis, "Countering Proliferation: Insights from Past 'Wins, Losses, and Draws,'" *The Nonproliferation Review*, No. 13, 2006.

Eitan, Barak, "The Freedom That Never Was: Israel's Freedom of Overflight over the Straits of Tiran Prior to the Six Day War," Journal of Contemporary History, Vol. 43, No. 1, 2008.

Esfandiary, Dina and Mark Fitzpatrick, "Sanctions on Iran: Defining and Enabling 'Success'," *Survival: Global Politics and Strategy*, Vol. 53, No. 5, 2011.

Evans, Ernest, "The Vatican and Israel," *World Affairs*, Vol. 158, No. 2, 1995.

Farwell, James P., "The Media Strategy of ISIS," *Survival: Global Politics and Strategy*, Vol. 56, No. 6, December 2014.

Farzanegan, Mohammad Reza, "Effects of International Financial and Energy Sanctions on Iran's Informal Economy," *SAIS Review of International Affairs*, Vol. 33, No. 1, 2013.

Feierstein, Gerald, "Does Saleh's Death Signal the End of the Yemen War?," December 9, 2017.

Feitelson, Eran and Alon Elgar, "Eilat: Multiple Conflicts in an Inherently Uncertain Environment," *Coastal Management*, Vol. 19, No. 3, 1991.

Ferrari, Silvio, "The Vatican, Israel and the Jerusalem Question (1943 – 1984)," *Middle East Journal*, Vol. 39, No. 2, 1985.

Fitzpatrick, Mark, "Assessing the JCPOA," *Adelphi Series*, Vol. 57,

No. 466 - 467, 2017.

Fitzpatrick, Mark, "Iran's Protests and the Fate of the Nuclear Deal," *Survival*, Vol. 60, No. 1, 2018.

Fitzpatrick, Mark, "Overwhelming Global Vote for the Iran Nuclear Deal," *Survival*, Vol. 56, No. 1, 2014.

Forster, Robert, "Toward a Comprehensive Solution? Yemen's Two-Year Peace Process", *The Middle East Journal*, Vol. 71, No. 3, Summer 2017.

Fraihat, Ibrahim and Andrew Leber, "China and the Middle East after the Arab Spring: From Status-Quo Observing to Proactive Engagement," *Asian Journal of Middle Eastern and Islamic Studies*, Vol. 13, No. 1, 2019.

Freilich, Charles D., "Can Israel Survive without America?" *Survival*, Vol. 59, No. 4, 2017.

Gearan, Anne and Joby Warrick, "Iran, World Powers Reach Historic Nuclear Deal with Iran," *The Washington Post*, November 24, 2013.

Goodarzi, Jubin M., "Syria and Iran: Alliance Cooperation in a Changing Regional Environment," *Ortadogu Etutleri*, Vol. 4, No. 2, 2013.

Graaf, Thijs Van de, "The 'Oil Weapon' Reversed? Sanctions Against Iran and US-EU Structural Power", *Middle East Policy*, Vol. XX, No. 3, Fall 2013.

Greene, Toby and Jonathan Rynhold, "Europe and Israel: between Conflict and Cooperation," *Survival*, Vol. 60, No. 4, 2018.

Gregerman, Adam, "Is the Biblical 17. Land Promise Irrevocable? Post-Nostra Aetate Catholic Theologies of the Jewish Covenant and the Land of Israel," *Modern Theology*, Vol. 34, No. 2, 2018.

Guzansky, Yoel, "Civilian Nuclear Development in the Arabian Peninsula: Prestige, Energy, and Iran," *Journal of Arabian Studies*, Vol. 5, No. 1, 2015.

Hammer, Leonard, "The 2015 Comprehensive Agreement between the Holy See and the Palestinian Authority: Discerning the Holy See's Approach to International Relations in the Holy Land," *Oxford Journal of Law and Religion*,

Vol. 6, No. 1, 2017.

Hammer, Leonard, "The Vatican Joins the Israeli-Palestinian Conflict," *Middle East Quarterly*, Vol. 24, No. 4, 2017. 17.

Han, Hua, "China's proper role in the global nuclear order," *Bulletin of the Atomic Scientists*, Vol. 73, No. 2, 2017.

Hannay, David & Thomas R. Pickering, "Building on the Iran Nuclear Agreement," *Survival*, Vol. 59, No. 2, 2017.

Hassid, Nir, "Thinking Outside the Box: Preserving the NPT While Advancing the Middle East Weapons-of-mass-destruction-free Zone," *The Nonproliferation Review*, Vol. 24, No. 1 – 2, 2017.

Heinze, Marie – Christine, "Yemen's War as Seen from the Local Level", in POMEPS, *Politics, Governance, and Reconstruction in Yemen*, 2018.

Horowitz, Michael, "The Spread of Nuclear Weapons and International Conflict: Does Experience Matter?" *Journal of Conflict Resolution*, Vol. 53, No. 2, 2009.

Inbar, Efraim, "How Israel Bangled the Second Lebanon War," *Middle East Quarterly*, Vol. 14, No. 3, 2008.

"Interview with Ephraim Halevy," YNET, May 20, 2014. Quoted from Medzini, Meron "The Chinese Are Coming: the Political Implications of the Growing Sino-Israel Economic Ties," *Economic and Political Studies*, No. 1, 2015.

Intriligator, Michael and Dagobert Brito, "Nuclear Proliferation and Stability," *Conflict Management and Peace Science*, No. 3, 1978.

Irani, Emile, George Breger, The Vatican-Israel Accords: Political, Legal, and Theological Contexts," *Journal of Palestine Studies*, Vol. 34, No. 3, 2005.

Izewicz, Paulina, "The JCPOA Procurement Channel," *Adelphi Series*, Vol. 57, No. 466 – 467, 2017.

Jenkins, Peter, "Trump's Iran Statement: A View from Europe," *The*

Washington Report on Middle East Affairs, Vol. 37, No. 2, Mar/Apr 2018.

Joffe, Alex and Asaf Romirowsky, "A Memo to Jared," May 12, 2019, https://besacenter.org/perspectives-papers/jared-kushner-palestinians-policy/.

Jones, Seth G., et., *Iran's Threat to Saudi Critical Infrastructure*, Washington D. C.: CSIS, 2019.

Juneau, Thomas & Sam Razavi, "Costly Gains: a Cost-benefit Assessment of Iran's Nuclear Program," *The Nonproliferation Review*, Vol. 25, No. 1-2, 2018.

Kadi, Samar, "The High Cost of Syria's Destruction," *The Arab Weekly*, Issue 124, September 24, 2017.

Kamel, Amir Magdy, "The JCPOA: How Iran's Grand Strategy Stifled the US," *Middle Eastern Studies*, Vol. 54, No. 4, 2018.

Kerr, Paul, "The JCPOA and Safeguards: Model or Outlier?," *The Nonproliferation Review*, Vol. 24, No. 3-4, 2017.

Kirmanj, Sherko and Abdulla Kukha Sadq, "Iran's Foreign Policy towards Iraq and Syria: Strategic Significance and Regional Power Balance," *The Journal of Social, Political, and Economic Studies*, Vol. 43, No. 1, 2018.

Klausen, Jytte, "Tweeting the Jihad: Social Media Networks of Western Foreign Fighters in Syria and Iraq", *Studies in Conflict & Terrorism*, Vol. 38, No. 1, December 2014.

Knights, Michael, "The Military Role in Yemen's Protests: Civil-Military Relations in the Tribal Republic", *Journal of Strategic Studies*, Vol. 36, No. 2, 2013.

Kösebalaban, Hasan, "Transformation of Turkish Foreign Policy Toward Syria: The Return of Securitization," *Middle East Critique*, Vol. 29, No. 3, 2020.

Knopf, Jeffrey W., "Security Assurances and Proliferation Risks in the Trump Administration," *Contemporary Security Policy*, Vol. 38, No. 1, 2017.

Lopour, Jacqueline, "Spotlight on Yemen's Forgotten War and Humanitarian Disaster Preventing the Next Syrian Refugee Crisis", *GIGI Papers*, No. 97, March 2016.

Lund, Aron, "From Cold War to Civil War: 75 Years of Russian-Syrian Relations," *The Swedish Institute of International Affairs*, July 2019.

Mabon, Simon, "Muting the Trumpets of Sabotage: Saudi Arabia, the US and the Quest to Securitize Iran," *British Journal of Middle Eastern Studies*, Vol. 45, No. 5, 2018.

MacGillivray, Iain William, "Complexity and Cooperation in Times of Conflict: Turkish-Iranian relations and the Nuclear Issue," *British Journal of Middle Eastern Studies*, 2019.

Maher, Richard, "The Covert Campaign against Iran's Nuclear Program: Implications for the Theory and Practice of Counterproliferation," *Journal of Strategic Studies*, 2019.

Marten, Kimberly, "Informal Political Networks and Putin's Foreign Policy: The Examples of Iran and Syria," *Problems of Post-Communism*, Vol. 62, No. 2, 2015.

Ma'oz, Moshe, "Attempts at Creating a Political Community in Modern Syria," *Middle East Journal*, Vol. 26, No. 4, 1972.

Mather, Yassamine, "The Political Economy of Iran's Islamic State, Donald Trump and Threats of War," *Critique*, Vol. 46, No. 3, 2018.

Mehta, Rupal N. & Rachel Elizabeth Whitlark, "Unpacking the Iranian Nuclear Deal: Nuclear Latency and U. S. Foreign Policy," *The Washington Quarterly*, Vol. 39, No. 4, 2016.

Milani, Mohsen, "Why Tehran Won't Abandon Assadism," *The Washington Quarterly*, Vol. 36, No. 4, 2013.

Moltz, James Clay, "Regional Perspectives on Low Nuclear Numbers: An Overview", *The Nonproliferation Review*, Vol. 20, No. 2, 2013.

Mousavian, Seyed Hossein & Sina Toossi, "Assessing U. S. -Iran Nuclear

Engagement," *The Washington Quarterly*, Vol. 40, No. 3, 2017.

Nada, Bakri, "Syria Army Defectors Reportedly Kill 27 Soldiers," *The New York Times*, 2011.

Napolitano, Valentina, "Hamas and the Syrian Uprising: A Difficult Choice," *Middle East Policy*, Vol. XX, No. 3, 2013.

Neill, Alexander, "China and the Middle East," *Adelphi Papers*, 2014.

Ogilvie White, Tanya, "Is There a Theory of Nuclear Proliferation? An Analysis of the Contemporary Debate," *The Nonproliferation Review*, No. 4, 1996.

O'Driscoll, Dylan, "Violent Extremism and Terrorism in Yemen", K4D Helpdesk Report, 2017.

O'Mahony, Anthony, "The Vatican, Jerusalem, the State of Israel, and Christianity in the Holy Land," *International Journal for the Study of the Christian Church*, Vol. 5, No. 2, 2005.

Onderco, Michal, "Money Can't Buy You Love: the European Union Member States and Iranian Nuclear Programme 2002 – 2009," *European Security*, Vol. 24, No. 1, 2015.

Ongur, Hakan Ovunc, "Identifying Ottomanisms: The Discursive Evolution of Ottoman Pasts in the Turkish Presents," *Middle East Studies*, Vol. 51, 2015.

Patterson, Ruairi, "EU Sanctions on Iran: the European Political Context", *Middle East Policy*, Vol. XX, No. 1, 2013.

Pauley, Logan, "As the U. S. Spar Over Syria, China Sits Strategically on the Sidelines," *World Politics Review*, April 17, 2018.

Pieper, Moritz, "The Transatlantic Dialogue on Iran: the European Subaltern and Hegemonic Constraints in the Implementation of the 2015 Nuclear Agreement with Iran," *European Security*, Vol. 26, No. 1, 2017.

Quester, George, "More Nuclear Nations?: Can Proliferation Now Be Stopped?" *Foreign Affairs*, No. 53, 1974.

Rabi, Uzi & Chelsi Mueller, "The Geopolitics of Sectarianism in the Persian Gulf," *Asian Journal of Middle Eastern and Islamic Studies*, Vo. 12, No. 1,

2018.

Ramana, M. V. & Zia Mian, "Scrambling to Sell a Nuclear Middle East," *Bulletin of the Atomic Scientists*, Vol. 72, No. 1, 2016.

Rezaei, Farhad, "The American Response to Pakistani and Iranian Nuclear Proliferation: A Study in Paradox," *Asian Affairs*, Vol. 48, No. 1, 2017.

Robinson, Todd C., "What Do We Mean by Nuclear Proliferation?," *The Nonproliferation Review*, Vol. 22, No. 1, 2015.

Rockwood, Laura, "How the IAEA Verifies If a Country's Nuclear Program is Peaceful or Not: The Legal Basis," *Bulletin of the Atomic Scientists*, Vol. 74, No. 5, 2018.

Rouhi, Mahsa, "US-Iran Tensions and the Oil Factor," *Survival*, Vol. 60. No. 5, 2018.

Sabouri, Mohammad Hossein, "Iran's Nuclear Fatwa: Analysis of a Debate," *Journal of Military Ethics*, Vol. 15. No. 3, 2016.

Salisbury, Peter, "Yemen and the Business of War", *The World Today*, August & September 2017.

Saraçolu, Cenk, "The Syrian Conflict and the Crisis of Islamist Nationalism in Turkey," *Turkey Policy Quarterly*, Vol. 16, No. 4, 2018.

Schmitt, Eva Mareike, "Between European and National Role Conceptions-the EU3 Initiative Regarding the Iranian Nuclear Programme," *European Security*, Vol. 26, No. 2, 2017.

Scobell, Andrew and Nader, Alireza "China in the Middle East: The Wary Dragon," Santa Monica: Rand Report, 2016.

Serr, Marcel, "Understanding the War in Yemen", *Israel Journal of Foreign Affairs*, Vol. 11, No. 3, 2017.

Shahvar, Soli, "Germany and Iran: From the Aryan Axis to the Nuclear Threshold," *Israel Journal of Foreign Affairs*, Vol. 9, No. 2, 2015.

Sharp, Jeremy M., "Yemen: Civil War and Regional Intervention", CRS, R43960, 2020.

Shen, Dingli, "Iran's Nuclear Ambitions Test China's Wisdom," *Washington Quarterly*, Vol. 29, No. 2, 2006.

Shirvani, Tara & Siniša Vukovi, "After the Iran Nuclear Deal: Europe's Pain and Gain," *The Washington Quarterly*, Vol. 38, No. 3, 2015.

Shokri, M. , "A New Perspective in the Middle East: A Comprehensive Approach to the US-Iran Relations in the Region, *Globalism Journal of Culture, Politics and Innovation*, No. 2, 2016.

Smith, Hayden J. , "Threats Won't Work," *Dynamics of Asymmetric Conflict*, Vol. 11, No. 3, 2018.

Squassoni, Sharon, "Through a Fractured Looking-glass: Trump's Nuclear Decisions So Far," *Bulletin of the Atomic Scientists*, Vol. 73, No. 6, 2017.

Stent, Angela, "Putin's Power Play in Syria: How to Respond to Russia's Intervention," *Foreign Affairs*, January/February 2016.

Strovsky, Dmitry & Ron Schleifer, "The Iranian Nuclear Challenge as Reflected in the Russian Media," *Russian Journal of Communication*, 2020.

Sun, Degang, "China and Middle East Security Governance in the New Era," *Contemporary Arab Affairs*, Vol. 10, No. 3, 2017.

Survey Research Unit, "Press Release: Public Opinion Poll," *Ramallah: Palestinian Center for Policy and Survey Research (PSR)*, July 4, 2018.

Szymański, Adam, "Turkish Policy Towards War in Syria," *Teka Kom. Politol. Stos. Międzynar*, Vol. 12, No. 1, 2018.

Tajbakhsh, Kian, "Who Wants What from Iran Now? The Post-Nuclear Deal U. S. Policy Debate," *The Washington Quarterly*, Vol. 41. No. 3, 2018.

Teer, Joris & Suolao Wang, "Sino-Iranian Asymmetrical Interdependence in Light of the Iran Nuclear Issue," *Asian Journal of Middle Eastern and Islamic Studies*, Vol. 12, No. 2, 2018.

Thompson, Jack and Oliver Thranert, "Trump Preparing to End Iran Nuke Deal," *CSS Policy Perspectives*, Vol. 5, No. 4, 2017.

Valette, Delphine, "Protection, Participation and Potential: Women and

Girls in Yemen's War", International Rescue Committee, 2019.

Waltz, Kenneth, "Peace, Stability, and Nuclear Weapons," Institute for Global Conflict and Cooperation: Policy Paper Series, 1995.

Wastnidge, Edward, "Calling out Saudi Misadventure: the Trump Presidency and a Plea for European Diplomatic Nous in an Ever-turbulent Middle East," *Global Affairs*, Vol. 3, No. 2, 2017.

Wastnidge, Edward, "Iran and Syria: An Enduring Axis," *Middle East Policy*, Vol. XXIV, No. 2, 2017.

Weiss, Matthew I., "A perfect storm: The causes and Consequences of Severe Water Scarcity, Institutional Breakdown and Conflict in Yemen", *Water International*, Vol. 40, No. 2, 2015.

Wolf, Albert B., "After JCPOA: American Grand Strategy toward Iran," *Comparative Strategy*, Vol. 37, No. 1, 2018.

Wolf, Albert B., "After the Iran Deal: Competing Visions for Israel's Nuclear Posture," *Comparative Strategy*, Vol. 35, No. 2, 2016.

Yadav, Stacey Philbrick, "Fragmentation and Localization in Yemen's War: Challenges and Opportunities for Peace", Crown Center for Middle East Studies, Brandeis University, *Middle East Brief*, No. 123, November 2018.

Zizzer, Eyal, "Why Has Bashar Won the War in Syria," *Strategic Assessment*, Vol. 21, No. 2, 2018.

三、主要媒体

（一）中文报纸

《人民日报》

《光明日报》

《中国社会科学报》

《解放日报》
《文汇报》
《中国国防报》
《解放军报》

（二）中文网站

澎湃新闻网，https://www.thepaper.cn/.

人民网，http://finance.people.com.cn/.

新华网，http://www.xinhuanet.com/

中阿合作论坛官网，http://www.chinaarabcf.org/chn/

中国国防部网站，http://www.mod.gov.cn/

中国国家统计局数据库，http://www.stats.gov.cn/tjsj/

中国海关总署：http://www.customs.gov.cn/

中国商务部网站，http://www.mofcom.gov.cn/

中国外交部网站，https://www.fmprc.gov.cn/.

中国政府网，http://www.gov.cn/.

中国网，http://www.china.com.cn/

（三）英文网站

Al Monitor, https://www.al-monitor.com/.

Arms Conflicts Location & Events Data, https://www.acleddata.com/data/export/yemen

BBC Daily News, http://www.dailynews.lk/line/bbc

Brookings, https://www.brookings.edu/.

Carnegie Endowment for International Peace, http://carnegieendowment.org/.

Economist Intelligence Unit, http://www.eiu.com/.

IAEA, https://www.iaea.org/.

Middle East Institute, https://www.mei.edu/.

NewYork Times, http://www.nytimes.com/.

The Middle East Monitor, https://www.middleeastmonitor.com/.

The Tehran Times, http://thetehrantimes.com/.

The Times of Israel, https://www.timesofisrael.com/.

The United Nations, https://www.un.org/

The Washington Institute, https://www.washingtoninstitute.org/.

The White House, https://www.whitehouse.gov/.

The World Bank, https://www.worldbank.org/.

U. S. Department of State, https://www.state.gov/.

UNHCR, https://www.unhcr.org/.

后 记

　　《中东热点问题的大国协调》是教育部"十三五"人文社会科学重点研究基地重大项目的结项成果。在这项课题研究中，多位课题组成员参与了研究和成果撰写工作。按目录顺序，他们的具体参与情况如下：钮松（第一章、第二章）、邹志强（第三章）、邹志强和王强（第四章）、赵军和朱泉钢（第五章）。在此作文为记，对他们参与此项研究贡献的聪明才智和付出的辛勤劳动表示感谢。